南方丝绸之路上的

民族文化

邓海春　主编

四川党建期刊集团　四川民族出版社

图书在版编目（CIP）数据

南方丝绸之路上的民族与文化 / 邓海春主编.
— 成都：四川民族出版社，2016.6（2019.9重印）
ISBN 978-7-5409-6240-1

Ⅰ.①南… Ⅱ.①邓… Ⅲ.①丝绸之路—研究—
西南地区 Ⅳ.①K203

中国版本图书馆CIP数据核字(2016)第110824号

南方丝绸之路上的民族与文化
Nanfang Sichou Zhilushang De Minzu Yu Wenhua

邓海春　主编

责任编辑	周文炯　陈　晔
装帧设计	张　科
责任印制	袁　祥
出版发行	四川党建期刊集团　四川民族出版社
地　　址	成都市三洞桥路12号（邮编：610031）
成品尺寸	185mm×260mm
印　　张	35
字　　数	700千
制　　作	成都华林美术设计有限公司
印　　刷	石家庄德文林彩色印刷有限公司
版　　次	2016年6月第1版
印　　次	2019年9月第2次印刷
书　　号	ISBN 978-7-5409-6240-1
定　　价	68.00元

编委会

主　编

邓海春

副主编

尔布什哈　李金凤

编　委

邓海春　尔布什哈　曾　林　胡晓兵

侯东升　李金凤　向娜依　马玉彩　彭雨薇　舒　兰

的日小华　姜先杰　潘正源　李　旭　孙　策　刘灵鹤　胡婷婷

序

段　渝

　　古代从四川经云南出域外，分别至东南亚、缅甸、印度、阿富汗、中亚、西亚及欧洲地中海地区的国际交通线，学术界称为"南方丝绸之路"或"西南丝绸之路"，简称"南丝路"。南方丝绸之路的起点为中国西南古代文明的重心——成都，由此向南分为东、中、西三线南行：西线为从四川经云南、缅甸到印度的"蜀身毒道"，东汉时又称"灵关道"或"牦牛道"，后称为川滇缅印道，这条线路通往中亚、西亚和欧洲地中海区域；中线为从四川经云南到越南的"步头道"和"进桑道"，或又统称为"安南道"，后来称为中越道；东线为从四川经贵州、广西、广东至南海的"牂牁道"，或称为"夜郎道"。三条线路中，西线和中线在古代中国西南地区的对外经济文化交流中发挥了积极而重要的作用。

　　古代中国在西南方向对外部世界的联系和交流，是经由南方丝绸之路进行的，它是古代中国西南地区同东南亚、南亚、中亚、西亚及欧洲地中海地区文明交流互动的载体。

一

　　中国古代文献关于从西南地区通往缅、印、阿富汗的最早记载，出自《史记·西南夷列传》和《史记·大宛列传》，称此线路为"蜀身毒道"，便是后来学术界通称的"南方丝绸之路"。《三国志》裴松之注引三国时人鱼豢的《魏略·西戎传》里，提到罗马帝国"有水通益州（四川）"。此后，《新唐书·地理志》《蛮书》等也对这一交通线路有较详记述。古代中国与中南半岛的关系，则略见于《水经注》引《交州外域记》以及诸史所引《南越志》等。但是，诸书所载史事大多语焉不详，或相互牴牾，颇难缕析。在西方古文献尤其古希腊、罗马的各种文献里，也有一些关于古代中国西南与印度、中亚和东南亚关系的记载，但大多简略而模糊，足以据信者并不多。

近世以来，中外学者对中国西南的早期国际交通问题颇为关注，不少名家曾对这个问题进行过探讨。梁启超在20世纪20年代发表《中国印度之交通》一文，根据唐贞元间宰相贾耽的记述，论述中印之间有六条交通线，其中第六条是滇缅路。夏光南于1940年出版《中印缅道交通史》，亦据此对早期中印缅交通有所考证。方国瑜在1941年发表的《云南与印度缅甸之古代交通》中认为，"中印文化之最初交通，当由滇蜀道"。张星烺、冯承钧、丁山、岑仲勉、季羡林、饶宗颐、桑秀云、严耕望、杨宪益、陈炎、徐中舒、蒙文通、任乃强等先生分别从某一或某些方面对古代中缅印和中越交通或文化交流进行过研究。但诸家所引证的资料未必尽确，且有任意比附之嫌，尤其没有引入考古资料所提供的证据，因而许多结论未获学术界认同。

国外学者对古代中缅印交通问题向来十分关注。法国汉学家伯希和（P.Pelliot）的《交广印度两道考》是这一领域的名作，但详于交广道而略于中印道。美国东方学者劳费尔（B. Laufer），法国汉学家玉尔（Henry Yule）沙畹（Chavannes），日本学者藤田丰八等，先后对此有过专门研究。英国学者哈威的《缅甸史》、缅甸学者波巴信的《缅甸史》，亦对中缅印早期交通进行过阐述，英国学者霍尔的《东南亚史》对此也有涉及，但多据伯希和之说，缺乏创新研究。越南陶维英《越南古代史》（科学出版社，1959年中译本）、黎文兰等《越南青铜时代的第一批遗迹》（河内科学出版社，1963年），则从越南历史和考古的角度对先秦两汉时期越南与中国西南的文化和族群等关系问题发表了不尽相同的意见，其中明显存在与历史事实不相符合以至歪曲之处。

以上各项成果，主要是从交通路线的角度对古代中国西南与南亚、中亚、西亚和东南亚的关系所进行的考证和论述，对于日后南方丝绸之路研究的广泛开展，有着重要的引导作用。

二

20世纪80年代以来，学术界兴起南方丝绸之路的研究热潮，不但更加深入，而且涉及时空领域都更加广泛，主要集中以下六个方面：

（一）南方丝绸之路的走向

自1980年代以来，学术界对南方丝绸之路的研究逐步深化，一致认为南方丝绸之路国内段的起点为蜀文化的中心——成都，从成都向南分为东、中、西三条主线：西线经今四川新津、邛崃、雅安、荥经、汉源、越西、喜德、泸沽、西昌、德昌、会理、攀枝花，越金沙江至云南大姚、姚安，西折至大理，这条线路被称为"零关道"（或作"灵关道"，东汉时又称"牦牛道"）。中线从成都南行，经今四川乐山、峨嵋、犍为、宜宾，再沿五尺道经今云南大关、昭通、曲靖，西折经昆明、楚雄，进抵大理。中、西两线在大理会合后，继续西行至今永平，称为"永昌道"。从永平翻博南山、渡澜沧江，经保山渡怒江，出腾冲至缅甸密支那，或从保山出瑞丽抵缅甸八莫。东线从四川经贵州西北，经广西、广东至南海，这条线路称为"牂牁道"，或称为"夜郎道"。

南方丝绸之路是中国古代的国际通道，它的国外段有西路、中路和东路三条。西路即历史上有名的"蜀身毒道"，也有学者称"川滇缅印道"，从四川出云南经缅甸八莫或密支那至印度、巴基斯坦、阿富汗、伊朗、土耳其、叙利亚、埃及、希腊。这条纵贯亚洲并延伸到欧洲和北非的交通线，是古代欧亚大陆线路最漫长、历史最悠久的国际交通大动脉之一。中路是一条水陆相间的交通线，水陆分程的起点为云南步头，先由陆路从蜀、滇之间的五尺道至昆明、晋宁，再从晋宁至通海，利用红河下航越南，这条线路是沟通云南与中南半岛的最古老的一条水路。徐中舒教授和蒙文通教授认为，秦灭蜀后，蜀王子安阳王即从此道南迁至越南北部立国。东路，据《水经·叶榆水注》和严耕望教授考证，应是出昆明经弥明，渡南盘江，经文山出云南东南，入越南河江、宣光，抵达河内。

（二）南方丝绸之路的开通时代

一种观点认为南方丝绸之路的开凿起于秦并巴蜀之后，通于西汉时期，五尺道为秦灭巴蜀后初创，秦始皇时期基本建成，汉武帝时期完成。

最新的研究成果认为，五尺道在秦王朝正式开凿之前就已存在，要比常頞开凿（前221）早得多。

1986年四川广汉三星堆遗址发掘后，学者们注意到其中明显的印度和近东文明的文化因素集结，于是提出南方丝绸之路在商代即已初步开通的新看法，认为其年代可上溯到公元前14、15世纪，早于曾由季羡林教授所提中、印交通起于公元前4世纪，向达教授所提公元前5世纪，丁山教授所提公元前6世纪，日本藤田丰八所提公元前11世纪等说法。有的学者提出，从考古资料看，南方丝绸之路至迟可以追溯到遥远的旧石器时代晚期。但此说还缺乏科学证据。

（三）南方丝绸之路的性质

学术界认为，南方丝绸之路至少发挥了三种功能：文化交流、对外贸易、民族迁徙。

南方丝绸之路的文化交流功能已为学术界所公认，没有异议。

对外贸易是南方丝绸之路的主要功能之一，这一点也没有人提出异议。学者们指出，先秦时期成都工商业繁荣，并与中亚、东南亚、东北亚等地发生了直接或间接的经济和文化交往。

古蜀对外贸易中最著名的货物是丝绸。古史传说西陵氏之女嫘祖发明蚕桑丝绸并非虚言，青铜器铭文和《左传》等记载均可证实。而四川是中国丝绸的原产地和早期起源地之一，至迟在战国时代已具有相当规模。1936年在阿富汗喀布尔以北考古发掘出许多中国丝绸，学术界认为这些丝绸有可能是从成都经"西南丝道"运到印巴次大陆，然后转手到达中亚的。《史记》多次提到"蜀布"等"蜀物"，是张骞在中亚看到的唯一的中国商品。张骞在中亚大夏（今阿富汗）所看见的"蜀布"，其实就是蜀地生产的丝绸，由蜀人商贾长途贩运到印度出售，而由大夏商人从在印度经商的蜀人商贾手中买回。

为什么张骞把四川生产的丝绸称为"蜀布"呢？印度学者Haraprasad Ray教授指出，在印度阿萨姆语里，"布"可以用来表示"丝"的意义，因为当时印度没有丝，当然就不会有丝的语词，而用印度语言来替代。大夏商人沿用印度语言也把四川丝绸称为"蜀布"，张骞自然也就沿用了大夏商人的称呼。扬雄《蜀都赋》说蜀地"黄润细布，一筒数金"，意思是蜀地的丝绸以黄色的品质尤佳。印度前任考古所所长乔希（M.C.Joshi）曾指出，古梵文文献中印度教大神都喜欢穿中国丝绸，湿婆神尤其喜欢黄色蚕茧的丝织品。这种黄色的丝织品，应该就是扬雄所说的"黄润细布"。印度教里湿婆神的出现年代相当早，早在印度河文明时期已有了湿婆神的原型，后来印度教文明中的湿婆神就是从印度河文明居民那里学来的。从印度古文献来看，湿婆神的出现时间至少相当于中国的商代，那时中原尚不知九州以外有印度的存在，而古蜀成都已经同印度发生了丝绸贸易关系，最早开通了丝绸之路。

多数研究者认为，南方丝绸之路国际贸易行用的货币是一种产于印度洋的白色海贝。古代文献对印度洋地区使用贝币有相当多的记载，方国瑜教授认为这种海贝就是货币，彭信威先生认为云南用贝币的历史悠久，是受印度的影响所致。在古蜀腹地三星堆以及云南地区都出土了大量海贝，应是从印度地区交换而来。也有学者认为西南地区出土的海贝是装饰品，或认为海贝来源于南海。

学术界普遍认为，自秦汉以后，南方丝绸之路是由中央王朝掌控的贸易线，而对先秦时期经由南方丝绸之路进行的对外贸易的性质则有不同认识。一种观点认为主要是民间自由贸易，另一种观点认为主要是官方贸易，这可以三星堆遗址为代表的考古发现为证，象牙、海贝等外来文化因素等，更多地集结在像三星堆这样的大型都城和区域统治中心内，应属明证。古蜀经由南方丝绸之路进行的对外贸易，主要有直接贩运和转口贸易两种形式。在转口贸易中，古蜀产品要抵达南亚等地，需由古蜀—滇—外国商人经过多次转口交易来完成。

古代文献记载表明，先秦时期中国西部存在一条由北而南的民族迁徙通道。费孝通先生提出了民族走廊和藏彝走廊概念。李绍明教授指出，从民族学的角度来看是一条民族走廊，而从历史地理学的角度来看，则是一条古代交通线，南方丝绸之路即是藏彝走廊中的一条通道。另有学者认为，藏彝走廊是连接南、北丝路的枢纽，而南、北丝路是古代中国最早的世界窗口。

（四）南方丝绸之路与东南亚文明

1983年童恩正教授发表《试谈古代四川与东南亚文明的关系》，除了提到巴蜀向越南等东南亚大陆地区传播中原文化外，还简略讨论了巴蜀文化本身在北越地区的传播，这主要是指青铜文化。同年蒙文通教授遗著《越史丛考》由人民出版社出版，其中的《安阳王杂考》一章提出，战国末秦代之际，蜀人向越南的大规模南迁，对越南民族的形成产生了很大的影响。蒙文通教授的观点，在越南学术界有不同认识。

学术界比较认同的观点是，从远古时代起，中国与东南亚就发生了若干文化联系。在相互间的各种交往中，中国常常处于主导的地位，而东南亚古文化中明显受到中国影响的某些重要因素，其发源地或表现得相当集中的地区，就是古代巴蜀，云南则是传播的重要通道。

（五）南方丝绸之路与南亚文明

季羡林教授《中国蚕丝输入印度问题的初步研究》及德国雅各比（H·Jacobi）在普鲁士科学研究会议报告引公元前320至315年印度旃陀罗笈多王朝考第亚（Kautilya）所著书，说到"支那（Cina）产丝与纽带，贾人常贩至印度"。公元前四世纪成书的梵文经典《摩呵婆罗多》（Mahabharata）和公元前2世纪成书的《摩奴法典》（Manou）等书中有"丝"的记载及支那名称，陈茜先生认为这些丝织品来自中国四川。法国汉学家伯希和考证，"支那"（Cina）一名，乃是"秦"的对音。有学者指出，Cina中译为"支那"，或"脂那"、"至那"等，是古代成都的对音或转生语，其出现年代至迟在公元前4世纪，或更早。印度古书里提到"支那产丝和纽带"，又提到"出产在支那的成捆的丝"，即是指成都出产的丝和丝织品，Cina这个名称从印度转播中亚、西亚和欧洲大陆后，又形成其转生语，如今西文里对中国名称的称呼，其来源即与此直接相关。而Cina名称的西传，是随丝绸的西传进行的，说明了古蜀丝绸对西方的影响。南方丝绸之路上使用的通用货币为海贝，反映了南亚文明对中国西南文化的影响。三星堆遗址出土的海贝、海洋生物雕像、城市文明、人体装饰艺术、神树崇拜以及象征南亚热带丛林文化的大量象牙，都从各个不同的方面证实了中国文明与南亚文明的交流关系。何崝教授从文字源流的角度分析了印度河文明的文字与中国商代文字的异同，认为三星堆刻符与印度河文字有紧密联系，在中国原始文字符号传播到印度河地带时起了桥梁作用。日本成家彻郎教授认为，巴蜀古文字与中亚阿拉米文字有关，古代中国的印章发源于四川，而巴蜀印章是从古印度和中亚引入的文化因素。这几个问题都至关重要，必须寻找更多的证据加以进一步实证，从而深化对古代中国对外开放与交流的认识。

（六）南方丝绸之路与近东和欧洲古代文明

考古学证据表明，中国经由西南地区与近东文明之间的接触和交流，在公元前第二个千年的中期就已存在了，其间文化因素的交流往还，就是经由南方丝绸之路进行的。三星堆出土的金杖、金面罩、青铜人物全身雕像、人头像、人面像（包括兽面像）等，在文化形式和风格上完全不同于中国本土的文化，在殷商时代的全中国范围内完全找不到这类文化因素的渊源，而青铜人物雕像、金杖、金面罩的传统见于美索不达米亚、埃及和印度，权杖起源于美索不达米亚，古埃及也有使用权杖的传统，黄金面罩也是最早见于美索不达米亚，商代三星堆遗址出土的青铜雕像群和金杖、金面罩，由于其上源既不在巴蜀本土，也不在中国其他地区，但却同上述世界古代文明类似文化形式的发展方向符合，风格一致，功能相同，在年代序列上也处于比较晚的位置，因而就有可能是吸收了上述文明区域的有关文化因素进行再创作而制成。张增祺研究员注意到了西亚文化对中国西南地区古文化的影响，巴蜀和滇文化区西亚石髓珠和琉璃珠的发现，都证明中国西南与西亚地区的经济贸易和文化关系早已发生的事实。张正明教授亦认为，从人类学的角度看，西南夷青铜文化确有西亚文明的因素。

西方地中海的古希腊、罗马，最早知道的中国丝绸，便是古代蜀国的产品。早在公元前4世纪，古希腊人的书中便出现了"赛力丝"（Seres）这个国名，意为"丝国"。据笔者考证，中国丝绸早在公元前11世纪就已西传到了埃及，在西方历史文献中，欧洲人公元前4世纪也已知道Cina这个名称，并把梵语Cina（成都）一词，按照欧洲人的语言，音转成了西语的Seres，而Seres名称和Sindhu［印度］名称同传中亚，是从今印度经由巴基斯坦西传的。张骞所说蜀人商贾在身毒进行贸易活动，身毒即是Sindhu

的汉语音译，指印度西北部印度河流域地区。由此可知，从中国西南到印度，再从印度经巴基斯坦至中亚阿富汗，由此再西去伊朗和西亚、欧洲地中海地区和北非埃及，这条路线正是南方丝绸之路西线所途经的对外交通线。欧洲地中海地区和埃及考古中均发现中国丝绸，这些丝绸在织法上多与四川丝绸相同，表明四川是古代丝绸之路的重要发源地，是丝绸之路的动力源。

三

凉山州在南方丝绸之路上具有重要的战略地位，是南方丝绸之路的重要枢纽，它北连成都，直通中原；东接宜宾，连通五尺道；西达丽江，深入中甸；南跨金沙江，直下博南道、永昌道，不论在中国古代史还是在中外文化交流史上都发挥了积极作用。

四川省凉山彝族自治州博物馆和凉山彝族奴隶社会博物馆长期以来关注南方丝绸之路研究，是南丝路考古、历史、民族和文化研究的一支重要力量，并在这一领域取得了大量重要成果，获得学术界的广泛称赞。这本由凉山彝族奴隶社会博物馆编辑的《南方丝绸之路上的民族与文化》，汇集了四川和云南学术界对于南丝路研究的40多篇论文，分为丝路研究、文化交流、政治军事、文物研究、民族文化以及译文等六个方面予以结集出版，内容丰富，涉及广泛，观点新颖，是近年来学术界关于南丝路研究的重要论文集之一。相信这本论文集的出版，对于南方丝绸之路研究的进一步深入开展，将会起到积极的推动作用。

目录

丝路研究

文化交流

政治军事

文物研究

民族文化

译　文

丝路研究

南方丝绸之路上的民族与文化

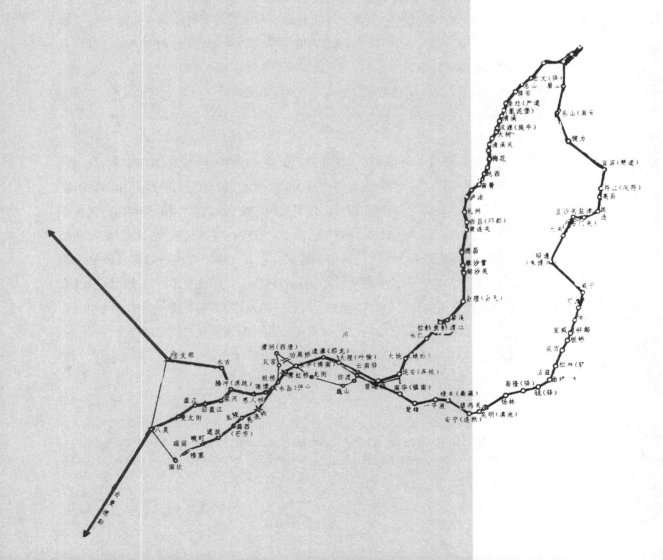

汉晋时期的中国"西南丝绸之路"

罗二虎　四川大学历史文化学院教授　博士生导师

摘　要： 该文使用古代文献与考古资料结合，对汉晋时期"西南丝绸之路"的开通、路线、形成与路线特点、建设、商业活动以及汉代成都地区的经济文化等方面的问题进行了系统的讨论。这条古道在西汉中期以前就已存在，但汉帝国直至东汉永平十二年（69）才将这条道路全线开通。其基本路线为从成都经永昌郡（今云南西部）到达身毒（今印度）。当时在古道沿途大规模开凿道路，设置郡县治所和各种交通、通讯设施，大量移民，屯军等措施来保证道路畅通与高效的通讯传递。当时古道上的商业活动可分为境内和境外两部分。境内主要在蜀地与西南夷地区之间，境外主要在蜀地与境外之间进行。

关键词： 西南丝绸之路　汉晋时期　蜀地　身毒　西南夷　永昌郡　商业

亚洲古代史上东西经济文化交流的主要通道，也就是现在人们通常说的所谓古代"丝绸之路"有三条：第一，从中国西安出发经中亚内陆干燥地区而抵达西亚、地中海的著名的北方"丝绸之路"；第二，从中国东南沿海出发经由南中国海、马六甲海峡向西抵达亚洲的印度洋沿岸地区的东南"海上丝绸之路"；第三，从中国成都出发经云南、缅甸而抵达印度以至中亚的"西南丝绸之路"。前两条道路，已有许多学者进行过深入研究，而"西南丝绸之路"由于早期的有关文献贫乏，研究者较少，只是在近年以来才再度引起人们的注意[①]。这条道路直接沟通了中国和印度这两个东方的文明古国，促进了中国与印度、缅甸乃至中亚、地中海地区的古代经济、文化交流，在中国和世界古代交通史上占有一定的地位。本文即重点对中国汉晋时期的这条道路的情况进行研究。

[①] 在第二次世界大战期间，这条古道曾引起人们的关注，也有一些学者对此进行过研究。如：方国瑜：《云南与印度缅甸之古代交通》，《西南边疆》第12期，1941年；郑天挺《历史上的入滇通道》，《旅行杂志》第17卷第3期，1943年。

一、"西南丝绸之路"的开通

根据古代文献记载，这条道路的存在年代久远，至少可以追溯到北方"丝绸之路"和东南"海上丝绸之路"开通之前。汉代时，汉王朝为了能直接通过此道到达印度乃至中亚，进行了一系列的努力。

公元前3世纪以来，北方的匈奴人逐渐强大，在西汉前期对汉王朝构成严重的威胁。至西汉中期，随着国力的强盛，西汉王朝便急于想解除来自北方匈奴人的威胁，汉武帝派遣张骞出使西域，想联络被匈奴人赶走的大月氏人联合夹击匈奴。张骞出使西域归国后，向汉武帝报告了存在一条从汉帝国的蜀地通往印度和中亚的道路这一重要信息。为了达到联合大月氏人夹击匈奴的目的，汉王朝便开始了争取直接打通这条道路的各种努力。此后，有关这条道路的各种记载也才开始散布于史。《史记·大宛列传》记载：

（张）骞曰："臣在大夏时，见邛竹杖、蜀布。问曰：'安得此？'大夏国人曰：'吾贾人往市之身毒。身毒在大夏东南可数千里。其俗土著，大与大夏同，而卑湿暑热云。其人民乘象以战，其国临大水焉。'以骞度之，大夏去汉万二千里，居汉西南。今身毒国又居大夏东南数千里，有蜀物，此其去蜀不远矣。今使大夏，从羌中，险，羌人恶之；少北，则为匈奴所得；从蜀宜径，又无寇。"……天子欣然，以骞言为然，乃令骞因蜀犍为发间使，四道并出：出駹，出冉，出徙，出邛、僰，皆各行一二千里。其北方闭氐、筰，南方闭巂、昆明。昆明之属无君长，善寇盗，辄杀略汉使，终莫得通。然闻其西可千餘里有乘象国，名曰滇越，而蜀贾奸出物者或至焉，于是汉以求大夏道始通滇国。

大夏国为大月氏人所建，在中亚阿姆河流域，即今阿富汗北部一带。身毒即中国对印度的古称。蜀、犍为即以今成都地区为中心的四川西部一带。从这一段记载可知，在张骞出使西域以前，当时的四川已与印度存在着民间的商业交往。但由于西汉前期对西南夷（汉代时对四川盆地以西以南居民的统称）地区实行闭关政策，民间的商业活动均带有走私的性质，朝廷并不知道当时民间的商业活动通道，因此汉王朝才派遣使者四处寻找经身毒去大夏的路线。从四川至印度，存在三种可能的途径：（1）北路。是一条大迂回的路线，要先到甘肃南部，再取道河西走廊、塔里木盆地边缘，越帕米尔高原至大夏，即北方"丝绸之路"的路线。此道既远，又是张骞出使时所行路线，当然不会再派人由此道寻找通过身毒去大夏的捷径了。（2）西路。从四川往西行，穿过青藏高原东部至印度。这条路虽近，但在当时条件下通行似乎不太可能。汉武帝在当时也曾作为重点并遣使寻找。以蜀和犍为两郡作为遣使的始发地，则冉、駹在其西北，徙在其西边，此即所谓"四道开出"中的"出駹，出冉，出徙"之三道，都可以说是朝这一方向，但都未成功。这其中除了有氐人、筰人从中挡道之外，可能最重要的原因还是地形恶劣，当时无路可通。从四川盆地西行，必经青藏高原东部的横断山脉。这里山脉均南北走向，其间大渡河、雅砻江、金沙江、澜沧江、怒江等数条大江从北南下，形成著名的高山峡谷地带，其河面至山颠高差可达数千米，通途极为艰难。四川与西藏的贸易等交往，也是到了唐代才开始兴盛的。（3）南路。从四川盆地向西南行，经云南、缅甸北部至印度到大夏。蜀布、邛竹杖取道此路，似乎是唯一可能的了。而汉武帝遣使"四道并出"中的"出邛、僰"也正是这一方向。虽然汉使者被闭于嶲、昆明，但他们却带回了另一个重要的信息，即蜀地商人的足迹已达到昆明以西千里之遥的滇越了。于是，汉王朝开始了在西南夷地区的大规模经营。

《史记·大宛列传》记载："是时汉既灭越，而蜀、西南夷皆震，请吏入朝。于是置益州、越嶲、牂牁、沈黎、汶山郡，欲地接以前通大夏。乃遣使柏始昌、吕越人等岁十余辈，出此初郡抵大夏，皆复闭昆明，为所杀，夺币财，终莫能通至大夏焉。于是汉发三辅罪人，因巴蜀士数万人，遣两将军郭昌、卫广等往击昆明之遮汉使者，斩首虏数万人而去。其后遣使，昆明复为寇，竟莫能得通。"虽然数次征战昆明人，但昆明人仍继续阻道，西汉一代，汉使者始终未能到达印度。直到东汉初年的永平十二年（69）在原昆明地稍西的哀牢王率种内属，汉在其地设置永昌郡，至此这一通道才开始畅通。

二、"西南丝绸之路"的路线

由于历史的久远与人世的沧桑，汉晋时期"西南丝绸之路"的具体路线，早已湮没于茫茫的崇山峻岭、深山峡谷和热带雨林之中。如今，人们从疏漏的上古文献中，只能窥见汉晋时期这条古道踪影的一斑。然而，从唐代始以后历代却对这一古道的路线、行程有较详的记载。汉唐两代虽然时隔数百年，其间朝代更替数经沧桑，但古道沿途的地理条件并无大的变化，汉唐两代生产力发展水平、交通工具、人口分布和密度也无本质的变化，所以唐代的古道路线对我们考察汉晋古道的路线仍有较高的参考价值。

在唐代记载有关这条古道路线的诸种文献中，最详尽的当数《蛮书》和《新唐书·地理志》。根据这两书的记载，唐代从成都到南诏国都城——阳苴咩城这一段（当时称"南路"或"清溪道"）主要途径依次为：成都（今成都）→双流二江驿（今双流县城）→新津三江驿（今新津县城）→临邛驿（今邛崃县城）→名山顺阳驿（今名山县城）→严道延化驿（今雅安市西）→荥经南道驿（今荥经县城）→邛崃关（今荥经县大关镇）→山口城（今大相岭草鞋坪垭口）→汉源场（今汉源县九襄镇）→通望木良驿（今汉源县城）→清溪关（今汉源县与甘洛县交界处的深沟）→大定城（今甘洛县海棠镇）→新安城（今越西县保安镇）→荣水驿（越西县登相营）→初裹驿（今喜德县冕山镇）→台登谷（今安宁河泸沽峡）→台登平乐驿（今冕宁泸沽镇）→苏祁驿（今西昌市礼州镇北）→嶲州三阜城（今西昌市青柯山）→沙野城（今西昌市西打罗镇）→羌浪驿（今德昌县城）→阳蓬岭

（今德昌县东南安宁河谷诸山）→荜驿（今会理县益门镇）→会川镇（今会理县城）→河子镇（今会理县黎溪大海子）→泸津关（今会理拉鲊渡口）→伽毗馆（今云南省永仁县城）→阳褒馆（今大姚县城东北）→弄栋城（今姚安县城北）→云南城（今祥云县云南驿古城村）→波大驿（今祥云县城）→龙尾城（今大理州下关市）→阳苴咩城（今大理县西）①。再从大理西行至印度这一段（当时称"天竺道"），主要经今漾濞县、永平县，翻博南山，渡澜沧江，经保山市，渡怒江，翻高黎贡山，经腾冲县、盏西镇（属腾冲县），到缅甸的密支那、孟拱，然后西去到达印度。汉晋时期从四川出发至云南主要有两条道路。西面有灵关道，也称西（南）夷道、牦牛道或青衣道；东面有五尺道，也称僰道、南夷道。通常所说的"西南丝绸之路"，主要是指西面这一条道。下面我们参照唐代时这条古道的路线，再次梳理汉晋时期古文献中有关这条古道的记载，并在前人考释、研究的基础上，通过确定有关古地名、水名、古国和部族的地望，来考察古道的大体路线。

除了前已引用的记载之外，有关这条古道的记载主要还有以下各条：

天子问相如，相如曰"邛、笮、冉、駹者近蜀，道亦易通，秦时尝通为郡县，至汉兴而罢。今诚复通，为置郡县，愈于南夷。"天子以为然，乃拜相如为中郎将，建节往使。副使王然于、赵充国、吕越人驰四乘之传，因巴蜀吏币物以赂西夷。至蜀，蜀太守以下郊迎，县令负弩矢先驱，蜀人以为宠。于是卓王孙、临邛诸公皆因门下献牛酒以交欢。……司马长卿便略定西夷，邛、笮、冉、駹、斯榆之君皆请为内臣。除边关，关益斥，西至沫、若水，南至牂牁为徼，通零关道，桥孙水以通邛都，还报天子，天子大说。（《史记·司马相如列传》）

臣仓等昧死言：（刘）长有大死罪，陛下不忍致法，幸赦，废勿王。臣请处蜀郡严道邛邮，遣其子母从居，县为筑盖家室，皆廪食给薪菜盐豉炊食器席蓐。（《史记·淮南衡山列传》）

永平十二年，哀牢王柳貌遣子率种人内属，其称邑王者七十七人，户五万一千八百九十，口五十五万三千七百一十一。西南去洛阳七千里，显宗以其地置哀牢、博南二县，割益州郡西部都尉所领六县，合为永昌郡。始通博南山，度兰仓水，行者苦之。歌曰："汉德广，开不宾。度博南，越兰津。度兰仓，为它人。"（《后汉书·南蛮西南夷列传》）

永昌郡，古哀牢国。……绝域荒外，山川阻深，生民以来，未尝通中国也。……孝武帝时通博南山，度兰沧水，淯溪，置巂唐、不韦二县。（《华阳国志·南中志》）

汉嘉郡界牦牛夷种类四千余户，其率狼路，欲为姑婿冬逢报怨，遣叔父离将逢众相度形势。巂逆遣亲近赍牛酒劳赐，又令离逆逢妻宣畅意旨。离既受赐，并见其姊，姊弟欢

---

① 关于今地望的考证主要参考蓝勇：《四川古代交通路线史》，西南师范大学出版社，1989年。

悦，悉率所领将诣巖，巖厚加尝待，遣还。牦牛由是辄不为患。

（越嶲）郡有旧道，经牦牛中至成都，既平且近；自牦牛绝道，已百馀年，更由安上，既险且远。巖遣左右赍货币赐路，重令路姑喻意，路乃率兄弟妻子悉诣巖，巖与盟誓，开通旧道，千里肃清，复古亭驿。（《三国志·蜀书·张嶷传》）

晋代左思在《蜀都赋》①中，谈到四川西南出川的交通时有"驰九折之坂"之称。

盘越国一名汉越王，在天竺东南数千里，与益部相近，其人小与中国人等，蜀人似至焉。（《魏略·西戎传》）②

元狩元年，博望侯张骞使大夏来，言居大夏时见蜀布、邛竹杖，使问所从来，曰："从东南身毒国，可数千里，得蜀贾人市。"或闻邛西可二千里有身毒国。（《史记·西南夷列传》）

归纳前述记载可知，活动在这条古道上的古国、部族有西汉时期的邛、嶲、昆明、筰、滇越，东汉时期的哀牢，东汉至三国时期的牦牛、盘越；主要古地名、水名有蜀、成都、临邛、犍为、汉嘉郡、严道、九折坂、零关道、孙水、邛都、越嶲郡、博南山、兰仓水、永昌郡等。

蜀、成都：蜀在汉代主要指蜀郡和成都平原一带，两汉时蜀郡一直以成都为中心，郡治也在成都。

临邛：即今四川省邛崃县一带。

犍为：指犍为郡，汉代时所属地域广阔，但其中心地带仍在武阳（今四川省彭山县、新津县一带）、南安（今乐山市）和僰道（今宜宾市）等岷江流域，尤其是靠近成都平原的地区。汉代时犍为郡与蜀郡、广汉郡一起，合称"三蜀"。

严道：《史记·淮南衡山列传》"索隐"在解释严道邛邮时说："县有蛮夷曰道。严道有邛崃山，有邮置，故曰'严道邛邮'也。"按汉代制度，在重要交通道上设邮亭。严道既然设有邮亭，那么即应在古道上。严道在今荥经县境，宋代时在县西15公里（约在今花滩一带）还留有汉碑，记载当时蜀郡太守在这一带修整古道的情况③。

九折坂：《史记·淮南衡山列传》"集解"引徐广曰："严道有邛僰九折板，又有邮置。"《续汉书·郡国志》"蜀郡属国严道县"下刘昭注引《华阳国志·佚文》："（九折坂）道至险，有长岭、苦栋、八渡之难，杨母阁之峻。昔杨氏倡造作阁，故名焉。邛崃山本名邛筰，故邛人、筰人界也。岩险峻，回曲九折，乃至山上，凝冰夏结，冬则剧寒，

---

① 本文所引用左思《蜀都赋》，扬雄《蜀都赋》，司马相如《凡将篇》，均出自严可均校辑：《全上古三代秦汉三国六朝文》，中华书局，1958年。以下不再注明。

② 《三国志》卷三十，裴注引，中华书局标点本。

③ 《舆地纪胜》卷一四七，成都府路，雅州。

王阳行部至此退。" 可见九折坂即邛崃山，因山路险峻，回曲九折，故称九折坂，在严道附近，即应是今荥经之南的大相岭。

筰：亦同"筰"。上述《华阳国志·佚文》中称邛崃山为"故邛人、筰人界也"，那么早期筰人当分布在这一带。两汉时期，在越嶲郡有筰秦、定筰、大筰等县，西汉时在邛崃山南面还设有筰都县，这些都应是筰人所在区域。

牦牛夷：也为西南夷之一。古道在东汉晚期又称牦牛道，以其经过"牦牛夷"居住的牦牛县而得名。关于牦牛县的地望，根据《华阳国志·蜀志》："牦，地也，在邛崃山表"的说法，应在邛崃山一侧。汉严道既在邛崃山北面，那么牦牛则应在山南侧，即今汉源县一带[①]。

汉嘉郡：蜀汉时期的汉嘉郡领牦牛、严道、徙（今天全县境）和汉嘉（今芦山县）四县，郡治汉嘉。

零关道：亦言"灵关道"。汉代称成都至滇西这一段古道为"灵关道"，因其通过重要关隘灵关而得名。《史记·司马相如列传》"集解"引徐广曰："越嶲有零关县"，但零关县的存在不见于其他的古代著录，地望不详。那么零关何在？有人认为在今四川省宝兴县境的唐宋时期灵关，然而年代与方位均不吻合，显然不妥。《四川古代名人》一书认为在今峨边县南。但峨边县南的古道始凿于唐代，也应误。《华阳国志·蜀志》记载越嶲郡"有阑县，故邛人邑，治邛都城，接寒关，今省"。一般认为，寒关即灵关。而汉代的阑县，一种观点认为在今越西县北20公里王家屯[②]，而灵关则在越西南面的中所镇，该镇原有灵关古道坊，现仍保留有摩崖石刻"灵关"二字。另一种观点认为阑县在今甘洛县海棠[③]，而灵关就是唐代的清溪关[④]，今称为深沟。笔者经过实地考察后认为后者的可能性更大。

邛、孙水、越嶲郡、邛都：邛为秦汉时期的西南夷之一，亦称为"邛都夷"，大致分布在越嶲郡范围内。孙水即今安宁河。越嶲郡范围包括今四川省西南凉山州、攀枝花市和云南省姚安、大姚等县以北地区，郡治邛都。邛都即今西昌市，因汉武帝开西南夷以前，此为邛都夷所在之地，故曰邛都。

嶲、昆明：《史记·西南夷列传》记载："自滇以北君长以什数，邛都最大；此皆魋结，耕田，有邑聚。其外西自同师以东，北至楪榆，名为嶲、昆明、皆编发，随畜迁徙，毋常处，毋君长，地方可数千里。自嶲以东北，君长以什数，徙、筰都最大。"同师在今保山地区境，而楪榆在今大理县一带，由此推定，昆明人当时应在今保山地区至大理州一

① 中华民国时修《汉源县志》和谭其骧主编《中国历史地图集》（二、三册）都持这一观点。

② 清光绪时修，《越嶲厅志·古迹志》等。

③ 蒲李荣：《四川政区沿革与治地今释》，四川省哲学社会科学研究所，1978年。

④ （晋）常璩撰，刘琳校注：《华阳国志校注》，巴蜀书社，1984年。

带活动，与越嶲郡的邛都夷为邻。西汉时因昆明阻道，致使汉王朝使者不能前往身毒，使者回报说昆明人有池（即今洱海），于是在长安西的上林苑中凿池，周边40里，以练习水战。这也可证明昆明人在此活动。而嶲人在昆明人北边活动，大致在今保山、大理北面一些，其东北面也正好是筰人活动的汉越嶲郡。

博南山、兰仓水：《华阳国志·南中志》："博南县西山、高三十里，越之度兰沧水。"可知兰仓水在博南山西，博南县在博南山东。汉晋时博南县即今云南省永平县，而兰仓水即今澜沧江。

哀牢、永昌郡：哀牢既是部族名，又是邦国名。根据《华阳国志》和《后汉书》的记载可知，其主要活动在兰仓水以西的广大地区，并已达今缅甸境内[①]。汉永昌郡在越嶲郡的西南边，地域广大，包括原哀牢国和原益州郡西部地区。

滇越、盘越：在有关这一古道的各种记载中，这两地域（或部族、古国）在最西端，非常重要，所以稍详论证。历代学者对其地望所在，分歧也较大，主要有三种观点。第一种认为古滇越即以后的腾越，在今云南省腾冲一带，但他们同时又认为这一带都是古昆明夷活动地区[②]。这显然是自相矛盾的，因为《史记》中已明确记载了滇越在昆明以西千余里。持第二种观点的人认为盘越或汉越，即《华阳国志》中记载的傈僳，亦即《广志》中所说的剽国[③]。剽国为公元4世纪时缅甸的古国名。晋人魏宏撰《南中八郡志》载："永昌郡西南三千里有剽国，以金为刀戟。"[④]地望上看，两者明显不符。第三种观点认为滇越就是盘越，亦即唐代时所说的"迦摩缕波"，在今印度的阿萨姆一带[⑤]。

笔者认为后一种观点是基本妥当的。关于滇越、盘越的记载，除了前述各条之外，还有《后汉书·西域传》："天竺国一名身毒，在月氏之东南数千里，……从月氏、高附国以西，南至西海，东至磐起（应为"越"）国，皆身毒之地。"[⑥]《南史·夷貊传》："从月氏、高附西，南至四海，东至盘越，列国数十，每国置王，其名虽异，皆身毒也。"

唐代有关迦摩缕波的记载见《大唐西域记》："迦摩缕波国，周万余里。国大都城，周三十余里。……此国东，山阜连接，无大国都，境接西南夷，故其人类蛮獠矣。详问土俗，可两月行，入蜀西南之境，然山川险阻，嶂气氛沴，毒蛇毒草，为害滋甚。国之东南，野象群暴，故此国中，象军特盛。"唐代慧琳的《一切经音义》卷81"牂柯条"记载

---

① 《中国历史地图集》（二册），中华地图学社，1975年。
② 吴楷，屠述濂等：《腾越州志·建置沿革》（乾隆时修）。
③ 向达：《蛮书校注》，中华书局，1962年。
④ 《太平御览》卷353，兵部引（宋本）。
⑤ 汶江：《滇越考——早期中印关系的探索》，《中华文史论丛》1980年第2期。
⑥ 《后汉书校补》注曰："案盘起，《通志》起作越。"此外，在《梁书》卷45《中天竺国传》等同类内容的记载中均作"盘越"。

有从四川经云南至迦摩缕波的途程:"遂检《括地志》及诸地理书、《南方记》等,说此往五天路径,若从蜀川南出,经余姚、越嶲、不韦、永昌等邑,古号哀牢夷,……今并属南蛮,北接亘羌,杂居之西,过此蛮界,即入土蕃国之南界。西越数重高山峻岭,涉历山谷,凡经三数千里,过吐蕃界,更度雪山南脚,即入东天竺东南界迦摩缕波国。"

唐代文献记载的迦摩缕波国,其地望在今印度阿萨姆地区,这已基本上得到学界的公认。那么《史记》中所言的"滇越",《魏略》和《后汉书》所言的"盘越"也都应在阿萨姆一带。从前述的记载中,可以看出滇越、盘越、迦摩缕波与阿萨姆有以下几点相似之处:(1)方位相同,均在永昌郡(今云南西部和缅甸北部部分地区)以西;(2)距离和里程相似。滇越在昆明地以西千余里,身毒在邛西二千里。邛地即汉代越嶲郡地,包括今云南省姚安、大姚一带,若减去从这一带至今腾冲一段的里程,剩余的部分大体也是千余里。从迦摩缕波至唐之蜀西南境"可两月行",按唐制陆行每日50里计算,约合3000里①。唐代之蜀西南境约指四川盆地西南边缘一带。若除去四川盆地边缘至今腾冲一段,剩下的大致也是千余里。这与从腾冲至阿萨姆的距离大体相当。(3)无论是滇越、迦摩缕波还是阿萨姆,均产象多,并有乘象习俗。(4)无论是盘越、迦摩缕波,还是阿萨姆土著,其人均与中国人(即西南夷)相似。

综上所述,我们可知汉晋时期"西南丝绸之路"的大体路线是:从四川的成都地区出发经过临邛(今邛崃县)到严道(今荥经县境),再翻越邛崃山(今大相岭),经牦牛夷地(今汉源一带)过灵关(今甘洛县境)至孙水(今安宁河)边,然后顺水而下抵邛都(今西昌市),再沿孙水南行出越嶲郡后经今洱海而达博南山,翻山后渡兰仓水(今澜沧江),经永昌郡治不韦(今保山市境)再穿过永昌郡西境(今缅甸国北部一带)抵滇越(盘越,今印度阿萨姆地区),而最终到达身毒(印度内地)以至大夏(今中亚阿富汗国北部)。

此外,从永昌郡西境还可顺伊洛瓦底江到掸国(今缅甸境)并与西亚水路沟通。《后汉书·和帝纪》记载:"(永元)九年(97)春正月,永昌徼外蛮夷及掸国重译奉贡。"《后汉书·安帝纪》记载:"永宁元年(120)十二月永昌徼外掸国遣使贡献。"在《后汉书·南蛮西南夷列传》中记述更详:"永宁元年,掸国王雍由调复遣使者诣阙朝贺,献乐及幻人……自言我海西人。海西即大秦也,掸国西南通大秦。"大秦即罗马帝国。《三国志·魏书》卷三十裴注引鱼豢《魏略·西戎传》:"大秦道既从海北陆通,又循海而南,与交趾七郡外夷比;又有水道通益州、永昌,故永昌出异物。"史书称掸国在永昌郡外,那么当距永昌郡不远,他们来内献,自然是取道永昌郡。一般认为掸国是讲泰语的掸族,

---

① 《唐六典》卷3:"度支郎掌水陆道里之路,凡陆行之程,马日七十里,步行及驴五十里。"现2里等于1公里,古代里的长度与现在的略有差异。

在今缅甸东北部建立的古国。这条由水路从西亚至伊洛瓦底江再到永昌，然后经"西南丝绸之路"转中国内地的路线，至少在公元1世纪80年代已经开通。成书于公元80年左右的《爱利脱利亚海周航记》（PeripiusoftheErythraeanSea）一书，是侨居埃及的某希腊人，驾船游历了亚洲的印度洋沿岸地区后所著。他说："过克利斯国抵支那国（Thinae）后，海乃止。"①

近数十年以来，随着在中国境内这些地区考古工作的开展，陆续发现了大量汉晋时期的文化遗存。这些遗存的发现，对于我们全面认识这条古道以及印证古文献从而确定这条古道的路线具有重要的意义。通过对这些考古资料的梳理研究，再结合笔者对古道沿途的数次实地考察，对于古道的具体路线，在前人研究的基础上又有一些新的认识。

从青铜时代以来，古道沿途的大部分地区在不同地程度上都受到了巴蜀文化的影响，其中青衣江和大渡河两流域的许多地区已经可以归入巴蜀文化的分布范围。进入汉代以来，汉文化的影响更是日渐强烈，并使古道沿途的土著文化发生了一些本质性变化。在西汉时期，古道沿途一些地区还仅仅是受到汉文化的影响，或者是土著文化与汉文化并存。但到东汉以后，沿途许多地区的土著文化全面衰退并为汉文化所取代。如果我们将发现的汉文化遗存的这些地点用一条线连接起来，那么一条根据考古学实物资料而勾画出来的古道路线便比较清晰地出现在我们的眼前。以下即对古道沿途地区的汉晋遗存和发现地点做一简述②。

（一）雅安地区

在四川盆地内当然是汉文化占主导。从成都地区向西南行，出盆地的第一站就是雅安地区。这一地区在西汉时期是汉文化、巴蜀文化和其他土著文化并存，但到西汉中期以后则基本上都是汉文化或已经大部分汉化的原土著民文化的遗存，尤其是在较宽阔的河谷地带。这一时期的汉文化遗存主要分布在芦山河、青衣江、荥经河、西门河、流沙河和大渡河等主要河流的中、下游河谷地带。

芦山县：其汉晋时期遗存可分为墓葬和遗址两大类。墓葬主要分布在芦山河和境内的青衣江河谷地带，分布密集，数量众多，仅20世纪50年代以来经清理的就不下300座。此外现仍可见到许多崖墓和砖室墓。在清理过的砖室墓中有一些还发现有纪年铭文砖，年代最早的为东汉"永平十六年"（73），最晚的为东汉"中平三年"（186）。这里发现的东汉大型墓前石刻丰富，数量之多居全省之冠③。遗址中最重要的为现县政府所在地的芦阳镇遗

---

① 张星烺编，朱杰勤校订：《中西交通史料汇编》第一册，中华书局，1977年。

② 在下面分地区叙述中，凡未注明出处的资料，多为笔者考察时所见或收集。可参见拙著《"西南丝绸之路"的初步考察》（《南方民族考古》第五辑）一文。

③ 该县博物馆现专设有"芦山汉代石刻陈列馆"。另参见陶宽鸣、曹恒钧：《芦山县的东汉石刻》，《文物参考资料》1957年第10期。

址。从发现的遗物看当为一处汉晋时期的城镇遗址。其中值得注意的是在这里发现了 "永元八年六月都尉府造" 的纪年铭文砖，因此可以基本上确定这里就是东汉时蜀郡属国郡治汉嘉所在地。

雅安市：青衣江从北进入境内，然后自西向东穿过全境。汉晋时期未设县而隶属严道。与芦山相比，汉晋时期汉文化遗存发现较少。这些遗存多为墓葬并主要分布在青衣江河谷地带，在其支流绝少发现。其中较重要的有著名的东汉末期高颐墓阙和三河村蜀汉纪年砖室砖（出有 "景耀三年（260）杜氏所作吉羊" 铭文砖），两者都位于青衣江畔的姚桥乡。

天全县：全县大部为山区，仅东南部青衣江支流的天全河下游和荥经河下游河谷地带地势较低，自然条件也较好，汉文化遗存也仅在这里发现。这一带汉晋时期的砖室墓较多，笔者考察时也在这一带河谷发现不少汉砖、汉墓。

荥经县：位于雅安市南和大相岭（古邛崃山）北。汉文化遗存集中分布在荥经河和荥河、经河下游的河谷地带，墓葬较多。在遗址中最重要的是严道古城，通过多年的考古工作，现已可断定古城的年代为春秋中晚期至东汉或稍晚。城周围有从春秋时期至东汉时的6个墓葬群，西汉以前为土坑墓，东汉为砖室墓和崖墓，从西汉时期开始，尤其是在东汉时期，已完全是汉文化了。这一遗址当为秦汉时严道治所。此外，较重要的还有复顺汉代古城遗址和宝峰铜矿遗址。前者在县北约5公里的荥经河西岸二级台地上，为一座有夯筑城墙的小城。后者也在县北约10公里的荥经河西岸，现属宝峰乡。其铜山连绵10多公里，山中有大量古矿坑道，在附近多有秦汉遗物，其上限可早到秦汉之时[1]。

汉源县：位于大相岭南侧，境内多山，仅在大渡河某些地段和其支流流沙河中下游地势较平坦，交通便利，古代的文化遗存也集中在这一带。从西汉前期墓葬的情况观察，其汉文化、巴蜀文化和川西石棺墓系统的文化并存，但到西汉末期以后，则仅见汉文化系统的砖室墓和崖墓了。汉墓发现的数量很多，分布广泛，除了在上述河谷地带的十几个乡之外，在大渡河以南的河南乡也有发现。遗址中以九襄区大田乡新中村遗址较为重要。该遗址出有大量的汉代建筑材料和铜渣、残铜器，当为一处汉代前后的冶铜遗址。

（二）凉山州

该州有关汉文化的遗存，主要集中在安宁河河谷地带。从古至今，这里既是四川西南山地的经济发达地区，又是四川与云南之间的重要通道。进入青铜时代以后，安宁河流域一带盛行一种很有地方特点的、用巨石构筑的墓葬——大石墓，它的流行时代大致相当于中原地区的两周至东汉初期。在战国晚期至西汉时期，在该类墓葬中发现有较多的铁器、半两钱和西汉五铢钱等 "汉式" 器物。这些器物可能是直接从四川内地输入的。到西汉末东汉

---

[1] 李晓欧：《邓通铸钱地考》，《四川钱币学会成立大会论文》，1986年。

初期，则出土有更多的"汉式"器物，而其中的钱币很大一部分是当地制造（在西昌黄联关这一时期的冶铜遗址中发现了钱范）。在这一时期的凉山州境内，也发现有一些巴蜀文化和汉文化遗存。在进入东汉以后，这些当地的土著文化逐渐消失，汉文化取而代之。

西昌市：两汉时为越嶲郡治所在，因而汉文化遗存特别丰富，其中砖室墓不但数量多，而且发现地点也多，可达数十处，通常为一个个墓群分布。出土的纪年铭文砖有"元初三年"（116）、"大兴二年"（319）和"建兴五年"（317）等，可知其年代从东汉至东晋初年[①]。再者发现有两座古城，其夯土城墙现仍清晰可见，根据其遗物推测，两城的年代上限都可早到汉代。此外，在安宁河东岸黄联关东坪村附近发现一处年代约为西汉晚期至东汉时期的冶铜遗址。遗址中出土有王莽时期（西汉末年）的钱范、铭文铁锸、铜锭、炼渣和方铅矿石碎块等[②]。

昭觉县、美姑县：这一带为凉山州东部山地，西汉中期以前曾广泛分布着一种被称之为"石板墓"的石棺葬，墓中尚未发现有汉文化色彩的器物。但到东汉时逐渐消失，取而代之的是汉文化的砖室墓群和崖墓群。从出土的纪年铭文砖看，年代最早的砖室墓为东汉初年建武三年（27）。在昭觉县四开区抵坡还发现一处军屯遗址，年代约为东汉晚期至三国蜀汉时期。在遗址附近还发现有同时期的崖墓和印文为"军司马印""军假侯印"和"军假司马"等铜印17枚。在昭觉县好谷曾出土过东汉光和四年（181）石表和东汉初平三年（192）石表各一通。在石表上有"缮治邮亭""百人以为常屯""冲要为诸郡国"等内容重要的文字。此外，在清代（据清末所修《昭觉县志》）和20世纪50年代，昭觉县还出土过五铢钱范。

凉山州其他地区：除上述地区之外，在越西河上游的越西县城附近、新民；安宁河上游地区的喜德县冕山，冕宁县泸沽镇关索城、水井坡，松林乡的校场坝、石龙；安宁河中下游地区的德昌县五一乡七块坪子，会理县县城附近和黎溪，会东县的小坝等地发现汉代砖室墓。此外，在越西县新民、冕宁县泸沽镇都发现有汉代遗址。

（三）楚雄州

位于四川省凉山州以南的云南省中北部。该州西北的永仁、大姚、姚安一带在汉代隶属越嶲郡。在这一地区内发现的青铜时代文化与滇西地区青铜文化的关系密切。但汉晋时期的汉文化遗存发现较少，目前仅在姚安县境内发现。例如，在姚安城南仁和乡清河村发现一座西汉土坑墓，在城东大龙口乡寨子山村发现一座东汉石室墓，在阳派发现西晋砖室墓一座。在后一墓中出土有西晋"泰始二年"（226）、"咸宁元年"（275）和"咸宁四

---

① 凉山州博物馆：《四川凉山西昌发现东汉、蜀汉墓》，《考古》1990年第5期；黄承宗：《西昌东汉、魏晋时期砖室墓葬调查》，《考古与文物》1983年第1期；林声：《四川凉山发现汉墓》，《考古》1965年第3期等。
② 刘世旭：《汉"邛都南山出铜"地考》，《四川文物》1989年第6期；四川大学历史系考古专业等：《四川西昌乐坪汉代冶铸遗址的发掘》，《文物》1994年第9期。

年"（278）的纪年铭文砖①。

（四）大理州

该地区的青铜文化属于滇西洱海类型，以青铜兵器最具特征，而兵器中又以"山字格"剑最具代表性，其数量多、形制变化多样。这种剑在四川西部的阿坝州、甘孜州和雅安地区西部、凉山州西部的青铜文化中也广为流行。在战国晚期以后，尤其是西汉中期以后，这种文化中的外来影响（主要巴蜀文化和汉文化）逐渐强烈，直至东汉以后原土著文化逐渐消失。在西汉后期，汉文化已与土著文化并存，如在大理县小海岛（海东乡金梭岛南）上出土一钱罐，内装有西汉"五铢"钱13枚，王莽时期的"大泉五十"钱271枚、"大布黄千"钱61枚，石贝2个，陶弹丸1个②，该钱罐可能为西汉末年窖藏之物。在大理县大展屯东汉砖室墓的封土堆中，含有大量西汉时期的汉文化绳纹瓦残片。此外在大理县金梭岛遗址的采集陶片中，可分为两种陶系：一类为夹砂黄褐陶，属本地土著文化；另一类为夹砂灰陶，属汉文化，并有五铢钱等汉式遗物。在大理州境内还发现一些东汉至西晋的砖室墓，如在大理县大展屯村发现2座东汉晚期砖室墓③，在喜洲文阁发现西晋"太康六年"（285）纪年砖墓，在大理县荷花村发现西晋"太康十三年"（292）纪年砖室墓。在祥云县发现过东汉砖室墓以及在该县红州发现西晋"太康元年"（280）纪年砖室墓。在大理还收集有西晋"太康八年"（287）的纪年铭文砖。

（五）保山地区

该地区地处滇西，境内多山，其间有不少平坝，而保山市所在的保山坝为其中面积最大者。目前境内发现的古代遗存总的来说较少，其青铜时代的文化仍属滇西洱海类型，汉晋时期的汉文化遗存主要分布在保山市和腾冲县。

保山市：汉晋时期的遗址有二处。诸葛亮遗址位于保山坝西侧，遗址中心部分是一古城，面积约14万平方米，而遗址的面积则更大。古城的夯土城墙现仍清晰可见。根据城墙内的包含物和遗址中的采集品观察，城墙的修筑年代当在东汉时期，而遗址的年代稍早于城墙的年代。在遗址周围还发现大量汉晋时期花纹墓砖。推测这一带可能有汉晋时的砖室墓群。将台寺遗址位于保山坝东侧的金鸡镇，规模很大，年代约从新石器时代至汉代。遗址内发现有不少的汉文化的泥灰陶和夹砂灰陶片，以及不少的汉代花纹墓砖。墓葬：在诸

---

① 孙太初：《云南姚安阳派水库晋墓清理简报》，《考古通讯》1956年第3期；郭开云：《姚安清理石墓一座》，《云南文物》1986年第19期。

② 田怀清、杨德文：《大理洱海东岸小海岛出土一罐古钱》，《考古》1983年第9期。

③ 大理州文管所：《云南大理大展屯二号汉墓》，《考古》1988年第5期；大理州文管所，大理市文化馆：《大理市一号汉墓清理简报》，《云南文物》1984年第15期。

葛营遗址南0.5公里汪官营发现一座蜀汉"延熙十六年"（253）的砖室墓[1]。在保山坝西九龙山下龙王塘也发现一座"中平四年"（187）的东汉晚期砖室墓。

腾冲县：位于保山地区西端，并与缅甸接壤，历来为中缅边境重镇和交通要冲，目前在这里发现的汉文化遗物较少。据李根源《永昌府文征》记载，1938年在县西小西区核桃园乡发现窖藏汉代五铢钱上千枚。以后在该地还陆续发现一些汉代五铢钱。在该县还曾发现多面汉晋铜镜，其中有铭文的"昭明"镜有两面[2]。

通过对上述地区已发表的汉晋时期汉文化遗存资料的梳理，并结合笔者实地考察的情况，可以进一步确定其基本路线：这条道路从成都出发后，经临邛（今邛崃县），翻越镇西山出四川盆地而进入青衣江支流芦山河并沿河而下，途经东汉蜀郡属国郡治汉嘉（今芦山县）后涉青衣江而溯青衣江的另一条支流荥经河而上。当到达严道（今荥经县城西）后，再翻越邛崃山（今大相岭）。下山后到达大渡河支流流沙河边的旄牛（今汉源县九襄镇），再沿流沙河而下至大渡河，渡大渡河后南下通过灵关（今汉源县与甘洛县交界的深沟）并继续南下到今孙水河边，然后再沿古孙水河而下并进入古孙水（今安宁河）。从古孙水顺河而下途经越嶲郡治邛都（今西昌市）后再沿古孙水而下，然后转陆路经会无（今会理县）到今会理县黎溪一带渡金沙江，渡江后继续南下至弄栋（今云南省姚安县，汉代属越嶲郡），再转西行经云南（今祥云县）到达楪榆（今大理县）。然后从楪榆继续西行翻越博南山、渡兰仓水（今澜沧江）而抵达当时的边陲重镇——东汉时永昌郡治不韦（今保山市一带），并继续西行渡怒江，越高黎贡山经腾冲县一带，再向西行经伊洛瓦底江抵滇越（或盘越、今印度阿萨姆地区），然后再转身毒（参见附图）。

上述路线为"西南丝绸之路"的主要路线。除此之外，根据考古资料观察，应该存在着一些局部的支线。例如，当时存在着一条从成都顺岷江而下，然后翻山经过今凉山州东部山地而至邛都的路径。翻阅古代文献记载，也可印证这条路径的存在。《三国志·蜀书·张嶷传》记载张嶷任越嶲太守时，"郡有旧道，径牦牛中至成都，既平且近；自牦牛绝道，已百余年，更由安上，既险且远"。三国蜀汉时诸葛亮南征"自安上由水路入越嶲"，即应是这条路，今在昭觉、美姑县一带发现的许多汉晋墓葬，其分布都有一定的规律，从东北至西南走向，排列在当时（也是今日）的道路附近，说明当时的"安上之道"即经由这一段。在昭觉县好谷发现了东汉初平三年（192）的石表，表文中有"缮治邮亭"的记载，说明当时此道上曾设置邮亭，为官道，在昭觉县四开发现有东汉晚期至蜀汉时期的军屯遗址。这些都可

① 保山地区文管所：《保山汪官营蜀汉墓发掘简报》，《云南文物》1982年第12期。
② 《腾冲县文物志·馆藏文物》（第8章），1987年；吕蕴琪：《腾冲文化馆馆藏铜镜》，《云南文物》1984年第15期。

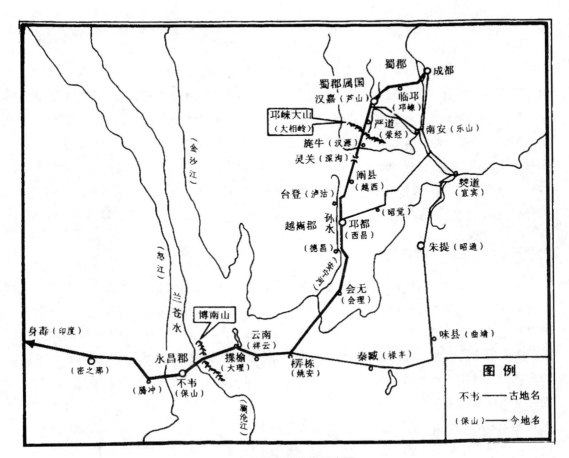

西南丝绸之路路线示意图

以证明在东汉晚期至蜀汉时期，这条道曾一度成为从成都到越嶲郡邛都的主要通道。但是，从美姑县至岷江边这一段的路线尚不清楚，有待于今后进一步考察。当时可能还存在着一条从岷江边的南安（今乐山市）溯青衣江而上在雅安市附近与古道的主要路线汇合的小路，东汉和帝永元八年（96）《南安长王君平乡道碑》[①]中曾记载了当时的地方官吏改善这条道上交通状况的事迹："维平乡明高大道，北与武阳，西与蜀郡青衣、越嶲界…… 随沿回曲…… 登高望天，车马不能……复为民害。永元七年十月，南安长右扶风口仓王君……遣掾何童、史道兴……去危就安，万世无患……"。此碑虽已多处漶漫不清，但主要内容还是清楚的。碑中明确记载此乡道可西通青衣、越嶲等地。青衣即今芦山，西汉时称青衣，属于蜀郡，东汉时改名为汉嘉，属于蜀郡属国。从雅安对岩乡以下至乐山这一带的青衣江河谷地带发现的

① 宋代《隶续》卷十一，卷十一，卷十五。

东汉砖室墓和崖墓的情况分析，当时的小道即走的这一路线。从古至今，这也是一条从乐山通往雅安地区的通道。

此外，在云南省东部和东北部也发现有不少东汉至魏晋时期的汉文化遗存，其中尤以墓葬为多，目前在大关县、昭通市、鲁甸县、曲靖市、陆良县、宜良县、呈贡县、武定县、昆明市、禄丰县均有发现[1]。如果将这些已发现汉晋遗存的地点连结起来，便可形成一条从当时的僰道（今宜宾市）向南经朱提（今昭通市）、味县（今曲靖市）而到达当时云南的经济发达地区——益州郡治所在的滇池区域的路线。这一路线与古文献中记载的秦汉时开凿的"五尺道（或僰道、南夷道）"的路线也正好吻合。从滇池地区再向西，经秦臧（今禄丰县）而与"西南丝绸之路"的主线连接。这也是当时的一条重要交通线。

三、"西南丝绸之路"的形成与路线特点

关于这条道路的存在，最早见于文献记载的是在公元前2世纪的西汉中期（《史记》）。但是，在此之前这条道路早已开通。这条道路的形成，更是经历了一个漫长的历史过程。横断山区因其山脉呈南北走向，峡谷纵列，沟通了中国西部的南北两大区域，形成了中国历史上著名的文化通道和民族通道。早在新石器时代，滇西通过川西与西北地区的文化交流已经开始，到青铜时代则更为频繁。成都平原地区青铜时代的巴蜀文化，早在商周时期就已进入横断山区东部边缘的青衣江和大渡河两流域，同时也对安宁河流域以大石墓为代表的青铜文化产生了影响。春秋战国时期，成都平原的青铜文化与云南地区的青铜文化之间的交流也已频繁，例如在云南青铜文化的青铜戈中，就可明显看出成都平原青铜文化的影响。约在战国时期，滇西青铜文化也已越过高黎贡山而至少到达腾冲地区。可见在春秋战国以前，这一广大区域间的文化交流早已存在。

在成都平原广汉三星堆遗址的商代祭祀坑中，发现了数量众多的海贝。在横断山区东部和滇西的青铜文化墓葬中，也都发现了不少的海贝。这些海贝产于印度洋或南中国的热带海域中。在云南出土并经过鉴定的海贝，多产于印度洋沿岸地区。海贝在上述地区被视为贵重物品，甚至在某些地区可能曾作为货币使用。它们当是通过交换得到的。可见在春秋战国以前，上述地区间直接或间接的贸易交换已经存在。

战国时期，巴蜀两国由于受到北方和东方秦、楚两强邻的压迫，于是转头积极向南开拓。根据现有的资料可以看出，战国后期巴蜀文化有明显向南延伸的趋势。公元前316年，秦国军队南下灭掉蜀国，部分蜀人在蜀王率领下沿着岷江和横断山区东部边缘南下并进入

---

① 张增祺：《云南古代的汉民族与汉文化》，《云南文物》1985年第15期；文物编辑委员会编：《文物考古工作十年》（1979—1989年），文物出版社，1990年。

安宁河流域以及滇西部地区[①]。其后秦军又继续追伐至这些地区[②]，于是又有一部分蜀人继续南下。相传这些蜀人在蜀王子率领下进人今越南北方并建立了国家[③]。从成都地区南下并散居在沿途地区的蜀人，不但打通了这一通道，而且为蜀人日后在这些地区进行商业活动创造了良好的条件。考古发掘也已证实，战国晚期至西汉前期在安宁河流域以及金沙江沿岸地区，发现了一些蜀人墓葬和蜀式器物，其中有的器物可能就是直接从蜀地输入的。

因此可以认为，"西南丝绸之路"大致就是在战国晚期或稍后时由蜀人开通的。

关于这条古道的路线特点，我们可以从两个方面进行观察。第一，从自然地理环境方面看，这条道路即如《三国志·蜀书·张嶷传》中所说是"既平且近"。四川与印度的直线距离虽然较近，但其间有平均海拔4000米以上的青藏高原相隔，在古代交通不便的情况下，要沟通两地间的交通只有绕开青藏高原。所以，这条道路始终是沿着青藏高原东南边缘地带而行。从距离上讲，在当时这是一条最近的路线。蜀地在四面环山的四川盆地中，要想出四川至印度，则必须要穿过盆地西南部边缘的横断山崎岖山地。这条古道在今四川境内一段则是利用青藏高原东部横断山区平行岭谷南北纵列的地表特征，尽量避开高山，沿河谷低地而行。其经过的芦山河、青衣江、荥经河、流沙河和安宁河的河谷地段，都是呈南北走势，又是横断山区东部诸河流中，河谷宽广、平坦的地带，利于行走。出四川后即进入云贵高原西部。云贵高原地表崎岖，多山间平坝（小盆地）。而古道则是多寻平坝和山间河谷地带而行。

第二，从人文地理方面看，古道经过的上述河谷和山间平坝地带，在整个这一大的区域中其自然地理条件较好，宜于人类居住，所以不但开发较早，而且在当时也是经济比较发达、人口密度也相对较高的地区，时至今日也是如此。这就可以为过往的行旅游商在古道沿途提供较为方便的食宿条件。正因如此，这条古道的基本路线才持续两千多年，未有大的改变。

四、"西南丝绸之路"的建设

（一）道路的开凿与维修

在战国后期部分蜀人南迁和秦军追伐之时，可能已对其经过的沿途进行过初步的道路开

---

① 《史记·三代世表》下褚少孙（西汉末年人）曰："蜀王，黄帝后世也，至今在汉西南五千里，常来朝降，输献于汉。"

② 《华阳国志·蜀志》记秦灭蜀后，又追伐蜀之臣国丹、犁，并"取笮及江南地"。江南地即指今金沙江以南。

③ 《水经注》卷三十七注引《交州外域记》曰："交趾昔未有郡县之时，土地有雒田，其田从潮水上下，民垦食其田，因名曰雒民。设雒王、雒侯，主诸郡县，县多为雒将，雒将铜印、青绶。后蜀王子将兵三万来讨雒王、雒侯，服诸雒将。蜀王子因称为安阳王。"《大越史记·外记》卷一曰："安阳王在位五十年，王讳泮。旧史云姓蜀，巴蜀人也。"

凿建设。秦并巴蜀而设巴、蜀、汉中诸郡后，又继续将其势力向南推进。《史记·西南夷列传》记载："秦时常頞略通五尺道，诸此国颇置吏焉。"《史记·司马相如列传》也记载："邛、笮、冄、駹者近蜀，道亦易通，秦时尝通为郡县，至汉兴而罢"从这两段记载可知，秦时曾对西南夷部分地区进行过经营，并开凿了第一条从四川通往西南夷的官道，但此路较为简易。至西汉中期汉武帝时，再度在这一地区经营，并开凿道路。《华阳国志·蜀志》记载："武帝初，欲开南中（指今云南省之地），令蜀通僰、青衣道。建元中，僰道令通之，费功无成，百姓愁怨，司马相如讽谕之，使者唐蒙将南人……蒙乃斩石通阁道。"在《水经注·江水》中也有类似记载："汉武帝感相如之言，使县令南通僰道，费功无成，唐蒙南入斩之。乃凿石开阁，以通南中，迄于建宁，二千馀里。山道广丈馀，深二、三丈。"稍后，汉武帝又遣司马相如开零关道。《史记·司马相如列传》载：元光六年（前129）"……天子以为然，乃拜司马相如为中郎将，建节以使，……司马长卿便略定西夷，邛、笮、冄、駹、斯榆之君皆请为内臣。除边关、关益斥，西至沫、若水，南至牂牁为徼，通零关道，桥孙水以通邛都。"由此可知，司马相如在通邛都时，开通了零关道，并在孙水上架桥以渡。由于道路险峻，加之沿途部族的反叛，修建工程十分艰辛。《史记·平准书》载："唐蒙、司马相如开路西南夷，凿山通道千馀里，以广巴蜀，巴蜀之民罢焉。……当是时，汉通西南夷道，作者数万人，千里负担馈粮率十馀钟致一石，散币于邛僰以集之。数岁道不通，蛮夷因以数攻，吏发兵诛之。悉巴蜀租赋不足以更之。"《史记·西南夷列传》也载："当是时，巴蜀四郡通西南夷道，戍转相馕。数岁，道不通，士罢饿离湿，死者甚众；西南夷又数反，发兵兴击，耗费无功。"

当道路开通之后，另一个重要的事情就是对道路的管理。管理主要分为以下两个方面：一是对局部路段的整治，如改善路况、架桥、改道等；二是对道路的日常维护保养。汉代修官道由中央直接遣使负责，当道路建成后便交给地方官吏进行管理。有关这方面的情况古文献记载较少，但通过汉代碑刻可知其大概。东汉安帝永初六年（112）的《青衣尉赵孟麟羊窦道碑》便记载有在今芦山县一带改道的情况："羊窦道旧故南上高山，下入深谷，危骏回远，百姓患苦。永初六年，青衣尉南安赵孟麟更易由此道，滨江平泽无盗贼，差近廿里，骑马担负，水弱得过。除去危难，行人万姓，莫不蒙恩。"[1]此外，在东汉光武帝建武中元二年（57）《蜀郡太守何君阁道碑》和和帝永元八年（96）《南安长王君平乡道碑》中分别记载了地方官在古道沿线的严道一带和南安（今乐山市）至青衣（今雅安地区）、越嶲一带修路的情况[2]。东汉桓帝延熹七年（164）《蜀郡属国辛通达、李仲曾造桥

---

[1] 宋代《隶释》卷四。
[2] 宋代《隶续》卷十一，卷十一，卷十五。

碑》中记载了在古道沿线的蜀郡属国（今雅安地区）造桥之事①。

（二）设郡县

如前所述，秦代时就已开始在古道沿线设郡县，到汉初一度废除，但汉武帝时又重新设置。《史记·司马相如列传》记载："是时，邛、筰之君长闻南夷与汉通，得赏赐多，多欲愿为臣妾，请吏，比南夷。"《汉书·西南夷传》记载："蜀人司马相如亦言西夷邛、筰可设郡，使相如以中郎将往谕，皆如南夷，为置一都尉，十馀县，属县。"出蜀郡后其古道沿途的青衣都尉（西汉时）、旄牛都尉（西汉时）、蜀郡属国（东汉时）、越嶲郡、永昌郡的治所均设在古道上。这其中一个重要的原因就是为了加强对道路的管理。

（三）设邮亭传驿置

作为汉代的一种制度是将重要的交通线作为官道，在官道开通的同时，要在沿途设邮亭传驿置，设置这些设施的目的就是要保证道路的畅通和高效的通讯传递。这些设施属地方行政长官管理，具体司职者为地方行政长官的属吏邮亭掾。邮是传递文书的专门机构②。亭是汉代的一级基层行政组织，同时在亭也设有可供行旅宿食的交通设施③。驿是一种传递文书的辅助设施，它与邮的不同之处在于驿只为传递文书者提供马匹④。汉代将供给政府官吏和特许者的车称为传⑤，并设置有传舍。置是置传和驿的地方⑥。汉代的邮、亭、传、驿、置虽然在具体功能上各有其偏重，但总体功能是一致的，并均是政府在官道上所设的交通设施。因此在实际的设置时，往往是合为一体的，在边远的地区则更是如此，在古文献中也常是几者并称。在汉晋文献中，也有许多关于"西南丝绸之路"上所设"邮亭传驿置"的记载。

蜀郡：在《汉书·司马相如传》中言："往舍邮亭"。颜师古注曰："临邛所治都了亭。"另外，《史记·淮南衡山王列传》记载有："臣请处蜀郡严道邛邮。"《集解》徐广曰："严道有邛筰九折坂，又有邮置。"《索引》解释："严道有邛崃山，有邮置，故曰严道邛邮也。"

越嶲郡：《三国志·蜀书·张嶷传》言张嶷在越嶲郡"开通旧道，千里肃清，复古亭驿。"《后汉书·方术列传·任文公》记载："哀帝时，有言越嶲太守欲反，刺史大惧，

---

① 宋代《隶续》卷十一，卷十一，卷十五。
② 许慎《说文解字》云："邮，境上传书舍也。"
③ 应劭《风俗通》云："汉家因秦，大率十里一亭。亭，留也……盖行旅之所馆也。"
④ 《后汉书·袁安传》："初为县功曹，奉檄诣从事，从事因安致书于令。安曰：'公事自有邮驿，私请则非功曹所受。'"
⑤ 传有四种，《汉书·高帝纪》注如淳引"汉律"云："四马高足为置传，四马中足为驰传，四马下足为乘传，一马二马为轺传。"
⑥ 《汉书·高帝纪》注颜师古曰："置者，置传驿之所，因名置也。"

遣文公等五从事检行郡界，潜伺虚实，共止传舍。"此外，在昭觉县好谷出土的东汉初平三年（192）的石表上，有"缮治邮亭"等语[1]。

（四）移民

据《华阳国志·南中志》记载："周赧王元年（前314），秦惠王子通国为蜀侯，以陈壮为相，置巴郡，以张若为蜀国守，乃移秦民万家实之。"秦灭蜀后，又追伐蜀之臣国丹、犁，并"取笮及江南地"[2]，将其疆域扩大到汉的越嶲郡境内。那么秦的移民也必有部分到达这些地区。秦始皇在统一中国的过程中，也将一些富商豪族迁徙到古道沿线。《史记·货殖列传》记载："蜀卓氏之先，赵人也，用铁冶富。秦破赵，迁卓氏，……致之临邛，大喜，即铁山鼓铸。"又同传："程郑，山东迁虏也。亦冶铁，贾椎髻之民，富埒卓氏，俱居临邛。"汉代时，也承秦制继续对古道沿途地区进行移民。《史记·平准书》："当是时，汉通西南夷道，……数岁，道不通，蛮夷因此数攻，吏发兵诛之。悉巴蜀租赋不足以更之，乃募豪民田南夷，人粟县官，而内受钱于都内。"《华阳国志·南中志》记载："晋宁郡，本益州也，元鼎初属牂牁、越嶲，汉武帝元封二年（前111），叟反，遣将军郭昌讨之，因开为郡，治滇池上。……汉乃募徙死罪乃奸豪实之。"在古道沿途的汉墓中所反映的情况也是如此。例如，在安宁河流域，既发现有仅出土少量"汉式"器物的西汉时期的大石墓，又发现有同时代的汉文化系统的土坑墓。前者应是受到汉文化影响的当地土著民族的墓葬，而后者应是移民于此的汉人墓葬。到了东汉时期，这种汉人墓葬——砖室墓就更多了。

（五）屯军

屯军，作为汉代的一种制度，是在边远地区为保护交通要道的畅通而采取的一项军事措施。其设施在古文献中被称为障塞。障，《文选·北征赋》注引《仓颉篇》认为："障，小城也。"塞，汉代称供防御所用的墙为塞，所以常与障联用。障塞的长官称为障塞尉，《汉书·百官志》："诸边障塞尉，……皆二百石。"据古文献记载，在这一古道沿途也有障塞。《后汉书·南蛮西南夷列传》记载："文齐为（益州）太守。……率厉兵马，修障塞，降集群夷，甚得其和。"此外，从发现的考古实物资料中也可证明。在昭觉县出土的东汉石表中有"百人以为常屯"等文字，说明此处曾军屯。20世纪70年代在昭觉县四开更发现一处东汉晚期至蜀汉时期的军屯遗址。在越西县和荥经县也各发现一处汉代的有夯土城墙的小城。这些可能都属于障塞之类的遗迹。

---

① 现藏四川省凉山州博物馆。
② 《华阳国志·蜀志》。

五、成都地区经济的繁荣

巴蜀地区自古以来就是中国西南部经济文化的发达地区，而成都平原一带则更是巴蜀地区经济文化的中心，早在三千年前的商代，就已创造出了灿烂的青铜文明。商周之时，巴蜀文化的覆盖范围北及今陕西省宝鸡和汉中地区，东到湖北省西部的三峡和江汉平原的西部边缘，南达四川盆地南部，西至青藏高原东部边缘的大渡河、青衣江流域，形成了一个地域广阔的巴蜀文化圈。

公元前4世纪，北方的强国秦兼并巴蜀以后，设巴、蜀、汉中等郡。秦国的蜀郡太守李冰又在原蜀人水利建设的基础上，兴建了著名的都江堰大型水利灌溉工程，使成都平原一带成为当时中国的著名粮仓和经济发达地区，后被誉为"天府之国"，并有力地支持了秦统一中国的战争。秦末汉初之际，汉高祖刘邦也正是以巴蜀地区为基地，以巴蜀地区的财力作为后盾，最后战胜了楚霸王项羽。秦灭巴蜀后，仍以成都作为蜀郡治所在，于公元前311年在原成都城的基础上再度兴建。新建的成都城分大城和少城两部分，大城为郡治所在地，而少城则是工商业集中之地①。据《华阳国志·蜀志》记载："（少城中）营广府舍，置盐、铁、市官并长丞；修整里阓，市张列肆，与咸阳同制。"此外，还另设有锦官城、车官城，其中锦官城内"锦工织锦濯其（江）中则鲜明，濯他江则不好，故命曰'锦里'也"②。这既可说明成都在秦灭蜀之前已有相当发达的工商业基础，又可说明秦在经营成都时，仍将工商业作为重点。与此同时，秦还在成都附近的郫县、临邛（今邛崃县）筑城，并修理了雒县（今广汉市）。这样，在公元前4世纪末期，已经形成了一个以成都为中心的工商业区，其中成都、郫县、雒县主要生产丝、麻等纺织品和铜器、漆器，而临邛主要生产铁器。

两汉时期，成都地区的经济继续发展，司马迁在《史记·货殖列传》中所列的当时全国著名的富商，其为首者均出于蜀郡。汉代人形容蜀中的富庶情况说："蜀地沃野千里，土壤膏腴，果实所生，无谷而饱。女工之业，覆衣天下。名材竹干，器械之饶，不可胜用。又有鱼盐铜银之利，浮水转漕之便。"③据《汉书·地理志》记载，西汉时首都长安的户数为80800，而蜀郡治成都的户数也已达76256，人口当有数十万，是当时全国第二大都市。左思在《蜀都赋》中对当时成都的工商业繁荣情况有十分生动的描写："亚以少城，接乎其西。市廛所会，万商之渊。列隧百重，罗肆巨千。贿货山积，纤丽星繁。都人士

---

① 张咏《创设记》："按《图经》，秦惠王遣张仪、陈轸伐蜀，灭开明氏，卜筑蜀郡城，方广十里，从周制也。分筑南北二少城，以处商贾。"（转引自《蜀中名胜记》卷四）。

② 《华阳国志·蜀志》。

③ 《后汉书·隗嚣公孙述列传》。

女，铉服靓妆。贾贸鋚鸳，舛错纵横。异物崛诡，奇于八方。"

正是由于有如此丰富的物产和发达的经济，才为境外通商的开展和"西南丝绸之路"上贸易繁荣奠定了雄厚的物质基础。

六、"西南丝绸之路"上的商业活动和文化交往

（一）商业活动

关于这条古道上的商业活动，我们可以永昌郡作为分界。从永昌郡至蜀郡这一段，在西汉中期汉武帝时期以后的绝大部分时间内属于汉王朝的疆域内，为了叙述的方便，暂将这一段的商业活动称为"境内贸易"。从永昌郡以西的地区一直属于境外，故将其商业活动称之为"境外贸易"。根据古文献和考古实物可知从成都地区向境内输出的东西主要有以下各项：

铁器：在整个中国西南地区和岭南地区中，巴蜀地区最早进入铁器时代。据《史记·货殖列传》记载，至少从秦代开始，蜀郡临邛已经是巴蜀地区的铁器生产基地，并大量向西南夷地区输出，例如临邛"卓氏之先，赵人也，用铁冶富。秦破赵，迁卓氏，……致之临邛，大喜，即铁山鼓铸，运筹策，倾滇蜀之民，富至僮于人。男池射猎之东，拟于人君。"又如："程郑，山东迁虏也，亦冶铸，贾椎髻之民（西南夷中多为'椎髻'民族），富将卓氏，俱居临邛。"这也可以从考古发掘资料中得以印证，从西汉时起，在四川省凉山州和云南省、贵州省各地的墓葬、遗址中已开始较多地发现从巴蜀地区输入的铁器了。

漆器：成都地区生产的漆器，行销远方，众所周知的湖南省长沙马王堆一号西汉早期墓中出土的大部分漆器，就是成都所制造[1]，1916年朝鲜平壤附近的古墓中也出土有一批汉代蜀郡和广汉郡生产的漆器[2]。在这条古道上的严道古城周围的战国土坑墓中出土的漆器，即有明确的铭文说明是成都所产[3]。在云南晋宁石寨山和姚安莲花池的西汉墓中也出有漆器，此时云南本地尚未生产漆器，因此也可能是四川输入的。

其他手工制品：西汉初期汉王朝封闭巴蜀南部和西部的边徼时，"巴蜀民或窃出商贾"，其中输出的货物，根据《史记·货殖列传》记载，应当有"铜、铁、竹、木之器"，换句话讲，这些都应是手工制品。

---

[1] 俞伟超等：《马王堆一号汉墓出土漆器的制地诸部题》，《考古》1975年第6期。

[2] 《乐浪汉墓》第一册，乐浪汉墓刊行会，1974年；梅原末治：《支那汉代纪年铭漆器图说》，据［30］转引；大阪府立弥生文化博物馆：《弥生人の见た乐浪文化》，1993年。

[3] 赵殿增、李晓鸥、陈显双：《严道古城的考古发现与研究》，《中国考古学会第五次年会论文集》，文物出版社，1988年。

从四川西南部和云南等西南夷地区输入巴蜀地区的东西主要有以下各项：

笮马、僰僮、牦牛：《史记·西南夷列传》记载："秦灭及汉兴，皆弃此国而开蜀故徼。巴蜀民或窃出商贾，取其笮马、僰僮、牦牛，以此巴蜀殷富。"由此可知其交易量相当大，否则司马迁不会认为巴蜀是以此富裕起来。笮马，体形较小而善走山路，且又能负重，是当时西南地区山地间的重要交通工具，其贸易活动多通过由这种马组成的马帮进行。同时，这种马也作为西南夷地区与巴蜀地区交易的重要物资。僰僮，即作为奴婢贩卖的僰人。汉代时，无论是巴蜀地区还是其他地区，都大量使用奴婢，如《史记·货殖列传》即记载临邛卓氏"富至僮千人"。牦牛，从四川西部至云南西北部都出产，汉代越嶲郡的牦牛夷可能即以饲养牦牛而著名，故称其为"牦牛夷"，而在越嶲郡内的这一段古道也称为"牦牛道"。

各种矿产：古道途经的西南夷地区，矿产资源丰富。《汉书·地理志》记载：越嶲郡邛都南山出铜，会无东山出碧；益州郡律高西石空山出锡，东南赆町山出银、铅，贲古北采山出锡，西羊山出银、铅，南乌山出锡，来唯从浊山出铜；犍为郡朱提山出银。《后汉书·南蛮西南夷列传》载：永昌郡"其地出铜、铁、锡、金、银"等，《华阳国志·南中志》言：永昌郡"土地沃欣，有黄金，……出铜、锡"。又言："益州西部金银宝货之地，居其官者皆富及十世。"《后汉书·地理志》记："朱提，山出银、铜。"《诸葛亮集》引《郡国志注》言："汉嘉金、朱提银，乘之不足以自食。"铜、锡、铅是铸造青铜器的重要原料，铜又是铸造钱币的主要原料。金银为贵金属，又可作为商品等价物流通，所以不但受商贾青睐，更是居官者掠夺的重要对象。现在，在四川凉山昭觉县出土过汉代"五铢"钱范，在云南昭通地区出土有西汉末年王莽时期的"大泉五十"钱范[1]，因此可推测这些地方当时应是官方的货币铸造地。此外，在荥经县宝峰乡、西昌市黄联关东坪村和汉源县九襄大田乡新中村分别发现有古矿遗址和冶铜铸造遗址，其中在西昌的冶铜遗址中还发现有王莽时期的钱范[2]。

货币流通：货币是商品的等价交换物，货币的流通程度也是判断商业贸易是否繁荣的标志之一。如前所述，成都地区在秦汉之际商业已有相当规模。商业的繁荣增加了对货币的需求量，汉文帝五年（前175），更铸四铢钱，并取消了有关惩治盗铸钱币的命令而允许民间铸钱。当时汉文帝曾将严道的铜山赏赐给宠臣邓通（蜀郡南安人），让其铸钱。邓氏所铸之钱广为流通，于是有邓氏钱"尽天下"之说。《华阳国志·蜀志》记载邓通将钱借贷给临邛

---

① 游有山：《汉晋以前昭通与外地的联系》，《南方丝绸之路文化记》，云南民族出版社，1991年。
② 刘世旭：《汉"邛都南山出铜"地考》，《四川文物》1989年第6期；四川大学历史系考古专业等：《四川西昌乐坪汉代冶铸遗址的发掘》，《文物》1994年第9期。

冶铁以富的卓王孙"岁取千匹，故王孙（货）［赀］累巨万（亿），邓通钱亦尽天下。" 卓氏正是依靠这些贷款作为财力后盾，将其制造的铁器"倾滇蜀之民"。此外，中央政府也在古道沿途铸造钱币，如前述在西昌市、昭觉县、昭通地区都发现有当时铸币所用的钱范。在古道沿途的汉式墓葬中经常发现大量的钱币，而且在当地土著民的墓葬中也发现有不少汉代钱币，如凉山州发现最早的钱币是西汉前期文帝时铸的四铢"半两"钱，即出土于喜德县拉克乡回合村八号大石墓。再如在云南省晋宁县石寨山浪王族墓群中出土有汉文帝时四铢 "半两"钱3枚，汉武帝以后的西汉"五铢"钱180枚，发掘者推测这些钱币"或为当时巴商蜀贾携入者"[1]、在古道沿途的东汉墓中还常用印有五铢钱纹的砖修建墓室，墓中还随葬铜钱树[2]。这些都可说明货币的观念在当时古道沿途的居民中已广为流行。古道沿途地区现在还不时有窖穴钱币发现，如在大理县小海岛[3]、保山市诸葛营古城内[4]、腾冲县核桃园[5]等地都出土过整罐的汉代钱币。这也可以说明当时货币流通的频繁程度。

与境外的贸易：

丝绸：作为这条古道起点的成都地区，是中国古代蚕丝业发达地区之一，在战国初期的成都百花潭十号墓出土的铜壶上即有一组采桑图[6]，可以说明其蚕丝生产的历史悠久。战国时，蜀地的丝织品已输往远处，如湖北省江陵县马山砖厂一号墓出土战国织锦、长沙发现的战国织锦，有研究者认为即为蜀地所产[7]。在汉代其生产更是盛况空前，汉王朝专门在成都设置锦官，管理织锦业生产，并且在成都还专设有"锦官城"。西汉人扬雄的《蜀都赋》形容蜀锦品种之多，文采之美丽："尔乃其人，自造奇锦。紝缥绯须（均丝绸品名），缫（绛色）缘卢（黑色）中。发文扬采，转代无穷。"西晋人左思在其《蜀都赋》中也说："阛阓之里，伎巧之家，百室离房，机杼相和。贝锦斐成，濯色江波。"三国时期，丝织品已是蜀国的主要财源，可见其生产规模之大。然而，由于古道沿途地区气候多雨湿热，丝绸不易保存，所以现在极难在古代的遗存中发现丝绸的痕迹。因此，我们只能借助于其他的间接材料和古代的文献记录寻找其蛛丝马迹。《后汉书·南蛮西南夷列传》和同书《本纪》中常记载永昌郡外诸部族和古国来献奇物珍宝，而汉皇帝则回赠礼品，其中几乎都有缯帛。这显然可以说是一种变相的丝绸交易。《国事记》（Arfhasatra）一书，为印度旃陀罗笈多王朝大臣考第亚（Kautilya）于公元前320—前315年间所著。书中说：

① 云南省博物馆：《云南晋宁石寨山古墓群发掘报告》，文物出版社，1959年。
② 钱树是原巴蜀地区在东汉中晚期至蜀汉时的墓葬中流行的一种特殊的随葬品，其中包含有人们对货币崇拜的观念。
③ 田怀清、杨德文：《大理洱海东岸小海岛出土一罐古钱》，《考古》1983年第9期。
④ 笔者在考察该城址时从当地居民那里获悉。
⑤ 见李根源：《永昌府文征》卷宗一。当时出有上千枚汉五铢钱。
⑥ 四川省博物馆：《成都百花潭中学十号墓发掘记》，《文物》1976年第3期。
⑦ 武敏：《吐鲁番出土蜀锦的研究》，《文物》1984年第6期。

"支那（Cina）产丝与纽带，贾人常贩至印度。"①历来的学者多认为印度梵文典籍中的"支那"一词是"秦"的对音，即指秦国，而贾人应指支那国的贾人。那么，这里便给我们提供了两个重要的信息，其一，古代中国取道西域或南海至印度，为西汉中期汉武帝以后（公元2世纪后期）之事，而公元前4世纪末正是秦灭蜀并将其影响扩大到云南的时期，"秦"这一词有可能是随着贾人通过这一古道传入印度的。其二，丝绸可能是中国传入印度最早的贸易物品之一。1936年，考古学家在阿富汗喀布尔以北约60公里处发掘亚历山大城（Aiexandria Kaplsu，约建成于公元前4世纪后期）时，曾在城堡中发现许多中国丝绸②，考虑到西汉早期以前沿河西走廊西行的道路极不畅通，而至公元前2世纪时，这一带已通过印度与蜀地有间接的贸易交换，那么也不排除这些丝绸是来自蜀地的可能。在蜀地丝绸贸易繁盛之时，其产品可能到达了希腊、罗马，在脱烈美的《地志》中，记有一产丝之地，名叫Seres。其东有人所不知的地域，多沼泽林木，其西有大山与游牧民族，其南有北印度及Sinae，周围有山。就其方位而言，有学者考证Seres即指古代蜀国，而Sinae则为滇国③。若不是蜀地的丝绸曾远销到地中海沿岸，当地人是难以留下这种记载的。在前已述，古有从罗马帝国通过水路到永昌郡的通道，那么不排除这种贸易是通过"西南丝绸之路"进行的可能。

蜀布、邛竹杖：这两者都是张骞在大夏国所见并明确被告之是通过印度中转而来的蜀地物品。中国古代称麻织品为布，而棉花是在元代（公元13—14世纪）才从西域引入中国内地。西汉时蜀地的这种麻织品又称为"黄润细布"，为一种很精致的麻布，质地轻细柔软，可卷于竹筒中，所以又称"筒中布"。司马相如在《凡将篇》中说："黄润纤美宜制禅（单衣）"。它类似今日四川所产的夏布。其色泽黄润，不畏水湿，汗渍不污，织纹疏能散热，深受炎热之地人们的欢迎。汉代时此布的价格昂贵，扬雄《蜀都赋》中说："筒中黄润，一端（长度单位，二丈或言六丈）数金。"《华阳国志·巴志》记载巴郡的黄润细布为贡品。《华阳国志·蜀志》记载蜀郡江原县（今崇庆县）"安汉上下，朱邑出好麻，黄润细布，有羌筒（大竹筒）盛。"蜀布在当时不但作为贡品，而且远销印度和中亚地区。关于邛竹杖，史书中也屡有记载。《史记·大宛列传》张守节《正义》解释"邛竹杖"时说："邛都邛山出此竹，因名'邛竹'。节高实中，或寄生，可为杖。"《史记·西南夷列传》裴骃《集解》解释说："韦昭曰：'邛县之竹，属蜀。'瓒曰：'邛，山名，此竹节高实中，可作杖。'"晋人顾恺之《竹谱》言："邛竹，高节实中，状如人

① 转引自方国瑜：《中国西南历史地理考释》（上册），中华书局，1987年。
② 王治来：《中亚史》，第69卷，中国社会科学出版社，1980年。
③ 杨宪益：《译支那》，生活·读书·新知三联书店，1983年，第147页。

剡，俗谓之扶老竹。"这种竹亦称为筇，其名气极大，多为历代诗人吟诵。有身份的人使用此竹所制之杖，已成为一种时尚。所以，邛竹杖作为一种名贵的手工艺品，在汉代也远贩至印度、中亚。

海贝：在成都平原广汉三星堆商代祭祀坑中，已发现数量众多的海贝。在横断山区东部和滇西的青铜文化墓葬中，也都发现了不少海贝，如在滇池区域的战国至西汉的滇文化墓葬中均大量发现。例如，在晋宁县石寨山墓地发现约二万枚，在江川县李家山墓地发现约150公斤[1]。此外在汉代的汉式墓葬中也时有发现。这种海贝经鉴定多为"环纹贝"（即子安贝），产于印度洋或南中国海域。这种海贝在云南地区作为一种珍贵品流行时间很长（其间也常作为货币使用）。13世纪的《马哥孛罗游记》载：鸭池（今昆明一带）"用白贝作钱币，这白贝就是在海中找到的贝壳"。又载在哈剌章（今大理）"他们也用白贝作钱币……但这些贝壳不产在这个地方，它们全从印度来的。"《华阳国志·南中志》和《后汉书·南蛮西南夷列传》在谈到永昌郡的物产时说其地出"柯虫"，即海贝。我们知道永昌郡不临海，但距印度海很近，因此这些海贝当来自印度洋沿岸。可能是通过来自身毒、骠越的贾人贩来。综上所述可以认为，在古道沿途地区发现的海贝中有很大一部分来自印度洋沿岸地区，其中有相当部分来自印度。

琉璃和宝石类：《后汉书·南蛮西南夷列传》谈到永昌郡物产时言："出铜、铁、铅、锡、金、银、光珠、虎魄、水精、琉璃、轲虫、蚌珠、孔雀、翡翠、犀、象、猩猩、貊兽。"《华阳国志·南中志》谈到永昌郡物产时亦言："有黄金、光珠、琥珀、翡翠、孔雀、犀、象、蚕桑、绵绢、采帛、文绣。……又有厨旄、帛叠、水精、琉璃、轲虫、蚌珠。"在永昌郡众多的物产中，有一部分物产在当时可能产于永昌郡境内，但现在属缅甸境内，有一部分物产在当时即出自境外。如光珠、虎魄、蚌珠、翡翠、轲虫就应是出自缅甸和印度，而琉璃多产自印度。这些非本地产的宝物应是从缅甸、印度来永昌经商的"骠越、身毒之民"带来贩卖的。因为永昌是当时古道上一处非常重要的国际通商地和物资集散地，这类货物一定很多，所以给史家造成了本地所产的错觉。琉璃和各种宝石在中国古代多作为贵重装饰品。汉代以前中国传统的贵重装饰品主要是玉石（软玉）和玛瑙，并在境内有传统的出产地。琉璃虽然在汉代以前中国也能生产[2]，但根据古文献记载在汉代时有很大一部分是从国外输入[3]。汉代时往往将人工制造的玻璃或料器与天然宝石等混为一谈，统称为琉璃，直至唐代前后才将天然宝石称为真琉璃，而将玻璃和料珠称为假琉璃。这也

---

① 张增祺：《战国至西汉时期滇池区域发现的西亚文物》，《思想战线》1982年第2期。
② 杨伯达：《关于我国玻璃史的几个问题》，《文物》1979年第5期。
③ 《汉书·地理志》："有译长属黄门，与应募者俱入海市明珠、壁琉璃、奇石异物，赍黄金杂缯而往。"

说明早期时这些东西多是外来品，因不知它们各自的生产加工过程，才产生了这种混浊不清的现象。琉璃（或璧琉璃）一词，本身就是从印度古代俗语Venilia一词译过来①，这也反映出早期的琉璃至少有一部分当从印度输入。在云南春秋晚期至西汉的滇文化墓葬中，发现有少量的外来蚀花肉红石髓珠和琉璃珠，有学者对其质地、加工形制和纹饰进行研究后认为这些文物当是从印度、巴基斯坦等地经这条古道输入的②。

当时在古道上与境外进行的商业活动主要有三种形式：（1）直接到境外进行长距离贩卖、交易。即如前述那样，蜀地商人的足迹不但遍布境内的古道沿线地区，而且还直接深入到滇越（盘越），即印度阿萨姆地区。（2）在边境地区进行边境贸易，如前所述，在《后汉书·南蛮西南夷列传》和《华阳国志·南中志》所记的永昌郡众多物产中，有相当一部分来自境外，实际上应是集中于永昌进行交换、中转的物品，其郡治不韦县（今保山市一带）在当时也是一个重要的国际通商口岸，内地（蜀人等）和身毒、骠国的商人都云集于此从事商业活动。《华阳国志·南中志》所说永昌郡"有闽濮、鸠僚、僄越、裸濮、身毒之民"中的僄越和身毒之民即应是当时为经商而来的缅甸和印度的侨民、商人。（3）据《后汉书》记载，仅东汉一代，永昌郡境外的古国、部族就曾多次来朝贡献，并且得到汉王朝所给的金银、帛缯等回报③。这实际上是境外古国、部族与汉王朝间进行的一种变相的官方贸易交换形式。境外的这些小国、部族之所以屡次来朝贡献，除了可能有其政治方面的原因外，实际上还期待着从汉王朝那里得到巨大的物质回报。

（二）文化交流

境内的文化交流：即内地汉文化与西南夷文化间的交流，这种交流主要是通过巴蜀地区进行的。西汉中期汉王朝的官道正式开通以前，在古道沿途地区散布着一些具有独特文化因素、具有生命力的土著文化，不过在这些土著文化中仍可见到巴蜀地区文化的影响。战国后期巴蜀地区进入铁器时代以后，西南夷地区的文化很快地受到了这一变化的影响，在战国末至西汉早期，这些地区除了直接从巴蜀地区输入铁器（主要是铁农具）外，也开始自己制造少量的铁器。例如小型的铁装饰品，以及一定数量的铜铁复合兵器——铜柄铁剑。在官道开通以后，随着汉王朝对沿途地区政治统治权的确立，汉文化的影响日益强烈，土著文化迅速衰败，以至东汉以后在古道沿途的原经济发达地区土著文化基本消失，

① 季羡林：《中印文化关系史论丛》序言，生活·读书·新知三联书店，1982年。

② 张增祺：《战国至西汉时期滇池区域发现的西亚文物》，《思想战线》1982年第2期。

③ 《后汉书·南蛮西南夷列传》："永元六年（94），（永昌）郡徼外敦忍乙王莫延慕义，遣使译献犀牛、大象。九年，徼外蛮及掸国王雍由调遣重译奉国珍宝，和帝赐金印紫绶，小君长皆加印绶、钱帛。永初元年（107），徼外僬侥种夷陆类等三千馀口举种内附，献象牙、水牛、封牛。永宁元年（120），掸国王雍由调复遣使者诣阙朝贺，献乐及幻人，……明年元会，安帝作乐于庭，封雍由调为汉大都尉，赐印绶、金银、綵缯各有差也。"

加速了汉化过程。例如，古道沿途所发现的西汉时期墓葬，还可见到几种文化的并存，但东汉中期以后的墓葬，无论是随葬品还是墓葬形制，其表现出来的文化特征均与巴蜀地区的汉文化墓葬几乎完全相同。可以认为，这一时期内的文化交往具有明显的单向性倾向。

与境外的文化交流：这种交流是多样的，在这里我们可以列举两例。

第一，东汉古道畅通后，在永昌郡境外不时有小国和部族来汉朝"贡献"，通过这种官方的外交交往，促进了文化的交流。《后汉书·南蛮西南夷列传》："永宁元年（120）掸国王雍由调复遣使者诣阙朝贺，献乐及幻人，能变化吐火，自支解，易牛马头。又善跳丸，数乃至千。自言我海西人。海西即大秦也，掸国西南通大秦。明年元会，安帝作乐于庭，封雍由调为汉大都尉，赐印绶、金银、綵缯各有差也。"掸国遣使带来的是一种配以曲乐的幻术和杂技艺术。我们暂且不论这种幻术和杂技表演者是否来自大秦（罗马帝国），但它确实对当时中国文化产生了一定的影响，并丰富了中国人的娱乐生活。东汉时除了帝王 "作乐于庭"之外，在达官贵人、富贾豪族的宅邸中，也可常见此景。在四川和中原地区汉墓里出土的画像石、画像砖中，有一种被称为"宴饮图"的画面，表现的是墓主人生前一面饮酒、一面欣赏这种跳丸和幻术的场面。此外，也有单纯表现这种跳丸和幻术的画面。

第二，佛教和佛教文化的传入，是中国文化史上的一件大事，它对中国的宗教、艺术和社会生活的许多方面都产生了深刻的影响。据古书所载，至迟在公元4世纪左右，就有中国内地僧人从蜀地取道去印度。唐代释义净的《大唐西域求法高僧传·慧转传》记载："支那寺，古老相传曰'是昔室利笈多大王时，为支那国僧所造，于时有唐僧二十人许从蜀川牂牁道出白莫诃菩提，礼拜，王见敬重，遂施此地，以供停息。"此后南北朝至隋唐间，有更多的中国僧人通过此道去印度留学求法。

先秦汉晋西南夷内涵及其时空演变①

段渝 四川省社会科学院研究员 四川师范大学特聘首席教授 博士生导师

摘 要：在汉代以前的文献中，西南夷是指中国古代分布在青藏高原东缘巴蜀以西、以南和西南地区的古代族群，即秦汉时期分布在今四川西南、西北和云南、贵州等地区属于氐羌系统和濮越系统的各个族群的总称，但在先秦文献中，巴、蜀同样被认为属于南夷。不论在内涵还是在时空分布方面，西南夷的概念在先秦汉晋时期都有所变化，不是一成不变的。

关键词：西南夷 内涵 时空 先秦汉晋

在汉代以前的文献中，西南夷是指中国古代分布在青藏高原东缘巴蜀以西、以南和西南地区的古代族群，即秦汉时期分布在今四川西南、西北和云南、贵州等地区属于氐羌系统和濮越系统的各个族群的总称，它们是如今这一广阔地域内汉藏语系藏缅语族和壮侗语族各民族的先民。但在先秦文献中，巴、蜀同样被认为属于南夷。也就是说，先秦时期的巴、蜀和"巴、蜀西南外蛮夷"，均属西南夷范畴。而不论从名称内涵还是从时空变迁来看，西南夷这个概念在先秦汉晋时期均有变化。本文试就其中几个基本问题进行讨论，以此就正于专家学者。

一、西南夷名称的内涵

在中国古代文献中，西南地区的非华夏或非汉系的民族被称为"西南夷"，或"巴蜀西南外蛮夷"，或"蜀郡徼外蛮夷"②。对西南夷的深入研究，有必要首先分析其概念、内涵及其历史演变。

---

① 基金项目：国家社会科学基金重大项目"南方丝绸之路与欧亚古代文明"阶段性成果（10&ZD087）。
② 在《史记·西南夷列传》《汉书·西南夷传》中，这一民族分别被记为西南夷和巴蜀西南外蛮夷，在《后汉书·南蛮西南夷列传》中，又被记为蜀郡徼外蛮夷。

传世文献中关于西南夷的明确记载，首见于《史记·西南夷列传》。此篇总叙部分记载说：

西南夷君长以什数，夜郎最大；其西靡莫之属以什数，滇最大；自滇以北君长以什数，邛都最大，此皆魋结，耕田，有邑聚。其外西自同师以东，北至楪榆，名为嶲、昆明，皆编发，随畜迁徙，毋常处，毋君长，地方可数千里。自嶲以东北，君长以什数，徙、筰都最大；自筰以东北，君长以什数，冉駹最大，其俗或土著，或移徙，在蜀之西。自冉駹以东北，君长以什数，白马最大，皆氐类也。此皆巴蜀西南外蛮夷也。①

西南夷族类有异，成分复杂。按《史记》有关篇章以及《汉书》的记载，实际上包括西夷和南夷两部分。所说"夷"，即是《西南夷列传》总叙末句所记"蛮夷"，是汉代对巴蜀西南外少数民族的通称，"西"和"南"均为方位词，西夷是指位于巴蜀以西的非华夏的民族或族群，南夷是指位于巴蜀以南的非华夏的民族或族群。②

流传至今的文献表明，将巴蜀西南外的民族或族群为"西南夷"，是始见于西汉文献的称谓，在先秦文献里还没有发现这一称呼。先秦时期普遍把分布在中原诸夏周边的民族或族群称为蛮夷，对僻处西南地区的巴和蜀亦不例外。据《战国策·秦策一》所记载的张仪、司马错之言，蜀是"西辟（僻）之国而戎狄之长也"，《华阳国志·蜀志》也说秦灭蜀后，"戎伯尚强，乃移秦民万家实之"。所谓"戎狄"和"戎伯"，都是指古蜀国境内的氐羌系和濮越系的各族君长。先秦时期臣属于蜀的族类众多，汶山、獠、僰都曾先后为蜀附庸，蜀为其长，而被通称为"戎狄之长"，那么蜀国连同其境内臣属于蜀的这些族类无疑也都被视为戎狄。先秦文献中直接提到巴蜀西南外非华夏的民族或族群之臣属于蜀国者，仅在《战国策·秦策一》中有此一见，说明汉代所称西南夷，在先秦时代多称戎狄，这是随时代的变化而引起的称谓变化，这种名异实同，在中国古代史上是常见的通例。③

先秦两汉文献中多见"东夷""西戎""南蛮""北狄"的名称，原是诸夏对中原周边非华夏族民族或族群的称谓，均属泛称而不是专称。"东夷""西戎""南蛮""北狄"或又合称为四夷④，即四方之夷。唐代孔颖达对此的解释最为精当，他说："四夷之名，随方定称，则曰东夷、西戎、南蛮、北狄。其当处立名，则名从方号。"又说："夷为四方总号。"⑤事实上，所谓"四夷"，其实都包括了不同的族系，其中许多族系可以蛮、夷或戎、狄互称，而随着时代的变化，其中一些族类的名称往往也会随之变化，尽管

---

① （汉）司马迁撰：《史记·西南夷列传》，中华书局，1982年，第2991页。
② 段渝：《西南夷考释》，《天府新论》2012年第5期。
③ 段渝：《西南夷考释》，《天府新论》2012年第5期。
④ 《左传》昭公十七年记载孔子曰："吾闻之，天子失官，学在四夷，犹信。"
⑤ 《左传》文公十六年孔颖达疏。

其族属并没有改变。先秦汉晋时期西南夷内涵的演变，就是一个重要的例证。

二、西南夷地理概念的演变

由于历史文献不足征，西南地区的上古史显得非常复杂而隐秘，学术界对这个地区古代社会各个族群的族属和年代等问题的看法存在较大分歧。更为重要的是，学术界在对西南夷的研究中，往往只是从《史记·西南夷列传》出发，仅对"巴、蜀西南外蛮夷"进行分析，却忽略了先秦时代的巴、蜀均属西南夷范畴这个历史事实。

历史文献十分清楚地显示出，在公元前316年秦灭巴、蜀以前，不论巴还是蜀，都属于西南夷的范畴。《战国策·秦策一》和《华阳国志·蜀志》均说蜀为"西辟（僻）之国而戎狄之长"，而《荀子·强国篇》也直接把巴称为"西戎"。《汉书·地理志》更是明确记载："巴、蜀、广汉本南夷，秦并以为郡"[1]，这里的巴、蜀指秦汉时期的巴郡和蜀郡，广汉指秦汉时期的广汉郡，而广汉郡是分别从巴郡和蜀郡割地设置的，即所谓"分巴割蜀以成黔、广"[2]，"黔"指黔中郡，"广"指广汉郡。很清楚，《汉书》是把被秦灭以前的古巴国和蜀国视为南夷的。《汉书》为官修史书，《汉书》把被秦灭以前的古巴、蜀称为南夷，这个看法自然是代表了中央王朝的意见，是两汉朝廷的共识。这些记载无可非议地说明，在当时的中原视野观念中，先秦时期的巴、蜀，均毫无例外地属于西南夷。

据《华阳国志·蜀志》记载，秦汉时蜀郡州治成都少城西南两江有七桥："直西门郫江中曰冲治桥；西南石牛门曰市桥；下，石犀所潜渊也；城南曰江桥；南渡流曰万里桥；西上曰夷里桥，亦曰笮桥；从冲治桥西北折曰长升桥；郫江上西有永平桥。"[3]成都少城是先秦时期古蜀王国都城的中心位置所在地，也是秦汉时期蜀郡郡治的官署所在地。这说明了三个史实：第一，"夷里桥"的名称来源于夷人居住的区域名称"夷里"。第二，"夷里"的"里"，是地方低层行政单位的名称。"十里一亭"，里有里正，是标准的汉制，而汉制本源于秦制，"汉承秦制"。由此可见，在先秦时期，成都城市西南居住着不少夷人，建有专门的街区"夷里"。第三，"夷里桥"亦曰"笮桥"，说明居住在"夷里"的夷人是西南夷中的笮人。既然成都少城西南有夷里桥，又称笮桥，直到秦之蜀郡守李冰治蜀时仍然还居住着西南夷笮人并保留着笮人的街区和名称，那么先秦时期的蜀国与笮人相同，都属于西南夷的组成部分，就是没有什么疑问的了。

古蜀人被排除出西南夷族类以及古蜀国故地被排除出西南夷地区，应是在战国后期秦

---

① 《汉书·地理志》，中华书局，1962年，第1645页。

② （晋）常璩撰，刘琳校注：《华阳国志校注》，巴蜀书社，1984年，第39页。

③ （晋）常璩撰，刘琳校注：《华阳国志校注》，巴蜀书社，1984年，第227页。

并巴蜀以后。根据历史文献的记载，公元前314年，秦置蜀郡，同时又以蜀为侯国，"贬蜀王更号曰侯"[①]，在蜀国故地实行郡县制与分封制并行的过渡政策。秦惠王封蜀王子通国（又作公子通、公子緤通）为蜀侯，以陈壮（或作陈庄）为相，并以秦大夫张若为蜀国守。但是，秦国在故蜀国的统治却不是一帆风顺的，故蜀国对秦国的反抗此起彼伏、时有发生，这些反秦事件大多发生在故蜀国疆域的南部。在蜀故地以南，蜀王子安阳王统兵3万伺机反扑[②]。而分布在青衣江地区的蜀国旧臣"丹、犁"，照旧拥戴蜀王为君长，期以内外接应反秦。秦惠王更元十四年（前311），"相壮杀蜀侯来降"[③]。秦武王元年（前310），秦派名将甘茂定蜀，一并诛杀参与谋反的陈壮。秦武王三年（前308），秦复封公子煇（或作晖、恽）为蜀侯。秦昭王六年（前301），蜀侯煇反，司马错定蜀，令蜀侯煇夫妇自裁，一并"诛其郎中令婴等二十七人"[④]。次年，秦又封蜀公子绾为第三任蜀侯。秦昭王二十二年（前285），秦"疑蜀侯绾反，王复诛之，但置蜀守"[⑤]。从公元前316年灭蜀，直到公元前285年诛蜀侯绾，经过三十余年的时间，历经三代蜀侯与秦国之间的抗争与镇压，直到秦昭王二十二年，秦国才最终在故蜀国建立起单一的郡县制度。故蜀国故地的民众，也由于秦对蜀长期剧烈的政治经济改造和文化变革而"染秦化"，在文化模式方面发生了巨大变化[⑥]。大约在此之后，蜀才被时人从"南夷"的概念内分离出来。而即便如此，到了汉初景、武之间，蜀人仍然还是被认为"质文刻野"，经过文翁入蜀为蜀郡守，选派蜀人子弟到京师长安学习律令，学成归蜀以后用此教授蜀人子弟，才颇改蜀人的蛮夷之风[⑦]。至此，时人也才最终改变了对蜀人属于蛮夷的传统观念。

至于与故蜀同属南夷的笮都夷及其居地的变化，情况更为复杂。笮都夷原居岷江上游汉代之汶山郡[⑧]，大约在战国秦汉年间南迁到古蜀国南部，汉武帝时期，将笮都夷的居住地域设置为沈黎郡。据《汉书·西南夷传》记载："南粤破后……及汉诛且兰，邛君，并杀笮侯。冉、駹皆震恐，请臣置吏。以邛都为粤（越）嶲郡，笮都为沈黎郡，冉駹为文山

① （汉）司马迁撰：《史记·张仪列传》，中华书局，1982年，第2284页。

② （北魏）郦道元撰，王国维校，袁英光、刘寅生整理：《水经注校》卷37《叶榆水注》引《交州外域记》，上海人民出版社，1984年，第1156页。

③ （汉）司马迁撰：《史记·秦本纪》，中华书局，1982年，第207页。

④ （晋）常璩撰，刘琳校注：《华阳国志校注》，巴蜀书社，1984年，第199页。

⑤ （晋）常璩撰，刘琳校注：《华阳国志校注》，巴蜀书社，1984年，第200页。

⑥ 段渝：《论秦汉王朝对巴蜀的改造》，《中国史研究》1999年第1期。

⑦ 《汉书·循吏列传·文翁传》，中华书局，1962年，第3625~3626页；（晋）常璩撰，刘琳校注：《华阳国志校注》，巴蜀书社，1984年，第214页。

⑧ 汶山郡位于岷江上游地区，《华阳国志·蜀志》记载："汶山郡本蜀郡北部冉駹都尉。"颜师古注《汉书·武帝纪》引服虔曰："今蜀郡北部都尉所治本笮都地也。"这应该是先秦时期笮都夷最初的分布地。段渝：《四川通史（卷一·先秦）》，四川人民出版社，2010年，第450页。

郡。"①沈黎郡置于汉武帝元鼎六年，《后汉书·莋都夷传》记载："元鼎六年，以为沈黎郡"，又载："至天汉四年，（沈黎郡）并蜀，为西部，置两都尉"②，至安帝延光二年改为蜀郡属国，灵帝时改为汉嘉郡。可见，此汉嘉郡辖境大致上就是沈黎郡辖境，基本无变迁。据《续汉书·郡国志》的记载，汉嘉郡（即汉武帝时期的沈黎郡，但汉嘉郡的面积小于沈黎郡，辖境当今四川雅安地区）辖有汉嘉（今四川芦山县）、严道（今四川荥经县）、徙（今四川天全县）、旄牛（今四川汉源清溪镇）四县，包含了青衣江上游和大渡河上中游地区。沈黎郡原为羌系的丹、犁二族居地，原属古蜀国的范围。汉武帝时因丹、犁二族之名在其地设置沈黎郡，此后沈黎郡易名，仍以蜀郡西部都尉、蜀郡属国为行政区划名称。由此可见，沈黎郡原为蜀地。

先秦至汉初，沈黎郡原为莋都夷所居，至汉武帝开西南夷后，莋都从沈黎郡南迁至雅砻江中下游今四川凉山州盐源县、盐边县和云南永胜县一带。莋都南迁的年代，当在汉武帝天汉四年前。《华阳国志·蜀志》记载汉武帝元鼎六年以"西部莋为沈黎郡"，即以莋都为沈黎郡郡治。但自天汉四年沈黎郡并蜀为西部都尉，而两都尉分驻旄牛和青衣后，莋都县即不再见于记载。《汉书·地理志》记载东汉和帝以前，蜀郡已无莋都县。至安帝延光二年改蜀郡西部都尉为蜀郡属国，辖四县，也无莋名。可见，在武帝天汉四年，莋随同罢置。可见在此之前，莋都已经南迁。③

这就说明，关于西南夷的民族和地理概念，在先秦秦汉时期有一个历史的演变过程。先秦时期的西南夷，包括了巴蜀在内，称巴蜀为南夷，而汉代西南夷的北界则向南推到了汉嘉郡、朱提郡和越嶲郡一线，汉代文献关于西南夷地理方位的记载，就是在汉武帝时期南夷的大量南迁后才基本上固定下来的。

因此，可以说，包括巴蜀在内的整个西南地区④，在夏、商、西周、春秋、战国前期都可以称为西南夷地区。直至公元前316年秦并巴、蜀以后，对巴、蜀在政治、经济和文化上进行了大规模改造，巴和蜀成为汉文化圈的重要一员⑤，从此才不再被视为西南夷，而蜀郡西南部的沈黎郡在汉武帝时期才退出南夷的范围。自此之后，汉代的西南夷就仅指"巴蜀西南外蛮夷"的夜郎、靡莫之属（包括滇）、嶲与昆明、邛都、徙与莋都、冉駹、白马等七个区域，以及东汉时期归附中央王朝的永昌郡，而邛都、徙、莋都、冉駹、白马等到了

---

① （东汉）班固撰，（唐）颜师古注：《汉书·西南夷传》，中华书局，1962年，第3842页。
② （南朝宋）范晔撰，（唐）李贤等注：《后汉书·南蛮西南夷列传》，中华书局，1965年，第2854页。
③ 段渝：《西南夷考释》，《天府新论》2012年第5期。
④ 当代的中国西南地区，包括四川、重庆、云南、贵州、广西和西藏；而古代所称的西南地区，则相当于今天的四川、重庆、云南和贵州。本书所谓西南地区，是指古代的西南地区。
⑤ 段渝：《论秦汉王朝对巴蜀的改造》，《中国史研究》1999年第1期。

两晋时期也被排除在南中之外。

三、从"西南夷"到"南中"的时空变化

到三国两晋时期，西南夷的概念又出现了新的变化，这从《华阳国志》有别于《史记》《汉书》和《后汉书》的有关记载中可以清晰地判别出来。

《史记·西南夷列传》总叙从地理空间和族群划分上把西南夷明确分为七个区域，分别是夜郎、靡莫之属（包括滇）、嶲与昆明、邛都、徙与筰都、冉駹、白马。《汉书·西南夷传》除将《史记·西南夷列传》的"西南夷君长"改为"南夷君长"外，其他文字与之大同小异。《后汉书》中有关西南地区的历史材料多出于《华阳国志》，虽然其中有关西南夷族群的各篇传记已与《史记》《汉书》有所不同，不过在地理空间方面还是与《史记》《汉书》大体一致的。但是，在成书于两晋之际的《华阳国志》中，对于西南夷地理空间方面的记载则出现了较大变化，与《史记》和两《汉书》已有较大不同。

《华阳国志·南中志》记载说："南中在昔盖夷越之地，滇濮、句町、夜郎、叶榆、桐师、嶲唐侯王国以十数。编发左衽，随畜移徙，莫能相雄长。"[1]

很明显，《华阳国志》所记载的"南中"是一个地域范围的概念，而《史记·西南夷列传》和《汉书·西南夷传》所记载的"西南夷"是地域与族群相结合的概念，二者在概念上是有所区别的[2]。

"南中"是始见于三国蜀汉时期，《三国志·蜀书·诸葛亮传》说"南中诸郡并皆叛乱"，裴松之注引《汉晋春秋》说"亮至南中，所至战捷"[3]，均可为证。《三国志·蜀书·李恢传》裴松之注云："臣松之讯之蜀人，云：庲降，地名，去蜀二千余里。时未有宁州，号为南中，立此职以总摄之。晋泰始中始分为宁州。"[4]既然是"号为南中"，就说明南中不是行政区划建置，而是地域名称，并且是别称。在晋泰始六年置宁州之前，蜀汉以南地区被时人"号为南中"，即"蜀之南中"，但在晋置宁州以后，南中即属宁州辖境，所以《华阳国志·南中志》开篇即说："宁州，晋泰始六年初置。蜀之南中诸郡，庲降都督治也。"[5]可知南中这个称谓是蜀汉对其南方诸郡的统称，而由蜀汉之庲降都督治理其军政。晋时有"南中七郡"之说，即朱提、建宁、云南、兴古、牂柯、益州、永昌等七郡，是因袭蜀汉而来，自晋泰始六年置宁州以后，乃陆续分置为十四州。

① （晋）常璩撰，刘琳校注：《华阳国志校注》，巴蜀书社，1984年，第333页。
② 段渝：《西南夷考释》，《天府新论》2012年第5期。
③ 《三国志·蜀书·诸葛亮传》，中华书局，1982年，第918页、921页。
④ 《三国志·蜀书·李恢传》，中华书局，1982年，第1046页。
⑤ （晋）常璩撰，刘琳校注：《华阳国志校注》，巴蜀书社，1984年，第333页。

关于南中的地理空间位置，《华阳国志·南中志》譔曰："南域处邛、筰、五夷之表"，南域是指蜀汉南方的地域，即指南中而言，其中的"五夷"是指分布于"宁州附塞部落之名"，当在建宁郡界，[①]可见，南中是用以指称蜀汉以南地区的习惯名称，即邛、筰、五夷（或做五荼夷）之南的广大地域。《华阳国志·南中志》还记载："相如知其不易也，乃假巴、蜀之论以讽帝，且以宣［使指］于百姓。卒开僰门，通南中。"[②]僰门，意指僰道通往南中的交通要塞，"开僰门，通南中"，表明南中在僰道（今四川宜宾至云南曲靖之间）以南。可见，南中主要指今天的云南省和贵州省西部地区。有的论著认为今四川省南部也包括在南中当中，当属误解。《华阳国志·南中志》的记载表明，蜀汉和两晋时期的南中已不是战国秦汉时期西南夷的全部，战国秦汉时期南夷中的邛都和徙、筰都、冉駹、白马等全部西夷已被排除在南中之外，表明蜀汉两晋时的南中仅相当于战国秦汉时期西南夷的一部分地区。

在《史记·西南夷列传》《汉书·西南夷传》和《后汉书·西南夷传》里，是把包括羌系民族和濮越系民族在内的整个西南夷统称为"夷"，"夷"是作为一个泛称名词被加以使用的，但在《华阳国志·南中志》里，对西南夷和"夷"认识从称谓上已发生了重要变化。前引《华阳国志·南中志》总叙说："南中在昔盖夷越之地，滇濮、句町、夜郎、叶榆、桐师、巂唐，侯王国以十数。"其中的南中是地域名称，夷越是族系名称。这里将南中和夷越相对应举出，显然认为分布在南中地区的族系是夷越。此句中十分关键的是"在昔"二字。所谓"在昔"，是指从前而言，所谓从前，自然是指三国两晋以前的先秦秦汉时期。而"南中在昔盖夷越之地"，就是说先秦秦汉时期南中为夷越的活动地区。在这里，并没有像《史记》和两《汉书》那样把这片地域与西南夷相对应，而是用夷越名称取代了西南夷名称。这就是说，在《华阳国志》看来，从先秦时期直到三国两晋，分布在南中地区族系的都是夷越。而夷越包括"滇濮、句町、夜郎、叶榆、桐师、巂唐，侯王国以十数"，即是说，"夷越"指以"滇濮、句町、夜郎、叶榆、同师、巂唐"等为代表的以十数的南中地区的侯王国。从族系的角度看，在常璩所列举出的这些侯王国中，滇是濮越系民族，同样属于濮越系民族的还有夜郎、句町；而叶榆、桐师是地区名称，分布在叶榆的是昆明族，属于羌系民族，桐师又作同师，分布在桐师一带的是哀劳人，可能属于与羌系民族有关的藏缅语族；巂唐，在《史记》《汉书》里单称巂，属于羌系民族。可见，所谓"夷越"，其实包含夷和越两个部分，其中的夷，是指羌系民族，越是指濮越系民族，夷越则是对南中地区所有羌系民族和濮越系民族的统称。可见，不仅西南夷概念被南

① （晋）常璩撰，刘琳校注：《华阳国志校注》，巴蜀书社，1984年，第369页。
② （晋）常璩撰，刘琳校注：《华阳国志校注》，巴蜀书社，1984年，第342页。

中取代，而且"夷"的内涵也发生了重要变化。

在《华阳国志·南中志》里，通篇所述为南中诸夷或夷濮，只有一处提及西南夷，而《史记》《汉书》中分别在西南夷七个区域为大君长的滇、夜郎等，虽然在《华阳国志·南中志》总叙里列出了它们的名称，但在具体叙述中，却几乎没有关于这些在战国秦汉时期强大一时的"王国"或"邑君"等酋豪的记载，而在先秦两汉不见于史载的其他诸多南中酋豪却成为了叙事的主角。

以上说明，在蜀汉两晋之间，已把战国秦汉时期包括徙、筰都、冉駹、白马等全部西夷以及南夷中的邛都纳入蜀地范围内，所以这些地域及其民族均在《华阳国志·蜀志》中加以记述，而只把战国秦汉时期南夷的所在地域及其大部分民族作为南中之夷，把它们纳入《南中志》加以记述，并在篇首特别注明"南中在昔盖夷越之地"，其中的夷是指氐羌系的族类而言，越则是指濮越系的族类而言。这表明，蜀汉两晋时期已不再把西南夷作为一个广大地域内非汉系民族的整体加以看待了。

四、西南夷的时空构架

作为一种历史过程，古文化的盛衰兴亡不可避免，留下了一部高潮与低谷相激荡的文明演变史，于是形成分期，各个分期的相互衔接，便是文化演进的时序。而文化区的分布形态，即是文化的空间构架。关于巴、蜀古代文明的时空构架，笔者在《濯锦清江万里流——巴蜀文化的历程》中已有专门论述[1]，本文不再讨论，这里仅讨论巴蜀西南外蛮夷的时空范围问题。

（一）时序脉络

关于西南夷的年代，如果从《史记》和《汉书》来看，仅为西汉时期，从《后汉书》看，还包括东汉时期，以后历代史书也提到西南夷，时代更晚。那么先秦秦汉时期西南夷究竟如何呢？换句话说，西南夷的上限可以早到什么时段呢？对此，历史文献并没有明确的记录。不过，通过一些比较间接的记载，可以获得有价值的信息。

《逸周书·王会篇》记载了西南地区的一些族群参加成周之会的情况，如此书记载的"百濮"和"产里"，学者多认为是西南地区的族群。《逸周书·王会篇》记载商代初年成汤令伊尹为四方献令说："正南，瓯邓、桂国、损子、产里、百濮、九菌，请令以珠玑、瑇瑁、象齿、文犀、翠羽、菌鹤、短狗为献。"这个殷畿正南的百濮。专贡矮犬，

---

① 段渝、谭洛非：《濯锦清江万里流——巴蜀文化的历程》，四川人民出版社，2001年，第21~27页。

当即云南之濮①。濮或作卜，见于殷卜辞："丁丑贞，卜又象，□旧卜。"郭沫若释为："卜即卜子之卜，乃国族名。"②卜子，《逸周书·王会》记载周初成周之会，"卜人以丹砂"，王先谦补注："盖濮人也。"卜、濮一声之转。杜预《春秋释例》说："建宁郡南有濮夷，无君长总统，各以邑落自聚，故称百濮，又称叟濮。"晋建宁郡的地域范围，大致相当于今云南省的昆明、曲靖、玉溪大部分地区以及贵州省威宁县的部分地区③。当时西南夷的一些族群不远万里到西周王朝的都城参加朝觐，据此可以认为西周初期已存有对西南夷某些族群的模糊概念，尽管还没有见到当时有西南夷这个提法的历史文献。

从早期中印交通即《史记·西南夷列传》和《史记·大宛列传》所记载的"蜀身毒道"亦即学术界所说的"南方丝绸之路"的开通情况分析，西南夷主要族群与古蜀的关系早已发生并达到比较密切的程度，在政治和文化联系较为密切的基础上，这条由古蜀腹心地区经由西南夷地区通往印度地区的漫长交通线才有可能开通。以此比较一下汉武帝为打通汉王朝与大月氏的联系先后派遣十余批汉使试图经西南夷地区去大夏（今阿富汗）而被氐、筰、昆明等族阻碍而无法通过这一史实，就可说明，如果没有同西南夷建立密切的政治与文化联系，就不可能从他们的地盘通过。由此可见，蜀身毒道的开通，必然是在古蜀与西南夷建立了良好关系的前提下才有可能初步完成的。

方国瑜先生曾经认为，蜀、身毒国道经过西南地区，是这个地区有一定的社会条件建立起来，而且是在这地区的居民开发的，由于西南地区各部族社会、经济、文化发展到一定阶段，各地部族要求与邻境交换生产品，相互往还频繁开辟了道路，甲地与乙地之间，乙地与丙地之间，丙地与丁地之间均已开辟了道路，如此连贯起来，开成了一条漫长的交通线④。从义理的角度推论，方国瑜先生的看法不无不妥，不过方国瑜先生对这个问题进行分析的时候，西南地区还没有足以对这个问题进行分析的相关考古发现与研究成果问世，而其后数十年的考古资料则显示出另外一种情况，所以在当时看来比较合理的推论现在就有更新和修正的必要。

1986年在四川广汉三星堆祭祀坑中出土了大量青铜人物雕像，其中除古蜀人的形象造像外，还有不少西南夷人物形象的造像⑤。这表明，早在三星堆文化时期，也就是相当于商代中期（祭祀坑的年代为商代晚期，但瘗埋其内的青铜雕像则属于商代中期的遗物）⑥，西南夷的

---

① 章太炎：《西南属夷小记》，《制言半月刊》第二十五期，1936年；又见李绍明、程贤敏编：《西南民族史研究论文选》（1904–1949），四川人民出版社，1991年，第1~6页。

② 郭沫若：《殷契粹编考释》，科学出版社，1965年，第669页。

③ （晋）常璩撰，刘琳校注：《华阳国志校注》，巴蜀书社，1984年，第402~412页。

④ 方国瑜：《中国西南历史地理考释》，中华书局，1987年，第7页。

⑤ 段渝：《商代蜀国青铜雕像文化来源和功能之再探讨》，《四川大学学报》1991年第2期。

⑥ 陈德安：《三星堆遗址的发现与研究》，《中华文化论坛》1998年第2期。

一些"君长"与古蜀王国之间已存在密切的政治与文化（宗教）关系①，这应当就是"蜀身毒道"之所以能够开通的一个重要基础和必要条件。如果没有蜀与身毒国的联系，仅仅是西南夷各族群间道路的开辟，当然就不会有"蜀身毒国道"的名称；如果没有古蜀王国与西南夷之间的密切的政治、经济和文化关系，同样也就不会有以"蜀身毒国道"名义命名的交通线的开辟，这应当是不言而喻的。至于"五尺道"的开通，同样也是在商周时期②。蜀身毒道和五尺道的开通，表明商周时期西南夷的政治经济和社会组织已演进到相当程度。

根据考古学测年数据来看，西南夷地区最早进入青铜时代的是以剑川海门口为代表的云南剑湖区域③和以大理海东镇银梭岛为代表的洱海区域④，年代分别在公元前1800至前1200年之间和公元前1500至前1100年之间，分别相当于中原王朝的夏、商之交和商代晚期。但是，剑川海门口和大理银梭岛青铜器与该两地区后来的青铜文化遗存之间存在时间上的缺环，同一地区先后的青铜文化遗存也显示出不同的面貌，这种状况究竟是由于族群和文化的差异还是时代的差异或是其他原因所造成，其间的关系还需要新的资料才可能予以说明。而考古学测年数据显示出来的西南夷地区其他各青铜文化墓葬的整体年代大致为距今2600至2000年之间，也就是春秋至西汉末、东汉初。这种情况表明，西南夷各族进入青铜文化的年代先后差别很大，早晚不一，其间发展很不平衡。

不过，位于黔西北、滇东北地区的鸡公山文化—野石山—银子坛遗存，基本上是连续发展演变的文化遗存⑤，是夜郎区域青铜文化起源、发展和演变的基本序列之一，可以说明西南夷夜郎区域的演化链条。这一青铜文化的发展序列链条表明，西南夷夜郎地区的历史开端至少始自商代，而这一年代恰与三星堆文化青铜人物雕像中西南夷人物造像的年代相吻合，这当然不是偶然的。如果进一步分析，出现在三星堆文化青铜人物雕像中的西南夷"君长"造像⑥，绝不可能是西南夷"君长"的始现年代，他们与三星堆古蜀王国的交往必然已有一个较长时期的过程，而且必然是在经过了复杂的政治与文化联系的交往历程，西南夷"君长"才可能出现在三星堆古蜀王国盛大的祭祀场合以及庞大的祭祀人物序列当

---

① 段渝：《政治结构与文化模式——巴蜀古代文明研究》，学林出版社，1999年，第108~121页。
② 段渝：《五尺道的开通及其相关问题》，《四川师范大学学报》2013年第4期。
③ 云南省文物考古研究所、大理州文物管理所、剑川县文物管理所：《云南省剑川县海门口第三次发掘》，《考古》2009年第8期；闵锐：《剑川海门口遗址发掘》，云南省文物考古研究所：《探寻历史足迹，保护文化遗产——纪念云南省文物考古研究所成立五十周年》，云南教育出版社，2009年，第52~55页。
④ 云南省文物考古研究所、大理市博物馆、大理市文物管理所、大理州文物管理所：《云南大理市海东银梭岛遗址发掘简报》，《考古》2009年第8期；闵锐：《大理银梭岛遗址发掘》，云南省文物考古研究所：《探寻历史足迹，保护文化遗产——纪念云南省文物考古研究所成立五十周年》，云南教育出版社，2009年，第48~51页。
⑤ 罗二虎、张合荣：《论鸡公山文化》，《考古》2006年第8期；孙华：《滇东黔西青铜文化初论——以云南昭通及贵州毕节地区的考古资料为中心》，《四川文物》2007年第5期。
⑥ 段渝：《商代蜀国青铜雕像文化来源和功能之再探讨》，《四川大学学报》1991年第2期。

中。因此，毫无疑问，西南夷"君长"的始现年代必然早于三星堆祭祀坑的年代，也早于那些青铜人物雕像的制作年代。这就是说，西南夷"君长"出现在历史舞台上的年代至少不晚于商代中期。同样，既然这些西南夷族群的"君长"的年代不晚于商代中期，那么很明显，这些"君长"所代表的西南夷族群的始现年代自然也就早于商代中期。

至于早于这些西南夷"君长"的年代而又可以作为西南夷初现年代的考古资料，目前还不能加以确指。虽然近年来西南地区考古发现了大量新石器时代晚期的文化遗存，但这些文化遗存是否与后来的青铜文化遗存具有发展演变的连续关系，某个地区的青铜文化是否就是该区域新石器文化的后续文化，这个问题还需要做进一步深入细致的分析研究。

（二）空间构架

古代西南夷地区地域辽阔，学术界一般根据《史记·西南夷列传》的记载来认定，把古代巴蜀以西和以南的地区划为西南夷地区。但这只是汉代以来的认识，并非先秦时期人们对于西南夷概念的理解。从历史文献的记载可知，西南夷的空间范围事实上是随着中央王朝在西南地区实力的起伏消长而发生历时性的伸缩进退，并不是一成不变的。根据历史文献的记载，先秦时期的巴和蜀均属"南夷"[①]，直到汉武帝时期，始将南夷的北境向南推到沈黎郡（今四川雅安地区）、越嶲郡（今四川凉山州地区）和朱提郡（今云南昭通和四川宜宾地区）以南，而两晋时期就连汉代的西夷和南夷中的越嶲等地区都被排除在南中以外。

根据历史文献的记载，在西周时期，古蜀国杜宇王朝即"以岷山为畜牧，南中为园苑"[②]，把西夷和南夷纳入统治或势力范围。春秋至战国时代，古蜀开明王朝再次向南开疆拓土，"帝攻青衣，雄张獠、僰"[③]。青衣为今四川雅安市的芦山县；獠指夜郎，今贵州安顺地区至黔西地区；僰指僰道，今四川宜宾到云南昭通地区。《华阳国志·蜀志》还记载说："僰道有故蜀王兵兰"，兵兰指驻兵营寨[④]，应当是古蜀王国建立在僰道的驻兵之所，目的在于蜀军进一步向南前出。这就表明，其时青衣和獠、僰之地已被蜀国所实际控制，为蜀之附庸[⑤]。考古学上，在云南昭通和贵州威宁发掘了大批古蜀文明的青铜器[⑥]，贵州威宁出土的古蜀青铜器，时代在公元前800年前后，威宁中水还出土古蜀三星堆文化（3700—3100B.C商代中晚期）的玉器，均说明古蜀王国在云南东部和贵州西部的势力范围扩张可以上溯到商周时期，与历史文献的记载完全吻合。当古蜀文明全盛之时，其疆域"东接于

① 《汉书·地理志》记载："巴、蜀、广汉本南夷，秦并以为郡。"可知先秦的巴和蜀均属南夷范畴。
② （晋）常璩撰，刘琳校注：《华阳国志校注》，巴蜀书社，1984年，第182页。
③ （晋）常璩撰，刘琳校注：《华阳国志校注》，巴蜀书社，1984年，第185页。
④ 徐中舒：《巴蜀文化续论》，《四川大学学报》1960年第1期。
⑤ 方国瑜：《中国西南历史地理考释》上册，中华书局，1987年，第9页。
⑥ 贵州省文物考古研究所、四川大学历史文化学院考古系、威宁县文物管理所：《贵州威宁县红营盘东周墓地》，《考古》2007年第2期；王涵：《云南昭通营盘古墓群发掘简报》，《云南文物》第41期，1995年。

巴，南接于越，北与秦分，西奄峨幡"①。"越"，即晋时的南中，亦即所谓"南中在昔盖夷越之地也"，而其影响和渗透范围，还远远超出了这一地域空间。

春秋战国时代的巴国同样也向南开疆拓土。《华阳国志·巴志》记述巴地范围说："其地东至鱼复（今重庆奉节），西至僰道（今四川宜宾），北接汉中，南极黔、涪。""黔"，指战国时期楚、秦之黔中郡，其地辖今湖南西北部及湖北、四川、贵州的邻近地区；涪即汉代涪陵县，其地辖今重庆彭水、武隆、石柱、黔江、酉阳和贵州道真、正安、沿河、务川、德江、印江、思南等相地②。这表明，巴国的疆域也向南抱有西僰的一部分，而这正是汉代文献所指属于西南夷的地区。

由上可见，西南夷的空间构架并不是从先秦以来一成不变的，巴、蜀之所以在先秦时期被视为"南夷"，不但是因为巴、蜀民众多属氐羌系和濮越系，其民族系属与西南夷相同，而且因为巴、蜀地区自身就包括在南夷区域当中。

至于"巴蜀西南外蛮夷"的分布情况，我们将考古资料同历史文献相对照分析，提出巴蜀西南外的西南夷地区，在春秋战国时代形成了多个生长在大河流域支流小生态中的青铜文化群，目前在考古学上反映出来的这样的青铜文化群主要有十余个③，它们分别是：1.黔西滇东北夜郎青铜文化区；2.滇东曲靖盆地劳浸、靡莫青铜文化区；3.滇池区域青铜文化区；4.安宁河流域邛都青铜文化区；5.青衣江流域徙青铜文化区；6.雅砻江下游盐源盆地筰都青铜文化区；7.保山盆地嶲青铜文化区；8.洱海区域昆明青铜文化区；9.岷江上游冉駹青铜文化区；10.川北陇东南氐文化区；11.金沙江上游白狼、槃木、唐菆青铜文化区；12.红河流域句町青铜文化区；13.滇南地区漏卧青铜文化区。这些青铜文化区域与历史文献所记载的巴蜀西南外的夜郎、滇、僰、邛、筰、昆明以及其他族群的文化区域可以相互对应。考古发掘资料证实，大凡在《史记·西南夷列传》中列入记载的某族群的分布地区，基本上都找到了与其相对应的某种青铜时代的文化遗存，这证明司马迁的记载是基本准确的④。

值得注意的是，在地理空间界域方面，关于西南夷的西南部地域范围的界域所在，历史文献没有明确的记载，但是根据对文献所记载的"滇越"地望的考证，当可取得较为明晰的证据。

《三国志·魏书·乌丸鲜卑东夷列传》裴松之注引鱼豢《魏略·西戎传》记载西南夷地区有"盘越国"："盘越国，一曰汉越王，在天竺东南数千里，与益部相近，其人小与

---

① （晋）常璩撰，刘琳校注：《华阳国志校注》，巴蜀书社，1984年，第175页。
② （晋）常璩撰，刘琳校注：《华阳国志校注·巴志》，巴蜀书社，1984年，第25页、第82页。
③ 段渝、刘弘：《西南夷青铜文化及其文明的起源》，《苏州大学学报》2012年第1期。
④ 段渝、刘弘：《西南夷青铜文化及其文明的起源》，《苏州大学学报》2012年第1期。

中国人等，蜀人贾似至焉。"①盘越，《后汉书·西域传》误作"盘起"，《梁书》卷54
《中天竺传》作"盘越"，《南史》卷78作"盘越"，《通志》亦作"盘越"。据沙畹研
究，盘越地在东印度阿萨姆与上缅甸之间②。据汶江先生研究，盘越即滇越，即东印度阿萨
姆的迦摩缕波。③《史记·大宛列传》记载："昆明之属无君长……然闻其西可数千里，有
乘象国，名曰滇越，而蜀贾奸出物者或至焉。"直到汉魏，蜀人商贾仍在东印度进行经商
活动。《大唐西域记》卷10《迦摩缕波国》记载："迦摩缕波国，周万余里，国大都城，
周三十余里……人形卑小，容貌黧黑，语言少异中印度。"④这里所说迦摩缕波国"人形
卑小，容貌黧黑，语言少异中印度"，就是《魏略·西戎传》所说的"其人小与中国人
等"，其实也就是分布在东印度阿萨姆地区与雅利安人语言有异的达罗毗荼人，亦即所谓
僬侥。从《华阳国志·南中志》和《后汉书·哀牢传》的记载来看，西南夷的空间范围包
括了后来缅甸的许多地区，是直接毗邻于东印度阿萨姆地区的。⑤《华阳国志·南中志》
"哀牢郡"记载说永昌郡有"身毒之民"，表明地近身毒。《后汉书·陈禅传》记载说：
"永宁元年，西南夷掸国王献乐及幻人"，掸国在今缅甸，时称西南夷。《后汉书·明帝
纪》更是明确记载说："西南夷哀牢、儋耳、僬侥、盘木、白狼、动黏诸种，前后慕义贡
献"，直接把僬侥之地纳于西南夷地域范围。《华阳国志·南中志》说："身毒国，蜀之
西国，今永昌是也。"《大唐西域记》卷10《迦摩缕波国》还记载："此国（按，指迦摩
缕波）东，山阜连接，无大国都。壤接西南夷，故其人类蛮獠矣。详问土俗，可两月行，
入蜀之西南之境。"⑥这些记载十分清楚地说明，出蜀之西南境即西南夷，其境地是与东印
度阿萨姆地区相连接的。⑦如果按照这样的认识，那么对西南夷的研究，就应该放在更加广
阔的地理空间背景下加以考虑。

---

① （晋）陈寿撰，（南朝宋）裴松之注：《三国志·魏书·乌丸鲜卑东夷传》，中华书局，1959年，第860页。
② 沙畹：《魏略·西戎传笺注》，载冯承钧译：《西域南海史地考证译丛》第7编，商务印书馆，1962年，第41~57页。
③ 汶江：《滇越考》，《中华文史论丛》1980年第2辑。
④ （唐）玄奘、辩机著，季羡林等校注：《大唐西域记校注》下册，中华书局，2000年，第794页。
⑤ 《华阳国志·南中志》记载："（哀牢）其地东西三千里，南北四千六百里"；《后汉书·哀牢传》记载："（哀牢夷）其称邑王者七十七人，户五万一千八百九十，口五十五万三千七百一十一"。方国瑜先生认为，据此可见，哀牢地广人众，包有今之保山、德宏地区，及缅甸伊洛瓦底江上游地带，见《中国西南历史地理考释》上册，中华书局，1987年，第22、24页。方先生之说，符合古文献记载。
⑥ （唐）玄奘、辩机著，季羡林等校注：《大唐西域记校注》下册，中华书局，2000年，第794页。
⑦ 段渝：《中国西南早期对外交通——先秦两汉的南方丝绸之路》，《历史研究》2009年第1期。

云南早期文明的宏观研究

李安民　昆明市文化广播电视新闻局　博士

摘　要： 云南早期文明的内容包含了云南地域氏族制度的解体过程、国家组织的产生与发展过程和阶级社会的形成过程，其在地理环境和多种外部文化等因素的共同作用下所形成的独特历史发展轨迹及文明演进模式是值得给予充分关注与研究的。本文将以云南的考古材料和考古学界的研究成果为依托，以现有的各种早期文明理论和研究成果为借鉴，以比较各种早期文明的实例为手段，以提升云南早期文明研究的理论水平为目的，从宏观上研究和分析云南早期文明演进的阶段性、特色性和演进动力、演进模式等相关重要内容，探索建构云南早期文明的分析框架，从而在整体上把握云南早期文明的本质和特点。

关键词： 云南早期文明　文明演进　文化交流　地理环境

云南早期文明，应该是相对于汉武帝元丰二年在云南设置益州郡后的文明状态而言的概念。内容上，包含云南地域氏族制度的解体过程、国家组织的产生与发展过程和阶级社会的形成过程；演进阶段上，分为新石器时代晚期至青铜时代早期的文明起源，春秋中、晚期到西汉早、中期的文明形成，西汉晚期到东汉早期的文明演变和发展三个前后衔接、递进发展的演进时段。需要指出的是，云南早期文明的演进因益州郡的设置改变了正常发展的方向。从汉武帝元丰二年到东汉初年，今天云南大部分地区已经纳入汉帝国版图，政治上郡县设置与羁縻政策并举，经济上青铜时代与铁器时代并存，文化上地域文化与汉文化并行。无论是文明已经形成的东部地区，接近文明形成的西部地区，还是向文明形成过渡的南部地区，相对封闭环境下的原有文明演进状态都被迫中止，共同面对汉帝国政权和汉文化的全面进入。从这个意义上说，云南早期文明演进到形成阶段就已经结束。但是，由于政治上的羁縻式治理，经济技术上的非强制性推广，文化上的非强制性融合，加之云南地理条件的多样性、资源条件的丰富性，云南早期文明的部分要素、因素还在区域内不同程度地存在和体现。尽管如此，严格按照早期文明的标准，汉武帝元丰二年到东汉初年的文明发展，已经是另一种文明影响下的变异发展，不宜划入云南早期文明的演进阶段。

但是，为了审视云南早期文明的全过程，探索云南早期文明的演进特点，本文仍将益州郡设置下的文明变异发展纳入演进阶段之中，并将时间下延至东汉初年；空间范围上，基本界定在今云南省行政区域，同时考虑到云南早期文明与自然环境的紧密关系，吸纳借用当代地理学界依据自然环境条件把云南分为东部地区、西部地区和南部地区三个国土区域的结论，在研究和描述云南早期文明时，把云南早期文明的空间范围细分为云南东部地区、西部地区和南部地区。在明确云南早期文明演进内涵、演进阶段和演进时空范围的基础上，本文将以云南的考古材料和考古学界的研究成果为依托，以现有的各种早期文明理论和研究成果为借鉴，以比较各种早期文明的实例为手段，以提升云南早期文明研究的理论水平为目的，从宏观上研究和分析云南早期文明演进的阶段性、特色性和演进动力、演进模式等相关重要内容，探索建构云南早期文明的分析框架，从而在整体上把握云南早期文明的本质和特点。

一、云南早期文明演进的阶段性

（一）文明演进阶段性

事物的量变到质变的过程本身就隐含着发展的阶段。历史的发展过程也经历了萌芽、繁荣到衰微的每个阶段。同样，云南早期文明的演进也经过了起源、形成和演进发展的各个阶段，具有明显的阶段性特征。当然，阶段性也只是相对于云南早期文明的历史进程整体和空间整体而言，绝非每一个局部空间或每一个历史进程的环节都经过了云南早期文明演进的全过程。

文明演进的阶段性问题，是有关文明研究的思潮和理论关注的核心问题。应该说，在进化论学说运用于文明研究后，文明的演进具有阶段性的结论就成为中外学术界长期以来的一种基本共识。摩尔根把人类的发展分为蒙昧时代、野蛮时代和文明时代三个依次递进的阶段，还把文明时代细分为古代文明和现代文明社会两个阶段。[①]摩尔根的观点深得马克思、恩格斯的赞同，经前苏联的理论家和政治家的研究，确定人类社会经历和正在经历原始社会、奴隶社会、封建社会、资本主义社会和社会主义五个阶段。斯图尔特提出狩猎采集类型、早期农业类型、形成类型、区域繁盛类型、轮回征服类型等五种社会文化类型，并强调五种类型在各个地区都是历时递进的，表现为五个前后依次衔接的阶段。奥博格则提出同缘部落、异缘部落、政治上组织起来的酋邦、联邦型国家、城邦国家、神权帝国等六种社会形态类型。虽然奥博格并没有明确六种类型之间的前后依次衔接关系，但认真对照六种类型的内容，还是可以明显地看出，奥博格是主张六种类型代表的就是六个发

---

① ［美］摩尔根：《古代社会》，马巨等译，商务印书馆，1977年，第3~16页。

展阶段。弗里德根据社会等级差异标准提出的平等社会、等级社会、阶层社会、国家社会四种社会类型，反映的也是不同的社会发展阶段。塞维斯从社会进化模式的角度，提出人类社会经历了游群—部落—酋邦—国家四个阶段。[①]我国学术界也认同文明演进的阶段性。苏秉琦认为从氏族到国家经历了古文化—古城—古国发展阶段，而国家的起源则是经过古国—方国—帝国的三个发展过程。[②]王震中坚持恩格斯"国家是文明社会的概括"的合理命题，立足聚落形态的视角，提出包括中国在内的世界上第一批原生形态的文明起源和国家形成，是由大体平等的农耕聚落形态发展为含有初步分化和不平等的中心聚落形态，再发展为都邑国家形态。[③]沈长云、张渭莲认为在夏以前中国各文明先进地区社会进化经历了平等氏族社会时期、不平等氏族社会的发生期、不平等氏族社会的发展期。[④]刘军则把中国国家起源发展概括为两个大时代，即：中国国家起源时代、中国国家发展时代。国家起源三部曲，即：前国家社会但出现国家的萌芽因素的黄帝时期、前国家社会向国家社会转变的颛顼时期、已处于国家社会但还是邦国阶段的尧舜禹时期。国家发展三阶段，即：夏商周时期的王国阶段，春秋战国时期的转型阶段，秦汉时期成熟的帝国阶段。[⑤]但是，在基本形成共识的同时，始终有一些学者对阶段性提出质疑。质疑之一，文明演进的阶段性隐含着演进轨迹被描述成有一系列阶段组成的直线或平行的过程，与世界上各个地区丰富多彩的文明个案不完全契合，因为每个文明都有自己独特的发展历史，呈现出的是多线演进，并非直线发展。质疑之二，世界各地文明的多样性和历史的特殊性，导致难于抽象出适应于世界各地文明的解释框架和一般趋势及规律。应该说，对文明直线演进或平行演进的质疑，对抽象出所有文明都必须经过的演进规律的质疑，是具有一定合理性的。因为直线、依次、逐一、完整的演进，仅仅是一种理论构想，任何一种原生文明或次生文明的演进都不可能如此规范和完整。而且试图抽象出所有文明都必须经过的演进规律也是根本不可能的。但是，剔除掉文明研究中的新旧进化论的不合理的观点之后，我们不能不承认任何一种文明都存在共性的或个性的发展阶段，只是显性或隐性而已。当然，对于文明演进阶段性的认识，也存在机械式认识和灵活性认识的差别。前者认为文明演进的各个阶段必须完整且不能超越，而后者则认为落后的文化可以不经过其他文明渐次发展的阶段，跳跃式地进入新的文明。

云南早期文明的阶段性是客观存在的。云南东部地区、西部地区和南部地区新石器时

① 陈淳：《文明与早期国家探源——中外理论、方法与研究之比较》，上海书店出版社，2007年，第77~100页。
② 苏秉琦：《中国文明起源新探》，生活·读书·新知三联书店，1999年，第130~167页。
③ 李学勤主编：《中国古代文明与国家形成研究》，云南人民出版社，1997年，第14页。
④ 沈长云、张渭莲：《中国古代国家起源与形成研究》，人民出版社，2009年，第188~212页。
⑤ 刘军：《国家起源新论——马克思国家起源理论及当代发展》，中央编译出版社，2008年，第153~166页。

代晚期至青铜时代早期，从出土的石器、陶器、骨器、角器和少量青铜器的数量比较中，极少的青铜器无可争辩地说明青铜生产工具和生活用具还没有取代新石器时代的生产技术和生活方式。从出土的石器、陶器、骨器、角器和少量青铜器的功能和比例的分析中，狩猎采集经济仍然是主要的生计方式，园圃农业除局部地区之外，总体上还处于为了满足定居生活需要，成为狩猎采集经济的一种必要补充。从出土的石器、陶器、骨器、角器和少量青铜器所体现的制作技术水平和生产组织形态来看，与旧石器时代相比，有了革命性的进步，但与青铜时代中晚期相比又显得十分稚嫩，特别是生产组织形态还十分简单，社会分工程度还不高。从聚落形态和墓葬埋葬形态来看，聚落的规模有了大小差别，聚落间的联系有了紧密程度的区分，组聚落或区聚落的出现并常态化和固化，意味着人与氏族、氏族与氏族之间的联系和在此基础之上形成的社会组织形态有了大的转变，导致组织的规模扩大、组织的人口增多、组织的地域增大。墓葬埋葬在一定的区域形制统一，但部分地区的部分墓地出现墓室大小差别，墓葬间也有了随葬品多寡不均的现象。总之，新石器时代晚期至青铜时代早期，体现文明相关要素的，诸如生产力水平的提高，社会复杂化程度的增加，人与人之间财富和等级差别的出现，都无一不在说明云南早期文明的起源。同时，生产力水平、社会复杂化程度和财富差异、社会分层与青铜时代中晚期相比，还是处于低水平的、简单的、局部的状态，因而也无一不在说明云南新石器时代晚期至青铜时代早期尚处于早期文明的起源阶段。

进入青铜时代中晚期，云南青铜文化繁荣鼎盛。在出土青铜器的范围方面，青铜遗址、墓葬和青铜器出土地点的空间分布范围较新石器时代更广，反映出人口的增多，开发的范围扩大；在聚落形态方面，随着人口增加和开发扩大，聚落的总量明显增大，但同时又向某一区聚落或中心聚落聚集，联系成聚落网络，并发展成具有控制性的聚落层级，使聚落被赋予了管理范围和领地、领土的意义。在墓葬埋葬形态方面，区域范围内大、中、小型墓地的不同地域和不同空间分布，同一墓地内大、中、小墓葬埋葬的严格划分，大、中、小型墓葬之间随葬品数量、质地、器类的差异，标明身份贵贱的礼器的普遍运用，体现财富占有的奢侈品的大量使用，都无一不说明人群已经被划分成不同的层级，不同层级的人和人群占有资源的不同已经成为社会组织形态中的常态和规定；在经济形态方面，不同地区生产方式和经济业态差异存在，但总体上讲，狩猎采集经济的比重有所下降，园圃农业经济的比重有所上升，甚至在部分地区成为重要的经济业态。手工业发展迅猛，青铜器、铜铁合制器、铁器、金器、铅器、锡器、陶器、玉器、石器、骨器、角器、竹器、木器、漆器等质地种类更多，器物种类和型式更丰富，器物使用功能的细分更完善，制作技术更多样。体现出手工业更发达，社会分工程度更高，生产组织形态更为复杂。聚落形态反映的领地、领土的内涵，墓葬埋葬形态体现的社会分层，经济形态展示的生产力水平，都足以说明云南特别是东部地区早期文明形成的基本要素已经齐备，进入了早期文明的形成阶段。

青铜时代晚期至铁器时代初期，云南早期文明演进的正常进程，受汉王朝国家政权地方管理机构设置的影响而发生巨大变化。事实上在益州郡设置之前，公元前221年建立的秦朝就对西南夷地区包括云南有所经营，主要措施是修路和置吏，《史记·司马相如列传》说"邛、筰、冉、駹者近蜀，道亦易通，秦时尝通为郡县，至汉兴而罢。"《史记·西南夷列传》也说"秦时常頞略通五尺道，诸此国颇置吏焉。"秦开五尺道，由今四川宜宾达今云南曲靖。《汉书·地理志第八下》还说，秦地"西南有牂牁、越巂、益州，皆宜属焉"。表明秦朝的势力到了今贵州和云南滇池一带，加强了西南夷与内地的联系，但尚未深入到西南夷的中心区域。汉武帝经略西南夷，也是设郡置县、拓建道路，特别是益州郡设置之后，云南的文明演进才有了大的变化。秦朝到益州郡设置的百余年间，尽管内地与今天云南的联系时断时续，对内地的认知和了解有限，出现汉武帝元狩元年（前122）汉使至滇、滇王款待并"与汉使者言曰：'汉孰与我大？'"之史载，但持续百余年的联系和接触，对汉文明的借鉴、吸纳是十分有利的。正是如此，汉武帝元封二年（前109）军事威逼之下，滇王始降，益州郡设置，整个过程比较顺利。当然，汉文明和云南早期文明百余年的联系和接触，在和平的背景下，云南早期文明对汉文明的借鉴、吸纳是主动、自愿和有选择的，因而汉文明给云南早期文明带来的影响是渐进的和有限的。反映在考古学文化上，器类、器形和制作技术等区域性特征继续保留。反映在生产方式和生活方式上，云南早期文明仍然在原有的轨迹上维持着传统的方式。反映在社会组织形态上，云南东部地区早期国家形态和西部、南部地区的酋邦形态（张守节《史记正义》云丹、犁二国"在蜀西南姚府管内，本西南夷，战国时属滇国"。哀牢国，在今云南西部和南部。以上三个小国，史载虽称国，但与滇国相比还不能算真正意义上的早期国家。）或部落形态仍继续发挥着作用。但是，随着益州郡的设置，在强大的汉王朝国家政权背景下，在汉族移民进入比邻而居的文化环境中，云南东部、西部、南部特别是东部地区早期文明的演进进程被迫面对汉文明和自身文明共存的局面，一方面尽力维护自身文明演进的已有状态，一方面被动插入汉文明演进进程，在二元文化环境中寻求平衡。这种演进局面反映在聚落形态上，虽然目前尚无考古材料支撑，但可以推测出汉文明进入云南的聚落形态承袭了内地的聚落传统，而且在类似"变服，从其俗"与继承传统的选择中，最初一般是选择继承传统，以彰显汉文明的优势，并面对云南早期文明的包围。而云南早期文明的聚落形态又因历史和传统以及环境的适应性，不会自动改变。如此，汉文明的聚落形态和云南早期文明的聚落形态便形成两种形态共处的格局。反映在墓葬埋葬形态上，云南早期文明墓葬形制出现在保持原有传统的同时向汉文明趋同的现象，墓葬选址各自独自选定区域或同在一个区域的情况并存，随葬器物由滇式、汉式并存向汉式为主转变。反映在经济形态上，西部和南部地区改变较少，而东部地区的农业经济在汉式耕作技术、汉式水利技术的引入等方面有了大的改变。反映在生活方式上，汉式生活用具在墓葬中的较多出土，表明云南早期文明受到了汉文化较多的影响。反映在社会组织形态上，汉王朝的地方管理形式被移植到云南，由最初的郡县管理和滇国管理共存的羁縻式组织形态逐步向郡县管理实体化转变。总之，益州郡的设置，使青铜时代晚期至铁器时代初期的云南早期文明演进总体上向汉文明方向发展，成为这一阶段的突出特征。

（二）云南早期文明阶段性的特点

云南早期文明的阶段性通过上述三个阶段的划分和三个阶段的特征概括而明确存在。但是云南早期文明与中原地区阶段性相比，具有的三个特点也是十分突出的。

第一，阶段的模糊性。所谓模糊性，是指演进的三个阶段之间的构成要素和构成要素的表现形式不是十分显性，而且各阶段之间的区别也不是十分明确。这一点西部和南部表现得特别突出。大理海东银梭岛遗址青铜时代中晚期的遗迹、遗物与青铜时代早期的遗迹遗物相比，变化不大。整个西部和南部地区青铜时代中晚期与青铜时代晚期至铁器时代初期遗迹遗物的区别也难于辨清。

第二，阶段的突变性。所谓突变性，是指各阶段在依次演进的过程中，文明形成阶段的考古学文化在没有文明起源阶段量的积累基础上，突然呈现出量和质的飞跃。云南早期文明演进过程中比较普遍的是青铜时代早期与青铜时代中晚期之间缺环过大、衔接不紧，青铜时代中晚期遗物的数量、器类、质地和制作工艺远远多于、优于和高于青铜时代早期。

第三，阶段的停滞性。所谓停滞性，是指云南早期文明在演进过程中，一些地区的演进过程不完全，演进到起源阶段或形成阶段就停滞下来，未能继续演进。石佛洞遗址的时间跨度长达600多年，但演进到文明起源阶段就停滞下来。海东银梭岛遗址、剑川海门口遗址演进到文明形成阶段便停滞不前。

二、云南早期文明演进的特色性

（一）文明演进特色性

国内国外早期文明的事例表明，尽管可以从无数的、纷繁复杂的、形形色色的文明个案中总结、归纳、抽象出一般的、基本的、适用于文明演进解释和说明的框架和规律，但这并不意味着可以忽视和排斥不同地区文明演进所具有的特色或特殊性。因为不同的文明是适应不同的环境和不同的人群的结果。所以，正是不同的环境和不同的人群的相互作用，才形成了不同地区文明演进的特色。从这个意义上说，一般性、普遍性和特色性、特殊性并不矛盾，云南早期文明具有特色性，也是文明演进的题中应有之义。

1.云南早期文明的特色性

认真分析云南早期文明，其特色性和特殊性概括起来有四：

一是演进的稳定性。所谓稳定性是指演进过程中，演进稳定于某一阶段或稳定的时间相对较长，与前节所述阶段性中的停滞性不同，停滞性是相对的停滞不前，而稳定性则是向前演进但速度较慢。云南早期文明演进中的西部和南部地区总体上就是如此，剑川海门口、海东银梭岛和石佛洞是稳定性的典型实例。同时，稳定性与突变性也不矛盾。稳定性是演进中的常态，而突变性则是非常态的现象，当稳定的演进过程受到异域文明的强力传播和影响，或主动接受异域文明的传播和影响，改变了自身文明演进的常态，原有的稳定状态就蜕变成突变。云南早期文明形成的过程中，东部地区、西部地区和南部地区都存在过青铜文化突然成熟的突变现象，只是比较而言，东部地区的突变程度要胜于西部地区和南部地区。

二是演进的不平衡性。云南早期文明演进过程中，总体上讲，不平衡性的特征十分突出。从空间范围上看，体现在文明起源阶段，西部地区的演进要先于东部地区和南部地区。体现在文明形成和发展演变阶段，东部地区的演进要先于西部地区，而西部地区又要先于南部地区。从地形地貌上看，体现在文明起源阶段，西部中山地区的坝区的演进要先于东部的滨湖地区和南部森林密布的低山平坝地区。体现在文明形成阶段，东部湖滨地区的演进要先于西部中山地区的坝区和南部的低山平坝地区。从演进时间的快慢上看，西部地区在文明演进起源阶段要快于东部地区和南部地区，而到文明形成和发展演变阶段，东部地区要快于西部地区和南部地区。

三是演进的环境适应性。任何文明或文化特别是早期文明，都存在环境适应的核心和关键问题，适应的方式和采取的办法以及选择的路径，决定了各个文明的个性，云南早期文明也不例外。旧石器时代居于临水、临河的山洞和旷野，到新石器时代和青铜时代早期居于平坝、河旁二三级台地及湖滨台地的转变，再到山间平坝和湖滨平坝的定居，是与湖水的下降和对坝区的适应所致。狩猎采集经济在云南早期文明的演进中始终占有相当的比重，是与云南丰富的动植物资源直接相关。园圃农业先是云南西部旱地农业发展再到湖滨地区大的发展，也是逐步适应自然环境的结果。云南早期文明在具有相对的文明中心区域的情况下，其文明的地理构成呈满天星斗似的分布，这与云南适宜于农业生产所需的坝区和湖滨地区少、小、散的地理环境是相一致的。云南早期文明的社会形态演进中，东部地区虽然进入早期国家，但与中原地区的早期国家相比，无论是规模还是人口数量，无论是组织架构还是制度设计，无论是集中集聚程度还是协调运转能力，都远弱于中原地区的早期国家，其根本原因就在于云南各个独立的地理单元相对封闭，无法像平原地区那样容易集聚集中。云南早期文明的演进中，有过游牧民族、半牧半农民族或农业民族的进入，但都无法使其中任何一种民族的文化成为云南区域的主导，改变区域内文化多元的格局。相反，各种文明进入云南之后，都能寻找到适宜于其文明生存发展的地理环境。这也是汉文化进入云南并逐步成为云南早期文明演进发展方向之后，区域内原有各种文化或强或弱继续存在的奥秘所在。

四是演进的开放性。地理环境的原因，形成各个独立的、相对封闭的地理单元，导致云南早期文明演进的过程中，在广大的区域内无法形成具有内在结构严整、统一的区域文化，呈现出各个地理单元文化面貌局部单一而整体上多元的显著特征。区域文化结构上的多元，与区域文化结构上的一统相比较，从文化交流或异域文化进入的难易角度而言，明显是前者容易后者难。因此，从这个意义上说，各个地理单元的相对封闭性，在文化交流的持续中就最有可能转化成开放性。东部地区特别是滇池区域的文明形成和文明发展演变的实例就是最好的证明。滇池区域青铜文化在文化内容的构成上，有蜀文化、越文化、中亚西亚文化、汉文化和本土文化等。在文化的整合上，各种文化有机地组织进滇国文明的演进过程中，促进文明的形成和发展。

三、云南早期文明演进的动力

"国家是文明社会的概括"，或者国家是文明形成的标志。但不管何种表述，都隐性地在揭示和阐释着文明与国家的关系。事实上，文明与国家的关系，就是文明演进过程和演进过程阶段性结果的关系，就是一般和重点的关系，就是量和质的关系，既有联系又有区别。对此，有的学者强调文明与国家的区别，认为国家与文明并不等同，文明包括文化的高度发展和社会的进步两个方面，后者所指的才是阶级出现、等级制度化、王权形成等国家形成的问题[1]。其意是文明的范畴更广，国家形成是文明社会出现的核心问题。有的学者则突出文明与国家的联系，在探讨文明和早期国家产生的动力时不加区别，统而论之。[2]联系和区别，在理论上进行辨析固然重要，但在演进动力的分析中，文明与国家的区别并不重要，重要的是文明与国家产生的原因。

对于文明与早期国家产生的原因，国内外学术界或从文明演进的一般性、整体性、宏观性上进行概括，或对各个文明个案进行剖析，寻找原因，提出了许多有价值的观点，给人以启迪。摩尔根认为生产力发展和私有财产的出现是导致阶级产生和国家起源的直接原因。柴尔德也把私有财产的出现和阶级斗争看作是促使社会演变的主要原因。新进化论学者怀特将技术和能量看作是推动社会发展的动力，技术发展导致财产私有化和阶级的分

① 王巍：《谈谈文明与国家概念的异同》，《古代文明研究》（第一辑），文物出版社，2005年。
② 陈淳：《文明与早期国家探源——中外理论、方法与研究之比较》，上海书店出版社，2007年，第1~12页。

化，出现国家机制来维护统治阶级的利益。塞维斯和弗里德则将再分配机制的发展看作是社会复杂化的主要原因，而社会管理机制的复杂化则是酋邦和国家产生的动力。威特福格尔的水源论、卡内罗和哈斯的冲突论、拉斯耶的贸易论、亚当斯和弗兰纳利的系统论、雷德曼的系统/生态论等理论均试图把促使社会复杂化的各种因素分离出来，深入地寻求文明和早期国家产生的答案。[①]王震中认为，在阶层或阶级存在的前提下，宗教祭祀和战争冲突在早期国家形成过程中发挥过直接的促进作用。[②]段渝对古代蜀国文明的动力进行认真研究后，提出：商业、城市和内外交通，是古蜀文明不断兴盛发达的重要动力。[③]高江涛通过中原地区文明化进程的考古学研究，认为文明化进程的动力整体上包括内在动力和外在动力，文化和社会发展的连续性和务实性是中原地区文明不断向前推进的根本原因之一或内在动力。周边诸考古学文化先进因素不断汇集中原，同时又对中原文化构成挑战，刺激其不断发展，以及战争的催化作用，是中原地区文明化进程的两个外在动力。[④]

云南早期文明演进动力问题，学术界偶有涉及。彭长林是目前为止对这个问题关注较多的学者，但也只是集中在滇池地区文明起源和早期国家形成的原因分析上。彭长林认为：优越的地理环境、发达的农牧业、水利工程的兴建和水利管理的需要、专业化的手工业生产、战争的频繁出现、规模巨大而繁复的宗教祭祀等主要因素，使滇文化的物质财富较为充足，社会等级出现多层分化，各种职能的公共权力产生。而对外界文化较强的吸纳和改造能力、远程贸易的繁荣等的作用相对较弱，是促使滇文化文明起源的次要因素。[⑤]虽有主要因素、次要因素或原因，但不是动力意义上的根本原因，因此，彭长林的研究还不是真正意义上的演进动力分析。加之其研究仅限于文明形成时的东部地区，缺乏所有演进时段和今云南全部地域的分析，因而更有必要对云南早期文明的演进动力进行深入的研究。

通过对云南早期文明起源、形成和演进发展相关考古学材料的梳理，不难发现由于自然资源的丰富和地理环境的相对封闭，加之人口压力不大，因而其内部演进的动力相对较弱。具体分析其原因，首先，自然资源的丰富，导致狩猎采集经济在云南早期文明演进的各个阶段始终占有相当大的比重，抑制了园圃农业的进一步发展。同时，早期园圃农业是旱地农业，一般是采取刀耕火种的技术，靠天吃饭，远不如通过引水、治水形成的灌溉农业稳定和丰产。因此，若动植物资源丰富，能满足先民的需要，自然就会维持狩猎采集经济和旱地农业传统。其次，地理环境的相对封闭，与丰富的自然资源相结合，极易形成缺

① 陈淳：《文明与早期国家探源——中外理论、方法与研究之比较》，上海书店出版社，2007年，第116~159页。
② 王震中：《中国文明起源的比较研究》，陕西人民出版社，1994年，第345~375页。
③ 段渝：《玉垒浮云变古今——古代的蜀国》，四川人民出版社，2001年，第289页。
④ 高江涛：《中原地区文明化进程的考古学研究》，社会科学文献出版社，2009年，第464~471页。
⑤ 彭长林：《云贵高原的青铜时代》，广西科学技术出版社，2008年，第285~295页。

乏演进内在动力的小国寡民心理。其三，与环境、农业、战争等一起构成文明演进重要因素的人口总数不高，演进发展的内驱力相对不足。云南早期文明起源阶段的人口数量迄今为止无研究结果，根据陈淳所说，狩猎采集群除资源集中的情况外，人口密度大约在每平方英里0.1人（1平方英里约等于2.6平方公里），早期旱地农业的人口约为每平方英里4人，灌溉农业为16~25人。[①]以今云南国土面积39.4万平方公里计算，可以得出云南早期文明狩猎采集群和早期旱地农业、灌溉农业的人口总数大约分别为1.5万、60万、240~375万。其中，属于起源阶段的人口总数大致在60万人左右。当然，这只是理论上的人口总数，实际上，从新石器文化和青铜文化遗址、墓葬及器物出土点主要分布于坝区和湖滨地区的情况看，坝区和湖滨地区的人口密度要远远高于其他地形地貌区。进入云南早期文明形成阶段的人口总数，目前也无研究结果，但是有学者推测战国时期滇池地区人口约10万。西汉元始二年（2），云南地区人口数为929132人，占全国人口比重的1.56%，平均每平方公里仅为3人，滇南牂牁为0.84人。到东汉永和五年（140），经138年的增长，云南人口总量达到2395334人，基本上处于缓慢持续发展状态。[②]基于上述分析，云南早期文明的内部演进动力相对不足，试图从内部寻找演进动力已无可能，只有从外部做寻找的努力。通过认真研究，笔者发现文化交流和战争两个因素是云南早期文明演进的主要动力。

（一）文化交流

前面归纳云南早期文明演进阶段性和特色性的特点当中，突变性与停滞性、稳定性与开放性，看似矛盾，实则相容，相容的关键就是文化交流。文化交流带来突变性，改变停滞性，文化交流影响稳定性，促成开放性。文化交流成为云南早期文明演进中的重要动力。云南早期文明的文化交流在空间范围上分区域内和区域外两种，其中区域外的文化交流在云南早期文明中发挥的作用最大。在时间范围上从文明起源到文明形成再到文明发展和演进各个阶段始终持续进行，只是各个时段文化交流的主体和交流的内容及交流的空间范围存在差别。

一是西北甘青地区、北方地区文化对云贵高原特别是云南西部和西北部非连续性的传播和影响。

所谓非连续性是指西北的新石器文化、青铜文化传播、影响到云南，甚至是通过南北向的横断山谷和金沙江河谷移民云南，携带和传播移民原有的文化的过程并不是连续的。李昆声先生将云南滇西北、洱海、金沙江中游地区的宾川白杨村、元谋大墩子、大理马龙遗址、永仁菜园子、维西戈登遗址等地的新石器文化与黄河流域的裴李岗文化、仰韶

① 陈淳：《文明与早期国家探源——中外理论、方法与研究之比较》，上海书店出版社，2007年，第177页。
② 王树五：《云南民族社会历史研究论文集》，云南民族出版社，2009年，第349~355页。

文化、马家窑文化、龙山文化以及齐家文化、卡约文化、寺洼文化等进行了认真比较，认为在陶器（器形、陶色、纹饰、刻符等）、石器（石刀、石斧、石镞等）、葬俗（瓮棺葬）、建筑形式（半穴居及地面建筑房屋）等方面，都有许多相似之处，明显受到黄河流域新石器文化的影响。其主要原因是黄河中、上游的一些新石器时代的氏族、部落和部族，不断由我国西北地区通过横断山脉的河谷通道，向西南地区迁移，带来氏羌文化，并与当地原住居民的固有文化交流、融合。①夏商时期，甘青地区与云贵高原的联系减弱。而到了西周时期，可能是受周人崛起的影响，原活动于甘青地区的族群有的发生了较大的移动，甘青地区的青铜文化出现了向西向南传播的趋势。

氏羌文化和北方地区文化对云南的影响，从新石器时代起，到青铜时代，整体态势呈现出越往后越强烈，越往后越是由西往东。这个结论可以从葬俗和器物等方面得到证明。在葬俗方面，鳌凤山的长方形竖穴土坑墓很多挖在岩石之间的空隙中的做法，与石寨山墓地、金莲山墓地似有渊源关系。仰身直肢的男性与侧身曲肢的女性合葬墓，墓中随葬猪、羊下颌骨的习俗见于齐家文化。鳌凤山墓地取代长方形竖穴土坑墓的火葬墓和瓮棺葬，也应是来自西北地区。滇池地区二人合葬墓和殉葬动物以及少量殉人现象，都与西北地区和云南西部的影响有关。大石墓、石板墓、石棺葬等石砌墓葬是受北方地区墓葬形制影响而创造的一种变体，也是由西往东传播。在器物方面，山字格剑是西北地区文化的产物，云南西北部以此剑为主，云南西北也有不少发现，而滇池地区则只有零星出土。双圆圈茎首剑和曲茎剑在云南西部、西北部较多发现，是受北方地区文化影响出现的。云南西部、西北部的环首直刃或曲刃刀，北方地区较早就流行，因而此类型的刀也是从北方地区传入的。陶器中双耳罐、单耳罐数量较多，在海门口遗址、鳌凤山墓地、宁蒗大兴镇墓地都有发现，特别是马鞍口双耳罐，均是西北地区文化南传的结果。

总之，西北地区文化通过藏彝走廊传播或移民进入传播，时间最早，持续时间最长，主要影响云南西北部、西部和东北部，部分影响到滇池地区。云南南部和东南部均未发现西北地区或北方地区文化的痕迹，即便有少量的北方文化因素，也是通过云南西部和东部传入，并未直接与西北地区或北方地区文化发生联系。尽管西北地区文化对云南西部影响较多，甚至是影响到云南东部地区，但是通过分析目前发现的考古材料，还只能说仅仅是影响到云南西部地区早期文明的起源或向形成阶段的接近。

当然，学术界不会全都赞同我们的结论。其主要原因是涉及楚雄万家坝及与万家坝相同内涵的青铜文化划入东部地区或西部地区之争。换句话说，如何划入，已经直接关系到云南西部地区早期文明的演进程度评价。划入西部地区，则意味着西部地区文明演进的程

---

① 李昆声：《论云南与黄河流域新石器时代文化的关系》，《史前研究》1985年第1期。

度要高于东部地区，文明形成的时间上也要早于东部地区，同时也意味着西部地区青铜文化先盛而衰，东部地区则是受其影响而盛，受汉文化影响后衰。因此，万家坝及与万家坝相同内涵的青铜文化划入东部地区或西部地区的问题，成为影响云南早期文明全局的大问题，有必要在前面阐述的基础上，从早期文明演进的角度，而非类型学的角度作进一步的辨析。

对于如何划分的问题，学术界从类型学的角度进行过研究，但未形成统一的意见。李昆声先生认为，楚雄万家坝古墓群是介于滇池地区和洱海地区两类青铜文化之间的青铜时代墓群，目前尚不能构成一种新的青铜文化。从地理位置上说，它距洱海远于滇池，从文化内涵上看，有些器物既有滇池地区的特点，又有洱海地区的特点。其受中原文化的影响是比较明显的。①李昆声先生并未明确将楚雄万家坝古墓群划入西部地区或东部地区，应该说是十分审慎的。张增祺先生把云南青铜文化分为滇池区域类型、滇西地区类型、滇西北类型、滇南地区类型，并将楚雄万家坝和祥云大波那墓地一起划入滇西地区类型。②彭长林把云贵高原的青铜文化分为滇池区、滇南和滇东南区、滇西区、滇西北区、黔西北和滇东北区、黔西南区、川西南区，楚雄万家坝等划入滇西区，并从文明起源的角度，把楚雄万家坝作为古国的代表，与属于方国的滇文化相区别。③杨帆从区系类型的角度，把金沙江流域及云南青铜文化分为滇西北和川西南区、川滇黔交界区、滇池区域及滇东南等三个大区，一个文化交汇区及一个暂时的空白区。其中滇池区域青铜文化包括万家坝类型、石寨山类型、八塔台类型。④以上诸说中，以把万家坝墓地划入滇西地区最为普遍，主要是基于万家坝早期洱海地区的因素较多的考古事实。但李昆声先生和杨帆的观点最有价值。因为万家坝墓地所体现出的内涵与受西北氐羌文化影响较深的滇西区、滇西北区有明显的区别。第一，万家坝墓葬形制中的腰坑、二层台、垫木、填塞膏泥等，与云南西部地区受氐羌文化影响而形成的墓葬制度明显不同。第二，万家坝墓地出土的器物，与其稍早或同期的德钦永芝、石底、纳古墓地和宁蒗大兴镇、剑川鳌凤山出土器物比较，差别较大。而与石寨山墓地的大型器物的共同点较多。第三，万家坝青铜文化中反映等级和权力甚至是作为礼器的铜鼓和编钟，只在楚雄地区发现，而在代表云南西部文化的洱海区域极少发现（至1990年止，云南早期铜鼓28面中，祥云县1面、洱源县1面、弥渡县2面。昌宁县1面、腾冲县2面、永胜县2面。其余全在东部地区⑤）或根本不见，但在云南东部地区却大量发

① 李昆声：《云南文物考古四十五年·代序言》，《云南考古学论集》，云南人民出版社，1998年。
② 张增祺：《云南青铜文化研究》，云南省博物馆编：《云南青铜文化论集》，云南人民出版社，1991年。
③ 彭长林：《云贵高原的青铜时代》，广西科学技术出版社，2008年，第271~274页。
④ 杨帆：《试论金沙江流域及云南青铜文化的区系类型》，《中华文化论坛》2002年第4期。
⑤ 李昆声、黄德荣：《再论云南早期铜鼓》，云南省博物馆编：《云南青铜文化论集》，云南人民出版社，1991年。

现和被继承。礼器或标示身份等级和权力的器物，是不同文明的核心象征物，而且具有持续时间相对较长的特点。因此，从这个意义上说，将万家坝划入云南东部地区更为妥当。第四，从云南早期文明演进的角度看，西部地区的剑川海门口和海东银梭岛以及石佛洞遗址，进入青铜时代较早，但长期维持在起源阶段和向早期文明形成阶段过渡。东部地区的西山天子庙遗址、王家墩遗址、石寨山遗址、刺桐关遗址、马厂遗址、野石山等青铜时代早期遗址和呈贡、晋宁、安宁、西山等地的早期青铜墓葬，反映出的文明演进程度要高于西部地区。尽管前面我们曾总结过云南早期文明具有突变性的特点，但是，根据文明演进程度，把万家坝墓地划入东部地区比划入西部地区还是相对要合理一些。

二是东南海洋文化或百越文化向云南传播和对云南早期文明形成影响。

李昆声先生认为，远在新石器时代，百越的先民便已分布在滇东南、西双版纳、滇池和滇东北地区，代表性的器物是有肩石斧和有段石锛。进入青铜时代，种植稻谷、喜食异物、使用铜钺、青铜农具、精于纺织、居住干栏、铜鼓文化、以图代文、纹身绣脚、习水操舟、跣足佩环、贵重海贝、崇拜孔雀、一字格剑、羊角钮钟、猎首祭祀等构成了云南百越文化特征。[1]与浙江太湖地区、福建沿海和台湾地区、两广和越南北部等三个越人分布中心的文化特征相比较，云南滇池区域、普洱、临沧、德宏、文山、红河及西双版纳等地的文化面貌和东南沿海及两广地区的越人相近。对此，张增祺先生认为应该是属于同一系统的不同支系民族。[2]对于新石器时代晚期和青铜时代，云南东部和南部大量分布和存在的越人和百越文化的来源，李昆声和张增祺两位先生没有明确的结论，但对照其研究成果，似乎是认定越人和百越文化古已有之，不存在从其他越人分布中心移民，只是受各个历史时期政治和民族关系的制约，越人在云南境内有迁徙变化的现象发生。尽管从其他越人分布中心移民的可能性是少，但并不影响云南与东南沿海及两广地区的文化交流。

事实上，新石器时代至青铜时代，通过东起闽南武夷山区、西迄珠江支流北盘江和南盘江上游地区（黔、桂、滇交界地区），直抵乌蒙山的"南岭走廊"（费孝通）或"壮侗走廊"（李星星），云南与东南沿海及两广地区就有密切往来和文化交流。从考古材料来看，一方面云南的东部和南部受到东南沿海及两广地区的影响。如：有肩石斧和有段石锛，学术界均明确为百越文化遗物，在两种器物未进入滇池地区之前，大量的梯形石斧、石锛就已存在。由此可证，越人进入滇池区域的时代最早不超过新石器时代晚期。粤东地区流行的鸡形壶在云南东部地区通海海东、元谋大墩子遗址中均有发现。新石器时代中期至商周时期，中国东南、华南和东南亚地区广泛出现的树皮布石拍也发现于云南的云县忙

① 李昆声：《百越文化在云南的考古发现》，《云南考古学论集》，云南人民出版社，1998年。
② 张增祺：《云南古代的"百越"民族》，《中国西南民族考古》，云南人民出版社，1990年，第131~133页。

怀遗址、麻栗坡小河洞遗址、元谋大墩子遗址和宾川白羊村遗址中。另一方面，云南的文化也影响到东南沿海及两广地区。如：云南永平新光遗址的侈口罐与广西那坡县感驮岩遗址的杯形罐接近，大墩子遗址和宾川白羊村的刻划纹、戳印篦点纹的组合纹饰仅见于感驮岩遗址，而不见于东南沿海及两广地区的其他遗址。广西资源县资江河岸出土两把半月形穿孔石刀，与大墩子遗址所出同类器物一致。进入青铜时代，云南与东南沿海及两广地区的文化交流进一步加强。滇文化的一字格剑在广西田东战国墓葬和武鸣马头安等秧山战国墓葬中有同类和相似的器物。滇文化墓葬出土的成套铜质或木质纺织工具与贵县罗泊湾汉墓所出纺织工具相似。石寨山型铜鼓在广西西林、田东、贵港、贺县等地均有发现。羊角钮钟，在岭南地区有较多发现。滇文化的线刻和錾刻工艺影响到西汉中期至东汉时期的岭南錾刻花纹铜器。同时，滇池地区战国至西汉时期墓葬中常见的有"角"玉玦、新月形玉玦、似方块玉玦及突沿玉镯、蘑菇形玉剑首等源于两广越人的同类玉雕。滇文化中的部分海贝应是来自东南沿海。[①]

　　总之，云南与东南沿海及两广地区的文化交流较早，呈逐步增强的趋势。而且比较西北文化或北方文化与云南的交流，不难发现西北文化或北方文化与云南间的交流更多的是单向性的输入和接受的关系，也即西北文化或北方文化传播到云南，或通过移民带入云南，影响到云南早期文明的起源。云南早期文明的文化因素却较少或根本没有传入或影响到西北文化或北方文化。但云南与东南沿海及两广地区的文化交流则是双向性的输入—接受—输出关系，彼此互相传播、互相影响，既有物质和技术层面，也有少量的通过特定的如铜鼓和羊角钮钟等承载的观念层面的交流。

　　三是四川盆地和云南早期文明的文化交流。

　　四川和贵州与云南紧邻，邻近地区的地形地貌有很多相同之处。而且又有民间通道和民间通道基础上建成的官道——五尺道（秦）、南夷道（汉）和灵关道（秦）、西夷道（汉）相通云南。五尺道从宜宾经黔西北、滇东北进入滇池地区，灵关道从成都经川西南的青衣江、西昌至大理。理论上讲应该是文化交流频度较高、程度较深。文献记载上也反映了云南与四川的政治、商贸和人员迁徙等方面的联系。在政治上，《蜀王本纪》说："后有一男子名曰杜宇，从天堕，止朱提。有一女子名利，从江源井中出，为宇妻。乃自历为蜀王，号曰望帝。"朱提，在今昭通。表明杜宇族迁移到成都平原后，与江源的蜀人联姻，西周初年，取代鱼凫成为蜀王。其疆域和势力范围，据《华阳国志·蜀志》称："（杜宇）自以功德高诸王，乃以褒斜为前门，熊耳、灵关位后户，玉垒、峨眉为城郭，江、潜、绵、洛为池泽，以汶山为畜牧，南中为园苑。"西周时期蜀国的蜀王是云南昭通

---

① 彭长林：《云贵高原的青铜时代》，广西科学技术出版社，2008年，第317~320页。

迁入的杜宇，称帝后把南中包括今云南纳入蜀国疆域或势力范围，由此云南和四川前所未有的在政治上比较紧密地联系起来。在商贸上，借官道和南方丝绸之路的开通，民间的"窃出""奸出"变成了公开和正常的贸易。《史记·西南夷列传》述及滇之历史和现状时说："秦时常頞略通五尺道，诸此国颇置吏焉。十余岁，秦灭。及汉兴，皆弃此国而开蜀故徼。巴蜀民或窃出商贾，取其筰马、僰僮、髦牛，以此巴蜀殷富。"《史记·货殖列传》记录蜀卓氏"致之临邛，大喜，即铁山鼓铸，运筹策，倾滇蜀之民，富至僮千人"。在人员迁徙上，文献上有明确记载的是西汉元、成间博士褚少孙补《史记·三代世表》载："蜀王，黄帝后世也，至今在汉西南五千里，常来朝降，输献于汉。"正义引《谱记》说："蜀之先，肇于人皇之际。……历虞、夏、商、周。衰，先称王者蚕丛国破，子孙居姚、巂等处。"唐时姚州治今云南姚安，巂州治今四川西昌，均为南中重地所在。蚕丛国破，年代约当夏商之际，正是三星堆文化兴起之时。除蚕丛部族迁徙之外，还有蜀王子泮经南中远徙交趾（今越南红河地区）之史载。《水经注·叶榆水注》所引《交州外域记》云"交趾昔未有郡县之时，土地有雒田，其田随潮水上下，民垦食其田，因名为雒民。设雒王、雒侯，主诸郡县。县多为雒将，雒将铜印青绶。后，蜀王子将兵三万来讨雒王、雒侯服诸雒将。蜀王子因称安阳王。"蜀王子率兵南迁交趾，时当公元前316年秦灭蜀以后。虽非移民云南，但将士三万从成都途经云南入交趾，人数之众、耗时不短，应对途经之处特别是云南的文化或文明有所影响。

综合上述文献材料，云南与四川的文化交流应该是达到了相当高的程度。但是，从目前的考古发现看，能直接证明蜀文化对云南青铜文化影响的材料几乎不见，相对晚于蜀地文化而与云南有文化交流联系、且能间接证明的资料却比较多。如：晋宁石寨山和江川李家山出土的圆茎无格式青铜剑与蜀式扁茎无格柳叶形青铜剑风格相同，区别仅是圆茎和扁茎。晋宁石寨山和江川李家山等青铜墓葬中，四分之三以上的戈为无胡式戈，基本形制有四种，除前锋平齐的一种外，都是戈援呈三角形，这正是蜀式戈的最具特色之处。滇池地区青铜器上铸有若干人物和动物的立雕像，其风格与三星堆青铜文化有相近似之处。云南青铜文化中发现各式杖首，与三星堆出土的长方形铜片上刻划的短杖之间，似乎存在一定的联系。凡此种种，足证蜀文化对云南东部地区青铜文化的影响。当然，这种影响更多的是借鉴、吸纳和改造，而非全盘照搬。

同时，四川与云南的文化交流并非单向性，也存在一定程度的双向性，特别是云南青铜文化对四川西南部地区影响的直接证明材料较多。成都发现1件尖叶形青铜锄。会理发现一面有炙痕的铜鼓，胸腰饰有羽人竞渡船纹六组及牛纹，其祖型纹饰是天子庙铜箭。会理的编钟与石寨山的编钟如出一辙。米易弯丘大石墓出土的双翼式铜镞与李家山的一致，所出的斜肩罐、敛口罐、侈口罐，在天子庙、太极山均有出土。攀枝花市二滩电站淹没区发现的青铜器有较明显的云南东部地区青铜文化的特征。越西聊家山华阳村的青铜器在云南东部地区青铜文化后期也不乏其例。金阳木腊沟有江川式样铜戈。西昌一号墓、普格大兴场大石墓出土滇式发饰、铃、镯，西昌坝河堡子的铜镯、铃、玦状玉耳环、玛瑙、绿条石珠等，与云南东部地区所出一致。进入秦汉时期，蜀文化的基本结构发生变化，整体上发生转型，与秦汉文化整合，演变成以秦汉文化为代表的中华文化的一个地域亚文化。从此，四川盆地以其与云南相邻和古已有之的通道优势，成为中原文化和汉文化向云南传播的据点，持续的对云南产生影响。

四是贵州高原与云南的文化交流。

主要集中在滇东北和黔西北。在中原汉文化逐渐成为这一地区的主体文化以前，昭通市及其西南的鲁甸县发现有闸心场、马厂村、营盘村、野石村和黑虎地等青铜时代遗址，黔西北的威宁县中水乡、赫章县可乐乡和毕节县青场镇瓦窑村发现有青铜时代遗址。其中，距昭通市20千米的威宁县中水乡中河坝子分布吴家大坪遗址、独立树遗址、梨园遗址等多个青铜时代的遗址，遗址间相距不远。比较出土器物所体现的考古学文化，闸心场与吴家大坪、营盘村乙区与独立树、营盘村甲区与梨园，分别代表着公元前1300—900年、公元前900—400年、公元前400年至公元前后之间滇东北和黔西北三种不同的青铜文化。前两种青铜文化中，昭通和毕节两地遗址之间文化交流或文化融合的程度很深，而最后一种青铜文化的铜器与滇池地区的青铜文化大同小异，标志着滇池地区青铜文化在战国后期对滇东北和黔西北的影响、整合、融合。

此外，贵州的其他地区与云南也存在文化交流。如贵阳、盘县、兴义出土尖叶形铜锄和长条形铜锄，与云南东部地区的同类器物大同小异。清镇、普安出土的喇叭形空首一字格曲刃剑，和江川的同类剑大体相同。[①]

五是云南与楚文化的文化交流。

两地文化交流的存在与否，学术界长期以来坚持庄蹻入滇为王史载之真伪是关键。认为《史记·西南夷列传》庄蹻王滇记载是误传，比较《史记》和《后汉书》所记庄蹻王滇事件在遣将时间、派遣人物、西进路线和占领地区的异同，借鉴历代学者关于庄蹻王滇的不同观点，结合滇、楚考古材料所体现的器物、风俗差别等，否认庄蹻王滇事件的真实性，从而否认云南与楚文化之间的文化交流。[②]认为《史记·西南夷列传》庄蹻王滇记载是确有其事者，又有不同的理解。第一，认为王滇或开滇的庄蹻是楚国农民起义领袖，[③]率起

① 宋世坤：《贵州考古论文集》，贵州人民出版社，2000年，第92页。
② 张增祺：《"庄蹻王滇"的真伪问题》，《中国西南民族考古》，云南人民出版社，1990年，第237~294页。
③ 马曜：《庄蹻起义和开滇的历史功绩》，《思想战线》1975年第1期。

义军进入处于部落联盟首领推举制向世袭制过渡阶段的滇池地区，把楚国的先进文化和生产技术带到了滇池地区，加速了当地的社会发展，不仅从经济上而且从政治上为秦、汉时期在云南设置郡县创造了前提条件，促进我们统一的多民族国家的形成和发展。[①]第二，认为有关庄蹻王滇的史载尽管互有出入、矛盾甚多，但不能以此否定事件本身。并从楚与百濮关系、滇楚器物服饰和音乐及铜铸艺术的相同性以及庄蹻王滇在云南留下的痕迹等方面论证，提出"这些首次大批来到云南的楚人在很多方面都留了痕迹，其影响是深远的"。[②]第三，认为战国时代，楚国有两个庄蹻，一个是楚国贵族，建国南中，一个是发难郢中，使楚国分为三、四。春秋中期，楚国为管理丽水黄金的开采和东运，派亲贵在云南楚雄设官置吏，因历史上雅砻江、龙川河和礼社江曾是一条贯通的长河。战国时期，楚王移其楚雄总管于四川荥经，是为岷山庄王，岷山庄王在蜀郡建立岷山王国。秦灭巴蜀，岷山庄王南迁至滇池。滇王庄蹻就是岷山王国最后一个庄王。此说的立论依据是楚雄万家坝和晋宁石寨山及江川李家山的考古材料。[③]第四，在赞同徐中舒先生观点的基础上，把楚文化与云南的文化交流分为间接交流和直接交流两种。间接交流是秦灭巴蜀后，由久居南中的从蜀及楚雄迁来的岷山庄王之后所致。直接交流则是秦统一前，从东或北面来的楚文化，时间上较岷山庄王之后为晚，曲靖八塔台墓地的文化内涵就是其明证。[④]

对于上述有关真伪辨析的两种截然相反的观点，我不主张纠缠于是庄蹻还是庄豪、是贵族还是起义军首领、是楚威王时还是楚顷襄王、是"循江上"还是"从沅水"等问题，我认为更需关注的是事件真实和事件背后的云南与楚文化交流的事实。从这个意义上说，笔者十分赞同徐中舒、汪宁生先生和杨帆的研究思路和研究视角及研究证据。因为若不从庄蹻王滇（开滇）或与楚相关部族移入楚雄、滇池的角度来考察，首先，无法对万家坝墓葬、张家屯墓葬、祥云大波那木椁墓和滇池地区青铜墓葬的铜鼓、编钟、方形锄或条形锄、尖叶形锄等前后衔接的特色性器物体系有合理的解释。其次，无法合理解释万家坝和羊甫头墓地中的腰坑、二层台、垫木和填塞白膏泥等葬俗现象。其三，不能合理解释楚雄万家坝墓地所呈现出的，远远高于同时期云南东部和西部的社会组织形态和经济形态及文化形态。其四，不能合理解释云南东部青铜文化中普遍存在的器物呈偶数的特点。

在此，对不能合理解释的第一个和第四个问题稍加展开阐述。关于第一个问题，从公布的云南青铜时代碳十四测年数据[⑤]和相关考古报告及论述中，可以认定比万家坝墓地时代

① 《云南各族古代史略》编写组：《云南各族古代史略》，云南人民出版社，1977年，第20~25页。
② 汪宁生：《滇楚关系初探》，《民族研究》1982年第1期。
③ 徐中舒：《试论岷山庄王和滇王庄蹻的关系》，《思想战线》1977年第4期。
④ 杨帆：《试论金沙江流域及云南青铜文化的区系类型》，《中华文化论坛》2002年第4期。
⑤ 李琼芬：《云南考古测定年代数据集》，《云南考古文集》，云南民族出版社，1998年。

稍早和同时或稍晚的墓葬主要有：德钦纳古石棺墓、德钦石底古墓、宁蒗大兴镇墓地、剑川鳌凤山墓地、祥云大波那墓地、安宁太极山墓地（早期）、呈贡小松山墓地（早期）、昆明上马村五台山墓地（早期）。细加比较，楚雄万家坝墓葬所出铜器只与祥云大波那木椁铜棺墓相似之处较多，其他只是在斧、剑等个别器物上与云南早期青铜文化有相似之处。学者们由个别在云南早期青铜文化中（特别是云南西部地区）比较普遍存在的器物出现在楚雄万家坝墓葬中，而得出楚雄万家坝墓葬有洱海区域文化因素的结论，有一定道理。毕竟在万家坝墓葬中有特色的且是文化内涵主流的器物出现之前，已经有青铜文化的存在。但是，相异之处大于或多于相同之处，就不可能还是纳入洱海区域的考古学文化框架中。特别是不尊重万家坝墓葬时代早于大波那墓葬的事实，把大波那墓地出土的特色器物作为洱海区域青铜文化先进因素，与滇池地区的同类器物比较，推导出洱海区域青铜文化在春秋晚期至战国初期向东扩张，并在西汉初完成其文化在滇池区域的影响。[①]此说实不敢苟同。事实上，万家坝墓葬中新出现的特色的文化因素在影响并产生了洱海区域的祥云大波那墓葬之后，不再继续西进，而是主要往东传播影响滇池地区。其中原因，不知是否与蜀人蚕丛南迁居姚安一线的后人有关？容当另文探讨。

关于云南东部青铜文化中普遍存在的器物呈偶数的问题，学术界并未重视和研究，做出合理的解释。在楚文化墓葬中，随葬二鼎的墓葬，春秋时期不如战国时期普遍，以益阳楚墓为例，有鼎墓70座，二鼎墓有39座，两鼎形制一致，与之相关的敦、豆、壶等都成双数。二鼎分两种情况：一种是两鼎形制、大小、纹饰完全一致，另一种是形制、大小、纹饰有差别。春秋时期的铜二鼎墓中，两鼎有差别的是多数。战国时期的铜二鼎墓中，两鼎有差别的是少数。二鼎墓在商周时期的黄河流域就有发现，但不如汉水流域春秋早、中期的墓葬多。楚国吸收了这一习俗纳入进自身的文化因素中。除了二鼎墓之外，楚文化的墓葬中，还有四鼎、六鼎，对此，学术界认为楚文化使用了不同于周文化奇数鼎的偶数鼎。[②]偶数鼎既是观念的载体，也是等级的标示。万家坝墓葬及云南东部地区的鼓和编钟普遍使用偶数的现象，应与楚文化使用偶数鼎的观念相同。这从另一个侧面证明云南与楚文化的交流更多的是思维方式和观念的传承。

六是云南与汉文化的交流。

汉以前，滇人的头髻、服装、铜戈、舞蹈和坐法（跪坐）等，细审均在古代汉文化范围以内。[③]其受中原之影响，冯汉骥先生认为多是通过蜀、楚和巴传播而来。汉武帝元封二

---

① 张增祺：《洱海文化和滇池文化的渊源关系》，《南诏文化论》，云南人民出版社，1991年。
② 李安民：《楚文化的礼与等级研究》，《东南文化》1991年第6期。
③ 冯汉骥：《西南古奴隶王国》，《历史知识》1980年第4期。

年，政治上设置郡县，军事上经略云南，经济上引领云南，文化上影响云南，人口构成上改变云南，全方位文化交流的程度前所未有，对云南早期文明的演变和发展产生了划时代的作用。鉴于前面已有分析，此不赘述。

综合以上云南与六个区域或王朝的文化交流，可以分析得出如下基本结论：

一是云南以外六个区域或王朝对云南早期文明演进的影响效果是有差别的。

西北甘青地区新石器时代至夏商时期，文明起源较早，对黄河上游和中游影响较大。同时，其文化传播和移民通过横断山山谷和金沙江进入云南西部地区，对云南西部地区的文化构成和文明演进产生了根本性的影响。从现有的材料来看，西北甘青地区对云南西部早期文明至少有三次大的影响，或者说有三次明显的痕迹印在云南西部地区。一次是新石器时代，一次是青铜时代早期，再一次是青铜时代中晚期。前两次影响云南西部地区的主要是甘青地区的文化因素，而最后一次则既包含甘青地区的文化因素，也包含了北方草原文化和北方的文化因素。三次影响都是十分深刻的。表现在文化内容的技术层上，新石器时代和青铜时代的器物与西北地区有较多的一致性，经济形态和发展水平也具有较多的共性。表现在文化内容的观念层上，生命观、死亡观和灵魂观及审美观通过瓮棺葬、火葬墓与器物形制、纹饰等得以充分体现。表现在文化内容的社会层上，社会组织形态因为地理环境的相似性而同样始终维持在向国家过渡的状态。总之，西北地区的影响对云南西部早期文明的起源作用很大，而对文明的形成影响稍小。

东南海洋文化或百越文化对云南早期文明的影响程度的确定，关键取决于对云南百越文化特征和滇池地区青铜文化主体民族的认识以及解释。关于云南滇池区域、普洱、临沧、德宏、文山、红河及西双版纳等地的百越文化特征，新石器时代，最具考古学文化特征的器物是有肩石斧和有段石锛。进入青铜时代，李昆声先生认为种植稻谷、喜食异物、使用铜钺、青铜农具、精于纺织、居住干栏、铜鼓文化、以图代文、纹身绣脚、习水操舟、跣足佩环、贵重海贝、崇拜孔雀、一字格剑、羊角钮钟、猎首祭祀等构成了云南百越文化特征。其文化面貌与东南沿海及两广地区的越人相近。这些特征从民族的角度看，它可能是构成与其他民族相区别的文化内容。从考古学文化的角度看，它可能是形成一种文化的文化因素。从早期文明演进的角度看，有些特征是相同地理环境下的普遍文化适应，有些特征则是与文明起源间接相关的物质体现，只有少数特征才是文明起源和形成的构成要素。也就是说，理论上凡具有上述青铜时代百越文化特征的地域都进入了文明起源阶段，但不能说都进入了文明形成阶段。因为文明形成不是像民族和考古学文化可以依据文化特征来确定，而是要根据社会分层、基本资源占有、再分配机制等才能确定。从这个意义上说，云南与东南海洋文化或百越文化的双向交流，虽然形成了一些共同的文化特征，但更多的是影响到云南早期文明的起源，较少影响到文明的形成。关于滇池地区青铜文化的主体，学术界提出了氐羌民族说、僰人说、濮人说、百越说和百越、百濮、氐羌三大族群融合重组而成的复合型民族等不同的观点，其中又以濮人说和百越说最为流行。事实上，细加分析考古材料，青铜时期的滇池地区应该是百越、百濮、氐羌三大族群都有，只是族群人口总量存在多与少的差别。至于统治民族是百越还是百濮，从民族史的角度可能是有区分的必要，但从文明演进的角度，统治民族与文明虽然是有一定关系，但并不绝对，正如中国历史上少数民族统治与中华文明一样。也就是说，即便是滇池地区青铜文化的统治民族是百越，也不影响我们就东南海洋文化或百越文化对云南早期文明影响程度作出的基本判断。

要探究四川与云南的文化交流对云南早期文明的影响，前提是要研究清楚文化交流的程度。正如前述，由于直接证明的材料少，间接证明的材料多，因此要对交流程度做出准确的判断，是有相当的难度。文献上记载，蚕丛部族迁居姚安一带，杜宇部族迁居成都而称王。还记载杜宇王朝的疆域以"南中为园囿"，南中包括云南、贵州、四川凉山彝族自治州和宜宾市。两地间彼此的部族迁徙移入，对文化融合十分有利。[①]加之文献记载的两地间贸易频繁，又有西南丝绸之路相通，文化交流应该频繁而且全面，云南应该在早期文明的起源和形成阶段受到发达的蜀文化的影响。但事实上考古材料所呈现的仅仅是部分青铜器物的互相传入和影响，而且还主要是集中在军事武器方面。这就意味着四川对云南早期文明的起源和形成阶段的影响有限，传入或传播到云南的时间相比西北地区和两广地区要晚得多。这种情况与文献记载，与频繁的贸易和便利的交通不相匹配，其中缘由值得深究。

贵州对云南早期文明的影响，主要是集中在云南东北部的早期文明起源阶段，考古材料上的证据就是闸心场与吴家大坪、营盘村乙区与独立树两种青铜文化所体现的文化交流或文化融合程度。进入早期文明形成阶段，贵州对云南的影响较小，更多的是滇池地区青铜文化从战国后期开始对贵州青铜文化的影响、整合、融合。

楚文化对云南早期文明的影响，主要体现在云南东部地区早期文明形成阶段。在楚雄万家坝青铜墓地之前，云南东部地区和西部地区以及南部地区，已经处于早期文明的起源阶段，局部如西部地区正向形成阶段过渡。楚文化进入楚雄地区后，既未带入器物层面的楚文化，也未带进蜀郡荥经的文化，但带进了楚文化的青铜制造技术、社会分层的等级观念和一些风俗习惯，创造出独具特色的等级标示系统和别具一格的生产工具系统，向西只影响到祥云大波那墓葬和周边等少部分地区，然后就向东影响滇池地区，推动滇池地区的早期文明起源突变式或快速的进入文明形成阶段，加之战争的推力，滇池地区建立了云南早期文明中唯一的早期国家。

汉文化对云南早期文明的影响，反映在东部地区，主要是改变和中断了自身可能从邦

① 李安民：《文化融合论纲》，《思想战线》1993年第3期。

国或王国向帝国或成熟国家演进的进程，被迫或主动地在自身的传统体制和新的汉文化体制下，进行早期文明的演变和发展。反映在西部地区，则是早期文明起源在形成接近的状态，被迫在局部地区向成熟的国家形态进行不自觉地转型。反映在南部地区，则是整体上保持早期文明形成过渡的状态，但在局部地区却是跨越式地由部落或酋邦形态进入成熟国家形态。

二是云南以外六个区域或王朝对云南早期文明演进影响的范围是有差别的。

西北地区文化主要影响的范围是云南西部，部分地影响到云南东部。东南海洋文化或两广百越文化主要影响范围是云南南部和东部。贵州的文化主要影响范围是云南东部。四川的文化主要影响范围是云南东部，部分影响到云南西部。楚文化主要影响范围是云南东部。汉文化主要影响范围是东部，部分影响到西部和南部。

由此观之，云南以外六个区域或王朝对云南早期文明演进影响的范围主要还是在东部，对西部和南部的影响既少而且单一。少而单一，就意味着地理环境下的文化封闭状态难于打破，文明演进仅靠自身而缺少外力，演进速度就比较缓慢。而东部地区湖泊、坝子和山地，地理环境多样，适合六个区域或王朝的域外文化进入，汇集和交流于东部地区，不断地打破各地理单元的文化封闭，推动文明的演进、演变和发展。从这个意义上说，文化交流是云南早期文明演进的动力，更多的是体现在云南东部地区。除了域外文化进入交流之外，云南早期文明的空间范围内，也存在内部之间的文化交流，其基本的交流规律是西部早期文明起源影响东部并少量影响南部，然后是东部地区早期文明形成后，极大的影响了南部和西部。

（二）战争

关于战争在文明起源和形成中的作用，国内外学者早就关注。19世纪末英国社会学家斯宾塞认为，社会之间的战争导致政府机构的出现并在战争中完善，战争促进了军事首领和政治首领复合领导机制的形成。美国考古学家卡内罗主张战争是强权统治机制产生的原动力，引起对外战争的因素是人口和经济。战争促进自治的农业村落发展到酋邦，然后到王国，最后到帝国，集中和复杂程度越来越高。美国考古学家韦伯斯特也认为战争导致权力集中，形成特殊阶层，促进超血缘的地域性社会政权的建立。[1]张光直则认为，战争只是一种手段，在它后面牵动着它的因素，是统治者政治权利的斗争和财富的夺取，财富的夺取也是扩大政治权力的手段。基于这样的观点，他提出：龙山末期、三代初期的一万多个

---

① 陈淳：《文明与早期国家探源——中外理论、方法与研究之比较》，上海书店出版社，2007年，第129页。

国邑之间的敌对斗争关系，是中国国家文明起源的基本关键。[①]王明珂分析草原游牧的匈奴、高原河谷游牧的西羌和森林草原游牧的乌桓与鲜卑的部落间掠夺行为，认为掠夺是不同于战争的武力活动，对强化部落组织以及部落间的血缘谱系与结盟有重要作用。[②]总之，战争能使权力更加集中和巩固，社会分层更加固化，财富更加集中于少数人，社会组织规模更加扩大，组织结构更加复杂，社会管理体制更加完善。

梳理云南新石器时代晚期和青铜时代文化及铁器时代初期有关军事的考古材料，完全可以看出战争在云南早期文明演进中所发挥的作用。具体而言，在早期文明起源阶段，总体上看，氏族或部落间的武力活动或战争还不是十分普遍，但已经存在。东部地区的元谋大墩子竖穴土坑墓中有身中石镞的死者，西部地区的宾川白杨村遗址中有无头葬墓10座，学术界多认为是族群间械斗和猎头习俗的反映。同时，青铜时代早期，已经发现有数量不多的戈、矛、剑、镞等铜兵器，说明较之新石器时代晚期，部落间的战争相对频繁。进入青铜时代中、晚期早期文明形成阶段，兵器类型和数量明显增多。不过，细加比较，云南东部地区和西部地区以及南部地区在兵器类型和数量上还是有相当的差别。东部地区出土兵器数量最多，制作最精。类型上有戈、矛、戟、叉、剑、啄等勾刺兵器，钺、斧、戚、刀等砍劈兵器，狼牙棒、铜棒、铜锤等击打兵器，箭镞、弓等远射兵器，盔、甲、盾牌等防护兵器。军事装备上已有骑兵装备和步兵装备。西部地区出土兵器数量少于东部地区，类型也不如东部地区丰富。主要器形有剑、钺、矛、斧、戈、镞、箭镞、臂甲等。南部地区出土兵器数量更少，类型主要有钺、斧、剑、矛、箭镞、镞、戈、臂甲等。这种差别状态一直延续到云南早期文明的演变和发展阶段结束都未改变。

东部、西部和南部在兵器数量和类型上的差别，其含义可以从多个方面认识和理解。一是，文化交流与战争。文化交流既可以通过技术传播和交通贸易实现，也可以通过族群移徙和通婚来进行，还可以通过政治和军事的强制来推进。事实上，政治和军事的强制带来的文化交流更为迅速和快捷，国内外早期文明演进的过程中战争的记载充斥于文献和传说就是明证。前已述及，云南东部地区文化交流的广度和频度均胜于西部和南部，其中技术和贸易以及婚姻等方式进行的文化交流固然存在，但更多的应该是依托政治和军事的强制来进行文化交流。也就是说，文化交流的广度和频度与战争或武力活动直接相关，由此导致东部地区的兵器类型和数量多于西部和南部。二是财富与战争。比较云南东部、西部和南部地区出土文物的情况，不难发现东部地区的财富要远胜于西部和南部，其中原因自

---

① 张光直：《中国古代王的兴起与城邦的形成》，《中国考古学论文集》，生活·读书·新知三联书店，1999年，第128~129页。
② 王明珂：《游牧者的抉择》，广西师范大学出版社，2008年，第38~39页。

然有青铜生产工具大量用于农业生产和农业生产技术水平提高，有发达的畜牧业和手工业等自身发展的积累，但更重要的是东部地区通过战争获得了更多的财富。需要说明的是，在早期文明形成阶段，财富不仅仅是指物质财富，而且还包括人这个重要的财富。滇池地区出土青铜器上描绘战争或武力活动掠获人财的场景，如：晋宁石寨山M13出土一件铜牌饰，图案是前为一滇人武士，戴盔贯甲，左手提一辫发者头颅，右手牵一长绳，绳上系一身背幼童的辫发妇女，其后有一牛一羊，最后为另一滇人武士押行。此人左手也提一辫发者头颅，右手持曲柄斧横扛于肩上，足下踩一无头死尸。又如M3出土的铜牌饰，内容与前例铜牌饰大致相同，器物残损，尚存滇人武士一人，押解两人及马、牛、羊各一。当然，通过战争直接掠获人财只是一方面，另一方面更重要的是使打击对象臣服并不情愿地拱手纳贡，才是战胜者集聚和积累财富的根本目的。这也是东部地区的兵器类型和数量多于西部和南部的另一种解读。三是疆域与战争。我们严格区分滇文化的分布范围和影响范围、中心区和非中心区，严格区分滇国或滇酋邦的统治管理范围和政治影响范围，提出滇国或滇酋邦的统治管理范围主要是滇池地区和玉溪三湖地区，并与楚雄、曲靖等建立起同姓相扶的外部区域政治格局，还影响到云南东部、西部、南部和四川、贵州两广及越南、泰国等。如此广阔的空间，为汉武帝设置的益州郡的管辖范围奠定了坚实的基础。滇国的统治范围、联合范围和影响范围是云南西部和南部所不能相比的。三种范围中每一种范围的扩大，都意味着战争的伴随，意味着财富中的一部分或大部分要转化为兵器的类型和数量。同时，随着财富转化为兵器和战争，不断形成新的一轮财富的积累和疆域的扩大，挤压了西部和南部地区财富积累和疆域扩大的空间，成为西部和南部地区早期文明演进停滞在接近文明形成和文明起源向形成阶段过渡状态的原因之一。四是社会管理体制的完善与战争。战争行为，涉及到武器的锻造、战争的目的、战斗的目标、战斗队伍的组织指挥形式、个体战争价值观和群体价值观的一致性等等，这些都必须依赖于社会的组织形态。如青铜器的铸造，需要社会分出一些人在某种组织形式下进行。战争的目的也需要社会组织根据自身需要的外部因素来加以确定。具体的战争过程需要社会分层、需要人员有序地组织在一起，而这本身就要依赖或促进社会组织形态的完善。再者，当时的战争主要是为了资源和空间扩大的目的而进行，它为社会成员提供了一种向心力和一种行为范域，所以，社会的整体价值观和个体价值观以及社会组织形式等围绕战争而展开。从这个意义上说，战争对于当时的各种文化特质都具有较强的整合力。同时，战争或武力活动推动云南东部地区统治或管理范围从单聚落到组聚落和区聚落、从村落发展到部落，再到酋邦，然后到早期国家，管理范围不断扩大，管理事项越来越多，必将促进管理层级的增加和管理制度及管理措施的完善，从而推动云南东部地区早期文明的形成。这也是东部地区的兵器类型和数量多于西部、南部所带来的必然结果。

四、云南早期文明演进的模式

（一）演进模式

模式，现代汉语的释义为："标准的形式或样式"。[①]从文化人类学的角度解析文化模式中的"模式"时，有学者指出："模式总是对现实的一种简约，是一种再现。模式作为一种象征体系，是根据经验的现实建立的"。[②]因此，模式的语义重在抽象、概括和标准，以区别于一般的事实和现象。抽象和概括，可以从结构上，可以从功能上，也可以从层次上。正因如此，在定义文化模式时，武文认为：文化模式包含着文化结构和文化功能的双重意义。从结构角度言之，文化模式特指一社会中的文化特质整合或文化复合体的组织。从功能角度言之，文化模式特指一价值系统中具有支配力的主流部分，这种支配力成为一社会成员一致树立的较为稳定的标准行为方式，它作为一种惯制或目标，成为特定社会成员共同遵守的规范，具有心理和行为的趋向一致的功能。[③]美国人类学家露丝·本尼迪克的文化模式概念则包含了三层含义：一是文化模式是一民族区别于其他民族的独特文化，这一文化对这一民族系统，具有共同遵守的一致性。二是文化模式是一社会区别于其他社会的特殊目标。三是文化模式是一民族和社会区别于其他民族和社会的心理趋向和意义。[④]从模式的抽象和概括而言，文明演进模式和文化模式具有相似的方法和追求。从文明演进模式和文化模式的关系而言，彼此既有区别又有联系，其区别和联系在于文明演进以其区域文化模式为基础，关注纵向的过程和趋势，而文化模式注重同一时期区域或民族之间的文化特质、文化独特性和文化区别。因此，在研究文明演进模式时，虽然必须重视文化模式，但不能以文化模式代替文明演进模式，而这正是云南早期文明研究中常常容易模糊的。

（二）云南早期文明的演进模式

云南早期文明的演进模式，目前为止尚无人专门研究。但国内其它区域的早期文明演进模式已有研究成果，可资借鉴，启迪思维。苏秉琦先生主要根据中原和北方的材料，将中国文明起源的形式总结为裂变、撞击、融合三种。[⑤]张光直先生把夏、商、周三代文明形成程序归纳为村落社会阶段—村群社会阶段—国家政制阶段，提出文明进展方式不是过去常相信的"孤岛式"演进模式，即夏、商、周三代前仆后继地形成一长条文明史，像孤岛一样被包围，而是"平行并进式"的，即自新石器时代晚期以来，华北、华中有许多国家

① 范庆华主编：《现代汉语辞海》，黑龙江人民出版社，2002年，第767页。
② 武文：《宏观文化人类学》，兰州大学出版社，1990年，第112页。
③ 武文：《宏观文化人类学》，兰州大学出版社，1990年，第111~112页。
④ ［美］露丝·本尼迪克：《文化模式》，何锡章、黄从泽译，华夏出版社，1987年。
⑤ 苏秉琦：《文明起源新探》，生活·读书·新知三联书店，1999年，第119~124页。

形成，其发展不但是平行的，而且是互相冲击、互相刺激而彼此促长的。[1]他还把向文明社会转变的方式分为两种：一个是世界式的或非西方式的，主要的代表是中国。一个是西方式的。前者的一个重要特征是连续性的，就是从野蛮社会到文明社会的许多文化、社会成分延续下来，其中主要延续下来的内容就是人与世界的关系、人与自然的关系。而后者即西方式的是一个突破式的，就是在人与自然环境的关系上，经过技术、贸易等新因素的产生而造成一种对自然生态系统束缚的突破。[2]严文明先生认为中国文明形成与起源的模式是多源一体。[3]王巍提出汇聚与辐射是中国古代文明起源的主要模式。[4]卜工则主张礼制的发生与发展、完善与成熟是文明起源的中国模式。[5]栾丰实提出中国的文明化进程存在着以中原地区、海岱地区为代表的"世俗"模式和以太湖地区、燕辽地区为代表的"宗教"模式两种发展模式。[6]刘弘通过对安宁河谷文化遗存的考古学观察和分析，提出：西南山地的诸文化地理单元，在文化发展过程中，其发展模式不是在原生文化的基础上循序渐进地向前发展，而是多次被外来文化所影响、所打断，其居民的民族成分也因之发生巨大变化，新来的移民文化基本取代了原住民的文化。新来的移民在这些地区居住久了，又变成了原住民，再被新来的移民所取代。[7]笔者曾经提出，战争——宗教（祀）是滇池地区青铜文化的总体文化模式。[8]

上述诸说，或从文明演进的宏观上把握，或从文明的统领性要素审视，或从文化角度分析文明演进模式，种种探索都是十分有益的。若将上述诸说用作云南早期文明演进模式的内涵，的确可以发现在各区域文化的交互作用、礼制的发生和发展、文化交流与汇聚、战争和宗教与文明等方面是有一定的证据支持。但再深入一步分析，就会明显感觉各种观点的演进模式综合在一起成为云南早期文明的演进模式并不合适，因为早期文明起源或形成阶段，各地区文明演进虽能寻找到共性，但地理环境和文化环境存在的差别，深刻影响着文明的演进进程。对此，童恩正先生比较北方和南方古代文明发展轨迹异同，认为进入

---

① 张光直：《从夏商周三代考古论三代关系与中国古代国家的形成》，《中国青铜时代》，生活·读书·新知三联书店，1999年，第87~88页。

② 张光直：《中国古代史在世界史上的重要性》，《考古学专题六讲》，文物出版社，1986年，第25~52页。

③ 严文明：《中国文明起源的探索》，《中原文物》1996年第1期。

④ 中国文明起源和早期国家形态研讨会秘书组：《中国文明起源和早期国家形态研讨会发言摘要》，《考古》2001年第2期。

⑤ 卜工：《文明起源的中国模式》，科学出版社，2007年，第285页。

⑥ 栾丰实：《中国古代社会的文明化进程和相关问题》，山东大学东方考古研究中心编：《东方考古》（第1集），科学出版社，2004年。

⑦ 刘弘：《丛山峻岭中的"绿洲"——安宁河谷文化遗存调查研究》，巴蜀书社，2009年，第299页。

⑧ 李安民：《关于滇池区域青铜文化几个问题的研究》，王海涛主编：《昆明市博物馆论文集》，云南美术出版社，1999年。

部落社会晚期或酋邦阶段之后，北方和南方的文明演进差异拉大。其原因与地理环境、农作物品种、与相邻民族的关系、水利工程的需要、基层社会组织、宗教信仰和政治思想等方面的不同有关。[①]应该说，童恩正先生从地理环境入手，综合文明构成相关要素，分析北方和南方文明演进差异的思路和方向是十分正确的。循此思路和方向继续深入，南方广大地区的地理环境千差万别，从大的地理环境分类上至少可以分为水乡地区、丘陵地区和山地地区三种，三种不同的地理环境下的早期文明演进应该是有所差异。早期文明演进的差异，意味着演进模式也有所差别。栾丰实注意到中原地区、海岱地区与太湖地区、燕辽地区演进模式的差别。童恩正先生意识到滇文化为代表的山地地区演进模式的差别。[②]考古材料也反映出楚文化、越文化、蜀文化与云南早期文明演进模式的差别。因此，对于西南山地环境下的云南早期文明演进模式的探索，不能简单套用中原或其它地理环境下的文明演进模式，必须另辟蹊径。

通过对云南早期文明演进过程考古材料的梳理，笔者认为地理环境与文化交流的互动才是符合云南早期文明演进实际的演进模式。地理环境是客观存在的，千万年历史沧桑中，自然的因素会导致地形地貌、生态环境和资源条件的改变，人为的因素也会造成局部生态环境和资源条件的变化，但总体上看，改变或变化都是有限的。相较之下，人适应地理环境或选择地理环境的互动而形成的文化、文明则变化的可能性和机率要高得多。当然，也有适应或选择地理环境后的文化、文明长期处于超稳定状态，较少发生改变或变化的现象，然而这种情况毕竟是少数，更多的还是自身发展导致改变或通过文化交流而改变。其中地理环境与文化交流的互动是改变的主要形式。

所谓地理环境与文化交流的互动，是指通过移徙、商贸、军事、交通、文化接触等形式形成的文化交流进入云南早期文明之后，根据各自文化特质对地理环境的适应性，进行地理环境的选择或适当改变，进行文化内容和文明要素的推广或删改。选择、改变或推广、删改，都是地理环境与文化交流互动的方式。互动导致不同的文化、文明进入云南早期文明的区域之后影响到不同地区的文明演进，或在不同地区形成不同的演进过程。因为它不是像东汉中期及以后形成的单一的主体文化或一体性文化（汉文化）对传入地区的地理环境不加选择，只需要建立一套主体文化或一体性文化相同的政权组织架构，只需要渐进式地朝着主体文化或一体性文化的方向，完成"化外""化夷"的政治任务和安排，而不管其影响的是技术层、社会层还是观念层。也就是说，在古代云南，越是文明早期，地理环境与文化交流的互动影响越大。西北地区与云南的文化交流中，西北地区的半农半牧

---

① 童恩正：《中国北方与南方古代文明发展轨迹之异同》，《中国社会科学》1994年第5期。
② 童恩正：《中国西南地区古代的酋邦制度——云南滇文化中所见的实例》，《中华文化论坛》1994年第1期。

和游牧文化或文明要素，与云南西部地区高山河谷和坝子的地理环境相适应，从而使西部地区的文明演进长期处于文明起源或文明起源向文明形成过渡的阶段。中原文化、蜀文化、楚文化等文化、文明因其特质是比较成熟的农耕文明，难于与西部地区的地理环境形成互动，自然与之文化交流就少，影响力就减弱，西部地区的文明演进在缺少内生动力的情况下，就只能在向文明形成过渡的阶段徘徊。相反，楚文化、蜀文化、中原文化先后与云南的文化交流中，其成熟的农耕文明与云南东部地区昆明、曲靖、红河、楚雄的湖滨坝子和山间中坝等地理环境相适应，因而最容易在这些地区形成地理环境与文化交流和传播的互动。持续不断的互动，带来农业技术的不断引进，农耕用地的不断扩大，生活方式的改变，社会组织形态的变化，最终在文明演进过程中向成熟的农耕文明方向转变。同时，东南海洋文化和两广文化与云南的文化交流和地理环境互动也是如此。在新石器时代晚期和青铜时代，东南海洋文化和两广文化与云南的文化交流和地理环境互动较多。但认真分析两个历史时代，地理环境与文化交流的互动是有差别的。即新石器时代呈双向交流态势，而青铜时代则在双向交流的总体态势下受云南东部地区的影响要多一些。这一现象表明，东南海洋文化和两广文化的地理环境与文化交流在新石器时代互动要好一些，而在青铜时代由于受其它地区文化进入云南与地理环境互动的影响，自身农耕文明正处于发展阶段，虽然地理环境与云南东部有相似之处，但文化交流的不对称性，造成地理环境与文化交流方向变化而互动收缩到云南东部，且在云南东部地区文明演进中的作用相对较小。从东南海洋文化和两广文化与云南的文化交流和地理环境互动中，也可以看出地理环境与文化交流是不能分开来谈的，必须联系起来，着力于互动，才能成为云南早期文明的演进模式。云南南部地区的文明演进事实就最能说明这一点。云南南部地区的地理环境理论上应该是适合文明演进发展的，但由于各种域外文化文明进入相对较少，文化交流不是太多，未能形成地理环境与文化交流的互动，致使南部地区的文明演进缓慢，只是到了汉代才出现早期文明跨越式、跳跃式地发展。

从三星堆遗址考古发现看
南方丝绸之路的开通

邱登成　四川广汉三星堆博物馆　馆员

摘　要: "南方丝绸之路"这一概念自提出之后便一直备受各方学者关注,伴随着三星堆遗址不断地被考古发现,南方丝绸之路的研究逐渐有了新的突破。本文主要通过对三星堆遗址出土的海贝、象牙、青铜雕像群和黄金制品的考察,结合相关历史文献和考古研究资料,探讨它们的来源、途径以及与南方丝绸之路的关系。首先可以基本确定这些原料在三星堆时期的古蜀国主要是通过贸易手段以物物交换的方式获得,而重要的输出物资即是丝绸。其次,通过对三星堆文化各期出土相关器物的文化因素分析,表明古蜀国通过天然通道与外界长期保持联系,并由此与中原夏商文化、长江下游的良渚文化以及南亚、中亚和西亚地区的文化进行着直接或间接的交流,而其中南线的交流更为频繁和持久,所受的影响也更为巨大。因而,南方丝绸之路就是三星堆时期古蜀国对外联系的主线。

关键词: 南方丝绸之路　三星堆遗址　贸易　文化交流

南方丝绸之路或称西南丝绸之路,是一条从成都平原出发,经由云南至缅甸、印度和东南亚、中亚、西亚的重要贸易通道。自20世纪80年代"南方丝绸之路"这一概念提出以来,尤其是随着三星堆遗址的考古发现及研究不断取得新的进展,学者们对南方丝绸之路所作的探讨也日趋深入,于其开通时代及其作用等方面取得了突破性进展,虽异说仍多,但基本认定这条国际贸易通道在先秦时期就已经存在,并对世界文明作出了重大贡献。本文拟结合三星堆遗址考古发现对南方丝绸之路谈点粗浅的认识,未当之处,敬俟方家正化。

一、三星堆古蜀国获取重要资源的途径

三星堆遗址自1929年发现以来,经过八十余年持续不断的考古发掘,出土了数以万计的珍贵文物,特别是1986年夏秋之际一、二号祭祀坑的发现,出土大批神奇精美的青铜

器、金器、玉石器、海贝和象牙，令世界震惊。其后又相继确认了东、西、南、三星堆和月亮湾城墙，证实三星堆遗址的核心部位是一座面积达3.6平方公里的古城。这一系列重大考古发现，确证三星堆遗址就是商代晚期古蜀国的中心都邑，其独特的高度发达的青铜文明足以和中原殷商相颉颃。而既然三星堆古蜀国已经具备高度发达的青铜文明和强盛的国力，则必然以拥有和获取足够支撑其文明和国势的资源为前提，特别是自身所缺乏的重要资源。那么，哪些重要资源是三星堆古蜀国所缺乏而必须由外地输入的呢？我们不妨从三星堆遗址出土文物来进行分析。

三星堆遗址出土的海贝不在少数。据《三星堆祭祀坑》报告，三星堆一号祭祀坑海贝"主要出自K1：258龙虎尊内，被火烧后全部化为碳化物，少数较完好，黑色，共62枚。另在K1：6铜头像内出土20枚，在K1：11铜头像出土42枚。"二号祭祀坑出土海贝约4600枚，"其中3300枚较完整；……主要出自尊、罍。"经鉴定，这些海贝品种有货贝、虎斑贝和环纹货贝。另外，二号祭祀坑还出土了4件仿真海贝的铜贝，"三枚成套，上端有并联的三个环钮，环钮上各套有两扣链环。"[①]此外，1963年在月亮湾发掘出土的陶片上饰有两个贝纹[②]，1980年在遗址内三星堆地点出土一件年代在三星堆二期文化略早的小平底罐，其肩部则塑有三枚海贝图像[③]，另外一件陶盉，其三袋足裆部中间也分别饰有一枚海贝图像[④]，三星堆遗址之后发现的成都金沙遗址，还曾出土一枚玉贝[⑤]。考虑到两坑出土海贝均经过火烧损毁，因此三星堆时期古蜀国拥有海贝的实际数量可能远远大于两坑出土的数量。这些情况表明，三星堆古蜀国不仅拥有大量的海贝，其使用也相当普遍，其主要功能虽是用于商品交换的媒介——货币，但也用于器物装饰或制成其他质地的装饰物。问题是海贝多是深海产物，尤其是环纹货贝只产于印度洋深海水域[⑥]，再者，从三星堆出土的海贝大多数背部磨平，形成穿孔以便穿连以及从青铜尊、罍等容器储藏等情况看，也都与云南出土海贝及其盛装方式颇为一致。而三星堆遗址所在地成都平原为内陆盆地腹心，去海甚远，其所出大量海贝是通过某种渠道由印度洋北部地区输入，应该不会有什么疑义，对此已有学者进行论述，段渝先生在综合分析了中国西南地区出土来源于印度地区的海贝情况后，指出，"将这些出土海贝的地点连接起来，正是中国西南与印度地区的古代交通线路——蜀身毒

---

① 四川省文物考古研究所：《三星堆祭祀坑》，文物出版社，1999年。

② 马继贤：《广汉月亮湾遗址发掘追记》，《南方民族考古》第五辑，四川科学技术出版社，1992年。

③ 资料由三星堆遗址工作站站长雷雨提供。

④ 同③。

⑤ 成都市文物考古研究所、北京大学考古文博院：《金沙淘珍》，文物出版社，2002年。

⑥ 熊永忠：《云南古代用贝试探》，《四川文物》1988年第5期；王大道：《云南出土货币概述》，《四川文物》1988年第5期。

道。"①（按，身毒道最早见于《汉书·西南夷传》，乃是汉代对从四川通往古印度商贸路线的称谓，也就是今天所说的南方丝绸之路。）

除海贝而外，三星堆遗址还出土了大量的象牙，其中一号祭祀坑出土13根，"均经火烧过，齿质已被破坏，多数破碎疏松，难以掘取和保存，少数经室内处理后保存下来。"二号祭祀坑67根，"均放于二号祭祀坑上层，放置杂乱，……部分象牙在入坑掩埋之前被火焚烧过。"二号坑还出土有象牙珠和象牙器残片。2000年发掘的仁胜墓地，还有用象牙随葬的现象。此外，二号祭祀坑出土的青铜立人像底座、兽首冠人像，都以大象为装饰，象牙无疑是古蜀国用于祭祀等重大礼仪的神圣物件②。关于这些象牙的来源，有学者根据《国语·楚语》"巴浦之犀，牦、兕、象，其可尽乎？"《山海经·海内南经》"巴蛇食象，三岁而出其骨，君子服之，无心腹之疾。"《山海经·中山经》"岷山，江水出焉……其兽多犀、象，多夔牛。"等记载，认为系巴蜀本地所产③。但即便如文献所载，巴蜀历史上曾经有象生活，但是否足以提供大量的象牙也颇令人怀疑，因为继三星堆遗址之后，成都金沙遗址出土的象牙数量更为庞大，总重量超过1吨，所需提供象牙的象群数量可想而知。正是基于此，有学者认为"古代成都平原产象的说法是缺乏根据的"，因为"古地学资料表明，新石器时代成都平原固然森林茂密，长林丰草，然而沼泽甚多，自然地理环境并不适合象群的生存。""除三星堆祭祀坑和金沙遗址外，没有一处发现大象的遗骸、遗骨，更谈不上数十成百支象牙瘗埋一处。足见三星堆和金沙遗址的象牙必定不是原产于成都平原蜀之本土。"并进而联系印度河文明摩亨佐·达罗古城废墟内发现的繁荣的象牙加工业，认为"三星堆和金沙遗址出土的大批象牙是从印度地区引进而来的，而其间的交流媒介，正是与象牙一同埋藏在三星堆祭祀坑中的大量贝币。"④这或许才更接近于历史的真实。

众所周知，三星堆遗址考古发现引起世界震惊的是其神秘奇异的青铜雕像群和黄金制品，其中有高达3.95米的青铜神树，有高达2.62米的青铜立人像以及连耳宽1.38米的青铜纵目面具，此外还有数十件与真人头部大小相近的青铜人头像和青铜面具，它们代表了古蜀文明的最高成就。据测定，这些青铜器的合金成分主要为锡和铅。那么，要铸造这些体型硕大、数量众多的青铜器，不仅需要大量的铜料，还需要相当数量的锡、铅等合金原料。四川盆地的龙门山系虽有铜矿，但商代开采甚少，难以提供铸造三星堆青铜器所需的原料，况且四川地区根本没有铸造青铜器所需的合金原料——锡和铅。而与四川相邻的云

---

① 段渝：《中国西南早期对外交通——先秦两汉的南方丝绸之路》，打印稿。
② 四川省文物考古研究所：《三星堆祭祀坑》，文物出版社，1999年。
③ 江玉祥：《三星堆遗址出土的象牙》，《三星堆与巴蜀文化》，巴蜀书社，1993年。
④ 段渝：《中国西南早期对外交通——先秦两汉的南方丝绸之路》，打印稿。

南，其东川、个旧等地富产铜、锡、铅矿石，开采也甚早，学者研究认为，中国古代殷周王朝的青铜器，其原料即主要来源于云南[1]。金正耀等对三星堆一、二号祭祀坑出土青铜器进行大范围的实验研究，发现多数青铜器的铅同位素比值相同，均为低比值异常铅的矿料，应是大量采用了来自同一矿产地的矿料。而这些含有高放射性成因的异常铅青铜器的相关原料，当出自滇东北地区。[2]

由上述可知，作为三星堆时期古蜀国重要资源的青铜合金原料、海贝和象牙都是由外地输入的，但人们不禁要问，三星堆古蜀国与这些物资的原产地都存在相当的距离，那又是靠什么手段获得这些物资的呢？

通常来说，上古时期的某个族群或某个国家要获得异族或异国的物资，不外三种途径：群落迁徙、战争掠夺和贸易交换。群落迁徙需要离开原来的生存空间，战争掠夺则需要有强大的国力和武力，但无论是群落迁徙还是战争掠夺，都会因遭受到异族或异国的抵抗而难以为继，也就不大可能长期获取其资源。从民族学资料看，也未见三星堆时期蜀人大规模迁徙的迹象。再者，当时的滇区尚是丛尔蛮荒之地，生存环境远不及成都平原，如非受到外族或敌国的强势入侵，蜀人完全没有理由仅仅为了获取铜矿等资源就举族迁徙而放弃好的生存环境。而从考古资料看，三星堆遗址出土的青铜器蔚为大宗，却基本不见实用兵器，这似乎可以说明古蜀国不是一个依赖武力强势扩张的，文献中也不见夏商时期蜀与滇区各民族兵戈往来的点滴记载，这与中原殷商王朝大肆征伐他族的行径判然有别。也就是说，群落迁徙和战争掠夺都不是三星堆古蜀国获取上述主要物资的手段。而贸易交换是为了互通有无，能使双方互惠互利，避免了彼此间的敌视和血腥杀伐，所以能够长久稳定地持续进行。很显然，贸易交换才是三星堆古蜀国获取异族和异国物资的重要手段。古蜀国正是通过交换获得了大量海贝并将之用于商品交换的媒介，以获取铜、锡、铅等青铜原料和象牙等重要物资，进而集聚起了足以支撑这个国度并促使其文明走向高度繁盛的财富。

二、三星堆古蜀国物资输出

既然贸易交换乃是三星堆古蜀国获取重要物资的主要途径，而贸易又是为了互通有无，则有输入就必然有所输出。那古蜀国输出的物资又主要是什么呢？

种种情况表明，三星堆古蜀国向外输出的主要物资就是蜀地盛产的丝绸。

中国是丝绸之国，夏鼐先生认为中国的丝绸织造在商周时期就已达到相当水平，[3]事实

① 中国科学技术大学科研处：《科研情况简报》第6期（1983年）。
② 金正耀等：《广汉三星堆遗物坑青铜器的铅同位素比值研究》，《文物》1995年第2期。
③ 夏鼐：《我国古代蚕、桑、丝、绸的历史》，《考古》1972年第2期。

上，中国的桑蚕业起源可能更早，大概在新石器时代晚期就已具备一定水平，1926年在山西夏县西阴村仰韶文化遗址发现的半个茧壳[①]，1958年在浙江吴兴钱山漾新石器时代遗址发现的由家蚕丝织成的绢片、丝带和丝线[②]以及在河南荥阳县青台村、山西芮城西王村、河北正杨庄等仰韶文化遗址发现的蚕丝类丝织物或与蚕有关的遗物便是明证。而商代晚期妇好墓出土的铜器上粘附的纺织品残片[③]，正印证了夏鼐先生的论断。从文献记载看，最早发明养蚕的人叫西陵氏，也就是嫘祖。《路史·后纪五》记黄帝"命西陵氏劝蚕稼。"（注：《皇图要览》云："伏羲化蚕。"西陵氏始养蚕。故淮南王《蚕经》云："西陵氏劝蚕稼亲蚕，始此。"西陵氏遂因劝民蚕桑而被后世奉为蚕神。）

蜀地自古就是丝绸的重要源产地。《华阳国志·蜀志》记："有蜀侯蚕丛，其目纵，始称王。"段玉裁在《荣县志》中说："蜀以蚕为盛，故蜀曰蚕丛，蜀亦蚕也。"又扬雄《蜀王本纪》说："蜀之先，名蚕丛，教民蚕桑。"即是说蜀人先祖蚕丛教民蚕桑并最终得以称王的事，而蜀人的第一代王竟以蚕名，足以说明蜀地蚕桑业兴起时间之早。无独有偶，被奉为蚕神的嫘祖，相传即是四川盐亭人。《史记·五帝本纪》："黄帝居轩辕之丘，而娶于西陵之女，是为嫘祖。嫘祖为黄帝正妃，生二子，其后皆有天下：其一曰玄嚣，是为青阳，青阳降居江水；其二曰昌意，降居若水。昌意娶蜀山氏女。"唐司马贞索引云："江水、若水皆在蜀，即所封国也。"《华阳国志·蜀志》称："蜀之为邦，……婚姻则黄帝婚其族"，也分明记载了黄帝与嫘祖联姻的事实。盐亭境内至今有嫘祖陵、嫘祖穴、嫘祖坪、嫘祖山、嫘祖坝、嫘祖坟、嫘祖庙、轩辕坡、嫘祖井、先蚕楼、先蚕塔、嫘宫山、嫘姑十二峰、西陵垭、西陵山、西陵寺等反映嫘祖文化的遗迹。蜀地还有关于蚕女救父的古老传说，蚕女即马头娘，明曹学诠《蜀中广记》引《仙传拾遗》："蚕女者，当高辛氏之世，蜀地未立君长，各所统摄，其人聚族而居，遂相侵噬。广汉之墟，有人为邻士掠去已逾年，惟所乘之马犹在。其女思父，语焉：'若得父归，吾将嫁汝。'马遂迎父归。乃父不欲践言，马踣嘶不龁。父杀之，曝皮于庖中。女行过其侧，马皮蹶然而起，卷女飞去。旬日见皮栖于桑树之上，女化为蚕，食桑叶，吐丝成茧。"宋人祝穆《方舆胜览》卷五四："在什邡、绵竹、德阳三县界。每岁祈蚕者云集，蜀之风俗，塑女像，披马皮，谓之马头娘，以祈蚕焉。"由此也可见古蜀先民从事蚕桑之盛。蚕桑养殖业的兴盛，也自然带动丝织业走向发达。而无论是蚕丛、嫘祖还是蚕女传说，其时代都早在新石器时代晚期。而结合黄帝嫘祖联姻的文献记载看，中原地区夏商时期蚕桑业的兴起也很可能是

① 李济：《西阴村史前的遗存》，清华学校研究院丛书第三种，1927年。
② 浙江省文管会：《吴兴钱山漾遗址第一、二次发掘报告》，《考古学报》1960年第2期。
③ 中国社会科学院考古研究所编著：《殷墟妇好墓》，文物出版社，1980年，第17~18页。

由蜀地传入或影响所致。但因四川地区潮湿的气候和土壤，蚕茧和丝绸的保存环境没有中原地区好，故至今未有新石器时代至殷商时期的实物发现。

但能否以此怀疑夏商时期四川地区丝织业已具相当发展水平的事实呢？我认为不能。因为虽然四川地区没有发现这一时期的蚕茧或丝绸实物，但考古旁证资料却不少。首先，三星堆遗址出土的纺纱织线的工具——纺轮不在少数，仅1980—1981年在遗址内三星堆地点就出土了18件陶纺轮和14件石纺轮①，而三星堆遗址历年所出陶器，其上还有表现编织、织布的方格纹和网纹，还有一些图案精美的印文②。但最能说明问题的还是二号祭祀坑出土的青铜立人像。立人上衣下裳，里外共三层，衣裳繁纹满饰，纹样构图考究，对称工整，已有学者进行专门研究，如王孖、王亚蓉认为，立人身着的中衣"双袖右衽，鸡心领，领口较大，为前后双鸡心形；袖窄，半臂或长至腕端，绣作黼黻文（或属内衣）"。③按，所谓黼黻，本是指古代礼服上所绣的华美花纹，也指古代帝王和高官所穿的绣有纹饰华美的礼服。《淮南子·说林训》："黼黻之美，在於杼轴。" 高诱注："白与黑为黼，青与赤为黻，皆文衣也。"王仁湘则认为，立人所着的华美的四龙外衣即是文献记载中帝王身着的衮衣。《说文》："衮，天子享先王。且言衮衣上的卷龙绣于下裳，龙形蟠曲向上。"《周礼·司服》也云："王之吉服，享先王则衮冕。"又《诗·豳风·九罭》："我觏之子，衮衣绣裳。"如此看来，立人衣冠正是绣有卷龙之吉服，是为衮衣绣裳。④还有学者认为立人像所着最外层的长襟衣服上所饰的有起有伏的各种花纹，即显示出蜀锦和蜀绣的特征。⑤可见诸家所论是一致的，均认为立人像所着华美的服饰应该就是蜀锦蜀绣一类丝织物。另外，宝鸡强国墓还发现有丝织品辫痕和大量丝织品实物，研究者认为"这些丝织品其实就是古蜀丝绸和蜀绣"⑥。可以说，正是古蜀国丝绸业的兴盛繁荣和不断发展，才使蜀中丝绸名满天下，以至后来达到"黄润细布，一筒数金"⑦，为世所贵。

中国很早就向域外输出丝绸已是不争的事实，中外学者所论甚富，无需一一例举。所要言者，唯古代蜀国蚕丝业出现既早，又很发达，足以提供可供长期输出的丝织品，而丝绸作为一种名贵的商品，既轻便，在长途运输中也不易损耗。正因为此，蜀地才成为最早向域外大量输出丝绸的地区之一，而输出的路径，就是通常所说的南方丝绸之路。对此，

① 四川省文物管理文员会、四川省博物馆、广汉县文化馆：《三星堆遗址》，《考古学报》1987年第2期。
② 四川省文物管理文员会、四川省博物馆、广汉县文化馆：《三星堆遗址》，《考古学报》1987年第2期；马继贤：《广汉月亮湾遗址发掘追记》，《南方民族考古》第五辑，四川科学技术出版社，1992年。
③ 王孖、王亚蓉：《广汉出土青铜立人像服饰管见》，《文物》1993年第9期。
④ 王仁湘：《青铜高台立人像》（未刊稿）。
⑤ 陈显丹：《论蜀绣蜀锦的起源》，《四川文物》1992年第3期。
⑥ 段渝：《渭水上游的古蜀文化因素》，《三星堆文化》，四川人民出版社，1993年，第601、602页。
⑦ 扬雄：《蜀都赋》，丛书集成初编本。

季羡林先生很早就指出："古代西南，特别是成都，丝业的茂盛，这一带与缅甸接壤，一向有交通，中国输入缅甸，通过缅甸又输入印度的丝的来源地不是别的地方，就正是这一带。"①阿富汗喀布尔附近发掘的亚历山大城的一座堡垒内曾出土大量中国丝绸，据研究，这批丝绸即是经南方丝绸之路，由蜀身毒道转运到中亚的蜀国丝绸。②法国学者戈岱斯（George Cœdès）还根据古罗马奥古斯都时代诗人对中国丝绸生产与贩卖情况的记述，认为这些丝绸很有可能是古代中国从大夏等地经印度河流域再到西方的。③这种情况正可与《史记·大宛列传》所记张骞于大夏看见古蜀国筇杖、蜀布等货物的情况相印证。饶宗颐先生还曾谈到殷墟甲骨文中和其他一些器物上一个与哈拉帕印文和埃及象形文字中相似的"束丝形"符号，并指出："这个字的字形，也就是从束丝的。从比较古文字学来说，这个束丝形的符号是最值得注意的。"④业师何崝先生认为，这个"束丝形"符号表示的物事"并非只像一束丝，而是像几束丝捆扎在一起的形状，故应是一捆丝"，并且中国与印度河谷地带进行蚕丝贸易的商道"经过了三星堆文化所在的蜀地"⑤。那么，蜀地的丝绸很早就通过南方丝绸之路输往南亚、中亚后，还通过印度河流域进一步输往西方的地中海甚至埃及等地，就毫不奇怪了。已有学者考证指出，支那这一名称的来源即与古蜀和丝绸输出直接相关，而Cina名称的西传，也是随丝绸的西传进行的⑥。而且，考虑到三星堆遗址二期略早时候已将海贝图像用于小平底罐的装饰，则三星堆遗址出土的大量海贝，很可能就是三星堆古蜀国最早用丝绸从印度北部地区交换来的物事。

三、三星堆文化与异质文化的交流

三星堆文化是以三星堆遗址命名的一种考古学文化，一般认为，三星堆一期文化年代约当龙山文化时期，属新石器时代晚期文化，在文化面貌上与二期差别较大，该期生产工具多为小型磨制石器，以斧、锛、凿为主，并出现了璧、环、锥、珠等小型玉质礼器，陶器器型与纹饰复杂多样，以翻领器、宽沿器、盘口器、花边口器、镂孔圈足器及平底器为主，是为三星堆文化的草创期。二期文化系从三星堆遗址第一期文化发展而来，年代上与中原夏文化大致相当，文化面貌仍以土著文化因素为主，陶器以小平底罐、高柄豆、鸟头形把勺等典型器，其余还有高领罐、盉、圈足盘等，在文化面貌上自成序列；玉石器则以

---

① 季羡林：《中国蚕丝输入印度问题的初步研究》，《历史研究》1955年第4期。
② 童恩正：《略谈秦汉时代成都地区的对外贸易》，《成都文物》1984年第2期。
③ ［法］戈岱斯编：《希腊拉丁作家远东古文献辑录》，中华书局，2001年，第12页。
④ 饶宗颐：《梵学集》，上海古籍出版社，1997年。
⑤ 何崝：《商代文字来源缺失环节的域外觅踪——兼论三星堆器物刻符》，《四川大学学报》2001年第4期。
⑥ 段渝：《支那名称起源之再研究》，四川大学历史系：《中国西南的古代交通与文化》，四川大学出版社，1994年，第126~162页。

制作精美、形制多样的璧、璋、戈等礼器最为常见，此外还有玉琮、玉锥形器、玉泡形器等。这一时期是三星堆文化的发展期。三期文化直接从三星堆遗址第二期文化演变而来，年代上与中原殷商文化相若，文化面貌具有强烈的地域特征，除陶器和玉石器外，出现大量奇异精绝、形体硕大的青铜雕像和黄金制品。这一时期是三星堆文化的鼎盛期。四期文化系直接从三星堆遗址第三期文化演变而来，主要以尖底器、高领器、高柄灯形器、矮圈足器等蜀式陶器群最具特色，年代上与商末周初至春秋早中期相对应，这一时期是三星堆文化的衰落期。

通常来说，在远古时代，一种文化的形成和发展，总是不可避免地要与异质文化发生或多或少、直接或间接的交流，这种文化交流主要是通过群落迁徙、战争和贸易来实现的，三星堆文化亦不例外。三星堆二期文化中，袋足封顶盉、大浅盘、柄部有镂孔和突棱的高柄豆，都与中原二里头的很相似。玉石器中的玉璋、玉戈、玉圭等也不乏与二里头文化相似者。1987年，在三星堆遗址中心区域的"仓包包"出土的三件铜牌饰，更是只见于二里头和三星堆，这应该就是三星堆文化与夏文化交流的证据[①]。而1998年在仁胜村墓地出土的玉锥形器、玉泡形器，又明显具有良渚文化因素。三星堆三期文化进入青铜文明并达到顶峰，但除了独具文化内涵的青铜雕像群、黄金制品外，还有中原殷商文化因素的尊、罍等青铜器出现，则三星堆文化与殷商文化的交流无疑也是客观存在的。但不可否认的是，无论是中原的夏商文化，还是长江下游的良渚文化，都没能成为影响三星堆文化的主要因素。因为代表三星堆文化最高成就的青铜文明，是以青铜神树、青铜立人像、青铜纵目面具、金杖和金面具等为代表的大宗的青铜雕像和黄金制品，而这些青铜雕像和黄金制品不见于古代中国其他任何地区的考古学文化。那么，三星堆文化中这些独特的文化因素又是与何种异质文化交流的结果呢？既然三星堆遗址出土的青铜雕像和黄金制品在国内难觅踪迹，那么把目光投向域外未尝不是一种有益的探索。学者们研究发现，崇尚雕像、以杖代表神权王权、使用金面具等，本是古代两河流域文明、古埃及文明和古希腊文明普遍的文化特征，但古代埃及和希腊与古代蜀国相距毕竟太过遥远，不大可能和古代蜀国发生直接的往来，而古代近东的两河流域在地理位置上与古代蜀国相对较近，联系到古代蜀国已经有通往缅甸、印度的贸易通道，则古蜀国与近东地区的接触和往来在客观上是可能存在的，故有学者认为，三星堆遗址出土的青铜人物雕像群、金杖和金面罩系源于古代近东文明。[②]

前文已及，远古时期，一种文化与其他异质文化的交流途径有群落迁徙、战争和贸易，但应该明确的是，这种文化交流绝非今天意义上文化交流，无论是群落迁徙、战争还

---

① 肖先进、邱登成：《鲧、禹神话与三星堆遗址》，《中华文化论坛》2005年第2期。
② 段渝：《政治结构与文化模式：巴蜀古代文明研究》，上海学林出版社，1999年，第94页。

是贸易，其目的要么是为了获得新的生存空间，要么是为了获取异族异地的物质，因此在很大程度上说，远古时期的文化交流都不是主动进行的，而只是群落迁徙、战争和贸易的附着物。而如前面所述，群落迁徙与战争掠夺很难保证能够长久稳定地获取异族异地的物质，则通过这两种途径实现的文化交流也同样难以持续的进行。那么很显然，贸易既是保证双方获利的途径而能够长期稳定的进行，则由此带来的文化交流也自然可以长期持续地发生。

事实上，三星堆文化与域外异质文化的交流情况正是如此。

古代蜀国地处四川盆地，四周群山叠嶂，高原绵亘，峡谷幽深，河流险急，相对闭塞的地理环境，确实在很大程度上阻碍了盆地的内外交通。但崇山峻岭之间，可资利用的天然通道尚存，主要有东线、北线和南线三条：从盆地东缘经长江三峡可与长江中下游取得联系，从盆地北部边缘翻越秦岭可与中原地区相通，向南沿川西高原边沿河谷，可达云南以及南亚、东南亚等地。古代蜀国就是通过这些天然通道与外界长期保持着联系，并由此与中原夏商文化、长江中下游的良渚文化以及南亚、中亚和西亚地区的文化进行着直接或间接的交流。

从考古资料看，三星堆一期文化尚属土著文化，与外界甚少发生接触。而二期文化中出现的二里头文化因素和良渚文化因素，表明这一时期三星堆文化与中原和长江中下游地区已经有了一些文化上的联系，但这一时期，三星堆遗址除1987年在"仓包包"出土的三件铜牌饰外，青铜文明了无迹象。但到了三期文化，青铜文明却突然出现并达到顶峰，虽说其中有中原殷商文化的因素，但青铜文明的主体却更多显现出近东西亚文明的特征。这表明三星堆文化通过南线与域外文化发生的交流，要比通过其他两条线路进行的文化交流要频繁和持久得多，所受的影响也更为巨大。其原因何在呢？

要弄清这个问题，还是得从贸易说起。众所周知，足够的商品、便利的交通和运输工具，是贸易尤其是远程较大规模贸易必须具备的条件，而输出的商品应该是自己富有且为对方缺乏、需要的物质，交通和运输工具则在一定程度上受环境因素的制约。前文已及，古蜀国蚕桑业发达，盛产名贵的丝绸，并很早就输往域外。但问题是古代中国包括中原和长江中下游的其他地区也出产丝绸并作为向外输出的主要物资，古蜀国需要的海贝、象牙以及青铜合金原料等重要物资，中原地区同样缺乏，则彼此之间的需求难以大范围的互补，这在一定程度上影响了古蜀国与这些地区之间较大规模贸易的开展。从交通和运输来说，鉴于古蜀国与外界联系的通道都很险峻，江河落差大，水流险急，车子一类路上运输工具和船只等水上运输工具都难以使用，运输货物只能依赖人力背负和牲畜驮负，事实上，迄今为止，考古中也未发现有夏商时期古蜀国使用车子和船只的资料，这在客观上阻碍了古蜀国与中原尤其是长江中下游地区开展较大规模的贸易。再者，古蜀国从草创发展到鼎盛阶段，与中原夏商王朝相较，其国势究竟是处于弱势的，从殷墟甲骨文"征蜀""至蜀""伐蜀"等记载看，古蜀国甚至时常面临着来自中原王朝的强势欺凌，若与其贸易，是很难保证公平进行的。

相较北线和东线所受的制约，南线情况则大为不同。首先，南方云南地区的青铜合金原料，印度、缅甸的海贝和象牙都是古蜀国所缺乏而又需要的物资，自己又盛产印缅及近东乃至西方需要的丝绸，这便具有了可供长期交换的物资。其次，南线虽然也是高山大川，路途艰险，但古代生活在川西高原西南地区的民族很早就发明了"筰桥"一类的交通工具，这一地区又盛产擅于在山地高原行走的筰马和牦牛，并且可能很早就开始利用它们驮运货物，这为长途运输提供了有利条件。再次，从考古资料看，整个三星堆时期，南方滇黔地区都没有形成一个可以和古蜀国强势抗衡的文明，长途运输货物的安全性相对更有保障。所以，后来张骞向汉武帝言及出使西域在大夏见到蜀国的筇杖、蜀布等货物时，才会发出"从蜀宜径，又无寇"①的感叹。正是具备了这三个方面的重要因素，古蜀国才得以通过南线长期开展较大规模的贸易，并因之与域外的异质文化保持着频繁的交流。而且，古蜀国通过南方丝绸之路与域外地区的贸易和文化交流很可能还是直接而非间接进行的，因为不仅"三星堆的海贝，应是古蜀人直接与印度地区进行经济文化交流的结果"，"由印巴次大陆传入古蜀地区的青铜雕像和金杖等文化因素，也未在云南境内留下任何痕迹"②。由此可见，古蜀人当是在长期的商贸和文化交流中，接触并认同了印缅地区使用海贝、象牙的习俗和近东地区崇尚雕像、黄金权杖和黄金面具等文化因素并将其直接引入古蜀国，成为三星堆青铜文明的重要来源及其主体因素的重要构成部分。

不仅如此。从三星堆文化对广大南方地区的影响和传播看，也足以说明南方丝绸之路就是三星堆时期古蜀国对外联系的主线。比如，香港南丫岛大岗遗址出土和越南南部出土的牙璋，其"风格形制年代包括玉质都跟三星堆最为接近，一定是受到了三星堆的影响"③，而晚于三星堆文化的滇文化也吸收了三星堆文化的若干因素④，等等，均可为证。关于此，还可从文字学角度找到旁证。三星堆遗址虽然没有发现文字，但仍有8个陶器刻符刊布⑤，其中竟有6个与饶宗颐先生《梵学集》所收录的印度河文明的图形文字相似，何崝先生分析后认为三星堆刻符很可能"在中国原始文化符号传播到印度河谷地带时起了桥梁

---

① （汉）司马迁撰：《史记·大宛列传》。

② 段渝：《中国西南早期对外交通——先秦两汉的南方丝绸之路》，打印稿。

③ 《李学勤先生谈三星堆与南方丝绸之路》，2006年4月李学勤先生在"三星堆与南方丝绸之路青铜文化学术研讨会"上所作学术报告，杨泃新根据录音整理。

④ 段渝：《三星堆文明与南方丝绸之路》，《三星堆研究》第二辑，文物出版社，2007年。

⑤ 三星堆陶器刻符资料由三星堆遗址早期发掘者之一的林向先生提供。

的作用。"①我们认为，虽然三星堆遗址发现的陶器刻符数量甚少，几为孤证，但考虑到三星堆海贝、象牙等从印度地区输入的物事以及大量输出的丝绸，则何崝先生推论存在的可能性是不能完全被排除的。

四、结语

从上面分析可知，在三星堆文明的发展进程中，不断地保持着同其他文明的联系和交流并不停地吸收这些异质文化的因素，而这是与其长期的贸易紧密相关的，其贸易往来和文化交流的主要途径，就是作为早期西南地区连接印巴次大陆的国际交通贸易线——南方丝绸之路。通过这条国际贸易线，三星堆古蜀国在以丝绸换来自己所需的包括海贝、象牙、青铜合金原料等大量物资的同时，也较多地接触并吸纳了近东青铜文明中包括青铜雕像、黄金权杖、黄金面具等重要元素，并因此创造出了自己独特而神秘的高度发达的青铜文明。在此意义上，可以说南方丝绸之路的开通是催生三星堆古蜀国青铜文明的极为重要的因素。

同时，三星堆遗址的考古发现及三星堆文化的研究，对深入认识南方丝绸之路在古代中国与欧亚文明交流方面也不无重要意义。比如关于南方丝绸之路的开通年代，已有学者指出："早在商周时期，中国西南地区便初步发展了与印度和东南亚大陆的陆上交通。"②即是说南方丝绸之路早在商代就已开通。但事实上，我们认为这个时间可能还会更早。1980年在遗址内三星堆地点出土的一件肩部饰有海贝的小平底罐，其年代分期属于遗址二期文化略早阶段，相当于中原二里头文化早期，饰有海贝的陶盉也属于遗址二期文化，这说明早在夏代，海贝就已经输入到了三星堆并被蜀人用作器物装饰图案，相应的，输入海贝的路线——南方丝绸之路亦应该已经存在了。所以，我们有理由相信，南方丝绸之路实际的开通年代比我们目前认识的要早得多，而且，随着三星堆考古发掘和研究的不断深入，人们会越来越多地认识到南方丝绸之路在古代亚洲以至欧亚大陆文化交流中所起的重要作用，正如李学勤先生所说："应该把三星堆这样重要的、有相对独立起源的文化放在更大的考古文化背景里面来认识，放在更大的背景里来看……应该把整个欧亚作为整体来看，而中间进行连锁的环节，就是过去所说的几条丝绸之路，而这几条丝绸之路里面，最值得进一步开发的，就是我们说的南方丝绸之路，即西南丝绸之路。而在西南丝绸之路这方面起着一个非常重要关键地位的，一定就是三星堆文化。"③

---

① 何崝：《商代文字来源缺失环节的域外觅踪——兼论三星堆器物刻符》，《四川大学学报》2001年第4期。
② 段渝：《中国西南早期对外交通——先秦两汉的南方丝绸之路》，打印稿。
③ 《李学勤先生谈三星堆与南方丝绸之路》，2006年4月李学勤先生在"三星堆与南方丝绸之路青铜文化学术研讨会"上所作学术报告，杨涅新根据录音整理。

南方丝绸之路与乐山

唐长寿　四川乐山市文化广播新闻局

摘　要： 南方丝绸之路以成都平原为起点，向南分东、中、西三线，其中东、西二线和西线东路均以乐山为必经之地。此外，另有多条二级支线亦以乐山为起点，因而，乐山成为南方丝绸之路多条路线的交通枢纽。本文就经由乐山的相关线路的走向、开通时代及历史沿革作了详细梳理，并在此基础上，对其在乐山的文化交流和经济贸易进行了初步考察。

关键词： 南方丝绸之路　乐山文化交流　经济　贸易

一、南方丝绸之路的东、中、西三线

"丝绸之路"是由德国地理学家冯·李希霍芬于1877年正式提出的、指以丝绸贸易为主的东西方商路和交通路线。西汉张骞出使西域后，正式开通了从中国西北通往欧州大陆的陆路通道——西北丝绸之路。

相对于西北丝绸之路，史学家称从成都出发南下经云南、贵州、两广往东南亚、南海、印度、西亚、欧洲的国际商道为"南方丝绸之路"。

南方丝绸之路以成都平原为起点，向南分为东、中、西三线：

西线即是《史记》所称的"蜀身毒道"。西线又分东、西两路，西路称"零关道"（在不同时期又称"牦牛道"或"清溪道"）；东路称"五尺道"（又称"石门道"）。零关道从成都出发，经四川双流、新津、邛崃、雅安、荥经、汉源、越西、喜德、泸沽、西昌、德昌、会理、攀枝花，越金沙江至云南大姚、姚安，西折至大理；五尺道经四川乐山、犍为、宜宾、云南大关、昭通、曲靖，西折经昆明、楚雄至大理。两路在大理会合后，继续西行至今永平，称为"永昌道"（又称"博南道"），从永平翻博南山、渡澜沧江，经保山渡怒江，出腾冲至缅甸密支那，或从保山出瑞丽抵缅甸八莫，再西去印度、中亚、西亚而达欧洲。

中线分"步头道"和"进桑道"两条道路。步头道先由陆路从五尺道至昆明、晋宁，再从晋宁至通海以南的步头，沿红河而下达越南。进桑道则是出昆明经弥明，渡南盘江，经文山出云南东南，入越南河江、宣光，循盘龙江，抵达河内。

东线称为"夜郎道"或"牂牁道"，从成都南下至夜郎（今贵州西部），再经北盘江、西江至番禺（今广州），出南海转东南亚，与海上丝绸之路相连。

南方丝绸之路西线（蜀身毒道）从成都平原经云南至缅甸，西行至印度、巴基斯坦、阿富汗，再至中亚、西亚和地中海地区，这条纵贯亚洲的交通线，是古代欧亚大陆途程最长、历史最悠久的交通大动脉之一。南方丝绸之路中线（步头道、进桑道）和东线（夜郎道）则沟通了中国西南与东南亚地区的关系。

二、南方丝绸之路在乐山的路线

南方丝绸之路东、中、西三线均从成都平原出发，东、中两线和西线东路第一段路程均沿岷江而下到宜宾转五尺道或夜郎道，到昆明后转步头道，位处岷江中游的乐山成为必经之地。此外，丝路西线（蜀身毒道）又分东西两路，两路之间有三条横向支线连通，分别是：平羌江道（起于嘉州止于雅州）、阳山江道（起于嘉州，止于汉源、甘洛海棠）和安上道（起于宜宾止于西昌）。此外，另有一条二级支线沐源川道（从嘉州到新市镇转安上道），平羌江道、阳山江道、沐源川道的起点均在乐山。因此，乐山成为南方丝绸之路多条路线的交通枢纽。

（一）五尺道第一段——岷江道

岷江道起于成都平原，止于宜宾，或称川南大道、府河水路。该道水陆并进，在平羌

图一　平羌小三峡

三峡（图一）入乐山境内，在犍为县新民出境。

岷江道的开通早在古蜀鱼凫时期（商周时代）。《太平寰宇记·眉州》载："鱼凫津在（彭山）县东北二里，一名彭女津。"《后汉书·郡国志》载："南安（今乐山）有鱼涪津。"《正德四川志》载："鱼符津，在（叙州府）治北三十里。"《四川通志·舆地》载："南溪县，鱼符津，在县北三十里。"四地均在从眉山经乐山到宜宾的岷江道上。这表明鱼凫蜀国时代，鱼凫氏曾沿岷江道进入川南地区活动，从而留下了鱼凫（涪、符）的地名。《明承务郎夷公暨安人安氏墓志》载："公讳太平，字希尧，别号会午，姓夷姓。夷之先，鱼凫支子，割封沐川。秦并蜀，绝弗通。"可知鱼凫氏的一支沿岷江还到了岷江流域的沐川地区。

其后，杜宇氏从朱提（云南昭通）溯岷江道北上成都平原，建杜宇王朝。再后，春秋时期，据《蜀王本纪》载："荆有一人名鳖灵，其尸亡去，荆人求之不得。鳖灵尸随江水上至郫，遂活，与望帝相见。"鳖灵也是溯岷江道而上，取代杜宇王朝建立了开明王朝。

开明王朝到三世保子帝时，又沿岷江道南下开疆拓土。即《华阳国志·蜀志》所载："保子帝攻青衣，雄长僚、僰。"开明王朝亡国时，蜀人又沿岷江道南迁，部分定居在岷江流域。

图二　驿道上的关子门

作为官道，岷江水路至迟在秦李冰凿离堆通正岷江航道之时，至迟汉代已通陆路。刘备取蜀，赵云一路便取道岷江直上成都。至于陆路，唐《元和郡县志》引《图经》载："诸葛武候凿山开道，即熊耳峡东古道也。"《舆地纪胜》亦载："熊耳峡，诸葛武候凿山开道。"熊耳峡即平羌小三峡，其东古道即岷江道之陆路。现在，这条长约10公里的驿道仍在，并为当地乡民所使用。驿道上现存明代石拱桥"鲤鱼桥"一座、清代石拱桥三座，道中红砂石石板路面时或可见，称得上岷江道陆路保存最长、最完整的一条古驿道。古驿道最险峻处为青神、乐山交界处的关子门，为开凿垭口形成的一处关隘。在关口两侧崖壁上尚保留有明代摩崖造像三龛和"凉风洞"之类的题刻，成为古道的一大标志（图二）。

唐代，沿岷江道设有平羌县城（今牟子

镇境内）、嘉州及龙游县城、玉津县城（今冠英镇）、犍为县城、清溪驿。唐代水路繁荣，李白、杜甫均走水路经乐山出川。李白因之有"峨眉山月半轮秋，影入平羌江水流。夜发清溪向三峡，思君不见下渝州。"的名诗。诗中著名清溪驿就在现在的市中区关庙苏坪，也是杜甫夜宿的官驿。唐代开凿凌云山大佛，以保佑岷江航运，与灵宝塔一样，同时起到了航标的作用（图三）。

图三 清代木刻乐山大佛

宋代，水陆两路均繁荣，水驿有平羌驿（今关庙苏坪）、凌云驿、三圣驿（今金粟镇）、沉犀驿（今犍为城）、下坝驿（孝姑镇）。陆游曾宿平羌驿，范成大出蜀曾在下坝驿住宿，并记录在其所著的《吴船录》一书中。

北宋时，嘉州成为水陆转运枢纽。据《宋史·食货上》载："川益诸州金帛及租、市之布，自剑门列传置，分辇负担至嘉州，水运达荆南，自荆南遣纲吏运送京师。咸平中，定岁运六十六万匹，分为十纲。天禧末，水陆运上供金帛、缗钱二十三万一千余贯、两、端、匹，珠宝、香药二十七万五千余斤。"

宋以来的茶马贸易以乐山为茶船汇集点，从川东巫山、建始运往黎州、雅州，以至藏区的"边茶"沿长江、岷江逆流而上，在乐山城下中转停泊，然后再溯青衣江而上，分销各地。每当运茶季节，嘉州城下泊舟常在一百艘以上。宋代的乐山是岷江道上的重要的水陆转运枢纽。

乐山成为水陆交通转运枢纽之后，同时在唐代开始造船，在宋代已成为四川造船中心，年造官船45艘。

元代，大规模建设驿站。水路有平羌水站、南门水站、赵坝水站、三圣水站、净江水站、犍为水站、下坝水站，均配备有站船（6只）和牛（4头）；陆路有凌云陆站、犍为陆站。

明代，继承元代的驿站，不称水站而称水驿。其中，平羌水驿有站船4只，水夫20名。明代，政府开始大规模治理岷江航道，平险滩，其中，治理有"蜀江第一"之称的犍为叉鱼子最为著名（图四）。

明代嘉定州知州钟振评道：嘉定"当六达水陆要冲，舟车旁午无宁日"。明人顾祖禹

图四 "蜀江第一"碑　　　　　　　图五 岷江边的码头

在《读史方域纪要》中也评道：嘉定"北去成都不过五驿。宋牟才子言：嘉定为镇西之根本。以其州据黎、雅上游也。然津途便利，密迩叙、泸，讵非成都之噤吭乎"其意是说乐山是从南方通往成都的咽喉。清代蜀中三才子之一的李调元有诗云"水驿江城日日过，云峰高处见三峨"，道出了作为水码头的乐山的壮丽景观。

到清末，日本教师中野孤山在《游蜀杂俎》中把乐山称之为"嘉定港"，记道："港内常有上千条船只停泊，形成一个码头城市"（图五），他进而认为乐山"主要的收益依靠船舶的进出，货物的集散"。乐山俨然成了一座商贸城市。中野孤山还说："嘉定港帆樯林立，上下船只穿梭如织。入夜各船灯火映照江水，形成一方奇观"。民国《乐山县志》总结道："县城一面倚山，三面临水，上通成都，下达渝夔，雅河通雅安、天全，铜河通峨边、金川，为水陆要冲。商埠之盛，甲于川南。"

清代，全面设置铺递，中期以后多设铺，如从青神入境到乐山城就有关子门铺、板桥溪铺、平羌铺（关庙）、牟子铺、横梁铺（通江）等。大约十里就有一铺。从乐山城南下

图六 汉代栈道遗迹

犍为县则有：茶山铺（车子）、乌木铺（杨家）、普通铺（冠英）、西坝铺等。

（二）平羌江道

平羌江道起于东线岷江道上的乐山，溯青衣江而上，经夹江、洪雅、雅安在天全始阳与西线青衣道相汇。由于青衣江在古代又名平羌江，故此道可称为平羌江道。这条古道在汉代已成为能通车骑的官道，《隶释·卷

13·安长王君子乡明亭道碑》载："维平乡明亭大道，北与武阳，西与蜀郡青衣，越嶲通界……永元七年十月。"旧摩刻于夹江青衣江畔千佛岩，今已不存。现千佛岩崖壁尚存有一段栈道梁孔遗迹，主梁孔尚存八个，间距5~6米，孔方形，边长约0.5米，深约1.1米，个别孔被唐代摩崖造像龛打破，再结合其形制，应为汉代栈道遗迹（图六）。《三国志·杨洪传》载：蜀汉汉嘉太守黄元造反不成，取平羌江道南下奔吴，蜀主"敕甫、绰但于南安峡口遮即便得矣。"所谓"南安峡口"，即此处。

平羌江道过千佛岩后，即经木城镇、洪雅城到安宁坝止戈古镇后，又有一条支线沿花溪河而上，到柳江古镇西转吴庄炳灵，便进入瓦山大田坝矿区。平羌江道到雅安城后，沿周公河（今雅安河）而上，也可进入瓦山矿区。这一古道作为小路，开通历史尚不清楚，但作为与青衣道平行的一条支线，一直沿用到近代，成为贩卖大烟的烟帮常取用的一条秘密小道。

平羌江道所经的夹江木城镇，古称南安镇，有与邓通有关的记载，明曹学佺《蜀中名胜记》说：夹江县"治西二十五里南安镇，即汉南安县治，有邓通宅故址"清《蜀水经》《蜀水考》均有相似记载。木城镇与洪雅在汉均属南安县干乡，而邓通为南安人，木城为邓通故居应属正常。此外，在大田坝以南有一山形如仰卧之马，传说邓通在此山铸钱，通死后，山如马朝天悲鸣，故名"朝天马"山。

可见，瓦山大田坝矿区在交通上联系南方丝绸之路，文献上有邓通铸钱和邓通故居相近的记载，传说中有邓通铸钱相关的地名，又有古铜矿冶炼遗址及采集到的半两钱，所以历史上曾是邓通铸钱地的可能性极大。

唐代，该古道已下降约4米，保留到现在，仍为乡民来往的交通要道。

明代，古道经著名的夹江九盘山（图七），在洪雅县西竹箐关进入雅安境。明状元杨升庵当年就是走此驿道离开嘉州进入雅州地界的。

清代，因乐山别称嘉阳，平羌江道又称"嘉阳驿道"。政府开始密集设置铺递，仅从乐山城到夹江城之间就有白岩铺、九溪铺、棉竹铺、门坎铺、甘江铺、观音铺等。民国以后铺递虽然撤除了，但棉竹铺、甘江铺却作为地名保留了下来，成为嘉阳驿道在地名上的证明。

（三）阳山江道

阳山江道起点也是乐山城，水路取道大渡河，旱路部分走向与大渡河一致，大部分地段则与今乐山到峨眉，再到峨边的公路一致，由于宋代

图七　九盘山驿道石板路

该道上有一寨，名"铜山寨"，故称铜山道，此道离峨边后经金口河进甘洛阿兹觉（蜀汉新道县）、经田坝、海棠与西线灵关道相汇。水路溯大渡河而上经沙湾（唐南林镇），到铜茨（即铜街子、唐铜山镇），经峨边、金口河到汉源与零关道相汇。同时此道在铜茨后可南下马边河，沿马边河而下，在犍为河口与岷江道相汇。

铜山道的开通或以为在唐代，但由于符溪和金口河均发现战国晚期蜀人墓葬，故极可能在战国晚期此道已成为民间通道，并为蜀人南迁时所取用。蜀汉于阿兹觉设新道县，建安二十三年（218）越嶲叛军高定围困新道县，犍为郡太守李严率骑兵驰援。当时零关道不通其后22年张嶷任越嶲太守后，才重新开通，故李严进军路线非铜山道莫属。细想"新道"县名，或许就是指此铜山道，蜀汉新建取名新道以别旧零关道，在情理上是说得过去的。并且，很可能蜀汉时，铜山道已成了官修的官道。唐初，设罗目县，或在今峨边县城，后移治今罗目镇，均在铜山道上，故为官道更无疑问。

《新唐书·李德裕传》载："旧制，岁抄运内粟赡黎、嶲州，起嘉、眉，道阳山江而达大度，乃分饷诸戍。常以盛夏至，地苦瘴毒，辇夫多死。德裕命转邛、雅粟，以十月为漕始，先夏而至，以佐阳山之运，馈者不涉炎月，远民乃安。"意思是每年末，政府把军粮从嘉州、眉州通过阳山江道水运到大渡镇（今汉源富林镇），再分配给黎州（今汉源）、嶲州（今西昌）各守戍，盛夏才到，辇夫多死于瘴毒。于是剑南西川节度使李德裕改为转经邛州和雅州水路运往黎州、嶲州，并提前到十月开始，作为阳山江道的辅助运输路线。

李德裕是晚唐名相，曾率军走阳山江水路，在大渡河墨崖（今名黑岩，在乐山城西南约20公里的大渡河东岸）留有碑刻，载于《舆地纪胜》："墨崖，有'唐李德裕提重兵过此'九字"。可惜今天已不可见。

在此道附近的四峨山区，有关邓通的传说和遗迹颇多。此地有一地名为"江山湾"，传说邓通被围困于此，树立旗帜，号召群众起来"保江山"，故名江山湾。传说四峨山一带有邓通疑冢49座，《乐山县志·卷五·冢墓》载："邓通墓，在今映碧乡铜街子，有明嘉靖峨眉县知事为之刻碑，墓道今现存。"1985年该墓被重新发现，位于铜茨乡江山村三组观音寺，但碑已于1966年被毁，残碑剩四块，可识字仅有"邓""墓"两大字和"峨眉县"三小字。新中国成立前，铜街子尚有一座邓通庙，塑有邓通像，作武将装束。此外，明代重开铜山，曾铸钟一口，上刻有铜厂历史及邓通生平，新中国成立初尚有人看见，但现已不知去向。

总之，四峨山矿区在南方丝绸之路附近，宋代文献已有邓通在此铸钱的明确记载，后人也有邓通墓、邓通庙等建筑遗迹和相关传说，所以，四峨山矿区应是邓通铸钱地之一。

宋代，古道成为与南诏国（今云南）交往的重要通道。在峨眉县边境临大渡河的铜山寨是重要孔道。《续资治通鉴长编·卷二六七》载："嘉州峨眉县西十里有铜山寨，与西南生蕃相接界，户不满千，俗呼为小道虚恨姓。县尉例以十月一日上寨守护，谓之防秋，至四月一日罢归，意者以水潦方溢，而蔑尔虚恨，无能为也。"

但到"熙宁六年（1073），陕西诸蕃作梗，互相誓约，不欲与中国贸易，自是番马绝迹而不来。明年，朝旨委成都路相度募诸色人入诏，招诱西南夷和买。""峨眉有进士杨佐应募，自倾其家赀，呼群不逞佃民之强有力者，凡十数人，货蜀之缯锦，将假道于虚恨以使南诏。乃裹十日粮，贮醯、醢、盐、茗、姜、桂，以为数月之计，诸从行有蓑笠、铁甗、铜锣、弓箭、长枪、短刀、坐牌、网罟佃渔之具。人斩轻桐以檠橐重，有余材则束而赍之。大抵皆先窍凿聚勘，如屋之间架然，将以为寝处之备也。每望日之景，穿林箐而西。遇挚兽，先击锣以警之，或操弓箭、执刀枪以俟。会平林浅草、长溪大涧，即施网罟以从事于佃渔。其徒常鲜食以饱，日行才四五十里，未暮，即相地架起桐材，上下周匝，徽索而缠之，然后蔽以坐牌，副以网罟，将凑于其中，必积薪于其侧，钻燧火以待夜事。然其地多暑，或蒸而为瘴，值山深木茂，烟霾郁兴欲雨，而莫辨日之东西，间或迷路，竟日而不能逾一谷也。初，铜山为蕃、汉贸易之场，蕃人从汉境负大布囊盛麻苴以归，囊罅，遗麻或苴，既久而丛生。佐之徒蹑麻苴生踪，前寻去路。自达虚恨界分，十有八日而抵束密之墟。""三驿趣苴咩城，而献诸都王。"

明代，政府大规模建设驿道。从嘉定州起，经苏稽、符溪、罗目、高桥、龙池、射箭坪后，在虎皮岗（今峨边新场）分左右两路。左路过大渡河经沙坪、罗回（今金口河永和镇）、大板、甘洛阿兹觉，到镇西驿接零关道，并因之称"镇西古道"；右路经金河、天池、松坪、马烈，到汉源接零关道。

清代，多设铺递、堡、墩、汛、卡。市中区、峨眉山市境内有草鞋铺、苏稽铺、高山铺、古城铺、黄茅岗铺、杨村铺等。峨边县、金口河区境内有平夷堡（盐井溪）、归化堡（汛）、牛漩堡、太平墩、金口墩、沙坪汛等。路上新建有该道上最长的石桥——苏稽大石桥（图八）和大围关（大为）铁索桥（图九）等桥梁。

图八　苏稽清代大石桥

图九　峨眉山大围关铁索桥

图十　"蓝缕开疆"碑

抗战时建乐西公路，初选线三条，最终选用了越簑衣岭线，这条线在乐山境内的走向正好取用了阳山江道，在凉山境内则取用了零关道。公路自乐山城西行跨青衣江、峨眉河，过峨眉县城沿峨眉山麓南下，越土地关至龙池，再循大为河到峨边新场后，沿大渡河北岸大瓦山下，取用了明代驿道右路。现在簑衣岭上还立有当时的乐西公路工程总指挥赵祖康所题"蓝缕开疆"石碑和王仁轩所题"簑衣岭"石碑（图十）。

（四）沐源川道

沐源川道因古道沿沐源川（沐溪河）经行而得名。沐源川道既可以从乐山起步，走岷江道陆路经沐川到新市镇合安上道，也可以走岷江道水路到犍为起旱经沐川到新市镇合安上道，再后西行到西昌接零关道。沐源川道必经沐川寨（今沐川县城），宋人张无尽《沐川寨记》云："南蛮东北接境，常挟吐蕃为中国患。盖其路一出大渡河，一出沐源川，一出马湖江。而沐川之地常为啸集之地。"记中"一出沐源川"就是指的沐源川道。

沐源川道由北往南行，从犍为经清水溪、九井、越封门山至沐川城，经建和乡后翻五指山到老河坝，沿中都河而下到新市镇止。蜀汉，诸葛亮南征"道由安上（今新市镇）"，很可能经此道而往安上。

唐代，沐川寨为著名的嘉州二十二兵镇之一。至于沐源川道，首见于《唐语林·卷七》所载："诸葛武侯相蜀，制蛮蜑侵汉界。自吐蕃西至东，接夷陵境，七百余年不复侵轶。自大中蜀守任人不当，有喻士珍者，受朝廷高爵，而与蛮蜑习之，频为奸宄。使蛮用五千人，日开辟川路，由此致南诏扰攘西蜀。蜀于是凶荒穷困，人民相食——由沐源川通蛮陬也。"其意是沐源川道是喻士珍同意南诏开通的，结果给剑南带来了无尽的灾祸。

大和三年（829），南诏趁剑南道"戎备不修"，大举入侵攻陷戎州（宜宾）后，直指嘉州。此次战事，宋人《云笈七签》有详细记载："大和（827—835）中，相国杜元颖镇成都，閫场不修，关戌失守，为南诏侵轶。沐源川路境上，夷人导诱，蛮蜑分三道而来，掩我不备，将取嘉州。去州四十余里，寇乃大惊，奔溃而去。州境稍安，方设备御。有擒得夷人觇侯者，大寇及境，何惊而去？云三路蛮寇，本欲径取嘉州，谓州中无备。去州四十里，忽旗帜遍山，兵士罗立，不知其数。有三五人大将军，金甲持斧，长三二丈，声如雷霆，立二鬼之上，麾诸山兵士，齐为拒捍，自量力不可敌，惊奔而去。是日蛮中主军酋帅，死者三人。蛮国之法，行军有死伤及粪秽，旋即瘗藏，不令露见，由是不知酋帅瘗埋之所。时众闻之，皆言飞天神王兵示现，以全州境。自是祈福祷愿，迨无虚日。"

咸通十年（869），南诏军北侵，又取道沐源川道。据《新唐书·南蛮传》和《资治通鉴·唐纪·六十七》载：南诏军走零关道在清溪关受阻，便"分军伐木开道，逾雪山（黄茅埂），奄至沐源川"。尽管是盛夏，南诏军也冻死二千余人。负责嘉州边防的定边军将窦滂遣竞海将黄卓帅五百人调往沐源川抵抗，结果全军覆没。十二月，南诏军士兵便穿上竞海兵的服装，假装是败卒，至岷江岸呼渡船，过河后，众唐兵才发现，但已晚了。南诏军遂北进纵兵焚掠陵、荣二州之境。几天后，南诏军结集于凌云寺，与嘉州城对岸，嘉州刺史杨忞与定边监军张允琼勒兵抵抗。夹江而军，"士攒射，蛮不得进"。南诏军便暗中派遣奇兵自东津（今半边街渡口）渡江，夹击唐军，杀忠武都将颜庆师，杨忞、张允琼落荒而逃，嘉州失陷。

有鉴于此，乾符二年（875），高骈又于沐源川筑城"以控蛮险"。

到北宋，《宋会要辑稿·蕃夷五》载："此（犍为）县岩险，当云南要路，请要置戍兵三百，以武臣为驻泊监押。"嘉祐四年（1059），犍为县尉景思谊于沐源川城西山新筑西寨。治平（1064—1067）年间，龙游县主簿范师道再增筑西寨（《宋会要辑稿·方域一八》）。宁宗嘉定四年（1211），成都路提刑李埴的扩建沐川寨（图十一），另还新筑三赖矿、威宁、笼蓬、白岩等寨堡，形成了五指山北麓的寨堡防卫群。

现在，古道上的清溪镇沉犀石牌坊（图十二）和清代永济桥（图十三）都保存完好，见证了沐源川道悠久的历史。

三、南方丝绸之路在乐山的经济文化交流

岷江道上，自古以来就进行着经济文化的交流。唐代，麻布、海盐贸易十分盛行，杜甫因之有"蜀麻吴盐自古通，万斛之舟行若风"的诗句。宋代，四川通过岷江道每年上贡的麻布、丝绸多至66万匹至100万匹。清代，煤炭、木柴、大米、酒、茶叶、药材也

图十一 清代沐川寨东寨门

图十二　清代沉犀石牌坊　　　　　　　图十三　沐川清代永济桥

成为岷江道上重要的商品，南来北往，一片繁荣景象。犍乐盐场出产的井盐通过岷江道大量外销，史称外销云贵地区为"犍盐入滇"，被经济学家看作中国清代商贸史上的一件大事。犍乐盐场食盐经岷江道、五尺道舟运陆行，闯滩过关，占据了云南东北部和贵州西北部一带食盐市场，为南丝路商贸活动注入了一剂强心针。太平天国起义阻断了湖北湖南的海盐供应，政府便转以犍乐盐场等地所产井盐供应，史称"川盐济楚"，也成为中国清代商贸史上的一件大事。

在文化交流方面，有专家认为乐山麻浩和柿子湾汉代崖墓的佛像是通过岷江道传入的（图十四、图十五），认为中国早期佛教的传入，也可能有经南方丝绸之路的一条传播线路。清代，夹江以"黄丹门神"为大宗的年画大量远销云贵地区，以至云贵山区在历史上有了"黄丹门神能驱瘟"的民谚。

平羌江道在宋代以来，茶马贸易繁荣，内地的"边茶"从乐山溯青衣江而上，分销各地。同时，犍乐盐场等盐厂生产的盐也经嘉阳驿道贩运到雅安并转而入藏区。故洪雅民歌唱道："一双脚儿嘛痒，一双脚儿嘛梭，要朝哪里梭，要朝嘉定梭。嘉定什么多，盐巴、胆巴甚广多。"此外，洪雅特产如雅莲、木材、茶叶等，也要通过平羌江道外运，故史书有"犍为之盐，洪雅之茶，商车贾舟，络绎相寻"之说。

阳山江道的经济贸易中，丝绸是重要的商品。

图十四　麻浩崖墓佛像　　　图十五　柿子湾崖墓佛像

苏稽特产嘉定大绸和素丝外销多通过马帮取道阳山江道再转零关道南运。黄炎培路过，记其所见，有诗道："黄丝丝，白丝丝，苏稽市上如云。"外销的素丝在同治《嘉定府志》另有记载说："其粗者谓之大夥丝，专行云南，转行缅甸诸夷。诸夷人货自云南，斩切为茸，持去不知所用也。"缅甸人切丝为茸作何用？这成了南方丝绸之路上的一大迷团。

峨眉乐山白蜡生产必需的蜡虫也是此道上最重要的大宗商品。历史上，云贵产虫不产蜡，峨眉山产蜡不产虫，故李调元在《童山诗说》道："峨眉县产白蜡，立夏时，从建昌（西昌）买蜡虫种。"买卖蜡虫的蜡农叫"虫儿客"。每年去建昌、会理、云贵边区买蜡虫，肩挑回峨眉，称"跑虫山"。清王培荀《嘉州竹枝词》诗云："怪他路上人如蚁，尽道嘉眉虫客忙。"

乐山的丝绸、盐巴、夹江的土纸、年画、峨边、金口河的鸡爪黄莲、冬虫夏草、西昌的烟草等成为古道上常见的商品。大渡河也被彝族同胞称为"丝绸之河"，唱着"到织丝绸的地方去玩，到嘉定城去玩……"

近代以来，苏稽马家做大烟生意，自组马帮，便走此道以丝绸换取烟土牟利，古道上又增加了走私鸦片的贩子。也由于此，苏稽一带烟毒流害。黄炎培触景生情，叹道："滑竿儿，来去匆匆，十个劳工，九个烟容。临上征途吸一筒，算流差命合穷。君休问，西场水口，百盏灯红。"

沐源川道在清代以来，物质交流有盐巴、茶叶、烟、酒、布、山货、木材、药材、马匹等，成为了古道上的主要商品。

参考文献：

［1］段渝：《三星堆古蜀文明与南方丝绸之路》，《三星堆研究》第二辑，文物出版社，2007年。

［2］张勋燎：《古代巴人的起源及其与蜀人、僚人的关系》，《南方民族考古》第一辑，1987年。

［3］唐长寿：《川南蜀人墓葬和蜀国南疆》，《四川文物》1995年第4期。

［4］王有鹏：《犍为巴蜀墓的发掘与蜀人的南迁》，《考古》1984年第12期。

［5］唐长寿：《乐山邓通铸钱地与南方丝绸之路》，《南方丝绸之路货币研究》，四川人民出版社，1994年。

［6］蓝勇：《四川古代交通路线史》，西南师范大学出版社，1989年。

［7］王豪：《哪来那么多邓通墓》，《四川日报》1988年5月7日。

南方丝绸之路临邛（崃）段
历史文物遗存考证

胡立嘉　四川邛崃市文物局　副研究馆员

摘　要：“南方丝绸之路”既是一条民族通道、商贸通道，也是政治、军事、文化通道。临邛段作为南方丝绸之路上的重要组成部分，对于它的考证有着特殊意义。本文通过结合古文献和考古资料对南方丝绸之路临邛段相关历史文物遗存进行考证，从大石墓、船棺墓到汉墓，从古代盐、铁遗址到佛教寺庙和佛教摩岩造像，到古道遗迹，以期从这些丰富遗存的类型和分布中勾画出此段的“南丝古道线路”及其历史演变。

关键词：南方丝绸之路　临邛　历史文物遗存

唐代浪漫派大诗人李白诗云：“蚕丛及鱼凫，开国何茫然，尔来三万八千岁，不与秦塞通人烟”。更为夸张地惊叹：“蜀道之难，难于上青天”。至使今天仍有人据以为“史料”，认定古蜀之“闭塞”。这些人忘记了就是这同一个李白，曾经洋洋自得地炫耀他乘坐“捷运”、“千里江陵一日还”的欣喜。且不管先秦时古蜀国曾“攻秦至雍”“蜀使朝秦”、蜀王“因猎谷中与秦王遇”之说，仅就秦编造“便金牛”那一段“神说”，若秦蜀之间无道路相通，秦大队兵马由何伐蜀？胜利者秦人羞辱蜀人的“金牛神说”早已被三星堆、金沙遗址的古蜀文明所揭穿。

关于“南方丝绸之路”，不要认为就只是一条单一的交通线、“单纯的丝绸贸易之路”。不论古道也好，今路也罢，都不可能是单一的某种商品通道，无疑地是民族、商贸、军事、文化多功能复合通道，是陆路、水路所构成的一个“交通网络体系”。即或是形成主干道的一支，在不同历史时期和阶段，其线路、走向都会有不同的改变。曾经的主干线被原来的支线所替代。在不同区域位置作为出发点去往同一方向或同一终点，在其路线选择上，也一定是优选直线和近道，这也是与主干线并排的若干辅道形成的重要原因。众所周知现当代成都往西昌的汽车公路108国道线，就是大体沿“南丝路”修筑的。其中临邛（邛崃）历来是必经之地。可是1994年重新规划修建"成（都）雅（安）高速公路"时，其线路改经蒲江县境而甩开了自古称作"要道重镇"的邛崃。邛崃主道被原有的支线蒲江道所替代，邛崃一度沦为冷僻的支线。再就是历史上不同时期，包括古临邛县、临邛郡、邛州，其行政区划、辖地和治所都有变化。这就是历史。如果不认清这几个问题，对各地存在的古代遗迹就无法做出科学合理的解释。同时也由此说明了各区市（县）、乡（镇）那种"争主线""争正宗"的做法，也是毫无意义的。

"南方丝绸之路"既是一条民族通道、商贸通道，也是政治、军事、文化通道。其实从三星堆到金沙遗址，从玉琮到海贝、到象牙，从大石墓、船棺墓到汉墓，从古代盐、铁遗址到佛教寺庙和佛教摩岩造像，到古道遗迹，大量的历史文物遗存为我们清晰勾画出了"南丝古道线路"，与严谨的古代文献相互印证，这便是南丝古道存在的最好证明。

一、古临邛地区的战国墓、巴蜀船棺与汉墓

（一）大邑县与邛崃县北界接壤，古属临邛县、邛州

本文仅以1982年4月至1989年1月大邑县清理五龙机砖厂古墓群为例。先后清理出战国船棺葬1座，战国土坑墓6座，秦代土坑墓2座，西汉土坑墓6座，东汉砖室墓4座，唐代砖室墓3座，宋代砖室墓6座。

船棺葬为典型的一室三棺船棺葬，三具船棺共用同一个长方形墓穴，穴长9.0米，宽4.10米，深1.10米。墓穴底部并列长条形棺坑3个，坑内分置船棺，棺周填白膏泥。1号独木舟棺，平头、浅平舱，长约9米，制作粗糙。出土铜矛1件、铜刻刀1件、金珠1颗及漆器残片。2号船棺残长1.8米，出土陶器有带盖碗、浅底釜和圜底罐。3号船棺较小，仅存残片。出土带盖钵和石印章。印石为青黑色，磨制，梯形纽，有纽孔，2.4×1.5×1.8厘米，印面呈椭圆形，刻巴蜀图语。

战国土坑墓。

（1）竖穴土坑墓，其中M3，穴长5.9米，宽0.84米，坑深0.9米，无葬具。出土陶器有鼎、豆、釜、连体釜甑、大口瓮及铜斤、铜剑、铜钺、铜矛等器物。铜剑长62.8厘米，宽叶、直刃、三角形尖锋、一字格、中空圆柱式茎，碧形剑首。应为典型的楚式剑。铜矛长29厘米，长身、窄刃。短骹，骹上附弓形耳。骹上一面为手、心纹和佩剑人形图案及巴蜀图语文字符号。另一面为蛙纹、虎纹及八角星。中部突出部位为人首蛇身图案，两侧饰以云雷纹和巴蜀图语文字符号。

（2）土坑木椁墓，其中米2为长4.3米、宽0.9米、深2.05米、木椁长3.7米、宽0.7米、高1.3米。出土铜剑、钺、戈、矛、斤、弩机和铜釜甑以及陶器豆、鼎、陶甑等。铜戈长19.8米，援直长无胡。中脊微突，阑部较宽，上下各1穿。长方形内，中央有一"心"形穿，末

端有两组旋涡纹饰。援一面饰云纹，另一面饰云雷纹、水波纹、菱形纹。铜斤长18.4厘米，刃宽8.0厘米，平面呈喇叭形。大方銎，銎面有矩形纹。斤腰处阴刻蚕纹，蚕尾刻细丝一根。铜釜甑通高32.2厘米，口径29.0厘米，上下两部份组成。釜底3支半圆形支足。

（3）秦代竖穴土坑墓2座，共出土陶器、铜器、铁器80多件。出土刃内戈1件。援长14.8厘米，胡长9.3厘米，内长8.7厘米，内有侧栏。胡上有3个半月形穿。内上有长方形穿1个。戈的樽长11.8厘米，扁圆形，满饰错银云气纹。据胡亮先生考证认为此刃内戈与1976年春在江西遂川县藻林公社鹅溪大队出土的"秦始皇二十二年临汾守曋库系劺造戈"完全相同。与1972年涪陵小田溪出土秦始皇二十六年"蜀守造戈"十分相似。

巴蜀青铜柳叶剑：全长48厘米（锷长41厘米，茎长7厘米），柳叶形。茎上2圆穿，近茎处剑锷上铸有巴蜀虎纹。

秦式剑：全长70.5厘米（锷长60厘米，茎长10.5厘米），双刃平直，前窄后宽，有中脊、三角形尖锋。茎扁平，锥形剑首。

铜印：①巴蜀图语印1枚。长方形，长3.2厘米，宽2.0厘米，高2.0厘米。台阶式，盝顶，顶与印身间有四柱，形同建筑。柱间洞为纽孔。四字白文巴蜀图语，有十字界格。②秦半通印1枚。宝形印身，角纽。白文小篆"杞"字（杞字）。

（4）东汉砖室墓4座。出土画像砖有"乐舞""牧鹅""牧牛""六博"等。其"牧鹅""牧牛"题材的画像砖，在临邛乃至成都地区都少见。

东汉永元十年画像棺：1972年三岔乡同乐村三组村民从汉墓中发现运回作盛放牲畜饮水用。1986年文物普查收回大邑县文管所。棺长2.2米，通高1.05米，上宽0.8米，下宽0.72米。右侧棺板上浮雕双阙车马人物图一幅（2.16×0.87米）。出土墓砖有"永元十年造"纪年。

附录：大邑县东汉至三国魏晋画像砖。

大邑县是古临邛地区出土画像砖最丰富的地区，不仅有东汉成都地区少见的画像砖，还在董场出土有不少三国魏晋时期与道教神仙相关的画像砖，也应视作南丝路上宗教文化传播的重要史料。

《弋射·收割》东汉（46×39×6厘米）

《牧鹅》东汉（35×22×7厘米），长条形。画面左有2人，一人手持物牧鹅，中、右分上下2列排布大小鹅8只向右行走状。

《牧豕（猪）》东汉（35×22×7厘米），长条形。画面上下两列共10头大小不一的猪，竞相往右行走。左上角有一着圆领形男子持物牧猪。

《斧车出行》东汉（45×39×8厘米）

《车马过桥》东汉（45×38×7.5厘米）

《凤阙》东汉（45.5×39×8厘米）

《单阙》东汉（45×40×8厘米）

《讲经》东汉（45.2×40×8厘米）

《泊舟》东汉（36×22×7.5厘米），画面右下为一扁舟，近岸停泊之际。舟上4人，船首立1人，躬身向左欲搭跳板状。其后船中立一老妇双手捧物。其身后立一老者（舟子）持桨于肩，转身向后（右），与船尾童子相呼应。上部天穿有鸢鸟一只向左飞翔。左上角一树如盖。

《轺车出行》（三国—晋）（55×38.4×5厘米），画面右中部为轺车，乘2人，一官吏一御者。车前有一骑。左上一人持戟步行作前导，与邛崃出土东汉《轺车出行》画像砖构图大体相近。唯下部从左至右横一猛虎，昂首翘尾，作奔跑状，取"乘舆依龙伏虎之意"。三国——晋画像砖单以线条构成图像而无东汉画像砖以块面为主，辅以线条之特点，故而两者很好区分。

《胡笳乐舞》（三国—晋）（22×7×7厘米），窄长条形。画面左侧帷幕之下有3人席地而坐，座前有杯盘。右侧立舞乐者4人，前、后各1人吹奏胡笳，第二人扛鼓于右肩后，第三人从后面击鼓。

《六博杂伎》（三国—晋）（52×38×5厘米），画面内容分成上下两部分。上部为六博，左右各相向跪踞坐2人，中二人对局相博。下部为杂伎舞乐（"百戏"）。左上角二乐者，一抚琴，一击节。左前一人裸上身胼腹，弓箭步作杂耍"瓶技"。中一人作抛球（跳丸），右侧三女呈"倒品"字排列，且歌且舞。其六博、杂伎部分之构图分别与邛崃出土东汉"六博""杂伎"画像砖十分相似。

《西王母》（三国—晋）（52.5×38×5厘米），画面上部正中为头戴方胜的西王母坐于龙虎座上。左右二女（青鸟），下部有天鹿、三足鸟、玉兔、九尾狐和蟾蜍，一人戴冠持杖面蟾蜍而跪，伸手似乞仙药。较东汉画像砖不仅纯用线描，且构图更为繁复。

《伏羲女娲》（三国—晋）（45×40×8厘米），画面左为伏羲，右为女娲，两人相对，皆人首蛇身。上着宽袖紧身衣，身尾各自卷曲而不交。伏羲双臂屈上举，左手持一长柄鞞鼓形器，右手托"日"，日中有乌；女娲梳双髻，左手托"月"，月中有桂树玉兔。右手持曲尺（矩）形器。此画像砖与西昌凉博所藏《伏羲女娲》画像砖相似。

《天阙》（三国—晋）（53×38×4.8厘米），画面左右分立一阙楼，阙楼下各立一"门吏"，阙上部外侧各有一抽象的人首蛇身伏羲、女娲图形，画面正中，两阙之间一支大鸟振翅展尾，胸前一轮"圆日"。其下一人形玉兔。画面上、中、下，左右各有"星"形图案共6颗。

《建木》（三国—晋）（53×38×4.8厘米），画面正中为一个身着交领衣，头顶长树的羽人，左右各一个兽首人身者，往羽人头顶之"建木"飞奔而去。其下为人首蛇身，横卧而两尾相交之伏羲、女娲。羽人与伏羲、女娲间有三颗星辰，当指"三垣"。

《天仓》（三国—晋）（53×38×4.8厘米），画面中间主要部份为一头戴冠，着窄袖上衣，长裙，腰束带，佩剑，手捧一书状物（簿籍），面向正面，躬身向左者（仓守）。画面右下为一两重仓房建筑。房上之天空一青鸟翻飞。仓侧有："画食天仓"4字。

其《天阙》《天仓》《建木》画像砖甚为少见。

（二）邛崃市汉墓

今邛崃市境内虽尚未发现船棺葬，但遗存有大量汉代砖室墓和崖墓群，分布甚广。汉代砖室墓群主要沿南丝古道分布在市域东部、东北部、东南部和临邛镇地区。尤以紧靠今新津、蒲江的秦汉古临邛县、蒲阳县地的羊安、泉水、冉义、牟礼、固驿、前进、桑园、临邛等镇乡规模最大，最为集中。其封土高大如丘，故民间俗称为"墩子""墩墩儿"或"张墩子""王墩子"……多为几座、十几座或几十座砖室墓集中形成巨大的封土堆。主要有单室、双室、多室券顶砖室墓。墓室中多有壁龛，砖铺墓底，四边留排水沟。出土器物一般很少，偶有陶器和画像砖出土。邛崃出土画像砖多为东汉块面和线条结合式，主要有常见的"单阙""凤阙""门庭长""宴饮""庭院""车马过桥""斧车出行""轺车出行"等。相对少见的有"舂米""宴乐杂伎""骑乐伎""西王母""弋射·收割"和"盐井"画像砖。"盐井"画像砖为1952年在邛崃花牌坊（今属临邛镇）出土。画面左侧为盐井架，架上有工人利用滑轮和皮囊提盐滷，以竹管道输于井侧盐锅，有人烧火、熬盐。右侧为山，山之中有人狩猎。是临邛古代盐井的真实写照，也是南丝路铁、盐、茶、酒主要物资的重要史料。笔者曾见民间收藏有三国——晋时期单线式宴饮等画像砖。花边砖主要为几何纹、钱纹、联璧纹、凤鸟纹等。极少纪年文字砖，有"永平二年""永元十二年"和"蜀郡"等。

2009年5月，成都市考古队和邛崃市文物局对羊安檀阴村调查发现40多个封土墩。从5月28日起选点发掘6个点（9号、26号、29号、30号、32号、40号）发掘面积超过1万平方米，发现墓葬73座，窑址2座，汉墓58座，其中土坑墓27座，平面呈长方形或"凸"字形，时代为西汉中晚期。土坑墓修墓之前在地表夯筑起一个较高的平台，然后在平台上往下挖墓圹。其中规格较大的一种墓葬修筑方式是先挖好墓圹之后，在圹中建造木椁，六面抹青膏泥，在木椁和墓壁之间夯土回填。墓壁、墓底作平整处理，墓底挖排水沟，铺卵石。葬具分为木棺和陶棺两种。其中9号点M2、M9、M10的木棺上发现覆盖有髹漆处理过的皮革类物质残留。土坑墓出土陶器有瓮、罐、盆、盘、耳杯和陶井、陶房等。少部份陶器上有彩绘。铜器有铜车马（待修复）和铜人席镇，堪称精品。另有铜钱、铁器、玉器和彩绘漆器残片等。

砖室墓出土模制陶器有摇钱树座、车马、井、房、狗、鸡、鸭等。以小陶俑为多，高约10~20厘米。有早期汉陶俑形态特征。

东汉崖墓主要分布在沿南丝古道邛崃境内西线西部山区沿河地带的临邛、下坝（今属平乐）、水口、油榨、茶园、孔明等镇乡以及南线古道与雅安接壤的夹关、道佐等沿河镇乡。崖墓，邛崃民间俗称"蛮洞子"或"仙人洞"。

邛白鹤仙人洞崖墓群。

从白鹤山至松安桥一线沿小南河长约2公里北岸崖壁分布。葫芦湾小南河南岸（原孔明乡）崖壁也有零星分布。白鹤山下早年有崖墓一座暴露于外，前甬道，后双室。后室中有石床、石灶而被民间误为"神仙所居"，称"仙人洞"，小地名由此而来。仙人洞崖墓群东西长约500米，修公路部分破坏，现暴露11处。墓道口多双层、方形、平顶，多有甬道。墓室平顶，平面呈长方形，部份有耳室或双耳室。依崖壁凿就，多有钻凿痕。少数崖墓在1996—2000年抢救性清理时出土少量陶俑、陶耳杯及陶器残片。

平乐镇洗马社区11组（原下坝乡张坝村）崖墓群，分布在张坝山方圆1平方千米崖壁上，共100多座。依山开窟为墓，墓门方形或长方形，多数平顶单室，偶见一墓双室，耳室穹窿顶。米7墓门呈长方形，门高1.6米、宽1.4米，墓室长8.7米、宽1.85米、高1.7米。棺台顶部阴刻隶书"天作之合"4字。

平乐镇洗马社区11组（原下坝乡金钵村）崖墓群。位于村西约120米山岩上。长方形双层墓门，高2.0米、宽1.8米。甬道、墓室均平顶呈直桶形。甬道长3.9米、宽1.4米、高1.8米。墓室长12米、宽2.6米、高2.2米，左右各有棺台1个。后壁刻壁龛1个。甬道外右壁阴刻隶书纪年"熹平四年□月廿四日"9字。东汉灵帝刘宏熹平四年，公元175年，为这一带汉代崖墓的断代，提供了准确的文字依据。

茶园乡小岩子崖墓群。位于茶园乡张坝村一组。修筑公路有破坏，现存崖墓17座集中分布在宽150米，高5米的崖壁上。方形墓门，单室平顶，长方形墓室。米1墓门高1.8米，宽1.6米。甬道长1.5米。墓室长4.2米，宽2.3米，高2.0米。北与今大邑县三坝乡（原属邛崃县）交界，是现今邛崃境内崖墓分布的最北点。

夹关香严寺崖墓群，位于夹关镇鱼坝村12组，小地名香严寺山岩上。北距白沫江60米，呈南北排列，修筑公路时有破坏，目前暴露7座。该点邻近雅安名山界，是今邛崃市境内崖墓分布最西南点。

（三）蒲江战国船棺

蒲江县从1975—2006年，境内共发现战国船棺10具。出土器物多件，存蒲江县文管所。

1975年10月，县城东飞龙村10组发现船棺1具，村民上交刻有"巴蜀图语"的青铜剑1把。

1981年1月，县城东飞龙村7组，农民刘子贤挖沼气池时发现船棺1具。棺经修复后，长7.26米，宽1.02米，高0.59米。农民上交铜钺1件，铜凿1件。

1982年9月，在1981年刘子贤发现船棺1米处，经四川省文管会清理发掘出船棺2具：棺1长7.06米、宽1.04米、高0.62米；棺2长7.08米、宽1.44米、高0.69米。出土陶削3件，巴蜀图语印1枚，各式陶罐22件，豆8件。其中盖豆1件，应为战国早期器物。

1990年4月，白云乡（朝阳乡）政府内鱼塘中发现船棺1具，出土虎头纹铜釜、铜钺、铜锯各1件。

1998年1月，县城东飞龙村6组发现船棺1具，长6.5米、宽1.15米、高0.70米。出土巴蜀图语印1枚；刻巴蜀图语纹铜矛2件；铜削、带钩、弩机、铜铃、铁斧各1件；铜桥币（璜）2枚、秦半两40余枚以及釜、豆、壶等陶器。

1998年9月，飞龙村9组，由成都考古队、蒲江文管所清理发掘出船棺1具，长5.8米、宽1.01米、高0.96米。出土铜尊、带钩、剑首、铁凿各1件、印3枚。其中巴蜀图语印1枚、汉文字印1枚。各类陶器13件、木器6件、秦半两20枚。

2000年5月城东新区（原属飞龙村）"飞龙路"发现船棺1具。

2006年12月，成都考古队、蒲江文管所在"城东新区"（原属飞龙村）清理发掘出船棺3具。棺1长6.84米、宽1.45米、高1.1米；棺2长6.6米、宽1.37米、高1.0米；棺3长6.9米、宽1.4米，残高不详。在先后发掘的船棺葬和土坑墓中出土大量文物，计有玉璧、圆形巴蜀图语印、铸有虎纹和手心纹的巴蜀青铜剑、长胡三穿戈、铜钺、铜弧刀、铜斤、柳叶剑、铸虎纹铜矛、錾、釜、镦、匜、盆、铃以及秦桥币、半两等。陶器有圜底釜、尖底盏、豆、有盖四点豆和单耳罐、四耳罐、陶纺轮等。木器有梳、篦、案、凳、漆盒竹筐和髹漆彩绘皮革及红漆云纹木桨等。

（四）雅安、芦山县汉墓与汉阙

雅安、芦山县与邛崃西南部山区接壤。历史上既曾属古临邛，又是南丝路上由成都经临邛往南的必经之路。芦山汉代遗存很多。除"开明王城遗址"和2004年发现的青衣汉代古城遗址外，最著名的有东汉的"王晖石棺"和"樊敏阙"。"王晖石棺"，建安十七年（212）。全长2.5米、宽1.0米、高0.83米。棺盖和四壁各浮雕龙、虎、朱雀、玄武"四灵"、仙童等图像5幅。棺头阴刻隶书墓誌铭35字："故上计史王晖伯昭，以建安拾六岁在辛卯九月下旬卒，其拾柒年六月甲戌葬。呜呼哀哉。"

樊敏阙红砂石雕砌子母阙（现存左阙）。阙高5.1米，宽2.25米，九层，平面呈长方形。由阙座、阙身、阙盖、阙顶组成，始建于东汉建安十年（205）。主（母）阙檐下浮雕"龙生十子"传说故事。子阙刻西王母等浮雕。

樊敏碑又简称"樊府君碑"，高2.53米，双龙碑首，竖刻"汉故领校巴郡太守樊府君碑"12字隶书碑铭。碑正文18行，557字。遗存有石狮等，皆于樊敏墓前。

雅安高颐阙，位于雅安市北姚桥，建于建安十四年（209）。红砂石质扶壁式双阙。

东西两阙相距13米。主（母）阙十三层，高6.0米、宽1.6米、厚0.9米。顶上部宽1.94米、顶檐口宽3.8米。子阙七层，高3.396米、宽1.12米、厚0.5米。阙身浮雕"高祖斩蛟""张良椎秦王""季札挂剑""师旷鼓琴"等以及龙、虎、天马等。东阙竖排阴刻"汉故益州太府武阴令上计史举孝廉诸部从事高君字贯方"。阙旁"孝廉祠"中存墓碑1通，上窄下宽，通高2.8米、上宽1.20米、下宽1.3米。半圆形碑首，中刻隶书"汉故益州太守高君之颂"二行10字。碑首下方正中有穿。碑文共360字。祠前存石刻"天禄""僻邪"一对。墓、阙、碑均存。

雅安地区秦至汉、晋古代墓葬有土坑墓、船棺葬、石棺葬、木棺木椁葬、砖室墓和崖墓等。主要集中分部在西山西道，即松茂古道至都江堰，越巴郎山口，进入雅安的宝兴、荥经（严道）与西山南道邛崃至芦山、荥经合路，至汉源、石棉沿线。秦以前古墓葬主要集中在宝兴、荥经、汉源、石棉。有宝兴瓦西沟石棺墓、宝兴汉塔山土坑墓、荥经南罗坝土坑墓、荥经烈太土坑墓（船棺）、汉源麻家山土坑墓和石棉大堡土坑墓等最具有代表性。汉代砖室墓分布于除石棉以外的其他各个县（市）、区。崖墓分布于宝兴、芦山、雅安、荥经和汉源。尤以宝兴和汉源汉代石棺墓、崖墓最为集中，数量最多。宝兴夹金山东汉砖室墓有"永建五年造"隶书纪年砖。

早期墓葬出土器物中的豆、罐、甑、器盖等"与成都指挥街春秋早期遗址所出的同类器物相似，高柄豆和小平底鬶与新繁水观音遗址所出的器物有些类同"。出土铜器戈、矛、剑、斧、斤、钺、镞、錾、盆、釜、罍等。部分有巴蜀图语符号。汉墓出土器物则以陶器釜、甑、罐、瓮、陶房、田、俑、牛、鸡、摇钱树座等为主。宝兴陇东老场石棺墓出土的球腹双耳罐、尖底双耳罐与青川和盐源出土双耳罐十分相似。另有木胎、竹胎漆器和部份铜、铁器、钱币等。雅安地区也是出土巴蜀图语印和汉印比较多的一个地区。

二、古临邛地区冶铁遗址

据《史记》《汉书》《华阳国志》等典籍均称临邛产铁，卓氏即山鼓铸，远销滇僰椎髻之民，富埒王侯。汉宣帝地节三年"增置盐铁官"。宋人陆游也在《老学庵笔记》中记载了亲见临邛城中以竹炭冶铁事。《华阳国志》等书尚有"汉文帝时，以铁铜赐邓通，通假民卓王孙，岁取千匹"的记载。《新唐书·地理志》亦称临邛出铜。凉山州出土的"蜀郡""成都"铁锸出自古临邛应无疑问。

据1993年版《邛崃县志》第四篇第三节"矿藏"下（二）"菱铁矿结核，县境内未发现铁矿层位，仅有零星分布的菱铁矿结核"。（三）"铜矿、铜矿化层，分布于属白亚亚系的夹关乡渣子岩、大同乡象鼻子。出露的矿化点，含矿物主要为孔雀石、铜蓝，呈薄膜分布于层间。……含铜0.25%。矿化零乱断续。"（八）"黄铁矿：出露于侏罗系上统。

在火井乡夏溪、天台乡肖家湾、高何乡大窖等地零星出现过黄铁矿，且品位高，色泽似黄金、铜器……尚未发现成矿层位"。除此，《志》中未有赤铁矿、磁铁矿的记载。文物调查至今也未发现铁矿采矿坑。由此可见，铁、铜原矿石产地大抵不在今邛崃境内。而秦汉、唐初时，临邛（郡、州）辖地不仅包括今大邑、蒲江，远及雅安荥经（严道）诸县，所以在不同时期的文献资料中出现了包括"邓通假严道铜铁山于卓王孙"一类记载，笔者认为都应仔细甄别，不能轻易地一概否定之。

（一）邛崃市冶铁遗址

临邛铁花村冶铁遗址：今邛崃城区西南大约从城墙到天庆街、西街、书院街约1平方公里范围内地表土下约0.40米仍有大量铁炉渣，百姓俗称"铁屎"，故小地名叫"铁屎坝"，今名"铁花村"。具体年代尚不明确。

临邛铁墩子冶铁遗址（宋）：位于南江村16组台地上，呈不规则长方形，面积约2000平方米。2009年经成都考古队试掘，遗址内暴露冶铁炉一座，可见炉渣和零星铁矿石分布。

临邛铁牛坎冶铁遗址，位于南河南岸十方村。铁牛坎一带山地遍地多有铁炉渣和混杂的木炭屑。河岸边遗留有一块重约1000千克的铁渣陷入土中，俗称"铁牛"。年代尚未确定。

夹关临江冶铁遗址（唐），位于临江社区9组，呈长条形分布，高出地表5~6米。遗址内发现大量铁炉渣和铁矿石，局部断面发现汉至唐代文化堆积。

平乐冶铁遗址（唐—宋），位于禹王社区6组，小地名"铁屎坝"，距离"南丝古道骑龙山段"500米。南北长250米，东西宽230米，面积近60000平方米。2005年7月至9月，经成都考古队和邛崃文物局试掘发现大量铁矿石、炉渣和少量铁块和盛装铁液的钳锅。

临济铁屎冲冶铁遗址（宋）：位于瑞林村8组，骑龙山脉"南丝古道邛崃段"南侧山沟。1993年版《邛崃县志》有载。调查发现沿山沟布满铁炉渣，故小地名"铁屎（矢）冲"。遗址呈条状分布，长约1千米，宽约150米，遗址面积约150000平方米。西南山坡上发现炼铁炉砖，红烧土等。沿沟散落有部份赤铁矿石。

（二）蒲江县冶铁遗址

蒲江古属临邛，邛州。宋代在西崃置惠民监铸铁钱。据蒲江文管所资料显示，调查发现古代冶铁遗址70多处，多沿邛崃、蒲江交界的五绵（面）山分部，是迄今为止古临邛地区发现冶铁遗址最多的地方。据《2007年四川蒲江冶铁遗址试掘简报》，在蒲江西崃古石山、铁牛村，寿安许鞋土扁三处调查试掘，发现炼铁炉、烧炭窑、赤铁矿石、铁炉渣、生铁块、炉材、鼓风构件、木炭（木栗炭，俗称杠炭）。冶炼炉多圆形竖炉、体量较大。2009年4月14日在西崃（小五绵山）敦厚社区遗址所发现的炼铁炉残高1.2米，砖砌炉壁厚0.33米。炉内残留大量炉渣。高桥社区遗址发现冶铁炉底1座。成都考古队、日本国立爱媛大学联合对蒲江3座汉代冶铁炉基和1座保存较好的唐代冶铁炉进行发掘，证明这里曾是历史文献上记载的"临邛古石山",汉晋时期重要的冶铁工场。规模大,技术成熟,"已出现炒钢技术和块状灰口铸铁"。故古临邛冶铁应以今蒲江为中心。

（三）荥经县冶铜遗址（略）

三、唐代古临邛摩崖造像

众所周知,宗教文化必定沿着交通古道传播。佛教在四川、西南的传播就是沿着南丝古道（包括成都—乐山—宜宾水路、陆路）广泛传播。其中利用"像崇拜"和"像解"对中国广大基层百姓"信众"传播教义,故除了兴建寺庙外,在南丝路沿线各处依山开凿佛龛成为风尚,也成为南丝古道的地理坐标。

（一）临邛县唐代摩崖造像

大邑药师崖摩崖造像。造像位于邛崃县境以北,今大邑县"飞凤山",成都—崇州—大邑—邛崃—芦山古道旁。古道尤存,可通往邛崃大同石笋山,又可经横山岗至大川,至芦山。造像分布在长约150米山岩上,上下两层。有"三殿一洞"（观音殿、药师殿、老君殿、黄姑洞）唐代至明清摩崖造像10龛,1032尊。主要有药师、观音等。有唐"开成二年（837）"题刻。

邛崃大同石笋山唐代摩崖造像。造像位于大同乡景沟村,与今大邑县三坝接壤（三坝乡1965年以前属邛崃县）。有古道与山北之三坝、新场"飞凤山"药师崖相连通。"一佛二菩萨""菩提瑞像"龛摩崖碑刻有唐"大历三年"（768）题记。造像分上下两列横向排列在长约120米,高约40米的山岩上,共计33龛。计有"一佛二菩萨二弟子二力士""菩提瑞像""净土变""千手观音经变""文殊摩诘辩经""弥勒大像"龛等。平顶方形敞口小龛为主。其中14号K、26号K、27号–29号K为大型双层龛。14号K为"弥勒大像"龛,高8.1米、宽6.4米、深3.6米、像高6.4米。龛内三面布局,多级造像是其特点。佛、菩萨造型温柔秀美,带有明显的南方四川世俗人物造型倾向。

邻近的盐水村夫子岩唐代摩崖造像与石笋山造像风格一致。其单独的"佛塔"、"经幢"龛、"十三佛"龛为石笋山所不见。

临邛花置寺唐代摩崖造像,位于临邛镇西北由大邑到临邛古道旁,唐有"花置寺"。寺与唐白鹤寺由同一住持僧管理。造像题记为"唐贞元十八年（798）"、"上京章敬寺僧马采所刊"。现存13龛。主要有"莲花生""劫千佛"和"无量寿大像龛"。5号K、6号K"过去世劫千佛"为两龛相联的马蹄形敞口大龛,共刻小座佛1584身,故小地名叫"千佛岩"。7号K为敞口大龛,残高5.35米、残宽2.5米、深0.5米,刻无量寿立像一尊,施接引印,通高4.45米。

临邛磐陀寺唐代摩崖造像,位于花置寺—白鹤寺之间的古道旁,唐代有寺庙名"开元寺"，明代重修，改名"磐陀寺"。大殿前后保留"唐元和十五年（820年）"刊摩崖造像6龛。计有"西方三圣""净土变""千佛"和"唐密三像"龛。1号K为方形双层敞口大龛，高4.8米，宽3.5米，深2.6米。主尊阿弥陀跏趺座于方座，两手结印。左右壁分刻观音，大势至立像。方座正面浮雕伎乐一组4身。龛口左右外壁下方各刻三面雕唐代十三级密檐塔一座。5号K为密宗三身佛坐像，是现今邛崃境内唯一的一龛唐密造像。

临邛鹤林寺唐代摩崖造像，位于邛崃境内南丝路由临邛城出西门往马湖、油榨—芦山、高何—芦山西线古道旁。分布在白鹤山后山山岩上，共分五区。一区7龛；二区11龛；三区15龛；四区沿山道零星分布有残（空）龛及唐代单级方形摩崖石塔5座；五区唐代残（空）龛18龛，民国弥勒大佛龛1龛。主要有"一佛二菩萨二弟子二力士""七佛""净土变""千手观音经变""降魔卫道"等。佛传"降魔卫道"题材龛为邛崃现存唐代摩崖造像中唯一的一龛。该区造像群未见纪年题刻，但与邛崃其他唐代摩崖造像风格相同，应属中晚唐造像。

在白鹤山附近南河两岸古道旁的元兴村大佛沟、小佛沟、佛儿湾等地尚零星保留有唐代佛教摩崖造像。

在邛崃城区经白鹤山往油榨、芦山古道旁马湖乡有"响水滩千佛岩"唐代摩崖造像25龛281尊造像。其中单独的塔、经幢、13身佛龛，与大同夫子岩唐代摩崖造像十分相似。

高何何场唐"七佛寺"，因寺内有大石如笋，故又名"石笋寺"。石笋上现存唐代摩崖方形小龛和明代补刻阿弥陀佛共计53龛。

平乐天宫寺唐代摩崖造像，位于邛崃—平乐—名山古道旁金华山上，共分四区。一区14龛；二区15龛；三区26龛；四区19龛。总计74龛。计有"一佛二菩萨二弟子二力士""净土变""文殊摩诘辩经"和"弥勒大像"龛等。除34号K为敞口大像龛外，均为平顶方口小龛。34号K高5.5米、宽3.6米、深2.3米，弥勒坐像通高4.0米。该区造像在龛口外壁多刻有七级、九级、十三级密檐方塔是其特点。其中13号K为外方内马蹄形龛，高0.80米、宽0.98米、深0.50米，龛后壁正中刻一座九级方塔，左右各刻一组"一佛二菩萨二弟子二力士"。佛主尊位于后壁左右转角处。龛口左右外壁各刻三面雕九级方塔1座，保留了早期佛教"以塔为中心"的遗制，为现境内其他造像所不见。

（二）蒲江县唐代摩崖造像

蒲江县境内唐代摩崖造像主要分布于从新津和邛崃东部往彭山、眉山的古道旁和经由蒲江、成家营（成佳）往雅安名山的古道旁，其西南端与名山看灯山唐代摩崖造像相邻。今看灯山一带历史上曾属名山县。

蒲江县现存唐代摩崖造像分布面积广，点多，时间延续长（唐—宋—明、清）、纪年题记多，内容除佛教造像外，还有部分唐代道教造像。

鹤山镇龙拖湾摩崖造像，位于鹤山镇蒲砚村古佛山，分布在龙拖湾（唐—宋）10龛80身；庵子岩（明）3龛34身；土地嘴（唐）13龛263身；有唐天宝题记；石马庵（唐）5龛81身，（清）4龛10身。有唐会昌、大中、咸通、端拱年题记。主要有"千佛""净土变""一佛二菩萨"等。其中龙拖湾13号K为道教题材龛。

飞仙阁摩崖造像，位于蒲江西南朝阳湖二郎滩两岸山岩上，是从蒲江经白云乡、盐井沟、看灯山至名山古道的重要路段上，共有唐、五代、宋、明、清造像121龛。最早的题记为唐武则天永昌元年（689）。主要内容有"菩提瑞像""一佛二菩萨""三世佛""净土变""华严三圣"等。8号K弥勒大像通高6米。飞仙阁除有单独的道教造像外，还有唐代佛道同龛（2号K）的造像，是研究唐代南丝古道上佛道同传的重要资料。

白云乡看灯山唐代摩崖造像。位于蒲江县与名山县交界之白云乡尖峰村看灯寺下。（该地曾属名山县，故《名山县志》记载称该地"曰大佛岩、千佛岩、罗汉岩"。《雅安地区文物志》1992年版将看灯山摩崖造像列入"名山县马岭乡观音堂村"。）造像分布在长约50米，高约15米的岩壁上，共计68龛。双层方形龛，主要有"一佛二菩萨二弟子二力士""天龙八部""地藏、观音""七佛""千手观音"等。有"咸通六年五月四日""咸通七年闰三月廿四日"题刻。

其他主要有白云乡桥楼村尖山寺唐代摩崖造像，有唐"元和八年"四字题刻。鸡公树山隋唐摩崖造像。13号K外壁有"大业十四年"题刻；15号K外右壁有"大中五年五月癸酉□日"题刻。石马沟唐代摩岩造像8龛；白岩寺唐代摩崖造像31龛以及关子门、猫儿洞、盐井沟、大佛寺、老君洞等摩崖造像。

（三）雅安地区摩崖造像

多分布在青衣江流域各县区，除列为"名山看灯山摩崖造像"之外，主要还有雅安下里乡盐北村"千佛岩摩崖造像"13龛。据明碑载始刊于唐代，"明嘉靖壬寅（1542）至庚申（1560）续完"。或应为明代重有补刻。芦山芦阳镇西江村摩崖造像。荥经县六合乡富林村"石佛寺唐代摩崖造像"，67龛242身。1号K为"一佛二菩萨二弟子二力士"龛，龛内有"唐贞元十三年（797）八月"题刻。雅安地区唐代摩崖造像与蒲江县唐代摩崖造像有许多相似之处，这也是一个值得注意的现象。

四、南方丝绸之路临邛（邛崃）段遗址

据司马迁《史记》载，秦汉时我国西南有一条由蜀郡成都出发，经临邛（今邛崃）、名山、芦山、严道（荥经）（名、雅、荥经今属雅安地区），越大相岭，渡沫水（大渡河），入巂州、邛都（今凉山、西昌），过金沙江入滇（云南），再经滇西祥云、大理，翻博南山到保山，再渡怒江越高黎贡山到腾冲，再分北路、西路进入缅甸转至印度直至西

亚的民间商贸小道，史称"蜀—身毒道"。"身毒"（yun du）即"印度"音译异字。20世纪80年代初，由四川学者童恩正、李绍明、林向先生提议，当代学术界普遍认同称作"南方丝绸之路"或"西南丝绸之路"。这条道路在汉代以后发展成为我国西南重要的交通、商贸、军事通道。这条道路又可在今雅安地区折往西进入康藏。其主要干线路段与起于唐，盛于宋的"茶马互市"所形成的"茶马古道"相重合。无论是南方丝绸之路还是茶马古道，古临邛（今邛崃）都是主干道上成都至荥经的重镇。所以自古这一段又称为"临邛道"。

在邛崃境内的古道主要有几条：

西线：从临邛城过西河经白鹤，沿小南河、火井河而至水口、油榨沱（古火井县），折向西北经木梯垭、"将军庙"（今属南宝乡）至芦山大川，经芦山往荥经……其间，又可从油榨沱沿火井河直往西南在今高何翻越镇西山至芦山，往荥经，翻大相岭，越大渡河至西昌、云南。

南线一：从临邛城经十方堂渡南河，经孔明、平乐、临济至名山……或经平乐至夹关至中峰、至名山，或从夹关折向西北，汇入西路，在高何翻越镇西山至芦山，往荥经。

南线二：从临邛城往南，渡南河，经土地坡、卧龙、蒲江大塘、甘溪、"黑竹关""百丈关"至名山，经雅安、荥经往西昌、会理到云南，也就是今天的邛崃往西昌318国道大体线路。

东南路可由宝林、西峡、大兴、成佳至名山。

东路则沿蒲江河谷经蒲江、成佳至名山。

南方丝绸之路同其它任何交通古道一样，多沿河谷或边缘低矮山脊、山腰走向，绕开大川河流和高山，尽可能减少涉水渡河的不便与危险。尽可能避免高山路途的严寒、风雪、瘴疠等危险。路道又适时"逢弯截角"，采用翻山下坡以缩短道路距离。翻越必须跨越的大山时，往往会选择最捷径的山口（山垭）。从不同的出发地到达同一目的地，也是就近选择最方便、距离最短的线路，这就使得这条"南方丝绸之路"也同样是"多元多支"的。即便是主干道，在不同的历史时期，其变化也是显而易见的。

古道从成都可经东路双流、冉义（延贡）到牟礼（依政）到临邛，或经西路崇州、大邑（古属临邛）到临邛。或从水路到牟礼、临邛。

在境内临邛、油榨、南宝、高何、孔明、平乐、临济、夹关、天台山以及大同等镇乡都保留有大道、支道道路遗迹。其中油榨乡桃花村天罡祠河对岸古道遗址、南宝乡木梯垭古道遗址和三坝至大同景沟古道遗址、花楸"五通碑"古道遗址、夹关龚店至名山古道保留比较完好。尤以平乐至名山古道骑龙山段和夹关龚店至名山段为最。

骑龙山古道位于平乐镇南1千米骑龙山脊上，呈东北西南走向。往东北延至孔明乡江店，向西南延至临济镇点灯山、夹关观音山、名山县中峰。目前以平乐镇禹王社区（协议村6组）长约1千米路段保存相对完好。当地村民俗称为"马道子"。骑龙山古道平均宽约1.5米，两外侧挡墙残高不等，平均高约1.0米。挡墙内层土筑，外层卵石垒砌，剖面呈梯形，下宽上窄，下宽约1.5米，上顶宽约0.6米。

2005年6月23日—7月28日，经成都市考古工作队与邛崃市文物局联合调查试掘，发掘清理出汉、宋、明、清四个时期的道路遗迹，证实南丝路成都（邛崃）段古道在西汉时已开通。两汉时期经历了开凿和多次修缮。宋代开始以卵石铺筑路基，加高挡墙。明初大规模采用卵石修砌，加强挡墙防护功能，在发掘点相距不远的道路外侧的方形高台，可能就是当时"岗哨"一类的军事设施。清代两次大修。

"平乐古道从民间小道发展成公开大道（可能为商道），进而发展成官道（主要与军事有关）……"

汉代道路（L1）为此次发掘最早的道路，是原始的土路，包括道路和两侧挡墙。两边高、中间低，呈"凹"陷状。同一位置出土14枚汉代五铢铜钱。

宋代道路（L2）是在汉代道路（L1）的基础之上形成，路面宽度略微增加。东西两侧在汉代道路天然挡墙之上加垒熟土，以增强防护功能。路面残宽约280厘米、厚约20厘米、低于生土水平面40~76厘米。

明代道路（L3）是在宋代道路（L2）的路基之上，路土中铺筑卵石而形成。用直径为25~60厘米大小不等的大卵石在道路的中间砌筑成中轴线、两侧铺上夹小卵石的路上，路面宽度稍微增加，在延续借用汉代道路两侧挡墙的防护作用同时，东侧挡墙还进一步加高，起到更好的防护作用。

清代道路有两条（L4和L5）。其中，L4是在明代道路（L3）的路基之上铺筑卵石形成的。L5是在L4的路基之上铺筑卵石而形成。用大卵石在道路的中间砌筑成中轴线，两侧铺上小卵石，外侧再砌筑挡墙。

在骑龙山"马道子"现存路段其北端（城隍庙下）、南端的路面和挡墙都出现90度直角转折通往坡下，显然不符合道路常规。其路段中多处出现呈直角小出口支线和在道路挡墙外侧石垒梯形"哨台"。这一现象，结合紧靠道路西侧（靠平乐场镇一侧）台地上留有一些长方形建筑基址和大型蓄水池现象，以及附近坡地上散落大量"铁矢"（铁炉渣）分析，该遗址历史上都曾经与军事或冶炼相关。道路路面用大小卵石铺筑，大卵石铺成中心线。后期路面改用红砂石板铺筑中心线。其形制独特，多用途、多功能，是南方丝绸之路重要干线之一。由民间商道而官道，兼有军事用途，与文献所载"临邛—名山"段大致吻合。该路段至20世纪70年代后逐渐废弃。

夹关龚店张湾至名山栓马林（岭）段古道基本保存完好。古道遗址长约4000米。由张湾，经宋山，下行经龙洞沟，上至与临济（邛崃）、名山（雅安）三交界的栓马岭。现存古道为清代重新修缮。平均宽度1.5米，最宽处可达2.5米。路面以红砂石板铺中线，镶以条石或卵石边带，两外侧铺以大卵石做路面。路肩用条石或卵石收边。外侧采用大卵石砌筑堡坎。坡道处中心线石板铺成梯道。现存古道长约4000米。宋山段道旁原有清代修路记事石碑一通，今已毁，仅存碑柱一根。

蒲江—成佳（古道），渡船过长滩湖至万民村古道，红砂石板铺筑。在衬腰岩古道旁（左侧），有一通清道光二十三年重修古道碑，碑额"王道荡平"4字。碑文有"上通名（山）雅（安），下达新（津）彭（山）"道路指向，也记录了最后一次修缮古道概况。现存古道约500米。

附录1：

大邑三坝至邛崃大同古道。今大邑三坝1965年以前仍属邛崃县。是崇州、大邑、同邛崃西北山区交汇古道之一。今三坝至邛崃孔山、景沟古道保存基本完好。景沟村民往三坝赶场仍在使用中。三坝和出江镇至孔山两条山道，石板砌筑梯道，部份路段依山岩凿路，或将山岩下段向内开凿成斜面，以获得路道、石阶空间。宽约0.60米至1.50米、长约3千米。景沟至孔山在山坡上修筑石板梯道宽约1.0米、长约1千米。古道北至大邑县"药师岩"，有唐代至明代石刻造像群。古道南段经邛崃大同乡景沟有"全国重点文物保护单位石笋山摩崖造像"。现存古道中段岩壁上尚存唐代和明清时期的零星石刻造像，都是这条古道最好的历史佐证。

十方堂至孔明古道。十方堂渡口往西南山边有小村子叫"胡山扁"。村旁有古道通往孔明乡。20世纪70年代仍在使用，经孔明有古道与平乐骑龙山古道相连接。

胡山扁古道旁尚存"大清乾隆十七年（1752）三月"《修路碑序》一通。红砂石质，平面呈四方形，高约1.0米、边长约0.40米。

油榨至芦山大川古道。油榨（俗名油榨沱）为隋唐古火井县治所。今存古火井县衙遗址和"天罡祠"。旧有盐井，以天然气（火井）熬盐和盛产好茶而闻名于世。旧时所产盐和茶，除从桃花潭码头经火井江水运临邛外，还可从陆路经水口、马湖至临邛。沿途有"东汉崖墓"和"唐代佛教摩崖造像分布"。又有古道沿火井江而上至今高何翻镇西山往芦山……。另有一条重要的道路从油榨往西北经木梯堆、将军庙至芦山大川镇。1935年11月，红四方面军九军二十师七十六团、八十一团从芦山大川出发，顺小河子、涉玉溪河上游，翻上南宝山。在瓦厂岗、木梯堆与川军交战，冲破封锁线到达油榨、火井一带，走的就是这条古道。至20世纪80年代，当地村民往来仍在使用。今邛崃至芦山大川公路基本上就是按古道修建。

现存古道主要遗址有油榨古码头、木梯堆和大川两河口古栈道。

①油榨古码头位于"天罡祠"河对面岸边，卵石人工铺筑成宽约6.0米，长约80米的"坝子"。岸边和沟边大卵石砌筑边带保坎。"坝子"平整，用于集散、堆放货物。"坝子"西北与古道相接。

②"木梯垴"位于今南宝乡（旧属火井），因古时有木栈道，故名"木梯垴"。木栈道今无存，但尚存唐代以后所改筑之"百步石梯"，宽约0.80米、长约500米，已荒废。

③沿此条古道翻过南宝山进入今芦山大川界，在南宝山西麓山下，小地名两河口的大川河东岸岩壁上，至今尚存栈道桩孔等遗迹。

④花楸山鱼（余）岩"五通碑"古道。花楸原属下坝乡，今划属平乐镇。古火井县属地，素产好茶。其地理位置靠近油榨。鱼（余）岩今属油榨乡川王村5组。从鱼（余）岩山下可眺望油榨场镇。山上完好保留从下坝到花楸鱼（余）岩两条上山道和与之相交汇的从油榨方向上山到鱼（余）岩的山道，均用石板精心铺筑，山道以石梯道为主，宽约1.0米~1.50米不等。总长约4千米。鱼（余）岩山顶几条古道交汇处立有石碑五通，故小地名俗称"五通碑"。

石碑为5间6柱，庑殿顶，红砂石质建造。横长约6.0米，通高约2.5米。存碑页5通。其一为《重修余（鱼）岩大路叙》，全文抄录于后。《重修余（鱼）岩大路叙》："凡举一事，善作尤贵善成。善创莫如善因。即如余（鱼）岩之大路建自前代，由来久矣。上至高场（今高何），过西山（镇西山）而通鑪城（康定）。下至平市（平乐镇），由南河而递省垣。虽非康庄大道，亦客商往来之捷径也。奈世远年湮，倾圮败坏，泥沙氾（泛）滥，几（几）成畏途。纵行者尚觉举步多艰，负载者能无踯躅不前乎？因此目击心伤，组织培补，从（重）新修砌以绍前徽。但锱铢不足，难以告成。爰邀约乐善诸君子共结善缘。路工既竣，计程不过四五里之遥，赀费已至壹仟余钏（串）之多。谨撮缘起，勒之于碑，与众共见俾誌不朽。总以见众擎易举，凡我同人与有力焉已耳。是为序。（以下捐助功德人名略）斯路也建于甲寅（1914），成于己未（1919）。文生郑尚阶拜撰。"

另碑《余（鱼）崖石路告成碑序》称："……斯路之肇也，盖莫知其原然，吾父、吾祖、溯曾高而上，皆去往来此间者众多焉。……其西通鑪（康定）藏（西藏），南达邛（崃）蒲（江）……。宽约四尺余，边有栏石……"。下署"己未仲秋月中瀚崃阳中学庠生超群李元陞拜撰"。

⑤银杏兴福寺古道。银杏原名三角堰，因寺中有千年银杏而得名银杏坪，乡名银杏乡，今划属火井镇。山有古道连接平乐、高何、火井。兴福寺山门前存石碑1通。3间4柱，重檐庑殿顶石质建造。分嵌红砂石碑页3通。碑与寺庙无关，是一通"清道光三年（1823）仲夏月"所立修路记事碑。碑称"自康家沟至银杏坪，其间路道上通天全、鑪邑（康定），下通平落、蒲江……嘉庆戊寅（1818）六月告竣"。古道部份犹存，至今往来于高

何何场一段仍在使用。

鱼岩五通碑和兴福寺碑对古道走向记叙明确，是一份珍贵的"古道指南"。

⑥天台山镇紫荆村古道（原属太和乡）。古道位于紫荆村6组，与雅安地区名山县接壤，历来是夹关至名山古道之一。历代均有维修。现存古道为石板路面。道旁有"联陞塔"（字库）和石拱桥两座，长约2千米、宽1.2米~1.8米不等。塔碑上有对通往名、雅古道修路记载。

附录2：严道（荥经）《何君尊楗阁刻石》

"蜀郡太守平陵何君，遣掾临邛舒鲔，将徒治道，造尊楗阁，袤五十五丈，用工千一百九十八日。建武中元二年六月就。道史任云、陈春主"。

《何碑》摩崖石刻，不规则横长方形，高65厘米，上宽73厘米，下宽76厘米。隶书阴刻全文共52字，竖7列，横行7字，9字不等。最大字径高13厘米，宽9厘米。中元二年六月（57）刊。碑文记载了蜀郡太守何平陵命临邛的官员舒鲔（wěi）带领囚徒在严道（荥经）古"蜀—身毒道"（南方丝路）上修建栈道之事，是南方丝绸古道的珍贵文史资料。

摩崖刻石位于荥经县烈士乡冯家村钻山洞荥河南岸公路外侧崖壁上。古志对其书法多有记载，称作《何君阁道碑》或《尊楗阁道碑》。后代误传为"原碑已失"。2004年3月14日民建乡小学教师刘大锦在原位发现。

关于荥经有学者就碑上"袤长"解读为"南北长"，因而得出古道走向不是汉源而是九把锁——泸定的结论值得商榷。

本文所谓"考证"，无非是将部分笔者所知的有关文物考古资料，笔者曾参加过或到现场调查、考察过的部分文物调查资料整理综合分类，依南丝路道路为主线梳理而成，通过这些"考古"发掘资料和文物调查"实证"材料的"考"和"证"，以期专家学者们从这些文物点的类型与分布中找出某些共同点，以达到南方之路临邛段之求证。

笔者到实地调查期间得到大邑县原文管所长胡亮、蒲江县文管所长夏晖、龙腾，雅安、芦山文管所郭凤武以及荥经县吴阿宁先生的大力支持，在此一并鸣谢。

参考文献：

[1] 胡亮：《大邑县考古发掘的古墓葬》，《大邑县文史资料》1997年第1期。

[2] 胡亮：《从大邑出土的汉魏画像砖看汉魏时期的人间世界和神仙世界》，郑先兴主编：《中国汉画学会第十届年会论文集》，湖北人民出版社，2006年。

[3] 陈显双：《蒲江县战国土坑墓》，《文物》1985年第5期。

[4]《蒲江鹤山镇发现战国船棺》，《中国文物报》1998年3月25日。

[5] 成都考古队、蒲江文管所：《成都市蒲江县船棺墓发掘简报》，《文物》2002年第4期。

［6］成都考古队、蒲江县文管所：《蒲江县新区船棺墓发掘简报》，2006年。

［7］陈蜀奎主编：《雅安地区文物志》，巴蜀书社，1992年。

［8］《浦江摩崖石刻造像调查》。

［9］《邛崃摩崖石刻造像调查》。

严道之于南方丝绸之路上的重要地位

郭凤武　四川雅安市博物馆　馆员

摘　要： 严道是南方丝绸之路西线中青衣道与牦牛道之间承前启后的重要节点。战国时期，楚的势力已到达严道，秦并巴蜀后，带来的大批移民更刺激了当地经济的快速发展。而严道在汉代对西南夷的开发中亦是必经之地，在一系列的政治举措中扮演了一个重要角色。而荥经一带的考古发现也验证了巴蜀文化、中原文化、楚文化、石棺葬文化等多种文化交流汇集的严道在南方丝绸之路上的重要地位。同时，从地理环境、丰饶物产等方面对严道这一重要地位的内因作了进一步分析。

关键词： 严道　南方丝绸之路　西南夷经济文化

关于南方丝绸之路的概念及研究历史与现状，这里不再赘述，但南方丝绸之路国内段的起点为蜀文化的中心——成都，并向南分为东、西两路已基本得到相关专家的肯定与认可。

作为南方丝绸之路西路之雅安段，从成都出发经临邛道越今镇西山（属古蒙山）到雅安境，入青衣道、牦牛道、零关道经越嶲郡入云南，以汉代的县名，即成都—临邛—青衣（汉嘉）—徙—严道—牦牛—零关—邛都，这是大多数学界人士认可的路线，而严道则成为在该线路中青衣道与牦牛道承前启后的重要节点所在。

一、经济交往与民族迁徙促进了青衣道的开通

《尚书·禹贡》："华阳、黑水惟梁州……厥贡璆、铁、银、镂、砮磬……""唐樊绰云，西夷之水，南流入于海者凡四……其曰丽水者，即古之黑水也"（丽水，今金沙江）。①虽说《禹贡》的著述年代历代多有争论，但至迟出自战国当无异议，梁州黑水向中原王室进贡特产为不争的事实，其来往的道路应该经过了后来的青衣道、牦牛道，青衣道与牦牛道的雏形应该形成于这一时期。

_____

① 《蔡沈书传》。

梁惠成王十年（前361），"瑕阳人自岷山道青衣水来归"①。该句意思为，瑕阳（瑕阳，今山西猗氏县，战国属魏）的商贾及游人沿青衣河谷取道岷山，并过秦地回到家乡。而任乃强先生则另有看法，是指青衣江上游的瑕阳人（夏尔巴人），沿青衣水越岷山，经秦国到魏国，一路经商，馈赠礼品给魏地统治者（此处"归"释为"馈"）。《竹书纪年》出自魏襄王墓，记六国时事，所载当可信。对于《竹书纪年》所述虽有不同解释，但也充分证实了该类事件在当时便被视为为异常重要之事，不然便不可能郑重的记载到魏国的史书之中，也证明了青衣道已经开通并开始使用，同时也受到中原各诸侯国的高度重视，暗中将其作为经略西南的重要通道。而作为强大的秦国，在觊觎巴蜀的同时，也希望借青衣道遏制楚人西进的步伐。当时楚的势力已达到严道一带。除了上述政治上的需要外，经济方面也是一个不可或缺的因素，道路的发达与否也是衡量一个地区经济发展的重要指标，在商贾贸易、互通有无的同时，对于资源的垄断与控制也需要发达与畅通的道路。"荆南之地、丽水之中生金，人多窃采金。采金之禁，得而辄辜（罪也）磔（音摘，分裂其尸体的一种酷刑）于市，甚众，壅离（同列·遮蔽）其水也，而人窃金不止"（丽水，即今金沙江）②。战国时期楚地大量流通的黄金，其来源一大部分应该出自丽水，这与楚的势力达到严道并控制了青衣道、牦牛道应该有直接的关系。

秦并巴蜀后，秦国对青衣道、牦牛道取得了实际上的控制，藉此开始了对西南夷的开发，以青衣道、牦牛道为主干，大量徙民实蜀、大治道路。徙楚庄王之族于严道，于临邛，则有卓氏、程氏迁居于此，铁山鼓铸，卓氏"铁山鼓铸，运筹策，倾滇蜀之民，富至僮千人"、"程郑，山东迁虏也，亦冶铸，贾椎髻之民，富埒卓氏，俱居临邛。"③徙民数量的激增，不仅带来了不同的文化，促进了文化的交流与融合，同时也带来了不同的理念，刺激了经济的快速发展，商品交流已远至南越地区。

战国和秦时期开辟的青衣道与牦牛道，在后来漫长的历史岁月中虽有变化，但道路的主体没有发生本质上的变化，而严道则犹如一颗钉子牢牢的扎在这条道路上，千年未变。"自西川成都府至云南蛮王府……并里数二千七百二十里。从副成至双流县二江驿四十里……至严道县延化驿四十里（此严道在隋唐时为今雅安雨城区，置所苍坪山）……从奉义驿至雅州界荣经县南道驿七十五里……"④

---

① 《竹书纪年》。
② （战国）韩非撰，陈奇猷校注：《韩非子新校注》，上海古籍出版社，2000年。
③ （汉）司马迁撰：《史记·货殖列传》，中华书局，1982年。
④ （唐）樊绰撰，向达校注：《蛮书》，中华书局，1962年。

二、汉通西南夷赖于青衣道、牦牛道

"及汉兴，皆弃此国而开蜀故徼。巴蜀民或窃出商贾，取其笮马、僰僮、髦牛，以此巴蜀殷富。"①从该史料可清楚的看到，汉初，汉王朝舍弃了秦在西南夷诸国尝试设立的官吏及所辖区域，而以蜀地边塞作为其边界。这使得巴蜀人得以私下与徼外之民交易并获得了巨大的财富，汉王朝因此而蒙受的损失可想而知。经过汉初的休养生息之后，从经济特别是政治需要考虑，开发西南夷的时机已经成熟。

建元六年，"蒙乃上书说上曰：'……诚以汉之彊，巴蜀之饶，通夜郎道，为置吏，易甚。'上许之。乃拜蒙为郎中将，将千人，食重万馀人，从巴蜀笮关入，……发巴蜀卒治道，自僰道指牂柯江。蜀人司马相如亦言西夷邛、笮可置郡。使相如以郎中将往喻，皆如南夷，为置一都尉，十馀县，属蜀。"②。在邛都置越嶲郡、笮都为沈黎郡，将该地直接纳入了汉王朝的统治。"（沈黎郡）至天汉四年，并蜀为西部，置两都尉，一居旄（牦牛），主徼外夷，一居青衣，主汉民。"③《水经·江水注》亦云："沈黎郡，汉武帝元鼎六年以蜀郡西部笮都置，理旄牛道，天汉四年置都尉，主外羌……"纪昀案云："笮都即旄牛县，亦曰旄牛道。……故城在今雅州府青溪县南部。"青溪县在今汉源县境内，汉曾于此置沈黎郡，其地旧为笮都，亦即旄牛羌部的中心。汉王朝通西南夷肇始于此。

大规模对西南夷的开发是在张骞出使西域返回长安之后，"及元狩元年，博望侯张骞使大夏来，言居大夏时见蜀布、邛竹杖，使问所从来，曰'从东南身毒国，可数千里，得蜀贾人市'。或闻邛西可二千里有身毒国。骞因盛言大夏在汉西南，慕中国，患匈奴隔其道，诚通蜀，身毒国道便近，有利无害。於是天子乃令王然于、柏始昌、吕越人等，使间出西夷西，指求身毒国。至滇，滇王尝羌乃留，为求道西十馀辈。岁馀，皆闭昆明，莫能通身毒国。"④至此，通西南夷正式完成。

从上述史料可明显看出，不管是于邛、笮设郡置县，还是后来对西南夷的大规模开发，都须经青衣道前往，而位于青衣道最南边的一个县，在这一系列的政治举措中应该扮演了一个重要的角色，当时的严道乃是汉王朝初期西南地区与其南部邛、笮夷接壤的根据地所在，也是之后开发西南夷的重要据点。

---

① （汉）司马迁撰：《史记·西南夷列传》，中华书局，1982年。
② （汉）司马迁撰：《史记·西南夷列传》，中华书局，1982年。
③ （南朝宋）范晔撰，（唐）李贤等注：《后汉书·南蛮西南夷传》，中华书局，1965年。
④ （汉）司马迁撰：《史记·西南夷列传》，中华书局，1982年。

三、特殊的地理位置成就了严道于南方丝绸之路上所扮演的重要角色

严道，位于青衣道最南部一县，再往南行便抵达牦牛道，从叙述中看似便捷，然两者之间横亘着一道天险——邛崃山（今曰大相岭）。邛崃山，山势崎岖险峻，气候变幻莫测，《华阳国志》佚文云："（严道）道至险，有长岭、若栋、八渡之难，扬母阁之峻。……回曲九折，乃至山上""邛崃山，山上凝冰夏结，回曲九折，王阳去官之所。"[①]"琅邪王阳为益州刺史，行部至邛郲九折阪，叹曰：'奉先人遗体，奈何数乘此险！'后以病去。及尊为刺史，至其阪，问吏曰：'此非王阳所畏道耶？'吏对曰：'是。'尊叱其驭曰："驱之！王阳为孝子，王尊为忠臣。'"[②]可见，九折阪乃为邛崃山之一处至险所在，"在九把锁古道上，一边是望而生畏的深壑，一边是毫无攀援的花岗石绝壁，特别是在鹰嘴岩上，人完全是突兀在空中，下有深不可测的山洞，行走在尺余宽的悬崖峭壁之上，无不心惊胆战，举步维艰，需紧紧拉着九道铁链方能艰难的度过此地，路途之险绝，足以让人望而生畏。"[③]据其考证，九折阪即现在所称的九把锁。从刘文的描述中，邛崃上的险绝可见一斑，况且在战国、秦汉尚未有铁链助行。

邛崃山之险绝，可以说能使得一大部分来往商客为之驻足，而胆大矫健欲越者，也需养精蓄锐，做好充分准备，如此在邛崃山两侧便自然形成了商客聚集之势，位于邛崃山北麓的严道顺势而成为当然之所，贸易也因此而逐步产生，一些商客也因此在这里成为坐商，或干脆迁居于此。另，秦灭楚以后，秦将楚的贵族迁徙到严道，其目的有二，一是为了避免楚人的叛乱，二是利用楚人先进的文化来进一步开发严道，以利于加强严道的统治和管理，这一举措也从另一个方面促进了当地经济贸易发展。外来商旅在此获得的成功，强烈的刺激了本地土著居民追逐财富的欲望，纷纷加入到这一行业之中，渐渐的，一大批富商涌现出来。财富的积累，也带动了城镇建设与其他行业的发展。可以想象，当时的严道是何等的风光与繁荣。历年来，荥经出土的文物非常直观地反映了这一时期严道的繁荣。

20世纪70年代，四川省文物考古研究所曾先后多次对严道古城遗址周围墓葬进行发掘，出土众多的战国、秦汉时期文物。严道古城的考古发现和城址周围发现的古墓葬群以及同心村、南罗坝的土坑竖穴船棺巴蜀墓，基本包括了战国时期巴蜀流行的主要墓葬形制。这些墓葬出土的文物除反映出具有浓烈民族特色的巴蜀文化外，还反映了中原文化、楚文化、石棺葬文化因素的存在，这在另一方面证实了蜀、楚、秦先后对严道的控制及同时进行的文化交流。出土文物中尤以巴蜀印章最为独特，严道出土的巴蜀印章数量超过了

---

① （晋）常璩撰，刘琳校注：《华阳国志校注》，巴蜀书社，1984年。
② （东汉）班固撰，（唐）颜师古注：《汉书·赵尹韩张两王传》，中华书局，1962年。
③ 刘强等：《九折阪位置考》。

巴蜀地区出土的巴蜀印章总和。对于巴蜀印章，荥经何元粲先生认为缘于西周时期的玺节，是商贸管理制度下的产物；在开明王朝时期，是官方所颁发的由商人持之以通关的证明。在秦时演变成私印，至汉初仍然是边徼民（部）族贸易的信物，其印纹具有名片和商标的功能。70年代在古城坪发掘了一批古墓葬，出土了一批精美的漆器，造型优美，图案细致流畅，光可鉴人、色泽如新。在一件耳杯上朱书"王邦"二字，另外出土的"成都矛"，也从另外一个侧面反映了严道与成都关系密切、交往频繁。以上考古资料充分地证明了严道在战国、秦汉时期是"南方丝绸之路"上的一个贸易繁荣的商品集散地，也是各种物资进入"西南夷"和出口中亚、西亚、东南亚的重要据点，2010年在荥经古城坪发现的木椁墓群也进一步印证了这一点。

四、丰富的物产进一步加强了严道在南方丝绸之路之路上的重要地位

位于邛崃山北麓的严道，气候湿润，四季分明，资源丰富。境内矿产富集，其中的铜矿、煤矿很早便得到有效地开发利用。

《管子·山权数》载："成汤使人开庄山之金铸币"（此处"金"为古时青铜），关于庄山，《中国地名大辞典·庄山》将其定为"蜀郡严道铜山"。关于庄山，后世文献亦多有记载，桓宽《盐铁论》："汤于庄山冶铜铸币"；《淮南子·览冥训》："商命人于庄山铜铸币"；王符《潜夫论》："殷于庄山炼铜铸币"等。

西汉初，"孝文五年，为钱益多而轻，乃更铸四铢钱，其文为"半两"。除盗铸钱令，使民放铸。[1]由此，民间铸钱大肆天下。严道，由于储有丰富的铜矿、煤矿，具备了冶铜的先决条件，理所当然的在这一时期成了主要角色。"上使善相者相通，曰'当贫饿死'。文帝曰：'能富通者，在我也，何谓贫乎？'于是赐通蜀严道铜山，得自铸钱。'邓氏钱'布天下。"[2]近几年来，在芦山卫家坡、荥经古城坪发掘了多座西汉早期木椁墓，出土了一批半两钱，与史料相佐证，这一批半两钱为"邓氏钱"的可能性极大。

另外，严道出产的橘子，因品质极佳而畅销各地并成为贡品进贡朝廷，秦汉朝廷为此在严道专设橘官，主岁贡橘。"严道，邛崃山，邛水所出，东入青衣。有木官"。[3]该史料所谓"木官"，后世学者对此多有争议。罗庆康先生认为当为"橘官"。王先谦《汉书补注》引王念孙曰"木官当橘官"。左思《蜀都赋》："户有橘柚之园"。以上材料除《蜀都赋》所述较为明确之外，其余对"木官"是否为"橘官"的结论稍显牵强。但近年来出土的大量

---

① （东汉）班固撰，（唐）颜师古注：《汉书·食货志》，中华书局，1962年。
② （汉）司马迁撰：《史记·佞幸列传》，中华书局，1982年。
③ （东汉）班固撰，（唐）颜师古注：《汉书·地理志》，中华书局，1962年。

与严道有关的秦汉时期的封泥，可以认定，秦汉时期在严道设"橘官"当无异议。清代吴式芬、陈介祺的《封泥考略》、近人孙慰祖的《古封泥集成》等所收录的有关严道的封泥近百枚，而铭文为"严道橘园""严道橘丞"的封泥占了一多半，"橘园""橘丞"应当就是当时所设的"橘官"。遗憾的是，当时贡橘在严道的具体产地目前尚无定论。

五、结语

对于南方丝绸之路的研究虽然已经历了较长一段时间，许多专家对此也有许多著述，总体而言，对于南方丝绸之路的起点大多倾向于成都。笔者对此稍有不同看法，如果蜀作为一个独立的国家，那么将成都作为南方丝绸之路当无可厚非，但我们知道，从秦并巴蜀并在此设郡置县到汉王朝沿袭秦制，巴蜀地区实际上已经归入到秦汉统一王朝的版图，"蜀郡，秦置……属益州。户二十六万八千二百七十九，口百二十四万五千九百二十九。县十五：……青衣……严道……牦牛……徙……"[①]成都，作为蜀郡置所，理应对朝廷负责，从这个意义上说，成都所扮演的角色就是一个大的中转站，所以，南方丝绸之路的起点应该是秦时的咸阳与西汉的长安。从文献中我们还可隐约感到，在天汉四年设立西部两都尉府以前，汉王朝的势力可能还未真正的完全控制牦牛一带。依此，我们可以这样认为，在秦以及西汉前期，朝廷实际所控的地区在西南地区最南边的便是严道县，这一时期已形成了的南方丝绸之路的雏形，北端为咸阳、长安，南端严道。严道的重要性由此可见一斑，依此据点，为后来对西南夷的大规模开发提供了坚实的保障，最终开通了由西南地区到身毒的国际大通道，中西方的文化、经济交流因此进入到一个繁盛时期，中国也因此逐步形成为多民族国家。

通过对严道在南方丝绸之路上重要位置的简单论述，还有两点有关新发现及文献引用相对不同的看法，概述如下：

（一）关于《何君尊楗阁石刻》的发现

《何君尊楗阁石刻》于2004年在荥经烈士乡发现，在当时引起了不小的轰动，多数专家认为该刻石的发现纠正了唐宋以来史学界一直认为的走花滩、安靖、凰仪，翻大相岭到达汉源清溪路线，而是沿荥河西上经荥经三合乡代黄沟（其间有盘桓山路，俗称九倒拐），分路至今汉源以东、泸定冷渍一带。笔者认为以上看法值得商榷，从严道到牦牛，在"尊楗阁"修建前后，路线出现了变化。《何君尊楗阁石刻》刻于东汉光武帝建武中元二年（57），铭文其中有一句"造尊楗阁"，非常明确的说明了该"尊楗阁"为新修而非维护，也就是说在建武中元二年之前没有该工程，此路不通，在此之前的路线应该还是花

---

① （东汉）班固撰，（唐）颜师古注：《汉书·地理志》，中华书局，1962年。

滩、安靖、凰仪，翻大相岭到达汉源清溪，其后，才有沿荥河西上经荥经三合乡代黄沟（其间有盘桓山路，俗称九倒拐），分路至今汉源以东、泸定冷渍一带的线路。由于"尊楗阁"修于悬崖绝壁，且为木构，其养护较为困难，加之东汉末年兵祸不断、战事连连，其维护自然被搁置，垮塌已无法避免。因此，笔者认为，从严道到牦牛的路线，绝大多数时期仍然走的是花滩、安靖、凰仪，翻大相岭到达汉源清溪，因"尊楗阁"而形成的新的路线只不过是南方丝绸之路上的一段插曲而已。

（二）关于严道所辖区域

据《汉书·地理志》记载，秦并巴蜀后设蜀郡，下辖15个县，其中便有青衣、严道、牦牛、徙，汉袭秦制，即后来蜀郡属国、汉嘉郡所领辖的四县，此四县所辖区域与现在有较大区别，如严道，据《南史·刘悛传》载："青衣左侧并是故秦之严道地"。而《嘉庆县志·建置》中关于"洪雅西南皆为秦汉严道县地"一说，自然引起了后来一些学者的误解，据此认为今天的四川雅安、荥经、汉源、天全、芦山等县市均为严道辖地，但至今尚未发现有确切史料能证实此事。因此，《南史·刘悛传》所述当较为合乎实际，即秦汉时期严道所辖范围包括了今洪雅境青衣江以西的地区。

战国至汉初灵关道沿线的巴蜀文化因素考察

陈　鹏　四川大学历史文化学院考古系 研究生

摘　要： 灵关道是巴蜀沟通西南夷并通往滇西地区的一条重要通道。文献记载其正式开辟于汉武帝经略西南夷时期，但古代的道路作为地区间文化交流的重要通道，其形成往往具有深厚的历史渊源。本文即是通过对这条通道沿线上巴蜀文化以及部分中原文化因素的考察，证明早在汉武帝以行政力量贯通灵关道之前，相关的"民间通道"即已存在。同时，通过对相关巴蜀文化因素的时间性和空间性的分析，可以发现巴蜀文化的南传具有"段落性"特点，体现了通道沿线上的若干区域因与蜀地距离不同，在联系紧密程度上的差异及巴蜀文化南传过程中的时间差。

关键字： 战国至汉初　灵关道　巴蜀文化　民间通道　文化传播　段落性

西汉前期，北方为匈奴所阻隔，如何绕过匈奴联合当时的西域诸国，是对匈奴战略中相当关键的一环。因而，自张骞出使西域闻见邛竹杖、蜀布经身毒国而来后，一条由成都出发从其西南方向经身毒而绕道至大夏的战略通道便成为重要的寻找目标，于是积极启动了以巴蜀为中心对西南夷的经略，"乃令骞因蜀犍为发间使，四道并出：出駹，出冉，出徙，出邛、僰，皆各行一二千里"[1]。

由此汉时开辟的成都平原通往其西南地区的重要通道主要有东西二线，其中西线即为灵关道。灵关道又名零关道，因道有灵关而得名，其旧址似在今甘洛汉源交界处[2]。《史记》中记载司马相如已通此道路的部分路段，"除边关、关益斥，西至沫、若水，南至牂牁为徼，通零关道，桥孙水以通邛都。"[3]据相关学者考证，灵关道大致起于今雅安一带，

---

① （汉）司马迁：《史记·大宛列传第六十三》，上海古籍出版社，2011年，第2380~2398页。
② 蓝勇：《蜀身毒道路线考证》，《南方丝绸之路研究论集》，巴蜀书社，2008年，第140~150页。
③ （汉）司马迁：《史记·司马相如列传第五十七》，上海古籍出版社，2011年，第2270~2319页。

途经荥经、汉源、越西、喜德、西昌、会理等地，渡金沙江后至云南大理①。其沿线经由青衣江、荥经河、大渡河、越西河以及安宁河等水系，如图一所示。可以看出，这条通道多沿河流山谷，对于跨越山脉众多又陡峭险峻的川西南地区不失为一条较便捷的通道，其在交通上具有的这一天然优势可以说是灵关道形成的客观条件。

但这条通道曲折反复，自然非短时间内形成，而"秦汉时期中原王朝势力进入巴蜀和其它西南夷地区，也往往利用了西南夷早已形成的这些民间通道"②。可以说，这些民间通道正是灵关道形成的基础。关于这些民间通道，童恩正先生也已有相关论述，"四川经云南入中南半岛的几条路线，虽然都是在秦汉时正式开通或见于记载的官道，但是古代道路的修建，行军路线的选择，往往都利用多年习惯通道的基础。从地形上看，这些道路大都在崇山峻岭之中遵循着自然的河谷通道"③。因此，"这三条道（包括灵关道、五尺道、博南道，笔者注）在西汉时期被开辟成官道，但在此以前，这三条道路就业已形成，并成为巴蜀文化向其西南地区辐射和影响的孔道"④。

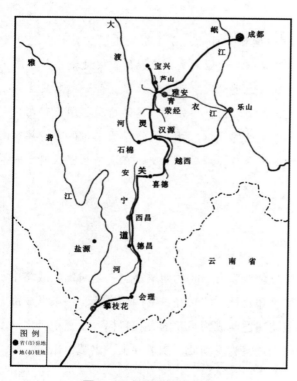

图一　灵关道路线示意图

这种民间通道的存在必然伴随着不同地区之间的文化交流，四川盆地一带较发达的青铜文化正是借助这些通道，对周边地区的不同文化群体产生了一定的影响。同时，巴蜀文化的南传应与灵关道⑤的延伸有着紧密的联系，二者之间相辅相成，灵关道的发展促进了巴蜀文化的传播，巴蜀文化

① 罗二虎：《汉晋时期的中国"西南丝绸之路"》，《南方丝绸之路研究论集》，巴蜀书社，2008年，第46~66页；蓝勇：《蜀身毒道路线考证》，《南方丝绸之路研究论集》，巴蜀书社，2008年，第140~150页；江玉祥：《古代中国西南丝绸之路的走向》，《南方丝绸之路研究论集》，巴蜀书社，2008年，第167~174页；段渝、刘弘：《论三星堆与南方丝绸之路青铜文化的关系》，《学术探索》2011年第4期。
② 霍巍：《"西南夷"与南方丝绸之路》，《中华文化论坛》2008年第S2期。
③ 童恩正：《试谈古代四川与东南亚文明的关系》，《文物》1983年第9期。
④ 刘弘：《巴蜀文化在西南地区的辐射与影响》，《中华文化论坛》2007年第4期。
⑤ 战国时期并无灵关道之名，因而本文所出战国时期之灵关道一律为早期的民间通道，不再加引号。

的南传亦在一定程度上推动了灵关道的延伸。因此，具有巴蜀文化因素的器物在灵关道沿线上出现的时间性与空间性都反映了巴蜀文化南传和灵关道发展的状态。基于上述理论及前人的相关研究，本文正是尝试通过对战国至西汉初期灵关道沿线上出现的巴蜀文化及部分中原文化因素的考察，表明早在汉武帝开拓西南夷之前，相关民间通道既已存在，并成为汉时灵关道形成的基础。此外，在对相关文化因素分析的基础上初步探讨巴蜀文化南传的相关特性（图一）。

一、巴蜀文化因素界定

巴蜀文化有着独特的物质文化遗存，其又可分为巴文化和蜀文化，两者有着不同的渊源和分布范围[①]。战国时期，蜀文化主要分布于以成都平原为中心的四川盆地西部，巴文化则主要分布于重庆一带及四川盆地东部。因而，与成都平原相连接的灵关道，其沿线上出现的巴蜀文化实际上应以蜀文化为主。但晚期巴文化与蜀文化在整体上又具有相当的一致性，若干文化因素并非截然可分，如战国时期在四川盆地较普遍流行的各类圜底器，这应是二者相互间文化交流影响的结果。同时，对于灵关道而言，巴文化与蜀文化向西南夷地区传播的方向亦是一致的，因此，本文将巴蜀文化作为一个整体来考察其在灵关道沿线的传播。

在墓葬形制上，巴蜀文化主要有船棺葬、独木棺墓以及无葬具的竖穴土坑墓等[②]。随葬器物方面，巴蜀文化的器物种类较多，大致可分为铜器和陶器两类。铜器主要包括剑、矛、戈、釜、鍪等，陶器则主要包括圜底罐、陶釜、陶鍪等。

巴蜀铜剑扁茎无格，茎上有两穿，根据童恩正先生的研究，可将其分为二式。Ⅰ式剑脊侧有较宽的血槽，剑身往往铸有纹饰及符号，见于巴县冬笋坝（图二，1）[③]，Ⅱ式剑基本形制同于Ⅰ式，但剑身无血槽，有的茎与剑身无明显分界，且表面无斑纹亦无符号，见于成都省水利设计院（图二，2）[④]。Ⅰ式剑多分布于川北及川东地区，一般认为属巴式剑，Ⅱ式多分布于川西地区，一般认为属蜀式剑[⑤]。

矛的种类较多，但最典型的巴蜀文化铜矛还是带有斑纹的柳叶形长骹矛和柳叶形短骹矛[⑥]，銎口呈圆形，骹身直抵锋尖。长骹矛骹身偏下处两侧附有对称弓形耳，短骹矛的弓形耳则在矛身与骹部结合处两侧，见于成都京川饭店（图二，3）[⑦]。

---

① 宋治民：《试论蜀文化与巴文化》，《考古学报》1999年第2期。
② 宋治民：《四川战国墓葬试析》，《四川文物》1990年第5期。
③ 前西南博物院、四川省文物管理委员会：《四川巴县冬笋坝战国和汉墓清理简报》，《考古通讯》1958年第1期。
④ 成都市文物考古工作队：《成都西郊省水利设计院土坑墓清理简报》，《考古与文物》2000年第4期。
⑤ 童恩正：《我国西南地区青铜剑的研究》，《考古学报》1977年第2期。
⑥ 李健民：《论四川出土的青铜矛》，《考古》1996年第2期。
⑦ 成都市文物考古工作队：《成都京川饭店战国墓》，《文物》1989年第2期。

戈在形制上可分为无胡戈和带胡戈，其上多有纹饰。无胡戈又可分为三式[1]。Ⅰ式：长三角形援，近援本处上下各有一穿，无阑，方内，内上有一穿，见于大邑五龙（图二，4）[2]。Ⅱ式：宽三角援，近援本处一圆穿，援本上下各一穿，无阑，方内，内上有一穿，见于绵竹县清道公社（图二，5）[3]。Ⅲ式：援狭而直，近栏处向两侧斜张如短胡，每侧各有一穿，直内，见于成都西郊青羊宫（图二，6）[4]。带胡戈则可分二式[5]。Ⅰ式：形制较接近无胡戈Ⅲ式，但援本部一侧延长，见于成都十二桥（图二，7）[6]。Ⅱ式：中胡二穿，直援方内，援中有脊，内上有一小穿，亦见于成都西郊金鱼村（图二，8）[7]。

巴蜀铜釜的形制主要为侈口，外折沿，溜肩，扁圆腹，圜底，肩部附两辫索纹竖环耳，如成都文庙西街M2：10（图二，9）[8]。铜鍪的形制主要为侈口，卷沿，短颈，鼓腹，圜底，肩部或颈部有一辫索纹环耳，如成都金牛区圣灯公社M2：8（图二，10）[9]。此外，还有部分铜鍪附有大小双耳，时代比前者相对较晚，如成都龙泉驿平安乡M24：8（图二，11）[10]。

圜底罐的形制较一致，多为方唇或圆唇，肩部较显，颈肩部多饰有凹弦纹，在什邡城关战国墓中多有出现，如M91：11、M7：14（图二，12）[11]。陶釜大致可分为二式，Ⅰ式：深腹，小口，圜底，如成都青龙乡M3：3（图二，13）[12]。Ⅱ式：浅腹，折沿，口较大，圜底或近平底，如成都下东大街遗址H4：12（图二，14）[13]。

在巴蜀墓葬中还多出有带巴蜀符号的印章，此外，在西南夷地区出现的西汉初期及之前的铁器和钱币等，应是通过巴蜀地区传入的中原文化器物，其与西南夷地区出现的巴蜀文化器物有着紧密的联系，并以巴蜀文化器物为主体，共同反映了巴蜀与西南夷地区之间的文化交流。

① 段渝：《巴蜀青铜文化的演进》，《文物》1996年第3期。

② 四川省文管会、大邑县文化馆：《四川大邑五龙战国巴蜀墓葬》，《文物》1985年第5期。

③ 王有鹏：《四川绵竹县船棺葬》，《文物》1987年第10期。

④ 四川省博物馆：《成都西郊战国墓》，《考古》1983年第7期。

⑤ 童恩正：《我国西南地区青铜戈的研究》，《考古学报》1979年第2期。

⑥ 成都市博物馆考古队：《成都中医学院战国土坑墓》，《文物》1992年第1期。

⑦ 成都市文物考古工作队：《成都西郊金鱼村发现的战国土坑墓》，《文物》1997年第3期。

⑧ 成都市文物考古研究所：《成都市文庙西街战国墓葬发掘简报》，《成都考古发现》（2003年），科学出版社，2005年。

⑨ 成都市文物管理处：《成都市金牛区发现两座战国墓葬》，《文物》1985年第5期。

⑩ 成都市文物考古研究所、龙泉驿区文物管理所：《成都龙泉驿区北干道木椁墓群发掘简报》，《文物》2000年第8期。

⑪ 四川省文物考古研究院、德阳市文物考古研究所、什邡市博物馆：《什邡城关战国秦汉墓地》，文物出版社，2006年。

⑫ 成都市文物考古研究所：《成都市青龙乡海滨村墓葬发掘简报》，《成都考古发现》（2003），科学出版社，2005年。

⑬ 成都市文物考古研究所：《成都下东大街遗址战国时期文化遗存清理简报》，《四川文物》2010年第6期。

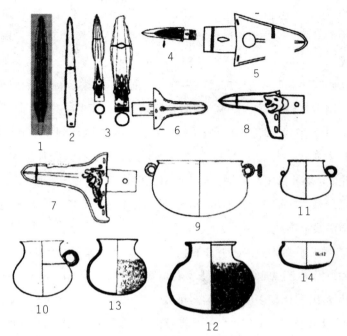

图二　巴蜀文化典型器物组合

1. Ⅰ式铜剑（巴县冬笋坝M65：3）　2. Ⅱ式铜剑（成都省水利设计院M5：24）　3.铜矛（成都京川饭店出土）　4. Ⅰ式无胡戈（大邑五龙M2：20）　5.Ⅱ式无胡戈（绵竹县清道公社M1：111）　6.Ⅲ式无胡戈（成都西郊青羊宫出土）　7.Ⅰ式带胡戈（成都十二桥出土）　8.Ⅱ式带胡戈（成都西郊金鱼村M1：5）　9.铜釜（成都文庙西街M2：10）　10、11.铜鍪（成都金牛区圣灯公社M2：8、成都龙泉驿平安乡M24：8）　12.圜底罐（什邡城关M91：11）　13.Ⅰ式陶釜（成都青龙乡M3：3）　14.Ⅱ式陶釜（成都下东大街H4：12）

二、灵关道沿线的巴蜀文化遗存

根据目前已发表的考古材料，灵关道沿线上发现有战国至汉初含巴蜀文化及中原文化因素的器物的地点共31处（见附表一），北至雅安宝兴县，南达会理境内。这批文化遗存的年代很不一致，其中以战国中晚期的数量最多，现将其按时间关系分为三组加以论述。

第一组：年代为战国早期。这一时期发现的巴蜀文化器物并不多，能明确确定属这一时期的仅有芦山思延乡一处[①]。其出土的铜矛、铜戈、铜剑和铜斧等都见于成都西郊罗家碾

———————
① 郭凤武：《芦山思延乡战国墓葬清理报告》，《四川文物》1994年第5期。

蜀墓，形制亦都极为相似[①]。

第二组：年代为战国中晚期。此组出土巴蜀文化器物最为丰富，形制亦较第一组复杂。铜矛不见第一组中的形制，多为典型的柳叶形带弓形耳的长骹矛和短骹矛，铜戈中既有第一组中已出现的Ⅱ式无胡戈，亦多见Ⅲ式无胡戈和Ⅰ、Ⅱ、Ⅲ式带胡戈，铜剑少见第一组的Ⅱ式剑而多为Ⅰ式剑，这些铜兵器上多有纹饰及巴蜀符号。铜釜、铜鍪等铜容器普遍出现。陶器亦多有釜、鍪等器形，陶鍪在巴蜀墓中少见，在此亦仅见于荥经南罗坝村[②]，但其形制具有明显的巴蜀铜鍪的风格，亦有辫索纹环形耳，应是当地仿巴蜀铜鍪的形制而成，可以看出这一时期巴蜀文化的影响较为强烈。中原文化的器物在此期开始出现，在荥经曾家沟M13出土有一件铁斧[③]，此外，此期部分墓葬都出有带钩，如宝兴县汉塔山[④]、荥经曾家沟M21[⑤]，带钩应属中原文化器物，但在巴蜀墓中亦是常见。石棉永和墓地出土的一件铁剑在形制上亦同于巴蜀文化的Ⅱ式铜剑。灵关道沿线上出现的中原文化器物多为巴蜀地区常见类型，并常与巴蜀文化器物共存的现象，亦可表明中原文化的传入并非直接的，更多的应是基于巴蜀文化，并经过其"筛选"的，因此灵关道沿线上出现的部分中原文化器物亦具有一定的巴蜀文化因素。

这一时期还开始出现比较多的巴蜀符号印章，在荥经曾家沟M21和荥经太平坝还有方形的汉式印章[⑥]，其中巴蜀符号印章应不大可能为官方的玺印，荥经同心村船棺葬墓群中，一座墓往往出有数枚印章，如M18出2枚、M20出5枚、M21-B出4枚等[⑦]，而有学者则提出这些印章可能用于商旅通行，对于某一特定的对方，就需要不同的印章[⑧]，这样对于一个墓主的确需要多个印章，但这些印章的符号，即使是同心村船棺葬墓群之内，或者是与其较近的烈太公社战国墓相比，不同墓葬出土的印章符号都不一样，假使用于通商，应存在部分印章是相同的情况，因而用于商旅的可能性亦不大。关于这些印章，虽尚不能知晓它们的具体用途，但其在灵关道沿线上出现必定与巴蜀文化的影响有关则是可以确定的。

第三组：年代为西汉早期。这一时期巴蜀文化的器物明显较前一期减少，巴蜀铜兵器基本消失，部分墓中仍出有少量铜釜和铜鍪。铁器的数量明显增多，除部分模仿巴蜀铜器形制的鍪、矛等，还有三足支架、环首刀、铁剑等，其中铁剑已为汉式剑的形制。此外，

① 罗开玉、周尔泰：《成都罗家碾发现二座蜀文化墓葬》，《考古》1993年第2期。
② 荥经严道古城遗址博物馆：《四川荥经南罗坝村战国墓》，《考古学报》1994年第3期。
③ 四川省文管会、雅安地区文化馆、荥经县文化馆：《四川荥经曾家沟战国墓群第一、二次发掘》，《考古》1984年12期。
④ 杨文成、陈显双：《四川宝兴汉塔山战国土坑积石墓发掘报告》，《考古学报》1999年第3期。
⑤ 四川省文物管理委员会、荥经县文化馆：《四川荥经曾家沟21号墓清理简报》，《文物》1989年第5期。
⑥ 李晓鸥、刘继铭：《四川荥经县烈太战国土坑墓清理简报》，《考古》1984年第7期。
⑦ 四川省文物考古研究院、荥经严道古城遗址博物馆：《荥经县同心村巴蜀船棺葬发掘报告》，《四川考古报告集》，文物出版社，1988年，第212~280页。
⑧ 何元粲：《"巴蜀印章"与古代商旅》，《四川文物》1990年第2期。

	第一段	第二段	第三段
第一期	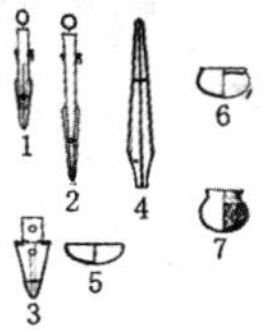		
第二期	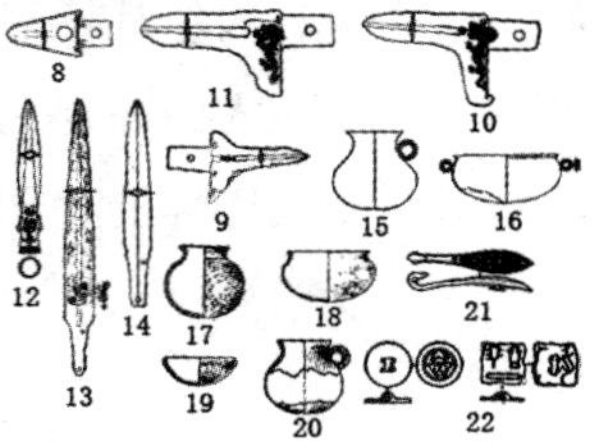	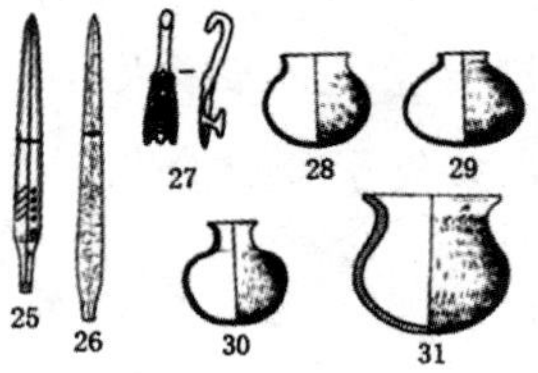	
第三期		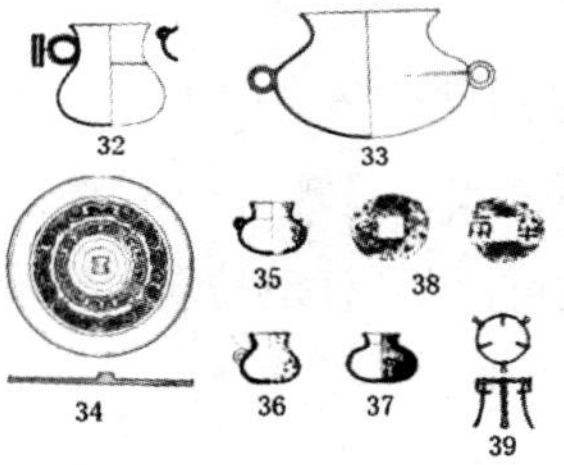	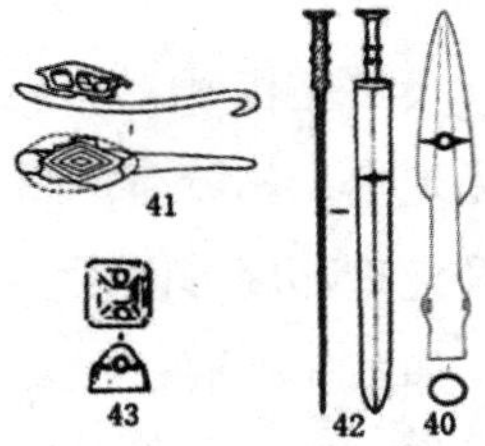

图三　灵关道各段巴蜀文化及中原文化的典型器物组合

1、2、12、40.铜矛（芦山思延乡出土、芦山思延乡出土、荥经南罗坝M1：50、盐源C：337）　3、8、9、10、12.铜戈（芦山思延乡出土、宝兴汉塔山M21：1）　4、13、14、25、42.铜剑（芦山思延乡出土、荥经南罗坝M1：43、荥经南罗坝M2：1、石棉永和乡M15：8、会理新发乡C：66）　5、19陶钵（芦山思延乡出土、荥经南罗坝M10：8）　6、7、18、31.陶釜（芦山思延乡出土、芦山思延乡出土、荥经南罗坝M11：31、石棉永和乡M17：1）　17、28、29、30、37.圜底罐（荥经南罗坝M9：47、石棉永和乡M17：2、石棉永和乡M16：2、石棉永和乡M14：2、汉源市荣乡M14：4）　20.陶鍪（荥经南罗坝M9：28）　15、23、32.铜鍪（荥经南罗坝M10：34、四川宝兴县出土、汉源市荣乡M3：19）　16.铜釜（荥经南罗坝M9：9）　21、27、41.（宝兴汉塔山M20：3、石棉永和乡M5：52、会理新发乡C：22）　35.铁釜（汉源市荣乡M24：1）　33、36.铁鍪（汉源县城北M1：5、汉源市荣乡M3：6）　22、43.巴蜀符号印章（荥经南罗坝M9：25、喜德拉克M8：24）　24、38.钱币（荥经古城坪M2出土、汉源大瑶村M1：6）　34.铜镜（汉源大瑶村M1：1）39.铁三足支架（汉源县市荣乡M3：18）　26.铁剑（石棉永和乡M17：18）

此期还出现有较多的半两钱。西南夷地区的商贸在相当长的一段时间应是使用贝币或物物交换[①]，而钱币的出现正是地区间交流更加深入的结果，或反映出西南夷地区于战国晚期之后也开始逐渐被纳入一个与巴蜀地区共同的货币体系中。但目前的考古材料还较少，部分墓中出土的钱币数量也过少，如汉源大地头遗址M1中出土半两钱仅一枚[②]，所以还未能全部确定这些钱币的属性是否为货币，这就有待今后更多的考古材料。

总体来看，灵关道沿线上存在巴蜀文化器物是可以确定的，但战国早期巴蜀文化在灵关道上的影响尚有限，在战国中期时则较为强烈，而后逐渐式微。大致战国晚期时中原文化器物开始伴随巴蜀文化器物出现，这与秦灭巴蜀后该地区逐渐融入中原地区的历史事实也是相一致的，而巴蜀铜兵器要先于容器消失，或表明容器出于实用性的功能而要比兵器延续更长的时间。

三、巴蜀文化南传的段落性

灵关道沿线上出现的巴蜀文化器物，反映了巴蜀文化在这条通道上的传播，而其在这条通道上的分布显然并不一致，呈现出一定的区域特征。根据巴蜀文化器物的数量和性质及地理环境等因素，大致可以将这段通道分为三段，其各段的典型器物也存有较大的差异，如图三所示。

第一段：为宝兴县至荥经县，北为青衣江流域，与成都平原相隔，南达大渡河以北。目前发现巴蜀文化器物的地点有宝兴汉塔山、宝兴五龙乡[③]、宝兴城北[④]、芦山芦溪村[⑤]、芦山思延乡、芦山县[⑥]、芦山清仁乡[⑦]、荥经南罗坝村、荥经同心村[⑧]、荥经曾家沟、荥经古城坪[⑨]、荥经太平坝等。这一段发现的巴蜀文化器物最为丰富，且时代从战国早期至西汉初期均有分布。芦山思延乡的一座战国早期墓位于宝兴河左侧的一级台地上，虽然墓葬遭到一定程度的破坏，但仍出土较多随葬器物，并多具有早期蜀文化的特征，包括有Ⅰ、Ⅱ式铜

① 雷加明：《南方丝绸之路上的云南商品货币》，段渝主编：《南方丝绸之路研究论集》，巴蜀书社，2008年，第274~284页。

② 四川省文物考古研究院、雅安市文物管理所、汉源县文物管理所：《四川汉源大地头遗址汉代遗存发掘简报》，《四川文物》2006年第2期。

③ 杨文成：《四川宝兴出土巴蜀符号印等文物》，《文物》1998年第10期。

④ 宝兴县文化馆：《四川宝兴出土的西汉铜器》，《考古》1978年第2期。

⑤ 郭凤武、唐国富：《芦山发现巴蜀文物》，《四川文物》1995年第3期。

⑥ 周日琏：《四川芦山出土的巴蜀文化器物》，《考古》1991年第10期。

⑦ 陆德良：《四川芦山县发现战国铜剑及印章》，《考古》1959年第8期。

⑧ 四川省文物管理委员会、荥经严道古城遗址博物馆：《四川荥经同心村巴蜀墓发掘简报》，《考古》1988年第1期；荥经严道古城遗址博物馆：《四川荥经县同心村巴蜀墓的清理》，《考古》1996年第7期。

⑨ 荥经古墓发掘小组：《四川荥经古城坪秦汉墓葬》，《文物资料丛刊》（4），文物出版社，1981年，第70~72页。

剑、Ⅱ式无胡戈、Ⅱ式陶釜等。荥经南罗坝村的十一座墓大致为战国中晚期，其中M1的保存情况较好，出土器物丰富，包括有铜器有Ⅰ、Ⅱ式铜剑、柳叶形长骹矛和短骹矛、Ⅲ式无胡戈和Ⅱ式带胡戈以及铜釜、铜鍪，其中一件铜鍪附对称双耳，形制较特殊，同时，陶器亦见有圜底罐、Ⅰ、Ⅱ式陶釜和陶鍪。其他几处地点亦出土较多巴蜀文化器物。由此可见这一段出现的巴蜀文化器物组合较为完整，最接近巴蜀文化墓葬。

此外，在荥经地区发现有较多的木椁墓，其木椁置于土坑之中，均由多块木板构筑而成，带头厢或边厢，部分有二层台，木椁四周用白膏泥封填。这些土坑木椁墓显然与其他土坑墓的文化性质不同，在其随葬品中均有较多的盒、奁、耳杯等漆木器。类似的墓葬在成都羊子山、青川县等地也有发现①，一般认为这些墓葬为移民墓。1981年和1982年在荥经曾家沟发掘清理的六座墓葬，原报告认为应是楚墓，但亦有学者认定为秦人墓②，总之，荥经地区的木椁墓应是这一时期众多移民墓的一部分，同时，在这些移民墓中也随葬有部分巴蜀文化的器物，其在荥经地区的出现应是以巴蜀地区为中转再通过"灵关道"进入的。

第二段：为汉源县、石棉县和越西县，基本处于大渡河中游及其支流一带。出土巴蜀文化器物的地点有汉源大瑶村③、汉源市荣乡④、汉源麻家山⑤、汉源桃坪村⑥、石棉县⑦、石棉永和乡⑧、越西聊家山⑨、越西华阳村⑩。这一段已发现的铜器以容器为主，包括铜釜和

① 四川省文物管理委员会：《成都羊子山172号墓发掘简报》，《考古学报》1956年第4期；四川省博物院、青川县文化馆：《青川县出土秦更修田律牍——四川青川县战国墓葬发掘简报》，《文物》1982年第1期。

② 宋治民：《四川战国墓葬试析》，《四川文物》1990年第5期；江章华：《巴蜀地区的移民墓研究》，《四川文物》1996年第1期。

③ 四川省文物考古研究院、雅安市文物管理所、汉源县文物管理所：《四川汉源大地头遗址汉代遗存发掘简报》，《四川文物》2006年第2期；四川省文物考古研究院、雅安市文物管理所、汉源县文物管理所：《四川汉源县龙王庙遗址2008年发掘简报》，《四川文物》2013年第5期；四川省文物考古研究院、雅安市文物管理所、汉源县文物管理所：《四川汉源龙王庙遗址2009年发掘简报》，山东大学东方考古研究中心：《东方考古》（第8集），科学出版社，2011年，第406~443页。

④ 四川省文物考古研究院、西安美术学院中国艺术与考古研究所：《四川汉源县市荣遗址2009年度发掘报告》，《四川文物》2011年第5期。

⑤ 中国社会科学院考古研究所、四川省文物考古研究院、成都市文物考古研究所：《四川汉源县麦坪村、麻家山遗址试掘报告》，《四川文物》2006年第2期。

⑥ 四川省文物考古研究院、雅安市文物管理所、汉源县文物管理所：《四川汉源桃坪遗址及墓地发掘报告》，《四川文物》2006年第5期。

⑦ 石棉县文化馆：《四川石棉县考古调查》，《考古》1982年第2期。

⑧ 石棉县文化馆：《四川石棉县考古调查》，《考古》1982年第2期；四川省文管会、石棉县文管所：《四川石棉县永和乡战国土坑墓》，《考古》1996年第11期；四川省文物考古研究院、雅安市文物管理所、石棉县文物管理所：《四川石棉永和墓地发掘简报》，《四川文物》2006年第3期。

⑨ 毛瑞芬、邹麟：《四川越西县聊家山发现战国西汉铜铁器》，《考古》1991年第5期。

⑩ 四川凉山彝族自治州博物馆、越西县文化馆：《四川越西华阳村发现蜀文物》，《文物资料丛刊》（7），文物出版社，1983年，第24~27页。

铜鍪，另外在越西华阳村也发现有巴蜀印章。值得注意的是这批铜器中巴蜀文化的兵器较少，仅于石棉县发现有2件Ⅰ式铜剑、1件Ⅱ式铜剑和1件柳叶形短骹矛。铜釜、铜鍪等铜容器在这一段于战国晚期至西汉初期才出现，较第一段相对较晚。在陶器方面，以圜底罐和圜底釜为代表，部分器物形制较巴蜀陶器发生一定变异，汉源大瑶村龙王庙遗址M14出土的2件陶釜附一耳，底部较平缓。圜底罐多束颈小口，与第一段区别较大，而这一地区未见第一段中出现的Ⅱ式陶釜。可以确定，这一地区出现的巴蜀文化因素较第一段少，且较多地同当地的文化相结合。

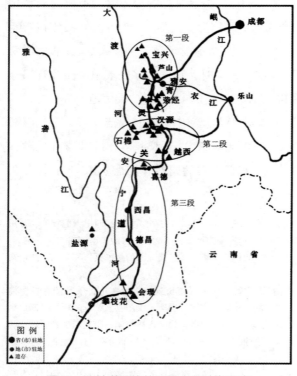

图四　灵关道沿线的巴蜀文化遗存分布

此段在战国晚期至西汉初期开始出现铁器，但这些铁器多为巴蜀地区铜器中常见的类型，且在形制上也可以看出受到后者较大影响。2009年发掘的汉源市荣遗址M3中出土的铜鍪和铁鍪在形制上即比较接近，且在荥经南罗坝村也出土有类似铜鍪，这些铁器较有可能为从巴蜀地区传入，而非于当地生产。此外，汉源桃坪遗址M13中出土的一件铁矛形制也基本同于巴蜀柳叶形矛。

第三段：包括喜德县、盐源县和会理县，处于安宁河流域及盐源盆地一带。出土巴蜀文化器物的地点有喜德县城西[1]、会理瓦石田村[2]、会理新发乡[3]、盐源县[4]。这一段的发现较前一段又大为减少，且时代偏晚，多至西汉早期。在盐源地区发现的部分铜矛大致为西汉初期，可以看出其形制受巴蜀铜矛的影响，但又有一定的区别，同时，盐源盆地还出有一定数量的铜带钩，而铜带钩在会理新发乡亦有出土，或可表明这些巴蜀文化器物的出现和灵关道的存在有着一定的联系。会理县境内的瓦石田遗址发现有一块石戈范，从石戈

① 凉山彝族地区考古队：《四川凉山喜德拉克公社大石墓》，《考古》1978年第2期。
② 陶鸣宽、赵殿增：《四川会理县发现瓦石田遗址》，《文物资料丛刊》（5），文物出版社，1981年，第205~206页。
③ 成都文物考古研究所、会理县文物管理所、四川大学考古系、凉山州博物馆：《2009年度会理县新发乡考古调查简报》，《成都考古发现》（2008年），科学出版社，2010年，第213~230页。
④ 凉山彝族自治州博物馆、成都文物考古研究所：《老龙头墓地与盐源青铜器》，文物出版社，2009年。

的形制上看，基本可以确定为巴蜀文化的Ⅱ式无胡戈。而在其他地点，第二段已少见的巴蜀兵器在这一段已难觅其踪，且釜、鍪等容器亦不见。喜德拉克的大石墓中出有四铢半两及巴蜀符号印章，其是灵关道沿线上唯一发现有巴蜀文化器物的大石墓，时代应不早于西汉早期，可以看出这一段巴蜀文化在灵关道上的传播至此段已非常有限，但这条通道上的联系在整体上又较往期更加扩大和深化。

通过上文的分析，可以看出巴蜀文化的南传在时间和地域上具有"段落性"的特点，如图四所示。应当说，第一段受到巴蜀文化的影响最为强烈，时代亦相对最早，其可以被视为巴蜀文化在灵关道上传播的第一站。据相关考证[1]，灵关道北部的青衣江流域是古代青衣羌族的活动地域，其早期的中心即在出土巴蜀文化器物的芦山县，这或与"保子帝攻青衣"而较早将势力范围延伸至这一区域有关[2]。荥经地区存有较多的移民墓也同样反映了第一段与巴蜀地区的联系较为密切。第二段在时间上总体要比第一段稍晚，基本处于战国中期之后，至第三段则多为战国晚期至西汉早期，反映了这种"段落"上的时间差，当然其不是绝对的。同时，文化也在传播中不断地被"稀释"，相对而言，巴蜀文化因素随着传播距离的增加而逐渐减弱，这一方面与巴蜀文化自身在战国中晚期时开始式微有关，另一方面其在南传的过程中也不断融入了当地新的文化因素。

战国中晚期之后，中原文化器物特别是铁器开始出现，其应当也是通过巴蜀地区再沿灵关道传入的。它们经常会和巴蜀文化器物共存，但相较于巴蜀文化器物，中原文化器物的出现更为快速，在灵关道的三段中基本都于战国晚期至西汉初期出现铁器或钱币。由此表明，巴蜀文化和中原文化在西南夷地区的传播正代表了"渐进的浸润式"和"急进的暴风骤雨式"两种不同的传播模式[3]。这两种不同的传播模式一方面反映了战国晚期之后灵关道上的文化交流较前更为频繁，同时，联系到汉武帝之后汉文化的迅速进入，也应当可以理解为这种频繁是中原王朝对西南夷地区的控制力和影响力逐渐增强的结果，而战国晚期开始这条通道上段落性的减弱则显示出区域间的联系不断深入正逐渐合化成一个整体。

四、结语

道路的形成与发展存在延续性，从目前考古发现具有巴蜀文化因素的器物多分布于这条通道沿线上来看，其走向与后来之灵关道基本一致，亦可表明汉时开辟的灵关道在很大程度上沿用了早期已形成的民间通道。相对于汉武帝时期通过行政力量对道路的开辟，战

---

① 周日琼：《古代青衣江上游的郡县建置与西南丝绸之路》，《四川文物》1991年第6期。
② 任乃强：《华阳国志校补图注》，上海古籍出版社，1987年，第122页。
③ 李伯谦：《从对三星堆青铜器年代的不同认识谈到如何正确理解和运用"文化滞后"理论》，氏著《中国青铜文化结构体系研究》，科学出版社，1998年，第300~305页。

国时期灵关道的形成更多偏向于自发性。受制于地理环境和古代人类社会发展水平，不同地区之间的文化交流必然会更倾向于选择较易通行的地带。这样的通道一旦被普遍认知，便会迅速集中资源，久而久之，其在两个地区间文化交流的通道中便占据主要地位。而灵关道便具备这一地理优势，《三国志·蜀书·张嶷传》："（汉嘉）郡有旧道，经旄牛中至成都，既平且近[1]"，可以看出，灵关道多沿河流山谷的特点，使得其在后世的道路中仍有一定的便利性。

总体而言，灵关道的形成过程较为缓慢，但并没有停止延伸拓展，且于汉武帝前已基本全线贯通。虽然不能否定汉武帝对促进沟通西南夷地区的巨大历史功绩，但亦不能忽视早期灵关道的存在及其背后所反映的区域文化交流，这样才能真正全面认识灵关道的发展与价值。

---

[1]（晋）陈寿撰，（宋）裴松之注：《三国志·蜀书·张嶷传》，中华书局，1964年，第1051~1056页。

西南地区的铜棺墓与蜀人南迁

梁晓强　曲靖师范学院珠江上游历史文化研究中心 研究员

内容摘要： 20世纪60年代，在西南地区先后发现了两座铜棺墓，笔者根据对墓中的随葬器物所进行的分析，发现无论是器物型制、纹饰所包含的文化特征，还是周围与铜棺墓相关的墓群所具有的独特的文化类型，以及由此导致的墓主族属，都足以证明铜棺墓与古蜀文化有着极其密切的内在联系。对照有关历史记录，这两座铜棺墓又都位于蜀人南迁的路线上。故而笔者认为：这两座铜棺墓都是南迁蜀人所留下的文化遗存，铜棺墓是南迁蜀人所创造的后蜀文化的一个文化特征。同时，根据考古发现的相关墓群等文化遗址的分布情况，勾勒出先后两支蜀人南迁的基本迁徙路线图。

关键词： 西南地区　战国时期　铜棺墓　蜀人南迁

20世纪60年代，在西南地区的云南祥云县和广西西林县，先后发现了两座铜棺墓，这是我国迄今为止发现的仅有的两座铜棺墓。它们之间是否存在某种内在联系呢？本文就这个问题进行讨论，并以此文求教于学术界及有关专家。

一、铜棺墓的文化特征及其墓主族属

祥云县位于云南省西部洱海地区，铜棺墓所在地大波那西距县城直距二十公里，其东为楚雄州姚安县，该地区总体文化类型属于洱海区域类型。1964年3月8日，有关方面在对抗日战争期间修成的、较简易的祥云飞机场进行改建，需要修筑一条从飞机场至大波那龙山采石场运输石料的临时专用铁路，在清理路基时，民工打开了1961年就发现的木椁铜棺墓[①]，并取出了墓中及铜棺内的部分随葬物品，祥云县文化馆接公社通知后立即赶到现场，追回了取出的全部文物。云南省文物工作队和省博物馆及时进行了清理，大波那铜棺墓得以保全。

---

① 云南省文物工作队：《云南祥云大波那木椁铜棺墓清理报告》，《考古》1964年第12期。

西林县位于广西壮族自治区西部边界，锲入滇黔两省，其北面为贵州省，西、南两面为云南省，东面与田林县相接。铜棺墓所在地普驮屯西距县城16公里。1969年冬，西林县政府修筑西林至田林的公路。公路经过西林县普合村普驮屯驮娘江南岸的一座叫洞龙山的小山坡。12月15日下午，民工在施工中发现了一座铜棺墓[①]，遂经过密谋，连夜对随葬物品进行了疯狂抢掠，除铜棺外的文物散失殆尽，铜棺随后也被拉回县里，于1971年春被砸碎熔毁。

直到1972年铜棺墓旁边25米外普驮屯粮店发现铜鼓墓时，广西自治区博物馆派人下去调查才知道出土铜棺的事情。只收回11.6千克铜棺碎片，由于残缺不全，已不能够复原。同时收回8个铜面具中的5个，两件铜虎头中的1件，玉环1件，破碎玉环4件，4个跪俑以及部分玉管和玛瑙。后来经过调查得知，铜棺里原来还有一对铜马和两个平面人像，至今下落不明。

祥云县大波那木椁铜棺墓中的铜棺为"干栏"式房屋状造型，青铜铸制，用七块铜板拼合而成，长200厘米，宽62厘米，高64厘米，厚1.2厘米，重257千克，棺壁外表两侧布满回纹图案。两棺端壁外表铸有虎、豹、猪、鹰、燕、鹤等图案。棺盖是两块组合成人字形的盖板，盖在棺上呈屋脊状。棺底两边及四端各有支角，将棺体撑离地面。

通过对大波那木椁铜棺墓的文化特征及族属的分析研究，笔者认为属于南迁蚕丛氏杜宇蜀族的后裔僰族所有，是一座僰王之墓[②]。大波那木椁铜棺墓正位于散布在滇西地区的、僰族所留下的大石墓的正中心，附近至今仍然存在"石公公、石婆婆"等大石崇拜习俗[③]。

西林县普驮屯铜棺墓中的铜棺为普通棺材状造型，由棺盖和棺体组成，"棺材全用铜铸，高68厘米，宽66厘米，长达200厘米以上，板壁厚0.5~1.5厘米"，盖长201~202厘米，宽81~86厘米，高12~15厘米，壁厚1.2~1.5厘米；棺重（连盖）重约250公斤[④]。棺盖两端各铸有一只铜虎头，外棺壁两侧悬挂鎏金铜面具八个，其中一件高21.7厘米，最宽处19.2厘米，厚0.3厘米。面具造型基本一致，眼珠外突，双唇紧闭，面相哀愁（图一）。

百越民族是一个庞大的族群，各个独立民族之间的葬俗是不一致的。百越民族有别于其它类别民族的葬俗为悬棺葬，其余的土葬与捡骨葬，都不是百越民族所特有。同时百越民族主要的三种葬俗里都包括有二次葬，[⑤]这种二次葬在僰族的大石墓里更为普遍，几乎所

① 蒋廷瑜：《西林铜鼓墓与汉代句町国》，《考古》1982年第2期。
② 梁晓强：《云南祥云战国木椁铜棺墓墓主族属与身份》，《三星堆研究》（第二辑），文物出版社，2007年，第305页。
③ 田怀清：《祥云县大波那发现新石器遗址》，《云南文物》总第41期，1995年。
④ 蒋廷瑜：《西林铜鼓墓与汉代句町国》，《考古》1982年第2期；谢居登：《西林县铜棺与铜鼓墓葬发现纪事》，广西壮族自治区博物馆网，《学术园地·论文集》。
⑤ 梅华全：《百越民族葬制综述》，王懿之、李景煜主编：《百越史论集》（第二册），云南民族出版社，1989年。

有的大石墓都是二次葬。但是，百越民族没有以铜棺或铜鼓为葬具的做法，也没有石棺葬的做法。仅因此，这些铜棺墓和铜鼓墓就只能是外来文化切入的产物。铜鼓墓里的铜鼓是为葬具，里面两面铜鼓为棺，外面两面铜鼓为椁。外椁内棺也不是百越民族传统墓葬的做法，而是中原（包括蜀文化）影响的结果。

普驮屯铜棺墓文物虽已不全，从此墓现存文物及已知的文化因素看，并非农耕的百越民族系统，而是有游牧传统的北方民族。广西虽属百越地区，然与内地之间无天然屏障，因此开发较早，战国时期的墓葬出土物中，即多与内地相同，本地民族文化因素很少。秦汉统一以后，完全被中原化。象铜棺墓和铜鼓墓这些西南夷民族的文化要素，与广西本地传统百越文化没有任何关系。

金沙2006金面具	三星堆铜面具	三星堆铜面具K1：20
三星堆金面具	金沙2001金面具	普驮屯鎏金铜面具

图一　三星堆、金沙遗址金属面具与普驮屯铜棺墓鎏金铜面具的比较

普驮屯铜棺墓现存文物除铜棺外，文化特征最突出的，莫过于铜虎头和铜面具。虎为中华古代众多民族的共同图腾，特别是有游牧传统的氐羌裔许多民族，如古代夷人的后裔彝族及古代巴人的后裔土家族等，至今仍崇拜虎图腾。但是农耕的百越民族并没有虎崇拜，古今如此。在西南地区，出土青铜器时代金属面具，就地域范围来看，本不多见。却有一个地方，因金属面具而举世闻名，那就是四川广汉三星堆[1]。三星堆文化的创造者为蚕丛氏蜀族，也是一个有着虎崇拜的民族，在其后的四川成都金沙遗址中，继续保持有虎崇拜。

---

[1] 四川省文物管理委员会等：《广汉三星堆遗址二号祭祀坑发掘简报》，《文物》1989年第5期。

在金沙遗址中，于2001年出土一个金面具之后[①]，2006年又在8号遗迹坑出土了一个金面具和铜面具[②]。广汉三星堆、成都金沙遗址、西林普驮屯，是我国青铜器时代目前仅有的三个金属面具出土地点。金沙遗址出土的两个金面具，8号遗迹坑出土的，与三星堆金面具和铜面具形式相似，而2001CQJC：465（高3.74厘米、宽4.92厘米）则与三星堆遗址一号坑[③]中出土的青铜人面具K1：20（高6.5厘米、宽9.2厘米）和普驮屯鎏金铜面具一样，都已与常人形象相同，已经脱离了三星堆那些大型面具及头像那种艺术夸张（图一）。

这些铜人面具与中国傩剧中戴着面具起舞，以及后来北方契丹人墓葬中覆盖在死者头部的金属人面具功能完全不同。

首先是用法不同，西林铜棺墓中的这些铜人面具是做为一种特殊信仰的代表物品，而用于随葬的，并不附着在人的身体上。

其次是数量不一样，傩剧及辽代墓中的都是一人一件，是真正的假面具。而西林铜棺墓中，一棺数量即有八个，明显不属于假面具的用途。三星堆出土的更多，并且是用于祭祀，而不是用于随葬。

以数量众多的铜人面具运用于祭祀，在我国目前已经发掘的墓葬以及文化中，只有四川三星堆文化中，才具备如此相同的特征。

以铜铸棺在我国青铜器时代，目前为止已经发现的，也仅此两例，那么两座铜棺墓之间是否有文化上的联系呢？

答案是有的，那就是两座铜棺墓都有虎崇拜。大波那铜棺两棺端壁上，都是以"两虎啮猪"为中心的图案，虎的图象异常突出。而普驮屯铜棺两端所镶嵌的的铜虎头，同样异常突出。（见图二）同样是以铜铸棺，并且同样在棺板上塑造虎的图像，这显然不是偶然的巧合，而是相同的信念使然。并且铸造铜棺这样大的器物，没有高超的技术传统与实践经验支持是做不到的。

两铜棺墓与其邻近地区的同时期文化之间，存在着不同文化之间排他性那种本质差异，如祥云大波那铜棺墓与大波那木椁墓[④]和附近大石墓之间的亲缘关系，及与西部的剑川

① 成都文物考古研究所：《金沙——再现辉煌的古蜀王都》，四川人民出版社，2005年，第23页。
② 2007年6月10日《四川日报》报道：昨日（中国文化遗产日），最耀眼的"主角"当属金沙遗址8号遗迹出土的一项国宝级珍贵文物——金面具。……金面具宽19.5厘米、高11厘米、厚0.04厘米，重46克。面方形、额齐平，长刀形眉凸起，大立眼，三角形鼻高挺，阔口，长方形耳、耳垂有一圆孔。该金面具与三星堆遗址一、二号坑中出土的青铜人头像、青铜人面具造型风格基本一致，时代当在商代晚期至西周时期，距今约3000年。
③ 四川省文物管理委员会：《广汉三星堆一号祭祀坑发掘简报》，《文物》1987年第10期。
④ 云南大理州文管所等：《云南祥云大波那木椁墓》，《文物》1986年第7期。

鳌凤山①和东部的楚雄万家坝②的差别，西林普驮屯铜棺墓与武鸣周围骆越人墓群③的差异。

广西学者认为普驮屯铜棺墓为句町王之墓④。汉武帝开西南夷，因势力较大的滇国和夜郎国设益州郡和牂牁郡，封其国君为滇王和夜郎王，其时句町仅设县封侯，说明句町势力有限，先汉时期并没有小王国，何来句町王。句町王之封，为汉昭帝时，因句町出兵参与平定益州郡发生的叛乱，因功封王⑤，与汉章帝因破哀牢而册封昆明夷卤承为破虏傍邑侯⑥的情形一模一样，但这与先汉时期历史又有什么直接的关系呢？

普驮屯铜棺墓为句町王之墓只是一种简单的推理，并没有得到确切的历史记录及考古资料支持。言者也没有能够通过对随葬品文化属性的分析，而得到与周围本地墓葬文化类型能够印证的结果。普驮屯铜棺墓和铜鼓墓，就其文化类型与周邻地区的各族群文化类型对比而言，都是一个格格不入、求同无所的异类。

1   2   3   4

图二   大波那铜棺（上）与普驮屯铜棺（下、复原品）棺壁上虎崇拜的图像

并且普驮屯铜棺墓周围地区，至今再也没有发现能够代表所谓句町文化的大量墓葬和文化遗迹存在，怎么可以由此而树立起考古学意义上的句町文化来呢？反之，在滇王墓和巂王墓周围地区，都有着大量代表滇文化的竖穴土坑墓与巂文化的大石墓存在。

那么普驮村铜棺墓的墓主是谁呢？我认为依然是有着大石崇拜习俗的蜀族⑦。

大石墓和石棺墓是大石崇拜的遗迹，从目前的发现情况看，大石墓主要分布在川西南安宁河谷、滇西洱海周围地区；石棺墓则主要分布在四川西部地区、横断山区，以及云南

---

① 云南省文物工作队：《云南剑川鳌凤山墓地发掘简报》，《文物》1986年第7期。

② 云南省文物工作队：《云南楚雄万家坝古墓群发掘报告》，《考古学报》1983年第3期。

③ 韦仁义：《武鸣马头墓葬与古代骆越》，《文物》1988年第12期。

④ 王克荣：《建国以来广西文物考古工作的主要收获》，《文物》1978年第9期。

⑤ （东汉）班固：《汉书·卷七·昭帝纪》载"（开元）六年（前81），……秋七月，……诏曰：句町侯毋波率其君长人民击反者，斩首捕虏有功，其立毋波为句町王。"（东晋）常璩：《华阳国志·卷四·南中志》载："（句町）其置自濮，王姓毋，汉时受封迄今"。

⑥ （南朝宋）范晔撰，（唐）李贤等注：《后汉书·卷八十六·西南夷列传》，中华书局，1965年。

⑦ 《华阳国志·卷三·蜀志》记："有蜀侯蚕丛，其目纵，始称王，死作石棺石椁。国人从之，故俗以石棺椁为纵目人冢也。……每王薨，辄立大石，长三丈，重千钧，为墓志。今石笋是也。"

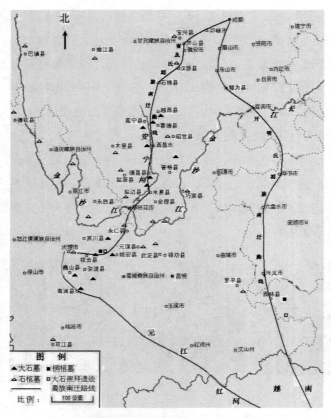

图三 西南地区石墓、铜棺墓的分布与蜀人南迁的路线

北部的金沙江河谷地区（见图三），离开这个范围则极其罕见。无独有偶的是，在普驮屯铜棺墓周围地区，同样也存在有石棺墓群以及大石崇拜的遗迹①。

在与广西西林县八大河乡隔南盘江相望的云南罗平县鲁布格乡（原来也叫八大河乡，因天生桥水电站建设淹没乡政府驻地，异地搬迁而改名）八大河村，有一石棺墓群②，这是目前在珠江流域范围内发现的唯一一处石棺墓。我国西南地区发现的石棺墓，都直接与蜀国民族或者由蜀境迁徙出的民族有关。因此，罗平的这一石棺墓群，也应该和蜀境迁徙民族有关。同时，在西林县南部的那佐乡央纳村，也发现有大石崇拜的遗迹。而普驮屯铜棺墓，也正好处在这些石棺墓群、大石崇拜遗迹的正中心，这自然更不是偶然的巧合。

同时广西学者亦认为，由于西林县特殊的地理位置所决定，其境内所发现的铜鼓墓（包括铜棺墓）中的"许多器物与广西其他地区发现不同，而与云贵的西汉前期墓有较多相似。"③并明确指出铜鼓墓"出土的器物与云南省晋宁石寨山和江川李家山古墓群中的

① 蒋廷瑜：《西林铜鼓墓与汉代句町国》，《考古》1982年第2期。第200页文中有"在西林那佐发现汉代铜斧的附近，还发现有巨石崇拜的遗迹等，又同四川西南地区战国至西汉濮族巨石墓相近。"文后注释又说："此铜斧是1975年3月发现的，被压在一块大石块下，估计原来为古墓遗物。据张世铨同志现场了解，该村附近一里的山咀上有一竖立的长石，群众称之为庙，石上刻有许多横线和其它符号，推测与巨石崇拜有关。"

② 李保伦：《云南"滇东北"滇川间的文化交流线》，肖先进主编：《三星堆研究》（第二辑），文物出版社，2007年。

③ 熊昭明：《广西汉代考古的回顾与展望》，广西壮族自治区文物工作队：《广西考古文集》（第二辑），科学出版社，2006年，第65页。

早、中期墓所出土的器物有许多共同之处。"[1]

二、开明氏蜀族的南迁与南迁的路线

《华阳国志·蜀志》记：周慎王五年秋，秦大夫张仪、司马错、都尉墨等从石牛道伐蜀。蜀王自于葭萌拒之，败绩。王遁走至武阳，为秦军所害。其傅、相及太子退至逢乡，死于白鹿山。开明氏遂亡。凡王蜀十二世。冬十月，蜀平。

公元前316年，秦军灭蜀，开明氏蜀国亡。亡国之际，一蜀王子率领部分军民辗转南迁，最后到达今天越南北部的交趾，并建立了王朝，在越南历史上称为蜀朝。

蜀王子南迁故事见北魏·郦道元《水经·卷三十七·叶榆水注》引《交州外域记》曰：

交趾昔未有郡县时，土地有雒田，其田随潮水上下，民垦食其田，因名为雒民。设雒王、雒侯，主诸郡县。县多为雒将，雒将铜印青绶。后，蜀王子将兵三万来讨雒王、雒侯，服诸雒将。蜀王子因称安阳王。后，南越王尉佗举众攻安阳王，安阳王有神人名皋通，下辅佐为安阳王治神弩一张，一发杀三百人。南越王知不可战，却军住武宁县。越遣太子名始降服安阳王，称臣事之。安阳王不知通神人，遇之无道，通便去，语王曰："能持此弩王天下，不能持此弩者亡天下。"通去。安阳王有女名曰眉珠，见始端正，珠与始交通。始问珠令取父弩视之。始见弩，便盗以锯截弩讫，便逃归报越王。南越进兵攻之，安阳王发弩，弩折，遂败。安阳王下船，径出于海。（今平道县后王宫城，见有故处。）越遂服诸雒将。

这段记录不仅为许多中国古代史书所转载[2]，同时也为后来的越南史料所继承。

被元军俘虏的安南人黎崱羁留中国期间写下的《安南志略·卷一·古迹》[3]有：越王城：蜀王尝遣子将兵三万降诸雒，因据其地自称安阳王。……今平地县有安阳王城，迹尤存。[4] 明安南无名氏撰《越史略·卷上·国初沿革》记：

昔黄帝既建万国，以交趾远在百粤之表，莫能统属，遂界于西南隅，其部落十有五焉，日交趾，日越棠……至周庄王时，嘉宁部有异人焉，能以幻术服诸部落，自称碓王，

① 广西壮族自治区文物工作队：《广西西林县普驮铜鼓墓葬》，《文物》1978年第9期。
② 杨守敬、熊会贞：《水经注疏》（下册），江苏古籍出版社，1989年，第3046页。
　守敬按：《太平御览》卷三百四十八引《日南传》，《太平寰宇记》交趾县下引《南越志》，叙安阳王事，与《交州外域记》有详略异同。
③ 《安南志略》二十卷，影印本文渊阁《四库全书·史部·载记类》，第466册，上海古籍出版社，1987年。
④ 杨守敬、熊会贞：《水经注疏》下册，江苏古籍出版社，1989年，第3046页。
　守敬按：《北堂书钞》一百二十五引刘欣期《交州记》，安阳王者，其城在平道县之东北。《元和郡县志》，安阳王故成在宋平县东北三十一里，盖昔交州之地。《太平寰宇记》引《南越志》，安阳王治交趾，其国城在今平道县东，其城九重，周九里。

都于文郎，号文郎国。以淳质为俗，结绳为政，传十八世，皆称碓王。①……周末，为蜀王子泮所逐而代之。泮筑城于越裳，号安阳王，竟不与周通。秦末赵佗据郁林、南海、象郡以称王，都番禺，国号越，自称武皇。……武皇复兴兵攻之，军至，王又如初，弩折，众皆溃散，武皇遂破之。王衔生犀入水，水为之开，国遂属赵。②

《史记·卷一一三·南越列传》记：

南越王尉佗者，真定人也，姓赵氏。……秦已破灭，佗即击并桂林、象郡，自立为南越武王。……岁余，高后崩，即罢兵。佗因此以兵威边，财物赂遗闽越、西瓯、骆，役属焉，东西万余里。乃乘黄屋左纛，称制，与中国侔。③

汉高皇后吕氏死于公元前180年，此后，南越王赵佗"以兵威边"，吞并诸邦。从《交州外域记》的记载看，赵佗灭安阳王蜀国，费尽了心机，几经周折才达到了目的。安阳王建立的蜀国的起止时间为：公元前316年，蜀国亡南迁以后建国，公元前180年以后被赵佗击灭，前后存在了130年左右时间。

中国元朝、越南陈朝圣宗绍隆十五年（1272）黎文休所编《大越史记全书·外纪卷一·安阳王》记："甲辰元年（前257）筑螺城，丙午三年，螺城成。王筑城于封溪，广千丈，盘绕如螺形，号螺城，又名思龙城。"并注引《蜀纪》云："（安阳）王姓蜀，讳泮，巴蜀人也，在位五十年，都封溪，今古螺城是也。"

蜀王后代们念念不忘蜀族的"螺祖崇拜"④，在南迁六十年以后所建都城亦"号螺城，又名思龙城。"安阳王蜀泮，将蜀文化的种子沿途播撒在南迁的路途中，以及所建立的国家里，成为了历史的必然。因此，在现代发现的越南东山青铜文化中，就有了与三星堆蜀文化相似的玉璋和无胡戈。

今天在云南罗平县八大河村发现蜀人的石棺墓群及相邻的广西西林县央纳村发现蜀人的大石崇拜遗迹，就不再是空穴来风的事。而在二者中间的普驮屯出现了镶嵌着蜀人虎崇拜的铜虎头和悬挂着蜀人鎏金铜面具的铜棺墓，则更是文化上的一脉相传，蜀人浓浓文化血液在汩汩流淌的确切证据。因此，普驮屯铜棺墓的墓主是为某代安阳王。

---

① 乐史《太平寰宇记》引沈怀远《南越志》记："交趾之地最为膏腴，旧有君长曰雄王，其佐曰雄侯，以其田曰雄母。后蜀王之子将兵三万，讨雄王灭之。蜀以其子为安阳王，治交趾。"越南古代没有文字，而通用汉字，其古代历史均用汉文记录。此"碓"字与"雄"字（即越南历史记录中的雄王时代）一样，都应该是"雒"字的误写。

② 《越史略》三卷，影印本文渊阁《四库全书·史部·载记类》，第464册，上海古籍出版社，1987年。

③ 司马贞《史记索隐》姚氏案：《广州记》云"交趾有骆田，仰潮水上下，人食其田，名为'骆人'。有骆王、骆侯。诸县自名为'骆将'，铜印青绶，即今之令长也。后蜀王子将兵讨骆侯，自称为安阳王，治封溪县。后南越王尉佗攻破安阳王，令二使典主交趾、九真二郡人"。寻此骆即瓯骆也。

④ 金沙遗址中（一件，见注⑧第43页）和祥云县大波那铜棺墓里（共两件，见注①图版五，为该墓唯一的鎏金器物），都出土有铜螺型器。

两铜棺墓间及与（三星堆、金沙遗址）蜀文化间相同文化特征

两铜棺墓之间		与蜀文化之间	
1. 都使用铜棺		都有虎崇拜	
2. 周围都有石墓群	三者都属于后蜀文化	祥云大波那	都有金属权杖等
3. 附近都有大石崇拜遗迹		西林普驮屯	都有金属人面具

我国目前所发现的仅有的两座铜棺墓，都是蜀人的墓葬，因此从一定意义上讲，是否可以这样认为：铜棺葬是后蜀人的一种特殊的墓葬形式。

蜀王子领导的开明氏蜀族南迁路线，四川学术界普遍认为是：经四川西南地区进入云南西部洱海文化区域，穿越滇中滇文化区域，再转向滇东南进入越南。[①]这一路线必须经过势力强大的昆明族和滇族的领地范围，果然如此，则不可避免发生大的军事冲突，一支逃亡的军队，是不可能接受前后受敌的局面的。而通过四川南部地区分布的大量蜀国墓葬[②]等所提供的线索，这一南迁路线应该是：经四川南部地区的犍为、宜宾，通过贵州毕节至兴义，穿越广西西林向南直入越南。

这一南迁路线的理论上的逻辑合理性在于：

1. 蜀王子能够逃避秦军的打击，他的领地不可能在蜀国的北部（在秦军的直接打击范围），而应该在蜀国的南方。同时也不能够在蜀王的逃亡方向——川西南地区，这样秦军必然会随尾穷追。蜀王子之所以能够避开秦军的锋芒，一个最简单的道理就在于他的封地没有在秦军的进军路线上，否则他怎么可能毫发无损地率领庞大的军队和族群出逃呢？

2. 蜀王子前往安南的道路，必须是没有大的人为障碍的捷径，否则出亡也不是那么容易的。从现代出土的大量兵器及器物形象看，滇族与夜郎的武士都不那么容易对付，更何况连后来汉武帝时最强大的汉军都倍感头疼的强悍的昆明族武士们。而通过邻近滇东、黔西的边地，就是一条捷径，这条路刚好处在滇国与夜郎国势力交界、而两国都无强大势力控制的地区。并且这条道路曾经是南方丝绸之路的东道——南夷道的一部分，中间没有任

---

① 有关专家的相关论述见下：

蒙文通：《安阳王杂考》，《越史丛考》，人民出版社，1983年，第76~77页。

徐中舒：《〈交州外域记〉蜀王子安阳王史迹笺证》，四川大学学报编辑部、四川大学历史系主编：《四川大学学报丛刊》（第五辑），四川大学出版社，1980年。

童恩正：《试谈古代四川与东南亚文明的关系》，《文物》1983年第9期。

段渝：《玉垒浮云变古今——古代的蜀国》，四川人民出版社，2001年，第207~209页。

罗二虎：《西南丝绸之路的考古调查》，《南方民族考古》（第五辑），四川科技出版社，1993年，第398页。

范勇：《古蜀民族南迁略考》，《古代西南丝绸之路研究》（第二辑），四川大学出版社，1995年，第79~80页。

② 王有鹏：《犍为的巴蜀墓的发掘与蜀人的南迁》，《考古》1984年第12期。

何难以逾越的高山巨川等自然障碍。

3. 蜀王子在前往安南的遥远征途和漫长的举族迁徙过程中，沿途不可能不留下蛛丝马迹。而在滇西前往安南必须经过的滇中和滇东南地区，至今没有发现任何能够完全代表蜀文化的文化遗址。而存在于滇东地区的罗平县八大河村石棺墓群及相邻的广西西林县普驮屯铜棺墓和央纳村大石崇拜遗迹等蜀文化的标准遗物，不正是蜀王子在南迁之路上留下的真凭实据吗？

4. 德国考古学家雷安迪主持了柬埔寨波赫遗址的发掘，里面有与贵州可乐遗址相同的以铜鼓套头、以铜盘覆面的葬俗。"总之，从地理环境及当时周邻地区的形势看，中南半岛是汉代云贵高原西南夷逃亡和迁徙的一个主要方向。……特别是柬埔寨波赫等地发现的套头葬、覆面葬表明，这些向南迁徙的人群最远至少到达中南半岛的南部。"[①]柬埔寨波赫与贵州可乐的套头葬存在着必然的文化联系，同样道理，大波那铜棺与普驮屯铜棺也存在着必然的文化联系。

不仅是云贵高原的西南夷，包括由四川进入云贵高原的蜀地民族，这些族群能够南迁是基于两个要点：一是有南夷道这条通道的存在，使南迁成为可能；二是这条通道没有被任何强大的族群所占据，使南迁变得很容易。

蚕丛氏杜宇蜀族的南迁路线，则通过一条著名的民族迁徙道路，即后来举世闻名的南方丝绸之路的主道——灵关道。

结论：在我国西南地区发现的两座铜棺墓，其文化类型与同时期当地不同族类的文化类型迥然不同，铜棺墓及周围同族墓随葬器物中都包含有极其浓重的蜀文化因素，并且都与蜀族南迁有着密切的联系。因此，这两座铜棺墓都是不同时期南迁蜀族留下的文化遗产。

---

① 杨勇：《战国秦汉时期云贵高原考古学文化研究》，科学出版社，2011年，第358~359页。

从文化遗产看雅安在"南方丝绸之路经济带"中的地位和作用

程琪　吴磊　四川雅安市博物馆

摘　要：雅安从古至今就是四川进藏、入滇的交会处与重要节点，同时也是古代"南方丝绸之路"的门户和必经之路。本文从雅安地区的文化遗产的角度出发，表明雅安在南方丝绸之路上具有的独特历史文化价值和促进汉藏民族团结和谐的现实价值。同时，结合当今的经济发展条件及战略发展机遇，探讨了雅安在"南方丝绸之路经济带"中的地位和作用。

关键词：雅安　南方丝绸之路　茶马古道　南方丝绸之路经济带

南方丝绸之路泛指历史上不同时期四川、云南、西藏等中国南方地区对外连接的通道，包括历史上有名的蜀身毒道和茶马古道等。"南方丝绸之路"的提出，是基于以巴蜀为重心，分布于云南至缅、印的地区内，出土大量相同文化因素，这些文化因素不仅有巴蜀文化，而且更有印度乃至西亚的大量文化因素，其时代早于经中国西北出西域的丝绸之路。由于丝绸之路作为古代中西文化交流的代称已为中外学者所普遍接受，因此便称这条由巴蜀为起点，经云南出缅、印、巴基斯坦至中、西亚的中西交通古道为"南方丝绸之路"（简称"南丝路"）。南方丝绸之路总长有大约2000公里，是中国最古老的国际通道之一。它以四川成都为起点，经雅安、芦山、西昌、攀枝花到云南的昭通、曲靖、大理、保山、腾冲，从德宏出境；进入缅甸、泰国，最后到达印度和中东①。

雅安位于四川盆地西缘、邛崃山东麓，东靠成都、西连甘孜、南接凉山、北接阿坝，距成都115公里。素有"川西咽喉""西藏门户""民族走廊"之称。雅安从古至今就是四川进藏、入滇的交会处与重要节点，同时也是古代"南方丝绸之路"的门户和必经之路。

---

① 全洪涛：《南方丝绸之路的文化探析》，《思想战线》2012年第6期。

一、雅安的文化遗产

雅安自古以来就是文化源流与传承的通道，承担着开边治边、管理运输黄金的任务，它是川藏政治、经济、军事、多元文化交流的中枢和交通枢纽；雅安的茶马古道见证和弘扬了少数民族传统文化，带动了地方经济社会发展，雅安在南方丝绸之路上具有独特的历史文化价值和促进汉藏民族团结和谐的现实文化价值。

（一）考古发掘遗址

早在史前时期至三代以降，雅安地区就已经出现了一条文化交流的通道，汉代称为"牦牛道"。从20世纪70年代以来至21世纪10年代，考古工作者在这里先后进行了10余次规模不等的考古调查发掘。其中较为重要的考古发掘遗址有：

1. 富林旧石器时代遗址，20世纪60年代发现于四川省汉源县富林镇[①]。1962年和1974年，中科院古脊椎动物与人类研究所和四川省博物馆的专家学者先后到富林进行发掘，各文化层出土石器的材料多以燧石为原料，还有石英、水晶、砂岩、花岗岩、角页岩、安山岩等。石器中主要以石片为主，有刮削器、尖状器等。富林石器的特点为器形较小，有小石核、小石片和小石器，另外还有少数似石叶等石器五千余件；有动物化石、碎骨和植物化石印痕（如板栗、香叶等）若干件；还有木炭、灰烬、烧骨等用火痕迹。其地质时代约为晚更新世晚期，距今约2万年。1977年中科院张森水教授在《古脊椎动物与人类》学报上发表论文建议定为"富林文化"[②]，从此富林文化被编入我国南方第一个旧石器时代遗址的图书中。

2. 麦坪遗址。麦坪遗址位于雅安市汉源县大树镇麦坪村，处于大渡河中上游最为平坦的河谷地带。包括狮子山遗址、龙王庙遗址、麦坪遗址、金钟山遗址、姜家屋遗址等，整个遗址面积超过10万平方米。其中以麦坪遗址最具有代表性。

1988年，中国社会科学院考古研究所四川工作队来到这里进行考古调查，在狮子山、麻家山等地发现了类似麦坪遗址文化堆积，并且在麻家山发现有与蜀文化相关联的遗存，在狮子山遗址发现有与麦坪遗址相似的独具自身特点的文化面貌器物。他们初步认为：这一带可能是古蜀文化的最西南边界。表明成都平原古蜀文化通过后来称之为的"南方丝绸之路"向西南方向扩散。2001年至2010年，麦坪遗址经过多次大规模的发掘，获得了重要成果：发掘调查发现，当时的人们对自己所居住的地方已经有了比较明确的规划，生活区、生产作坊区、墓葬区的分类比较明确。发现新石器时期房屋基址182座。他们的房子多为方形或者长方形，做饭的土灶多为圆形。有些房屋只有一个房间，有的有几个房间，类似于

---

① 杨玲：《四川汉源富林镇旧石器时代文化遗址》，《古脊椎动物与人类》1961年第4期。
② 张森水：《富林文化》，《古脊椎动物与人类》第15卷第1期（1977年）。

现在的套二、套三房屋。这些房屋门的朝向一致，北部墙体处于同一直线上，有着十分明显的组群关系，因此这可能是最早的街道雏形。

发掘82座商周时期的土坑墓，出土了陶罐、陶钵、圈足器和平底器、尖底器等，器类虽不多，但器身纹饰却非常丰富精美；清理的商周墓葬排列有序，均为西北朝向。墓葬随葬品有类似巴蜀式的青铜柳叶形剑。发现并清理石棺墓葬26座，是四川地区发现的早期石棺葬墓葬群之一，麦坪的石棺墓没有用石板铺底，主要陪葬品是雕琢精美的骨器和陶器；推测当时石棺葬的墓主人主要以种植农业为主，间或也要到密林狩猎，到大渡河中打渔。遗址内还清理出成片的烧制陶器的作坊区，盛水和食物的陶罐、陶钵、圈足器、平底器、尖底杯以及尖底罐等。

麦坪遗址堆积与出土器物不仅具有自身地域文化特点，还有古蜀和巴蜀文化特点，说明其受到中原文化因素的影响，同时，西北甘青高原的彩陶文化因素也能在麦坪遗址器物中见到一二。

3. 雅安沙溪遗址，1985年、1986年发掘于雅安青衣江北岸一级台地上。20世纪50年代，四川省文物部门曾到雨城区沙溪村和斗胆村（现为斗胆社区）进行考古发掘调查，发现了众多石器，这些石器被居住在沙溪村的村民称为"石锄头"，即考古界所说的经过打磨的"有肩石器"[1]。这种用江河岸滩的砂砾岩为原材料制作的石器，一面保留原砾岩的自然面，一面为打击制作的劈裂的有肩石器。这种有肩石器在云南西部、西南部以及滇西北新石器时代遗址中均有出土，类似遗存约有10余处，尤其以云南忙怀遗存为代表，石器的石料选材、打制方法、石器种类与形状均大同小异，与雅安青衣江流域出土的有肩石器基本一致。云南忙怀遗址与有肩石器共存的有陶器，陶质为夹砂陶，陶色有红、灰、黑色，器形有罐、缸、钵、盆、碗、壶等；雅安沙溪遗址与有肩石器遗存共存也有少量陶器，但数量不多。关于两处遗存的年代，据云南学者王大道的研究，云南忙怀遗址的绝对年代下限不晚于距今3335±160年，雅安沙溪遗址据该遗址下文化层晚期木炭标本碳14测定年代，应该为距今3100±70年。云南忙怀遗址与雅安沙溪遗址的共同因素有肩石器遗存与大致年代已经明确，两者之间是否存在传播与交流的影响，目前现有的考古资料还不能厘清，但有肩石器这种相同的石器文化因素出现在南丝路上的两处遗址中已不可否认，雅安在与西部地区政治、经济和文化方面交流过程中发挥的的源流与传承的关系值得我们研究和深思。

（二）何君尊楗阁石刻的发现

2004年3月，在雅安市荥经县烈士乡境内发现一处汉代摩崖石刻，经考古工作者实地考察确认，该刻石就是宋代史书记载的《何君阁道碑》（也称《尊楗阁碑》）。碑文铭

---

[1] 魏达议：《雅安石器调查记》，《文物参考资料》1958年第1期。

刻如下："蜀郡大守平陵何君，遣掾临邛舒鲔将徒治道，造尊楗阁，袤五十五丈，用功千一百九十八日。建武中元二年六月就，道史任云、陈春主。"《何君尊楗阁石刻》的发现对西南古代交通史的研究有重大意义。荥经古称严道，秦惠文王（前312）曾封战功卓著的异母弟樗里疾为严君，之所即为严道，所辖包括今雅安市大部分以及泸定、洪雅一部分地区。据李炳中先生《何君尊楗阁石刻的发现及其意义》考证，严道自古以来就是蜀之边徼重镇，贸易集散地。向西南即是雄关险隘、夏日林冰的九折坂，《华阳国志》佚文："（严道）道至险，有长岭、若栋、八渡之难，扬母阁之峻……回曲九折，乃至山上。"回曲九折，即指九折坂。翻越九折坂即为牦牛县地界。九折坂位置的具体所在，是研究汉王朝重视开通的西南夷古道路线、牦牛道治所及严道辖区范围的关键。自清初顾祖禹《读史方舆纪要》中所说，九折坂在荥经凰仪乡大相岭上，后来的志书纷纷附和。尊楗阁刻石的位置在严道古城以西，而大相邻在古城以东，可知牦牛道是沿荥河西上，经荥经三合乡代黄沟，分路至今汉源以东，泸定冷碛一带。此道路也是明清时期兴盛畅通的茶马古道。

由上可以看出，牦牛道的走向并非在大相岭上，但从地势来看，大相邻海拔相对较低，且道路平坦，路程更近、更易于行走，为何古人却舍近求远，弃平就险呢？李炳中先生认为其原因是古人选道遵循治道、开边、治边的原则。王朝开边，以开道始；王朝略边，依道通否定；王朝治边，治道设据点[1]。在古代西南边疆与祖国内地的联系，主要通过巴蜀的联系来实现，古道与政权的关系即为密切，在开边略边中起着十分重要的作用。其次，严道的地理位置处于古代中国盛产黄金的三点之间（牦牛地区的丽水，云南的金宝山、长傍山、三面山和西藏地区），具有重要交通枢纽的作用；严道至牦牛县乃至云南的道路最早应为楚人开凿，楚人为了管理和运输黄金这一重要的战略物资，必定要开凿一条能够通达三处金矿的"国道"——牦牛道，经严道翻越邛笮大山，到达泸定分南路和北路两条线路，南路可达邛都（西昌）至云南，北路经泸定、康定进入西藏。

（三）墓葬和出土器物

在雅安发现的墓葬和出土器物，我们以2010年发掘清理的高山庙西汉墓地为例来看。墓葬位于四川省雅安市荥经县古城村，小地名为高山庙的缓坡地带，分布在长约300米，宽60米的范围内。共清理墓葬11座，其中有1座砖室墓，1座土坑墓，9座土坑木椁墓。墓葬分布较为集中，大多数为东西方向，有1座位南北向。墓圹规格约在长4.5米、宽2.5米之间，墓坑较深，在2米至4米之间。土坑木椁墓的构筑方式是：先出竖穴土圹，在土圹周围涂抹约5厘米厚的白膏泥，再在底部和四周铺上木板形成椁箱，然后放入棺体和陪葬品于椁箱内，

---

[1] 高俊刚、李炳中、潘红兵：《何君尊楗阁刻石考古发现和对南方丝绸之路研究的意义》，《四川文物》2007年第5期。

盖上椁盖，在椁箱顶板上覆盖竹编席或桦树皮，最后再用白膏泥密闭封护后回填泥土夯实墓圹。多数墓葬为一棺一椁。这批土坑木椁墓有的有头箱、边箱或足箱，大部分墓葬早年已被盗掘，随葬品按质地分有陶器、铜器、木胎漆器和木器等。

1.陶器。主要有罐、豆、壶、瓮、釜等，器类单调，数量不多，以各种形制的罐、壶、釜为主，罐、釜类器物有平底和圜底两种，壶、豆有圈足。陶器质地以夹砂陶为主，泥质陶次之，少数陶器参有白色石英沙粒。纹饰主要是绳纹和弦纹。1号墓内还出土有陶胎髹黑漆陶罐、陶壶，器身朱绘人物、鸟、兽等彩绘图案，这在目前四川西汉初期发现的土坑墓内还是首次出现。

2.铜器。主要有盆、钫、铃、剑、鍪、铜镜、带钩、印章、蒜头壶、双耳釜、半两钱等。

3.木胎漆器。主要有壶、圆盒、双耳长盒、盘、漆耳杯、漆卮、樽等。木胎漆器多数于器表髹以黑漆，于器内里髹以朱漆。器物表面还会画上以朱色为主，兼有赭色、土黄色等的彩色纹饰，主要纹饰有勾连云纹、弦纹、点线纹、曲折纹、几何纹、变体凤鸟纹、螭龙纹等。有漆耳杯上还有朱书的"王黑"二字。

4.木器。主要有俎豆、木臼形器、木璧、木马、木俑和疑似为木车模型的木器构件等。如出土有圆形内沿有槽的车轮形器，圆锥状车轴头，两端斜削的半圆形状木辐条，以及有彩绘的不同形状的木条、木板等。由于墓葬早年多已被盗，即使是本次发掘中唯一没有被盗的3号墓葬，由于地下水的长期浸入，导致垫木上的木棺漂浮移位于木椁中，随葬的部分漆木器移位于木棺之下，疑似为木车模型的木构件也移位散落在椁内和棺的四周，无从考证复原。

从荥经县古城村高山庙西汉土坑墓墓葬形制及其出土的器物所属特点来看，其墓葬的时代应该在西汉初年，具有楚文化因素，或属岷山庄王宗嗣后裔的墓葬。因为这种棺椁结构和竹席覆盖以及白膏泥的封护与埋葬方式正是楚文化墓葬特征之一；其次高山庙墓葬出土的漆圆盒、耳杯、樽、彩绘木马、木俑等木胎漆器，在曾家沟秦汉墓群中也有类似器物出土；高山庙出土耳杯上有朱书"王黑"二字，曾家沟墓葬出土耳杯上有朱书"王邦"二字铭文。综合以上特征可以初步推断，高山庙西汉墓地与曾家沟秦汉墓群二处墓地是文化性质相似的墓葬群。高山庙西汉墓地所处地点比邻全国重点文物保护单位——严道古城遗址，说明这批墓葬的主人与严道古城之间有着密切的联系①。

高山庙西汉墓地所表现出的文化现象除了具有楚文化因素，还兼容包涵了其他不同的文化现象。高山庙土坑墓出土有一件"七年卢氏命韩戚"铭文铜戈，很明显是中原三晋中

---

① 黄家祥、李炳中：《南丝路上的文化遗产与交通枢纽——雅安》，《三星堆文明·巴蜀文化研究动态》2015年第1期。

韩国的兵器，表明中原文化已经进入这一地区；从墓葬形制观察，土坑墓无论墓圹大小，都有一个共同的特点，即墓圹均显得狭窄长方，这与土坑木椁墓的区别明显，从出土随葬品观察，两种墓葬出土铜器中生活类的铜容器如釜、鍪等相同，而土坑墓出土了大量的兵器如柳叶形剑、戈、矛和巴蜀印章等，在土坑木椁墓中却没有发现，土坑墓中大型的一类有使用船棺做葬具，以上现象反映出土坑墓主人可能与军事有关，而文化现象则更多呈现出的是"巴蜀文化"的因素；值得注意的是，土坑墓内出土了少量陶器，其底部有叶脉纹饰，从器形、纹饰来看，同西南地区金沙江、安宁河流域墓葬出土器物有相似的之处，应该也有受其影响在内；出土的铜泡饰、有柄铜镜等则是石棺葬和北方草原文化的因素。可以看到，不同族群的共同体在此的遗留。

高山庙西汉墓地的发掘，为以严道古城为中心的聚落考古积累了新的资料，它的周边分布着不同性质的墓葬群，表现出了复杂多样的文化因素，说明战国秦汉之际，严道城池不仅是巴蜀西南边地的一处政治、经济和军事中心，还是一处多元文化交会融合的中心枢纽。

（四）南丝路上的重要交通枢纽——严道

严道，古县名，现在的荥经县。位于四川盆地西缘，雅安市中部，是古代南丝绸之路的重要驿站。荥经历史悠久，建置古远。新石器时期，先民在此生息繁衍，有县至今已逾2316年历史。秦惠文王更元之十三年（前312）置县名严道，治所在今六合乡古城村。唐武德三年（620）改置荥经县，治所在今严道镇。民国28年（1939）西康建省，县隶之。1955年随西康裁并，复归四川省至今。

现存的严道古城遗址位于荥经县西1.5公里，地处中峻山下荥河南岸的第三阶地的平台上。地东西长约900米，南北宽约750米，高出荥河约40米。东面为打鼓溪，西面为荥河陡坎，荥河环绕古城遗址流过，形成一道天然的沟堑屏障，城址西南方的高山与荥河之间的狭窄关隘是严道城池与外部联系的唯一通道。城池由主城和子城两部分组成，主城平面呈方形，东西长400米，南北宽375米。子城在主城西北的第二阶地平台上，平面为长方形，东西长300米，南北宽200~270米。严道城池的选址以高山、河流、隘口为天然屏障，易守难攻，城池东面是大片空旷的适宜农耕的肥沃土地，因此，严道城池是春秋至战国秦汉时期南方丝绸之路上的重要城镇。

严道之"道"，在这里的意义不是《汉书·百官公卿表》所解释的"县……有蛮夷曰道"的道，而是交通道路的道，即说文解字中对"道"的解释：所行道也，一达谓之道。另外，根据徐中舒先生《论巴蜀文化》中指出："秦道之道，应该如蜀道之道，古代地旷人稀，惟道路是统治者必须维系的脉络，道上置邮置驿，一维持其统治权。"通过这条道路，不仅带来了中原的秦文化、三晋文化，还带来了南方的楚文化。《史记》《蜀记》等史籍中有提到，在战国秦汉时期，秦国为加强对巴蜀地区的统治，"乃移民万家以实之"，后来的岷山庄王和庄蹻王滇的故事均在严道源起。至秦灭巴蜀后的秦汉时期，严道与中央王朝的来往十分密切，如陈直在《汉书新证》中指出："严道县在西汉时为罪人流放之地，史记淮南厉王徙蜀郡严道是也。严道有铜矿，邓通传所谓赐山铸钱是也。再加以有朱桔之贡献，太后之汤沐，聚荟集于此县，故官书往来，最为繁也。"由此可以看出，严道从先秦至秦汉时期，居住生活在此的人们不仅由当地不同种姓的"夷人"组成，还有来自中原、南方楚国以及流放的罪人等多种不同种族的人群组成。因此，严道不仅是南方丝绸之路上的重要城镇，也是不同种族、不同族群之间来往交流的重要交通枢纽。

（五）川藏茶马古道

茶马古道是指存在于中国西南和西北地区，以马帮为主要交通工具的民间国际商贸通道，是中国西南民族经济文化交流的走廊，茶马古道是一个非常特殊的地域称谓，是一条世界上自然风光最壮观，文化最为神秘的旅游线路。结合有关茶马古道和南方丝绸之路历史资料研究，目前一般观点认为雅安是南方丝绸之路的要冲和重要门户，"茶马古道"与"南方丝绸之路"在雅安线路重合叠加，川藏茶马古道是"南方丝绸之路"的组成部分[1]。

茶马古道起源于古代西南边疆和西北边疆的茶马互市，兴于唐宋，盛于明清，二战中后期最为兴盛。茶马古道分川藏、滇藏、青藏三条主线，其中川藏茶马古道从四川雅安出发，向西经泸定、打箭炉（今康定）、昌都至拉萨，再由拉萨向西，经日喀则、亚东等地延伸入境外的不丹、尼泊尔、印度，全长近4000公里，已有1300多年历史，具有深厚的历史积淀和文化底蕴，是古代藏区和汉区进行联系必不可少的桥梁和纽带。茶马古道的文化遗产构成包括五个方面：古茶园（古茶树）、古茶号、古茶厂；古城镇、驿站和集市；古道路、古桥梁；古寺院、古遗址以及摩崖石刻、水井等其他遗存。雅安的茶马古道文化遗产几乎包含全部五个方面的内容：雅安名山蒙顶山现代万亩生态观光茶园、雅安清代公兴茶号旧址、孚和茶号旧址；雅安天全县干溪坡古驿站、荥经县新添站；雅安飞龙关古道、汉源县羊圈门古道、名山县大石梯古道、荥经大通桥、汉源建国大桥；雅安名山县茶马司遗址、芦山县青龙关遗址、汉源清溪故城遗址；芦山县马鞍腰摩崖石刻等等。

雅安是茶的故乡。据《雅安县志》记载：历史上的雅州"地宜五谷之外……其茶树为一县之专利"。东晋常璩的《华阳国志》[2]卷一《巴志》总序记"其地东至鱼复，西至僰道，北接汉中，南极黔涪。土植五谷，牲具六畜。桑、蚕、麻、纻，鱼、盐、铜、铁、丹、漆、茶、蜜、灵龟、巨犀、山鸡、白雉，黄润、鲜粉，皆纳贡之。"《华阳国志》缺载《汉嘉郡》，但根据许多书中引用《华阳国志》佚文，说明其原本有汉嘉郡，今缺载。

---

[1] 参见南方丝绸之路学术研讨会，罗光德：《雅安共识》，《雅安日报》2015年3月18日。
[2] （晋）常璩：《华阳国志》，齐鲁书社，2010年。

另外，根据任乃强先生关于《华阳国志校补图注》①的解释，汉嘉郡包括汉嘉、徙（音sī，斯）阳、严道、旄牛、晋乐五县，大体相当于今四川雅安市的辖区。

茶是藏族人民生活的必需品。苏轼《漱茶说》就已经有论及"除烦去腻，世不可阙茶。"藏族人民世代居住在高原，以放牧狩猎为生，主要的食物就是牛、羊、乳制品等高蛋白、高热量的东西，急需一种能够帮助去除油腻的饮料——茶。但藏区不产茶，必须依赖汉区供给。据蒋秀英《寻踪川藏茶马古道》指出，明朝嘉靖年间，从雅安发出的南路边茶引是一万九千八百引，到清朝中叶，雅安地区的边茶在藏区的销售数量增加几倍，销藏边茶的茶引达到了十万八千引。从茶引数字的增长情况不难看出川藏茶马古道在明清时期的兴盛与繁荣，对促进汉藏民族团结发挥了极大的作用。雅安是"川藏茶马古道"的起点，它在中国"茶马互市"的历史上发挥了巨大的作用，具有举足轻重的历史地位。作为蜀茶的主要产地，雅安自唐宋以来一直发挥着汉藏文化交流的天路作用，为广大藏族同胞创造发明了人工发酵的边茶②。

川藏茶马古道是在特定的历史、自然、社会环境中形成的一条大型商贸交易通道，承载了从唐宋以来一直连续不断、绵延至今的川藏茶马交流互市，也见证了在这条道路上延续千年的马帮文化，体现这里的人们世代传承其先辈艰苦奋斗、执着无畏的开拓精神。

二、南方丝绸之路与"南方丝绸之路经济带"

2013年4月，国家主席习近平在亚洲博鳌论坛2013年年会上，发表题为《共同创造亚洲和世界的美好未来》主题演讲，指出中国将加快同周边国家的互联互通，促进区域经济融合，并在同年九月于哈萨克斯坦纳扎尔巴耶夫大学发表演讲时，首次提出要与周边相关国家共同建设"丝绸之路经济带"的战略构想。2013年5月，国务院总理李克强访问印度期间，同样倡导要与相关国家建立"孟中印缅经济走廊"，由于该走廊作为南方丝绸之路的一部分，可以延伸到沿线许多相关国家，中国有必要与相关国家合作，共同建设一条"南方丝绸之路经济带""南方丝绸之路经济带"的建设与我国"西部大开发"战略遥相呼应，目前我国西部地区与周边国家的经济、社会发展和文化交流应是西部大开发战略的主要内容，建设"南方丝绸之路经济带"有助于实现安边、定边、富边战略，促进中国西部边疆经济发展，确保我国边疆安全、稳定、繁荣发展。

南方丝绸之路为中国与南亚、东南亚的交流发挥了重要作用。它形成的初期是一条民间交流贸易的商道，秦汉时巴蜀的铁、布，邛都的铜等通过此道被贩卖到南中，换回南中

---

① 任乃强：《华阳国志校补图注》，上海古籍出版社，2007年。
② 江玉祥：《雅安与茶马古道》，《四川文物》2012年第2期。

的筰马等；到了唐代，此道上的交易愈发频繁，从中国输出丝绸、锦缎、金银等到印度、缅甸等地，又从印缅带回海贝、珍珠、琥珀等。直到近代以来，中印两国人民一直保持着良好的关系，在争取民族独立和解放的斗争中，互帮互助，结下了深厚的情谊，抗日战争时期，为争取外援，中国在此道基础上急需修筑滇缅公路，开辟驼峰运输航线，之后在中印丝绸之路古道的基础上，又共同修筑了举世闻名的抗日生命线——"史威迪公路"等等①。从古至今，不难看出南方丝绸之路在中国与南亚、东南亚的经济、社会、文化交流过程中发挥出了极大的作用，促进了中国与其他国家的联系与发展，而南方丝绸之路经济带的建设必会为我国及周边国家的发展带来更多生机和活力。

三、雅安在南方丝绸之路经济带中的地位和作用

雅安作为"川藏茶马古道"的起点，作为连接汉区和藏区的政治、经济、文化交流中枢和交通枢纽，同时作为古代"南方丝绸之路"的门户和必经之路，在中国积极发展建设"南方丝绸之路经济带"战略构想的过程中，更应当抓住机遇，抢占先机，发挥其独特的积极作用。

（一）继续加强藏汉贸易发展，促进汉藏民族团结和谐，稳定西部边疆，巩固边防

南方丝绸之路连接了多个少数民族区域，其中包括许多交通不便的区域，其传统文化鲜为人知，通过对南丝路的保护和宣传，有利于让这些地方的少数民族文化更多的为人们所知晓，有利于增强其民族自尊心、自信心，保护民族地区的文化多样性，有利于弘扬少数民族的传统文化。南方丝绸之路是汉藏民族之间传统深厚友谊的见证，茶马古道作为历史自然形成的一条交通要道，对国家的统一和民族团结作出了巨大的贡献，而雅安作为茶马古道上的重要交通枢纽，作为古代"南方丝绸之路"的门户和必经之路，更充分发挥其独特地理位置的优势，稳定西部边疆，促进汉藏等多民族团结和谐。

（二）继续承担川藏政治、经济、军事与多元文化交流中枢、交通枢纽的地位和任务

茶马古道雅安段自古以来就是连接西南夷、吐蕃等民族的重要交通要道，史籍记载的青衣道、灵关道、严道、旄牛道等均在今雅安辖区内，通过何君尊楗阁石刻的发现，佐证了茶马古道的路线应是经过雅安的严道。雅安荥经古城村高山庙西汉墓地的发掘，标志着以严道古城为中心的聚落考古积累了新的资料，周边分布着不同性质的墓葬群，表现出了复杂多样的文化因素，说明战国秦汉之际的雅安不仅是巴蜀西南边地的一处政治、经济和军事中心，还是一处多元文化交会融合的中心枢纽。

（三）打造"南方丝绸之路"文化品牌，提升雅安文化发展竞争软实力

---

① 宋志辉、马春燕：《四川在"南方丝绸之路经济带"建设中的地位和作用》，《南亚研究季刊》2014年第1期。

　　雅安作为生态城市、魅力文化城市，需要一个具有战略性、持续性、国际性的品牌来支撑雅安的文化产业发展，推动雅安对外开放，走向四川、走向全国和更广阔的地域。近年来，四川在对外开放和西部大开发战略中积极寻找突破口，基于"南方丝绸之路"的重大历史文化价值，省内相关专家学者和机构一直对其进行研究，包括四川省社会科学院、四川师范大学巴蜀文化研究中心、四川省文物考古研究院、四川大学、三星堆博物馆、雅安市政府等均作出了不同贡献。例如2015年3月10日，由成都博物院、雅安市博物馆、教育部人文社会科学重点研究基地四川师范大学巴蜀文化研究中心、四川师范大学南方丝绸之路研究所联合举办的"南方丝绸之路学术研讨会"在四川省雅安市红珠宾馆举行，来自中国社会科学院、四川大学、西南大学、华东师范大学、西北师范大学、四川师范大学、云南省文物考古研究所、贵州省文物考古研究所、四川省社会科学院、四川省文物考古研究院、成都考古研究所、四川省民族研究所等20多个单位的50余名专家学者就南方丝绸之路与中外交流史、南方丝绸之路考古与文物、南方丝绸之路民族与民俗文化、南方丝绸之路线路研究以及南方丝绸之路贸易城镇等方面作了发言。会议最后形成了南方丝绸之路学术研讨会雅安共识，强调要加强对南方丝绸之路的研究利用和宣传，加强国内外合作交流，提升南方丝绸之路的影响力，进而促进沿线地区经济社会的发展。因此我们可以认为，雅安推出"南方丝绸之路"文化战略品牌的时机已经成熟，应借机提升雅安的文化竞争发展的软实力，提高雅安在南方丝绸之路"一带一路"建设中的影响力，为促进丝路复兴提供坚实的理论基础和文化支撑。

　　（四）利用南方丝绸之路沿线地区文化、自然生态资源，大力发展旅游业，促进雅安及沿线地区（特别是民族地区）的经济社会和文化发展

　　雅安作为南方丝绸之路的要冲门户和重要驿站，应全面加快通往云南、广西和西藏等周边省市和地区的交通建设，打通向西、向南出境通道，形成快速、便捷、通达的川西综合交通枢纽。同时加强对南方丝绸之路雅安段人文生态和历史自然景观的保护与开发，将沿线文物遗存、民族村落、非物质文化遗产等各种文化、自然资源进行整合和一体化保护，深入挖掘雅安生态文化旅游资源，以"熊猫家源、世界茶源"为主旨，早日建成"国家生态文化旅游融合发展试验区"，打造具有雅安特色的"丝路旅游"世界级品牌，促进沿线地区，尤其是沿线民族地区的经济社会和文化发展。

五尺道沿线青铜时代遗存的考古学初步观察

李保伦 *云南曲靖市文管所 副研究馆员*

摘 要： 五尺道是古代南方丝绸之路的一条重要通道，其地理区域主要包括通常所说的滇东北地区的昭通市、曲靖市和黔西的贵州省威宁县，它的开通对于途经区域的各文化群体产生了重大影响。本文通过梳理其沿线地区发现的青铜时代考古遗存，大体上划分出四个文化区，即巴蜀文化区、邛都文化区、土著文化与多种文化交汇区及八塔台文化区，并对形成这一区域复杂文化面貌的特殊地理环境、族群复杂性、交通便利等相关因素进行了综合分析。

关键词： 五尺道 青铜时代 文化遗存 文化区 族群 文化交流

五尺道，大多数人对于这个称谓并不陌生，它是中央王朝为经营古代西南夷地区，最早由官方修筑的从四川进入云南的道路，属于南方丝绸之路"蜀身毒道"中的东线。在南方丝绸之路中，它虽不是主干道，但却最负盛名，所以说知道五尺道的人并不在少数。

据有关文献记载，在秦始皇即位前后、李冰担任蜀郡太守期间，就开始在川滇交界的僰道（今四川宜宾）地区开山凿崖，修筑通往滇东北地区的道路。到秦始皇统一全国的时候，又派常頞继续修筑，把李冰在僰道修筑的道路向前延伸，一直修到现今云南的曲靖[①]。《史记·西南夷列传》仅仅记载："秦时常頞略通五尺道，诸此国颇置吏焉"，并没有说明五尺道的具体线路和道途所经；《史记》中司马贞的《索引》谓"栈道广五尺"，从字面上解释了五尺道名称的由来，也没有说明具体路线；张守节在《史记》（正义）引唐代李泰撰写的《括地志》里说到："五尺道在郎州（今曲靖）"，由此知道了五尺道的起点

[①] 《史记·西南夷列传（司马贞索引）》："栈道广五尺"，从字面上解释了五尺道的由来，具体路线没有说明。张守节在《史记》正义引唐代李泰撰写的《括地志》说："五尺道在郎州。颜师古云其处险恶，故道广五尺。"唐代郎州即为现今的曲靖，但《括地志》未说明依据何在。

为僰道（宜宾），终点为郎州（曲靖）。因时代久远，五尺道的具体路线和途经的地点在典籍中没有留下记载。

依照《括地志》所言，向达先生的《蛮书校注》和方国瑜先生的《云南郡县两千年》两书中，皆推断五尺道路线经庆符、筠连、盐津、大关、昭通等地至曲靖，即唐代石门道所途经的路线，这一推断虽还没有可靠依据，但与我国近三十年来学术界、新闻界通过实地考察和研究得出的意见基本一致。本文所要论述的也就是这条道路所途经的区域，即五尺道的空间范围，其地理区域主要包括通常所说的滇东北地区的昭通市、曲靖市和黔西的贵州省威宁县。该地区的地理位置十分重要，北部隔金沙江与四川盆地相邻，南部的南盘江、北盘江与珠江流域相通，属于长江和珠江两大水系的分水岭区域，除了秦始皇时开筑的五尺道以外，汉代的僰道、唐时的石门道都通过这一区域。由于这一区域的地理位置系云、贵、川三省的交界处，在遥远的古代就是进出云南的重要通道，素有"锁钥南滇，咽喉西蜀"之说，也是古代西南夷地区滇、夜郎、巴蜀、邛都等族群往来迁徙和各种文化的交汇地带。已发现的考古材料显示：这一区域由于特殊的地理位置和周邻关系，先秦时期的青铜文化异彩纷呈而文化面貌比较复杂，既有当地的土著文化，也有巴蜀文化、邛都文化、夜郎文化、滇文化、汉文化等文化元素，形成类型多样、内容复杂而独特的青铜文化区。这一特殊的区域文化现象，对研究古代的道路交通、民族迁徙、文化影响和交流以及对史前尚无文字记载的历史和文化的认识都有着十分重要的意义。

一、五尺道沿线的青铜文化遗存

从已经正式发布的发掘报告和调查材料看，五尺道沿线的青铜文化遗存以墓葬遗存为多，遗址较少。青铜时代较早的遗存集中在昭通和威宁中水一带，各类型的遗存分述于下：

（一）早期遗址

属于五尺道沿线范围内青铜时代（或铜石并用时代）的早期遗址，目前所见材料有昭通鲁甸的野石遗址、马场遗址和威宁中水的鸡公山遗址共三处，曲靖市至今尚未见发现。

1. 野石山遗址[①]

野石山遗址位于鲁甸县城东4公里处的野石村。1982年文物普查中发现时定为新石器时代遗址，2002年云南省文物考古研究所与昭通市文物管理所、鲁甸县文物管理所联合对遗址进行了发掘，揭露面积425平方米，发掘地层堆积共5层。其中第3、4、5层均为青铜文化层，包含物为单纯的青铜时代遗物，遗物集中在第3层出土，第4、第5层出土遗物较少，遗迹有窑址和灰坑。

---

① 昭通市文物管理所编：《昭通田野考古》，云南人民出版社，2012年，第1~15页。

遗物主要有石器、陶器和青铜器，其中石器多为磨制，分别有镞13件，多叶片形，无铤，个别叶为菱形，圆铤；锛6件，皆平顶，分有锻和梯形两种；刀6件，也是分半圆弧形和长方形两种；斧2件皆梯形；砺石4件；纺轮4件，剖面略呈梯形；网坠1件。陶器数量很多，除破碎残片外，相对完整器的数量约为300余件，陶质分夹砂陶和泥质灰陶两种，大型器物均为夹砂陶，小型器物为泥质灰陶。陶色以褐色为主，灰色和黑色次之；器物多素面，少数口沿有瓦棱纹，腹部有篦点纹，各种折沿罐肩部均饰乳钉纹；陶器皆平底器或圈足器，不见圜底器、三足器或尖底器之类，新见出现长流器，主要器类有长颈瓶、折沿大罐、单耳折沿罐、盆、带流盆形盂、折沿碗、敛口钵、杯形口大耳罐、直腹小杯喇叭形器盖、纺轮、长流器等等，其中以各种形制的罐、盆、碗、钵、纺轮、长流器等数量为多，类型丰富，成为这一时期的典型器物。铜器仅有铜锥、铜锛各1件，铜锛形状与梯形石锛相同。

2. 马厂遗址[①]

位于鲁甸县茨院乡马厂营头村，分布在村子周围的田地及低洼的湿地中。20世纪50年代以来，在田地、湖泊中曾多次发现陶器、石器、铜器等，1960年，云南省文物工作队曾作过调查[②]。

马厂遗址的石器斧、锛均为无肩无锻，遗址上采集和征集到的陶器则具有十分鲜明的特征，其中最具代表性的是一种单耳长颈瓶，在昭通闸心场、双龙井、过山洞等新石器遗址中普遍存在而且数量较多，还有单耳小罐、单鋬耳罐也是具有典型特征的器物。这些器物大多数器型较小，质地以泥质灰陶为主，有少量夹有细砂。器物多为轮制，火候较高，器表大多加以磨、刮整形，外表有一层似陶衣的黑色，个别器物在肩、腹部刻划有点、线符号，少量器物的外底有叶脉纹。马厂的陶器原料大多采自湖泊中的泥炭层，这可能是器表呈黑色的主要原因。

另外，鲁甸马厂遗址历年采集到的铜器有矛、钺。最初的马厂遗存只采集到陶器，因而在20世纪70年代以前被认为属于新石器时代遗存，自1980年采集到铜器后才认识到马厂遗址应该还存在青铜时代遗存。

3. 鸡公山遗址[③]

贵州威宁中水是靠近云南省昭通市的一个乡镇，地处昭（通）鲁（甸）坝子东缘的云贵交界处，西北距昭通城仅22公里，系山间一个小坝子。中水坝子内有前、中、后三条河

① 昭通市文物管理所编：《昭通田野考古》，云南人民出版社，2012年，第32~39页。
② 云南省文物工作队：《云南昭通马厂和闸心厂遗址调查简报》，《考古》1962年第10期。
③ 贵州省文物考古研究所、四川大学历史文化学院、威宁县文物保护管理所：《贵州威宁县鸡公山遗址2004年发掘简报》，《考古》2006年第8期。

流，在中河两岸的台地和山丘上，先后发现了12处相距不远但彼此又有功能上或年代先后联系的遗址，故称之为中水遗址群，而鸡公山遗址就是其中之一。

鸡公山遗址位于中水坝子中部偏东的一座小山顶部，2002年调查发现该山系古河流冲积形成，自山脚至山顶全为鹅卵石堆积，四周都是小山梁和沟谷。遗址主要分布在近山顶部分，面积近5000平方米，2004年10月至2005年11月，贵州省文物考古研究所和四川大学历史文化学院考古系的相关人员两次对贵州省威宁县中水坝子内的鸡公山、营盘山、吴家大坪等遗址进行了发掘，其中以鸡公山遗址的发掘规模最大，发掘面积为3000平方米以上。由于遗址位于山顶，长期以来被当地村民垦荒加之水土流失，地层堆积只有两层：第一层为表土层，褐色土，厚10~40厘米，出土遗物有罐、瓶、杯、盆等；第二层为红褐色黏土，内含砾石、红烧土、炭屑等，厚0~30厘米，距地表10厘米~50厘米，出土遗物有陶器、石器、骨器、铜器等。

鸡公山出土的陶器为夹砂灰褐色和黄褐色陶，分粗砂和细砂两种，此外有部分黑灰陶。极少数陶器经过打磨并施有褐色陶衣，器表以素面为主，纹饰较简单，一般在口沿内、外侧施瓦棱纹。瓶的肩、腹部有戳刺纹，颈部刻划细线纹，纹饰分刻划、戳刺、压印等。陶器类型有单耳细颈瓶、罐、钵、带流杯、带流盆、器盖等，其中典型的器物有单耳细颈瓶、折沿罐、单耳带流杯、高领深腹大罐、双耳带流盆、器盖等，基本器物组合是单耳细颈瓶、折沿罐、单耳杯、敛口钵和器盖。石器有双肩石锛、斧、刀和镞等。铜器有铜凿、有锻铜锛和细铜环等装饰品。

除了数量众多的遗物，鸡公山遗址还有不少坑、墓葬和建筑遗迹，其中有一类坑还用青膏泥涂抹四壁。坑中出土遗物主要为陶器和磨制石器，少量坑出青铜器、骨器、角器、玉器、红烧土残块等，另外还有一些可能属建筑遗迹的柱洞。

（二）墓葬遗存

五尺道沿线由北到南青铜时代的墓葬遗存，从已发布的发掘报告或简报以及调查报告中能够见到的有水富张滩墓地、绥江回头湾墓地、昭通营盘墓地、白沙地墓地、水井湾文家垴包墓地、巧家小东门墓地、魁阁梁子墓地、贵州威宁中水红营盘独立树墓地、银子坛梨园墓地、曲靖珠街八塔台墓地、横大路墓地、潇湘平坡墓地等，这些墓地均是十分典型并有鲜明文化特征的墓地，分别简述如下：

1. 昭通水富张滩墓地[①]

张滩墓地位于水富县城南30公里处横江左岸（西岸）的第二台地上。1989年，水富

---

① 昭通市文物管理所、水富县文化馆：《云南省昭通市水富县张滩土坑墓地试掘简报》，《四川文物》2010年第3期。

县张滩坝的农民在墓地陆续挖出青铜剑和半两钱，昭通市文物管理所于同年对墓地进行试掘，清理墓葬6座，出土各种随葬品67件，器类有陶器、铜器、印章、铁器、料器、半两钱等；2005年，墓地因基本建设需要，昭通市文管所又对墓地进行了抢救发掘，此次发掘揭露面积2100平方米，共清理墓葬16座，出土各类器物425件。

两次发掘共清理墓葬22座，全部都为长方形竖穴土坑墓，以中、小型墓葬为主，未见大型墓。中型墓一般长4.45~5.3米，宽1.1~2米之间，小型墓一般长3.7~4.5米，宽1~1.5米之间。第二次发掘出土的随葬物品较第一次发掘出土的丰富得多，第二次清理的16座墓葬中，有14座有随葬物品，除了与第一次发掘出土的相同器物外，还出土了石器、玛瑙器和骨器等，从这些随葬器物观察，陶器、铜器以及各种料饰均与四川涪陵小田溪、成都昭化宝轮院船棺葬出土的物品相类似，具有鲜明的巴蜀文化特征。

2. 绥江回头湾墓地[1]

回头湾墓地位于绥江县城以西1.5公里处金沙江江边的台地上，台地高出水面约30米，20世纪80年代末修绥江港的进港公路时挖到青铜器剑、钺、斧、鍪、甑、钱币和陶器的罐、豆等典型的巴蜀文化遗物，经文物部门实地调查，认为器物系战国至东汉时期墓葬所出。

3. 昭通营盘墓地[2]

营盘墓地位于昭通市政府驻地西北15公里处的洒渔营盘村，墓地分为甲、乙两区，中间有一道低矮的山梁相隔，两墓区相距150米，分别为两个独立的墓区。从1986年的发掘资料观察，虽然两个墓区同属青铜时代文化遗存，但却各自有突出的特征，如甲乙两墓区互不相连；乙区墓地位置比甲区高出6米；墓葬方向不一致，甲区墓葬方向为北偏西，乙区墓葬方向则为北偏东；甲区墓葬中少数有叠压、打破关系，而乙区则无。另外，甲乙两墓区的随葬物品种类和形制存在明显区别，甲区墓地所出铜器为直援无胡戈、短叶鸭嘴形骹口矛、扁圆茎剑以及臂甲、削、带钩、扣饰、镯等，而乙区的铜器则只有圆骹矛、柳叶形短茎剑等巴蜀文化特征的器物。陶器方面，甲区陶器较多，陶色有灰白、褐红、灰、黑等，纹饰比较丰富，有网状纹、线条状、剔刺、压印、镂孔等，而乙区陶器出土较少，陶色较为单纯，仅有黑陶和少量黄褐陶。甲乙两区随葬器物中不同的器种在质地、纹饰、器型等方面构成了各自独特的文化特征，说明属于两种不同类型的青铜文化，发掘报告推断甲区墓地的时代大约在战国至西汉早期，乙区墓地的时代则大约在春秋时期，应该属于一种新的青铜文化类型。

① 昭通市文物管理所编：《昭通田野考古》，云南人民出版社，2012年，第112~114页。
② 营盘发掘队：《昭通营盘古墓群发掘简报》，《云南文物》总第41期，1995年。

4. 水井湾文家垴包墓地[1]

文家垴包墓地位于昭通市东南8公里处的守望乡水井湾村，是一座高约150米，山势较平缓的小土山，墓地分布在西坡山脚下的耕地中。1982年，当地农民挖到了3座古墓，挖出一些陶器和1件青铜剑，剑为蛇头形茎首无格剑，随后地区文管所在调查中征集到2件铜戈，其中一件为直援、无胡、直内，另一件直援近三角形、无胡，内残；采集到的陶器有罐、尊、瓶、豆、甗等，陶质以夹砂灰白陶为主，其余为灰陶、灰黑陶和黑陶，皆夹粗砂，器物多为素面，颈、肩部多有刻划符号。

水井湾文家垴包墓地未作过发掘清理，经调查，墓地分布面积为13600平方米，墓葬均为长方形竖穴土坑墓，一般长2米，宽1米，东西墓向，墓葬分布密集，一部分已被农户房屋覆盖，其余地表均为耕地。通过对出土器物的分析，调查简报推断墓葬年代为战国至西汉中期以前，认为墓主的族属应属与滇同姓的劳浸、靡莫之属。

5. 白沙地墓地[2]

白沙地墓地位于昭通市昭阳区北闸镇的白坡塘村，面积约10000平方米，墓坑距地表较浅，村民在耕地时常挖出陶器和铜器。1994年修建昭麻二级公路时挖出部分墓葬，采集到一批出土器物，铜器有剑、戈、矛、匕等；陶器有尊、豆、罐、杯；玉器有玉瑗一件。

白沙地墓地出土的陶器以夹粗砂灰白陶为主，有少量夹粗砂黄褐陶和夹粗砂灰陶等，豆、单耳罐多素面，尊的颈部多饰波折纹，肩部多饰刻划网纹，尊和罐多有刻划符号，杯近底部边缘饰一周压印圆窝。铜器多为蛇头形茎首无格剑，个别为柳叶形扁茎剑；矛为空心椭圆骹，鸭嘴形骹口，骹中部有对称两耳，叶呈柳叶形；匕为实心扁平柄，柄末端有穿孔，中部一面有一近三角形凹坑；刀身为直背，斜直刃。墓地的年代未作推测。

6. 巧家小东门墓地[3]

小东门墓地位于昭通市巧家县城以东新华路南段的小东门，1961年县政府进行基建时发现墓葬，昭通市文物管理所于同年对墓地进行抢救清理。

墓地属石棺墓和土坑墓共存于同一区域，总面积约700多平方米。由于基建施工使得整个墓地都遭到破坏，无法准确分清石棺墓与土坑墓之间的叠压和打破关系，根据现场的发掘情况及对出土陶器的类型分析，简报推测土坑墓打破石棺墓，石棺墓略早于土坑墓。昭通市文管所的抢救清理面积为300余平方米，共清理石棺墓和土坑墓18座，出土器物35件，采集器物38件，器物类型有陶器、石器、骨器、海贝等，该墓地未作年代标本测定，简报

---

① 昭通市文物管理所编：《昭通田野考古》，云南人民出版社，2012年，第104~108页。
② 昭通市文物管理所编：《昭通田野考古》，云南人民出版社，2012年，第98~104页。
③ 昭通市文物管理所编：《昭通田野考古》，云南人民出版社，2012年，第15~29页。

根据出土的陶器器形、纹饰、制法、火候等分析，推测墓地的时代为西周至春秋早期。

7. 巧家魁阁梁子墓地[①]

魁阁梁子墓地位于昭通市巧家县城东南一座山丘西北的缓坡地带，面临金沙江，面积约为5000平方米。墓地裸露在地表的地层为红褐色粘土，厚0.7~1.5米，粘土下属古河床堆积扇。20世纪50年代，当地居民在日常生产活动中有时会挖到器物，但未能收集。80年代初，巧家县文化部门采集到青铜器和石器等，1986年，当地农民在取土时挖到一墓，墓室为长方形竖穴土坑墓，挖到的随葬器物有铜削、铜镯、指环、石坠、陶器带流壶等，文化部门采集到的有剑、削、凿等器物，根据采集和出土的铜器和陶器推断，巧家魁阁梁子墓地的器物与四川大凉山大石墓的出土物相近，具有浓厚的邛都文化因素，其时代大致在东周至西汉之间。

8. 红营盘（独立树）墓地[②]

红营盘独立树墓地位于贵州威宁中水盆地南端前河与中河之间一条东西向平缓土梁的东侧南坡，地层厚薄不一，有的地方耕土层下面即是生土，墓葬开口直接在生土层，而有的地方地层较厚，可以分为四层，墓葬开口主要在第三层以下，打破第四层和生土，墓葬稀疏，很少有打破关系。

在红营盘发掘清理的墓葬全部都是长方形竖穴土坑墓，墓坑规模较小，面积一般不超过2平方米，墓向有一定规律，葬式主要为单人仰身直肢葬，极少数为侧身曲肢葬。随葬品数量很少，一座墓只随葬一两件陶器或青铜器，种类单一。随葬品中陶器均为夹砂黑陶，手制，火候低，器表均素面，少数有乳钉装饰。器类主要有带流鼓腹平底罐、鼓腹圈足罐、单耳折沿罐、圈足碗（钵）、直腹杯等，器形独特。随葬的铜器主要为兵器和装饰品，兵器有柳叶形扁茎剑、刀、箭镞、铜钺等；装饰品有铜镯、铜指环，另外还有玉石器玉璜、玉玦等。

根据红营盘独立树墓地的墓葬分布情况、出土遗物，特别是铜器中的铜钺、铜剑等器物以及陶器的时代特征，发掘报告推断红营盘墓地的时代大约在春秋晚期到战国中期。

9. 银子坛（梨园）墓地[③]

银子坛墓地位于红营盘墓地西南，距离红营盘墓地仅约400米，位置稍低于红营盘墓地，地势较平缓，墓葬集中分布在梁子顶部和北侧缓坡上，面积约20000平方米。银子坛墓地的墓葬均为小型长方形竖穴土坑墓，分布十分密集，墓葬间打破、叠压关系复杂，早期

① 昭通市文物管理所编：《昭通田野考古》，云南人民出版社，2012年，第109~112页。

② 贵州省文物考古研究所、四川大学历史文化学院考古系、威宁县文物管理所：《贵州威宁县红营盘东周墓地》，《贵州田野考古报告集》（1993~2013），科学出版社，2014年。

③ 《报告》未见发表，资料主要参考贵州省文物考古研究所编印的《2005年度全国十大考古新发现——贵州威宁中水史前至汉代址》。

墓葬为单人一次葬，葬式多为仰身，但上肢和下肢形式有变化，上肢有直肢、内曲于胸或交叉等多种情形，下肢有直放、交叉等。随葬器物有陶器、铜器，少数墓葬中随葬的铜兵器矛、剑等与滇池周围的滇文化特征相近，表明两地间有密切联系。推测墓地的年代应当在战国至西汉之间。

10. 曲靖珠街八塔台及同类型墓地[①]

八塔台墓地位于曲靖市麒麟区珠街乡董家村以东约500米处的东山脚下，坝子边缘的缓坡地带，墓地为八个高低不一、大小不等、形似小山丘的大土堆，总面积5000余平方米，于1977年发现并首次对遭到严重破坏的一号堆进行发掘，清理青铜时代墓葬5座，此后对保存比较完整的二号堆进行发掘，至1982年冬先后对二号堆进行了6次发掘，揭露面积总共约780平方米，清理墓葬348座，加之一号堆的5座，共清理墓葬353座。

八塔台墓地最早的墓葬开口于生土面，其后的墓葬由上到下层层叠压，最终形成包含大量墓葬的大土堆。墓葬大多为小型竖穴土坑墓，方向多为东西向，墓葬间相互叠压和打破关系十分复杂。此外，墓堆中有少量为封土堆墓，封土较纯净，剖面呈拱形，一般分数层，各层土的颜色不同，外部几层经过拍打较为紧密。墓坑均为长方形竖穴土坑，一般长2~3米，宽在1米以下，深0.1~1.35米不等，少数墓坑底部发现有板灰痕迹，推断应有木棺等木质葬具，木棺一般头端略大于足端。

在已发掘的353座青铜时代墓葬中，有218座墓有随葬品，数量为1000余件。随葬器物以铜器为多，其次为陶器和玉石器，由于所出器物有一些与滇文化器物特征相同或类似，发掘报告将八塔台及相同文化的横大路墓地命名为"滇文化八塔台——横大路类型"，推断其年代大致在春秋早期至西汉晚期。

除了八塔台、横大路墓地，曲靖市相同类型的墓地还有潇湘平坡墓地、三宝五联墓地、茨营畲山墓地、越州黄泥堡墓地以及西山湛大屯墓地[②]。其中横大路墓地于1982年文物普查时发现，1987年因修建曲靖至陆良的高速公路时，对墓地西端造成破坏，文物部门对墓地进行局部抢救发掘，发掘资料显示横大路墓地的堆积及文化内涵与八塔台墓地相同，发掘报告已正式发表。此外，已发掘并发布发掘报告的还有潇湘平坡墓地。

二、青铜文化遗存的考古学文化观察

从五尺道沿线发现的青铜时代遗存考古材料分析，大体上可划分出四个不同的文化区：

---

① 云南省文物考古研究所：《曲靖八塔台与横大路》，科学出版社，2003年。

② 早期调查认为是"梁堆"墓，进一步调查确认为青铜时代墓地并配合城市基本建设进行抢救清理。发掘资料尚未发表，存于曲靖市文物管理所。

（一）巴蜀文化区

昭通北部水富张滩墓地和绥江回头湾墓地所出的随葬物品，无论是陶器、铜器还是各种料饰，均与四川涪陵小田溪[①]、成都昭化宝轮院船棺葬所出土的器物相类[②]，具有浓厚的巴蜀文化因素，特别是数量众多的巴蜀印章更是典型的巴蜀文化遗物，因此两地的青铜时代遗存属于巴蜀文化区，而且昭通北部的水富、绥江、盐津等县在现今为云南省滇东北地区最北部的边缘，同时也是四川盆地的边缘地带。《汉书·地理志》记载：武帝建元六年（前135）立，县十二。其中有五县在犍为郡南部，后来别设都尉，这是汉朝在西南设置郡县最早的地区之一。滇东北有朱提（昭通）、堂狼（会泽、巧家等）、存马（宣威），黔西有汉阳（威宁），而朱提、存马、汉阳均在五尺道线路上。在很长的一段历史时期，这一区域都与四川有着密切联系，特别是昭通以北的盐津、水富、绥江等县[③]，不论古今都是巴蜀文化影响所及之区域，这种文化现象是由于地缘的客观原因所形成，并不属于不同文化类型影响或交流所留下的遗存。

（二）邛都文化区

昭通巧家发现和调查清理的小东门墓地和魁阁梁子墓地，虽然遭到十分严重的破坏，但从出土或采集到的随葬物品所提供的信息分析，与四川凉山地区同类型墓葬有着密切关系。小东门墓地石棺墓和土坑墓同处一地的葬俗，与凉山州会理县粪箕湾墓地石棺墓和土坑墓共处同一墓地的葬俗完全相同，而且随葬物品的文化内涵也基本相同。魁阁梁子墓地所出之带流陶壶，条形石器，铜器削、钺、凿等，器形样式与安宁河流域大石墓所出器物相类似，应当属邛都文化区。

（三）土著文化与多种文化交汇区

滇东北的昭（通）鲁（甸）坝子实际包括了昭通、鲁甸、中水三个行政区域，三个区域属于同一个地理单元。在这一区域内的昭通迄今发现的早期青铜时代遗址中，野石山遗址和马场遗址与贵州威宁中水鸡公山遗址为同类型遗址，以它们为代表的同类型遗址还有昭通的闸心厂遗址、黑泥地遗址、双龙井遗址、过山洞遗址和贵州威宁县中水吴家大坪遗址。此类型的遗存中，石器以有锻石锛、长方形和半月形双孔石刀为特征；陶器以细长颈单耳瓶、单耳罐等为代表；铜器仅在稍晚的野石遗址、马厂遗址和鸡公山遗址有少量出土，其它均未发现铜器。因此，过去此类遗址都归入新石器遗址，这是值得深入探讨的问题之一。

① 四川省博物馆、重庆市博物馆、涪陵县文化馆：《四川涪陵地区小田溪战国土坑墓清理简报》，《文物》1974年第5期。
② 四川省博物馆：《四川船棺发掘报告》，文物出版社，1986年。
③ 钟大凯：《彝良县角奎镇出土战国时代文物》，《云南文物》总第35期，1993年。

其二，昭通洒渔营盘村遗存中的甲组与银子坛墓地为相同文化类型，出土的铜器稍多，主要器物有镂空扁圆茎蛇头形剑首无格剑、鸭嘴形骹口短叶矛、双翼戈、圆形扣饰、短筒形镯、琵琶形带钩等。陶器均为灰白、灰黄、灰黑色的夹砂陶，器物种类有单耳或无耳长颈瓶、单耳罐、粗柄豆等；而营盘村遗存中的乙组则与中水红营盘遗存为相同文化类型，铜器皆有扁茎柳叶形剑、青铜刀、镞、钺等。营盘村甲、乙组墓地和中水银子坛墓地、红营盘墓地的遗存现象，学者们认为在这一区域内存在着两种不同的青铜文化类型，它们分别为洒渔营盘村甲组与中水银子坛文化类型和洒渔营盘村乙组与中水红营盘文化类型，有学者据此认为两种文化之间并不仅仅是年代早晚的关系，很可能是两个不同族群创造的不同文化①。

其三，白沙地墓地和水井湾文家垴包墓地都出土蛇头形茎首无格剑；直援铜戈，援后部和内上饰蛙人纹；矛为空心椭圆骹，鸭嘴形骹口，长柳叶形叶；陶器中的尊、豆等都与洒渔营盘村甲组和中水银子坛墓地的所出相同，应属于同一文化类型墓地。

（四）八塔台文化区

八塔台文化区系以八塔台墓地为代表的文化遗存，主要包括曲靖坝子内已经发掘并发表发掘报告的横大路墓地、潇湘平坡墓地和经过多次调查核实的同类型的三宝五联墓地、茨营畲山墓地、越州黄泥堡墓地以及已抢救发掘但尚未公布报告的湛大屯墓地。因八塔台文化自发掘报告《曲靖八塔台与横大路》发表之后，多有学者进行研究和论述，在此就不作详述。

三、相关问题探讨

通过对五尺道沿线青铜时代文化遗存的粗略梳理，可以看出这一区域内的青铜文化面貌十分复杂，不但文化类型多样，而且文化内涵丰富，各种文化交错杂处、异彩纷呈，形成一个较为独特的、各种不同文化相互碰撞、相互交流、相互影响的文化交汇区，而这种区域文化的形成，必有其与之相适应的地理区位、生态环境、道路交通和区域内所居族群以及族群的周邻关系，这些构成各种不同类型文化集于同一区域的重要原因，以下分别加以叙述：

（一）五尺道沿线的地理生态环境

只要打开云南省地图查看，就会发现一个十分有趣的现象，云南省的地理行政区域像一只大公鸡，东部北端的鸡头及颈部都延伸到了四川和贵州两省之间。北部与四川宜宾的屏山、筠连、高县相邻；西部与凉山州的会东、宁南、金阳、雷波等县隔金沙江相望；

---

① 杨勇：《战国秦汉时期云贵高原考古学文化研究》，科学出版社，2011年，第56~72页。

东部与贵州省的毕节、赫章、威宁等县山水相连；南部接本省的曲靖市。这一地理区位属于云贵高原的核心地带，境内峰峦叠嶂，河流众多，始于云南省境内的乌蒙山，由西向东绵延数百里，成为长江和珠江两大水系的分水岭。岭北为长江水系金沙江下游，重要支流有牛栏江、横江以及上游的洛泽河、洒渔河等；岭南为珠江水系，上游是南盘江，重要支流有北盘江等。云南省的北部（昭通大关县以北）由于河流侵蚀和流水的强力切割，高原面破碎，多山高谷深的大峡谷；中、南部高原面完整，坐落在高原面中部的昭（通）鲁（甸）坝子和曲（靖）沾（益）坝子宽广无垠、土质肥腴、水源丰沛，加上温和的气候，使得这片土地成为人类理想的渊薮之所，正如俗话所说，山高藏异兽，林密有珍禽，正是捕猎的好去处，而山地适宜放牧，平坝则用于耕种，地肥物丰，万物繁荣。

从地形地貌看，五尺道沿线所经之地由四川宜宾以南至昭通市大关县的一段，道路都在金沙江和横江峡谷中穿行，昭通以南至曲靖一段虽在高原面上，但所经之地也多高山和深箐，河谷陡峭，山道崎岖，通行路途并不平坦，这虽然是自然地理生态给人类造成的困难和影响，但恶劣的环境阻碍不了人们寻找通往理想生存之地的道路，五尺道沿线所经之地，虽重山阻隔，但江河众多、水系发达，高山使人阻绝，然水势却使人交通，江河流经的沿岸便是人类迁徙和交往的古老交通道路。同时，道路随着人类的进步而发展，除南方丝绸之路东线的"五尺道"外，还有由四川宜宾经云南镇雄、贵州毕节等地到广州的"南夷道"和邛都（今四川西昌）通往宁州（今曲靖）的道路，这就是《华阳国志·蜀志》中所记载的："会无县，路通宁州。渡泸得堂狼。"汉时的会无县辖今四川凉山州的会理县北部及会东、宁南、米易等县地，堂狼县则有现今的巧家、会泽、东川等地，而宁州就是现今的曲靖，笔者将此道称为"宁州—邛都道"。陆路之外还有水道，水道主要是从昭通到宜宾，《水经注·若水》记载："自朱提至僰道，有水步道，有黑水羊官水。"各种水道、步道与五尺道一起形成了交通网，五尺道沿线区域各种不同类型的文化就是古代的人们沿着这些道路或迁徙或交流所带来并留下的。

（二）五尺道沿线的周邻关系

从五尺道沿线版图看，这一区域内的四周都是在先秦时代就已经相当发达的地方，北部是巴蜀，西部是邛都，西南部是滇，东部是夜郎。《史记·西南夷列传》记载："西南夷郡长以什数，夜郎最大；其西靡莫之属以什数，滇最大；自滇以北君长以什数，邛都最大，此皆魋结、耕田、有邑集。"又说："滇王者，其众数万人，其旁东北，有劳浸、靡莫，皆同姓相扶。"从《史记》的记载中可以清晰地看出五尺道沿线从宜宾到曲靖较大的方国（或部族）及其准确的方位，夹在滇国与夜郎国之间的部族是劳浸和靡莫，但东部的夜郎其具体位置到底在哪里仍然不清楚，虽然夜郎因自大而蜚声国际，而目前因夜郎整体的文化面貌和文化分布范围尚不十分明确，其势力范围也无法界定，因此不能确定东部所邻是否夜郎，倘若夜郎故地真是在曲靖[①]，那劳浸、靡莫又在哪里？这些问题另当别论，此处从略。

（三）五尺道沿线的典型文化遗存

五尺道沿线的青铜文化遗存情况为，北部的水富张滩墓地和绥江回头湾墓地所出的随葬器物均具有鲜明的巴蜀文化特征，特别是剑上刻铸的"手心纹"、虎纹以及众多的"巴蜀图语"印章，都是典型的巴蜀文化遗物，毋庸置疑；巧家的小东门墓地和魁阁梁子墓地遗存则属于邛都石棺墓和大石墓系列，也都较为清楚明白，不需再加以进一步的探讨，而需要讨论的典型遗存是洒渔营盘村墓地与威宁红营盘、银子坛墓地以及珠街八塔台墓地遗存等相关问题，分述如下：

1. 昭通、中水文化区

从考古发掘资料获知，昭通洒渔营盘村墓地遗存为甲乙两个墓区，虽然两墓区都同属于青铜时代遗存，但两墓区的遗存却有着各自突出的特征。例如，甲乙两墓区互不相连，各自形成两个独立的墓区；乙区墓地位置比甲区高出6米；甲区墓葬方向为北偏西，乙区墓葬方向为北偏东，两墓区的墓向方向不一致；甲区墓葬中有少数叠压、打破关系，而乙区墓葬则无；甲乙两墓区随葬品的种类和形制存在明显差别，甲区墓地所出铜器为直援无胡戈、削、带钩、扣饰和镯等，而乙区墓地所出铜器只有圆骹矛、柳叶形扁茎剑等巴蜀文化特征的器物；甲区出土的陶器较多，陶质有灰白、褐红、灰和黑等，纹饰丰富，有网状、线条状、剔刺、压印、镂孔等，而乙区陶器出土较少，陶色比较单纯，仅有黑陶和少量黄褐陶……

甲、乙两墓区随葬器物的不同器种、器型、陶质和纹饰等，构成各自独特的文化特征，说明它们属于两种不同类型的青铜文化。发掘报告推断甲区墓地的时代大约为战国至西汉早期，乙区墓地的时代大约为春秋时期，乙区墓地应属于一种新的青铜文化类型，而两墓区之间的差异是时代不同的差异[②]。

与洒渔营盘村相同类型的墓地为昭通东南40公里处同一地理单元的贵州威宁中水墓地，即银子坛墓地和红营盘墓地，在墓地分布、葬俗、随葬物品的种类上都与洒渔营盘村墓地出奇的相似。中水银子坛墓地和红营盘墓地同样是一条梁子互不相连的两处墓地，银子坛墓地在梁子北侧的缓坡上，红营盘墓地在梁子东侧的南坡，两墓地相隔400米。从文化内涵看，银子坛墓地随葬品中陶器的类别、形制、纹饰、刻划符号以及铜器中的蛇头形茎首剑、无胡戈、三角形短叶矛、带钩等，都与洒渔营盘村甲区墓地的所出相同；而红营盘

---

① 孙华：《西南考古的现状与回顾——代〈南方文物〉"西南考古"专栏主持辞》，《南方文物》2006年第3期；张合荣：《夜郎文物的考古学观察——滇黔西先秦至两汉时期遗存研究》，科学出版社，2014年，第25~40页。
② 营盘发掘队：《云南昭通营盘古墓群发掘简报》，《云南文物》总第41期，1995年。

墓地的墓坑规模、排列、无叠压打破关系、随葬品数量、柳叶形扁茎剑、直腹侈口杯、玉玦、石坠等器物器形则与洒渔营盘村乙区墓地的所出基本无差异。根据这种现象，学者们认为在这一区域内存在着两种不同的青铜文化类型，分别为洒渔营盘村甲区与中水银子坛类型和洒渔营盘村乙区与红营盘类型，两种不同的文化类型之间并不仅仅是年代早晚的不同，很可能是两个不同的族群所创造的不同文化。其中的乙区和红营盘类型可能与早期南迁的氐羌民族有关，或许就是氐羌族的一支也并非没有可能。

此外，与洒渔营盘村甲区和中水银子坛相同类型的墓地，还有昭通水井湾文家垴包墓地和白沙地墓地。水井湾文家垴包墓地出土的铜器中，有一种中空扁圆茎剑，茎首略大如蛇头形，调查者认为该剑与李家山出土的D型II式剑（M51：110）相似，应为典型的滇式剑[①]。

而陶器的器型、纹饰、刻划符号等则大多与洒渔营盘村甲区和中水银子坛墓地所出相同。白沙地墓地所出陶器的器类、形制也与洒渔营盘村甲区墓地所出相同，青铜器中的剑与文家垴包墓地所出相类似。

在中水银子坛墓地中所出土的铜器如剑、带钩等，也有较显著的滇文化因素，特别是洒渔营盘村甲区墓地所出的一件铜剑鞘（M151：2）与曲靖珠街八塔台墓地2号堆所出的一件青铜矛鞘（M119：2）十分相似，说明在昭通、威宁区域内，洒渔营盘村甲区、红营盘墓地的文化类型与滇文化和八塔台类型文化有着不同程度的交往，但陶器则存在较大差异，与滇文化和八塔台类型文化完全不同。由此推知，西南地区族群众多，关系复杂，不同族群同居于同一地理单元的情况并不鲜见。五尺道所经区域虽然重山阻隔，路途艰险，毕竟早已开通，成为各方国和部族间互通往来的必由之途，为此昭通、威宁各受其邻境文化影响的痕迹十分明显，使得昭通、威宁形成一个古代文化的交汇区域，称之为昭通中水文化交汇区。

2. 曲靖珠街八塔台类型遗存的相关问题

处在五尺道终点的曲靖，由于地理位置在滇与夜郎的分野之间，系两大集团的区隔地带，其特殊的地理区位和自然环境造成了以珠街八塔台为代表的青铜文化同时受到滇文化和夜郎文化的影响，而影响程度以滇国影响为大，所以在八塔台类型墓地中，有一些青铜器在形制上与晋宁石寨山墓地为代表的滇文化墓葬相类似，这是极其自然的，不足为奇，但如果只是因为某些器物类似就把八塔台类型遗存归入滇文化系统之内，使两种原本差异十分明显的不同文化变成滇文化中的一种地方类型，应该审慎的加以思考。

把八塔台类型墓地的考古资料细加考察研究，可以发现八塔台类型的一些特殊现象与滇文化有着明显的区别和差异，内涵上已经远远超出了滇文化的范畴。八塔台类型墓地

---

① 昭通地区文物管理所：《昭通文家老包古墓群调查简报》，《云南文物》总第15期，1984年。

与滇文化墓地之间有明显区别如墓地分布的区域不同，墓葬的堆积（地层）和形成方式不同，特别是八塔台类型墓地中出土的数量较多的青铜钺，以虎、狐、猴等为主要装饰题材的圆形扣饰、昆虫双角扣饰等在滇文化中基本不见，陶器中各种不同形制的鼎，不仅在滇文化中没有，在云南同类型墓地中至今也不曾发现。就连与滇文化形制相似的同类器物，在青铜器纹饰的图案设计、装饰部位或制作工艺的精美程度方面，两者之间的差别也十分明显，为此，八塔台类型文化与滇文化并非同一种考古学文化内部所存在的不同类型间的一般差异，应该是古代不同族群的心理、精神、观念、传统习俗等不同而形成的本质差异，用通常所说的考古学文化加以考量，应当是两种不同的考古学文化。

对青铜时代文化的研究，不能只看青铜器，如果不重视陶器和其它一些重要因素，难免会使研究走入误区。对八塔台类型青铜文化遗存的研究，云南的研究者们大多认为属于滇文化系统，云南以外的研究者中却不乏一些持不同意见，有另外的新看法，大有当局者迷，旁观者清的情况。其实，八塔台类型遗存有不少问题尚未厘清，例如墓地的形成，墓主与部族的关系，墓主与墓主的关系，随葬器物中一些较特殊的器物如陶鼎、铜钺、各种兽类题材扣饰等还需进一步梳理其源头，从源流中还可以发现一些新的现象和问题，所以，目前还不好把曲靖珠街八塔台类型随便套入某种文化之内。

（四）结语

纵观五尺道沿线的青铜文化遗存，各种文化交错杂处，文化面貌复杂多样，分别形成4个文化区和5种不同的青铜文化或文化类型，各种不同类型的文化都有着明确的分布区域，这种特殊的、多元的文化现象与五尺道沿线区域的特殊地理环境，区域内所居族群不同以及五尺道所提供的便利交通条件密不可分。五尺道的开通无疑给民族迁徙、部族间交往、经济文化交流提供了有利条件，五尺道沿线复杂多元的文化现象正是最好的证明。同时给了人们一个重要的启示，对于西南古代民族、民族迁徙、民族间的经济往来和文化交流等相关问题的研究，必须要考虑族群的复杂性，观念、习俗、文化的复杂性和地理环境的复杂性，不能只用一个标准去衡量或者一概而论。昭鲁坝子的洒渔营盘村甲、乙墓地，中水银子坛墓地、红营盘墓地，曲靖珠街八塔台类型墓地等遗存的文化现象，无疑是西南地区古代民族、地理环境、民族间经济文化等相关情况复杂性的明证。

金沙江下游战国至汉初墓葬遗存及相关问题

左志强　成都市文物考古研究所 馆员

摘　要： 近年来金沙江下游揭露一批文化面貌相近的战国晚期至汉初墓地，可以划分为甲~戊五组文化因素。其中，甲组等文化因素表明金沙江下游战国至汉初遗存的形成与川西南荥经蜀人有着密切关系，为探讨"蜀人南迁"提供了进一步讨论空间。

关键词： 金沙江下游　战国至汉初　"蜀人南迁"

金沙江从宜宾新市镇向东流入四川盆地边缘，自新市镇至宜宾岷江河口段称之"金沙江下游"，途径屏山、绥江、水富等县及宜宾市区。这一段金沙江长96公里，两岸为低山、丘陵及台地，除向家坝两岸山顶稍高外，一般均在海拔500米以下，河谷开阔，水流平缓，两岸出现较宽阔的阶地，高出水面30米左右。本段主要主要支流为右岸横江、南广河等。

该区域既往考古工作较少，20世纪80年代出土一批战国至汉初遗物，有绥江回头湾[1]、宜宾化工厂[2]等，小规模试掘水富张滩墓地[3]。近年来随着向家坝库区等建设，新揭露一批战国至汉初墓地，有水富张滩墓地[4]、屏山沙坝墓地[5]、石柱地墓地、桥沟头墓地[6]等（图一）。

---

[1] 昭通市文物管理所：《昭通田野考古（之一）》，云南人民出版社，2012年，第112~114页。

[2] 四川省宜宾地区文化局编：《宜宾地区文物志》，1992年，第227页。

[3] 昭通市文物管理所、水富县文化馆：《云南省昭通市水富县张滩土坑墓地试掘简报》，《四川文物》2010年第3期。

[4] 丁长芬：《云南水富张滩抢救发掘战国、两汉土坑墓群》，《中国文物报》2005年8月10日；昭通市文物管理所：《昭通田野考古（之一）》，云南人民出版社，2012年，第67~97页。

[5] 四川省文物考古研究院、宜宾市博物院、屏山县文物保护管理所：《四川宜宾沙坝墓地2009年发掘简报》，《文物》2013年第9期。

[6] 四川省文物考古研究院、宜宾市博物院、屏山县文物保护管理所：《向家坝水电站淹没区（四川）考古工作主要成果》，《四川文物》2012年第1期；刘斌：《桥沟头遗址战国秦汉时期墓葬的整理及初步研究》，四川大学考古学及博物馆学硕士学位论文，2013年。

关于这一区域战国秦汉考古学研究成果寥寥可数，主要讨论蜀（巴）人南迁的问题[①]。

本文梳理金沙江下游战国至汉初考古遗存，简要讨论"蜀人南迁"等问题，以求方家指正。

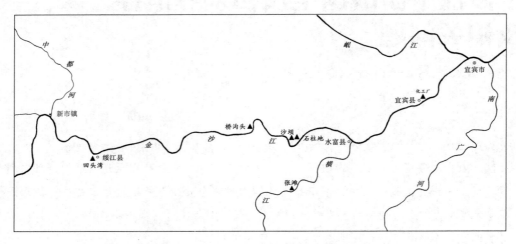

图一　金沙江下游战国至汉初遗存分布

一、典型墓葬遗存分析

目前屏山沙坝、水富张滩两处墓地资料有较详细披露，予以重点分析。

（一）沙坝墓地

沙坝墓地位于宜宾市屏山县金沙江北岸台地。2009年清理发掘战国秦汉墓葬14座。墓葬之间仅有一例叠压打破关系。墓葬均为竖穴土坑墓，保存较为完整的墓坑平面呈长方形或略呈梯形，一般长2.4~3.7米、宽0.8~1.42米，长宽比在2.5∶1左右，深0.5米左右。均没有发现二层台或腰坑等设施，也没发现葬具痕迹。葬式均为单人仰身直肢葬，头南面上。随葬陶器一般放在墓主头顶，以陶、铜器为主，兼有少量铁器、石器、贝饰及兽骨等。

简报将典型墓葬分为三期，其中第一期以M3、M5为代表，根据这两座墓未发现铁器、印章和半两钱，简报年代判定在"战国晚期"。但是，M3∶4铜釜宽折沿，体态较宽扁，浅腹微鼓，底部甚平，形制与荥经同心村M18∶10[②]、昭化宝轮院M17∶8[③]等同类器相近，甚至

① 丁长芬：《从昭通巴蜀土坑墓看巴人南迁》，《四川文物》1996年第3期；唐长寿：《川南蜀人墓葬和蜀国南疆》，罗世烈、林向、彭邦本、彭裕商主编：《先秦史与巴蜀文化论集》，天津市太阳印刷厂，1995年，第249~255页。

② 四川省文物考古研究所、荥经严道古城遗址博物馆：《荥经县同心村巴蜀船棺葬发掘报告》图三七、2，四川省文物考古研究所编：《四川考古报告集》，文物出版社，1998年，第212~280页。

③ 四川省文物考古研究所、广元市文物管理所：《广元市昭化宝轮院船棺葬发掘简报》图二三、5，四川省文物考古研究所编：《四川考古报告集》，文物出版社，1998年，第197~211页。

在西汉早期墓葬中（如成都东北郊M30：2[①]等）也可见相近器形。M5：10铜釜仰折沿，沿面较宽，肩腹处有一道凸弦纹，形制与同墓地M10：15、什邡城关M98：6[②]相近，M5：1陶双鋬平底釜甑与郫县花园别墅HM10：5[③]一致。如此看来，沙坝墓地M3、M5年代若订正为"战国末期至秦"可能更为妥当一些（图二）。从陶器组合及形制特征看，简报第一期其实与第二期遗存大同小异。笔者认为在没有更多证据下可笼统地将沙坝墓地分为早、晚两期。

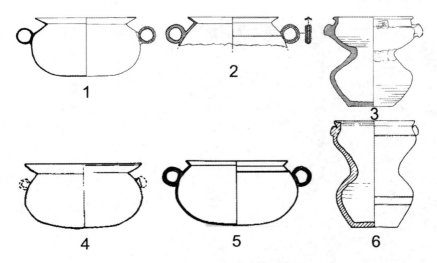

图二　M3、M5部分遗物对比图

1、2. 铜釜（沙坝M3：4、M5：10）3. 陶釜甑（沙坝M5：1）

4、5. 铜釜（宝轮院M17：8、什邡城关M98：6）　　6. 陶釜甑（风情园HM10：5）

早期为简报第一、二期，包括有M3、M5、M10、M15等。墓葬大多有较丰富随葬品，以陶器为主，陶器以圜底器为主，少量平底器，陶器组合以圜底罐、釜、釜甑为主，少量矮圈足豆、缶，以及盒（平底罐与器盖组合），其中圜底罐、双耳釜、平底釜甑颇具特征。铜器较少，有釜、剑、印章、矛等，釜肩部多见一道凸弦纹，体态宽扁，腹部近圜平，剑为中原式剑，印章多为"日"、"田"界格，矛圆骹，骹尾V形分叉，呈燕尾式。铁器多见斧、削等。

年代特征明显，可比对器物较多。除上文提及的铜釜、平底陶釜甑外，圜底釜甑M3：8、M10：10与什邡城关M53：6等相近，M15所出陶缶与什邡城关M51：4、6、荥经同心

① 四川省文物管理委员会：《成都东北郊西汉墓葬发掘简报》，《考古通讯》1958年第2期。

② 四川省文物考古研究院、德阳市文物考古研究所、什邡市博物馆：《什邡城关战国秦汉墓地》，文物出版社，2006年，第233页，图二五〇、6。

③ 成都市文物考古研究所、郫县博物馆：《郫县风情园及花园别墅战国至西汉墓群发掘报告》图二一、4，《成都考古发现》（2002），科学出版社，2004年。

村M18：19、M19：35等一致。铜印章"田"、"日"字界格明显具有秦印风格，M10：11"敬事"、M10：13"万岁"汉字印为战国晚期至秦常见吉语印，M15：13"图语印"造型与蒲江飞龙村98M1：27[①]、荥经同心村M18：28、M25：23相近。绳纹圜底罐常见于成都平原、川北、峡江战国晚期墓葬，M5：17大口浅腹釜这一器物亦为战国晚期标形器。综合来说，早期墓葬年代大体在战国末期至秦。

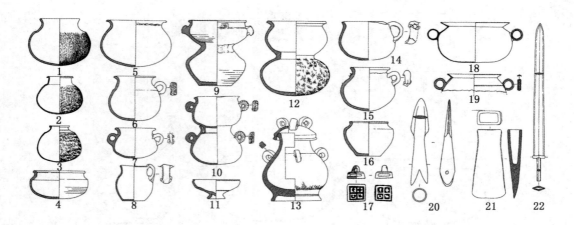

图三　沙坝墓地早期遗存

　　1-3. 绳纹圜底陶罐（M3：2、M3：13、M10：12）　4、5. 无耳陶釜（M5：13、M3：7）　6. 陶鍪（M15：24）　7、15. 双耳陶釜（M3：1、M15：11）　8、14. 单耳陶罐（M8：8、M8：6）9、10、12. 陶釜甑（M5：1、M3：8、M15：18）　11. 矮圈足豆（M5：2）　13. 陶缶（M15：8）　16. 陶盒（M15：21）　17. 图语铜印（M15：13）　18、19. 铜釜（M3：4、M5：10）　20. 铜矛（M10：20）　21. 铁斧（M10：19）　22. 铜剑（M10：24）

　　晚期为简报第三期，包括M2、M6。这一期继续保留有陶绳纹圜底罐、双耳釜、矮圈足豆、铜矛、铁斧等早期常见文化因素，同时新出较多小口卷沿平底罐等。年代较明确，当在汉初。

　　简报仅仅公布了少量墓葬信息，实际上沙坝墓地内涵要丰富得多。据《考古宜宾五千年》披露[②]，沙坝墓地还出土铜无肩式钺、柳叶形无格剑、直内有胡戈、璜等。这批铜器下葬年代可能与早期墓葬遗存相当。

---

① 成都市文物考古工作队、蒲江县文物管理所：《成都市蒲江县船棺葬发掘简报》，《文物》2002年第4期。
② 四川省文物考古研究所、宜宾市博物院：《考古宜宾五千年——向家坝库区（四川）出土文物选粹》，文物出版社，2015年。

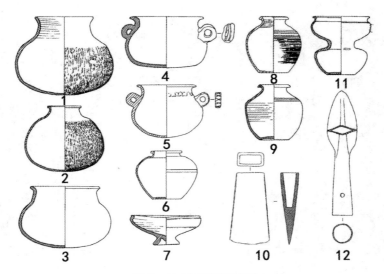

图四　沙坝墓地晚期遗存

1、2. 绳纹圜底陶罐（M2：5、M2：10）　3. 无耳陶釜（M2：13）　4、5. 双耳陶釜（M2：1、M6：5）　6、8、9. 小口卷沿陶罐（M6：2、M6：4、M2：9）　7. 矮圈足陶豆（M2：15）　10. 铁斧（M6：18）　11. 陶釜甑（M2：3）　12. 铜矛（M2：4）

（二）张滩墓地

张滩墓地位于金沙江下游右岸支流横江台地。1989年、2005年两次发掘共揭露墓葬22座。墓葬之间没有任何叠压打破关系。皆为狭长方形竖穴土坑墓，一般长4~5米、宽1.2~2米，长宽比3：1以上，深0.5~1.2米。葬式为仰身直肢葬为主，头向西北，排列较有规律。没有发现葬具、腰坑等设施，仅M8似乎有二层台。M8、M10、M11、M19、M20等五座墓填土可分为两层，上层均出土有罐、钵、石块等，可能与葬俗有关。

张滩墓地两批材料内涵一致，现有材料无法对墓地作细致分期。随葬品以陶器为主，铜器较多，另有少量铁、石及骨器等。陶器主要为圜底器，少量平底器，组合以圜底罐、釜、盒为主，双耳陶釜、大口瓮特征明显，双耳釜与荥经同心村、宜宾沙坝同类器相近，大口瓮与大邑五龙M18：15相近[1]，器形较之更矮胖些。铜器主要有剑、钺、戈、釜甑、錾、带钩、印章等，剑可分两型，一为柳叶形剑，一为带格中原式剑，钺也可分为两型，一为荷包式钺，另为无肩式钺，后者相当罕见或不见于其他地区。简报中把出土印章皆误作为"巴蜀图语"印，其实只有少量"巴蜀图语"印，绝大多数为汉字印，印文大多为箴言性质成语印，及少量姓名印[2]。张滩墓地主要年代为战国末期至秦代。

---

① 四川省文管会、大邑县文化馆：《四川大邑县五龙乡土坑墓清理简报》，《考古》1987年第7期。
② 左志强、马春燕：《巴蜀汉字印小议》，待刊。

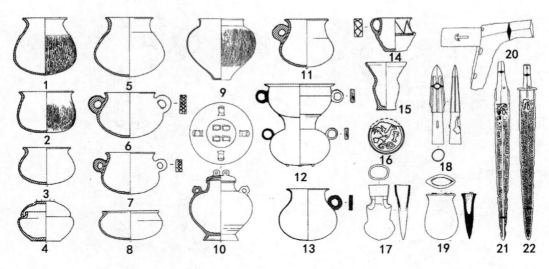

图五　张滩墓地出土遗存

1、2. 绳纹圆底陶罐（M7：12、M14：23）　3、5、8. 无耳陶釜（M21：6、05采：12、M10：49）　4. 陶盒（05采：32）　6、7. 双耳陶釜（05采：1、M19：16）　9. 大口陶瓮（M8：7）　10. 陶缶（05采：468）　11. 陶鍪（M19：20）　12. 铜釜甑（M7：5）　13. 铜鍪（05采：37）　14. 单耳陶罐（M19：12）　15. 尊形瓶（05采：44）　16. 图语铜印（M12：5）　17. 荷包式铜钺（05采：46）　18. 铜矛（M21：22）　19. 无肩式铜钺（M21：21）　20. 直内有胡戈（05采：34）　21. 柳叶形铜剑（05采：35）　22. 中原式有格铜剑（M8：16）

（三）墓地之间的异同比较

通过对已经正式发掘的沙坝、张滩两处墓地简单分析，可以了解墓地之间异同情况。

两处墓地选址皆为河流阶地上，在一平面开挖墓坑，没有形成人工堆积而成的熟土大土堆。墓坑皆为狭长的长方形或略呈梯形墓坑，葬式皆为仰身直肢，随葬品丰富。墓地出土主要器物组合及形制特征都大体一致，可以划分为同一类型的文化遗存。

两处墓地之间也存在一定差异。首先，墓坑体量上，张滩墓地普遍大于沙坝墓地，葬俗上张滩少量墓葬填土分为两层，上层填土埋藏有陶钵、罐、石块等，这在沙坝墓地基本不见；其次，沙坝墓地出土随葬品主要为陶器，少量铜、铁器等，而张滩出土较多铜器，类型多样；再者，相互有些器类不见或少见于对方墓地，例如张滩墓地荷包式钺、无肩式钺、巴蜀式剑等不见于沙坝墓地，沙坝墓地双鋬平底釜甑等陶器不见于张滩墓地。

墓坑体量大小之别、出土铜器多寡，反映了两处墓地墓主身份或富裕程度上可能存在一定差别，同时两处墓地存在差别也可能因为两处墓地已有发掘资料并不能反映整个墓地及区域的文化全貌，比如张滩墓地典型器物无肩式铜钺其实在金沙江下游左岸也常有发现，宜宾石柱地、沙坝、桥沟头等墓地多有发现[1]，宜宾化工厂1983年也曾有发现[2]。

（四）金沙江下游战国至汉初墓葬文化因素分析

水富张滩、屏山沙坝两处典型墓地基本上代表了金沙江下游战国至西汉初考古学文化特征。两处墓地不仅在墓葬形制、葬式相近，两者出土陶、铜器等遗存组合与形态特征也是相近的。结合石柱地、桥沟头等墓地零星信息披露，金沙江下游这一区域内文化遗存面貌相近，似可以归为同一文化类型。

简单概括金沙江下游战国至汉初文化遗存特点可以归结为：墓葬形制皆为狭长型长方形竖穴土坑墓，仰身直肢葬；随葬品以陶器为主，陶圜底罐、釜、釜甑、盒成为相对固定器物组合，铜器多见巴蜀式钺、剑、釜、鍪，以及无肩式钺等，随葬印章较为流行。

金沙江下游周邻区域时代大体相当的典型考古学文化遗存有西北面蜀文化、南面滇东黔西昭鲁盆地银子坛文化、红营盘遗存、黔西北可乐文化。与上述周邻文化遗存比较，金沙江下游文化面貌接近蜀文化，而与银子坛–红营盘遗存、可乐文化几无可比性。通过随葬器物类型及形态特征与上述周边同时期遗存进行横向比较，可以将金沙江下游随葬器物分为以下五类：

甲类：典型蜀文化输入因素。陶器包括有圜底罐、釜、鍪、釜甑、盒等，铜器包括有柳叶形剑、荷包式钺、釜甑、图语印章、釜、鍪、带钩等。值得一提的是，双耳陶釜、盒等这类文化因素似乎反映出金沙江下游与川西南（青衣江、犍为等）蜀文化更为直接、紧密（详细比较见下文）。

乙类：蜀文化裹挟在内的秦、楚文化因素。秦文化因素表现陶器大口瓮（张滩M8：7）、铜印章、直内有胡戈、半两钱等。沙坝、张滩均出土有较多无论从形制抑或印文都具有明显秦印特征印章，如"敬事"（沙坝M10：11）、"万岁"（沙坝M10：13、张滩83M3：3、采：28）、"仁士"（张滩M10：13）、"可行"（张滩M10：58）等吉语、箴言文字印。楚文化因素表现在陶缶（沙坝M15：8、10、张滩05采：468）、壶（张滩M11：8、M4：4）等。另外，中原式带格剑、张滩墓地等发现少量漆器遗物（如M9发现漆耳杯等）也应与秦、楚文化因素相关，但不能确指是具体哪类因素。

丙类：本土文化因素。主要为铜无肩式钺。对比周边相关遗存，发现这一类钺唯有金沙江下游此地独有。

丁类：受南面影响因素，包括银子坛文化、可乐文化等。主要为陶单耳小罐、瓶、铜

---

[1] 四川省文物考古研究所、宜宾市博物院：《考古宜宾五千年——向家坝库区（四川）出土文物选粹》，文物出版社，2015年。

[2] 四川省宜宾地区文化局编：《宜宾地区文物志》，图版贰拾肆（5），1992年，第227页。

燕尾骹矛。单耳小罐张滩M19：12与赫章可乐M322：1造型、纹饰相近，尊形瓶张滩05采：44与赫章可乐M292：1有相近风格，后者可能还与昭鲁盆地相关遗存有关系。燕尾骹铜矛在金沙江下游周邻区域视野内仅在昭通营盘墓地甲区[①]、威宁中水银子坛墓地[②]等可见。这类因素多发现于金沙江下游右岸。

　　戊类：石棺葬文化因素。表现为陶单耳罐（沙坝M8：8、5）、双耳罐（桥沟头M25：1）等。值得注意的是，这一类文化因素可能与经川西南青衣江流域蜀文化南下携带有关。这类文化因素多发现于金沙江下游左岸。

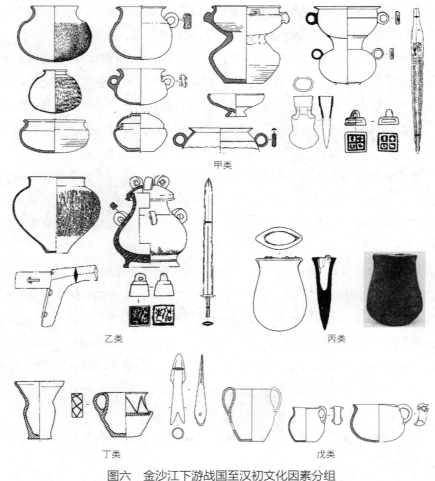

图六　金沙江下游战国至汉初文化因素分组

① 营盘发掘队：《云南昭通营盘古墓群发掘简报》，《云南文物》总第41期，1995年。
② 贵州省博物馆考古组、威宁县文化局：《威宁中水汉墓》，《考古学报》1981年第2期；贵州省博物馆考古组：《贵州威宁中水汉墓第二次发掘》，《文物资料丛刊》（10），文物出版社，1987年；李飞：《贵州威宁银子坛墓地分析》，四川大学历史文化学院硕士学位论文，2006年。

其中，甲、乙三类因素在金沙江下游遗存中所占比例最大，构成遗存主体，反映出金沙江下游遗存与蜀文化有着莫大关联，丙类因素则表明独有的地域特点，与其他遗存相区分，丙、戊类所占比例很小，映射的是与地缘相接形成的微弱文化影响。文化因素的划分为我们进一步讨论"蜀人南迁"等问题提供了依据。

二、"蜀人南迁"略论

过去因为考古材料不充分，只能得出相对笼统的"蜀人南迁"的结论。新近出土材料为进一步讨论"蜀人南迁"一题提供良好契机。围绕这一题笔者尝试讨论两个问题。

（一）金沙江下游同荥经蜀人的关系

目前多数学者把金沙江下游这批墓葬定性为巴蜀文化墓葬，这无疑没有太大的问题。江章华先生认为"不同区域的巴蜀墓葬在文化面貌上还存在不同程度的差异，根据这些差异可大致分为成都平原、川西南和川东三个大的区域"[1]。同整个巴蜀文化墓葬比较，笔者很惊讶地发现金沙江下游墓葬遗存甲类等文化因素与川西南荥经地区秦代墓葬遗存（以同心村丙类墓为代表）关系更为密切。

江章华先生敏锐地观察到荥经同心村丙类墓代表性器物之一：双耳釜。全面梳理整个四川盆地巴蜀墓葬，除荥经外其他地区几乎全然不见这一普通生活用器[2]。在巴蜀文化强势的共性文化传统下，双耳釜这一"个性"标志物似乎暗示着战国末期至秦代的荥经地区同其他巴蜀地区的人群相区别开来。

在金沙江下游多处墓地发现的代表性器物双耳釜与荥经地区双耳釜形制无二。同时金沙江下游战国至秦墓葬随葬印章特点突出。如张滩墓地"很多墓地都出土有印章，多者好几枚"，从《考古宜宾五千年》一书也可获得一感性认识：石柱地、沙坝等墓地也出土有数量不少的印章。这一点与荥经地区战国晚期至秦代墓葬随葬印章现象相近。根据同心村墓地随葬器物统计表可知，出土印章墓葬占整个墓地60%之强，且大多随葬为4~5枚，多者达9枚（M20）。荥经烈太战国土坑墓M1随葬印章8枚[3]。当然，除这两个突出特征之外，还有很多相近的文化因素，比如狭长条形竖穴土坑墓葬形制、绳纹圜底罐、矮圈足豆、荷包式钺、柳叶式剑等随葬品等等，只不过这些因素也见于四川盆地其他区域巴蜀墓葬。

必须要说的是，金沙江下游与包括荥经地区在内的青衣江上游从很早开始就有着相近

① 江章华、张擎：《巴蜀墓葬的分区与分期初论》，《四川文物》1999年第3期。
② 目前除荥经地区之外，仅在蒲江船棺墓中曾出土1件同类双耳釜。（参见成都文物考古研究所、蒲江县文物管理所：《蒲江县飞龙村盐井沟古墓葬》，《成都考古发现》（2011），科学出版社，2013年。值得注意的是，蒲江地理地处山地向丘陵过渡的丘陵地带，位置靠近川西南。
③ 李晓鸥、刘继铭：《四川荥经县烈太战国土坑墓清理简报》，《考古》1984年第7期。

的文化传统。从青衣江上游至金沙江下游是一条交通便捷的水道，也是人群迁徙、文化互动的孔道，考古学证据表明这一孔道可能在商周时期即已形成。宜宾斑竹林、石柱地等遗址发掘表明金沙江下游商周遗存文化属性仍为十二桥文化，石器以双肩石斧、石锛为主，颇具地域特色。审视十二桥文化时期的蜀文化圈各地遗存，以双肩石器为视角，发现自青衣江流域而下至宜宾沿江皆有双肩石器的分布（图七）。沙溪遗址发掘者认为"类似沙溪遗址的有肩石器在青衣江流域的芦山、天全、荥经、洪雅、夹江、峨眉等地均有发现，无论从形制上还是加工方法上都完全相同"①。

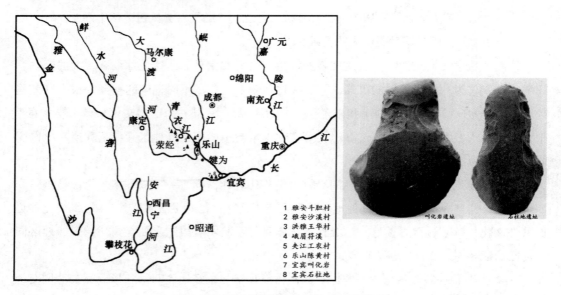

图七　青衣江流域至宜宾双肩石器的发现

（二）"蜀人南迁"

　　上文若干线索仅仅是表明金沙江下游与荥经地区巴蜀墓葬有着更多相似性。如果说金沙江下游这批墓葬是"蜀人南迁"墓葬，那么南迁的"蜀人"很有可能为荥经地区人群，即荥经蜀人南迁至金沙江下游，路线为顺青衣江入岷江而下。尽管目前没有更多的证据表明荥经同心村丙类墓年代明显早于金沙江下游同类遗存，两者差不多处于同一大时代，可能因为完成这一迁徙过程历时较短。荥经地区、金沙江下游地区墓葬用印之盛现象虽然可能都与边陲戍境位置相关，但也不排除荥经蜀人南下带来的随葬习俗，因为荥经地区出土"巴蜀图语"印较多，可能与商旅往来有关②，而金沙江下游虽保留有其用印习俗，却慢慢演变为更多表达个人志趣的闲印。

---

① 四川省文物考古研究院、雅安市文物管理所：《2005年雅安沙溪遗址发掘简报》，《四川文物》2007年第3期。
② 何元粲：《"巴蜀印章"与古代商旅》，《四川文物》1990年第2期。

　　为了辅助说明荥经蜀人南迁这一可能存在的事实，还可以用金沙江下游出土的珍贵文字实物——印章予以说明。水富张滩墓地出土大量印章，简报皆认作"巴蜀图语印"，事实上有相当一部分为汉字印，其中张滩M10：23印文隶定为"孟高"，孟为姓氏。孟姓为汉晋时期南中大姓，昭通二坪寨"梁堆"东汉墓中发现多枚孟氏印章，直接印证了南中大姓朱提孟氏的存在。

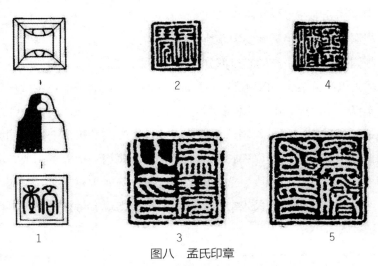

图八　孟氏印章

1. 水富张滩M10（孟高）　　2-5. 昭通二坪寨梁堆（孟琴、孟琴之印、孟滕、孟滕之印）

　　更为珍贵而重要的线索是，具有"滇中第一碑"美誉的昭通《孟孝琚碑》云："……严道君曾孙、武阳令之少息孟广宗（即孟孝琚）卒。"有文献表明荥经便为"严道"所在地，《汉书·地理志》云："（蜀郡）严道，邛崃山、邛水所出，东入青衣"，应劭曰："邛水出严道邛崃山，东入青衣。"《南史·刘悛传》："青衣水左侧并是故秦之严道地"，《史记·正义》："荥经即严道。"多年考古工作也揭示荥经六合乡古城村（古城坪）的"严道古城"遗址应为故严道城[a]。近年来史学界逐渐普遍接受南中大姓有的源于内地的"严道"[②]。《孟孝琚碑》披露的这一迁徙文化现象发生年代可能至汉初甚至更早，即战国末期至秦荥经某支蜀人南迁至今金沙江下游。根据年代早晚，似乎可以排出这样一演变关系：

荥经蜀人某一支族群"孟"氏→金沙江下游→南中孟姓大族
（战国末期至秦）（汉代）

---

① 赵殿增、李晓鸥、陈显双：《严道古城的考古发现与研究》，《中国考古学会第五次年会论文集》，文物出版社，1985年。
② 黄学文：《汉晋时期南中大姓的发展》，《秦汉研究》（第七辑），陕西人民出版社，2013年。

以上赘言意在说明张滩M10孟氏印章的出现可能并非偶然，在一定程度上辅助说明荥经蜀人确实有部分南迁至金沙江下游。

过往谈及"蜀人南迁"的背景多有提及秦灭巴蜀[1]，毫无疑问这是接近真实的。具体到荥经地区这一狭小区域蜀人南迁的背景的认识，可以作更为细致的考古学观察。

显然，荥经地区先秦墓葬可以分为两类，一类为巴蜀文化墓葬，一类为移民墓，江章华先生对这两类墓葬分别作了分期研究，可大体转述如下：

第一期：战国早中期。甲类南罗坝墓地。

第二期：战国晚期。以甲类同心村部分墓葬、烈太墓为代表。

第三期：战国末期至秦代。以甲类同心村部分墓葬、乙类曾家沟、古城坪墓群为代表。

第四期：秦汉时期。以高山庙木椁墓群为代表。

在其分期成果基础上，可以勾勒出荥经地区战国至秦墓葬聚落变迁（图九）。荥经地区至少在战国时期分布为较多的以狭长型土坑竖穴墓（包括船棺葬）为典型的巴蜀文化墓葬，到了战国末期至秦代这一阶段，这一地区出现土坑竖穴木椁墓，并存两类墓葬，各自聚族而葬，这与秦设"严道"迁民入蜀相关，荥经地区出现大量移民墓。至西汉时期，荥经分布大量土坑竖穴木椁墓。

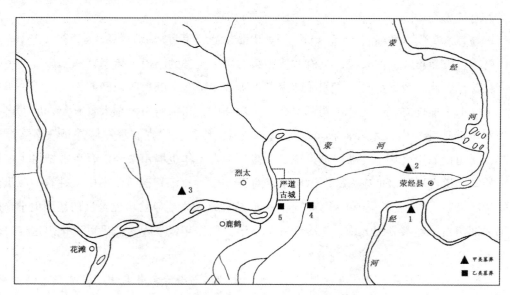

图九　荥经地区战国秦汉墓葬聚落

1. 南罗坝墓地　2. 同心村墓地　3. 烈太石棺葬　4. 曾家沟墓地　5. 高山庙墓地

---

[1] 孙华：《蜀人南迁考》，《成都大学学报（社科版）》1991年第1期；唐长寿：《川南蜀人墓葬和蜀国南疆》，罗世烈、林向、彭邦本、彭裕商主编：《先秦史与巴蜀文化论集》，天津市太阳印刷厂，1995年，第249~255页。

在荥经"严道"这一相对狭小区域,秦置"严道",外民迁入,客观上有可能促使荥经蜀人南迁。顺便提一句,通过葬俗、随葬漆器等比较可知,荥经曾家沟木椁墓墓主应与云梦楚地秦人有着密切的关联①。公元前278年白起拔郢,为彻底压制楚人反抗,一方面加强统治,推行秦文化,另一方面则外迁楚民于蜀地,严道即为其中之一。这可能也表明秦设"严道"目的之一便是掠到资源,控制漆器生产。

三、余论

行文至此,笔者对于金沙江下游巴蜀墓葬定性为"蜀人南迁"这一提法仍有颇多疑虑。

"蜀人南迁"是秦灭蜀后蜀人向南迁移的文化现象,孙华先生已有诸多梳理②,笔者对此并不否认。但是,金沙江下游巴蜀墓葬的出现以及"蜀人南迁"的定性提法需要更多的考量。

首先,关于蜀国南疆界线线索的史籍文献甚少,金沙江下游区域是否已经在统治版图之内?若按《华阳国志·蜀志》载,"(保子)帝攻青衣,雄长僚僰","僰道有故蜀王兵栏"等,这似乎表明最迟在春秋晚期金沙江下游区域已经成为蜀人的活动范围,并未超出疆域范围,自然不能言"蜀人南迁"。

其次,"蜀人南迁"可能更像是蜀王族迁徙的特定的文化现象描述,如战国后期至汉初今越南北部"安阳王"及船棺葬等。秦灭蜀,蜀人民众其实并未尽迁外地,从考古学观察,西汉初期墓葬仍以长方形竖穴土坑墓为主,随葬品以带有巴蜀文化风格特征陶器为主③。

以上仅对现有金沙江下游战国至汉初材料进行的一些粗略分析及思考。金沙江下游先秦考古学文化序列目前没有建立起来,至少战国早、中期遗存文化面貌并不清楚,且邻近的乐山、泸叙等地考古发现过少,这一状况仍不利于深入分析。敝文分析有所偏颇似乎在所难免,但旨在期待这一区域更多考古发现及深入研究。

① 仲佑:《荥经曾家沟木椁墓年代及相关问题》,待刊。
② 孙华:《蜀人南迁考》,《成都大学学报(社科版)》1991年第1期。
③ 陈云洪、颜劲松:《四川地区西汉土坑墓分期研究》,《考古学报》2012年第3期。

先秦两汉时期的五尺道研究[①]

颜信　四川师范大学巴蜀文化研究中心　上海师范大学　博士研究生

摘　要：五尺道为古代蜀道系统中最为重要的组成部分，其也是古蜀腹地通往西南夷地区的重要交通线路之一，更与牂牁道等古代西南夷地区道路相接连，同时也是古蜀腹地与域外的南亚、东南亚地区交流的重要通道之一，其也是南方丝绸之路中最为重要的组成部分之一。五尺道沿线各种遗存遗迹和各类传世文献反映出，在先秦两汉时期，五尺道已经成为川—滇—黔各地间进行经贸文化交流中最为重要的途径。

关键词：五尺道　先秦两汉时期　道路走向　作用

先秦两汉时期，地处中国内陆腹地的西南地区间就已经存在着广泛而持续的经贸文化交往。在众多古道之中，五尺道则成为了沟通西南夷各地最为重要的道路之一。正是得益于五尺道的开通，西南夷地区间的经贸文化交往就越发的频繁，从而也更好地促进了西南夷地区的经贸文化发展，也造就了先秦秦汉时期中国西南地区的璀璨文明。笔者在文中将着重以先秦两汉时期五尺道的形成、道路走向及道路沿线各地间的经贸文化交流为据，分析研究五尺道在整个西南夷地区道路中的地位和作用。

一、先秦两汉时期五尺道的形成

先秦两汉时期，西南夷地区因各地间存在着多条道路，各地间逐步形成了频繁的文化交流和贸易往来，这些沟通各地的道路我们可以从我国古代记录西南地区的相关文献中获知。在西南夷地区众多道路中，"五尺道"则是一条被《史记》《汉书》《后汉书》等众多历史文献明确记载的一条西南夷古道。如《史记·西南夷列传》中有载："秦时常頞，

---

① 本文为四川省哲学社会科学规划重点研究基地项目"南方丝绸之路：五尺道—牂牁道调查与研究"（编号 SC12E038）的最终成果。

略通五尺道。"①另《汉书·西南夷两粤朝鲜传》中记载："秦时常頞，略通五尺道。"②以上历史文献均载五尺道形成相关情况。五尺道的形成时间从以上的记载看，应该为战国末年秦时开凿，这也是一直以来学术界对该条道路的一致认识。但是近年来各学者在对五尺道相关的研究过程中，也对其开通形成的时间提出了一些新的认识和看法，笔者在参阅各学者对道路开通形成的时间基础上，对这段道路的形成时间也有一点新的认识，愿与诸位学者探讨。

五尺道的开凿时间大多数学者以《史记》《汉书》的相关记载所考，认为是在战国末期，这种观点确符合历史文献之记载，但从近年来五尺道沿线的考古发掘所出土的各种器物分析，五尺道的形成时间很可能在更早的一个时期。上世纪九十年代，在云南昭通营盘古墓群的发掘过程中，出土了大批与古蜀文明相关的青铜器③。另外在贵州毕节的威宁县红营盘东周墓地、威宁中水遗址、威宁鸡公山遗址、威宁吴家大坪遗址等多个遗址发掘中出土了大量青铜器物，其中多数的青铜器物中都包含古蜀文明的特征，较为典型的有蜀式典型特征的青铜柳叶型剑④。云南昭通境内和贵州威宁县的相关遗址中出土的青铜器与古蜀文明时期青铜器无论是在器型还是在所蕴含的文化因素上都极为一致，其年代应该在公元前800年左右，这正是古蜀文明辉煌发展的一个时期。值得注意的是，在贵州境内的中水遗址、云南昭通昭阳区洒渔营盘墓地等云贵遗址中出土了与三星堆文化时期（商周中晚期）的玉器。可见，在商周时期，古蜀与滇东北、黔西北地区间就已经存在着文化上的交流，这些地区间的交流必有一定的传播途径才得以完成。而云南的昭通和贵州的威宁等地正处于五尺道的主干线之上，那么古蜀与该地区间的文化交流与传播应该很可能就是借着这样一条道路而形成的，但就其道路的形成时间看，至迟也应该是在商周的晚期，很可能在更早的一个时期，五尺道这样一条古道已经形成且成为西南夷地区与古蜀国交流的重要路径之一。

另据段渝教授对《史记》中所载的"蜀故徼"分析研究指出，所谓的"蜀故徼"即是西南夷诸族经由五尺道通往蜀地的途中所设置的关隘。蜀与西南夷直接早有商道可通，这就是"蜀故徼"。而这个"蜀故徼"，在秦王朝"略通五尺道"以前的商周时代就已经存

① （汉）司马迁撰：《史记》，中华书局，1973年，第2993页。

② （东汉）班固撰，（唐）颜师古注：《汉书》，中华书局，1973年，第3838页。

③ 王涵：《云南昭通营盘古墓群发掘简报》，《云南文物》总第41期，1995年。

④ 贵州省文物考古研究所、四川大学历史文化学院考古系、威宁县文物管理所：《贵州威宁县红营盘东周墓地》，《考古》2007年第2期；贵州省文物考古研究所、四川大学历史文化学院考古系、威宁县文物管理所：《贵州威宁县吴家大坪商周遗址》，《考古》2006年第8期；贵州省文物考古研究所、四川大学历史文化学院考古系、威宁县文物管理所：《贵州威宁县鸡公山遗址2004年发掘简报》，《考古》2006年第8期。

在了①。正是有蜀与西南夷诸族间设立的这样一些关隘，很好地保证了古蜀国与西南夷诸族间的交流，而五尺道正是滇东、黔西与当时的古蜀间交流最为便捷且畅通的道路，其年代也并非为史书上所载的秦王时期所开。因此，笔者认为，无论是从五尺道沿线的考古发掘遗址所出土的器物还是从文献记载有关五尺道的情况看，这样一条自古蜀国腹地通往西南夷地区的重要古代道路形成的时间应该至迟不会晚于商代晚期，如按照之前一些学者的认为开通时间在战国晚期，那么众多在滇黔商周遗址中出土的蕴含古蜀文明相关的青铜器物就能轻易地推翻之前的认识，且也无法合乎道理。

二、先秦两汉时期五尺道的走向

五尺道自形成以来，就已经成为川滇黔三地间进行经贸文化交往的重要途径，特别是在先秦两汉时期，五尺道更是成为了西南夷地区间使用最为频繁的道路，同时也促进了西南夷各族间频繁的交往。笔者有幸实地对五尺道途径各地进行了田野调查，因而结合古代文献及亲身走访，分析前人有关五尺道的走向研究，为此较好地梳理出了五尺道的具体走向情况，在下文中加以说明。

有关五尺道的走向，诸学者都有较为明确的认识，近人向达先生在其《蛮书校注》中考订指出，五尺道起自今川内宜宾，经高县、珙县、筠连，入云南之盐津、大关、彝良、昭通，再入贵州之赫章、威宁，最后过云南宣威达曲靖，全长两千多里②。段渝教授指出五尺道走向为从古代成都南下安南（今四川乐山），经僰道（今四川宜宾）、夜郎西境（今贵州威宁、云南昭通），直通南中之建宁（今云南曲靖）③。而其他大部分学者对五尺道的走向大致认识都较为一致，并无太多的异议。

笔者经过实地走访调查，对五尺道的走向基本形成了较为清晰的认识。五尺道应该北起川南地区的宜宾境内，北与从成都出发经乐山到宜宾的古道相接，在宜宾境内经过高县、珙县、筠连等地，再与云南昭通水富相接，经盐津至大关到昭通市昭阳区境内，在昭通市内向东折入贵州境内的威宁地区，在威宁境内南下接云南宣威经宣威入曲靖境内，这就是五尺道道路的大致走向。在入曲靖后，可以经由曲靖通连昆明的线路与其他线路相连接，通达境外的南亚或东南亚各地。可见五尺道正是古蜀国与当时西南夷地区，特别是其中的滇东和黔西交流的必经通道，也是古蜀国与西南地区乃至境外沟通的重要通道之一。从以上笔者的分析看，五尺道是沟通川滇黔三地的重要路段，在先秦两汉时期发挥着重要

① 段渝：《五尺道的开通及其相关问题》，《四川师范大学学报（社会科学版）》2013年第4期。
② （唐）樊绰著，向达校注：《蛮书校注》，中华书局，1962年，第27页。
③ 段渝：《五尺道的开通及其相关问题》，《四川师范大学学报（社会科学版）》2013年第4期。

的作用，这段道路不仅在先秦两汉时期就存在并使用，在其后乃至近代这条道路依然发挥作用，那么我们可以从现在所存留于道路沿线各段不同时期的古道将整个道路进行很好的梳理，更为明晰道路在各地的走向。

先秦两汉时期，五尺道在四川境内的道路主要集中在川南的宜宾，《史记·西南夷列传》中有关五尺道的记述为："秦时常頞，略通五尺道，诸此国颇置吏焉。十余岁，秦灭。及汉兴，皆弃此国而开蜀故徼。巴蜀民或窃出商贾，取其笮马、僰僮、髦牛，以此巴蜀殷富。"据书中索隐谓栈道广五尺。正义云：五尺道在郎州。颜师古云其处险隘阨，故道才广五尺。如淳云道广五尺。另对僰之正义为今益州南戎州北临大江，古僰国①。从以上文献记载集释可知僰临大江，其为古僰国，据考应为今四川宜宾境内，而现在宜宾境内还有众多僰人悬棺存在于江河两岸，且有古道存留于宜宾高县、筠连等地。在宜宾境内现存有赵月古道，高县境内的石门古道，筠连—巡司段古道等古代道路存留，这些道路因长期使用几经损坏并被多次重修，但其道路现今仍有部分存留，在古道部分石板上仍清晰可见马匹长期踩踏而形成的马蹄印。宜宾境内古道从宜宾北部出发，南下经高县、珙县可达筠连并与云南昭通水富县或盐津县相互接连，而这也正是先秦两汉时期五尺道在川滇两交接处的基本走向，正是故称宜宾境内的"僰道"。②宜宾境内的五尺道为古代巴蜀所辖范围，因此相关文献有载秦略通五尺道。而这段古道在先秦两汉时期被不断修葺，其也是中央王朝希望通过该段道路加强对西南夷地区各部族的控制。

先秦两汉时期，五尺道在云南境内的走向可谓是"一出一进"，即从云南昭通境内向东出进入贵州境内的威宁县，再折由贵州威宁入云南宣威而抵曲靖。五尺道从四川宜宾南下接连云南境内的盐津和水富交界之地，因此在这一地区发现了众多先秦两汉时期所留下的遗址，其中以云南的昭通水富县张滩土坑墓为代表的战国到汉代遗址为代表。在该土坑墓中发掘出众多随葬品，其中的青铜器制品尤为突出，在M1中的随葬品中有出土青铜柳叶型剑。M5中的随葬品中有2枚巴蜀图语。③可见在这一时期古代巴蜀先民已经抵达该地区，水富县也正是五尺道主线上最为重要的节点之一，可以充分证明在先秦两汉时期五尺道已经存在并经由云南水富县，这正是与四川宜宾境内的五尺道相互接连。云南境内五尺道从水富可抵盐津县，在盐津县境内的豆沙关附近仍然保留有较为完整的五尺道古道一段，古道上有一关隘称"石门关"。在古道旁有唐袁滋摩刻，内容为其唐贞元十年（794）出使云

---

① （汉）司马迁撰：《史记》，中华书局，1973年，第2993页。
② 僰道其中包括有宜宾高县境内的石门古道、筠连县巡司古道以及赵月古道等构成，五尺道四川境内道路也正是"僰道"，可以说明五尺道经由四川宜宾进入云南水富和盐津县道路是完全符合相关文献记载和田野调查的结果。
③ 云南省昭通市文物管理所、云南省水富县文化馆：《云南省昭通市水富县张滩土坑墓地试掘简报》，《四川文物》2010年第3期。

南所刻。虽时代为唐代，但题刻相关文字记录可以知道这段古道开凿已久，正是先秦两汉乃至后世蜀地通往云南的主要通道之一，这也正是五尺道豆沙关一段。五尺道昭通段一线经盐津境内进入昭通市昭阳区，这在之前记述关于昭阳区洒渔营盘墓地群发掘情况可知，古蜀文明在先秦时期已经影响这里，可见当时五尺道已经存在并较为顺畅，以保证古蜀与云南昭通等地的交流。

五尺道古道在昭通市区境内则折向东进入贵州境内的威宁县，在威宁县有部分古道遗存，如黑石头古道、威宁二塘乡境内古道等，这些古道正是从威宁境内南下入云南宣威的道路，其道路间虽为残缺一段，但就其走向完全符合五尺道在贵州境内的走向。除威宁境内现存少量古道外，在古道沿线也有各种从商周至汉代各种考古遗址被发掘出来，如威宁红营盘东周墓地、威宁中水遗址、鸡公山遗址、威宁吴家大坪遗址等多个遗址，这些遗址均位于我们所考察的五尺道主线周边，在这些遗址中均发现大量古蜀文明特征的器物，这无不反映出当时古蜀势力范围已经涉及于此，而古蜀文明在先秦两汉时期对该地区的影响也正是得益于五尺道的存在。笔者认为五尺道在先秦两汉时期已经存在且进入贵州威宁接连云南昭通、曲靖等地，这也正符合道路的基本走向。虽五尺道在贵州境内道路较短，但这段道路却可以与其他贵州境内道路相接连，如牂牁道等古道，可见古蜀文明与较晚时期的夜郎文化之间可能存在着交流与文化间的相互影响。

五尺道在贵州威宁南下折入云南的宣威，在云南宣威可渡现存一段古道，这段古道与贵州威宁二塘乡古道相接连，这较好地反映出五尺道经由贵州进入云南宣威的道路走向。经实地考察可见云南宣威可渡古道向南与云南曲靖境内松林古道相接连，再向南进入云南曲靖沾益县九龙山，并与九龙山古道相接连。沾益境内的古道保存较为完整，全长约三公里，这段古道因处在九龙山上，故命名为九龙山古道，是五尺道进入云南曲靖城必经之道。将云南曲靖境内各段古道走向进行分析研究，笔者认为五尺道在云南曲靖境内走向是极为清晰的，正是从贵州威宁入云南宣威可渡再南下接曲靖境内的松林再经九龙山入曲靖城，这正可以将宣威可渡古驿道、曲靖松林古道和沾益县九龙山古驿道串并起来，此段道路即是云南曲靖境内的五尺道。

先秦两汉时期，五尺道成为西南夷地区最为重要的交流通道，而就其走向笔者在前文中做了较为翔实的记述，综上分析内容可知，五尺道应该是北接古蜀腹地成都经乐山入宜宾。宜宾作为五尺道北向起点，经宜宾境内的高县、珙县、筠连等多个区县进入云南境内，经云南昭通的水富、盐津进入昭通市区再向东折入贵州境内的威宁县向南而下再入云南境内的宣威，从宣威南下经曲靖沾益等县区进入曲靖城。整段道路经由川滇黔三省，基本沿川南、滇东北、黔西北三省的交界处而建，道路同时可以与北端其他各段道路相接通达蜀国腹地，也可在贵州境内向东与牂牁道相通进入夜郎腹地并通达华南两广之地，南端可以经曲靖入昆明与大理等古道相接连，能通达南亚、东南亚等各地。这无不反映出五尺道作为沟通川滇黔三地的主要道路，对各地间的交流提供了诸多的便捷，也是先秦两汉时期西南夷地区最为便捷的通道之一。

三、先秦两汉时期五尺道的地位和作用

先秦时期五尺道就已经初通，秦为进一步控制西南夷地区，加强对五尺道的开凿，确保道路通畅。秦灭汉兴后，汉代统治者希望加强对西南夷地区的控制，因此深知五尺道的作用，进而加强对五尺道的管理，从而以控制西南夷地区的经贸文化活动。五尺道作为西南各民族间一条重要的通道，也帮助该地区各民族居民的交往，有利于各种西南地区间文化（蜀文化、巴文化、滇文化、夜郎文化）的相互交融与发展，同时也促进地区间的经济发展。笔者试以对五尺道在先秦两汉时期促进西南夷发展所起到的作用和在西南各地同时期道路中所处地位加以论述，揭示五尺道在地区经贸文化交流中所处的地位和作用。

据《史记·西南夷列传》中有关五尺道的记述："秦时常頞，略通五尺道，诸此国颇置吏焉。十余岁，秦灭。及汉兴，皆弃此国而开蜀故徼。巴蜀民或窃出商贾，取其笮马、僰僮、髦牛，以此巴蜀殷富。"[1]司马迁书中所载这段内容指出，秦时在五尺道沿线置吏，这说明中央王朝借此以加强五尺道的管理，也是加强对西南夷地区的进一步控制。正如童恩正先生根据这段文字的推测，既然秦在此置吏，当然就应当有商业往来[2]。童恩正先生的认识完全合乎情理，其实早在先秦时期西南夷地区已经通过五尺道有着广泛的贸易往来，五尺道沿线的各商周考古遗址可以充分证明这一点，如在云南昭通、贵州威宁五尺道道路周边发掘出的器物中，不乏大量含有古蜀文明因素的器物，这些器物如何从蜀地流传而来，想必只可经由五尺道传播于这些地区。在汉代以后，五尺道成为蜀沟通西南夷地区商贸往来的最为主要的通道，据《汉书·西南夷两粤朝鲜传》中所载："南粤食蒙蜀枸酱，蒙问所从来，曰'道西北牂牁江，江广数里，出番禺城下。'蒙归至长安，问蜀贾人，独蜀出枸酱，多持窃出市夜郎。"[3]从文中记载"蜀贾人窃出市夜郎"可以知道，当时这种边贸间的活动主要以民间走私的性质存在，这种规模必定不会很大，但是确可以充分说明蜀与西南夷及周边地区已经有着贸易往来。而蜀物枸酱流传于两广之地，经由夜郎巡江而至，那么蜀通夜郎之路最为便捷的道路或必经之路应该是当时的五尺道，即蜀中心腹地成都经乐山、宜宾、云南昭通入贵州威宁通夜郎腹地再转运两广之地。

---

① （汉）司马迁撰：《史记》，中华书局，1973年，第2993页。
② 童恩正：《试谈古代四川与东南亚文明的关系》，《文物》1983年第9期。
③ （东汉）班固撰，（唐）颜师古注：《汉书》，中华书局，1973年，第3839页。

　　如前文中所述，司马迁《史记》中有载"僰僮"，其"僰"应指僰人，居于当时川南宜宾及云南昭通等地。而"僰僮"则与牛、马等同视之，成为巴蜀商贾的商品进行买卖。另《华阳国志·蜀志》中僰道县条中有载："本有僰人，故《秦纪》言僰童之富。汉民多，渐斥徙之。"①书中所指"僰童"也即《史记》中所说"僰僮"。僰道在今四川宜宾。正如《史记·西南夷列传》中张守节《正义》所指："今益州南戎州北临大江，古僰国。"司马贞《索隐》指："服虔云'旧京师有僰婢。'"从上文可知，"僰僮"在这里已经不再仅仅指僰人奴隶，而很可能是指的西南夷地区各族奴隶的泛称。虽"僰僮"为西南夷奴隶泛称，但以僰为名，说明当时僰人在汉代或汉代以前很可能成为京师奴婢。而"僰僮"入京师的路线很可能就是从僰道县（今四川宜宾）的僰道而入中原，那么僰道即为五尺道宜宾境内一段，可见五尺道在各西南夷民族相互联系和中央王朝对西南夷地区控制中起到极为重要的作用。

　　五尺道沿线为西南夷各族所集中生活的地区，在这里生活着众多西南夷各部族，而据先秦两汉时期的相关文献记载，西南夷居民多椎髻赤膊跣足。在近年来四川地区发掘的秦汉墓葬中，多有类似造型画像砖出土，如四川新都出土的"酿酒"画像砖就有椎髻赤足推独轮车者的形象。另在成都市郊出土的"弋射牧获"画像砖上，持镰劳作者也是椎髻之民②。除画像砖外，在四川汉代墓葬中出土的陶俑，也有西南夷椎髻赤膊跣足的奴隶形象③。这些出土于秦汉墓葬中的画像砖和陶俑无不反映出，秦汉时期巴蜀地区有众多西南夷奴隶在此从事各种劳务之事，这种情形极为普遍。而这些在巴蜀地区劳作的奴隶中肯定有来自于五尺道沿线各西南夷部族之民，他们进入巴蜀之地必通过五尺道而来。笔者认为五尺道在这一时期对加强西南夷地区各部族间的往来，对加强西南地区与巴蜀地区间的民族交往起到了极为重要的作用，也促进西南夷各部族在农业、手工业等诸多方面的发展。

　　五尺道作为巴蜀地区沟通西南夷地区的重要交通贸易线，在先秦两汉时期乃至之后各朝各代都起着重要的作用。自秦并巴蜀以后，为加强对西南夷地区的控制，则加强对五尺道的修筑并确保其通畅。正是有各王朝统治者对五尺道对控制西南各部族有重要战略意义的认识，才确保从先秦开始乃至后世这条交通线得以很好地保存，且其后千百年来一直被使用。五尺道从先秦开始，其道路的性质及地位也不断发生变化，正如段渝教授在其有关五尺道相关文章中对该道路性质分析所指出："在先秦时期，古蜀王国加强对西南夷地区的控制，则开通五尺道，利用五尺道加强与西南夷诸族间的交通贸易，且在五尺道沿线设

---

① （晋）常璩著，任乃强校注：《华阳国志校补图注》，上海古籍出版社，1987年，第175页。
② 闻宥集撰：《四川汉代画像选集》，中国古典艺术出版社，1956年，第155页。
③ 沈仲常、冯国定、周乐钦：《四川汉代陶俑》，朝花美术出版社，1963年，第9页。

置关卡收取关税，这可以说明，先秦五尺道是古蜀王国时期的官道。"①在秦汉时期，各统治者也延续了古蜀王国时期对五尺道的控制方式，使之成为各中央王朝控制下的官道。但与此同时，五尺道被更为广泛地使用，处于五尺道沿线的西南夷各部族、巴蜀地区居民及中原各地迁入该地区的居民更为频繁地通过该道路进行货物的贸易，将西南夷地区出产的各种特产物资经由该交通线运往巴蜀地区和中原各地，同时也将各地的物资输入五尺道沿线诸族居民之地。从这一点上看，在秦汉之时，五尺道也成为了民间交往的重要通道，其也具有民间贸易线的特点。因此，笔者认为，在先秦时期，五尺道主要是古蜀王国的官道这一点不容置疑，而秦汉时期，随着五尺道的使用更为频繁，其道路性质不仅仅局限于官道之用，同时也具有民间商道之功用。正是由于五尺道的道路性质不断地发生着变化，其地位也不断凸显，发挥的作用也更为广泛。

四、结语

先秦两汉时期的五尺道，作为南方丝绸之路国内段重要的组成部分之一，在对沟通西南夷各部族起到极大的作用，同时也成为先秦古蜀王国和后世各朝统治者对西南地区控制而不可或缺的重要战略线。经考证五尺道形成于先秦时期，足以体现它在早期中国西南交通线上的重要地位，其也成为古蜀沟通西南乃至南亚、东南亚各地中极为重要的一段交通线，促使巴蜀地区与西南各地及外域地区的经贸文化交流。从五尺道的走向分析，其沟通川滇黔三地，该地区也是西南夷各族的腹地，这无不凸显出该道路对整个西南夷各民族间的交往起到的积极作用，同时也保证西南夷地区经贸文化的广泛交流。这些交流均可从五尺道沿线各先秦两汉时期的考古发现证明。

---

① 段渝：《五尺道的开通及其相关问题》，《四川师范大学学报（社会科学版）》2013年第4期。

云南省楚雄州茶马古道现存文物遗迹调查

钟仕民　云南楚雄彝族自治州博物馆 研究员

金永峰　云南楚雄彝族自治州博物馆 副研究员

尹丽娟　云南楚雄彝族自治州博物馆 馆员

摘　要： 楚雄彝族自治州自古为滇中走廊、川滇大通道，在西南茶马古道文化中占有重要的地位。楚雄州茶马古道包括古驿道、盐运道、铜道等类型。现存古驿道、古驿站、古驿馆主要有禄丰县老鸦关及老鸦关驿馆、炼象关，南华县英武关古驿道等15处；现存古桥梁主要有禄丰县星宿桥、丰裕桥，姚安县李贽桥等28处；古镇主要有禄丰县黑井古镇、大姚县石羊古镇、姚安县光禄古镇。茶马古道是古代中国西南十分重要的经济文化走廊，做好茶马古道文化遗产保护工作，意义重大。

关键词： 楚雄　茶马古道　遗迹　文物保护

一、云南省楚雄州茶马古道线路

楚雄彝族自治州地处滇中腹地，位于滇池、洱海之间，东靠昆明、西接大理，南连普洱、玉溪，北通四川攀枝花市、凉山州，西北与丽江市隔江相望，自古为滇中走廊、川滇大通道。楚雄段的茶马古道由于其独特险峻的地理位置，在西南茶马古道中占有重要的位置。楚雄州茶马古道的类型包括驿道、盐运道、铜道等类型。

茶马古道是中国和东南亚、西亚各国经济文化交流的重要通道。部分茶马古道的前身"西南丝绸之路"在中国境内由三大干线组成，全长2000多公里。一条是以成都为起点，南经昭通至大理，称五尺道；另一条仍是以成都为起点，西经雅安至大理，称灵关道；第三条是上述两条汇合后西行，经漾濞、永平、保山、腾冲出缅甸，称永昌道。前两条都通过现今的楚雄州。

五尺道是秦汉时开辟的一条由今四川进入云南的官道。战国秦昭王末年（前256—前251），蜀郡太守李冰主持开凿了由青衣（今四川名山）沿青衣水经夹江、乐山犍为至僰道（今四川宜宾）的僰青衣道。至公元前221年秦统一后，又派常頞在僰青衣道的基础上，将道路继续向前延伸，由僰道南下，过石门关（今盐津豆沙关）、昭通，到味县（今曲靖）。汉武帝时，为打通西南夷，开辟通往身毒国［印度］的通道，又在秦开凿的基础上，派唐蒙对五尺道加以拓建，一直通到滇池地区，并在道路沿线设置郡县，将西南夷地区纳入了中国版图。此道具体路线是从成都出发往东南，经乐山、犍为、宜宾（僰道），再经云南大关、昭通（朱提）、曲靖（味县）、昆明（滇）、安宁，进入今楚雄州禄丰县、楚雄市、南华县境的密马龙、蜜蜂箐、旧庄、广通、石箭、腰站、楚雄、吕和、耐桥、太平地、天申堂，而后进入大理州祥云县普棚、云南驿、大理（叶榆）以及永平博南山、保山（永昌）出腾冲，最后抵达缅甸（禅国）、印度（身毒）等地。据《蛮书》记载，唐贞元十年（1794）十月，派袁滋出使册封南诏异牟寻为云南王，沿石门道至滇池，行至第十五程至安宁城，十九程至曲驿，二十一程舍川（今南华沙桥），二十二程至云南城，二十四程至白崖城（弥渡红崖），二十六程过太和城，次日抵大理。所记昆明至大理共13程，其中在云南楚雄州境内7程。以通常每驿30公里，共约210公里①。

"灵关道"，又称"零关道"。这条道从先秦至唐不同路段称谓较多，先秦时，由成都至邛崃（古临邛）的称"临邛道"。若从成都经灌县至宝兴，则称"西山南道"，再经芦山、天全（左徙），沿青衣而下至荥经（古严道县）称为"青衣道"或"始阳道"。由荥经过汉源（古牦牛县），汉称灵关道，又称"牦牛道"，唐称清溪道。南诏以后，从西昌至会理进入云南，称为"建昌道"或"会同路"。"灵关道"应是由荥经起，经汉源、西昌、进入云南等地的重要通道。处于"灵关道"上的重镇越嶲郡，所辖范围甚广，包括了大渡河以南及凉山州一带，《汉书·地理志》载："越嶲郡，武帝元鼎六年（前111）开，（王）莽曰集嶲，属益州。"素有"东望峨眉，西接吐蕃"之称。"灵关道"处于非常艰险和重要的战略要冲上，即是南来北往客商的必经之地，又是历代统治者夺之炙手、失之可惜的土地。

"灵关道"的路线大致由四川成都开始，经雅安、汉源、甘洛、越西、西昌、会理，由攀枝花、拉鲊渡（或元谋龙江渡）过金沙江进入楚雄州境，经螃蟹箐、猛虎、杀牛坪子、永仁（苴却）、宜就、老槐箐、江底河、江头村、白坟坝、赵家店、新街、石灰箐、大姚、苍街、七街、梯子、左门、地索、岔河、鱼泡江，在大理州祥云县普棚与五尺道汇合。据樊绰《蛮书》以及《新唐书·地理志》等资料记载，唐代姚嶲道（灵关道中的一段在唐代的叫法）由黎溪南下金沙，从泸津关（今拉鲊）起，大约行20里至末栅馆（大龙潭），70里至伽毗馆（永仁县城），80里至渠桑驿（江底河），74里至藏榜馆（赵家店），60里至杨褒馆（大姚城），70里至弄栋城驿（姚安城北），80里至弥荡馆（弥

① 南方丝绸之路文化论编写组：《南方丝绸之路文化论》，云南民族出版社，1991年，第74~81页。

兴），100里至求赠馆（普溯西），70里至云南城（云南驿），大约有500里的路程在楚雄州境内①。

元代开通的中庆建都驿道，由省会昆明起，经富民、禄劝、武定、元谋，由龙街渡江经姜驿入川达会理，往西昌，称中庆至罗罗斯道、中庆建都道或中庆至建都道中路。元《经世大典》载："中庆经由罗罗斯通成都路，见立纳岭二十四站。其间公岭雪山、大渡河毒龙瘴气，金沙江烟岚，自建都、武定路分立站赤，夏月人马不能安止。"所载中庆至成都的24站中，今云南楚雄州境内有和曲驿（武定）、虚仁驿（白路）、环州驿（元谋）、姜驿4站。明代的中庆建都驿道由富民小甸堡（今宗管营）至武定12亭，武定起经乌龙洞、跃鹰村（幺鹰）、高桥村、马鞍山厂亭达元谋城（今元谋老城），再经3亭至马街（今元马镇），又3亭至黄瓜园，又4亭至金沙江巡检司，又5亭至姜驿。姜驿至黎溪站8亭后进入四川境内。从小甸堡至武定府里程60公里，武定至马鞍山35公里，马鞍山至元谋县城45公里，由此至龙街渡40公里，渡江至姜驿20公里，合计今云南楚雄境内该驿道长200公里。

楚雄州境内的小型驿道，主要有元谋姚州道。这是由金沙江至元谋，又至大姚、姚安，西出祥云往大理的东路。明崇祯十一年（1638）十二月，徐霞客曾沿此道由元谋一路西下，在大姚、姚安境内留下了足迹。《徐霞客游记》对此的记载如下："官庄（今元谋城东）至大姚西界二十四里，又七里至泸头（原属大姚县，今属元谋新华）……泸头至独木桥四十里。独木桥，先为独木，又以石梁一巩，有碑名躞云：'过桥有省道，为过仓屯桥，入大姚。'"仓屯在龙街附近，由龙街西行35里至楚雄州大姚城，南走30里为姚州城。"游记"载姚安四至里程曰："姚府南随坡上百二十里，镇南州；东逾大山百二十里，定远县；西逾小坡百二十里（至普溯）；北随大坞下百二十里达白盐井。"

开南驿道于元至元十九年（1282）通。道路自威楚起，向南经南安州（双柏），进入银生（景东）等地。明代，该路每百里置一营士兵屯田，并于沿途设堡置站。据康熙《南安州志》载：该路由威楚到南安州旧哨后，分为东南行道、南行道、西行道3路。东南行道由旧哨经法脉、三家厂，过星宿江经易门往昆明。南行道由旧哨南行经麻海、六谷、戛洒、普洱、思茅、打洛入缅甸。西行道由旧哨西行经独田、鄂嘉达景东、景谷等地。

驿道中的盐运道有2条，一是黑井盐运道。黑井道路连接滇中四大名井，步行取捷径，驮马则迂回，故分步道和马道，遗迹至今尚存。其里程为：北走60公里到达云南楚雄州元谋接昆明西昌道；西走60公里至定远，又60公里接姚州姚嶲道；西南走15公里通琅井，又47公里达广通入滇洱道，东可上滇池，西可至云南楚雄；东南走25公里经小铺子，20公里通阿陋井、元永井至沙矣旧舍资上滇洱道。

---

① 付丽娅：《西南丝绸之路楚雄段的古驿道》，《岭南考古研究》2010年第9期。

另一条为白井盐运道。白井东有姚嶲古道，西可分别至祥云、宾川，西北可至华坪、永胜。东南约60公里处，便是姚州古城。

古代滇中地区的炼铜业比较兴旺，各地的铜运大致走向为：双柏所产的铜经易门、安宁入滇洱道至昆明；罗次所产的铜运至安丰营入滇洱道；云南武定的铜沿建昌道运至昆明；牟定所产的铜经会基关、广通至禄丰入滇洱道；大姚的铜则经姚嶲道转运各地①。

二、云南省楚雄州茶马古道现存古驿道、古驿站、古驿馆

楚雄州茶马古道现存的古驿道、古驿站、古驿馆主要有老鸦关及老鸦关驿馆、炼象关、勒马关遗址、邓家村石楼梯、明清盐运古驿道、炼甸古寨门、清溪古道方山七星桥段、清溪古道江底河段、江底河铁索桥遗址、瓦窑哨古驿道遗址、金沙江渡口——龙街渡、姜驿古驿道、己衣志力渡口、己衣古驿道、英武关古驿道等15处。最具代表性的是：

（一）老鸦关及老鸦关驿馆

老鸦关在禄丰县土官镇青龙山坳伸出的山阜上。老鸦关四面环山，一水中流，是一个典型的山间盆地，盆地西面为半弯山，形似弯月而得名；南面则有一峰高耸，状如磨盘，故名磨盘山；东面山峰较低缓，人称"老栗凹山"，山上至今存烟墩遗迹，山下便是百年老鸦关街；北面山峰成排，计有九峰，因而名唤"九峰山"。过去周长约1600米的土筑关城和五道栅门已不存在，只有部分残垣显示这座关城昔日的辉煌。

老鸦关驿馆位于禄丰县土官镇老鸦关红师殿山半坡。建于明末清初。清康熙《禄丰县志》载："老鸦关，在县东七十里，即县辖三乡，官族来往停宿之处，有公署一所（即驿馆）。"驿馆为三方一照壁，占地943平方米。官寝殿居南，高出两厢3.5米，单檐歇山顶，梁柱穿枋，土木结构。面阔三间13米，进深三间12米，前檐柱木雕龙纹，后檐为三层如意斗拱，殿内用木板隔成一厅六室，供往来官员歇息。另有房舍16间，厢房长16米，宽6.2米。内院有院心250平方米。北有重檐大门。驿馆在滇缅公路通车后，改做乡镇机关办公室及宿舍，现为小学校址。

（二）炼象关

炼象关位于禄丰县金山镇炼象关村委会老街，居安宁、禄丰之间，处杨老哨坡脚，是滇西古驿道上的重要关隘，史称"堑道石门，扼九郡之咽喉，实西迤之锁钥"，是明清"滇西大马路"上的重要关口，为昆明至大理"九关十八铺"中的第三关。炼象之名，始自元代，因附近高山形如巨象，色赤如炼而得名。明代建关设堡，称炼象关，旧设土流巡检，关前石壁上镌有"天子万年，炼象雄关"八字。由炼象关关门、重关楼、中城门、衍

---

① 《楚雄古驿道》，看云南旅游网 www.ynjoy.com。

图一　禄丰炼象关门东

图二　禄丰炼象关重关楼西

庆桥、过街楼、财神殿、宁远桥组成。明洪武十六年（1383），明王朝在此设立炼象关土巡检司和炼象百户堡，分别以李阿白、张善为土官巡检和土官百户。炼象关除驿站功能外，又兼具有军事关隘的功能，成为一处军事重镇。据光绪《罗次县志·卷一·关梁》载炼象关"旧设土流巡检，崇祯十六年（1643）建石城一围，辟四门，西门外建重关楼。"明代末年炼象关城的修建，奠定了今日炼象关的规模和基本格局，此后360余年间，关楼、街道、城门、民居屡有兴废，都未从根本上改变炼象关的总体风貌。现东门城楼和重关楼修于1923年。历史上盐商云集，当时禄丰黑井、琅井、元永井、硝井等多处盐井所产的盐，大多从炼象关转运各地。炼象关址东西长534米，两端皆有城墙城楼，东西城楼之间的街道上又有两座过街重关楼，一座青砖城门楼，一座石拱桥。东城楼墙长26米，高10米，为石条砌筑，门洞长10米，宽2.7米，高3.3米，额书"炼象关"三字，上面原有二重檐城楼一座。西城楼为砖石所筑，上部毁于火灾，下部楼门洞保存完整。靠近东城楼的重关楼较完好，为二重檐楼阁式，基宽24米，高13米。炼象关重关楼于1973年9月公布为县级重点文物保护单位。2002年2月，炼象关被公布为省级历史文化名村。2005年，被楚雄州人民政府公布为州级重点文物保护单位。

（三）金沙江渡口——龙街渡

位于元谋县江边乡龙街村北500米的江边渡口，是汉唐至明末从成都出发经云南通达印度的重要古渡口。从成都经南，渡大渡河后，沿安宁河南下，经会川渡泸（金沙江），过弄栋（今姚安）而至大理，唐代称之谓"清溪路"。据唐樊绰《蛮书》记载："从目集馆至河子镇七十里，泸水乘皮船渡泸水。"河子镇系当今金沙江北岸的姜驿乡，汉代属越嶲郡的三绛县。《徐霞客游记》载："姜驿的古驿丞……今止金沙江巡检司带管。"目前在江南岸的龙街江边村尚有金沙江巡检司衙门旧址，有残长20米的古栈道一段。清嘉庆元年（1796），重修姜驿至龙街栈道功德碑一方。龙街、江边二村附近还有很多古墓。1987年7月公布为县级重点文物保护单位。

（四）己衣古驿道

云南武定县己衣大峡谷位于己衣乡，距武定县城120公里，离昆明刚好200公里，与四川省凉山州会理县隔金沙江相望，与昆明市禄劝县汤郎乡隔河相邻，境内最高海拔白龙会山2956米，最低海拔金沙江畔862米，是武定县的最高海拔和最低海拔处，素有"高山雪花飘，半山桃花开，河边收庄稼"之景，是典型的立体气候。己衣大裂谷长约12公里，最宽处约200米，最窄处约6米，最深处300余米。谷底是湍流急下的大梁河。两侧绝壁间古树丰茂，野猴成群。裂谷两侧顶端平地间是自然村落，虽鸡犬相闻，却难以相通，形成了雄、奇、险、秀的崖壁奇景。在整段大裂谷中，唯有这里一块天然巨石横亘在两绝壁的中央，从笔直的陡石中间开凿栈道，通过巨石将两岸连接起来，成为了连通两边的唯一通道。千百年来，两边的群众就通过这里来来往往，互相交流。

（五）英武关古驿道

图三　南华英武哨古驿道

英武关位于南华县沙桥镇三河底村委会，现存的古驿道地处相毗邻的天申堂村，在村间和对面的树林中都可见断断续续的古驿道。村间驿道由于近年的城镇建设有所损坏，林间驿道保存完好，人踩马踏的痕迹清晰可见。整条古驿道呈南北走向，长约一公里。保存比较完整部分有162米，从山脚一直蜿蜒到山腰，全部用青石铺成，驿道正线石块较大，两边略小，最宽处2.3米、最窄处0.7米。驿道上的石块全都如磨刀石般光滑，中线的石块已被踏出许多凹槽，最深处可达15厘米。英武关古驿道是古代通往滇西咽喉云南驿的重要通道，也是古云南通往东南亚枢纽，至今已有2200多年的历史，从这条古驿道可以清晰看出古云南驿道的规制和走向。史料中有关于英武关古驿道重要性的记载："苴水萦洄九府连，崇山险岭直擎天。南疆英武三关镇，西城交通一脉先。"这条古驿道由楚雄吕合驿经仙人谷哨入境，过高峰哨至州前铺，经灵官桥、水盘铺、镇南关至沙桥驿，出沙桥驿后经新铺、苴力铺、英武关到达天申堂，再出必力甸进入姚州普淜驿，全程70多公里。

三、云南省楚雄州茶马古道现存古桥梁

楚雄州茶马古道现存古桥梁主要有五马桥、清风桥、响水桥、星宿桥、启明桥、小河桥、丰裕桥、惠远桥、铁链吊桥、通迎桥、响水关桥、小石桥、青龙桥、凌虚桥、吕仙桥、灵官桥、镇川桥、李贽桥、凌云桥、恩惠桥、济溪桥、通远桥、高桥、五孔桥、迥龙桥、他地苴花桥、万斛塘大桥、龙川桥等28处。较有代表性的有：

（一）禄丰星宿桥

位于禄丰县金山镇星宿江上，又称西门大桥。始建于明万历四十二年（1614），时为五孔石桥，据光绪《续云南通志稿》载"其前身是竹排架舟浮桥。"因历年水患，屡修

图四　禄丰星宿桥

图五　禄丰星宿桥碑记

屡塌，雍正五年（1727）大修，现存桥于道光五年（1825）琅井乡绅杨国安筹资，倡议修复，村民献工献料，至道光十二年（1832）建成。七孔尖拱石桥，桥长96.5米，加引桥共长133.5米，宽9.8米，高12米。桥身用整齐红砂石块砌成，以石灰掺糯米浆浇灌，黏连紧密牢固。桥两侧为石砌实体栏杆，长102.5米，高0.6米，厚0.4米，柱石上各镶嵌二十八星宿名讳。篆书：角、亢、氐、房、心、尾、箕、斗、牛、女、虚、危、室、壁、奎、娄、胃、昴、毕、觜、参、井、鬼、柳、星、张、翼、轸。桥孔跨径分别为9.8米、10.1米、10.3米等。拱券纵联砌筑，厚度在0.5米左右。两头分水桥墩长22.3米左右，高10米，宽5米。六个桥墩凸立江中，桥墩分水尖长5.5米。桥东有木坊一座，高15米，宽11米，四柱三门，上覆歇山式重檐瓦顶，檐下斗拱密集。木柱两旁有扁形石鼓，上雕龙虎，中门上镶有云贵总督阮元于道光十年（1830）书"星宿桥"匾额。两柱有对联一付：北极拱星坦西域车书通万里，南效遵礼社东山碌磈壮三迤。桥西建有十柱九门石坊一座，高12.6米，宽12米，上置九碑五联，碑为《修建星宿桥碑记》，备述建桥始末，由9块石刻镶嵌而成，书有"坤维永镇"四个大字。五联中一为："举首测星垣，望井鬼分躔，一道彩虹天外庑；披胃罗宿海，喜筜邛归极，五都贡象日边来。"二为"雄跨通津看夹水虹光直引星辰而上，功资利涉喜朝天骠乐咸遵道路以来。"三为"汉人昔越兰津，中外咸通，遂使西南半辟车同轨，书同文，行同伦。象占得朋，端藉此桥远达；舆地今逾黑水，圣明相继，久经震旦诸蕃赖其利，畏其神，用其教。民无病涉，因将旧绩重兴。"四为"人从铁索西来，雁齿重经，雄争津要；水合金江南注，鳌头永镇，庆叶康庄。"五为"觉路指迷津敢冒天功为己力，安澜通坦道全凭共事有同心。"又云：桥头两端各置石狮一对。该桥历史上是由昆明通往滇西的交通要道，横跨在星宿江上，气势宏伟，被李根源先生称誉为"工程精良，甲全滇之冠"。1984年、1988年各级政府先后两次对该桥进行了加固维修。1981年9月公布为州级重点文物保护单位。1983年1月公布为省级重点文物保护单位。

（二）禄丰丰裕桥

位于禄丰县金山镇北1500米的罗次河上。明末大学士禄丰人王锡衮建，原名"飞虹桥"，系三孔石桥。至康熙壬子（1672）倾圮南中二洞，"易建木桥，上复以屋；丁亥（1707）南岸屋桥又被水冲毁，重建木桥；癸巳（1713）黑井提举沈懋价独捐兴修，至光绪年间一直维持石墩木梁状况。1886年，黑井提举司邹馨德以该桥事关盐运，工需急就，乃上呈请求修复，于光绪十七年（1891）春动工兴建，摒弃原桥不用，在其上游不远处，历经三年于光绪十九年（1893）完工。因桥系运盐之用，为黑琅两井要津和民生之利，遂取"盐丰课裕"及"课丰民裕"之意，易名为丰裕桥。四墩五孔圆拱石桥，桥长92米，宽8.1米，高9.5米。每孔跨径12米。石墩为船形。桥上拦石高0.8米，宽0.4米。桥南一对石象跪立，桥北一对石狮雄踞。桥南原有楼阁一座，被拆除，桥北有石阙一座，高5.5米，宽5.8

米，三层重檐斗拱，六柱五门，柱联三对，门镶五碑，正中碑高3米，宽1米，楷书"丰裕桥"三字，其余四碑，由右至左分别是"黑盐井提举邹馨德禀请奖给桥工绅董奖励事"的呈文及上级回文；云南省盐法道为修建丰裕桥所出的告示；《修建罗次河丰裕桥讫》；经理修桥事务人员及石匠名单。柱联对仗极为工整。石阙精雕细琢，精美绝伦。每个桥洞上方有石刻浮雕，正中一洞东刻龙头，西雕龙尾，取神龙治水，永固桥基之意。丰裕桥与星宿桥相距不远。1973年公布为县级重点文物保护单位。2003年12月公布为省级重点文物保护单位，并入"星宿桥"项。

（三）南华灵官桥

位于南华县龙川镇灵官村东北方向200米，距县城约5000米。又名瑞应桥、平彝桥，建于明万历二十九年（1601）。两墩三孔石桥，长51.15米，宽7米，高9.6米，用巨石砌成，铆榫连接，桥墩分水尖的形状似一只木船，利于泄水，分水尖两端各雕狮子一只。桥西有小亭，今已不存。桥两侧有石雕护栏，每侧有19根石雕柱，柱间有整块石板连接，上刻花纹兽形图案。清康熙时镇南知州陈元题曰"平桥烟柳"，列为镇南州八景之一。此桥横跨龙川江，是滇西古驿道及昆畹公路桥梁，为南华县境唯一一座三孔石桥。1990年3月公布为县级重点文物保护单位。2005年8月公布为州级重点文物保护单位。

（四）南华镇川桥

位于南华县城东南方向1000米处，又名土城大桥，清康熙时镇南土同知段光赞倡修，役历10年，于清康熙三十九年（1700）建成。单孔石拱桥，跨龙川江，南北走向。桥面两侧砌石板为护栏，桥长29米，宽5.7米，高7.2米，拱顶厚0.7米，一孔单跨11米，为滇西独孔石桥之冠。是楚雄至哨区、景谷等地之要道。现为南大公路线第一座重要桥梁。1990年3月公布为县级重点文物保护单位。2005年8月公布为州级重点文物保护单位。

（五）姚安李贽桥

位于姚安县城西19千米处的官屯乡连厂村连厂大河上，又名连厂桥。始建于明万历五年至八年（1577—1580），系时任姚安知府李贽倡建，后世为追记他的功绩，将桥易名为李贽桥。清光绪丁未年（1907），姚西暴雨、洪水猛涨，李贽桥东桥墩倾圮，同年冬邑人李春灿、陈飞熊倡捐重建，甘孟贤撰碑文。1988年，在李贽桥北边30米处新建大桥一座，供车辆人畜通过，并在李贽桥上加固护栏，禁止车辆通过。2003年8月进行了加固维修，修筑了一侧挡水墙，有效地加强了李贽桥的保护工作。双孔砖石拱桥，全长30米，宽4.5米，每孔跨径8.6米，两孔比例均衡对称。桥墩、桥身均为青色大青砖支砌，所用砖块都是经过精心设计和专门制作焙烧，再加猪血、石灰混合支砌，中桥墩呈尖角船型，能有效地减轻桥墩的分水阻力。李贽桥是云南边疆地区唯一保存至今的李贽遗迹的历史见证。1982年公布为县级重点文物保护单位。2003年12月公布为省级重点文物保护单位。

图六　姚安李贽桥

四、茶马古道名镇

（一）禄丰县黑井镇

位于禄丰县城西北65千米的龙川江畔，总面积136.8平方千米，成昆铁路、龙川江纵穿全境。全镇辖10个办事处，有汉、彝、回、苗、白等7种民族。《黑盐井志》载"土人李阿召牧牛山间，一牛倍肥泽，后失牛，因迹之，至井处，牛舔地出盐。"为纪念这头黑牛的功绩遂称此地为"黑牛盐井"简称"黑井"。因黑井盛产食盐，早在东汉初期即开井煮锅盐，故经济、文化十分繁荣。1995年8月公布为省级历史文化名镇，2005年11月公布为国家级历史文化名镇。2004年列为国家AA级旅游景区，2006年12月列为国家AAA级旅游景区。

黑井以产盐著称，据记载，汉代青蛉县设盐官至黑井采盐，唐代黑井属姚州都督府，有"盐泉"之称，南诏时称览赕城，"产盐洁白味美。"明洪武十五年（1382）置黑盐井盐课提举司，辖黑盐井、阿陋井、琅盐井3个盐课司，提举司设提举和盐课大使，专门管理黑盐井盐务，由省直隶。清代仍置黑盐井盐课提举司。1913年设盐兴县，1960年盐兴县并入禄丰县，改黑井公社、区，1987年设黑井镇。

黑井镇西依万春山，东临龙川江。街区统一规划为一街至四街4个片区，主街道一街二街已改为水泥路面，但三街四街及其他东西向小巷道多保存条石砌筑路面，尤其四街武家大院附近临街建筑，较好地保存了清末至民国初期的特

图七　禄丰黑井武家大院大门

色。街道两旁的民居仍保留着走马转角楼、四合五天井、三房一照壁、四合院、一颗印等浓郁的地方特色。黑井地上地下文物古迹众多，有古墓葬、古建筑、碑刻等92处，其中20余处为各级文物保护单位。尤其以十八犁田新石器时代遗址、石龙火葬墓群、五马桥、诸天寺、文庙、观音殿及三元宫、节孝总坊、文笔塔、袁嘉谷题刻、摩崖题刻、大井盐井遗址、复隆盐井遗址、东井盐井遗址、大龙祠、接天寺石刻造像、重修七局龙洞记碑、万春山真觉禅寺记碑、永警于斯碑最为典型。

（二）大姚县石羊镇

位于大姚县城西35千米的象岭、飞凤、魁阁诸山麓之间，总面积398.87平方千米。地势平坦，呈长条形，集镇面积1.5平方千米，辖16个办事处。盛产食盐，旧称白盐井，《滇略》载："蒙氏时有羝舐土，驱之不去，掘地得卤泉，因名白羊井，讹为白盐井。"《南诏野史》又载"蒙氏时，洞庭龙女牧羊于此，羊忽入地，掘之，盐水涌出，故名白羊井，今称白盐井。"白井从汉代已正式开采。明、清两代盐业兴盛，食盐畅销省内外，经济、文化较为发达。1995年8月公布为省级历史文化名镇。

石羊镇早在西汉时期属益州郡弄栋县。蜀汉为掔州。唐代设弄栋节度使。宋大理国时属姚安大姚堡地。元为大姚县地，属姚州，始设官提举。明置提举司属姚安军民府，明洪武十五年（1382）置白盐井盐课提举司，提举司设提举和盐课大使，专门管理白盐井盐务，由省直隶。据乾隆《白盐井志》载"提举司署在荣春坊，明洪武十六年（1383）建主楼，正堂各三间，二堂五间……盐课司大使署在观音井桥东。内厅三间，外堂三间，主房三间，大门一间。"清代仍置白盐井盐课提举司。民国三年（1914）改设盐丰县，1958年并入大姚县，1988年改石羊镇。

明时，白盐井城郭编为绿萝、宝泉、荣春、思善、让训五坊。现石羊集镇街道长1.2千米，石板铺就，居民房屋多以条石砌建，瓦顶土墙四合院，具有典型的明清建筑风格。香水河贯穿整个石羊镇，石羊旧时曾有"多桥之镇"的美誉，方圆十余里，竞有桥30余座，惜于1961年8月盐丰里长园水库决堤，多被冲毁。石羊历史上有龙山耸秀、象岭蒸云、宝岫朝烟、文殊夕照、天台高眺、石谷春游、水亭观瀑、香河月夜八景及"七寺八阁九座庵"，现已无存，但"巍巍对

图八　大姚石羊孔庙

峙南北塔"依然还在。

石羊古镇文物古迹众多,石羊文庙及孔子铜像最具代表。石羊文庙位于石羊镇象山岭,始建于明洪武元年（1368）,万历三十七年（1609）建成。建筑群以大成殿为主体,两侧有东庑、西庑、乡览祠、名宦祠,外侧有朱子阁、仓圣祠、明伦堂、黉学院、魁星阁等建筑。采用中国古代宫殿式衙署布置。占地6584平方米。大成殿面阔5间19米,进深10米,高9米,单檐歇山顶。大成殿内供孔子铜像,高2.3米,重2000余千克。铜像头戴冕旒,手持朝笏。此外,尚有封氏节井浮雕、石牌坊、南塔、北塔、烈士纪念塔、庆丰井、封氏节井、晒盐蓬、火葬墓群、观音寺、圣泉寺等古迹。

（三）姚安光禄古镇

位于姚安县城北12千米青蛉河西岸,西接祥云县山区,北邻大姚县金碧镇,因境内有光禄山而得名,是姚安县第二大集镇,总面积136.64平方千米,辖11个村委会。光禄镇历史悠久,素有"花灯之乡"和"历史文化名邦"之称。2004年11月公布为省级历史文化名镇。

汉武帝元封二年（前109）,旧城村高陀山筑弄栋城。隋开皇十七年（597）设弄栋总管府,唐麟德元年（664）置姚州都督府,南诏设弄栋节度,元设军民总管府。为汉、唐、宋、元时期云南重要的政治、经济、文化中心。

古镇坐落在光禄山麓缓坡上。背靠光禄山,左面有小邑后山,右面有高陀山,山间溪水常年不断。古镇街道长1020米,面积7568平方米,主要由呈"回"字型的旧街道四条以及东南西北四关的出镇街道组成。民居分布于街道两旁,一般为砖木结构或土木结构的两层楼房,还有四合五天井、走马转角楼等民居。

龙华寺位于光禄镇西山麓,又称活佛寺,原名卧佛庵。始建于唐天祐年间（904—907）。系古代宫殿式建筑群,分前后四院,建筑面积4800余平方米,由山门、钟鼓楼、照壁、过厅、两耳、两厢、二堂、正殿、阎王殿、圆通殿、后轩北院等组成,有房118间。寺南又有附属建筑三丰祠。大雄宝殿面阔5间20米,进深5间12米,单檐硬山顶。龙华寺建筑风格有明显的清代特色,但砖雕、墙体构件图案又有明代风格。现为国家级重点文物保护单位。此外,还有姚安

图九　姚安龙华寺大殿佛龛

路军民总管府旧址、高雪君先生祠、文昌宫等古迹[①]。

四、结语

茶马古道是古代中国西南十分重要的经济文化走廊，是西南诸民族相依共存、友好互助的历史见证，也是古代中国通往东南亚和南亚各国的文化贸易通道。楚雄州历史悠久，为做好茶马古道文化遗产保护工作，提出以下建议。

（一）加强茶马古道的基础调查研究，创建茶马古道资源整体数据库

结合第三次全国文物普查的有利契机，组织各方专家，从文物学、历史学、考古学、民族学、地理学、旅游学等方面对茶马古道进行全面考察，摸清资源存量，挖掘资源秉赋，构建茶马古道资源体系。扎实做好不可移动文物的数据整理，积极征集茶马古道文物，不断充实各级文物机构藏品。

（二）制定茶马古道保护办法，编制科学保护规划

根据《中华人民共和国文物保护法》等法规，由云南、四川、西藏等涉及区域共同制定《茶马古道保护办法》。《办法》要对茶马古道的定义、范围、核心区、保护办法、经费保障、责任单位等做出规定。按照地域关系、历史层序、文化品类，选取具有代表性的区段，根据文物保护和非物质文化遗产保护的成功经验，建立茶马古道遗产保护核心区、保护点，进行有效保护。

（三）积极申报各级文物保护单位，加强对各级文物保护单位的修缮保护

云南省陆续将茶马古道上的古镇、古村落、古建筑、古驿道等文化遗存申报公布为历史文化名城（名村、名镇）、旅游小镇、各级文物保护单位和非物质文化遗产保护名录。各地区应加大茶马古道相关文物资料的整理力度和申报力度，尽量将各类茶马古道文物申报为国家级、省级、州市级、县级文物保护单位。

（四）精心打造旅游精品

茶马古道文化遗存是不可复制的人类宝贵财富，在旅游开发中依法保护这些资源是我们应尽的责任。云南茶马古道历史遗存实在太多，在茶马古道旅游开发中，要找准具有代表性的古道遗存，通过精心打造，使之成为茶马古道旅游的亮点。对于楚雄州来说，开发茶马古道同样具有重大的价值，禄丰黑井古镇、大姚石羊古镇、姚安光禄古镇都是古代茶马古道沿线的重镇，现已经开发或正在开发。开发古镇不仅保护了当地的历史文化遗迹，而且保护了当地传统的彝族文化，促进了文化产业的发展。

---

① 钟仕民主编：《楚雄彝族自治州文物志》，云南民族出版社，2008年，第65~66页、118~124页、127~134页。

云南驿：行走在路上的历史

王黎锐　云南保山市博物馆 研究馆员

摘　要：云南驿是云南古代交通的重要驿站，因特有的地理位置决定了其交通枢纽的地位。通过云南驿达成的云南古代对内、对外交通线路，概括起来主要有四条，即西南丝绸古道、茶马古道、邕州（买马）古道和滇黔普安道。自西南丝绸古道首通，经茶马古道、邕州（买马）古道，到滇黔普安道，云南的历史发展就这样在古道中缓缓行走而来。这座小镇，可谓见证了千年古道承载的云南对外交流的辉煌历史。

关键词：云南驿　西南丝绸古道　茶马古道　邕州古道　滇黔普安道　历史

谈到云南的古代交通，就让人联想到既保留有"云南"地名概念，又能体现交通内涵的云南驿。

云南驿，位于大理州祥云县云南驿镇云南驿村，因元明清三代设置驿站而得名。汉武帝元狩元年（前122），"彩云现于白崖，遣使迹之至此。"及元封二年（前109）置云南县，云南驿始为县治驻地。蜀汉建兴三年（225），置云南郡，郡治亦设云南驿，云南驿成为郡治与县治的同驻地，作为滇西北地区的政治、经济、文化中心历时达358年。南诏时期，在云南驿设云南赕并设置军事机构云南节度，此后的四百多年间，云南驿一直是南诏国及大理国的云南赕治驻地。元政府在云南驿设置云南州，当时的云南驿是滇西第二大治。明洪武十七年（1384），云南县治由云南驿迁往洱海卫城南，另筑新城于今祥云县城，结束了云南驿从西汉至明初近1500年间作为行政管理机构县、郡、州或军事管理机构节度所在地的历史。民国七年（1918），因省县同名始改称祥云，但是云南驿的名称却一直保留了下来。从时间上来说，"云南驿"最早将"云南"作为地名，是云南省省名的起源。"云南县"一名改作"祥云县"以后，唯有"云南驿"把"云南"一名保留至今，时间跨度达2100多年。

通过云南驿达成的云南古代对内、对外交通线路，概括起来主要有四条，即西南丝绸古道、茶马古道、邕州（买马）古道和滇黔普安道（随时代发展变迁，也有在这些古道上衍生的因运输物品的增加或改变得以命名的古道）。这座小镇，可谓见证了千年古道承载的云南对外交流的辉煌历史。

一、西南丝绸古道

2300多年前，早在张骞尚未凿通西域、开辟西北丝绸之路以前，西南的先民们就已开发了一条自四川成都至滇池区域，经大理、保山、腾冲进入缅甸，远达印度的"蜀身毒道"（身毒是印度的古称）。由于它始于丝织业发达的成都平原，并以沿途的丝绸商贸著称，因此也被历史学家称为"西南丝绸之路"。史书记载，西汉时期，张骞出使西域，在西域发现了原产于四川的筇竹和蜀布，它们是经蜀身毒道到达印度、阿富汗，再辗转运抵西域的。由此，一些专家认为，西南丝绸古道的形成比西北丝绸之路早了两个世纪。它是中国最早的对外陆路交通线，也是我国西南与欧洲、非洲、南亚诸国交通线中最短的一条线路。

西南丝绸古道起点始于四川成都，分东、西两路进入云南，至云南驿汇合，西行经大理入博南道过永昌，出缅甸进入印度。

东线自四川成都往南经宜宾道（秦为"五尺道"，唐为"石门路"），经高县、筠连、盐津石门关（豆沙关）、朱提（昭通）、夜郎西北（今威宁一带）、宣威、味县（曲靖）抵滇池（昆明）再西行经安宁、楚雄、达云南（云南驿）与"灵关道"汇合。

西线自四川成都南下，经汉"灵关道"（唐称"清溪道"），经临邛（邛崃）、灵关（芦山）、青衣（雅安）、兴道（荥经）、清溪（汉源），渡大渡河经越嶲（越西）、邛都（西昌）、会无（会理），渡金沙江，过青蛉（大姚）、弄栋（姚安），达云南（云南驿）与"朱提道"汇合。

从云南（云南驿）西行，经大勃弄（祥云）、白崖（弥渡红崖）、赵州（凤仪），抵叶榆（大理）；再西行经邪龙（漾濞）、博南（永平）过兰津渡（霁虹桥）进入永昌（保山）境；经水寨、翻罗岷山天井铺至牛角关，从官坡下金鸡村，经板桥入永昌（保山）城。

从永昌城出发西行，有三条主线：一，自保山城北门出发，经瓦房、汶上、猛古坝，渡怒江，翻高黎贡山马面关、北斋公房，过界头至腾冲城。自腾冲城出发，经古永、牛圈河、甘稗地、俄歪、昔懂坝、大弯子、瓦宋至缅甸密支那。二，自保山城西北出仁寿门，经青岗坝、杨柳坝、栗柴坝，渡怒江，过敢顶，翻高黎贡山、南斋公房，经曲石、草坝街至腾冲城。自腾冲城西北行，经固东、小辛街、茶山河、大竹坝、平河、片马至缅甸拖角。三，元、明时期逐步形成的第三条路线，即自保山城南门出发，经沙河、云瑞街，过石花洞、上篙子铺、翻冷水箐、下蒲缥、过道街、渡怒江、经坝湾、上蒲蛮哨、翻高黎贡山分水岭、越龙江、过橄榄寨至腾冲城。从腾冲城西南行，经梁河、盈江到缅甸八莫。

西南丝绸古道，由于开辟时代早，沿用时间长，且一直作为唯一的出入主通道得到维护，因此沿途至今保存了大量的道路、桥梁、驿站。道有水寨道、官坡道、蒿子铺道、盘蛇谷道、白花岭道等；桥有云龙桥、霁虹桥、双虹桥、惠人桥、龙川江桥等；驿有云南驿、平坡驿、蒲缥驿、塘子驿、马站等。古道人工开凿、石板铺筑，路面宽约2米，由于长期人畜往返践踏，石板上踏痕累累，最深的马蹄印达13厘米。

沿用2300多年的西南丝绸古道，对于云南的历史发展和对内、对外交流往来，有着重要的意义，作用巨大。历史证明，这条连接中国和东南亚、南亚的古老通道，两千多年来从未间断过。可以说汉王朝开辟通道与置县设吏的并举，导致了东汉永平十二年（69）哀牢举国归汉这一重大历史事件的发生，从而奠定了云南从此成为统一多民族国家不可分割的一部分的基础，也使中央王朝全面控制西南丝绸古道，使之和北方丝绸古道一样，成为一条官方经营的对外交通线，对中国与缅印乃至中亚、欧洲各国的政治经济文化交流，起到了极其重要的作用。频繁的交流往来，使中原文化得以播撒到西南夷广袤的土地上。同时，印度佛教沿古道逐步传入中国西南，并在古道沿途流行开来，对滇池和洱海地区产生了深远的影响，因此，也有学者将该古道称为南传佛教之路。

至清末民国初，西南丝绸古道仍作为唯一主通道而十分繁忙，腾冲、保山、大理、云南驿等地，因为这条道路发展成为当时繁华的通商重镇。到了近代，滇缅公路、中印公路依然是沿着这条古老的通道而修筑。虽然它的主通道功能被取代，但仍有大量的分段、连接线为民间长期使用，继续发挥着交流通道的作用。

二、茶马古道

自唐以来的千余年间，在横断山区的崇山峻岭和怒江、澜沧江、金沙江三江流域的幽深峡谷之间，在川、滇、藏三省交汇的山野丛林中，绵延盘旋着一条继西南丝绸古道之后又一重要的云南对内对外通道，这就是世界上地势最高、地理形态最为复杂的"茶马古道"。它不仅是一条商业要道，更是中外文化交流、文明传播的重要通道。

众所周知，康藏属高寒山区，海拔都在三四千米以上，糌粑、奶类、酥油、牛羊肉是藏民的主食。在高寒地区，需要摄入含热量高的脂肪，但没有蔬菜，糌粑又燥热，过多的脂肪在人体内不易分解，而茶叶既能够分解脂肪，又防止燥热，故藏民在长期的生活中，养成了喝酥油茶的高原生活习惯。在汉文史料中多有藏人"嗜茶如命""以茶为命""如不得茶，非病即死"之类的记载。藏民族中也有"汉家饭果腹，藏家茶饱肚""宁可三日无食，不可一日无茶"之说。但由于藏区的高寒气候，根本无法种植茶叶，故只能依靠川滇及内地茶叶入藏。在内地，军队征战和民间役使都需要大量的骡马，但所产骡马数量有限且体弱质差，而藏区和川、滇边则产良马。于是，具有互补性的茶和马的交易即"茶马互市"便应运而生。这样，藏区和川、滇边地出产的骡马、毛皮、药材等和川滇及内地出产的茶叶、布匹、盐及日用器皿等等，在横断山区的高山深谷间南来北往，交流不息，并因此导致了茶马古道的形成。

茶马互市的兴起，无疑促进了汉、藏经济的交往。唐朝在许多地方都设置了"茶马司"，作为市场管理机构。宋代则将茶叶的销售分为官茶和商茶，前者由政府机构采购交易，后者由茶商向户部纳税交易，但须限定数量和地域。明清两代大体沿袭旧制，只是到清代晚期才将茶叶向民间开放。

茶马古道主要有三条线路：即青藏线（唐蕃古道）、滇藏线和川藏线。以云南驿为重要连接点的是滇藏线。滇藏线茶马古道出现在唐朝时期，它与吐蕃王朝向外扩张和对南诏的贸易活动密切相关。678年，吐蕃势力进入云南西洱海北部地区。680年建立神川督都府，吐蕃在南诏设置官员，向白蛮、黑蛮征收赋税，摊派差役。双方的贸易也获得长足的发展，茶马贸易就是重要内容之一。南诏与吐蕃历史上的交通路线大致与今滇藏公路相近似，即从今云南大理出发，北上至剑川日，再北上到丽江，过铁桥城继续沿江北上，经锵子栏前行到盐井，再沿澜沧江北上至马儿敢（今西藏芒康）、左贡，分两道前往西藏：一道经由八宿、邦达、察雅到昌都；一道径直由八宿至波密，过林芝前往拉萨。综合茶马古道在滇路线和上述南诏与吐蕃历史交通路线，我们可以大致确定茶马古道中的滇藏线为西双版纳—普洱（临沧、保山）—云南驿（大理）—丽江（中甸）—德钦—察隅—邦达—林芝—拉萨。到达拉萨的茶叶，还经喜马拉雅山口运往印度加尔各达，大量行销欧亚，使得它逐渐成为一条国际大通道。其中，大理、丽江、中甸、阿墩子（德钦）等地是茶马贸易十分重要的枢纽和市场。滇藏线茶马贸易的茶叶，以云南普洱的茶叶为主，也有来自西双版纳、临沧、保山等地的茶叶。滇藏线茶马贸易的形式，是由云南内地的汉商把茶叶和其他物品转运到该地转销给当地的坐商或者西藏的贩运商人，又从当地坐商那里购买马匹或者其他牲畜、土特产品、药材，运至丽江、大理和昆明销售。西藏、四川的藏商，大多换取以茶叶为主的日用品返回西藏。运输工具主要是骡马和牦牛。

自唐代兴起的茶马古道，不仅是茶、马等物品经济交流的重要通道，也使藏传佛教在茶马古道沿途得以广泛传播，并进一步促进了滇西北纳西族、白族、藏族等各兄弟民族之间的经济往来和文化交流，增进了民族间的团结和友谊。可以说，从久远的唐代，直到20世纪五六十年代滇藏公路的修通，历尽一千余年沧桑岁月，滇藏茶马古道就像一条大走廊，串连起了沿途各个民族，搞活了商品市场，发展了当地经济，促进了农业、畜牧业的发展。与此同时，沿途地区的艺术、宗教、风俗文化、意识思想也得到空前的繁荣和发展。

三、邕州（买马）古道

863年南诏攻下唐朝安南都护府后窥视广西，并两度围攻邕州（今南宁），初通了从鄯阐（今昆明）经左右江流域达邕州的道路。唐代樊绰写《云南志》时知有至邕州的道路，但无详细说明。在云南大理国时期，中原宋王朝为应付北方战事向西南诸族买马。最初将交易地点从原茶马交易的甘陕一带改设在四川的汉源、宜宾等地，南宋时交易的地点从上述地点再移到广西的横山寨（今田东，东行不远即抵邕州），并开辟了由广西进入云南文山，经红河、昆明再到楚雄、云南驿、大理的买马古道。鄯阐至邕州的古道因此兴盛，并取代入川的石门、清溪二道成为云南与内地间的主要通道。1276年，元朝云南行省在原邕州道的基础上辟筑入广西的南、北驿道。南道经今江川、建水、广南、富宁过广西的靖西、大新达南宁，北道则走今路南、陆良、师宗经广西的百色、田阳至南宁。凭借邕州道，滇、桂间往来频繁，每逢大理国商人莅临，横山寨便热闹非凡。宋朝官方机构买马提举司用黄金、棉布、食盐向马商买马，广西和内地的商贾则以丝绸、书籍与"诸奇巧之物"，换取客人带来的胡羊、长鸣鸡、披毡、云南刀和麝香等物。南宋百余年间，邕州道是云南与内地联系的主要纽带，因此宋人说"中国（指南宋）通道南蛮，必由邕州横山寨。"

邕州古道虽因买马作战而开通，并且确实达到了为宋王朝军队提供战马的目的，但它更对滇、桂间交通、经济、文化的交流发挥了拓展性的作用，一度取代入川的石门、清溪二道成为云南与内地间的主要通道，并成功打通了云南经广西横山寨南下海边，至钦州与越南的交流。

四、滇黔普安道

1274年，元朝在云南建立行省，省治昆明取代大理成为全省的政治中心和交通枢纽。其时，云南先后以北方吐蕃道和入四川诸道为联系北方的通道。但此数道迂回艰险，过往人员常有伤亡，且道路客流容量亦有限，不能满足元朝着力治理云南和中南半岛地区的需要。有鉴于此，在遣专人踏勘并获世祖忽必烈旨准以后，元朝于1291年全线开通了过贵州普安东行的新道，并设置了驿站。

由昆明沿普安道至大都（今北京），中经曲靖、普安、贵阳等20余处驿站达镇远，就可陆行或换乘驿船溯沅江经沅陵、岳阳北上，沅陵以东为元朝的"常行站道"。

从昆明至中原，择普安道当比走入川诸道"捷近二千余里"，且新道比较平直，行人至镇远还可水陆分道，有较大的客流容量，建成后便成为云南联系内地的主要通道。官员使臣往来公干和云南诸族赴京朝觐，无不将普安道作为首选。明代称普安道入黔旧路。《滇志》说这条明初在云南最早恢复的驿路是"黔之腹心，滇之咽喉"，可见其道之重要。清朝亦以普安道为达内地的通衢，并沿途增设铺递。1935年和1966年，贵昆公路和贵昆铁路在前代旧道的基础上建成。时至今日，从昆明过黔、湘一线仍是云南通往内地最繁忙和最便捷的陆行通道。

滇黔普安道虽然开通时间较前述三道要晚，却是由中央王朝主动主持开辟的，它对云南的发展产生了重要而深远的影响。由于有可靠的交通作保证，中央政府对云南的治理大为加强。元文宗消弭云南的镇将之乱，明太祖平定云南和英宗"三征麓川"，均以普安道为用兵的主要通道。明清两代数百万内地移民入滇军屯、民屯也是沿普安道进入的，因此普安道上的主要城镇曲靖、昆明、楚雄乃至保山等地是受移民浪潮影响最甚的地方，成为云南汉族最早形成和聚居的地区，内地经济文化的影响也通过普安道等交通线传播到全省各地，为云南与内地文化一体化的形成创造了有利条件。

古道是走出来的，这一走就是几千年。在漫长的岁月中，它历经风雨，铸就了历史和文明。刀劈斧削的绝壁，记不完行者的辛酸；曲折陡峻的古道，载不尽通衢的辉煌。自西南丝绸古道首通，经茶马古道、邕州（买马）古道，到滇黔普安道，云南的历史发展就这样在古道中缓缓行走而来。

路，总是一头牵着历史，一头牵着未来。如今，在几千年前古人开创的古道上，成群结队的马帮身影不见了，清脆悠扬的马铃声稀落了。然而，印刻在古道上的先人足迹和马蹄踏印，因行走的历史产生的灿烂古道文化，以及对悠远古道千丝万缕的记忆，却幻化成华夏子孙一种崇高的民族创业精神，激励着人们勇于拼搏，不断进取。

参考文献：

［1］（汉）司马迁撰：《史记》，中华书局，1959年。

［2］（南朝宋）范晔撰，（唐）李贤等注：《后汉书》，中华书局，1965年。

［3］陈斌：《南诏国大理国内外关系》，中国文联出版社，2003年。

［4］董孟雄、郭亚非：《云南地区对外贸易史》，云南人民出版社，1998年。

［5］申旭：《中国西南对外关系史研究》，云南美术出版社，1994年。

南方丝绸之路·永昌道对永昌文化的影响

段德李　云南保山市博物馆 副研究馆员

摘　要： 从北方民族的南迁开始，南方丝绸之路就逐步成为民间贸易往来的重要通道，秦汉时期的开疆拓土战略，加速了南方丝绸之路的官办化，也进一步促进了永昌道的建成。永昌道开通后，沟通着内地与缅印地区的经贸、文化往来，而古哀牢地区在"绥哀牢，开永昌"及历朝移民政策驱动下，也迅速形成了以汉民族为主体的永昌文化。

关键词： 南方丝绸之路　永昌道　哀牢　永昌　文化

"南方丝绸之路"，也称"西南丝绸之路""蜀身毒道"，是从蜀成都通向南亚印度的一条贸易通道。据《史记·司马相如列传》载："唐蒙已略通夜郎，因通西南夷道。"[①]由此可以看出，"南方丝绸之路"早在张骞出使西域所经过的"丝绸之路"之前就已存在，它是目前史书记载中国与外国通商最早的贸易通道。这条古道在中国境内的地段由三条干线组成：一是东线，以四川成都为起点，经宜宾、高县，过云南昭通、曲靖、昆明，然后经楚雄至大理，史称"五尺道"；二是西线，从四川成都出发，经邛崃、名山、荥经、汉源、西昌、会理，渡过金沙江后到大姚，过祥云，至大理，史称"灵关道"；三是上述两条路在大理汇合后，由弥渡、过南涧、经永平，渡澜沧江到保山，然后出缅甸、至印度等地，史称"永昌道"。

永昌[②]是蜀身毒道上连接中、缅、印的重要交通枢纽。从永昌出缅甸、到身毒的"永昌道"，主要线路也有三条：一条是从保山渡怒江，经腾冲，出缅甸；一条从保山经蒲缥，渡怒江，过龙陵、芒市，从畹町出缅甸；一条从保山向南行，经施甸甸阳、姚关至镇康，出缅甸。

一、南方丝绸之路及永昌道形成的历史背景

---

① （汉）司马迁撰：《史记》，中华书局，1959年，第3046页。
② 今保山地区。

　　南方丝绸之路的形成，首先是民族迁徙的结果。据云南省考古所杨帆先生考证，氐羌民族从夏、商时期开始，便经青藏高原的东缘①向西南地区迁徙。自此，这种民族大迁徙就络绎不绝。从历史典藏来看，战国时期，因为秦国的势力不断强大，"忍季父印畏秦之威，将其种人附落而南，出赐支河曲西数千里，与众羌绝远，不复交通。其后子孙分别，各自为种，任随所之。"②由此看出，战争是促使民族迁徙的一个主要因素。而氐羌民族的迁徙之路，也正是南方丝绸之路形成的开端。

　　南方丝绸之路形成的第二个重要因素是开疆拓土与邦交发展的需要。因为开疆拓土与邦交发展，原本是氐羌民族的迁徙之路，被官方发现并逐步成为官方通行与管制的"官道"。秦惠文王于更元九年（前316），派张仪、司马错率兵讨伐蜀国，追杀蜀王到了武阳③。蜀王子率部分两路南下。一路沿灵关道逃到今西昌和云南姚安；另一路则沿朱提道进入云南后，向东进入贵州，又沿北盘江直到广东，再入交州④。蜀国王子的逃生道路，此后也就成了秦汉向西南开疆拓土与发展邦交的必经之路。南方丝绸之路各干线、支线，开始有了官方赋予的名字。

　　现将秦汉时期开疆拓土与邦交发展而开辟南方丝绸古道的历史简述如下：

　　秦始皇统一六国之后，派常頞组织指挥修筑通往西南的道路，将古蜀国杜宇时代就能通行的朱提道、僰道拓宽成五尺，后来被历史学家称为"五尺道"。

　　汉武帝元光五年（前130）遂派中郎将唐蒙"发巴蜀卒治道，自僰道直指牂牁江"⑤。为加强对这条道路的管理，第二年开始在沿途设立邮亭，正式将这条民间通道开辟为官方驿道。

　　汉武帝建元五年（前136）任司马相如为中郎将，副使王然于、壶充国、吕越人等，沿灵关道而下，边行边派人整修道路，打开了通往邛⑥、筰⑦的道路。

　　汉武帝在元鼎五年至六年（前112—前111）派司马迁也随军出征，深入到了昆明部族聚居的博南道。

　　元封二年（前109）、四年（前107）、六年（前105），汉武帝先后三次派拔胡将军郭昌率兵南下，制服了昆明部落，将其地划归蜀郡管辖。同时，在滇西南设立了不韦⑧、嶲

---

① 今四川西部。
② （南朝宋）范晔撰，（唐）李贤等注：《后汉书》，中华书局，1965年，第2876页。
③ 今新津境内。
④ 今越南。
⑤ （汉）司马迁撰：《史记》，中华书局，1959年，第3046页。
⑥ 今西昌。
⑦ 今汉源。
⑧ 今保山地区。

唐①、比苏②、云南③、邪龙④、叶榆⑤6个县，并向这些地区迁入了大批汉民。通往永昌的路况大大得到了改善。后来，霁虹桥建成，行人不再以舟筏渡江，为沟通永昌与内地的交流创造了更为便利的条件。

东汉永平十二年（69），哀牢王柳貌遣子率族人归附汉朝，汉王朝在它原有的领地内设置了哀牢⑥、博南⑦两县，并割益州西部都尉所辖六个县，合为永昌郡。永昌从此逐渐发展为我国内地通往西方和东南亚各国的重要商埠和对外口岸。

三国时期，雍闿等起兵反叛。诸葛亮亲率大军南下，平定南中后，任用"义辅汉室、守志不回"的保山金鸡村人吕凯为云南郡守。随诸葛亮南征的不少官兵及其家眷落籍永昌，成为永昌的早期汉族移民。同时汉族移民为躲避战乱，不计山水险恶而远走并扎根永昌。蜀国的先进生产技术与商业文化随之带到永昌。

晋朝统一天下后，重新开始经营西南地区。然而，两晋的治边政策迎来的是地方势力的不断叛乱。永昌郡由此荒败分裂，永昌道也受到阻隔。

唐朝和邻邦的交往十分频繁，滇缅通道因而得到充分的利用。贞观二十二年（648），嶲州都督刘伯英针对边民叛乱的情况，请求出兵讨伐，进而打开通向西洱、天竺的道路。唐太宗派梁建方率20万蜀兵进军滇西。通往缅印的永昌道再次被打通。然而，中央王朝顾及不了对滇西边陲的治理，南诏国、大理国，先后在唐宋时期建立。这一时期，除了汉族继续移民永昌外，白族也大量进入永昌地区，成为永昌多民族的一个重要部分。他们的迁入，让汉族建筑与白族民居交融于永昌。

此后，元、明、清三代加强对西南地区的统治，永昌道的江河之上建成了许多桥梁，结束了舟筏以渡的历史，永昌与内外的沟通交流更加便捷了。

二、永昌文化形成的历史进程

保山市位于祖国西南边陲，市境东西最大横距198公里，南北最大纵距193公里，国土总面积19066.49平方公里。从考古资料看，此地500万年前就有古猿活动，7千至1万年前就有人类生存。在民族迁徙以及历朝的开边政策下，保山逐步成为一个以汉族为主体的多民族散杂居地区，共有36个民族；而不同时期不同地域的民族迁入，就形成了保山多民族的

---

① 今漕涧。
② 今云龙、兰坪一带。
③ 今祥云、弥渡一带。
④ 今巍山、漾濞一带。
⑤ 今大理。
⑥ 郡治在今保山。
⑦ 今永平。

多元文化特点。

（一）人类早期活动

1992年，在保山城南30公里的羊邑煤矿发现羊邑古猿化石，时代距今500万年左右。同时出土的还有鹿、猴、大象等哺乳动物化石。它们的地质时代为晚中新世至上新世，距今800万年至400万年之间。1987年开始，先后发现塘子沟遗址和姚关人遗址等旧石器遗址，距今1万至7千年。塘子沟遗址出土的主要实物是分属7个个体的晚期智人化石，以出土地命名为"蒲缥人"。施甸县姚关乡出土的"女性"头骨化石，称之为"姚关人"。新石器文化在保山已发现大小遗存共90余处，广泛分布在保山澜沧江、怒江、龙川江流域。根据分布地域和器型的不同，大致可分为濮系民族文化、氐羌民族文化、百越民族文化三大类型。其中，濮系民族文化以龙陵大花石遗址为代表，主要实物有打制有肩石器、石印模、石刻花卉等；氐羌民族文化以保山坝子一带的遗址为代表，主要实物有磨制的梯形石斧、石箭镞、石矛等；百越民族文化以昌宁柯街及龙陵河头一带发现的遗址为代表，主要实物有磨制有肩石斧、石锛、石刀及碳化稻米[①]等。

（二）哀牢国与哀牢文化

经过新石器时代数千年的演化发展，到了奴隶社会阶段逐渐聚合成一个规模较大的部落联盟——哀牢国。哀牢国"东西三千里，南北四千六百里"[3]253，包括今云南西部、缅甸北部、老挝北部等广大地域，"人口五十五万"，是汉代以前西南夷地区四个最大王国之一。从考古发现来看，哀牢国的文化呈现出以青铜器为代表的青铜文明。迄今为止，保山境内最早的青铜器出现在距今3000多年的大花石遗址晚期的埋藏层。从境内先后出土的众多青铜器来看，如双勾连旋纹山字足铜案、铜鼓、铜弯刀、铜钺、铜斧、铜盒等等，哀牢青铜文明显然有别于中原青铜文明，当属另一体系。从史书记载来看，哀牢王国有着自己的创世神话，王位继承采用父死子继的规则，农业生产达到了相当高的水平。哀牢王族发祥和哀牢王国肇基于战国中期，即公元前4世纪。关于哀牢国的记述，较早且丰富的是东汉杨终所撰《哀牢传》。他不仅记载了哀牢王族的创世神话，还记载了哀牢国世袭传承的历史，是研究哀牢国及其文化的重要典籍。

（三）哀牢归汉与设置不韦县、永昌郡

元狩元年（前122），博望侯张骞出使西域回国，报："居大夏时见蜀布、邛竹杖，使问所从来，曰：'从东南身毒国[②]，可数千里，得蜀贾人市。'或闻邛西可二千里有身毒国。骞因盛言大夏在汉西南，慕中国，患匈奴隔其道，诚通蜀，身毒国道便近，有利无

①1994年在保山市昌宁县营盘山发掘出土，距今3800多年。
②今印度。

害。"①汉武帝听后大喜，便派王然于、柏始昌、吕越人等"间出西南夷，指求身毒国。"唐蒙出征夜郎国并设为大汉王朝的犍为郡之后，汉武强力经略西南约30年。元封二年（前109），于现在的金鸡设置不韦县，实行土流并存的政策。此后，在大兵压境的威吓与以义属之的安抚下，大汉王朝终于迎来了哀牢王国的举国内属：

建武二十七年（51），哀牢王扈栗鹿茤之战失败后，"遂率种人户二千七百七十，口万七千六百五十九，诣越巂太守郑鸿降，求内属，光武封贤（扈）栗等为君长。自是岁来朝贡。"②

永平十二年（69），"哀牢王柳貌遣子率种人内属，其称邑王者七十七人，户五万一千八百九十，口五十五万三千七百一十一。""始通博南山，渡兰仓水③。"④

永初元年（107），"徼外僬侥种夷陆类等三千余口举种内附。"⑤

自此，哀牢全境纳入中央版图，保山历史也即进入永昌文化时代。在汉王朝"绥哀牢，开永昌"⑥的治边策略下，永昌日益成为东亚大陆避开西北丝绸之路和海上丝绸之路到南亚大陆的南方丝绸之路上的重要门户；以哀牢民族为主体的永昌也日益成为以汉族为主体的多民族聚居、多元文化并存的地区。

表一　永昌历史沿革表

时代	名称	治所	备注
西汉	哀牢	不祥	孝武时，通博南山，渡兰沧水以取哀牢地，哀牢转衰。
	不韦县	不祥	元封二年（109）设，属益州西部都尉。不韦在今保山金鸡。
东汉	永昌郡	不韦	永平十二年（69）设，辖八县。郡治先设巂唐，后移不韦。
魏晋	永昌郡	不韦	蜀建兴三年，将云南、邪龙、叶榆三县划出，新增永寿、雍乡、南涪三县；因战乱，治所于晋咸康八年移至永寿县，归宁州辖。
南朝·隋	永昌郡	不祥	
南诏（唐）	永昌节度	永昌	唐贞元二十年（804）设，永昌即今保山城。

---

① 耿德铭：《哀牢国与哀牢文化》，云南人民出版社，2003年，第240页。
② 耿德铭：《哀牢国与哀牢文化》，云南人民出版社，2003年，第257页。
③ 今澜沧江。
④ 耿德铭：《哀牢国与哀牢文化》，云南人民出版社，2003年，第257页。
⑤ 耿德铭：《哀牢国与哀牢文化》，云南人民出版社，2003年，第257页。
⑥ 耿德铭：《哀牢国与哀牢文化》，云南人民出版社，2003年，第246页。

续表

时代	名称	治所	备注
大理（宋）	永昌府	永昌	约北宋绍圣元年（1095）改为永昌府。
元	永昌府	永昌	至元七年（1270）设永昌三千户；十一年改永昌州；十五年改永昌府，隶大理路。
明	金齿军民指挥使司	永昌	洪武十五年（1382）设金齿卫，二十三年改指挥司。
	永昌军民府	保山	嘉靖元年（1522）改设军民府，嘉靖三年（1524）始设保山县。
清	永昌府	保山	清初承明制，乾隆三十年（1765）改称永昌府。
民国	腾越道、第一殖边督办	腾冲	民国二年（1913）设迤西道，次年改腾越道；民国十九年设督办署。
	六区行政督察专员公署	保山	民国二十二年，由保山、顺宁析置昌宁县；民国三十一年设六区；三十七年设十二区，治所在腾冲。
中华人民共和国	保山人民行政专员公署	保山（潞西）	1949年12月28日设行政专员公署，辖8县、7设治局（县级）。1950、1952年，云龙、耿马、镇康、双江县先后分出。1953至1971年，保山与德宏三分两并。1961年，梁河从腾冲分出置县。1962年，施甸从保山县分出置县。
	保山地区行政公署	保山	1978年改为地区行政公署。1983年，保山县改为保山市。
	保山市人民政府	隆阳	2001年，保山行政公署撤消，改设保山市人民政府，原县级保山市改为隆阳区。

三、永昌文化形成的历史因素

永昌文化是在长期民族迁徙过程中于古哀牢民族生活的区域内形成的以汉族为主体的多民族聚居的多元文化融合的地域文化。

永昌文化的形成，从时间角度来讲，是五千年中华文明的历史必然；从形成因素来看，又是政治、经济、宗教等多元社会因素综合作用的结果。

（一）移民

受战争、政治、生计、自然与疾役等方面的影响，从主客观因素的角度来看，移民分为自觉移民与被迫移民两种。前文所述氐羌民族的迁徙，属战争因素形成的自觉移民。自觉移民往往以找到能够躲避战争与疾役、适合生存发展的空间为目的，整个迁徙过程中没有明确的方向和目的地。而被迫移民则不同，往往以政治因素为主体，让某一区域、某一类人、某一族群向指定的地方迁徙。西汉时移民至古哀牢地区并置不韦县，就是这种政治性移民。常璩《华阳国志·南中志·永昌郡》载："孝武时，通博南山，度兰沧水、渚溪，置嶲唐、不韦二县。徙南越相吕嘉子孙宗族实之，因名不韦，以彰其先人之恶。"[1]此志还记载了当时修筑永昌道的民谣："汉德广，开不宾。渡博南，越兰津。渡兰沧，为他人。"[2]这一次移民的记载，标志着永昌道的正式打通，它为永昌文化的形成奠定了坚实的基础。元明清三代向永昌地区的大量移民，促使永昌文化达到了鼎盛。

（二）军屯

军屯是一个王朝扩展版图的战争性历史印记。汉武帝时期，在绥哀牢而又招来当地族群反抗的情况下，汉朝政权只能以武力开永昌。大批将士进入永昌后，在很多地方建立起营地，进而与各民族群体交往接触，推动了经济和文化交流，从而对国家统一和边屯文化萌芽起到了积极促进作用。从迄今为止的考古资料来看，诸葛营遗址、将台寺遗址、龙王塘东汉墓、汪官营蜀汉墓等遗址出土的菱形几何纹、方格纹、钱纹、变形卷草纹砖、绳纹板瓦，筒瓦和布纹瓦碎片，陶片，砾石，陶牛、鸭、鸡、狗等等，都无疑是汉民族在移民与军屯之后留下的文化标识。由此可以看出，两汉时期是永昌文化形成的第一个高峰期。

（三）贸易

永昌道上的贸易在馆驿制度形成前就已开始，馆驿制度后则形成了以永昌道为纽带的贸易链。"永昌置郡后，滇缅交通大启。"[3]永昌道上的贸易得到迅速发展，集镇的贸易功能日益强化。

秦汉时期发展了馆驿制度，一般在干道上每隔30里设一驿。历代君主不仅加强驿站的防卫功能，还增设郡治完善"驿传制度"。驿馆不仅是古道上的重要驿站，同时，随着因建立驿馆而扩大的聚落就自然成为重要的贸易交流点。永昌道所经过的驿站不少已发展成为今天的重要集镇，如水寨、板桥、蒲缥；有的则成为重要城市，如现在的保山市府所在地隆阳区，就是当时永昌郡的治所。

永昌地区土地肥沃，物产丰富，自然成为民间货运往来贸易的集散地。据《华阳国志》记载：永昌土肥地美，适宜五谷桑蚕，有琥珀、琉璃、轲虫等名贵物品，也有桐华布、兰干细布等纺织品。西汉张骞出使西域，在今阿富汗见到的蜀布，据说就是哀牢国的兰干细布。永昌地区向缅印输出货物的同时，缅印地区的象牙、犀角、光珠、孔雀、翡翠等奇珍异物，也输入永昌，并经过永昌道转运到内地。

北宋时期，南方丝绸之路的永昌道上的茶马贸易开始。贸易的形式、内容和区域都更加广泛。

---

[1] 耿德铭：《哀牢国与哀牢文化》，云南人民出版社，2003年，第253页。
[2] 耿德铭：《哀牢国与哀牢文化》，云南人民出版社，2003年，第253页。
[3] 蔺斯鹰主编：《保山文澜》，云南人民出版社，2013年，第158页。

（四）宗教

永昌道同时又是一条传播宗教的重要通道，它将印度的佛教和中国的道教在两地互传。永昌地区也因此形成了佛道融合又与儒家思想长期并存的文化特征。

印度佛教于前3世纪形成并迅速向外传播。夏光南先生在《中缅印交通史》载："考孔雀王朝第二代君主阿育王，于公元前272—前232年在位……崇信佛法，派遣宣教师256人，传教各地。……如《纪古滇说》称：阿育王生三子，曾率众追王神骏至金马碧鸡间。……后欲归，为哀牢夷所阻，遂归滇，死而为神。"[①]按夏先生引述《纪古滇说》的描述，佛教在外传时就迅速经哀牢地区传入滇境。同样，哀牢与缅印之间的通道，早在前3世纪以前就应该已经开通。这与《华阳国志》中"永昌郡，古哀牢国……有闽濮、鸠僚、僄越、裸濮、身毒之民"[②]的记载完全相符。又据《后汉书·南蛮西南夷传》记载，公元94年，97年，107年，120年，不断有外国使节来汉王朝贡献通好，中印之间的交流就更多了，宗教的交流尤为深远。南北朝时期，中国的佛学发达，寺宇众多，僧众更是不计其数，他们中有不少人从南方丝绸之路到达印度求取真经。夏光南先生在《中缅印交通史》中转述义净《求法高僧传》说："室利笈多王朝时，曾有中国僧20余人，从蜀川牂牁道至印度。室利笈多王朝（319年，当中国晋元帝大兴二年）为造支那寺，以供停息。……当时循此道以留学印度之僧侣，占南北朝隋唐间人数约1/9。"[③]到南诏、大理国时期，佛教已成为国教，永昌地区的佛教文化也由此得到普及，呈现出村村有神庙的盛况。

道教源于春秋战国时期的"道家思想"，就其宗教性质来说，却晚于佛教。尤其是在西南地区，东汉顺帝年间，才有张陵在四川鹤鸣山创立五斗米道。此后，神明大士杨波远在苍山、鸡足山、巍宝山、洱海之间传播。唐朝初期，南诏国蒙氏家族主要供奉道教，而道教则在地方政权的大力支持下随之发展起来。此后，道教在永昌地区得到传播，同时经过永昌道远播至印度，并在相当程度上影响了佛教。佛教中的密宗就是由此而演化出来的。

佛教与道教思想的相继传入又与儒家思想并存发展，使得永昌地区形成了佛道融合又与儒家思想长期并存的文化特征。迄今为止，保山众多的寺观里，既有佛教的神龛，又有道教的尊位，也有儒家的圣坛。

四、南方丝绸之路·永昌道对永昌文化的影响

综合上述分析，南方丝绸之路·永昌道对永昌文化的影响是深远的、全方位的。概括

---

① 蔺斯鹰主编：《保山文澜》，云南人民出版社，2013年，第156页。
② 耿德铭：《哀牢国与哀牢文化》，云南人民出版社，2003年，第253页。
③ 蔺斯鹰主编：《保山文澜》，云南人民出版社，2013年，第162页。

起来表现为以下五个方面：

（一）促进边疆地区的稳定与繁荣

哀牢地区地域辽阔，民族众多，族群林立于高山大川之间。秦汉时期正式开通南方丝绸古道后，在此设置不韦县，后改设永昌郡，又派东汉名宦郑纯①担任永昌郡首任太守。郑纯清廉能干，对各民族毫毛不犯，与哀牢各部族约定，哀牢人的赋税只需"邑豪"们每年各交两件布衣和一斛盐，禁止一切杂派；他又积极传播内地先进技术，促进经济文化交流，使哀牢地区的农业、手工业和交通、商贸得到迅速发展。哀牢各族对他深怀感激敬佩之情，哀牢王柳貌及所统辖的77个邑王终于一致决定"举国归汉"。和平统一后的永昌地区，各民族安定团结，经济社会空前繁荣。从人口发展的角度看，设置不韦县后，哀牢地区的人口就有了明显的变化。根椐范晔《后汉书》的记载，公元51年，哀牢王扈栗归附东汉，当时共有2770户，17659人。过了十八年，即公元69年，哀牢王柳貌再度归附东汉时，其手下已有77个小王，共51890户，553711人。不到二十年时间，户数增加17倍多，人口数增加了30倍多。而这一数据到了东汉后期进一步扩大，"永昌郡八城，户二十三万一千八百九十七，口百八十九万七千三百四十四。"②

（二）促进永昌多民族聚居特点的形成

《华阳国志·南中志·永昌郡》记载："永昌郡，古哀牢国……有闽濮、鸠僚、僄越、裸濮、身毒之民。"③从这一历史记载可以看出，内附于汉朝初期的永昌郡本身就是一个多民族的地区。永昌道开通后，经过各朝代的移民政策以及战争、贸易、宗教等多重因素的影响，形成了以汉族为主体的36个民族的散杂居地区。各民族不同的生活习俗、文化传统，在民族交往过程中，相互吸引，彼此交融，又保持各自民族的本色，呈现出多姿多彩的民族文化形态。

（三）加速农耕民族封建化的进程

从保山考古发掘的碳化稻米看，哀牢地区在3800年前就已掌握了水稻的种植技术，这标志着哀牢民族的农耕性形成。永昌道开通后，内地先进的农业生产技术迅速传入哀牢地区，加速了哀牢地区的农耕文明进程。考古发现的象耕图，证明了这一地区已学会充分利用当地资源的情况下努力发展农业生产的事实。吕嘉遗族到保山金鸡村定居后，"建兴学校，逮及蜀汉，经学未衰，雍闿、吕凯皆能文章"④。汉学思想及汉文化逐渐兴盛起来。先后设置了不韦县、永昌郡，汉族移民把封建典章制度、管理方式都带到这里。哀牢民族的

---

① 东汉名宦，广汉郡郪县（今四川中江）人。
② 耿德铭：《哀牢国与哀牢文化》，云南人民出版社，2003年，第247页。
③ 耿德铭：《哀牢国与哀牢文化》，云南人民出版社，2003年，第253页。
④ 耿德铭：《哀牢国与哀牢文化》，云南人民出版社，2003年，第255页。

族群管理旧俗与汉法在博弈中，随着哀牢民族的边缘化而逐渐消退。哀牢国逐步进入了封建时代。汉晋时期，永昌已然成为汉文化在滇西大地的中心。

（四）推动内外贸易的交流与发展

汉朝越兰津而开永昌后，南方丝绸之路上的贸易交流与发展更甚。唐宋时期，随着进贡回赐与官办茶马贸易的兴起，南方丝绸之路上的贸易交流更为广泛，政治色彩也更浓。进贡回赐实际上是封建王朝与臣属国家之间的一种贸易形式，是统治阶级之间的贸易。茶马贸易以贩运西南夷马和茶叶为主，所以称为茶马贸易，贸易通道也因此称为茶马道。除上述两种贸易形式外，南方丝绸之路始终兼有民间转贩贸易，主要是国计民生方面的如盐、米等日常生活用品。这三种贸易形式，沟通了边陲与中原、缅印等国的贸易往来，加之中转分段贸易的特点，永昌地区自然就成为南方丝绸之路上的贸易要冲，贸易交流可谓是欣欣向荣。

（五）促使永昌多元文化特性的形成

古哀牢地区在南方丝绸之路形成后，尤其是永昌道的开辟建成后，其文化形态逐步由简单走向复杂、从单一走向多元，具有鲜明的包容性。

永昌文化的多元性，首先，从时代性上看，从以哀牢时期哀牢民族为主体的哀牢文化向哀牢归汉后以汉民族为主体的永昌文化的延伸、过渡与融合。其次，从民族构成上看，从"闽濮、鸠僚、僄越、裸濮、身毒之民"[1]散杂居住，发展至今有36个民族散杂居住的多民族文化。第三，从宗教层面看，融合了自汉代由印度经缅甸传入的佛教和唐代由南诏国传入的道教，以及秦汉时期带来的儒家思想。三教并存于一隅，彼此渗透，相互依存，全面影响着永昌人民的思想发展。第四，从贸易形式来看，由单一的民间贸易向民间、官办贸易综合发展；从哀牢地区与缅印贸易向与印缅、中国内地多向发展；从互通有无向转运贸易发展。第五，从考古发掘层面来看，从史前文化、哀牢青铜文化发展到丧葬、古道、建筑、遗址、陶瓷、钱币、服饰等多元文化。

综上所述，南方丝绸之路·永昌道的开通，让古哀牢地区逐步归入中央王朝，实现了由哀牢文化迈向永昌文化的历史转变；政治上完成了哀牢地区的王化进程，使得中央版图进一步扩大；宗教上完成了儒、释、道的三教共存，日益呈现出多民族多教派的相互融合、彼此依存、共同发展的状态；生产上促进了哀牢民族农业、手工业的快速发展，为保山成为"滇西粮仓"奠定了技术基础；贸易上促进了内地与永昌与缅印等地的商业往来，加速了永昌成为重要对外商埠的步伐。随着时代的发展，永昌古道将肩负起对外贸易、文化交流等新的历史使命。

---

① 耿德铭：《哀牢国与哀牢文化》，云南人民出版社，2003年，第253页。

唐清溪关道城驿考

邓海春　凉山彝族奴隶社会博物馆　馆员

摘　要： 西夷道是凉山境内由北向南的一条重要通道，自汉代开辟以来，这条道路始终处于一种规律性开闭状态，而至唐代复开为清溪关道。唐代的《蛮书》关于此道有较详细的记载，但相关城驿今在何处则已很难从文献中考证。因而，本文依靠现代考古学、民族学等学科手段，对唐代嶲州（西昌）北至黎州南（汉源）之间城池、驿站的古今地址作综合考证。由此推测出部分相关结论，即唐代清溪关道清溪关即为现在甘洛县平坝乡深沟一带，大定城即为现甘洛县海棠镇的正西一带，达士驿即为现在越西县梅花乡梅子菅一带，新安城即为现在越西县新民镇王家屯古城遗址，箐口驿即为现在越西县南箐乡要冲城遗址，荣水驿即为现在喜德县响河坝老冕山城遗址，初裹驿即为现在冕宁县孙水关遗址或孙水村一带，台登城平乐驿即为现在冕宁漫水湾一带，苏祁驿即为现在西昌礼州北田坝村礼州故城遗址一带，嶲州三阜城即为现在西昌高枧建昌故城遗址。

关键词： 唐代　清溪关　道城驿　考古遗存

前言

凉山州自古以来就是南方丝绸之路必经的一环。从汉代汉武帝开边经略西南夷，司马相如开零关道奠定中央王朝治边官道的地位开始。到唐代开通清溪关道，西夷道就成为现今凉山境内由北向南的一条重要的通道，同时也成为早期北方游牧民族与南方土著民族交融的通道。现代学者也将这条路统称为"藏彝走廊"。从汉代历经唐宋乃至元明清此路始终处于一种规律性开闭状态中。就是中央王朝强盛时，道路能开城设驿保证畅通，一旦中央王朝到了末期或实力衰落，边疆少数民族势力又强大后，又处于封闭阻隔状态，直至下一个改朝换代的王朝建立起来又复通。因此，在不断的战乱中湮灭于历史谜团中。介于这种历史缘故，要在历朝历史古籍中考证这条通路很难，必须依靠现代考古学、民族学等学科手段，给予综合考证，才能得出科学的结论。

2006年开始的全国第三次文物普查，笔者有幸参加。尤其是对于大渡河南的甘洛深沟至海棠镇西、清水塘、蓼坪段做了实地徒步考察。再结合80年代第二次文物普查的成果，结合多年来收集的各种地图（清末宁远府地图、1968年测绘1：100000地图）对照，以及我馆尔布什哈、胡晓兵2001年实地徒步考察资料，综合考证唐代嶲州（西昌）北至黎州南（汉源）之间城池、驿站的古今地址地望。

一

唐清溪关道途径在（唐）樊卓地望《蛮书》中记载为最详。后《旧唐书·地理志》和《新唐书·地理志》以及《资治通鉴》均沿用此说。《蛮书》又以向达先生考证的最为详确[①]。因此以此为标准著述比较可靠。现原文记载如下："自西川成都府至云南蛮王府，州、县、馆、驿、江、岭、关、塞，并里数计二千七百二十里。从府城至双流县二江驿四十里，至蜀州新津县三江驿四十里，至延贡驿四十里，至临邛驿四十里，至顺城驿五十里，至雅州百丈驿四十里，至名山县顺阳驿四十里，至严道延化驿四十里。从延化驿六十里至管长赍关。从奉义驿至雅州界荣经县南道驿七十五里，至汉昌六十里，属雅州，地名葛店。至皮店三十里，至黎州潘仓驿五十里，至黎武城六十里，至白土驿三十五里（过汉源县十里），至通望县木良驿四十里，（去大渡河十里）至望星驿四十五里，至清溪关五十里，至大定城六十里，至达士驿五十里（黎、嶲二州分界），至新安城三十里，至箐口驿六十里，至荣水驿八十里，至初裹驿三十五里，至台登城平乐驿四十里（古县今废），至苏祁驿四十里（古县），至嶲州三阜城四十里，（州城在三阜城上）至沙也城（达案：沙也，《新唐书》卷四十二嶲州注作沙野。）八十里，（故嶲州，太和年移在台登。达案：大和，内聚珍本、闽本俱作太和，鲍本、渐西本作大和，清卢文弨云：'按唐文宗年号大和，若太和是北魏孝文帝年号。此当属唐，今改正。'卢校是也。故依鲍本等正。）至俭浪驿（达案：俭浪，《新唐书·地理志》作羌浪。）八十里，至俄淮岭七十里。下此岭入云南界。以上三十二驿，计一千八百八十里。（案：上文惟三十驿，计一千四百九十五里，与此数不符。达案：不符之故，当由于原文有脱误。）并属西川管，差官人军将（达案：军将，原本作将军，卢校云：'将军二字疑倒。'其言是也，因正。）专知驿务。"

樊绰是唐朝人著述《蛮书》。上述的里数，就是唐代里制。根据《唐六典》及《唐会要》，《唐六典·卷三》："度支郎中掌水路道里之利。凡陆行之程，马日七十里，步及驴五十里，车三十里。"[②]"一尺，汉一尺三寸。一千六百尺为一里。汉……达案：南诏一

---

① （唐）樊绰著，向达校注：《蛮书校注》，中华书局，1962年。
② 《蛮书校注卷一》，云南界内途程第一，达案。

尺为唐一尺三寸。唐一里为三百步一千八百尺，南诏一里虽只一千六百尺，实际大于唐里凡二百八十里唐尺。"①日本正仓院世传的唐尺有26支，长度从29.4厘米到31.7厘米，平均29.75厘米。1976年西安郭家滩78号唐墓出土尺为30.09厘米。因此，唐尺为30厘米应属正常标准。1800尺×30厘米=54000厘米，即为540米为唐一里。

确定了唐代的里制后，只要确定几个重要的标点性城池遗址就可以推测出整条清溪关道途程。根据上个世纪80年代全国开展的第二次文物普查，可以确定有关唐代的清溪关遗址、王家屯城址、要冲城址、礼州故城、建昌故城。2007年第三次全国文物普查开始的甘洛、越西、喜德、冕宁、礼州，发现了喜德县的老冕山城址。将这些遗址和城址按照唐代里制推算，可以比较清晰地考证出清溪关道城址、驿站遗址。

二

第一步首先确定唐代清溪关的遗址所在。前文已述："……（去大渡河十里）至望星驿四十五里，至清溪关五十里……"，此处去大渡河说明在大渡河南岸无疑。"黎州南一百三十里有清溪峡，乾元二年置关。关外三十里即嶲州界也。行三百五十里至邛部川，故邛部县之地也。下南一百三十里至台登……"乾元二年为公元759年。根据上述《蛮书》记载，这里从黎州算起至大定城为一百九十五里，从地图反推清溪峡正合一百三十里左右。而从黎州算起到新安城约二百七十五里，到箐口驿站为三百三十五里。估计古邛部川或邛部县在今越西坝子新民以南一带。《旧唐书·懿宗本纪》："咸通十年（869）十一月，南诏蛮骠信坦卓酋龙率众二万寇嶲州，定边军节度都头安再荣守清溪关，为贼所攻，再荣退保大渡河。"这里也证明清溪关在大渡河南岸。《新唐书·地理志》："嶲州有清溪关，大和中节度使李德裕徙于中城。"②清顾祖禹撰《读史方舆纪要》卷七三："清溪关在黎州守御所南，大渡河外，唐时控御南蛮之重地。"《四川通志》："清溪关，唐置……其地连山带谷，夹涧连溪，倚险接关，恃为控御。又今嶲北一百二十五里有古隘堡。其南隘广不盈丈，两岸壁立千仞，峡内溪流淙淙，即古清溪关也。"

又根据清代《宁属地舆志略·越嶲》："……其南隘广不盈丈，两岸壁立千仞，峡内水淙淙奔流，即唐韦皋所置清溪关也（今地名观音岩）。唐琉璃、仗仪二城均在其处（今废），二十里至平坝堡……"又载"观音岩治北二百里下即深沟，上为悬崖，崖似刀切，上有飞观音像，下有古寺羊肠一路。"

2007年笔者随同第三次文物普查组实地踏勘这条石板路，确实发现此处地形险要，并

① 《蛮书校注·卷八》蛮夷风俗，达案。
② （宋）欧阳修：《新唐书·卷四十三下·剑南道·嶲州》，中华书局，1975年。

在观音崖处地表发现有旧关隘遗址，并在地表采集大量明清瓷片等堆积物。同时民间还有广为流传清代谚语为证："大树李子晒经关，白马回头望河南，八里平堡到大湾，一进深沟五座桥……"这里大树就指大树堡，李子就指李子坪，白马就指白马堡，河南就指河南站，八里就指八里堡，大湾就指旧大湾。二普时清溪关遗址记载"坪坝乡北3.5公里。唐至清，清溪关，唐贞元十一年川西节度使韦皋为和吐蕃同好，南诏所设关隘。清溪峡为南北走向，全长5公里，南起甘洛的平坝乡，北至汉源县的大湾，两侧排列有6个3000多米的山峰，清溪古道沿峡底溪沟穿过。途有小桥5座。古道留有驮马蹄印，深达0.3米。峡中有护路兵勇住房和庙宇遗址，南峡口至平坝乡约1.3公里古道保存完好。清溪沟现名深沟。路面用大石块嵌铺而成。"①

还有一段史料，唐代人雍陶字国钧，成都人。唐文宗大和八年（834）进士，历任侍御史，国子毛诗博士，出任简州刺史。其在唐文宗大和三年（829），南诏攻陷成都，被南诏俘虏，在其被押南行途中写了五组诗，各有题目，依次为《初出成都闻哭声》《过大渡河蛮使许之泣望乡国》《青溪关有迟留之意》《别嶲州一时恸哭云日为之变色》《入蛮界不许有悲泣之声》。其中过大渡河就是清溪关。"欲出乡关行步迟，此生无复却回时。千冤万恨何人见，惟有空山鸟兽知。"②由此③可定唐代清溪关在今甘洛县平坝乡与汉源河南乡交界的民间俗称"深沟"的地方是完全可以确定的。

确定唐清溪关在现今深沟的位置后，第二步再考证大定城的位置。关于大定城的位置历来历史学家不置可否，现代部分学者认为大定城在现今海棠城。笔者不认同。理由有二，一现今海棠城为明代所筑④。"海棠堡址，海棠镇，明至清，县文保单位。堡始于明嘉靖四年（1525），时为土城，清雍正八年（1730）补修，开北、西二门，道光十八年（1838）改筑砖石墙，增开东门。堡占地面积约50万平方米。城墙周长约800米，高4米，宽2.3米。条石砌基，条石长1.3米，宽0.34米，厚0.35米，上砌青砖，砖长0.33米，宽0.21米，厚0.15米，有的上有清道光十八年铭文。现存北门城门和南城墙约140米，北门城洞宽3米，深3.6米。"根据清代《宁属地舆志略·越嶲》记载："……二十里至平坝堡辖轩于此设食马有古隘口，路通泥水廿户等寨与煖牙诸夷相近，又十里至镇远堡，东连煖牙椒园燕子窝诸夷，西通洗马姑赤利草必落等寨，又十里为镇夷堡，在高山稍平坦处，又十五里即镇西千户所宁越营守备驻此城，城负高阜，南临深坎，西通竹麻哨、阿迷罗等寨，东过煖瓜罗迷颇柯罗回诸夷，屹然一要害。去所五里为海棠关，又十里为镇西驿（此数处参差与今

① 《中国文物图集·四川分册下》，甘洛篇，第1148页。
② 蒋帮泽、武谊嘉编：《凉山州古诗文选释》，四川大学出版社，1997年。
③ 《中国文物图集·四川分册下》，甘洛篇，第1148页。
④ 《中国文物图集·四川分册下》，甘洛篇，第1148页。

有别）。"也就是清溪关至镇西驿站为70里，而海棠设城是明代以后开始的，清代又给予继承。笔者文物普查时，只是发现海棠城的古迹遗址多为明清以后。理由二，民间谚语："先有镇西后有海棠。"唐代的大定城应该另有所处。

那么唐代的大定城会在哪里呢？笔者认为最有可能的在镇西。查地图，68年版10万分之一的地图中，用62式军用指北针测距轮计算，从清溪关开始到镇西图上距离为25厘米，考量实际山地距离应有30厘米，即为30公里左右，再根据清代《宁属地舆志略·越嶲》所记述的70里（清制70里为唐65里），这与《蛮书校注》"至清溪关五十里，至大定城六十里"是相合的。笔者在三普调查中也发现镇西周围小山坡上有大量年代久远的墓葬（盗掘严重，年代不考）。再结合清代民谚"先有镇西后有海棠"，因此考订唐代大定城在镇西的可能性是存在的。其三，笔者发现唐代设置驿站从军事角度考虑颇多，海棠城背靠高坎并不利于防守，恰恰在镇西两侧高山夹一平坡，地形十分利于筑城防守。

大致确定了大定城的位置后，第三步，就该确定达士驿的位置了。《蛮书校注》："至清溪关五十里，至大定城六十里，至达士驿五十里（黎、嶲二州分界）。"根据清代《宁属地舆志略·越嶲》"又十五里为沟水堡，东通戴罗白石干沟，西抵竹麻洗姑等番，有兵戍之，又二十里为蓼叶堡在峡内平地，亦于此饬厨传马，又十五里为梅子堡，路通蜡梅得那补虾谟窝等夷焚劫无虚日"，从镇西开始到梅子堡共有50里，正合至达士驿五十里之数。参照68年地图，镇西南下约10里向东确有白石沟的地名。另外，南面在老卡子处，就有二普时发现的"齐民碉"遗址[①]。"蓼坪乡清水塘村北1公里。明至清，位于田坝河与白沙河交汇处一小山包上，东、西为高山，南北走向的谷地为清溪古道。遗址平面呈长方形，东西长105米，南北宽55米，面积约为6000平方米。关门向东，周围有残墙，宽3.9米。中心有1处碉楼基址，长16米，宽10米。外围有防护沟，宽2.5米，深1.5米。发现有明清瓷盘、碗、杯、匙等瓷片，还发现有'乾隆通宝'和石雕构件等，据越嶲厅志记载，此地曾设置兵营，驻守兵勇60余人，任务是保卫古道畅通。"笔者在普查期间还在蓼坪乡村午餐时询问当地村民（现为尔苏人，藏族），他们听说老一辈的人要到该齐民碉服兵役。尔苏藏族应为明清时期的西番族。历史上他们是归属于松林地土千户王应元（协同邛部宣抚司岭承恩剿灭石达开）的百姓。而所谓"蜡梅得那补虾谟窝等夷"疑是尔苏语地名的音转。因此可以大致考证唐代达士驿在清代梅子堡一带。

大致确定了达士驿的位置，那么考订出唐代新安城就不难了。《蛮书校注》："至清溪关五十里，至大定城六十里，至达士驿五十里，（黎、嶲二州分界）至新安城三十里。"根据清代《宁属地舆志略·越嶲》："二十里为利济驿，十五里为青冈关，关北通宰儿姑，

---

① 《中国文物图集·四川分册下》，甘洛篇，第1148页。

青冈关南通广洪鱼洞诸寨，越嶲之门户也，鱼洞者水入鱼洞河也（有大小鱼洞）。"梅子堡至利济驿20里，至青冈关15里，两者相合正好35里（考虑此处多为山地，从蓼叶坪开始，出白沙沟即开始翻越腊关顶），与"至新安城三十里"极为相称。那么新安城又是在哪里呢？二普发现的王家屯城址与此相对应[①]。"新民乡新市村北200米，唐至元，位于马敞河西岸二级台地上。平面呈长方形，南北长697米，东西宽623米，面积约43.4万平方米。夯筑土墙两重，内城残长600米，宽541米，面积约32.5平方米。城墙高3.2米，城门已毁。曾发现开元通宝、铁兵器、板瓦、筒瓦、陶罐、塔砖等遗物，以及汉墓塔基等遗址。"据《越嶲厅志》云："元旧筑古城。"根据杜玉亭所撰的《元代罗罗斯史料辑考·史事汇辑·沿革》[②]一书载："邛部州，下。州在路东北，大渡河之南，越嶲之东北。君长十数，筰都最大。唐立邛部县，后没于蛮。至宋岁贡名马土物，封其酋为邛都王。今其地夷称为邛部川，治乌弄城，昔么些蛮居之，后仲由蒙之裔夺其地。元宪宗时内附。"据《永乐大典》卷一万九千四百二十三："罗罗斯宣慰司所辖马站二十九处，马一千二百七十一匹。本司所辖马站六处，马二百四十匹。大渡河站，马四十匹。西番站，马四十匹。（邛）部州站，马四十匹。泸沽州站，马四十匹、建昌府泸州站，马四十匹。"

因此，关于新安城《越嶲厅志》云"元旧筑古城"的说法是可信的。传至宋代就为邛部川，元代为乌弄城。

新安城确定了，那么确定箐口驿站也顺理成章。《蛮书校注》："至新安城三十里。至箐口驿四十里。"根据清代《宁属地舆志略·越嶲》："又十五里至通济堡。在嶲水西岸十里为越嶲卫，卫在嶲水广平之地，群山环绕，西通羊圈讬乌雪山，东通普雄大小赤口、马湖诸夷，邛部长官司旧设治东，属其提调。去卫十五里有龙泉山，寰宇记要冲城下有龙泉水出龙泉山下，为龙泉驿，又十五里为炒米关，关在高山峡内，即韦皋所筑要冲城矣。"此处合计45里（不计嶲水西岸十里之数）。而"嶲水即绳若水，似随水而更名（发源冕邑之靖远营，经凉山夷地木邪沟，入柏香木厂沟，下汇两河口水及各处山溪水，沿吉家山麓而北受炒米关水顶山桥下，受鱼洞河水至校场东，受小瑞山水至洗澡塘，合猡猓河水东入临日河）。"此嶲水即为现今越西河无疑。此地段地处越西坝子间，比较平坦，核算为唐制42里。与"至箐口驿四十里"完全相合。再根据二普时代资料记载："要冲城址，南箐乡团河村东北20米。唐代，位于干河沟西北。平面呈长方形，南北长约120米，东西宽约58米，面积约6960平方米。卵石砌墙，残长267米，高3.2米，厚2.7米。城门已毁。城内有南北向街

---

① 《中国文物图册·四川分册下》，越西县，第1149页。
② 杜玉亭著：《元代罗罗斯史料辑考·史事汇辑》，四川民族出版社，1979年。

道。据《越巂厅志》云：建于贞元初。"箐口驿①即在于要冲城内，应是可信的。

箐口驿确定后，就可以考证荣水驿站。《蛮书校注》："至箐口驿四十里，至荣水驿八十里。"此处80里是唐清溪关道驿站之间最长的。根据清代《宁属地舆志略·越巂》："有镇雄堡者去道五里，而近路通普雄两河口等处，又十五里为通相堡一名小哨，十五里为长老坪，在小相岭之北西通羊圈讬乌，东通普雄黑骨头诸夷，又十五里为相岭关，关设在相岭顶，又十里为靖边堡，在相岭南通宁番卫界三渡水外生番，东通桐槽�那贾沈查等夷，过此有新添九盘、白石、登相四堡，共四十五里（此与今之称名小有参差，然皆实迹）。"这里说明从箐口驿出来到登相营，大约45里。而方国瑜先生在《彝族史稿》考证："初裹驿即在今泸沽东北之登相营。"②笔者不认同。登相营设治在明代。有诗为证，明代范守己字介儒，明代万历间进士及第。万历二十四年任建昌兵巡粮储督学道。组诗中就有《宿登相堡夜梦周公武侯敬记》③。而且途程里数才45~50里，远不及80里，显然还在南面。而2007年第三次文物普查，就在离冕山不远的响水河坝，发现了老冕山城，面积较大，并在其地表采集到布纹板瓦（初步断代为唐）以及大量明清瓷片。起始年代于唐代应该不成问题。老冕山离登相营图上距离约22里。45里加22里为67里合唐制62里，与"至荣水驿八十里"稍有18里的差异（估计考虑此处多是山路，根据1999年5月份我馆尔布什哈副馆长、胡晓兵清晨7点徒步从登相营出发翻越小山（海拔约3000多公尺），约中午11点到山顶，下到小哨处约14点，故此段路程多山路应略加里程为测算）。老冕山城也是卵石砌筑，与要冲城等修筑方式一致。另外笔者所藏的《清代宁远府图》，所指老冕山即在此处。但基本方位确定在老冕山城是问题不大的。

"至初裹驿三十五里"，关于初裹驿的位置，根据《宁属地舆志略·冕宁·孙水关》"在县南八十里即泸沽峡，两山壁立一涧，深浑缘崖线路缭雾盘虚。咸丰四年夏郡守德公裕邑令宋公恒山于此建孙水关一座，命昭监修。六年八月凉山罗夷出巢焚掠冕山殆尽，长驱直抵关前，团勇击之而退。泸沽以外生灵得不罹于兵燹者，实赖此关为之保障。"这里地形险要，也是传说中汉代司马相如"桥孙水通邛都"的地方。唐代在这里设驿站是可能的。从老冕山西南行35里左右即到今孙水关遗址或现今孙水村一带为初裹驿是可信的。

初裹驿向西行即为泸沽梳妆台遗址。根据68年版地图距离约6公里，12里，合唐制11里。《蛮书校注》"至初裹驿三十五里，至台登城平乐驿四十里（古县今废）"，这里史料没有直接说至台凳城11里。

① 《中国文物图集·四川分册下》，越西县，第1149页。

② 方国瑜：《彝族史稿》，四川民族出版社，1984年，第396页。

③ 蒋帮泽、武谊嘉编：《凉山州古诗文选释》，四川大学出版社，1997年，第44~45页。

泸沽梳妆台遗址有可能是汉唐代早期台登城。见《四川省金沙江安宁河流域考古调查》："梳妆台城址位于安宁河上游，冕宁县泸沽火车站北面孙水河与安宁河汇合而形成的台地上。城址南墙距西河交汇处约500米。安宁河靠城西北向南流，孙水河由东向西流至城东，又向北折与安宁河相汇，故城址三面环水。城墙大半残缺，现存西、南残墙总长394米，最高处6.2米，最宽约18米。墙地面70厘米以上有半米为卵石砌成，以上为黄土夯筑，夯层厚15厘米。夯土中发现许多汉代瓦当片。城墙不很规则，初测东面长约400米，南北宽312米。城内现为农田。我们在地面采集到少量汉代陶片，其中有外卷唇陶器口沿三块，假圈足器底两块，均为泥质，青灰色，火候极高，陶质坚硬。残色褪（？）一块，外黑内褐，夹粗沙，饰绳纹。此城建造时间在汉代以后，它是否是汉唐'大笮'县故址，尚待进一步考查。"[①]

但是考虑到樊绰著书时（约862—864）正值南诏、吐蕃、唐王朝连年征战，台凳城因战乱而废弃是可能的。而从泸沽梳妆台遗址过安宁河西岸，再南行过安宁河东岸南行约30里，故在今漫水湾一带设立平乐驿是有可能的。

平乐驿南下40里为苏祁驿。《蛮书校注》："至台登城平乐驿四十里。（古县今废）至苏祁驿四十里（古县）。"根据二普时期发现的礼州北的礼州故城。"礼州镇田坝村东200米，唐至宋，位于安宁河东侧二级台地上。平面呈长方形，东西长约260米，南北宽约340米，面积约8万平方米，城墙夯筑，现存长约340米，高1.7米，夯层厚0.08~0.1米。城内发现青瓷片、青面青灰板瓦、花边砖、绳纹陶片等遗物。"[②]有据杜玉亭著《元代罗罗斯史料辑考·史事汇辑·建置沿革》："礼州，下，州在路西北，泸沽水东，所治曰笼么城。南诏末，诸蛮相侵夺，至段氏兴，并有其地。"所以礼州故城一带即为苏祁驿。

从苏祁驿出来"至嶲州三阜城四十里"。根据68年地图礼州田坝村至西昌图上距离22公里，且较为平坦，合唐制40.7里，完全符合《蛮书》记载。唐嶲州三阜城在哪里呢？原凉山州博物馆刘世旭在《南方丝绸之路文化论》中《唐嶲州城与南诏、大理国建昌城初探》一文中已考证："在考古方面，最重要的发现是高枧唐代烧瓦窑群。该窑群位于西郊土城东墙外不足一公里处。清理出的器物有莲花纹瓦当和开元通宝铜钱等。……西郊土城在先极大可能就是'老嶲州城'遗址所在。"[③]另二普资料中："建昌故城，西昌市东南5公里。唐代，位于邛海北侧的北山脚下。平面呈正方形，长宽均约1800米，面积约324万平方米。城西北部一部分城墙与明清西昌城的西墙、北墙相重合。城墙夯筑，现残存东城墙738

---

① 《四川省金沙江安宁河流域考古调查》简报，四川省金沙江渡口，西昌段四川省安宁河流域联合考古调查所1975年。

② 《中国文物地图·四川分册》，西昌市，第1117页。

③ 南方丝绸之路编写组：《南方丝绸之路文化论》，云南民族出版社，1991年。

米，南城墙618米，北城墙186米。残高1~3米，夯层厚0.2米。城外有护城河遗址。……据《西昌县志》记载：邛都者，古西南夷节都国也……唐武德三年，置总管府……贞元中，加号建昌抚夷安民府。太和五年……改名建昌府，立土城。初步判断为唐代建昌府城。"

由此推测出如下结论：

唐代清溪关道清溪关即为现在甘洛县平坝乡深沟一带。

大定城即为现甘洛县海棠镇的正西一带。

达士驿即为现在越西县梅花乡梅子营一带。

新安城即为现在越西县新民镇王家屯古城遗址。

箐口驿即为现在越西县南箐乡要冲城遗址。

荣水驿即为现在喜德县响河坝老冤山城遗址。

初裹驿即为现在冕宁县孙水关遗址或孙水村一带。

台登城平乐驿即为现在冕宁漫水湾一带。

苏祁驿即为现在西昌礼州北田坝村礼州故城遗址一带。

嶲州三阜城即为现在西昌高枧建昌故城遗址。

三

唐代清溪关道从大渡河南从清溪关起至嶲州（西昌），基本延续至今。其特点是唐代按照古制一般平原地带60里为一驿站，山区40里为一驿站，同时可以看出唐代中央政府为了加强与吐蕃和南诏的争夺，确保西川（成都）地区的安全，在黎州以南，大渡河地区险要地段层层设立纵深防御，采取的守势防御的军事战略。以嶲州、台凳城等保塞九城沿线为第一道防线，但是唐代嶲州、台凳是双面临敌，北受北谷地区（现冕宁一带）吐蕃的威胁，南受南诏打击，很容易被吐蕃南诏联合攻击腹背受敌。因此唐加大了在小相岭以北地区的防御，加设要冲城和新安城作为第二道防线，此处越西坝子的地理条件也可以满足屯兵屯田的需要。在新安城北现今镇西处设立大定城，以及直至在深沟设立清溪关作为第三道防线。如果清溪关再守不住，那么大渡河以北除了大相岭之外就无险可守了。所以南诏攻陷成都皆以破清溪关为最重要条件。

到了明代初期延续古制，明代后期加强了驿站管理体制充实了驿站。一般20~30里设置，并考虑了军屯和民屯的需要，设馆驿站。到了清代更加倾向于军事化管理此路的动向，在险关要隘处驻军设置讯、营、堡，从军事角度保证这条中央王朝通往西南边地的要路。直到新中国成立后修建成昆铁路，也基本沿此线路通过，说明从古至今有异曲同工之处。在研究这条路的同时，我们应该从唐代往上追溯，能否考证出汉代零关道乃至所谓早期"南方丝绸之路"，还需要加大地下考古的工作力度。特别是有待对甘洛深沟清溪关一带、甘洛县海棠镇的正西一带、越西县新民镇王家屯古城遗址、越西县南箐乡要冲城遗址、喜德县响河坝老冕山城遗址、冕宁泸沽梳妆台遗址、西昌礼州北田坝村礼州故城遗址一带、西昌高枧建昌故城等遗址进一步考古发掘，只有通过进一步研究才能得出更科学的结果。

近年南方丝绸之路研究新进展

邹一清　四川省社会科学院历史研究所　四川师范大学南方丝绸之路研究所　研究员

摘　要："南方丝绸之路"的概念自提出后，便引起了学术界的热切关注，先秦史学者、考古学者、民族史学者和中外关系史学者纷纷加入讨论行列，研究对象也从国内扩展到国外，从对具体线路和节点的研究扩展到对围绕线路所发生的中外文化交流和文明互动等研究。近年来，学术界又涌现出一批新观点、新成果，反映了南方丝绸之路研究的学术前沿和最新进展。本文从线路研究、文物交流研究等方面，综述了近年学术界关于南方丝绸之路的研究新进展。

关键词：南方丝绸之路　研究新进展　文化交流

20世纪80年代中期以来，学术界注意到中国西南地区通往东南亚、南亚、中亚以至西亚和地中海地区的交通线路，联系《史记》等历史文献所记载的"蜀身毒道"以及西南地区的考古发现，于是提出"南方丝绸之路"的概念，并一度掀起研究热潮。进入21世纪以来，南方丝绸之路研究引起了学术界的更多关注，先秦史学者、考古学者、民族史学者和中外关系史学者纷纷加入讨论行列，研究对象也从国内扩展到国外，从对具体线路和节点的研究扩展到对围绕线路所发生的中外文化交流和文明互动等研究。正如李学勤先生所说，丝绸之路的研究在学术史上是非常重要的，是今天非常有影响的一门学科的起点。这门学科就是欧亚学。欧亚学专门研究欧亚大陆，从北方草原地区开始，南方到南亚，把欧亚大陆作为一个整体来研究。这是人文学科里最前沿的国际性学科。……几条丝绸之路里面，最值得进一步研究的是西南丝绸之路。近年来，学术界先后召开了"三星堆与南方丝绸之路青铜文化学术研讨会（2007）"、"三星堆与南方丝绸之路：中国西南与欧亚古代文明国际学术研讨会（2011）"等大型学术研讨会，涌现出一批新观点、新成果，反映了南方丝绸之路研究的学术前沿和最新进展。本文从线路研究、文物考古研究、文化交流研究等方面，综述近年学术界关于南方丝绸之路研究的新进展。

一、线路研究新进展

关于南方丝绸之路的开通时间，近年学术界普遍接受的是至迟为商代，而不是早前认为的战国末叶或汉武帝时期。清华大学李学勤教授在《三星堆文化与西南丝绸之路》一书中指出，几条丝绸之路里面，最值得进一步研究的是西南丝绸之路，而对于西南丝绸之路来说，三星堆文化又占据着一个非常重要的地位。在商代，中国就有一条从西南通向国外的通道，这一点是确信无疑的，有几个线索作为证明。最早的一个线索是抗战以前殷墟第13次发掘中，小屯YH127坑出土的所谓"武丁大龟"，动物学家伍献文先生鉴定认为它属于马来半岛龟类，中国没有这样的龟。剑桥大学也收藏了一片武丁时期的龟甲，跟殷墟第13次发掘出的那片独特的大龟非常相似，此龟经英国专家鉴定为出自缅甸以南。第二个线索是香港南丫岛大湾遗址，上世纪80年代这里发现玉器葬，其中有牙璋，其风格、形制跟三星堆最为接近，是受到了三星堆文化的影响。第三个线索是在台湾的甲骨学家张秉权先生发现的几片甲骨，也是YH127坑出土，武丁时期的。据研究，这些甲骨上面所包着的织物，非丝非麻，而是只有印度才有的木棉。这证明商代后期西南地区对外的通道不仅是存在的，并且是畅通的。四川师范大学段渝教授在《五尺道的开通及其相关问题》一文中认为，历来对于《史记·西南夷列传》关于五尺道开通年代的理解却难以经得起推敲，实有重新研究的必要。早在殷末，蜀王杜宇即由此道从朱提（今云南昭通）北上至蜀。至春秋时代，蜀王开明氏"雄长僚、僰"，进一步开通了成都平原与四川南部和云南东北部的交通。以后，"秦时常破，略通五尺道"（《史记·西南夷列传》作"秦时常頞略通五尺道"，常頞或作常颇），对殷周至战国时代已经存在的这条道路予以进一步整修。这就意味着，五尺道并不开凿于秦，秦仅是对"五尺道"加以重修和整建。从古蜀习俗上看，"五尺道"之所以称为"五尺"，应与古蜀王国"数以五为纪"、蜀人崇尚五习俗有关。从考古学上分析，在云南昭通和贵州威宁发掘了大批古蜀文明的青铜器，威宁出土的古蜀青铜器，时代在公元前800年前后，威宁中水还出土古蜀三星堆文化的玉器，均说明古蜀文明在云南东部和贵州西部的传播时代，可以上溯到商周时期。既有文明的传播，必有传播的通途。而云南昭通和贵州威宁恰好是在五尺道的主线路上。这就意味着，五尺道的开通年代，一定不会晚于商周时期。

也有学者认为南方丝绸之路开通的时间要早于商代。三星堆博物馆邱登成副研究员在《从三星堆遗址考古发现看南方丝绸之路的开通》一文中，根据1980年在三星堆遗址出土的一件肩部饰有海贝的小平底罐的年代相当于中原二里头文化早期，认为早在夏代，海贝就已经输入到了三星堆，相应的，输入海贝的路线——南方丝绸之路亦必然已经存在了。

在道路文物实证方面，四川凉山州越西县文物管理所刘明在《浅析两处摩崖石刻题记与"古道"的联系》中说，在四川凉山州越西县境内原有一处摩崖石刻题记文物点，第三次全国文物普查期间，又新发现一处摩崖石刻题记，两处摩崖石刻题记均与"南方丝绸之路"灵关道越西段有密切的联系。一处是灵关道旁的"零关"摩崖石刻题记；另一处是塔拉摩崖石刻题记，内容为："明左都督刘挺同男文昭奉旨征剿番傈，岁之，万历癸丑季冬，师抵此地全捷"，证明了明代万历年间发生在越西"零关古道"上，朝廷派兵征伐"番"、"傈"的一次历史事件。邹一清研究员在《从四川蒲江县两通古道碑看南丝路蒲江段走向》一文中，记录了南方丝绸之路成都地区蒲江县境内的两通石碑，一是重修衬腰岩古道竣工碑，一是梭竹坡古道石碑。两通碑文不仅证实了衬腰岩古道、梭竹坡古道的存在，还为南方丝绸之路成都蒲江段的道路及走向提供了明确的实物证据。

二、文物考古研究新进展

香港中文大学邓聪教授在《中越牙璋竖向刻纹辨识》一文中，以香港南丫岛大湾出土的牙璋本体两侧沿的竖向刻纹为核心，研讨了中国西南和越南出土牙璋之间的关系。文章认为，从空间上，自黄河流域中游至长江上游、越北红河三角洲顶部，均可见竖向刻纹类型牙璋的分布，与《淮南子·泰族训》所说，商人疆土"左东海，右流沙，前交趾，后幽都"相吻合；从纹饰特征来看，竖向刻纹应该是同一文化传统扩散的结果。在比三星堆较早期的阶段，蜀地的玉文化对红河三角洲已具有了广泛的影响，牙璋等玉文化从四川辗转入越北的时间，可能是在商代较早的阶段，亦即商文化向外扩张最炽热的时期。从空间上，黄河与红河两地之间的交通，不可能绕过四川盆地而空降越北。

四川省文物考古研究院陈显丹研究员、雷雨副研究员在《从越南义立遗址的发掘看越南红河流域》一文中，介绍了该院与越南河内大学考古队联合发掘越南北部义立遗址（距今3500年）的情况，从考古发掘情况来看，巴蜀文化与越南早期文化有很多近似的东西，如在越南富寿仁村发现了材质和形制皆像三星堆出土的玉璋、有领玉璧、玉环、璜等，反映出两地的源远流长的文化交流。

云南省文物考古研究所肖明华研究员在《西南地区古今海贝与南方丝绸之路》一文中，分析了西南地区考古出土海贝、南丝路沿线现代民族用贝现状以及古今海贝与南丝路的关系，认为今傈僳族使用的海贝和古代西南地区使用的海贝均来自于印度、缅甸，从蜀经云南到达身毒的南丝路贸易通道在汉代以前就已经存在，并延续至今。从事以海贝为标志的贸易者，商周时期是古蜀人，春秋秦汉时期是西南夷。南丝路的交通和贸易经历了三个高峰期，即商周时期、春秋战国秦汉时期、元明时期。

成都市文物考古研究院周志清研究员在《南丝路上的早期金属工业》一文中，通过对南丝路沿途早期冶铜或冶铁工业的分布特点与时代特征的观察与分析，认为川滇边缘地区早期青铜时代在距今3000年左右已经发生，早期铁器时代大致在战国中晚期就已经得到发展，该地区早期冶铜业为其在战国至西汉时期发达的青铜文化和早期冶铁业奠定了发展基础，深刻影响了该时段西南夷的社会结构与发展进程，而南丝路沿线独特的青铜文化是与周边地区丰富铜矿资源密不可分的。从汉代南丝路沿途冶铸点多分布在南丝路交通方便和矿藏资源丰富的地区，均处于交通要道，占据着重要的地理位置，或许表明汉代以来这些重要冶炼点是主要被政府直接控制的。

四川茂县羌族博物馆蔡清研究员在《茂县南新牟托一号石棺墓及陪葬坑出土部分器物浅析》一文中认为，牟托石棺葬墓及陪葬坑所出各类青铜器种类繁多，包括了石棺葬自身文化因素，以及巴蜀文化、中原文化、楚文化、北方草原文化、滇文化和滇西青铜文化等多种因素，这些众多文化因素并存表明了岷江上游地区是长江上游和黄河上游两大文化中心区的一条重要文化走廊和民族走廊，石棺葬文化创造者在这一走廊中的作用和包容性，也反映出岷江上游石棺葬文化与南方丝绸之路上诸多青铜文化千丝万缕的联系。

三、文化交流研究新进展

四川师范大学段渝、刘弘教授的《论三星堆与南方丝绸之路青铜文化的关系》一文认为，以三星堆为代表的古蜀青铜文化对南方丝绸之路沿线各区域的历时性辐射与影响，最明显的影响表现在青铜人物和动物造型、三角援铜戈、神树及树形器、金杖和铜杖，有领铜璧、太阳图案及太阳崇拜等几个方面，这些文化因素都沿着南方丝绸之路向南传播，并在传播过程中与西南诸青铜文化发生碰撞、交融、整合，在很大程度上影响了西南地区诸青铜文化的发展。

段渝教授还在《商代中国西南青铜剑的来源》一文中，从中国西南与中原和北方系青铜剑以及与印度和近东青铜剑进行概略比较的角度，对中国西南地区青铜剑的来源问题进行讨论，提出古蜀文明区内柳叶形青铜剑的发现，年代既早，数量亦多，分布也很集中。从时序上看，在商代晚期，柳叶形青铜剑主要是集中分布在成都平原；商周之际和西周时代，柳叶形青铜剑主要是向北发展，延伸到陕西南部；春秋战国至西汉早期，柳叶形青铜剑陆续而且呈连续性地向四川盆地东部地区以及四川西南地区和云南、贵州等西南夷地区辐射，成为西南地区最主要的青铜剑剑型。但柳叶形青铜剑的起源，并不在中国西南古蜀地区，因为在古蜀地区迄今没有发现它的起源发生序列。相反，柳叶形剑在古蜀地区一经出现，就是一种比较成熟的剑型。从西亚、中亚、南亚等地相关考古资料来看，柳叶形青铜剑是成都平原古蜀人通过印度地区吸收采借的中亚、西亚文明的因素，古蜀人在古蜀地区自己制作的，其传入通道就是南方丝绸之路。

福建社会科学院副研究员陆芸、卫华的《清代"南方丝绸之路"的特点——从马德新的〈朝觐途记〉谈起》一文，从唐代贾耽关于"安南通天竺道"的记载和马德新在《朝觐途记》的记载，分析随着时代的变迁，科技的进步，南方丝绸之路滇缅段线路的变化。明清时期伊洛瓦底江流域经济的发展，水路的兴起，不仅有效地加强了上下缅甸的联系，也促进了中国与缅甸的贸易往来。

四川师范大学屈小玲教授在《南方丝绸之路山地植物杜鹃花属考——兼及杜鹃花属的西迁之路及其在生态文明中的现代价值》一文中认为，杜鹃花是南方丝绸之路沿线一个显著的生态文明特征，沿线的蜀西南、滇东北和藏东南一带，即横断山脉与喜马拉雅山东段相连的区域内，遍布山地野生植物杜鹃花属，境外缅甸东北部、北部、印度东北部等地区也以杜鹃花闻名。杜鹃花属在19世纪下半叶已引起西方植物学家的重视，采集了众多的标本，并开启了杜鹃花属的西迁之路。文章考察了杜鹃花属在南方丝绸之路沿线的分布状况及其传播，指出作为生态环境与生态文明的重要组成部分，南方丝绸之路横断山脉与喜马拉雅山脉东线境内外地区的山地野生杜鹃花属，在世界生态文明领域里占有重要的一席之地。

还有文章探讨了南、北丝绸之路关系以及古蜀文明在南、北丝绸之路中的作用。四川师范大学段渝教授在《蜀身毒道与丝绸西传》一文中，对古蜀丝绸经由南方丝绸之路、北方丝绸之路、草原丝绸之路向西传播的情况进行了讨论。认为南方丝绸之路是巴蜀丝绸输往南亚、中亚并进一步输往西方的最早线路，商代中晚期古蜀丝绸就经南方丝绸之路输往印度和西方，汉代和以后出西域西行中亚、西亚并抵东罗马安都奥克（Antioch，当即《魏略·西戎传》中的安谷城）的北方丝绸之路国际贸易中的主要品种，便是出产于蜀的丝绸。四川丝绸还在战国时代通过北方草原地区传播到北亚，在俄罗斯阿尔泰山乌拉干河畔的巴泽雷克（Pazyryk）古墓群内（前5—前3世纪）出土的中国丝织品中，有大量平纹织物和织锦，其中一块绣着凤凰连蜷图案的刺绣，风格极似四川三星堆出土的神树，很有可能是产自四川的蜀绣。由于巴蜀丝绸质量优良，产量亦大，所以从很早起就充当了中国人民的友好使者，沿丝绸之路输送到印度和西方，对印度和西方文明的繁荣起到了推波助澜、锦上添花的作用。

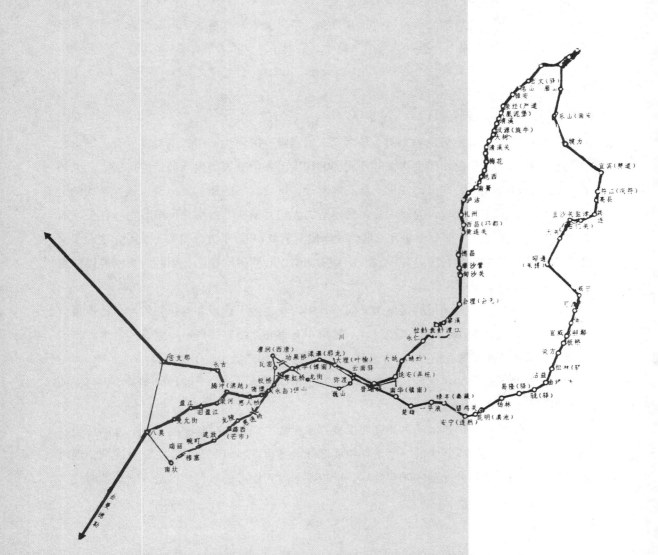

文化交流

南方丝绸之路上的民族与文化

印度河文明与古蜀文明若干问题比较研究

邹一清　四川省社会科学院历史研究所 四川师范大学南方丝绸之路研究所 研究员

摘　要： 印度河文明和古蜀文明分别是两个地区独立发展的古代文明，并都取得了令人瞩目的成就。二者虽然相距遥远，形成时间各有不同，文明特征也有所差异，但亦具有某些共同特征：都是建立在发达的古代农耕经济基础之上，建有世界上最古老的人工水利系统，曾有过众多的城市和辉煌的城市文明，与其他文明有着广泛的文化交流和相互影响。通过对印度河文明和古蜀文明的比较研究，可以更好地理解在不同的环境因素下所形成的两个文明之间的共性与差异，亦将有助于我们加深对古代文明内涵的认识。

关键词： 印度河文明　古蜀文明　文明特征　比较研究

印度河文明，或称哈拉帕文明，是南亚次大陆唯一的原生文明，也是世界著名的古代文明。大约在70万年前，印度次大陆西北部的印度河谷就有人类生活繁衍的定居点。大约在公元前7000年左右，印度河谷进入新石器时代，印度河谷的迈尔戈出现了较为繁荣的定居性小城镇，城中部分建筑为坚固的泥砖建造，人们开始驯养牲畜和种植谷物。在公元前2600年左右，印度河文明逐渐达到鼎盛，在印度河流域130万平方公里的土地上，出现了上千个大大小小的城市和村庄，其中一个主要的文明中心叫做哈拉帕，因此，学术界以哈拉帕文明或印度河文明对其命名。

印度河文明最令人瞩目的是城市文明，其中以莫亨佐·达罗和哈拉帕的城市建设最为杰出，成为印度河城市文明的典型代表。城市中有整齐而结实的砖房、完备的供水和排水系统、昌盛的商业贸易、精美的手工业制品。印度河文明已经出现了文字。

大约在公元前1900年之后，印度河文明开始走向衰落，在公元前1750年（一说公元前1500年）左右消失。

位于中国西南四川盆地的古蜀文明以成都平原为中心，在中华文明多元一体的历史发展格局中，古蜀文明是其中的一个重要组成部分。考古资料表明，早在更新世晚期，四川盆地就有人类活动。公元前6000年前后，以成都平原为中心的古蜀地区进入新石器时代，形成了早期农耕聚落。公元前2000年前后，古蜀地区迈进了文明的门槛，诞生了三星堆文明。古蜀文明以灿烂的青铜文化引人瞩目，城市文明达到相当高度，形成了分层级的城市体系，古蜀王都三星堆和工商业中心成都，是古蜀文明高度发展的典型代表。从青铜器、城市、宗教等方面分析，古蜀文明是与中原文明平行发展、自成体系的古代文明。公元前316年秦并巴蜀以后，古蜀文明逐渐被秦汉文化改造，最终融入中华文明之中。

印度河文明和古蜀文明都是独立发展的古代文明，在古代欧亚文明中占有重要地位。印度河文明和古蜀文明虽然相距遥远，形成时间各有不同，文明特征也有所差异，但二者具有某些共同特征：都是建立在发达的古代农耕经济基础之上，建有世界上最古老的人工水利系统，曾有过众多的城市和辉煌的城市文明，与其他文明有着广泛的文化交流和相互影响。对印度河文明和古蜀文明进行比较研究，将有助于我们加深对古代文明内涵的认识。

一、水利工程的比较

印度河文明和古蜀文明都建有大型水利工程，作为文明社会的基础设施，保障了农业经济的发展和城市经济的繁荣。

印度河上游有五条大河，它们像五个手指头一样呈放射状自北向南纵贯旁遮普地区，然后汇成一条大河，直流入阿拉伯海。大河冲积出一个新月形平原——印度河平原，印度河平原又分为上印度河平原和下印度河平原，上印度河平原是旁遮普平原，下印度河平原是信得平原和三角洲地区。印度河文明各城市、村庄就星罗棋布地分布在这广阔的平原上。

印度河流域地势为西北高，东南低，河水自北向南顺势而下。由于地处亚热带，喜马拉雅山又挡住了北方冷空气的南下，印度河流域终年气温较高，每年6—10月由印度洋西南方向吹来季风，带来充沛的降雨量。其他时间天气干燥，雨量稀少。气温高，降雨量过于集中，使得旱季干旱，农作物得不到充足的水来灌溉；雨季又往往爆发洪灾，冲毁良田。而且，季风来得早晚和强弱也对印度河平原的农业有很大影响。所以，兴修水利工程，进行人工灌溉和排洪，是农业生产发展非常重要的一件大事，是印度河流域进入文明社会的"必修课"。

在公元前四五千年左右，印度河平原就出现了灌溉水渠。在公元前2600年左右，即印度河文明的鼎盛时期，水利工程建设达到了相当高的水平。水利工程主要有农业灌溉和城市给排水工程，而尤以城市给排水工程的建设最为杰出。

农业灌溉水利工程缺乏文献记载，从考古资料看，其做法主要有修建灌溉渠，引河水灌溉农田；在高地筑坝拦水，挖水库、水池，以达到蓄水、防洪的目的。农田灌溉水利工程建设保障了农业生产的发展，而发达的农业正是印度河文明的基础。

印度河文明在水利工程建设方面取得的最高成就是城市给排水建设。

印度河文明的两座主要城市莫亨佐·达罗和哈拉帕，均建有当时世界上最先进的城市供水和排污系统。城市供水有两个来源，其一是开凿人工河渠，将不远处的河水引入城市；其二是在城市内开挖水井。城市拥有一个水井网络，可以为每一个街区提供清洁的饮用水。在莫亨佐·达罗各街区以及许多人家都有水井，遗址内共发现了600多口筒形井遗迹，这些井在形式和供水的功能上都有创新性，井台及内壁由砖砌成，其形状有利于阻止地下深处的侧边压力[1]。城市还建设了范围广大的、联通各户的排水系统。许多家庭建有沐浴平台和厕所，这些平台和厕所都是靠着外面的墙建造的，在那里废水和废物可以通过斜槽流进街道两旁的排水沟，而每条街道的排水沟都是相通的，分为较宽的主道和较窄的支道；排水沟由砖头铺设，建有许多过滤设施，以防止杂物堵塞；在房屋拐角处，排水沟建成弧形，边缘还经过打磨以防止堵塞；有些远离街道的排水沟暴露在露天，而街道两旁的排水沟，大多建设在地下；还有一些大型的排水沟，不仅建在地下，而且宽大得可以容纳人在里面自由走动，以方便维护；排水沟的地势从高到低，最后排入位于城市下游的河水。如此精巧、周到的构思和设计，完美的建设，构成了城市完备的排水网络系统，这在全球早期文明中是罕见的。

考古学家在莫亨佐·达罗发现了一个被称为"大浴池"的水池遗迹，这样的大浴池在古印度的建筑中是独一无二的。一排排长长的走廊和众多房间包围着一个巨大的水池，水池长12米、宽7米、深2.5米[2]，涂抹了厚厚的沥青，表面由烧制的雕花砖砌成，非常紧实，砖缝仅有几毫米，密不漏水。大浴池周围也建有水井和排水沟，是城市供排水系统的一部分。学者们认为这是一所城市市民使用的公共大浴池，反映出哈拉帕人水利工程建设的高超技艺，表现了人们对水的需求和使用近乎奢侈。还有学者认为，大浴池不仅仅是用作日常生活的洗浴，可能包含了宗教内涵，即人们对水、洗浴的神圣崇拜，这可能就是流传至今印度宗教中河水洗浴崇拜文化的肇始。

古蜀文明水利工程的杰出代表为成都平原的水利工程建设，治理岷江，防洪排涝的大型水利工程是其最高成就。

成都平原是大河冲积平原，地形西北高、东南低，岷江、沱江及其支流自西北流向东南，纵贯平原，为自流灌溉提供了良好的条件。成都平原雨量充沛，气候温和，土质疏松，渗透性良好，保温力强，通气易碎，涵水力强，含有深厚而丰富的腐殖质，有利于农作物的生长。早在四五千年以前，成都平原的农业已得到初步的发展，脱离了原始时期，进入锄耕农业阶段，为文明的形成打下了坚实的基础。

---

① ［美］戴尔·布朗主编：《古印度：神秘的土地》，李旭影译，华夏出版社，2002年，第40~44页。
② 白献竞、高晶编著：《神秘的南亚次大陆》，海潮出版社，2006年，第17页。

　　但是，处于岷江中下游的成都平原，也常常遭受洪水的侵害。当夏秋之际，岷山雪融时，岷江上游江水暴涨，形成一泻千里、摧枯拉朽的洪水，冲毁成都平原的村庄和田地。在成都平原各城市、城镇考古遗址中，有许多被洪水冲刷、淹灭留下的淤积遗存，甚至有被多次冲刷而又反复重建的遗迹①。在这样的自然条件下，成都平原水利工程建设的特点是以排洪为主，兼顾灌溉。

　　大禹导江为沱，是已知古蜀最早的大型水利工程。大禹导江，是从岷江开凿出一条人工河道——"沱"，分引岷江上游洪水。《尚书·禹贡》记载："岷山导江，东别为沱。"江沱的进水口在今都江堰南马尔墩，江沱在这里收受岷江后，东行经徐埝河故道，东注于毗河，向东直入金堂峡，汇入沱江后南行，在今泸州市还入大江②。这条主要是为了排洪的人工河道，也能起到灌溉两岸农田的作用。

　　到了夏商时代，在农业大发展的基础上，成都平原进入文明时代。城市形成、分工专业化、青铜器广泛运用，极大地促进了农业生产和灌溉系统的发展。春秋战国时期，古蜀进行了更大规模的水利工程建设。据《华阳国志·蜀志》记载，蜀王杜宇末世，"会有水灾，其相开明决玉垒山以除水害"。玉垒山是指今都江堰市与汶川县交界地的茶坪山。开明氏决玉垒山，开凿江沱，造出人工河道，分引岷江上游流下的江水，起到排洪和灌溉的作用。这就是历史上有名的"鳖灵治水"，其成果是"蜀得安居"，古蜀人得以安居乐业。

　　善于治水的古蜀开明王朝迁都成都以后，还对流江进行过整治，在成都进行了一系列水利工程建设。考古学家在成都方池街发现的数条东周时期人工砌筑的卵石建筑③，即是水利工程的遗迹。

　　商周时期，成都平原的灌溉系统由简单、原始阶段逐渐发展到复杂、进步阶段，至开明王朝，灌溉系统主要由人工河道（江沱）、堰塘、大坝、渠、沟等组成；采用的工程技术主要有杩槎、竹络笼石、竹编拦沙筐、木桩工程和砌筑卵石工程等；灌溉系统起着排洪和灌溉二重功能。

　　古蜀的灌溉系统注重泄洪、排沙，减少了成都平原水灾威胁。开明氏决玉垒山导江，为秦时蜀守李冰治水、修筑都江堰水利工程提供了范例和经验。在一定意义上可以说，没有古蜀人千百年来积累起来的丰富治水经验和水利工程技术，就没有秦时李冰的都江堰大型水利工程建设。

　　比较印度河文明和古蜀文明的水利工程建设，可以看出，印度河文明在城市给排水工

①　段渝：《玉垒浮云变古今——古代的蜀国》，四川人民出版社，2001年，第211、224页。
②　段渝：《玉垒浮云变古今——古代的蜀国》，四川人民出版社，2001年，第44、45页。
③　段渝：《灌锦清江万里流——巴蜀文化的历程》，四川人民出版社，2001年，第30页。

程建设方面达到了很高的水平；古蜀文明的水利工程建设重心在江河的治理上，并在此方面取得了很大的成就。其结果是印度河文明拥有当时世界上最完备的城市给排水系统，该系统成为城市建设的一个重要组成部分、城市文明最精华的部分之一。而古蜀文明治理江河的水利工程，既解除了成都平原的洪水之患，又解决了农田的灌溉，从此之后，成都平原水旱从人，奠定了"天府之国"的基础。

印度河文明城市的给排水工程建设，使用的多为经过烧制的素面砖、雕花砖，还有像沥青一类的防水材料，并且制作精良，许多地方发现了打磨砖块的痕迹，尤其是用作垒砌井壁的砖还被烧制成一端逐渐缩小的形状，以便砌成圆形，这些都显示出建设者的高超技艺。古蜀文明的水利工程建设，具有超凡的功能性，能够同时兼顾泄洪、排沙、灌溉三大功能，显示出建设者宏大而精密的构想设计与建设能力。

二、城市建设的比较

印度河文明以城市文明为最显著的标志，其杰出代表是莫亨佐·达罗和哈拉帕两座大型城市。

莫亨佐·达罗位于印度河中下游，印度河西岸，南距阿拉伯海320公里，于公元前2600年前后形成城市。莫亨佐·达罗遗址总面积7.68平方公里，推算当时城市人口为3.5万人。城市分为上城（又称城堡）和下城两部分，下城是城市的主体部分，有商业区和住宅区，居住着商人、手工业者和平民；上城是个小城堡，建在一个9.15米高的土砌平台上，城堡内建有一座高塔，一个有走廊的宫殿，一座有许多柱子的大厅，以及前文提及的大浴池。城堡供宗教统治者和世俗统治者居住[①]。

莫亨佐·达罗的建设有着很好的城市规划与设计，整体布局规整，街道、建筑井然有序。城市有城墙包围。城内呈长方形棋盘格状，一条大马路自北向南纵贯城市，每过200码左右有一条东西向的小街道与之成直角相交，构成一个棋盘格式的街区[②]。街区内又有小巷穿插，街两旁排列着带庭院的楼房和平房，供水水井和排污下水道建设完备。市内有一座容量很大的粮食仓库，地面铺砖，上下都有通风管道设施。市中心还建有一座规模较大的神庙。市内建筑多为烧砖砌成（包括城墙），而当时其他文明地区的城墙建筑多为土墙或石墙。

哈拉帕与莫亨佐·达罗在城市设计方面十分相似，不仅如此，印度河文明其他城市的设计也都有着惊人的相似性，显示出属于同一文化类型。哈拉帕位于印度河上游，拉维河

---

① 白献竞、高晶编著：《神秘的南亚次大陆》，海潮出版社，2006年，第16页。

② ［美］戴尔·布朗主编：《古印度：神秘的土地》，李旭影译，华夏出版社，2002年，第5页。

东岸，推算城内有2万至3.5万人口。城市建有城墙，有城堡和下城，也有一条南北纵贯、东西对称轴的大道，由东西向的小道划分出街区。城内建有神庙、谷仓，有居民住宅区和商业区等等，这些都与莫亨佐·达罗并无二致。

从考古资料看，在印度河文明的城市遗迹中，既有建筑良好的二层楼，楼上建有沐浴平台，下水道从室内通出，也有与此相对照的却是没有沐浴和排水设备的低矮的小房屋。这表明，印度河文明存在着明显的贫富分化和等级划分，无疑已经进入分层社会的发展阶段。

在印度河文明辽阔的地域内，各城市之间的经济文化面貌相同或相似，距离却远近不一，如莫亨佐·达罗和哈拉帕两个城市相距400多公里，这些相距或远或近的城市没有表现出等级差别，似乎各自为政，互不统属，显示出酋邦社会特征[①]。

古蜀地区最早的城市诞生在成都平原。在新石器时代末叶，成都平原形成了多座早期城镇。进入青铜时代后，古蜀城市文明相继诞生，形成了以蜀都三星堆为中心、成都为次中心的早期城市体系。

三星堆位于成都平原腹心地带，今四川广汉鸭子河畔。城市形成于公元前2000年前后，是古蜀王国鱼凫王朝的都城。三星堆建有高大厚实的土坯城墙，城市规模庞大，人口众多，现有总面积3.6平方公里，约有2.2万户，人口在11万上下[②]。考古遗迹显示出已有功能分区，在城市的中轴线上，分布着蜀王国的宫殿区、作坊区，两侧为生活区。

三星堆古城城墙的高大坚厚，反映出可供支配、征发的劳动力资源相当充足，进而可知居于城内宫殿区的统治者统治着数量庞大的人口，控制着丰富的自然资源、生产资源和社会财富。城圈的广阔，意味着城内复杂社会的形成，表明其中的生活方式已截然不同于史前乡村，社会组织、政治结构以及整个社会的控制系统和运作机制，都已远远超出史前酋邦的水平。从对为数众多的直接生产者和从事非生产性劳动的各类专门人员（如各种工匠、艺术师、设计师、商贾等等）的有效统治来看，一个具有集权性质的政府组织已经形成。

三星堆城圈内已发掘清理的生活区内，出土大量陶质酒器和食器。房屋遗迹，不但有平民居住的木骨泥墙小房舍，还有显贵居住的穿斗结构大房舍和抬梁式厅堂，显示出深刻的阶级分化。生活区内发现纵横交错的排水通道，出土大量工艺陶塑制品，还出土双手反缚踞坐的石雕奴隶像，却缺乏农业生产工具。这同仅出大量生产工具和作坊遗迹的区域形成鲜明的对照，展现了建筑群依照房主的尊卑贵贱进行分区以及早期的功能分区图景。而内涵丰富，埋藏着大量金、铜、玉器的祭祀坑，又同基本无随葬品的简陋墓葬形成强烈对比。高耸的城墙，深陷的壕沟，是阶级冲突加剧的象征。早期的文字，是脑、体劳动分野

---

① 林承节：《印度史》，人民出版社，2004年，第16页。

② 段渝：《玉垒浮云变古今——古代的蜀国》，四川人民出版社，2001年，第291页。

的标志。以古城为中心，三星堆遗址在周围12平方公里连续分布，是城乡连续体业已形成的证据。各种生产资源、社会财富的高度汇聚充分表明，城市的社会控制系统是凌驾于社会之上的国家政权，而它的核心是神权和王权。

这些物质的和非物质的因素，揭示出人口集中的大规模化、非直接生产者的大批产生、剩余财富的集中化、商业关系的广泛建立和远程贸易的发展、社会分层的复杂化和阶级社会的形成，以及神权与王权的强化和统治机构的专职化，它们正是业已形成为一座早期城市的最主要标志。从经济进步的角度来认识，作为城市化机制的核心，三星堆古城也明显表现出多种产业的生长点和地区的增长中心等特征，表明它是一座典型的古代中心城市，即都市[①]。

比三星堆城市稍晚发展起来的早期成都，是商代中、晚期蜀文化区内又一座具有相当规模的城市。其大致范围，在今成都市区西部沿古郫江故道从北到南的弧形地带，广泛、连续分布十余公里[②]，中心为成都十二桥一带。东周时期成都约有5.5万户，人口在28万上下。在十二桥考古发掘了总面积达一万五千平方米以上的大型木结构建筑群，其中发现了宫殿庑廊的遗迹。遗址内还出土数批商代至春秋战国时期的青铜器、玉器，并在商代地层内发现刻有古蜀文字的陶轮。这表明，商代成都业已形成为一座文明古城。

三星堆与成都，一北一南，构成成都平原古蜀文明最早的城市体系。三星堆古城的聚合形成，从一开始就表现出强烈的神权政治中心性质，以神权政体为首脑的政治机构和社会组织，在城市形成过程中发挥着核心聚合作用。早期成都则走着另一条发展道路，城市形成过程中最重要的参变因素是王权。但商代以后成都城市化的进一步发展，最终使它成为一座不设防的工商业城市，即古代的自由都市[③]。

比较印度河文明与古蜀文明的城市建设，印度河文明城市和古蜀文明的三星堆，都有很好的城市建设规划设计，布局合理，城市基础建设良好，城市规模大、人口多，城市建设达到了很高的水平。但印度河文明是以城市为主体单位的城市酋邦社会，而古蜀文明的社会形态已经进入国家阶段。酋邦制的城市建设具有同一文化类型的城市建设规划大体相同的特色；在城市功能方面，没有区分、互补；城市间竞争激烈，容易爆发武装冲突。发展到国家形态的城市，具有明显的城市功能，等级差别，因此城市间或有互补，难有激烈冲突。古蜀文明的都城三星堆，是古蜀王国的政治中心，建有高大的城墙，市内规划建设工整。而作为自由城市的成都市，等级低于三星堆，没有城墙，没有清楚的城市边界，城

① 段渝：《濯锦清江万里流——巴蜀文化的历程》，四川人民出版社，2001年，第45、46页。
② 王毅：《成都市蜀文化遗址的发现及其意义》，《成都文物》1988年第1期；罗开玉：《成都城的形成和秦的改建》，《成都文物》1989年第1期。
③ 段渝：《濯锦清江万里流——巴蜀文化的历程》，四川人民出版社，2001年，第47页。

市的功能主要是工商业。

三、对外文化交流的比较

印度河文明和古蜀文明都是具有开放性的文明，显示出鲜明的复合型文明特征。

在印度河文明区域出土了许多来自美索不达米亚的印章，同样，在美索不达米亚也出土了许多来自印度河文明的印章，反映了两地间频繁持久的贸易关系。在美索不达米亚发现了时间为公元前2350年左右的楔形文字泥版文书，记载了当地与印度河流域的商品贸易。印度河文明出卖的货物主要有稀有木材、嵌木桌子、象牙梳子、天青石、珍珠、红玉髓[①]。在印度河文明考古发现的金银、铜器制品，品质上乘；印度河文明是棉花的原产地，考古发现了许多手工纺织、印染工场，这些应该也是贸易的主要货物。美索不达米亚向印度河谷输出羊毛、布匹、成衣、皮革制品、油和柏木等等[②]。

除了美索不达米亚，印度河文明各城市还将对外贸易推进到伊朗、中亚地区、阿富汗、中国。考古研究表明，在中国西南，至少有象牙、海贝、青铜柳叶剑文化因素的来源是与印度河相关的[③]。

虽然印度河文明与东西方都有经济贸易往来，但它与美索不达米亚文明的关系显得更为"亲近"。印度河文明显示出一些与美索不达米亚相似的因素，在宗教文化方面，哈拉帕文化盛行对丰产女神、丰乳肥臀的母亲女神以及少女女神等的崇拜；印章显示，哈拉帕人将自己的家系追溯到像太阳、月亮和星星这样的天体，这也与美索不达米亚一样[④]，这些都反映了印度河文明与美索不达米亚文明长期密切的文化交流与互动关系。

古蜀文明产生、发展于中国西南，它不但与中原文明保持着密切的联系，而且经由南方丝绸之路，与南亚文明、东南亚文明、西亚文明进行了广泛的经济文化交流。

中原文明与古蜀文明的相互影响，殷墟甲骨文有所记载，在考古学上则明显表现在青铜文化方面。三星堆出土的青铜尊、罍等器物，青铜雕像的某些纹饰以及几种青铜龙，都是古蜀文化采借中原文化青铜器的形象并按自身传统加以改造的。而中原文化的三角形援无胡戈，最早发源于蜀，其后北传汉中，再出现在商都殷墟；又如柳叶形青铜剑，是从蜀地向陕南、甘肃等地传播的；再如蜀文化的釜、甑等器形，是先北传于秦，再流布到其他地区。

从远古时代起，中国与东南亚就发生了若干文化联系。在相互间的交往中，中国常常

---

① ［美］戴尔·布朗主编：《古印度：神秘的土地》，李旭影译，华夏出版社，2002年，第23、24页。

② ［美］戴尔·布朗主编：《古印度：神秘的土地》，李旭影译，华夏出版社，2002年，第27页。

③ 段渝：《南方丝绸之路与古代中西交通》，"太湖论坛2014年巴黎会议"学术报告。

④ ［美］戴尔·布朗主编：《古印度：神秘的土地》，李旭影译，华夏出版社，2002年，第23页。

居于主导地位，而东南亚古文化中明显受到中国影响的某些重要因素，其发源地或表现得相当集中的地区，就是古蜀地区。古代东南亚的若干文化因素来源于古蜀，大致有：农作物中的粟米种植，葬俗中的岩葬、船棺葬、石棺葬，大石文化遗迹，以及一些青铜器的器形和纹饰等。在蜀文化对东南亚的直接传播中，最引人注目的是战国末蜀王子安阳王的南迁并在越南北部建立王朝的历史事件。公元前4世纪末，秦灭古蜀王国，蜀王子安阳王率兵、民共约6万蜀人经南方丝绸之路到古交趾红河地区（今越南河内正北）建立王朝，前后持续了大约130年。

古蜀文明同南亚次大陆之间，早有交流道路。由蜀入滇，经缅甸达于印度、巴基斯坦的"蜀身毒道"，是沟通其间各种联系的主要通道。这条线路在殷商时代就已初步开辟，到战国时代愈益发挥出重要作用。

在三星堆祭祀坑出土的海贝中，有相当多的齿贝，都是从印度洋北部地区引入的。在三星堆和成都金沙遗址均出土了大批象牙，考古发掘中，这些象牙是从象的原产地印度地区引进的。《史记·大宛列传》说："身毒……其人民乘象以战"；《后汉书·西域传》也说："天竺国，一名身毒……其国临大水，乘象以战……土出象、犀……"，大水即今巴基斯坦境内的印度河[①]，正是辉煌的印度河文明兴起之地。在印度河文明著名的莫亨佐·达罗废墟内，考古发现曾有过象牙加工工业的繁荣景象，还出土不少有待加工的象牙。再联系到东印度盛产大象的情况，以及三星堆祭祀坑内成千枚来自于印度洋北部地区的海贝，可以说明三星堆和金沙遗址出土的大批象牙是从印度地区引进而来的，而其间的交流媒介，正是与象牙一同埋藏在三星堆祭祀坑中的大量贝币[②]。

古蜀文明向南亚输出的商品以蜀布、邛杖等最为著名。成书于公元前4世纪的印度古籍《政事论》就提及古蜀的丝织物在印度畅销，表明战国时期蜀人在印度频繁的贸易活动。并且，学者认为，古代印度地区对中国称呼"支那"（Cina），最初是直接对成都的称谓[③]。

古蜀文明与西亚、近东文明的文化交流也可从考古资料中得到反映。考古资料显示，至迟在公元前3000年初，西亚美索不达米亚地区就开始形成了青铜雕像文化传统，埃及出土了公元前2900年的全身青铜雕像，印度河文明中也出土了公元前2000多年的青铜人物雕像。而三星堆出土的金杖、金面罩、青铜人物全身雕像、人头像、人面像、兽面像等，不论从艺术

① 夏鼐：《中巴友谊的历史》，《考古》1965年第7期。

② 段渝：《南方丝绸之路与古代中西交通》，"太湖论坛2014年巴黎会议"学术报告。

③ 段渝：《支那名称起源之再研究——论支那名称本源于蜀之成都》，《中国西南的古代交通与文化》，四川大学出版社，1994年，第126~162页。

风格、表现手法还是从功能体系等方面分析，都表明是对西亚、近东文明因素的采借。①

四、结语

通过对印度河文明与古蜀文明在对外文化交流方面的比较，不难看出，印度河文明和古蜀文明都与其他文明区域进行了广泛的文化交流，既吸收了其他地区的文化因素，也将自己的文化广为传播。然而，由于地理位置、传播通道以及经济贸易活跃程度等原因，印度河文明与西亚文明的交流互动更加明显；古蜀文明与周边各文化区域进行文化交流更加深入持久，尤其受中原文化影响较深，这种格局从新石器时代以来就已形成。古蜀文明最终融入秦汉文明，成为中华文明的重要组成部分，乃是历史发展的必然。而古蜀文明通过南方丝绸之路，将中华文明传播到东南亚、南亚、中亚、西亚以至欧洲地中海地区，对中华文明的对外传播做出了卓越贡献，同时也显示出古蜀文明在欧亚古代文明中所具有的重要地位。

需要指出的是，印度河文明存在的时间较短，从它的兴盛到衰落只有800多年的时间，而古蜀文明存在的时间较长，从公元前2000年前后到公元前316年秦并巴蜀，存在了1600多年，表明古蜀文明具有更强大的生命力。

作为文明个体，古老的印度河文明与古蜀文明虽然都已经消失在历史的长河中，但其文明精髓并未消失，印度河文明的诸多要素被后来的印度文明所继承，而古蜀文明融入中华文明，其文化内核一直发展演变到今天。

---

① 段渝、邹一清：《古蜀文明》，四川人民出版社，2004年，第120~152页。

珠饰反映的两汉时期两广沿海和西南地区的交通

赵德云 四川大学历史文化学院考古学系 副教授、博士

摘　要：作为战国秦汉时期南中国的两个重要组成部分，两广沿海地区和西南地区在考古学上存在若干引人注目的共性。本文根据一类过去尚未得到广泛注意的材料——珠饰的发现情况，就两汉时期两广沿海地区和西南地区之间交通的途径、动因等问题进行论述。在系统收集蚀花肉红石髓珠、琥珀珠、印度-太平洋珠等三类珠饰考古出土资料的基础上，对文献记载和既有研究分别进行系统梳理后发现，它们都具有域外文化因素。结合现有材料出土单位的时代大体从西汉后期到东汉，分布的区域主要集中于云南东部、贵州西部及四川南部这一相邻近区域，尤其是贵州的出土品基本都集中在北盘江流域的情况，本文指出这种时代与分布之间有机联系，很可能透露了这些珠饰系由两广沿海地区输入以后再向西南地区传布的历史信息。传播的通道，则极有可能是牂牁江水路，这和通过梳理文献记载所得的信息是相吻合的。三类珠饰，在一些出土单位中有共存关系，且其出土的单位，都是地方官吏或富绅墓葬，这些情况，或许暗示着它们的商品属性，这和两汉时期两广沿海地区和西南地区商业贸易繁盛的历史背景是密不可分的。本文将两汉时期两广沿海地区与西南地区交通的动因归结为地区间商品互通有无的需求，这应当与汉武帝以后四海一统的新格局有密切的关系。区域间的交通和文化交流，主要通过商业贸易的形式来进行，从而与前一时期主要通过民族迁徙、族群移动的方式进行相区别，应当是进入统一帝国之后的新形式。

关键词：两广沿海地区　西南地区　蚀花肉红石髓珠　琥珀珠　印度-牂牁江商业贸易

一

　　两广沿海地区和西南地区①，唇齿相依，都是南部中国的重要组成部分。在两个地区及邻近的东南亚范围内，战国秦汉时期有若干考古学文化因素存在相当的共性，引人注目的有岩葬、船棺葬、石棺葬等葬俗②，剑③尤其是所谓人面弓形格铜剑④、不对称形钺⑤以及扁形斧、双肩钺⑥等兵器，铜鼓⑦、羊角钮钟⑧等乐器。这些文化因素的源头、传布的细节等问题，虽然各有其具体情况，有的还存在一定的争议，但共同的文化因素反映的两个地区之间较为密切的联系，则是显而易见的事实。这种联系，当然有族群移动、经贸往来以及战争等复杂的原因，应当从南中国乃至全国范围内这一时期的整体政治、经济格局来考察和把握，是一个十分重要、然而又颇具难度的课题，若干细节，如交往和联系的动因、力度、承担者，交通的途径等，需要相关学科今后长期关注。

　　从考古学的角度，对上述课题作出贡献的一个重要方面，应当是从纷繁的考古材料中，辨别出更多的两地并存的文化因素，并进而探究它们之间是否存在联系，传播的途径和方式如何，从而为认识的深入提供实物的证据。作为这方面的一个尝试，本文拟根据一类过去尚未得到广泛注意的材料——珠饰的发现情况，就两汉时期两广沿海地区和西南地

---

① 现在一般将云、贵、川、藏四省区和重庆市划入西南地区的范畴，有人又将广西，尤其是广西西部地区也划入西南地区，如徐恒彬《广东出土青铜器特征探讨》，见四川大学博物馆、中国古代铜鼓研究学会编：《南方民族考古》（第二辑），1990年。在历史上，西南地区应与《华阳国志》之"华阳"大体重合，包括今四川、云南、贵州、重庆四省市及甘肃、陕南以至湖北部分地区，参见刘琳：《华阳国志校注》，巴蜀书社，1984年，第16页；两广沿海地区应为另一独立的文化区域。

② 童恩正：《试谈古代四川和东南亚文明的关系》，《文物》1983年第9期。

③ 覃芳：《广西先秦时期的青铜剑》，广西壮族自治区文物工作队编：《广西考古文集》第二辑，科学出版社，2006年。

④ 邓聪：《人面弓形格铜剑刍议》，《文物》1993年第11期；《香港石壁出土人面弓形格铜剑试释》，收入香港博物馆：《岭南古越族文化论文集》，香港市政局，1993年；《再论人面弓形格铜剑》，《东南亚考古论文集》，香港大学美术博物馆，1995年。蒋廷瑜：《广西所见人面弓形格铜剑》，收入《广州文物考古集》，文物出版社，1998年。

⑤ 汪宁生：《试论不对称形铜钺》，《考古》1985年第5期；范勇：《再论不对称形铜钺》，《文物》1992年第6期；施劲松：《船棺葬、早期铜鼓和不对称形铜钺》，中国社会科学院考古研究所编著：《新世纪的中国考古学：王仲殊先生八十华诞纪念论文集》，科学出版社，2005年。

⑥ 商志醰：《从岭南地区西汉初期墓葬出土物看岭南越文化的特点》，收入香港博物馆：《岭南古越族文化论文集》，香港市政局，1993年，又见氏著《香港考古论集》，文物出版社，2000年。

⑦ 洪声：《广西古代铜鼓研究》，《考古学报》1974年第1期；童恩正《试论早期铜鼓》，《考古学报》，1983年第3期；中国古代铜鼓研究会：《中国古代铜鼓》，文物出版社，1988年；施劲松：《船棺葬、早期铜鼓和不对称形铜钺》，中国社会科学院考古研究所编著：《新世纪的中国考古学：王仲殊先生八十华诞纪念论文集》，科学出版社，2005年。

⑧ 蒋廷瑜：《羊角钮钟初论》，《文物》1984年第6期；殷玮谭：《从青铜乐钟的类型谈中国南方青铜文化的相关问题》，四川大学博物馆、中国古代铜鼓研究学会编：《南方民族考古》（第二辑），1990年。

区之间交通的途径、动因等问题进行初步的论述。

珠饰与人类生活关系密切，其重要性早在20世纪初就为考古学家所认识①。由于珠饰具有数量多，体积小，易于营运等特点，许多学者都曾指出其在研究不同地区之间文化交流方面的优越性②。然而遗憾的是，中国考古学界对于珠饰研究的重要性尚未充分认识③，相关研究不多，这使得珠饰在考古学研究，尤其是不同地区之间文化交流研究方面的潜力远远没有得到展现。由于这种情况，本文的研究难以更多地借鉴前人时贤既有的成果，且限于个人的学术视野和见识，容有不当，尚祈读者批评指正。

二

两汉时期，两广沿海和西南地区共有且具有明显文化特征的珠饰种类主要有蚀花肉红石髓珠（Etched Carnelian Beads）、琥珀珠（Amber Beads）、印度–太平洋珠（Indo-pacific Beads）等三类。

所谓"肉红石髓"，又称"红玉髓"或"光玉髓"，是一种晶质体玉石，其成分主要为二氧化硅。它和玛瑙一样，都属于玉髓（Chalcedony）类矿物，区别在于，玛瑙带有自然的条带、环带，而肉红石髓结构均匀无条纹。

公元前3世纪，印度河流域的人类最早在肉红石髓上应用蚀花工艺进行装饰，根据麦凯（Ernest Mackey）1930年在巴基斯坦信德省（Sindh）中部萨温城（Sehwan，以出肉红石髓雕刻工匠而闻名）的实地调查，其具体做法是采用一种野生白花菜的嫩茎捣成糊状后和以少量洗涤碱的溶液，调成半流体状的浆液，用笔蘸之描绘于磨制好的肉红石髓珠上，熏干之后将珠子埋于木炭余烬之中，稍许取出，以粗布疾拭，就得到带有人工花纹的珠子，历久不褪。麦凯本人还通过实验，将操作方法和原料加以一定的改变，证明也可得到相同的

---

① 弗兰德·皮特里爵士曾经指出，珠子和陶器是考古研究中的"字母"，参见夏鼐：《古代埃及珠子的考古价值》，氏著《夏鼐文集》（下），社会科学文献出版社，2000年。

② 珠饰史家艾森（Gustavus Eisen）早在二十世纪初就曾指出："（珠饰的研究）不仅有助于了解其制造和佩带者的艺术趣味，而且有助于澄清古代各地区之间的联系，弄清它们之间的贸易、迁徙和各自的宗教信仰"，见 Gustavus Eisen, *the Characteristics of Eye Beads from the Earliest Time to the Present*, American Journal of Archaeology, Vol, 20, No. 1, 1916.

③ 有国外学者指出："中国古代珠饰的研究提出了许多远未得到解决的疑问。一方面由于数据的不足，另一方面由于中国学者对于珠饰研究缺乏兴趣，使得本领域缺乏深入的研究。"并分析道："我猜想中国学者把珠饰视为一种世俗的、无关紧要的束西，因此将注意力集中到其他艺术品身上。" CeciliaBraghin, *An Archaeological Investigation into Ancient Chinese Beads□ Beads and Beads Makers□ Gender□ Material Culture ayid Meaning*, EditedbyLidiaD. Sciama&JoanneB. Eicher, Published by BergOxford, NewYork, 1998.

效果①，夏鼐先生曾将这种工艺介绍到中国学界②。需要指出的是，是否从古至今蚀花肉红石髓珠都是完全采用这种方法制造出来的，也有不同的意见和补充③。无论如何，这种特殊的装饰工艺，赋予了蚀花肉红石髓珠特定的文化特征。

蚀花肉红石髓珠在两广沿海地区和西南地区的发现有如下数处：

一，广州汉墓西汉后期M3017、M3029各出土1件，珠体橘红色，圆管形，表面有白色的线纹，报告明确指出是涂上药物腐蚀而成的。从照片观察，两件的纹饰都是沿管状珠体横直地均匀分布④。

二，晋宁石寨山西汉中期M13出土1件，即夏鼐先生于1972年在中国首次辨别出的蚀花肉红石髓珠标本，在此之前，中国学术界对其源流、性质并不清楚，将其作为一般的玛瑙装饰品。这件标本本作枣核状，长3.2厘米，中央部分直径0.95厘米，两端直径较细并截平。纹饰一共十道平行线，分为四组，中央两组各三道线，两端的各二道线。因为是化学腐蚀显花，显呈白色，不透明⑤。另外，在晋宁石寨山第三次发掘中，M2亦出土一批"玛瑙珠管"，其中1件有黑白照片，不甚清晰，从中观察，珠体长圆柱形，两端截平，其上的纹饰十分规整，有4条白色平行线，分为两组，每组两条线之间的色泽与两端和中央部分明显不同，这件标本也是人工蚀花的可能性极大，且蚀花工艺可能较M13出土的那件更为复杂，但报道过于简略，具体工艺无从推测⑥。

三，江川李家山墓地多次出土。1972年发掘的M24中，出土1枚，椭圆形，一侧略成平面，肉红色，表面蚀刻白色圆圈纹和曲线纹，长1.5厘米、宽1厘米，出土单位的年代在战国末年至西汉武帝之前⑦；在1992年的发掘中，西汉中晚期M47、M68各出土7件，西汉晚期至东汉初期M69、M82各出土1件，惜未发表图片数据，亦无任何文字描述，仅在报告所附

① ErnestMackey，*Decorated Carneliayi Beads*，Man，Vol.33，Sep.，1933.

② 夏鼐：《我国出土的蚀花的肉红石髓珠》，《考古》1974年第6期。

③ 如著名珠饰史家培克（HoraceC. Bock）指出，完全用麦凯的调查发现来解释蚀花肉红石髓珠的制造过程，还存在一些疑问，参见H. C. Beck，*Noteson Sundry AsiaticBeads*，Man，Vol. 30，1930. 麦凯的调查成果1933年才正式发表，显然，在这之前，他已经透露了一些信息，为培克所知。在对哈拉巴（Hamppa）遗址出土珠饰进行研究时，培克进一步指出，有一些蚀花肉红石髓珠的制法，应是先采用通常的方法（应指麦凯调查所得的方法）将珠子表面腐蚀掉一个合适的厚度并使其完全变白，然后用某种金属盐再在其上蚀刻黑色的图案，他试验了铁、铜、铅、锰等金属，发现用铜和铁获得的效果与出土品最为接近。在哈拉巴以及塔克西拉（Taxila）遗址，还有一类黑色线条直接蚀刻于天然珠体上的。此外还有一些基于上述基本制法的变种，这里不一一叙述，参见H. C. Beck，*Reporton Selected Beads from Harappa*，Madro Sarup Vats，ExcavationsatHarappa，p.392–431，MunshiramManorarlalPublishersPvt. Ltd.，NewDelhi，1997.

④ 广州市文物管理委员会、广州市博物馆：《广州汉墓》，文物出版社，1981年，第291页，图版四：1、九〇：3。

⑤ 夏鼐：《我国出土的蚀花的肉红石髓珠》，《考古》1974年第6期。

⑥ 云南省博物馆：《云南晋宁石寨山第三次发掘简报》，《考古》1959年第9期。

⑦ 云南省博物馆：《云南江川李家山古墓群发掘报告》，《考古学报》1975年第2期。

《墓葬登记表》中明确地称其为"蚀花石髓珠"①。另据"新昆明网"的报道，M51亦出土蚀花肉红石髓珠，且附有清晰彩色照片，系在珠体表面环蚀白色平行直线纹8圈②。

四，曲靖八塔台M41、M48各出土1件肉红色，有暗纹，或为有花纹的玛瑙"。从这个描述看，其上的花纹似不能确定为"蚀花"，但报告又明确定名为"蚀花肉红石髓器"，虽附有线图，但并未表现器表的纹饰情况。M41的年代在西汉后期，M48的年代不能确指③。

此外，广州狮带岗西汉中期M1④、南海平洲马祠堂山西汉晚期M4⑤、合浦堂排西汉晚期墓⑥、合浦丰门岭东汉早期M10⑦等墓葬的一些出土品，不排除其中有蚀花肉红石髓珠的可能性，如合浦堂排汉墓出土有肉红石髓珠99枚，形制各异，其中1件有"白斑"，吕红亮先生认为其可能是蚀花⑧，是有一定道理的，因为既为"肉红石髓"，如前所述，本身应是无花纹的；南海平洲马祠堂山西汉晚期M4的出土品，亦有学者认为是人工蚀花的⑨，但由于公布资料过于简略，这些发现尚无法确认。在西南地区的考古发现中，还有一类被称为"蚀花琉璃珠"的标本，如巴县冬笋坝M49⑩、重庆市南岸区海棠溪马鞍山西汉中期二号墓⑪各出土2件。有人甚至认为，蚀花肉红石髓珠和所谓"蚀花琉璃珠"的材料虽然有所不同，但蚀花方法、花纹颇相类似，可作为"蜀身毒道"存在的物证⑫。实际上，上述4件标本，应属于所谓"蜻蜓眼玻璃珠"，即以眼睛图案进行装饰的玻璃珠，装饰方法或在珠体上嵌入一种或数种不同于母体颜色的玻璃，形成一层或多层类似眼睛的效果，或在珠体上造出凸出表面的眼睛形状，形成"鼓眼"的效果。西方学界称之为"眼式珠"（Eye-bead）或"复合眼式珠（Compoundeye-bead）"，有研究者又称为"镶嵌玻璃珠"⑬。这种蜻蜓眼式玻璃珠最初亦是由境外传入，且和蚀花肉红石髓珠在装饰手法上，尤其是眼睛形状的图案，存在一

① 云南省文物考古研究所：《云南江川李家山古墓群第二次发掘简报》，《考古》2001年第12期。
② 中共昆明市委宣传部等单位主办，http://www.Newkm.cn/6394/2006/06/13/728@381256.htm。
③ 云南省文物考古研究所：《曲靖八塔台与横大路》，科学出版社，2003年，第119页，图一〇二：7、8。
④ 广州市文物考古研究所《广州狮带岗西汉土坑墓发掘简报》，收入广州市文物考古研究所《广州文物考古集》，文物出版社，1998年。
⑤ 广东省博物馆（曾广忆）：《广东南海汉墓发掘简报》，《文物数据丛刊》（4），文物出版社，1981年。
⑥ 广西壮族自治区文物工作队：《广西合浦县堂排汉墓发掘简报》，《文物数据丛刊》（4），文物出版社，1981年。
⑦ 合浦县博物馆：《广西合浦县丰门岭十号汉墓发掘简报》，《考古》1995年第3期。
⑧ 吕红亮：《中国境内出土的蚀花石珠述论》，收入霍巍、王挺之主编《长江上游早期文明的探索》，巴蜀书社，2002年。
⑨ 周永卫：《南越王墓银盒舶来路线考》，《考古与文物》2004年第1期。
⑩ 四川省博物馆：《四川船棺葬发掘报告》，文物出版社，1960年，第80~81页，图版三六：5、6。
⑪ 龚廷萬、庄燕和：《重庆市南岸区的两座西汉土坑墓》，《文物》1982年第7期。
⑫ 应平：《蚀花琉璃珠考略》，《四川文物》1991年第2期。
⑬ 安家瑶：《镶嵌玻璃珠的传入及发展》，收入联合国教科文组织、中国社会科学院考古研究所编《十世纪前的丝绸之路和东西文化交流》，世界出版社，1996年，第351~367页。

定的相互影响①，但从制作技法上讲，一为用化学药物腐蚀，一为镶嵌或制成凸出的眼睛形状，两者断不能混为一谈，这是亟需澄清的。

三

琥珀是中生代白垩纪至新生代第三纪松柏科植物的树脂经地质作用后形成的一种有机化合物的混合物。世界范围内，琥珀的主要产地集中于欧洲的波罗的海沿岸国家，如瑞典、德国、波兰、乌克兰等，此外意大利、中国、缅甸、马来西亚以及美洲的美国、加拿大、墨西哥、多米尼加等国也出产琥珀。欧洲的琥珀利用很早，大约从一万五千年前的旧石器时代就开始了②。不同地区、不同成因的琥珀，在质量和色泽上具有一些不同的特征③，但由于地质作用的复杂性，加上琥珀属于有机质，长期埋藏于地下会导致颜色变暗，表面变质，因此根据现存色泽来判断考古出土品的产地，是难以做到的。比较可靠的方法，是采用科技手段进行成分分析，但这项工作中国基本没有开展④。有关产地的分析，只能通过文献记载和考古发现所透露的一些信息来进行。

"琥珀"一名，在中国古文献中最早见于汉初陆贾《新语·道基篇》："琥珀珊瑚，翠羽珠玉，山生水藏，择地而居"⑤，将琥珀与其他珍异视为具有灵性之物。汉晋时期，琥珀多称"虎魄"，如《汉书》卷九六：罽宾出"封牛……珠玑、珊瑚、虎魄、璧流离"⑥；《后汉书·西域传》载大秦："土多金银奇宝，有夜光璧……珊瑚、虎魄、琉璃……凡外国诸珍异皆出焉"⑦；《后汉书·西南夷传》言哀牢出"铜、铁、铅、锡、金、银、光珠、虎魄……"⑧；《华阳国志》："张骞特以蒙险远，为孝武开缘边之地，宾沙越之国，致大宛之马，入南海之象，而车渠、玛瑙、珊瑚……玟瑰、虎魄、水晶……殊方奇玩，盈于市

---

① 汤惠生：《载族饰珠"GZI"考略》，《中国载学》1995年第2期。

② Louis Sherr Dubin, *the History of Beads, from 30000 B.C.to the Present*, P391~392, Thames and Hudson, 1987.

③ 参见郭守国、王以群主编：《宝玉石学》，学林出版社，2005年，第217页；王徽枢：《辽宁抚顺煤田琥珀的矿物学特征》，《国外非金属扩与宝石》，1990年第5期。

④ 早在20世纪50年代，中国考古学者就曾提出由化学分析来鉴定琥珀来源的设想，见中国科学院考古研究所：《长沙发掘报告》，科学出版社，1957年，第166页。遗憾的是，这个设想至今没有付诸实践，我们目前所见对中国出土琥珀制品进行成分鉴定的唯一例子，是国外学者对辽墓出土琥珀与波罗的海琥珀成分的比较研究，结果表明二者基本一致，说明晚至辽代，中国依然从波罗的海沿岸进口琥珀。参见*Cult W. Beckand Edith C.Stout, Amber from Liaoning Province and Liao Amber Artifacts*，收入埃玛·邦克（EmmaC. Bunker）等：《金翠流芳——梦蝶轩中国古代饰物》，香港大学美术博物馆，1999年，第167~168页。

⑤ 王利器：《新语校注》，中华书局，1986年，第23页。

⑥ （东汉）班固撰，（唐）颜师古注：《汉书》卷九六《西域传》，中华书局，1962年，第3885页。

⑦ （南朝宋）范晔撰，（唐）李贤等注：《后汉书》卷八八《西域传》，中华书局，1965年，第2919页。

⑧ （南朝宋）范晔撰，（唐）李贤等注：《后汉书》卷八六《南蛮西南夷列传》，中华书局，1965年，第2849页。

朝。"①这些文献一般将琥珀作为"殊方异物",纳入外来珍异的范畴。据《南史》记载,齐废帝东昏侯为其妃子潘氏置办"服御",其中有"虎珀钏一只,直百七十万"②,说明直到南朝时候,琥珀很可能还是价格极巨的进口奢侈品。这些情况表明,虽然我国有琥珀的矿藏,但在汉晋时期,尚未大规模开采、利用,有关这一点,考古出土琥珀制品的相关情况也可以印证(见后文)。

中国两广沿海和西南地区考古出土的琥珀制品,主要为珠饰,中有穿孔,原应作为串饰的组成部分,另有少量的其他小件器物,如佩饰、印章、耳坠等。珠饰从形制上看,主要可以分为两类:一类是圆、半圆、扁圆、椭圆形等几何形制;另一类则制成动物形象以及壶形等,最具特色,可能寓涵着丰富的文化信息③。这些琥珀珠饰,一般体型不大,根据公布出来的数据,一般长径不超过3厘米,多在1至2.5厘米之间。

我们收集两广沿海地区和西南地区琥珀制品的主要考古出土资料,共得近50批400余件标本,见附表一。除表中所列之外,据介绍,晋宁石寨山墓地亦出土有琥珀珠一串,形状多为不规则的长柱体,是以自然形态稍加研磨、抛光而成,多半透明,血红色④,但出土单位、年代等具体情况不明。

广汉三星堆1号坑出土的坠饰,是目前中国出土年代最早的琥珀制品;楚雄万家坝古墓群出土的5件珠饰,年代在春秋中晚期到战国前期之间。在全国范围内,先秦时期的琥珀制品发现还有如下几批:江苏东海庙墩春秋早中期M1出土橘色珠饰⑤、宁夏固原于家庄春秋晚期至战国早期墓葬出土珠饰⑥、浙江绍兴坡塘公社战国早期M306出土小珠⑦等。这几批资料,和广汉三星堆、楚雄万家坝两批6件先秦琥珀制品一样,由于目前发现有限,相关的一些问题,如其来源如何,当时人们是否对琥珀这种材料有明确的认识,其材料的选择、制作和使用是否包含一些特定的寓意,尚难以确认,有待于新材料的补充和认识的进一步深入。

汶城关石棺葬出土的琥珀珠饰,出土单位年代早至战国后期至汉武帝以前,由于公布资料的原因,许多细节不清楚,不过从报告描述的形制上看,与宁夏固原于家庄春秋晚期

① (晋)常璩撰,刘琳校注:《华阳国志校注》,巴蜀书社,1984年,第109页。
② (唐)李延寿撰:《南史》卷五《齐本纪》,中华书局,1975年,第154页,虽然此句前有"贵市人间金银宝物,价皆数倍"之语,但即便如此,价亦不菲。
③ 有关制成动物形象,尤其是狮子形象的珠饰,以及壶形珠(JugBead),笔者另有专文论及,见《西南地区汉晋时期琥珀制品的初步研究》,收入霍巍、赵德云:《战国秦汉时期中国西南的对外文化交流》,巴蜀书社,2007年。
④ 1959年出版的报告中,未曾提及,在张增祺先生的两部著作中均披露,墓地有琥珀制品出土,见《滇国与滇文化》,云南美术出版社,1997年,第125页;《晋宁石寨山》,云南美术出版社,1998年,第104、214页。
⑤ 南京博物院、东海县图书馆:《江苏东海庙敏遗址和墓葬》,《考古》1986年第12期。
⑥ 宁夏文物考古研究所:《宁夏固原于家庄墓地发掘简报》,《华夏考古》1991年第3期。
⑦ 浙江省文物管理委员会等:《绍兴306号战国墓发掘简报》,《文物》1984年第1期。

至战国早期墓葬和西安北郊枣园西汉中期墓[①]出土的珠子相近，而与稍晚的西南地区的琥珀珠多制成各种动物等形状不同，且其地理位置近北方，年代偏早，墓群本身出土带有大量甘青古文化色彩的器物，我们认为这批材料的来源应和后世的琥珀制品不同，与北方地区的关系应更密切。

琥珀制品的出土单位，除广汉三星堆1号坑外，余皆墓葬。这些墓葬有的规模较大，有的随葬品丰富而精美，或二者兼备，总体而言墓主人生前应不是一般平民百姓，或为地方官吏，或可能为富裕士绅。如贵州兴仁交乐M19，是贵州目前发现规模最大的砖墓之一，结构复杂，墓顶铺设白膏泥及木炭，有铜车马出土，发掘者推测墓主身份可能为郡或县中的高级官吏；合浦堂排汉墓同墓地的4座墓，发掘者推测M2墓主可能是屯戍当地的武官，其余3墓墓主生前可能为郡守一级的官员；合浦丰门岭M26有外藏椁，墓主身份应当不低；宜宾山谷祠M3墓室结构复杂，发掘者认为墓主绝非一般身份。其他如绵阳何家山2号崖墓，出土高达1.34米的铜马；昭通桂家院子汉墓、安顺宁谷徐家坟山M9、曲靖八塔台 M41等，随葬品丰富而精美等情况，均能表明上述关于墓主身份的推测。这些情况，和文献记载表明的汉晋时期琥珀主要是进口奢侈品的情况是吻合的，一般的平民百姓无法消费。

四

所谓印度-太平洋珠，是美国珠饰史家弗朗西斯（Peter Francis Jr.）创制的术语，指一类采用拉制法制成、通常直径小于5毫米，色彩常呈不透明淡红棕色，橙、黄、绿色及透明琥珀色或紫罗兰色的单彩玻璃珠，其珠体内常包含有较多的气泡和耐火材料，这个命名主要针对此类珠子的传布范围，尤其是生产地点的分布范围而言[②]。实际上早在上世纪三十年代，培克在研究马来西亚Kuala Selinsing遗址出土珠饰时，就曾注意到此类珠子，并以其丰富的见识，指出其分布十分广泛，在从东南亚经印度到非洲的古代遗址中都有发现[③]。1956年，另一位珠饰史名家丹麦学者W. G. N. VanDerSleen在研究非洲出土珠饰时，提出一个"季风珠"（Trade-WindBead）的概念，用以指在印度生产，经过海上贸易传布到非洲的珠子，其中第六类应即本文所谓印度-太平洋珠子[④]，后来他又曾进一步对"季风珠"的制造技

---

① 韩保全、程林泉：《西安北郊枣园汉墓发掘简报》，《考古与文物》1991年第4期。

② 他最初称为"印度-太平洋众彩拉制玻璃珠"（Indc-Pacific Monochrome Drawn Glass Beads），简称IPMDGB，后因太过冗长而予以简化，参见PeterFrancisJr. *Asia's Maritime Bead Trade: 300 B. C. tothePresent*, P19~21, University of HawaiiPress, Honolulu, 2002.

③ H. C. Beck, *Noteson Sundry Asiatic Beads*, Man, Vol. 30, 1930.

④ W. G. N. VanDerSleen, Trade-WindBeads, Man, Vol, 56, Feb., 1956.

术、分布和分类等问题进行阐述。①但这个概念共包括六类珠饰，其中甚至有半宝石珠子，太过宽泛。弗朗西斯的定名，较好地概括了其传布范围，且自身内在特点亦比较明确，渐为学界所接受。有关印度-太平洋珠的制造方法和传布地点，尤其是生产中心的分布，弗朗西斯有详细的研究②，笔者在其著作的书评中亦曾略有介绍③，此处不赘。印度-太平洋珠的成分特征，总体而言在于其多含钾，根据弗朗西斯收集的印度-太平洋珠各个生产地点的玻璃成分分析材料，除了越南南部奥克-伊奥（Oc-Eo）遗址出土玻璃在成分分析过程中碱基成分未能分离，钾含量不明外，其余均含有高低不等的钾，其他成分尚有钠、钙、铝、铜、锰等④。

20世纪80年代以来，中国南方地区，尤其是两广沿海地区出土了数量较多的玻璃器，主要是珠饰，也有少量器皿⑤。很多标本的成分测试表明，它们无论是与我国传统的铅钡玻璃，还是与西方系统的钠钙玻璃，都有相当大的区别，含有高低不等的钾。这类钾玻璃的来源，自发现之初就存在很大的争议。有人认为，这些玻璃是从海外输入的"西方产品"⑥，有人则提出相反的意见，认为是我国自制的玻璃⑦，有人认为"目前还不能排除其中有一部分系中国制造或是在外来技术影响下自制的可能性"⑧，也有学者持审慎态度，认为其究竟是自制还是外来的，还有待进一步的研究⑨。但即使是持否定意见的学者，如黄启善先生，也不完全排除外来影响的因素⑩。直到最近出版的《中国古代玻璃技术的发展》一书中，尽管从整体表述来看，倾向于认为钾硅酸盐玻璃是在中国南方开发和制造的，但同时也不否认引进技术后在当地生产的可能性⑪。

---

① W. G. N. VanDerSleen, *Ancient Glass Beads With Special Referencetothe Beads of E-astand Central Africa and the Indian Ocean*, the Journal of the Royal Anthropological Institute of Great Britain and Ireland, Vol. 88, No. 2, Jul.-Dec, 1958.

② Peter Francis Jr., *Asia's Maritime Bead Trade: 300 B. C. to the present*, P27~50, University of Hawaii Press, Honolulu, 2002.

③ 参见拙文《"蕞尔小物"构建宏大历史——彼得·弗朗西斯著〈亚洲海上珠子贸易〉读记》，《九州岛学林》第5卷第2期（2007年）。

④ Peter Francis Jr. *Asia's Maritime Bead Trade: 300 B.C.to the present, Appendix B, Analyses of Indo-Pacific Bead*, P210~220, University of Hawaii press, Honolulu, 2002.

⑤ 可参见黄启善《广西古代玻璃制品的发现及其研究》，《考古》1988年第3期；黄启善执笔《中国南方和西南的玻璃技术》，收入干福熹主编《中国古代玻璃技术的发展》，上海科学技术出版社，2005年，第192~199页。

⑥ 范世民、周宝中：《馆藏部分玻璃制品的研究——兼谈玻璃史的若干问题》，《中国历史博物馆馆刊》1983年第5期。

⑦ 干福熹等：《我国古代玻璃的起源问题》，《硅酸盐学报》第6卷第1、2期（1978年）；黄启善：《广西古代玻璃制品的发现及其研究》，《考古》1988年第3期。

⑧ 史美光等：《一批中国汉墓出土钾玻璃的研究》，《硅酸盐学报》第14卷第3期（1986年）。

⑨ 张福康、程朱海、张志刚：《中国古琉璃的研究》，《硅酸盐学报》第11卷第2期（1983年）。

⑩ 黄启善：《广西古代玻璃制品的发现及其研究》，《考古》1988年第3期。

⑪ 干福熹：《中国早期钾硅酸盐玻璃的制作》，收入干福熹主编：《中国古代玻璃技术的发展》，上海科学技术出版社，2005年，第228~230页。

造成中国学者倾向于认为钾玻璃系中国南方自制的原因，很重要的一点，是对国外相关发现和研究不够熟悉。如认为国外的钾玻璃发现远不如中国南方地区多[1]，有的甚至根本没有注意到印度和东南亚的相关发现，仅与西方钠钙玻璃进行对比就得出钾玻璃系我国自制的意见[2]。我们倾向于认为，中国南方地区出土的钾玻璃，与东南亚和印度一带的钾玻璃关系密切，相当数量的发现，应属于输入品的范畴；同时黄启善先生注意到，此类玻璃实际在大量的中小型墓葬中也有发现，并认为只有当地自制，平民百姓才有可能消费[3]，这个意见是值得重视的。另外，一些钾玻璃的器形，为典型的中国传统形制，如广州汉墓M2029出土的带钩[4]，所以也不排除有部分产品系引进技术后在中国生产的可能性。这个问题相当复杂，限于篇幅和主题，我们不能在这里详细论证，容当另文探讨。

其中数量最多的珠饰，则无论从化学成分还是形制，以及形制所反映的制造技术[5]，应当纳入弗朗西斯所定义的印度–太平洋珠的范畴。我们收集两广地区和西南地区的主要发现，制成附表二。需要说明的是，一方面由于过去对珠饰材料不够重视，报告公布资料相当简略，有些材料难以应用于研究；另一方面对珠饰的成分分析工作，过去偏重于若干地区的发现，如两广、两湖、新疆等地区，西南地区出土玻璃制品的分析测试工作不多，致使从表中所列来看，西南地区的发现略显薄弱。我们相信，随着相关工作的改进和开展，还会有进一步的增加。此外，相当数量的考古发现未发表考古报告，如广东徐闻华建糖厂M12、广西合浦廉州爆竹厂M1、合浦文昌塔M1、广西大元岗M6以及广西贵港、西林等地汉代墓葬出土品，数量、形制、年代等具体情况难以获知，但曾进行过成分测试，结果表明，它们的钾含量均在10%以上[6]，这些发现虽未列入表中，但显然应是印度–太平洋珠。

值得注意的是，湖南和新疆等地战国时期的墓葬当中，就出土有高钾玻璃珠，如江陵九店M533出土蓝色玻璃珠，钾含量高达10.92%；长沙楚墓蓝色玻璃珠的钾含量更高达15.2%；新疆温宿县包孜东战国至秦M41出土的两件玻璃珠，钾含量分别达到14.18%、

---

[1] 干福熹：《中国早期钾硅酸盐玻璃的制作》，收入干福熹主编：《中国古代玻璃技术的发展》，上海科学技术出版社，2005年，第228~230页。

[2] 王俊新等：《广西合浦堂排西汉古玻璃的铅同位素示踪研究》，《核技术》第17卷第8期（1994年）。

[3] 黄启善：《中国南方和西南的古代玻璃技术》，收入干福熹主编：《中国古代玻璃技术的发展》，上海科学技术出版社，2005年。

[4] 广州市文物管理委员会、广州市博物馆：《广州汉墓》，文物出版社，1981年。测试结果见冯永驱：《广州发现的汉代玻璃器》，收入广州市文物考古研究所编：《广州考古五十年文选》，广州出版社，2003年。

[5] 中国汉代玻璃珠的制造方法，应是采用"缠丝法"，参见关善明：《中国古代玻璃》，香港中文大学文物馆，2001年，第53~54页，与印度–太平洋珠的制法完全不同，可以根据珠体截面、直径等观察出来。

[6] 见李青会《中国古代玻璃物品化学成分汇编》，收入干福熹主编：《中国古代玻璃技术的发展》，上海科学技术出版社，2005年。

15. 60%^①。此类发现，数量很少，从出土地点的分布分析，其传入的途径可能是北方陆路，与西汉中期以后不同；洛阳北魏永宁寺西门遗址出土的数量达到15万余枚的玻璃珠^②，根据安家瑶先生研究，确认是彼得·弗朗西斯所称的印度–太平洋珠，并认为这些珠子系通过佛教的传播进入中国^③。这些材料或早或晚，不在本文讨论的时代范围内，但表明印度–太平洋珠在中国流传的时间很长，其传入中国的途径、动因等问题，各个时期不尽相同，还需要今后加以更多的关注和研究。

五

三类珠饰的域外渊源，前已述及。它们进入中国的路线，则不能一概而论。

蚀花肉红石髓珠在两个地区的发现，能够确认的数量不多。石寨山和李家山M24的发现，年代较早，都在西汉中期以前。有的学者认为，它们是从"古代云南–印度那条不被更多人所知的商道"由印度传入的^④，童恩正先生同意这种意见^⑤。近来又有学者提出，其传入和晋宁石寨山11、12号墓出土的凸瓣纹铜盒一样，很有可能是通过滇缅印道或交趾陆道"舶来"的^⑥。所谓"古代云南–印度那条不被更多人所知的商道"，即指滇缅印道或"西南丝绸之路"的一部分，尽管从二十世纪八十年代以来，这条道路的研究曾掀起不小的热潮，但一直存在不同甚至完全否定的意见^⑦，根本的原因在于能够确切证明这条道路存在的文献和考古材料都太过单薄。因此，虽然历史上这些地区之间存在民间间接交往的可能性是存在的，但在有确切的证据之前，将它们一律作为从印度直接传入品的意见，还缺乏足够的说服力。中国发现的出土单位年代在西汉中期以前的蚀花肉红石髓珠，集中于北方地区，如帕米尔高原M10^⑧、吉木萨尔县大龙口墓地^⑨、轮台群巴克M8^⑩、宝鸡益门村M2^⑪、浙

① 以上数据参见李青会《中国古代玻璃物品的化学成分汇编》，收入干福熹主编：《中国古代玻璃技术的发展》，上海科学技术出版社，2005年。

② 中国社会科学院考古研究所：《北魏洛阳永宁寺1979–1994考古发掘》，大百科全书出版社，1996年。

③ 安家瑶：《玻璃考古三则》，《文物》2000年第1期。

④ 张增祺：《战国至西汉时期滇池区域发现的西亚文物》，《思想战线》1982年第2期，又见《古代西南丝绸之路研究》（第一辑），四川大学出版社，1990年。

⑤ 童恩正：《古代中国与印度交通的考古学研究》，《考古》1999年第4期。

⑥ 周永卫：《南越王墓银盒舶来路线考》，《考古与文物》2004年第1期。

⑦ 顾学稼：《南方丝绸之路质疑》，《史学月刊》1993年第3期；吴焯：《西南丝绸之路研究认识的误区》，《历史研究》1999年第1期。

⑧ 新疆文物考古研究所《帕米尔高原古墓》，《考古学报》1981年第2期。

⑨ 新疆文物考古研究所：《新疆吉木萨尔县大龙口古墓葬》，《考古》1997年第9期。

⑩ 中国社会科学院考古研究所新疆工作队、新疆巴音郭楞蒙古自治州文管所：《新疆轮台县群巴克墓葬第二、三次发掘简报》，《考古》1991年第8期。

⑪ 宝鸡市考古工作队：《宝鸡市益门村二号春秋墓发掘简报》，《文物》1993年第10期。

川下寺M2[①]等墓葬出土品，因而这两批发现的来源，应从北方地区去追寻，这和滇文化区域发现大量具有北方草原及中亚、西亚文化因素的遗物的情况[②]，是完全吻合的。

广州西汉后期M3017、M3029的发现，发掘者推断其为从印度南部的黄支国输入，吕红亮先生表示肯定[③]，由于这一时期海路已经开通，这个意见应当予以足够的重视。另外，有国外学者根据东南亚出土蚀花肉红石髓珠的成分测试，与印度原料进行对比，发现成分有所不同，从而对过去东南亚出土玛瑙和肉红石髓珠，包括蚀花的标本，都是从印度进口的论断提出疑问，认为其来源有多种渠道，包括一部分本地生产的[④]；法国学者Bérénice Beilina认为东南亚上层社会将进口珠饰作为身份和地位的象征，并且很可能引进印度工匠来本地进行加工和生产[⑤]。这些新近的研究成果表明，东南亚也很有可能在当地制造蚀花肉红石髓珠，所以也不能排除这些标本就近由东南亚输入的可能性，其来源不必直接指求于印度。两广沿海其他的一些发现，如果能够确认其为蚀花肉红石髓珠，当属同样的情况；江川李家山、曲靖八塔台西汉晚期以后的发现，情况就要复杂一些。由于公布数据的原因，无从对比，但应当存在从两广沿海输入以后辗转传入的可能性。

西南地区出土的琥珀珠，如前所述，茂汶城关石棺葬出土品应与北方地区关系更为密切。此外，四川江油、绵阳、达县等地及陕西汉中地区东汉墓葬出土的琥珀制品，由于出土地地近西南地区北向交通线，也不排除它们可能是从北方进入的。

晋宁石寨山墓地出土的琥珀制品，半透明，血红色，与缅甸出产的所谓"血珀"很接近，有意见认为其原料很可能来自缅甸的琥珀山[⑥]，余英时先生亦认为，有可能汉代的琥珀最初是从缅甸北部输入云南，然后从那里散布到中国其他地区。但在同书另外的章节中，他又讨论了汉代琥珀由海路传入的可能性，同时指出，在不同的地方发现的琥珀制品的质量也是不同的，因此，从缅甸还是波罗的海传入的可能性决不是相互排斥的[⑦]。从现有的考古数据来看，能够确认属于"血珀"的标本仅此一例，表明由缅甸进口的琥珀，所占的份额并不

① 河南省文物研究所等：《淅川下寺春秋楚墓》，文物出版社，1991年。

② 有关此方面的研究很多，可参见张增祺《战国至西汉时期滇池区域发现的西亚文物》，《思想战线》1982年第2期；《关于晋宁石寨山青铜器上一组人物形象的族属问题》，《考古与文物》1984年第4期；《云南青铜时代动物纹牌饰及北方草原文化遗物》，《考古》1987年第9期。

③ 吕红亮：《中国境内出土的蚀花石珠述论》，收入霍巍、王挺之主编：《长江上游早期文明的探索》，巴蜀书社，2002年。

④ Robert Theunissen, Peter Grave, Grahame Bailey, *Doubtson Diffusion: Challengingthe Assumed Indian Originof Iron Age Agateand Carnelian Beadsin Southeast Asia*, World Archaeology, Vol. 32, No. 1, Jun., 2000.

⑤ Berenice Beilina, *Beads, Social Changeand Interactionbetween Indiaand Southeast Asia*, Antiquity, June, 2003.

⑥ 张增祺：《滇国与滇文化》，云南美术出版社，1997年，第125页；张增祺：《晋宁石寨山》，云南美术出版社，1998年，第214页。

⑦ 余英时：《汉代贸易与扩张》，上海古籍出版社，2005年，第100~101页、第148~149页。

大。当然，今后随着更详尽的资料公布、相关成分测试的开展，或许会有新的认识。

除上述情况外，两广沿海地区和西南地区出土琥珀制品的年代最早的是在西汉后期到东汉早期，集中于两广沿海地区，如广州汉墓M3028、合浦堂排汉墓M2、合浦丰门岭M23、合浦丰门岭M26、合浦望牛岭木椁墓等均在西汉后期，广州汉墓M4018、广州东郊沙河砖室墓、合浦丰门岭M10、广西合浦九只岭M5等在东汉早期。云南、贵州的一些发现或可早至西汉后期，但大部分的发现和四川的发现一样，集中在东汉以后。

西南地区印度–太平洋珠目前可以确认的数量较少，但在时代和地域上都基本和蚀花肉红石髓珠、琥珀制品的发现重合，表明它们可能有相同的来源。

总体而言，西南地区出土的三类珠饰，出土单位的时代大体在西汉后期到东汉，分布的区域主要集中于云南东部、贵州西部及四川南部等区域，尤其是贵州的出土品基本都集中在北盘江流域（图一）。这种时代与分布之间的有机联系，很可能透露了这些珠饰系由两广沿海地区输入以后再向西南地区传布的历史信息。

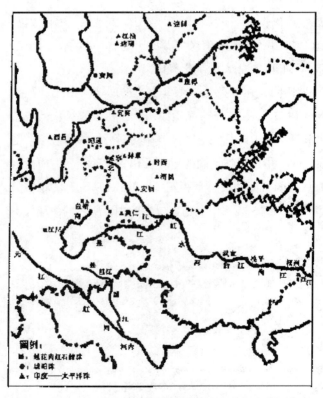

图一　西汉中期以来三类珠饰在西南地区发现分布示意图

北盘江发源于今贵州威宁草海西，流经贵州西南部，在贵州、广西交界处与南盘江汇合后称红水河，在广西武宣北部汇合柳江后称黔江，在桂平汇合郁江后称浔江，在梧州汇合桂江后称西江（参见图一），正流过广州城南番禺江，经番禺入海。这条首尾二千余里，流经云南、贵州、广西、广东四省的漫长河道，很可能即《汉书·西南夷传》记载的牂柯江[①]：

建元六年（前135），大行王恢击东粤，东粤杀王郢以报。恢因兵威，使番阳令唐蒙风晓南粤。南粤食蒙蜀枸酱，蒙问所从来曰："道西北牂柯江，江广数里，出番禺城下。"蒙归至长

① 王燕玉：《贵州史专题考》，贵州人民出版社，1980年，第42页。

安，问蜀贾人，独蜀出枸酱，多持窃出市夜郎。夜郎者，临牂柯江，江广百余步，足可行船。南粤以财物役属夜郎，西至桐师，然亦不能臣使也。蒙乃上书说上曰："南粤王黄屋左，地东西万余里，名为外臣，实为一州主也。今以长沙、豫往，水道多绝，难行。窃闻夜郎所有精兵可得十万，浮船牂柯，出不意，此制粤一奇也。诚以汉之强，巴、蜀之饶，通夜郎道，为置吏，甚易。"上许之。乃拜蒙以郎中将，将千人，食重万余人，从巴符关入，遂见夜郎侯多同。厚赐，谕以威德，约为置吏，使其子为令。夜郎旁小邑，皆贪汉缯帛，以为汉道险，终不能有也，乃且听蒙约。还报，乃以为犍为郡。发巴、蜀卒治道，自僰道指牂柯江。[①]

尽管牂柯江为后代的什么水道，历代均有考证，意见有所不一[②]，但毫无疑问，能够贯通夜郎与番禺之间的水道，上述的走向是最为可能的。近来贵州境内北盘江流域发现的秦汉遗存，与两广同时期文化遗存有着明显联系[③]，也表明这一点。今后随着考古材料的进一步丰富，当有更深入的认识。

六

牂柯江水道，从文献记载来看，至少自西汉中期以后，就成为连接西南地区和两广沿海地区的通道，其实际的利用，还应更早。汉代文献有关这条道路的记载不多，但还是有一些蛛丝马迹可寻。东汉初年公孙述时，"（牂柯郡）大姓龙、傅、尹、董氏，与功曹谢暹保境为汉，乃遣使从番禺江（牂柯江）奉贡"[④]。《三国志·蜀书·刘巴传》："刘巴，字子初，零陵蒸阳人也……先主奔江南，荆、楚群士从之如云，而巴北诣曹公。曹公辟为掾，使招纳长沙、零陵、桂阳。会先主略有三郡，巴不得反使，遂远适交趾。先主深以为恨。巴复从交趾至蜀……"，裴松之注引《零陵先贤志》："巴入交趾，更姓为张。与交趾太守士燮计议不合，乃由牂柯道，去为益州郡所拘留。"[⑤]吴焯先生认为，汉末的益州郡治所在今云南晋宁县东北，刘巴由交趾入蜀，或溯红河，或溯明江和盘龙江而上，西北入益州郡界，经滇池北上蜀郡[⑥]。诚然，溯红河或溯明江（即泸江）和盘龙江而上的道路应更为直接，但显然和"牂柯道"不符，刘巴应是出于某种原因，不惜绕道牂柯江而行。义净《大唐西域求法高僧传·慧轮传》："那烂陀寺东四十驿许，寻暗伽河而下，至蜜栗伽悉

① （东汉）班固撰，（唐）颜师古注：《汉书》卷九五《西南夷传》，中华书局，1962年，第3839页。
② 张荣芳《西汉蜀枸发入番禺路线初探》，收入氏著《秦汉史与岭南文化论稿》，中华书局，2005年，此处不具引。
③ 李发耀：《贵州北盘江畔汉代青铜器初探》，《贵州文史丛刊》2000年第1期；王宁：《乌江及北盘江考古发掘显示两江水系新石器时代已形成文化通道》，《贵州日报》2006年。
④ （南朝宋）范晔撰，（唐）李贤等注：《后汉书》卷八六《南蛮西南夷列传》，中华书局，1965年，第2845页。
⑤ （晋）陈寿撰，（宋）裴松之注：《三国志》，中华书局，1959年，第980~981页。
⑥ 吴焯：《西南丝绸之路研究的认识误区》，《历史研究》1999年第1期。

他钵娜寺。去此寺不远，有一故寺，但有砖基，厥号支那寺。古老相传云是昔室利笈多大王为支那僧所造。于时有唐僧二十许人，从蜀川牂牁道而出，向莫诃菩提礼拜……"[1]据吴焯先生考证，室利笈多公元三世纪晚期在位，则此二十余僧赴印时间亦当在三世纪末，"蜀川牂牁道"应即指唐蒙所开之牂牁江水道，唐僧应自宜宾循此道至广州，复由广州循海路进入南亚次大陆。

上述文献表明，牂牁江水道在两汉时期长期存在，持续发挥着沟通西南和两广沿海地区的作用。但需要指出的是，由于这条水道某些区域水流湍急，或河道狭窄，尤其是红水河段流经岩溶地区，通航并不是十分顺畅，个别地段或需弃船陆行，并不利于大规模的交通。因而汉武帝平定南越和西南夷以后，全国政令一统，中原与两广的官方交通即转而主要通过两湖地区，其重要性有所削弱，这大概是其史籍少见记载的原因。汉末中原割据，取道两湖的交通有所不便，其重要性才又凸显。所以，就官方交通的层面而言，这条通道在西汉中期以后的利用并不可过分高估。但这并不意味着，这条道路在统一时期就完全废置不用，民间的交往和贸易，应当还是存在的，尤其是贸易，水路当更为便捷，更能为商人接受。两广沿海舶来之珠饰向西南地区的传布，就考古材料的分布来分析，应当是循此水路展开的民间贸易所带来的结果。

前引《汉书·西南夷传》记载唐蒙在番禺所食之"蜀枸酱"，乃蜀之商人"持窃出市夜郎"，并未明言蜀商直接贩运至番禺。这提示我们，这种民间的走私贸易存在分程转运的可能性，夜郎可能在西南地区和两广沿海地区的交通贸易中起着重要的中介作用。造成这种状况的原因，大概在于"南粤以财物役属夜郎"，两地之间存在历史的交往的缘故。那么，贵州西部、云南东部发现的三类珠饰，数量比较多，而巴蜀之地的发现较少，就是很自然的现象了。

巴蜀之地发现的三类珠饰，其分布也是值得注意的现象。唐蒙入夜郎，乃"从巴符关入"，巴符关在今重庆市合江南，而"自僰道指牂牁江"之"僰道"，为秦蜀郡守李冰父子沿岷江修筑的由成都平原到达僰道县（今宜宾）的道路，秦时常頞略通自僰道至朱提（今云南昭通）的"五尺道"，唐蒙稍后，汉武帝又别遣司马相如，积极开通自成都，经雅安、西昌到达云南大理的"西夷道"（灵关道），从而在西汉中期，今四川、云南、贵州三地的交通通道，基本已经开辟出来（图二）。当然，这些道路的开辟，都是建立在前期民间通道的基础上的，只是规模有所扩大、从政府层面上有所保证而已。宝兴、丰都、宜宾以及昭通（时属犍为郡）等地，都位于这些交通线上或距之不远，珠饰的发现与这些交通路线的建设，其间当存在有机的联系。

---

[1] 义净著，王邦维校注：《大唐西域求法高僧传校注》，中华书局，1988年，第103页。

在西南地区及两广沿海地区广袤的空间范围内，河流纵横，路网密布。其间又可分为若干文化区，由于地缘、历史等的原因，各文化区与域外的交通以及它们之间的交通，各有其具体情况，这里不能尽述。就本文所论珠饰的传入而言，值得注意的尚有通过云南西南部前往印度、缅甸的道路（参见图二）[1]，以及从河内沿红河（云南境内称元江）或泸江（明江，云南境内称盘龙江，参见图一）上溯至云南境内的道路，但目前沿途相关考古发现暂付阙如，应在今后给予更多的关注。

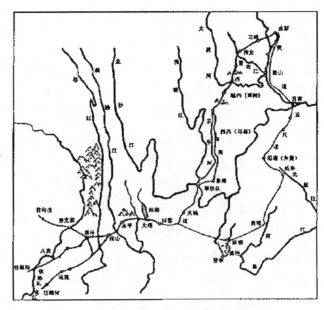

图二　西南地区交通路线示意图

七

三类珠饰，在一些出土单位中有共存关系，参见附表三[2]；其出土的单位，如前所述，都是地方官吏或富绅墓葬，这些情况，或许暗示着它们的商品属性。

《汉书·地理志》："自日南障塞、徐闻、合浦船行可五月，有都元国……有译长，属黄门，与应募者俱入海，市明珠、璧流离、奇石异物，赍黄金杂缯而往……"[3]这段记载所牵涉地名的考证，历来争议颇多，然而它反映的汉武帝以后海路贸易的存在，则是毫无疑义的。更值得注意的是，这段文献明确地说明了这种贸易主要是用黄金、丝绸等物去交换"明珠、璧流离、奇石异物"，这些物品和本文讨论对象有惊人的一致。两广沿海地区西汉后期

① （晋）陈寿撰，（宋）裴松之注：《三国志》裴松之注引鱼豢《魏略·西戎传》："大秦既从海北陆通，又循海而南，与交趾七郡外夷比，又有水道通益州、永昌，故永昌出异物"，中华书局，1959年，第861页，这条文献表明西方珍异有可能循此路进入中国。

② 除表中所列外，由于一些考古报告未明确给出标本的具体出土单位，虽然同墓地三类珠饰都有出土，但无从得知是否存在共存关系。

③ （东汉）班固撰，（唐）颜师古注：《汉书》卷二八下《地理志》，中华书局，1962年，第1671页。

及以后墓葬出土各类珠饰数量大增①，甚至成为考古学上断代依据之一②，不是偶然的现象。

广州秦汉时期称番禺，《史记·货殖列传》："番禺亦其一都会也，珠玑、犀、玳、瑁、果、布之凑"③，《汉书·地理志》较为具体："处近海，多犀、象、蠵瑁、珠玑、银、铜、果、布之凑，中国往商贾者，多取富焉。番禺一都会也。"④《史记》《汉书》之记载，确切地表明，番禺在两汉时期是中国南部地区一大商业中心。合浦于汉武帝元鼎六年（前111）设郡，元封五年（前106），置交趾刺史部，合浦隶属之。《汉书·地理志》："合浦郡，户万五千三百九十八，口七万八千九百八十。县五：徐闻、高凉、合浦、临允、朱庐。"⑤从合浦、徐闻⑥及更南面的日南为港口，汉武帝时期开辟了著名的"海上丝绸之路"，近来的考古发现和相关研究都证实了此地商业贸易的繁盛⑦。一直到东汉时期，商业贸易在此地都占有重要地位，《后汉书·孟尝传》："郡不产谷实，而海出珠宝，与交趾比境，常通商贩，贸籴粮食"⑧，可表明这一点。上引《汉书·地理志》"中国往商贾者，多取富焉"一语很值得注意，这表明，两广沿海特产和舶来之物，除一部分供应当地高官显贵和富裕人家，一部分可能作为贡品奉献皇家，另有相当数量会进入流通领域，通过商业贸易营销各地。对于这一时期逐利的商人而言，两广沿海的番禺、合浦无疑是具有吸引力的。

西汉早中期，巴蜀地区是西南地区的一个手工业、商业聚集区。手工业方面尤以漆器和铁器的制造、丝绸的生产为主，产品行销于各地⑨，另外见于文献记载的商品种类还有蜀布、邛竹杖、筰马、髦牛、枸酱等土特产品，甚至包括僰僮⑩。巴蜀之民"民工于市"⑪，是当时全国商业贸易的活跃角色，遍布国内通都大邑，把蜀地的商品远销至西亚、东南

---

① 相关情况可参见彭书祺《合浦汉墓出土的佩饰品》，收入吴传钧主编：《海上丝绸之路研究——中国·北海合浦海上丝绸之路始发港理论研讨会论文集》，科学出版社，2006年。

② 如广西壮族自治区文物工作队、合浦县博物馆《合浦丰门岭汉墓——2003-2005发掘报告》，将琉璃、玛瑙、琥珀、水晶等各种各样的串饰的出现作为西汉中期和后期的分野，科学出版社，2006年，第119页。

③ （汉）司马迁撰：《史记》卷一二九《货殖列传》，中华书局，1959年，第3268页。

④ （东汉）班固撰，（唐）颜师古注：《汉书》卷二八下《地理志》，中华书局，1962年，第1670页。

⑤ （东汉）班固撰，（唐）颜师古注：《汉书》卷二八下《地理志》，中华书局，1962年，第1630页。

⑥ 徐闻汉墓亦出大量各种质地的珠饰，包括琥珀、琉璃、青金石等，惜报告简略，见广东省博物馆：《广东徐闻东汉墓——兼论汉代徐闻的地理位置和海上交通》，《考古》1977年第4期。

⑦ 参见傅举有：《从考古资料看合浦海上丝绸之路的兴起和发展》，廖国一：《汉代合浦郡的对外贸易及其重要意义》等文，均收入吴传钧主编：《海上丝绸之路研究——中国·北海合浦海上丝绸之路始发港理论研讨会论文集》，科学出版社，2006年。

⑧ （南朝宋）范晔撰，（唐）李贤等注：《后汉书》，中华书局，1965年，第2473页。

⑨ 有关这一点，童恩正、周永卫先生都有论述，此处不赘，参见童恩正《略谈秦汉时代成都地区的对外贸易》、周永卫：《西汉前期的蜀商在中外文化交流史上的贡献》，《史学月刊》2004年第9期。

⑩ 有关这些商品种类，余英时先生有详细论述，参见《汉代贸易与扩张》，上海古籍出版社，2005年，第96~101页。

⑪ （汉）司马迁撰：《史记》卷一二九《货殖列传》，中华书局，1959年，第3277页。

亚、东北亚等地①。牂牁江水道的开通，就与蜀商有着密切的关系。

有意见认为，西汉中期以后，中央王朝实行盐铁专卖、均输平准、更造钱币，对商人征收资产税等国家统制经济政策，沉重打击了全国及蜀中商人的势力；另一方面灭南越，平定西南夷，致使巴蜀殷富的基础坍塌，蜀商的走私活动赖以生存的环境和土壤失去，在中国历史上纵横捭阖数百年的蜀商集团从此黯然失色②，就历史大势而言，这个意见并不为过。但蜀中之商业，是否就从此一蹶不振，完全消亡了呢？我们认为，纵使特定的历史环境发生了改变，造成了很大的影响，但蜀中无论是自然条件，还是手工业、商业的传统，依然使蜀商具备良好的商贸条件，直至魏晋时人的笔下，成都依然是"市廛所会，万商之渊"③，表明蜀地商业在两汉时期可能一直比较重要。两广沿海地区进口的域外珍奇异物，对于商人而言，肯定会因巨大的利润空间而存在较大的吸引力。由于缺乏相关的直接证据，尤其是巴蜀地区考古发现的三类珠饰数量不多，蜀商是否在珠饰的转运中发挥过作用，作用有多大，尚无法断言之。

就目前的材料和认识而言，我们还无法明确珠饰的贸易者来自何地，但依情理推度，这种贸易应为民间贸易，参与者应为西南地区和两广沿海地区土著商人，其间众多民族都有可能不同程度地参与其中。从前述几类珠饰出土墓葬墓主生前社会地位的分析来看，甚至地方官吏也有可能在两地之间的民间贸易中发挥某种作用。合理的推测是，这种贸易并非直接贸易，而是存在沿途多次转手，程程转运，由前文出土地的分析可知，黔西地区应为一个重要的商品集散地。

商人往来于两地，无论去时还是返程，所选择之商品必为地方特产。两广沿海当时之"特产"，包括本地所产和海路舶来的，最著名的应为"珠玑"和香料。岭南地区盛产香料，通过海路也进口一部分④，香料和熏炉出现、流行的时代及区域，和本文探讨对象的情况颇有吻合，当不是偶然的现象。"珠玑"之物，一为天然之珍珠，合浦出产珍珠，两汉历史上很有名，自不待言；二为人工加工之珠饰，汉武帝开通海路之后，贸易的主要商品除"明珠"之外，尚有"璧流离、奇石异物"，其中相当部分想必已经加工成各种装饰用品，当然最为大宗的应为珠饰。

在古代贸易中，珠饰是理想的贸易商品。夏鼐先生指出："由于体积小、质地坚固不

---

① 周永卫：《西汉前期的蜀商在中外文化交流史上的贡献》，《史学月刊》2004年第9期。
② 秦立凯：《西汉蜀商经商能力初探》，《邢台学院学报》第20卷第3期（2005年）。
③ 左思：《蜀都赋》，见萧统编、李善注：《文选》，中华书局，1977年，第79页。
④ 周永卫先生有详细论述，此处不赘，见其文《两汉南方香料问题述论》，收入《周秦汉唐文化研究》（第三辑），三秦出版社，2004年。

易损坏。珠子很容易通过商业途径传到远处。"[1]；美国珠饰史家彼得·弗朗西斯也提到"商人逐利，经营品种繁多，而珠子相对体积小，易于营运。无论是玻璃、石头或其他有机材料，珠子对于主顾来说，都是奢侈品，商人喜欢其高额的利润和较低廉的成本。"[2]两广沿海的各类珠子，无论对于商人还是有能力消费它们的地方官吏和士绅，就是这样一种受欢迎的奢侈品。

至此，本文通过对三类珠饰的研究，将两汉时期两广沿海地区与西南地区交通的动因归结为地区间商品互通有无的需求，这应当与汉武帝以后四海一统的新格局有密切的关系。区域间的交通和文化交流，主要通过商业贸易的形式来进行，从而与前一时期主要通过民族迁徙、族群移动的方式相区别，应当是进入统一帝国之后的新形式。

（底图取自江玉祥绘制：《中国古代西南丝绸之路简图》），《古代西南丝绸之路研究》，四川大学出版社，1995年）

附表一 两广沿海和西南地区两汉及以前琥珀制品主要发现一览表

出土地及出土单位		出土单位年代	数量	原报告定名、描述及其他情况	出处
广西	合浦堂排汉墓M2	西汉晚期	3	珠3件，皆深褐色，1件半球形，2件腰 鼓形	[1]
	合浦丰门岭M10	东汉早期	3	珠3件，2大1小，长算珠形或扁圆形	[2]
	合浦丰门岭M23	西汉后期	3	赫石色琥珀狮子1，横穿孔；腰鼓形琥珀2	[3]
	合浦丰门岭M23	西汉后期	7	有胜形、动物形、猪头形、半圆、圆、扁圆 形等制，作为串饰组成部分	
	合浦丰门岭M23	东汉后期	1	琥珀羊穿饰，赫石色，羊作趴地状，横穿孔	
	合浦母猪岭M6	东汉	28	不明	[4]
	合浦九只岭M5	东汉前期	4	1件饰瓜接纹；1件为纽扣形；1件为长 橄榄形；1件圆形，穿孔，应作印章，印文已模糊	[5]
	合浦九只岭M5	东汉后期	3	不规则形琥珀饰1件，圆形2件	
	合浦望牛岭木椁墓	西汉晚期	6	珮饰片5，其中圆钮形2、扇形1、篮形1、娃形1；印章1	[6]
	昭平东汉墓	东汉	5	长圆形，中间穿孔，黑色	[7]
	贵县汉墓	汉	199	西汉57颗，均为淡红色，椭圆形，有小 圆孔穿过两端；东汉142颗，珠子141 颗，有红色、褐色两种，形状有长圆形、球状形、橄榄形等，两端中央有圆孔。另有小狮1件，有乳白和黑白斑纹，作伏状	[8]

---

① 夏鼐：《古代埃及珠子的考古价值》，氏著《夏鼐文集》（下），社会科学文献出版社，2000年。

② Peter Francis Jr., *Asia's Maritime Bead Trade: 300 B. C. tothe Present*, P193, University of Hawaii Press, Honolulu, 2002.

续表

出土地及出土单位		出土单位年代	数量	原报告定名、描述及其他情况	出处
广东	广州汉墓M3028	西汉晚期	2	赭石色，一作狮形；一作圆包形，均有横穿孔	[9]
	广州汉墓M3028	东汉前期	7	多为象生形状，如鱼、蛙、狮等	
	广州汉墓M3028	西汉晚期	1	浅棕色琥珀珠	
	南海平洲马祠堂山M4	西汉晚期	1	不详	[10]
	广州东郊沙河东汉砖室墓	东汉建初年间	15	11粒扁圆或扁平椭圆形，形状不规整，大小不一；3粒为长圆形，甚小；1件扁平圆饼形	[11]
	徐闻东汉墓	东汉	不详	不详	[12]
	番禺员岗村M2	东汉后期	11	1套9粒出土时粒粒相连构成手镯样，9粒琥珀形制大小接近，深褐色，大致呈扁平圆角长方形。其余2粒应各为1套，均仅1粒	[13]
	番禺屏山二村SM1	东汉中期	共5件	黑褐色，截面呈半圆形，穿孔	[14]
	番禺屏山二村ZHM1	东汉中后期		内褐色，外土黄色，截面呈椭圆形	
	顺德猪仔岗M1	东汉	3	珠饰2颗，中穿孔。1件红色，圆形；1件褐色，椭圆形；兽形饰1件，雕刻成狮、虎之类的兽形，有穿孔	[15]
云南	楚雄万家坝古墓群	春秋中晚期到战国前期	5	出土单位不明。紫红色，4颗长方体；1颗圆柱体	[16]
	曲靖八塔台显M41	西汉后期	1	椭圆形，小圆穿，琥珀色带暗纹	[17]
	昭通白泥井东汉墓	东汉早期	1	雕作兽形，有穿孔	[18]
	昭通桂家院子汉墓	东汉	5	1件兽形；1件鱼尾形；1件双联方管形；2件糖圆珠馓	[19]
贵州	清镇平坝古墓	汉	不详	无描述，另有琥珀动物雕像	[20]
	安顺宁谷石室墓	东汉晚期	2	器似爬伏之狮，在身中部穿一孔，红色半透明	[21]
	安顺宁谷徐家填山M9	东汉	1	琥珀坠，因残损形状模糊不清	[22]
	兴仁M5	东汉	3	琥珀狮饰	[23]
	兴仁交乐M19	东汉晚期	7	暗红色，皆为指头大小，中央有穿孔。形状有鸟、兽、虎、蛩、并体鸳鸯和管	[24]
	赫章可乐甲类墓	西汉昭宣之后到东汉初期	3	伏兽形、纺形、扁壶形各1件，高1厘米左右	[25]
	黔西县火电厂M34	东汉晚期	2	1件小兽形，首残，侧面中部有一小孔；1件为天然琥珀，中部有一加工的凹痕，底中部经加工形成轻微内凹，顶部穿一不规则孔	[26]
	黔西县火电厂M37	东汉	1	小坠状，两侧略加磨制，顶部穿一不规则孔	

续表

出土地及出土单位		出土单位年代	数量	原报告定名、描述及其他情况	出处
四川	广汉三星堆1号坑	西周后期[27]	1	琥珀坠饰。一端残缺，略呈心形，两面阴刻纹饰，一面为蝉背纹，另一面为蝉腹纹，上端有一凹槽，凹槽中有一圆穿上下贯通	[29]
	彰明（江油）县佛儿崖M5	东汉	1	小珠	[29]
	茂汶城关（出土单位不明）	战国后期至汉武帝以前	不详	磨制成扁圆珠状，直径0.3~0.9厘米	[30]
	宜宾山谷祠M3	东汉晚期	1	褐色，椭圆形，有小圆穿孔	[31]
	绵阳何家山2号东汉崖墓	东汉晚期	2	饰件1件；狮1件，似为植物胶脂凝固后雕刻而成，极易破碎。头、五官、身体均为粗线条刻成，卧姿。腰部小孔	[32]
	达县市区东汉墓	东汉前期	不详	不明	[33]
陕西	陕西汉中铺镇砖厂M3	西汉晚期到东汉初	4	蝉状2件；动物造型的1件，为蜘蛛形，一面为卧羊形；椭圆形1件	[34]
	勉县老道寺汉墓M3	东汉晚期	1	耳坠，水滴状，小头有一小眼	[35]

［1］广西壮族自治区文物工作队：《广西合浦县堂排汉墓发掘简报》，《文物资料丛刊》（4），文物出版社，1981年。

［2］合浦县博物馆：《广西合浦县丰门岭十号汉墓发掘简报》，《考古》1995年第3期。

［3］广西壮族自治区文物工作队、合浦县博物馆：《合浦丰门岭汉墓2003-2005发掘报告》，科学出版社，2006年。

［4］广西文物工作队、合浦县博物馆：《广西合浦县母猪岭东汉墓》，《考古》1998年第5期。

［5］广西壮族自治区文物工作队、合浦县博物馆：《广西合浦县九只岭东汉墓》，《考古》2003年10期。

［6］广西壮族自治区文物考古写作小组：《广西合浦西汉木椁墓》，《考古》1972年第5期。

［7］广西壮族自治区博物馆、昭平县文物管理所：《广西昭平东汉墓》，《考古学报》1989年第2期。

［8］广西省文物管理委员会：《广西贵县汉墓的清理》，《考古学报》1957年第1期。

［9］广州市文物管理委员会、广州市博物馆：《广州汉墓》，文物出版社，1981年。

［10］广东省博物馆：《广东南海汉墓发掘简报》，《文物资料丛刊》（4），文物出版社，1981年。

［11］广州市文物管理委员会：《广州东郊沙河汉墓发掘简报》，《文物》1961年第2期。

［12］广东省博物馆：《广东徐闻东汉墓——兼论汉代徐闻的地理位置和海上交通》，《考古》1977年第4期。

［13］广州市文物考古研究所：《番禺员岗村东汉墓》，收入广东省文物考古研究所等编：《华南考

古》（1），文物出版社，2004年。

[14] 广州市文物考古研究所、番禺博物馆：《广东番禺市屏山东汉墓发掘报告考古学集刊》（14），文物出版社，2004年。

[15] 广东省博物馆、顺德县博物馆：《广东顺德县汉墓的调查和清理》，《文物》1991年第4期。

[16] 昆明市文物工作队：《楚雄万家坝古墓群发掘报告》，《考古学报》1983年3期。又见云南省博物馆文物工作队、四川大学历史系考古专业：《云南楚雄县万家坝古墓群发掘简报物》，《文物》1978年第10期。

[17] 云南省文物考古研究所：《曲靖八塔台舆横大路》，科学出版社，2003年。

[18] 曹吟莫：《云南昭面白泥井发现东汉墓》，《考古》1965年第2期。

[19] 贵州省博物馆：《贵州清镇平坝汉至宋墓发掘简报》，《考古》1961年第4期。

[20] 贵州省博物馆：《贵州清镇平坝汉至宋墓发掘简报》，《考古》1961年第4期。

[21] 贵州省博物馆：《贵州安顺宁谷发现东汉墓》，《考古》1972年第2期。

[22] 贵州省博物馆：《贵州安顺宁谷汉墓》，《文物资料丛刊》（4），文物出版社，1981年。

[23] 贵州省博物馆考古组：《贵州兴义、兴仁汉墓》，《文物》1979年第5期。

[24] 贵州省文物考古研究所：《贵州兴仁县交乐十九号汉墓》，《考古》2004年第3期。

[25] 贵州省博物馆、贵州省赫章县文化馆：《赫章可乐发掘报告》，《考古学报》1986年第2期。

[26] 贵州省文物考古研究所、黔西县文物管理所：《贵州黔西县汉墓的发掘》，《考古》2006年第8期。

[27] 关于三星堆1、2号祭祀坑的年代，学界争议颇大。此据宋治民：《三星堆1、2号祭祀坑的年代》，见氏著《蜀文化与巴文化》，四川大学出版社，1998年，第109~116页。

[28] 四川省文物考古研究所：《三星堆祭祀坑》，图六二：2，图版三九：1、2；文物出版社，1999年，第117页。

[29] 石光明、沈仲常、张彦煌：《四川彰明县佛儿崖墓葬清理简报》，《考古通讯》1955年第6期。

[30] 四川省文管会、茂汶县文管所：《四川茂汶羌族自制县石棺葬发掘报告》，《文物资料丛刊》（7），文物出版社，1983年。

[31] 四川省博物馆、宜宾市文管所：《宜宾市山谷祠汉代崖墓清理简报》，《文物资料丛刊》（9），文物出版社，1985年。

[32] 绵阳博物馆：《四川绵阳何家山2号东汉崖墓清理简报》，《文物》1991年第3期。

[33] 任超俗：《东汉时期的戒指在达县市出土》，《四川文物》1992年第2期。

[34] 汉中市博物馆：《陕西汉中市铺镇砖厰汉墓清理简报》，《考古与文物》1989年第6期。

[35] 郭清华：《陕西勉县老道寺汉墓》，《考古》1985年第5期。

附表二　两广沿海和西南地区印度-太平洋珠主要发现一览表

出土地		时代	出土器物描述	成分测试情况	资料来源	备注
广西	贺县河东高寨M7	西汉前期	琉璃珠，30余粒，圆球形，穿孔处稍平，深蓝色，径仅0.2厘米	无	[1]	直径较小和"穿孔处稍平"的特征可能表明其系印度——太平洋珠
	贺县河东高寨M3	西汉后期	22粒，扁球形，以绿色为主，个别黑、白色			
	合浦堂排汉墓	西汉晚期	1656粒，天蓝、湖蓝、绿等色，形状有算珠形、圆珠形、管形	测试3件，钾含量分为10.4%、14.1%、14.5%	[2]	测试见[3]
	合浦丰门岭M10	东汉早期	149颗，有绿色、咖啡色，仅有1颗粉红色的，其中有4颗刻成鱼形、花篮形、瓜形等	无	[4]	与玛瑙、水晶、琥珀等质地珠饰同出，有多面金珠，粉红色值得注意
	合浦丰门岭M23	西汉后期	5串。1串完整48颗，破碎约20颗，10颗为暗红色，余为深蓝色。颗粒大多较小，形状以扁圆居多，也有长圆形。1串近400颗，表面多有泥锈，珠蓝色，间杂暗红色，暗红色珠小，直径仅0.2厘米，扁圆或长圆形。其余3串蓝色，形状与前同，总计800余颗	测试其中2件，钾含量分别为10.17%、16.65%	[5]	同墓地M26（西汉后期）出土琉璃串饰4串，圆径一般在0.5~0.7厘米；多为深蓝色；M28（东汉后期）出土约500颗，蓝色，不透明，中间穿孔，形状有圆、扁圆和长圆等。这些都极有可能系印度-太平洋珠
	合浦丰门岭M24	东汉后期	扁圆蓝色珠7颗，长圆1颗，豆绿残珠1颗	测试1件，钾含量10.37%		
	合浦九岭M5	东汉前期	1331粒	无	[6]	与大批水晶、玛瑙、琥珀珠等组合成串饰，发掘者认为其中大部分应是进口的
	合浦九只岭M6a	东汉后期	3869粒，蓝色，不透明，中间穿孔，形状有圆、扁圆、长圆等			
广西	合浦母猪岭M1	东汉前期	450余枚。蓝色，圆珠形	无	[7]	与金、水晶、玛瑙、琥珀等质地的珠饰同出
	合浦母猪岭M6	东汉	410余枚。蓝色，圆珠形			
	合浦望牛岭木椁墓	西汉晚期	3串，大小差不多，直径0.5~0.6厘米	无	[8]	数量多，直径接近印度-太平洋珠
	贵县汉墓	东汉	1504颗，内胎浅绿色，外表深绿，两侧略扁，贯一圆形小孔	无	[9]	与水晶、绿松石、琥珀等质地珠饰共出
	广西昭平东汉墓	东汉	算珠形80颗，一般长0.2~0.8、宽0.2~0.5厘米，半透明或不透明。绿、砖红、湖水蓝、天蓝等色，蓝色为主；椭圆形1颗，淡绿色，透明，直径0.3~0.5厘米	椭圆形1粒和砖红色1粒（钾含量15.88%）经能谱化学成分分析为钾玻璃	[10]	椭圆形1粒，为东汉晚期墓葬出土，其余算珠形80颗未说明出土单位，从墓葬登记表分析，应出于8墓

续表

出土地		时代	出土器物描述	成分测试情况	资料来源	备注
广东	广东南海平洲马祠堂山M1	东汉中晚期	浅蓝琉璃珠114粒	无	[11]	色泽值得注意
	广东南海平洲马祠堂山M3	东汉早期	紫蓝色琉璃珠35粒			
	广东南海平洲马祠堂山M4	西汉晚期	浅蓝色琉璃珠158粒，紫蓝色琉璃珠1粒，红色琉璃珠7粒			
	广东南海平洲马祠堂山M5	东汉早期	淡绿色琉璃珠10粒，深蓝琉璃珠3粒			
	广州汉墓M3019	西汉晚期	月白色，数量、形制不明	月白色1件，钾含量13.72%	[12]	测试结果见发掘报告
	广州汉墓M4013	东汉前期	蓝、浅蓝、紫色，数量、形制不明	测试3件，钾含量均在5%左右		
	广州市龙生岗M43	东汉早期	深蓝、浅蓝、紫色的琉璃珠1965粒	无	[13]	数量多，色泽值得注意
	番禺屏山二村SM4	东汉后期	1套24件，红褐色，截面呈圆形，穿孔。直径0.4厘米、厚0.15厘米	无	[14]	直径接近印度–太平洋珠
贵州	贵州威宁中水梨园M42	王莽时期	深蓝色，半透明，近百颗，最大的直径0.5厘米，小的0.2厘米	测试2件，钾含量分为10.83%、11.97%[15]	[16]	根据器物描述、成分测试结果，可以肯定为印度–太平洋珠
云南	曲靖八塔台M6	西汉后期	由86粒珠子穿缀而成，蓝紫色，珠子直径0.6厘米	无	[17]	直径较小，横切面较平，似切割而成
四川	四川宝兴陇东汉墓群M7	东汉	蓝色和黄色，700余枚	无	[18]	照片不清晰，无法确认，但与两广沿海地区出土物很接近
重庆	重庆丰都汇南墓地M10	蜀汉晚期至晋初	792粒，直径在0.1~0.3厘米之间，有白色、黄色、绿色、深蓝、浅蓝、琥珀色等，多呈圆柱状，有穿孔	无	[19]	与琥珀、玛瑙等质地珠饰同出，直径较小，色泽、形状都值得注意

［1］广西壮族自治区文物工作队、贺县文化局：《广西贺县河东高寨西汉墓》，《文物资料丛刊》（4），文物出版社，1981年。

［2］广西壮族自治区文物工作队：《广西合浦县堂排汉墓发掘简报》，《文物资料丛刊》（4），文物出版社，1981年。

［3］王俊新、李平等：《广西合浦堂排西汉古玻璃的铅同位素示踪研究》，《核技术》第17卷第8期（1994年）。

［4］合浦县博物馆：《广西合浦县丰门岭十号汉墓发掘简报》，《考古》1995年第3期。

［5］广西壮族自治区文物工作队、合浦县博物馆：《合浦丰门岭汉墓2003–2005发掘报告》，科学出版社，2006年。

［6］广西壮族自治区文物工作队、合浦县博物馆：《广西合浦县九只岭东汉墓》，《考古》2003年第10期。

［7］广西文物工作队、合浦县博物馆：《广西合浦县母猪岭东汉墓》，《考古》1998年第5期。

［8］广西壮族自治区文物考古写作小组：《广西合浦西汉木椁墓》，《考古》1972年第5期。

［9］广西省文物管理委员会：《广西贵县汉墓的清理》，《考古学报》1957年第1期。

［10］广西壮族自治区博物馆、昭平县文物管理所：《广西昭平东汉墓》，《考古学报》1989年第2期。

［11］广东省博物馆：《广东南海汉墓发掘简报》，《文物资料丛刊》（4），文物出版社，1981年。

［12］广州市文物管理委员会、广州市博物馆：《广州汉墓》，文物出版社，1981年。

［13］广州市文物管理委员会：《广州市龙生43号东汉木椁墓》，《考古学报》1957年第1期。

［14］广州市文物考古研究所、番禺博物馆：《广东番禺市屏山东汉墓发掘报告》，《考古学集刊》（14），文物出版社，2004年。

［15］李青会：《中国古代玻璃物品的化学成分汇编》，收入干福熹主编：《中国古代玻璃技术的发展》，上海科学技术出版社，2005年，第290页。

［16］贵州省博物馆考古组：《贵州威宁中水汉墓第二次发掘》，《文物资料丛刊》（10），文物出版社，1987年。

［17］云南省文物考古研究所：《曲靖八塔台与横大路》，科学出版社，2003年，第120页，图一〇二：11，彩版五：6。

［18］四川省文物管理委员会、宝兴县文化馆：《四川宝兴陇东东汉墓群》，《文物》1987年第10期。

［19］四川省文物考古研究所、丰都县文管所：《丰都汇南墓群发掘简报》，收入重庆市文物局、重庆市移民局：《重庆库区考古报告集·1997卷》，科学出版社，2001年。

附表三　三类珠饰共存关系一览表

出土单位	蚀花肉红石髓珠	琥珀珠	印度–太平洋珠
云南曲靖八塔台M41	√	√	√
广西合浦堂排汉墓	△	√	√
广西合浦丰门岭M10	△	√	√

续表

出土单位	蚀花肉红石髓珠	琥珀珠	印度–太平洋珠
广西合浦丰门岭 M23		√	√
广西合浦丰门岭 M24		√	√
广西合浦九只岭 M5		√	√
广西合浦九只岭 M6a		√	√
广西合浦母猪岭墓		√	√
广西合浦望牛岭木椁墓		√	√
广东南海平洲马祠堂山 M4	△	√	√

注："△"为不确定，参见前文有关叙述。

"轴心时代"的中印文化之比较研究

李桂芳 四川省社会科学院历史研究所 四川师范大学巴蜀文化研究中心 副研究员

摘 要： 公元前500年前后被德国思想家卡尔·雅斯贝尔斯称为人类文化有突破现象的"轴心时代"。这一时期正与中国的春秋战国和印度的列国时代相对应。中国春秋战国时代是中华文明形成过程中的重要时期，出现了思想文化领域异彩纷呈的"百家争鸣"局面。古代印度的列国时代同样是古印度文明形成过程中的重要时期，出现了前所未有的思想文化流派，如"六师"、"六十二见"或九十六种外道，在恒河中下游出现了前所未有的"百家争鸣"景象。同样的文化现象却体现了不同文化的特征，对后世都产生了深远影响。

关键词： 轴心时代 中国 印度 百家争鸣

公元前8世纪到2世纪，是人类漫长历史中的一个极其重要的转折时期，这一时期是人类文明精神重大突破时期。德国思想家卡尔·雅斯贝尔斯在《历史的起源与目标》[①]一书中第一次把公元前500年前后同时出现在中国、西方和印度等地区的人类文化突破现象称为"轴心时代"。"最不平常的事件集中在这一时期。在中国，孔子和老子非常活跃，中国所有的哲学流派，包括墨子、庄子、列子和诸子百家，都出现了。像中国一样，印度出现了《奥义书》（Upanishads）和佛陀（Buddha），探究了一直到怀疑主义、唯物主义、诡辩派和虚无主义的全部范围的哲学可能性。""直至今日，人类一直靠轴心期所产生、思考和创造的一切而生存。每一次新的飞跃都回顾这一时期，并被它重燃火焰。自那以后情况就是这样。轴心期潜力的苏醒和对轴心期潜力的回忆，或曰复兴，总是提供了精神动力。对这一开端的复归是中国、印度和西方不断发生的事情。"[②]"轴心时代"大致相当于中国春秋战国时期，这是中华文明形成过程中的重要时期，其时可谓学术文化异彩纷呈，后世之学术思想文化可谓在此基础上的继承和发展。在印度，"轴心时代"大致相当于古代印

---

① ［德］卡尔·雅斯贝尔斯著：《历史的起源与目标》，魏楚雄、俞新天译，华夏出版社，1989年。
② ［德］卡尔·雅斯贝尔斯著：《历史的起源与目标》，魏楚雄、俞新天译，华夏出版社，1989年。

度的列国时代，这同样是古印度文明形成过程中的重要时期，其时也出现了前所未有的思想文化流派，其中的佛教思想对后世影响深远。本文试图就这一时代在中国春秋战国时期和印度列国时代出现的百家争鸣的文化现象做一剖析，以期能比较分析出同一时代的两种不同文化的特征。

一、两国文化繁荣的社会背景

古代中印两国在同一时期的意识形态领域出现相似的文化繁荣现象，主要与当时的政治、经济发展密切相关，也正如卡尔·雅斯贝尔斯所说："我们发现，与这个新的精神世界相一致，上述三个地区（主要指中国、希腊和印度）表现出类似的社会学情景。那里有大量的小国和城邦，有国家对国家、城邦对城邦的斗争，然而这首先要有惊人的繁荣和财富、力量的发展。中国的诸侯列国和城市在周朝软弱无力的帝国统治下，获得了独立自主的生活。政治进程包括诸侯列国通过征服其他小国而得到的扩展……在印度，有许多邦国和城市。"[1]这段文字揭示当时的社会政治局面、经济发展水平对人类思想文化所产生的深刻影响。

（一）政治方面

1. 中国春秋战国时期的政治

中国春秋战国时期，随着周王室的衰落，周天子和各诸侯国的关系在名义上是"宗属"，但实际上，由于周王室赖以统治的基础井田制和宗法制不断地松动和逐渐瓦解，形成"礼崩乐坏"的局面，周天子的权威已在政治生活方面受到极大的挑战，诸侯坐大，不听节制。与此同时，各诸侯国之间则是互相攻伐，战争持续不断，小国被吞并，先后出现"春秋五霸"和"战国七雄"的局面。

春秋时期的政治形势与西周大变。周平王东迁洛邑后，周王室经济、军事实力大减，王室微弱，逐渐形成了齐、秦、晋、楚争霸的局面。司马迁说：齐、秦、晋、楚在西周时甚微弱，封地或百里或五十里。到春秋时"四海迭兴，更为伯主，文武所褒大封，皆威而服焉"[2]。换言之，春秋时代，就成了霸主的天下，周王室只是一个名存实亡的共主。在这一时期先后出现了齐桓公、晋文公、秦穆公、楚庄王以及吴王夫差、越王勾践等霸主政治。春秋200多年间的政治，就是各大国争夺霸权的政治。

春秋时期无数次战争使诸侯国的数量大大减少。到战国时期，晋国一分为三，姜姓齐国被田姓所替代。春秋时不大参与中原政治事务的北方燕国，也强大起来。再加上原来的

---

① ［德］卡尔·雅斯贝尔斯著：《历史的起源与目标》，魏楚雄、俞新天译，华夏出版社，1989年。
② （汉）司马迁撰：《史记·十二诸侯年表第二》，中华书局，1982年，第509页。

秦、楚两国，形成齐、楚、燕、赵、韩、魏、秦七强国，称为"战国七雄"。战国晚期，各国之间的兼并更加激烈。秦国先后灭韩、赵、燕、魏、楚、齐，于公元前221年统一天下，七国争雄的局面结束。

总之，从政治局面上来看，春秋战国是一个分裂多变的时期，政局十分的不稳定，这就为当时各种思想的萌芽与繁荣提供了一个社会大背景。同时，为了争夺霸权和兼并他国或者不被别国兼并，春秋战国时期，各大国都进行了变法图强的改革运动，以适应新的形势。这些改革运动，成为各国的重大政治事件。它既使国家富强，又推动了社会制度的前进，像对赋税制度的改革，促进了封建地主经济的成长；用人制度上的改革，促进了封建官僚制度的形成；成文法的公布，促进了"明法审令"的封建法律制度的确立；郡县制的设置，奠定了封建中央集权的政治结构等等，都为思想上的繁荣起了良好的推动作用。另外，这一时期士阶层的崛起、私学的兴盛使得各种思想进一步传播，推动了思想文化的大发展。

2. 古印度列国时代的政治

古代印度的列国时代，主要指公元前6至4世纪。根据印度佛教文献记载，在公元前6世纪初，次大陆北部有十六大国。到公元前4世纪后期，列国为摩揭陀所统一。又因为佛教产生于此时，故在史学上亦称为"早期佛教时代"。在这个时代之初（前517），次大陆西北部被波斯帝国所占领，当地居民为外族所统治。次大陆历史发展的重心转移到恒河流域。列国的政体大致有两种类型。一类为君主制；另一类为共和制。一般来说，小国多为共和制，大国为君主制。共和制保留氏族部落军事民主制的传统较多；君主制国家在早期阶段也是共和制，经过兼并扩张，军事首领在战争中增长了权力与财富，后来成为君主制。在君主国中，国王享有广泛的权力和特权。他有权征收土地税以及种种商业税，有权处置山林之地以及无主财产，还有权征发劳役。国王还掌握着军事、行政和司法方面的最高权力。君主政体往往是世袭，在位的国王有时指定他的继承人。但史料记载也有选举的，选择的对象范围有时限于王室的成员，偶尔也从王室以外遴选[①]。

共和制国家中比较强大的是跋祇、由毗提诃、梨车、杰纳德里卡等八九个部落联盟组成的。首领由选举产生，有刹帝利家族选出的成员组成长老议事会协助，最高权力往往属于人民大会。但其实权力已落到刹帝利出身的贵族长老手中，他们如同国王一样，也举行灌顶仪式，并由他们的家族世袭其职位[②]。

在列国时代，君主国和共和国两种体制一直并存着。但从总体上看，古印度列国时

①［印度］R.C.马宗达等著：《高级印度史》，商务印书馆，1986年，第78页。
②华中师范大学编：《简明印度史》，湖南出版社，1991年，第39页。

代，君主制在恒河流域不仅占了优势，而且最终将取共和制而代之。

（二）社会经济方面

1. 中国春秋战国时期的经济

春秋战国时期，随着铁农具较多地使用和牛耕的推广，极大地提高了农业生产力。随着井田制的崩溃，私田不断增加，土地关系向私有化方向发展。诸侯们不得不陆续实行改革，承认土地私有，允许土地买卖，而向土地所有者征收田税，由此自耕农的生产积极性高涨。农业经济的发展，剩余产品的增加，促进社会分工的发展，手工业领域技术水平也大大提高，官营和私营作坊同时发展。随着社会产品的丰富，商业也得以迅速发展。商品交换扩大，市场活跃，金属货币广泛用于流通领域，战国时总共有布币、刀币、圆钱、铜贝、金币五种类型。经济的发展也促进城市经济的繁荣，临淄、邯郸、郢等成为名副其实的工商业大都会，"工商食官"的局面被打破。随着商业的繁盛，产生了一些非常著名的大商人，比如在春秋战国之交就有子贡和范蠡。商品货币经济的发展进一步刺激了个体工商业者的积极性，其经济地位的提高的同时也积极参与政治活动，商人也开始扮演重要的社会角色，如范蠡、吕不韦等就是最著名的代表。

2. 古代印度列国时代的经济

列国时代的社会经济有了重大变化。首先是铁器使用普遍；农业生产品种和产量都有较大的提高，水稻的种植相当普及；畜牧业仍然比较受重视，各村有公用的牧场；手工业分工更加专门化，佛经中提到的手工业匠人，就有十八种之多，例如木匠、锻工、皮匠、画匠、织工、象牙工、宝石匠，等等。由于手工业的发展和专业化，出现了许多"同业公会"的组织，行会的头人通常都是能接近国王的有势力的人物。列国时代最大的变化是商业特别活跃。至公元前6世纪，在北印度，特别是恒河的中下游地区，出现了一批大城市，历史家称之为第二次城市化。在佛典《大般涅槃经》中列出八大城市，即王舍城、吠舍厘城、舍卫城、波罗奈城、阿腧陀城、瞻波城、憍赏弥城、咀叉始罗城。这里既是商业贸易的中心，也是各种手工作坊的集中地。商业在各城市的市场进行，城市之间有商路连接。主要是陆路贸易，商队有时达到几百辆牛车。商人还组成商会，目的是控制价格，谋求厚利。物物交换的制度还未完全消失，但使用货币作为交易媒介正日趋普遍，主要有银币和铜币[1]。除货币外，有些大商人开始使用银票，在不同的城市间兑换。与国外的贸易持续发展，这一时期文献提到与锡兰、缅甸和泰国的贸易[2]。

---

[1]［印度］R.C.马宗达等著：《高级印度史》，商务印书馆，1986年，第87页。

[2] 林承节：《印度史》，人民出版社，2004年，第31页。

二、两国思想文化领域的繁荣

（一）中国春秋战国时期的思想文化

春秋战国时期，随着贵族的没落，士阶层的崛起，"学在官府"的局面被打破，使得知识得以在民间传播。士阶层依靠其文化知识，纷纷参与到政治活动之中，以左右时局。封建经济的发展为文化的繁荣创造了物质条件，私学的兴起造就了一大批具有丰富知识和阅历的文士，各诸侯国新兴贵族的养士风气为学术文化的繁荣提供了舞台。这些知识人士对宇宙万物提出种种解释，对现实变革发表不同看法，对种种时弊提出改革方案，对治国的不同理念，必然出现观点各异的百家学家，由此也实现了中国思想文化史上由卜巫的宗教迷信文化向以人为中心的理性人文文化的历史转型。此时期形成了众多的学术派别，《汉书·艺文志》将战国主要思想学派分为十家——儒、墨、道、法、阴阳、名、纵横、杂、兵、小说。西汉人刘歆在《七略·诸子略》中将小说家去掉，称为"九流"。俗称"十家九流"就是从这里来的。而对后世最为有影响的则有儒、墨、道、法、名、阴阳、兵家等，儒家主张"德治"和"仁政"，以民为本，重视道德伦理教育和人的自身修养；道家主张道法自然，顺其自然，提倡清静无为，政治上主张"无为而治"；墨家提出"兼相爱，交相利"的学说，政治上主张尚贤、尚同和非攻；法家主张以法治国，提出治国"不别亲疏，不殊贵贱，一断于法"，等等，经后世学者得以糅合发展成为中华传统文化的精髓。

（二）古代印度列国时代的思想文化

伴随着古印度列国时代的社会动荡、社会生产力的发展，各种新思潮和新宗教像雨后春笋般产生了。到这一时期，婆罗门教与现实社会的变迁不相适应，它就成了各种新思潮、新宗教的首要攻击目标。新思潮、新教派在佛教文献中被称为"外道"。据说当时有"六师"、"六十二见"或九十六种外道。它们各有自己的学说和徒众，代表着不同的阶级或阶层，在意识形态领域里展开了激烈的斗争，主要代表有耆那教、佛教、顺世论派等。各种新的思潮纷纷兴起，不过它们往往都有一个共同点，就是具有反婆罗门教的倾向。

耆那教是反对婆罗门教的一个新宗教。耆那教反对婆罗门教和《吠陀》的权威，反对杀生，主张灵魂自生、永恒，人的行为造的"孽"要通过坚持"三宝"（即正信、正智、正行）来净化；主张五戒：不杀生、不妄言、不偷盗、不奸淫、戒私财；主张以严酷的苦行、自我折磨，甚至舍身来解脱肉体，使灵魂得到幸福安乐[①]。这些思想反映了当时下层人民的要求，对打破婆罗门教一统天下的局面起到积极作用。

佛教由古印度的迦毗罗卫国王子乔达摩·悉达多所创。佛教也否认《吠陀》和婆罗门

---

① 华中师范大学编：《简明印度史》，湖南出版社，1991年，第47页。

教的作用，其教义的核心是"四谛"，即四个真理——苦谛、集谛、灭谛和道谛[①]。释迦牟尼竭力宣传"众生平等"和"生死轮回"等思想，宣传打破种姓制度，反对婆罗门压迫的思想。佛教经过阿育王的大力推广，发展成为世界上最有影响力的宗教之一。

顺世论派，又称"顺世外道"和"斫婆迦派"，重要代表人物为阿夷多翅舍钦婆罗。其主要思想是不承认《吠陀》和其他婆罗门教经典文献，主张地、水、火、风四大元素是世界统一的物质基础，人死后没有灵魂和轮回。激烈反对种姓制度，认为人生而平等，其本质没有高低贵贱之分；同时认为人应该现世求快乐，反对苦行、禁欲[②]。

三、两国文化繁荣特征的异同

（一）相同之处

从以上的分析可以看出，不管是中国的"百家争鸣"，还是印度的"百家争鸣"，都体现出了一种强烈的历史发展必然性，并且两个国家出现思想繁荣的现象都并非是由单一的原因造成的，而是多个原因共同作用的结果。一方面是复杂动荡的社会大背景，即诸侯国或邦国林立，战乱频繁；另一方面则是生产力的提高，经济的大发展。此时期两国都处于社会生产力的大发展时期，铁器在社会生产中得到了使用并逐渐推广，促使生产力的迅速提高，生产力的提高又推动了阶级力量的改变，进而推动了思想的繁荣。

（二）不同之处

对于中国的百家争鸣现象而言，首先是具有一种学术争鸣的特点，因为各个学派所代表的阶层不同，必然出现诸子百家彼此诘难，各个学派之间相互抨击、贬低的现象。对于某些学派来说，他们之间也有共同的目的，那就是尽最大努力宣扬自己的学说以供君王富国强兵、治民以霸天下。他们之间的学说也存在着很大程度的差异性，如道家提倡"超自然"、"无为而治"；而儒家则提倡的是"德治"和"仁政"，以民为本，提出"克己复礼"，重视道德伦理教育和人的自身修养；墨家则提出"兼爱"，认为天下人是平等而生来自由的，不应该有等级的区别。这就造成了各个流派之间的激烈争论，也充分地体现出了中国百家学术上的争鸣特点。其次，百家争鸣中的多数思想得到了当时许多国君的采纳，体现了学术思想上的经世致用性。其中尤以韩非为代表的法家思想，更是在多个诸侯国的改革中得到了充分的体现，如"秦国的商鞅变法"、"楚国的吴起变法"，都把法家思想用于治国强兵的目的之中。同时，各诸侯国为了富国强兵，纷纷招贤纳士，给予士人优厚的物质待遇，使得各学派的思想家有更好的条件去进行思想学说创新；对士人也采取

---

① 华中师范大学编：《简明印度史》，湖南出版社，1991年，第49页。
② 华中师范大学编：《简明印度史》，湖南出版社，1991年，第45~46页。

的是一种宽容的态度，知识分子的地位得到空前地提高。另外，各诸侯国君允许士人"合则留不合则去"，从而促进了各国的人才流动。最后，在中国，主要产生的各种学术流派，这些学术流派是当时社会各个阶层的代言人，主要体现在对传统观念的颠覆，如反对等级制度；民本思想的发展，如提出"民为贵，社稷次之，君为轻"仁政思想，告诫统治者"爱民"、"利民"，轻刑薄赋，听政于民，与民同乐等，这标志着民本思想真正形成了以关心现实问题为核心。各家学派提出了参政、治国思想，都表现出鲜明的入世特征，各学派思想经过后世思想家的糅合与完善，成为中国传统文化的基本内容。

就印度的百家争鸣而言，首先，一个最大的特点就是反对婆罗门阶级和婆罗门教及其教义，可以说是低级种姓民众反对种姓制的斗争促进了"百家争鸣"局面的形成。从这一点可以看出，印度的百家争鸣思想虽然也是蓬勃发展，但是这些思想有一个最终的集合点，即反对婆罗门教，推翻婆罗门阶级的统治，解放婆罗门教义对广大人民的思想控制。其次，印度百家争鸣过程中的一系列思想流派，它们体现出了一种共存性，因为它们存在着共同反对婆罗门教义的目标，这一系列思想流派之间并没有出现相互抵制、批判的现象。就好像当时印度出现的"耆那教"和"佛教"，它们之间虽然有着不同的思想学说，但是它们一直保存着一种互不侵犯的形式，没有在学术思想上形成真正的争鸣。最后，在印度出现的众多思想流派中，最为显著的特征就是以宗教思想反对宗教思想，即各个阶级对婆罗门教的不满，所以"佛教"、"耆那教"等新宗教便顺应时代而出现。

总之，"轴心时代"中国文化繁荣的最大特点是经世致用，具有明显的入世特征，所以其思想不断发展成为后世王朝的治国学说；而印度文化繁荣的最大特点是反婆罗门教，宗教性强。这是同期两国思想文化领域所表现出的最本质区别。但无论如何，古代中国与古代印度所取得的思想文化成就成为后人永恒的精神财富，正如卡尔·雅斯贝尔斯所说："过去成为崇拜的典范和对象。过去的成就和伟人仍清晰地留在人们的记忆中，并提供了学习和教育的内容（孔子的儒家思想在汉朝的发展，阿育王对佛教的推动）。"①这些思想内涵深刻地影响了两国文化后来的发展，对人类文明的贡献也是不言而喻的。

---

① ［德］卡尔·雅斯贝尔斯著：《历史的起源与目标》，魏楚雄、俞新天译，华夏出版社，1989年，第12页。

先秦时期从西北到西南古代文化的传播和南北文化通道的形成

孙策 　四川凉山彝族自治州博物馆 馆员

摘　要： 横断山区处在我国从东北至西南边地的半月形文化传播带上，位于东亚大陆"X"形文化传播带的交汇处，是联系中国西北与西南地区的重要文化通道。从新石器时代开始，人们就在此地留下了众多的文化遗存，并显示出若干共同文化因素。本文试图从相关考古遗存入手，分别就彩陶文化的南传、卡若文化对西南的影响、"石棺葬"的流行等方面来探讨这一地区南北文化通道的形成与拓展及其在不同时期的文化传播，以此反映边地民族之间的交流与互动。

关键词： 先秦时期　横断山区　文化传播　南北文化　通道

横断山区东麓，有众多呈南北走向的山脉与河流。在这一区域的丛山峻岭之中，连绵不断的高山峡谷分隔出众多的"山间盆地和平坦河谷"，这些盆地和河谷犹如西北荒凉沙漠中一块块"绿洲"，流动的古代民族将其当成休养生息的去处[①]。这些"绿洲"孕育出丰富多彩的考古学文化，这就是西南考古中常见的"坝子文化"，南北走向的河谷把这些分割的"坝子文化"串联起来，成为南北文化传播和民族迁徙的走廊，也是联系中国西北与西南地区重要的文化通道。

上述"绿洲"之间群山透迤，峡谷纵横，此种地理环境给西南山地新石器文化的扩展和交流造成很大的障碍，区域内的新石器文化基本都在各自的盆地或河谷发展，因此，在新石器时代就出现一种横跨两个流域的文化是基本不可能的。但是，坝子之间的文化交流并非不存在，反而在流域内或流域之间的各新石器文化类型的文化因素之间往往表现出较多的相似性，这些文化类型总是若隐若现地显示其之间有着某种源头上的亲缘关系，表现

---

① 刘弘：《丛山峻岭中的"绿洲"——安宁河谷文化遗存调查研究》，巴蜀书社，2009年，第219~247页。

出一种文化的开放与流动，即我们常说的"流域性文化"。大江大河这种天然的走廊为这些新石器时代居民的迁徙和文化互动提供便捷的通道，在流域内其总体文化特征显示出继承与发展的特点，这个特点在西南地区特别突出。

在文化上这一地带自有其渊源，它处在我国从东北至西南边地半月形文化传播带①上，位于东亚大陆"X"形文化传播带②的交汇处，从新石器时代开始，就有人类在此区域活动，留下了大量的考古遗存，近年来在此发现的新石器时代遗存显示出若干的共同文化因素，表明从西北到西南的南北文化交流频繁。本文试图从这些考古遗存入手，分阶段对其表现出的共同文化因素进行分析，以期对古代边地民族之间的相互关系有进一步的了解，增强我们对这条南北文化走廊的认识。

一、彩陶文化的南传和南北通道的开辟

西北地区最早的彩陶文化，是分布于渭河和汉水上游的白家文化③，绝对年代大致在公元前5800年—前5000年，是中国最早的彩陶文化之一，继之发展起来的仰韶文化零口类型和半坡类型早期，年代约在公元前5000年—前4200年，至约公元前4200年进入仰韶文化半坡类型晚期，彩陶出现圆点、勾叶、三角纹、豆荚纹等新元素④。公元前4000年进入仰韶文化泉护类型之后的大部分时间里，其西、南缘仍主要局限在甘肃中南部，仰韶文化泉护类型晚期，西北甘青地区彩陶文化就开始向西南扩展，盛于约公元前3500年马家窑文化形成以后⑤。

近年来，在四川西北部岷江上游的茂县波西遗址⑥、营盘山遗址⑦、汶川的姜维城遗址⑧、大渡河上游的哈休遗址⑨、罕额依遗址⑩发现的新石器文化遗存，与甘青地区同时期

① 童恩正：《试论我国从东北至西南的边地半月形文化传播带》，《文物与考古论文集》，文物出版社，1987年。

② 凉山彝族自治州博物馆、凉山彝族自治州文物管理所：《一个考古学文化交汇区的发现——凉山考古四十年》，科学出版社，2015年。

③ 中国社会科学院考古研究所：《临潼白家村》，巴蜀书社，1994年。

④ 中国社会科学院考古研究所、陕西省西安半坡博物馆：《西安半坡》，文物出版社，1963年。

⑤ 韩建业：《5000年前的中西文化交流南道》，《社会科学战线》2012年第6期；《"彩陶之路"与早期中西文化交流》，《考古与文物》2013年第1期。

⑥ 成都文物考古研究所、阿坝州文管所、茂县博物馆：《四川茂县波西遗址试掘简报》，《成都考古发现》（2004），科学出版社，2006年。

⑦ 成都文物考古研究所、阿坝州文管所、茂县博物馆：《四川茂县营盘山遗址试掘报告》，《成都考古发现》（2000），科学出版社，2002年；蒋成、陈剑：《2002年岷江上游考古的收获与探索》，《中华文化论坛》2003年第4期。

⑧ 四川省文物考古研究所、阿坝州文物管理所、汶川县文化体育局：《四川省汶川县姜维城新石器时代遗址发掘简报》，《考古》2006年第11期。

⑨ 阿坝藏族羌族自治州文物管理所、成都文物考古研究所、马尔康县文化体育局：《四川马尔康县哈休遗址2006年的试掘》，《南方民族考古》（第六辑），科学出版社，2010年。

⑩ 四川省文物考古研究所、甘孜藏族自治州文化局：《丹巴县中路乡罕额依遗址发觉简报》，《四川考古报告集》，文物出版社，1998年，第59~77页。

的新石器文化遗存十分相近。如波西遗址发现的细泥红陶弧边三角纹彩陶钵、口沿内侧有一道凸棱的直口尖唇钵、双唇式小口瓶等陶器与仰韶文化遗存[①]出土的同类器物特征相近，各类陶质、陶色及纹饰所占比例，以及器形上的特征也与之相似；营盘山遗址、姜维城遗址、哈休遗址、罕额依遗址等遗存的主体面貌同甘肃天水师赵村遗址[②]第四期和第五期文化、马家窑文化石岭下类型和马家窑类型遗存、甘肃秦安大地湾遗址[③]第四期文化、武都大李家坪遗址[④]第二期和第三期文化等仰韶文化晚期遗存相比较，存在较多的共性。

另外，大渡河中游的汉源地区，近年发现了大量新石器时代文化遗存，如姜家屋基遗址[⑤]发现的新石器时代文化遗存，与马家窑文化石岭下类型相近；狮子山遗址[⑥]发现的新石器时代文化遗存具有浓郁的马家窑文化风格，并发现有马家窑文化彩陶，是迄今出土马家窑类型彩陶的最南端的遗址。

距今5000年左右，马家窑文化从甘肃中南部向西南挺进至四川西北部，这样就构成一条早期南北文化交流通道。可以想象这个时期的先民还不具备大规模迁徙和移动的基础，通道的形成不可能像汉代"丝绸之路"那样——通过贸易完成，而主要是通过文化上环环相扣的影响渐次形成。

二、卡若文化对西南的影响和南北通道的拓展

彩陶文化到达川西北后，可能与青海东部的马家窑文化共同西向推进，与西藏昌都地区的土著文化传统融合，形成了卡若文化[⑦]，它对西南地区稍后阶段文化的传播产生了深刻的影响。在距今约4500年左右，西北甘青地区马家窑文化发展为半山类型并向西偏北方向扩展的同时，横断山脉地区马家窑文化的后继者卡若文化继续向南渗透，沿着四川盆地西缘扩散至四川西南和云南西北部。

卡若遗址位于西藏东部昌都地区，是澜沧江上游地区目前发现最为重要的遗址，其绝对年代在距今5000—4000年。该遗址位于澜沧江东岸的二级台地之上，海拔3100米，面积约

---

① 中国科学院考古研究所编著：《庙底沟与三里桥》，科学出版社，1959年。

② 中国社会科学院考古研究所：《师赵村与西山坪》，中国大百科全书出版社，1999年。

③ 甘肃省博物馆文物工作队：《甘肃秦安大地湾遗址1978至1982年发掘的主要收获》，《文物》1983年第11期；甘肃省文物考古研究所：《秦安大地湾》，文物出版社，2006年。

④ 北京大学考古学系、甘肃省文物考古研究所：《甘肃武都县大李家坪新石器时代遗址发掘报告》，《考古学集刊》（第13集），大百科全书出版社，2000年。

⑤ 大渡河中游考古队：《四川汉源县2001年调查与试掘报告》，《成都考古新发现》（2001），科学出版社，2003年。

⑥ 马继贤：《汉源县狮子山新石器时代遗址》，《中国考古学年鉴》（1991），文物出版社，1992年。

⑦ 西藏自治区文物管理委员会、四川大学历史系：《昌都卡若》，文物出版社，1985年；西藏自治区文物管理委员会：《西藏昌都卡若遗址试掘简报》，《文物》1979年第9期。

10000平方米。卡若遗址内发现了密集的建筑遗存，达28座。遗址出土了大量具有鲜明地域文化特色的遗物，有石器、骨器、角器、陶器和饰品等。其中石器是打制石器、细石器和磨制石器并存，而以打制石器占大多数。打制石器中有菱形、三角形铲形器，切割器，有肩砍砸器等；细石器中存在着较多的船底形石核；磨制石器较少而精，其中多偏刃器，以条形斧、条形锛、剖面呈五边形的石凿、刃开在弓背部的半月形石刀为其代表。在陶器方面，均为夹砂陶，手制，纹饰以刻划、锥刺、附加堆纹为主。器形以罐、盆、碗为基本组合，均为小平底器。

西北彩陶文化向西南扩展并与当地土著文化文化融合的过程中，农业和狩猎的比例为适应自然环境而随时随地变化，因而孕育而成的卡若文化在西南横断山区有较强的适应性，很快在横断山区的川西南、滇西北扩散开。此区域位于大渡河中游、金沙江中游、澜沧江中游，中游河谷地带普遍是河流最为宽敞的地段，气候温暖、土壤肥沃，这种优裕的自然地理和生态环境为古代人类的繁衍生息提供了理想的场所，并留下了许多文化遗迹。川西南地区发现新石器时代晚期较重要的文化类型有大渡河流域的汉源县"麦坪文化"[①]，安宁河流域的西昌"横栏山文化"[②]、城河流域的会理东咀遗址[③]，饶家地遗址[④]；滇西北地区发现较重要的新石器时代文化遗址有金沙江中游的剑川海门口遗址[⑤]，宾川白羊村遗址[⑥]，大理银梭岛遗址[⑦]，永胜堆子，枣子坪遗址[⑧]，永仁菜园子遗址[⑨]，元谋大墩

---

① "麦坪文化"遗址还包括龙王庙遗址、背后山遗址、金钟山遗址、摆鱼村遗址、大地头遗址和三星遗址，关于麦坪文化的论述详见刘志岩：《麦坪遗址的初步分析》，《"早期中国的文化交流与互动——以长江三峡库区为中心"学术研讨会论文集》，科学出版社，2012年，第326~335页。

② "横栏山文化"遗址还包括马鞍山遗址、营盘山遗址下层、棲木沟遗址下层、德昌汪家坪和董家坡遗址和礼州遗址等，关于横栏山文化的论述详见刘弘：《丛山峻岭中的绿洲——安宁河谷文化遗存调查研究》，巴蜀书社，2009年；江章华：《安宁河流域考古学文化试析》，《四川文物》2007年第5期；周志清：《浅析安宁河流域新石器文化类型》，《成都考古研究》（一），科学出版社，2009年。

③ 成都文物考古研究所、凉山彝族自治州博物馆、会理县文物管理所：《2006年度会理县东咀遗址发掘简报》，《成都考古发现》（2006），科学出版社，2008年。

④ 凉山彝族自治州博物馆、凉山彝族自治州文物管理所：《一个考古学文化交汇区的发现——凉山考古四十年》，科学出版社，2015年，第125~126页。

⑤ 云南省文物考古研究所、大理州文物管理所、剑川县文物管理所：《云南剑川县海门口遗址》，《考古》2009年第7期；《云南剑川县海门口遗址第三次发掘》，《考古》2009年第8期。

⑥ 云南省博物馆：《云南宾川白羊村遗址》，《考古学报》1981年第3期。

⑦ 云南省文物考古研究所、大理市博物馆、大理市文物管理所、大理州文物管理所：《云南大理市海东银梭岛遗址发掘简报》，《考古》2009年第8期。

⑧ 云南省文物考古研究所、西北大学文化遗产学院、吉林大学边疆考古研究中心、永胜县文物管理所：《云南永胜县枣子坪遗址发掘报告》，《边疆考古研究》（第16辑），科学出版社，2014年。

⑨ 云南省文物考古研究所、中国社会科学院考古研究所云南工作队、成都市文物考古研究所、楚雄州博物馆、永仁县文化馆：《云南永仁菜园子、磨盘地遗址2001年发掘报告》，《考古学报》2003年第2期。

子遗址①，澜沧江中游的永平新光遗址②等。这些文化遗存都与卡若文化存在相似之处：如麦坪文化陶器中以罐、盆、钵（碗）为主体的组合，折卷边的口沿，压印纹和附加堆纹的纹饰，以及刮削器、尖状器、砍砸器，磨制石器中的磨制梯形石斧；横栏山文化陶器中的罐、盆、钵等器形，夹砂陶的陶质，刻划、压印和附加堆纹等纹饰，石器中的半月形石刀、磨制条形石斧；元谋大墩子遗址、永仁菜园子遗址大量夹砂陶的罐、盆、钵等器形，刻划、压印、附加堆纹等纹饰，石器中的柳叶形和三角形磨制箭镞、半月形石刀、梯形石斧和石锛、双刃石凿，以及骨锥、地面红烧土墙长方形平顶房屋；宾川白羊村遗址陶器中夹砂陶的小口罐、高颈罐等器形，刻划、剔刺、压印、附加堆纹等纹饰，石器中的半月形石刀、平背凹刃石刀、宽叶形石锛；永平新光遗址陶器上以刻划纹和附加堆纹为主的繁褥装饰传统以及半月形石刀、长条形或梯形石锛等似乎都是受了卡若文化的影响。

在距今约4000年左右西北向西南的文化传播中，主要表现为昌都卡若文化对西南的影响。川西南和滇西北地区诸文化遗存已经基本不包含彩陶，但是其罐、盆、钵等器类，与马家窑类型有若干联系，以附加堆纹、戳印纹和绳纹为主的装饰传统，以及半月形石刀、长条形或梯形石斧、石锛、盘状砍砸器、细石器等为代表的文化因素，则是卡若文化对西南文化影响的体现。在这一阶段，卡若文化向南传播可能有两条路线：西线沿澜沧江顺河而下拓展至中游河谷后，再以洱海湖滨盆地为据点，向金沙江中游河谷扩散；东线先向东抵达至大渡河上游（在前一阶段川西北彩陶文化的西传过程中，这条文化交流通道已经形成），再沿大渡河而下至中游的汉源等地，经安宁河流域扩散至金沙江中游地区。卡若文化传播过程中，大江大河的河谷地带为这些新石器时代居民的迁徙和文化互动提供便捷的通道，其文化因素也渗透到大江大河的支流，如安宁河流域的横栏山遗址、龙川江流域的大墩子遗址等。

三、"石棺葬"③的流行与南北文化的交融

"石棺葬"是指用石板或石块等石材搭砌而成的箱式葬具，并将死者和随葬品都放置在这种特殊的葬具内，再埋入地下竖穴土坑中的一种丧葬方式④。由于石棺葬大多分布在海拔较高的河谷山地，自然条件相对较差，加之与内地有高山阻隔，很快便成为一种具有强

---

① 云南省博物馆：《元谋大墩子新石器时代遗址》，《考古学报》1977年第1期。

② 云南省文物考古研究所、大理州文物管理所、永平县文物管理所：《云南永平新光遗址发掘报告》，《考古学报》2002年第2期。

③ "石棺葬文化"有别于考古学中常见的"某某文化"，因为不同时代、不同地域、不同民族都有可能采用石棺为葬，其所反映出的文化面貌是极其丰富多彩的，很难用笼统的"石棺葬文化"这个术语来加以涵盖，本文的"石棺葬"指的是采用石棺为葬的丧葬习俗，其载体我们称之为石棺墓。

④ 罗二虎：《文化与生态、社会、族群：川滇青藏民族走廊石棺葬研究》，科学出版社，2012年。

烈边地色彩的文化现象。

石棺葬这种葬俗在西北地区和横断山区流行广泛。西北地区的石棺墓最早见于马家窑文化，青海同德县宗日墓地[①]、甘肃景泰县张家台半山文化类型墓地[②]、兰州焦家庄和十里店遗址[③]等马家窑文化的墓地均有发现，在青海和甘肃境内的湟水流域发现有零星的辛店文化石棺墓[④]，青海刚察县砖瓦厂发现卡约文化石棺葬墓地[⑤]；横断山区在青衣江、岷江、金沙江、雅砻江、大渡河、澜沧江等流域均有石棺墓分布，其中岷江上游地区最为密集[⑥]。

由于西北地区发现的石棺墓年代很早，所以以往的研究者多倾向于将横断山区的石棺墓都与之相联系，认为其可能系西北地区氐羌系民族南下所遗留下来的古代遗存。但值得注意的是，近年来在横断山区的一些发现，表明西南地区的石棺墓同样可以早到新石器时代晚期。如汉源县麦坪遗址2007年度[⑦]、2010年度[⑧]均发现石棺墓，前者地层关系明确，年代定为距今5000—4500年之间，后者则在距今4500—4000年之间；金沙江中游的大墩子文化早期石棺墓，年代大体在距今4403—3259的范围之内或稍晚[⑨]；大凉山腹地的各则羊棚石棺墓，年代在距今4050—3670年之间[⑩]。

在横断山脉地带的南、北两端，都发现有一批早期的石棺墓葬，这对我们进一步深入讨论这个区域史前时期考古学文化及其与西北、西南古代民族之间的相互关系具有重要的意义。从石棺墓的分布地域上来看，新石器时代的石棺墓不仅发现于我国西北、西南地区，在东北地区也有发现，其分布的地域极为广阔，通过随葬器物所反映出来的考古学文化因素也各具特点，并非是一种单一的、一源的文化遗存，故很难说石棺葬就一定是循着某一特定的路线，采取"从某地传播至某地"的单线传播模式，而完全有可能是原始居民在各自所处自然环境的基础上，独立起源和发生起来的。

横断山区盛产的页岩非常适合于制作石棺，加上石料较木材更为坚固耐用，且耗费的

---

① 格桑本：《宗日墓地石棺葬的问题》；格桑本、陈洪海主编：《宗日遗址文物精粹论述选集》，四川科学技术出版社，1999年，第13~17页。

② 甘肃省博物馆：《甘肃景泰张家台新石器时代的墓葬》，《考古》1976年第3期。

③ 甘肃省博物馆文物工作队：《甘肃兰州焦家庄和十里店的半山陶器》，《考古》1980年第1期。

④ 高东陆、吴平：《青海境内发现的石棺葬》，《青海考古学会会刊》1984年第6期；甘肃省文物考古研究所：《兰州红古下海石——新石器时代遗址发掘报告》，科学出版社，2008年，第165~168页。

⑤ 王武：《青海刚察县卡约文化墓地发掘简报》，《青海文物》1990年第4期。

⑥ 阿坝藏族羌族自治州文物研究所、成都文物考古研究所：《中国西南地区石棺葬文化调查与发现（1938-2008）》，四川大学出版社，2009年。

⑦ 四川省文物考古研究院等：《四川汉源县麦坪新石器时代遗址2007年的发掘》，《考古》2008年第7期。

⑧ 四川大学历史文化学院考古学系等：《四川汉源县麦坪遗址B区2010年发掘简报》，《四川文物》2013年第1期。

⑨ 罗二虎：《文化与生态、社会、族群：川滇青藏民族走廊石棺葬研究》，科学出版社，2012年，第207页。

⑩ 凉山彝族自治州博物馆、四川大学历史文化学院考古学系、昭觉县文管所：《四川省昭觉县四开乡两处石棺墓地的清理》，《考古》待刊。

人力也较少，使得石棺葬很快在这一地区普及开来。我们认为，虽然西北地区和横断山区的早期石棺墓是独立起源的，但是其反映出的考古学文化交流与互动并非没有线索可寻。川西北岷江上游年代偏早的石棺墓主要随葬双耳罐、豆、长颈壶等，大多素面无纹，造型和器类组合与甘南一带寺洼文化的随葬陶器相近；葬俗上看，横断山区的一些石棺墓中"乱骨葬"①的埋葬习俗，与甘青地区有着相似之处，如会理小营盘墓地②M13、M15墓主人的头骨被放在腹部，可能是割头葬俗，这种"割体"葬俗多见于青海卡约文化的墓葬中③。

　　西北和西南早期的石棺墓发现于新石器时代，在其发展之初，依然保持着自身的发展体系，距今3000年左右进入到青铜时代之后，横断山区使用石棺葬俗的这些古代民族与西北民族之间频繁进行着交流与互动，相互间的影响和联系也在更为广阔的空间展开，彼此之间通过交流与融合产生了更多的共性。在大体相同时期不同地域的石棺墓中，出现了更多相似的文化因素，主要表现在双耳陶罐和青铜双环首式短剑、"山字格"铜柄铁剑、铜泡饰、铜牌饰等器物在石棺墓中的频繁出现，虽然形制各异，质地也各有优劣，但却往往表现出一些共性，其中最为突出的是川西北发现的双大耳陶罐普遍采用流线型宽銎大耳，器口侧视略微向内凹、俯视椭圆形或菱形（即核桃形），腹部磨压盘曲螺旋大羊角暗纹或捏塑牛头纹，常见刻划"文字"或"符号"现象，这也是甘南和陇南地区寺洼文化陶器的普遍特征，都具有浓厚北方草原游牧民族的特点。

　　不同地域产生共同文化因素的原因，应当是不同的古代民族之间的迁徙移动，而这种迁徙移动的主要通道和走廊，从石棺墓的分布与文化特征上来看，则主要应是横断山区南北走向的峡谷和"坝子"。而这一阶段文化扩散的线路无论是从广度上，还是从深度上，都明显大大超过了早期阶段。早期文化交流的主导方向是南向，这一阶段在原有通道的基础上，一些文化因素还存在向北传播的可能性。

四、结语

　　横断山区高山峡谷间分隔出的山间盆地和平坦河谷是中国西部的民族文化走廊，上述考古发现证实，从甘肃南部经川西北至西南的这条历史大通道早在公元前4世纪便已凿通，这条通道被先民开拓以后，其后继者不断拓展。古代人群通过此走廊南北迁徙，一波一波的，并持续到晚近的历史时期，未曾中断。马家窑的彩陶文化从甘肃中南部向西南挺进至四川西北部，再深入影响西藏东南部而形成卡若文化，卡若文化是在本地土著文化基础上

---

① 也称二次葬、二次扰乱葬、二次捡骨丛葬、割体葬等。
② 昆明市博物馆、禄劝县文物管理所、凉山州博物馆、会理县文物管理所：《金沙江中游地区两处新石器时代石棺葬的发掘》，《考古》2007年第11期
③ 李国林、卢耀光：《卡约文化的葬式》，《青海考古学会会刊》1981年第3期。

吸收了彩陶文化孕育而成，在西南横断山区具有较强的适应性，继续向川西南和滇西北地区渗透。卡若文化因素传播过程中，大江大河的河谷地带依然是先民迁徙和文化互动的便捷通道，某些大江大河的支流也成为文化交流通道的关键。随着西北先民的不断向南迁徙，西南地区某些融合了氐羌系民族的古代先民，结合当地自然环境产生的以石棺为葬的埋葬习俗，很快在西南普及开来，成为一种流传甚广的葬俗。使用石棺葬的这些古代民族之间、与西北民族之间都不断地进行交流与互动，青铜时代的先民具备了大规模迁徙移动的需求和能力，因而比早期扩散范围更广。

古代民族在不同的历史时期、通过不同的交通路线、采取不同的传播方式在横断山区迁徙移动，南北文化交流融合也波浪式地在此区域不断向前推进。目前横断山区发现的考古材料所反映出的南北文化通道还是粗线条的，我们从中窥见的只是波澜壮阔场景中的冰山一角，有待于今后更多考古材料的进一步充实。

南方丝绸之路地区考古出土的外来之物

肖明华　云南省文物考古研究所 研究员

排禄仙 / Danmo lahpai jabon　云南德宏傣族景颇族自治州文物管理所

摘　要：南方丝绸之路是文献记载中西汉与身毒、大夏进行商业贸易的一条重要通道，从考古材料上发现，蒜瓣纹盒、蚀花肉红石髓珠、海贝是南方丝路地区主要的外来传入品。蒜瓣纹盒源于古波斯安息，其蕴藏的文化和思想经过大夏、身毒传入西南夷地区被滇人工匠所领会并加以仿制。蚀花肉红石髓珠的传入说明西南夷与巴基斯坦、印度存在宝石贸易或宝石加工技术的交流。通过对南方丝路地区海贝年代、种属，南丝路地区现代民族用贝现状及其关系的分析，得出南方丝绸之路应是一条从四川至西亚的重要文化交流与商业贸易通道，这种交往从商代就已开始，并延续至今。

关键词：南方丝绸之路　蒜瓣纹盒　蚀花肉红石髓珠　海贝

西汉司马迁在《史记·西南夷列传》中说："及元狩元年（前122），博望侯张骞使大夏（今中东地区），言昌大夏时见蜀布、邛竹杖，使问所从来，曰'从东南身毒国，可数千里，得蜀贾人市。'或闻邛西可二千里有身毒国（今印度）。"《汉书》也有相同的记载。文献记载了西汉时期通过南丝路，经身毒国贸易到大夏的商品有蜀布和邛杖，那么，通过这条路来到蜀、西南夷的物品又是什么呢？文献虽没有记载，但是，从考古材料中可见到以下三类。

一、蒜瓣纹盒

在我国有3个地方考古出土过蒜瓣纹盒。一是云南晋宁石寨山滇王及其贵族墓地出土2件，而且两件形状相同，大小相近，表面呈锡色，也有称为凸泡纹镀锡铜盒，所不同的是M12：33盖饰三豹，高12.5厘米、口径13.4厘米、腹径14.2厘米、足径7厘米（图一，2）；M11：16盖饰鸳鸯[①]（图一，3；图二，1），器略扁。二是广州南越王墓出土1件，盒高12.1

[①] 云南省博物馆编：《云南晋宁石寨山古墓群发掘报告》，文物出版社，1959年。

1　　　　　　　　　2　　　　　　　　　3

图一　滇粤出土的蒜瓣纹盒

1.银盒（南越王墓D2）　2、3.银盒（石寨山M12：33，M11：16）

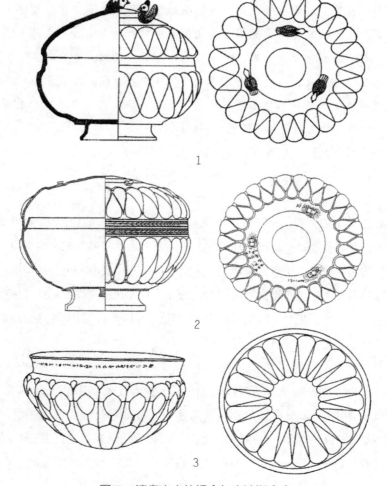

1

2

3

图二　滇粤出土的银盒与古波斯金盒

1. 银盒（石寨山M11：16）　2. 银盒（南越王墓D2）　3. 金盒（古波斯薛西斯王）

厘米、口径13厘米①，盖上饰三个银锭锭纽，出土时内装药丸（图一，1；图二，2）。三是山东临淄齐王墓陪葬坑出土1件。

这三件盒型状相同，大小相近，质地和装饰有别。研究认为，这类盒的祖型是古波斯安息的银筐罍（薛西斯一世，前486—前465。图二，3），山东临淄和广州南越王墓出土者是银器，是通过海路传入的安息银器，而云南石寨山出土者是"经加工添改后的式样仿制品"②。滇人工匠仿制喜好的银器，说明这类器物蕴藏的文化和思想已交流至滇人中，而这种交流很可能是经过大夏、身毒传入。

二、蚀花肉红石髓珠

石髓也称为玉髓，是石英的隐晶质亚种之一，蜡状光泽，半透明，硬度7，有不同的颜色，肉红石髓是其中之一，有层纹的则称为玛瑙，在考古报告中多归为玛瑙类。在肉红色石髓上烧上花纹，则称蚀花肉红石髓珠。此类珠已早有学者关注③。据英国人麦凯（E. Mackay）在20世纪30年代调查巴基斯坦信德省的萨温城（Sehwan in Sindh）的一个老工人而知，其制作方法，是用一种当地的野生白花菜（Capparis aphylla）嫩茎浆糊和少量的洗涤碱（碳酸钠）溶液混合成半流体状的浆液，用笔将这颜料绘画于石珠上，熏干后埋在木炭余烬中，加热约五分钟后取出，冷却后用粗布加以疾擦，即得光亮的蚀花石珠。

后来麦凯自作试验，将操作过程稍加改变，他用少量铅白（碳酸铅）代替白花菜浆糊，将绘制后的石珠放在坩埚中或其他容器中，放在木炭炉或酒精灯上加热，也制成这种珠。

印度的德里（Dehli）和康本拜（Cambay）从前也有制造这种蚀花肉红石髓珠。在印度的石珠制造场中，这种石珠如果蚀花后由于加热时间过长，以致肉红石髓褪色而不透明，则可以使用一种含有氧化铁的涂料，涂在白色花纹以外的其余褪色的地方，然后重新加热，这些褪色的部分便会吸收氧化铁而恢复其失去的红色，使之与白色花纹成鲜明的对比。

据英国人培克（H. C. Beck）的研究，蚀花肉红石髓珠盛行于3个时期，即早期（前2000以前）、中期（前300—200年）、晚期（600—1000）。在我国，早期的肉红石髓珠无出土，而考古出土者为中期。在昔西南夷地区，见于报道的考古出土肉红石髓珠的地点有4个，其他的可能没有报道，或报告中归入玛瑙类，没有甄别出来。

---

① 广州市文物管理委员会等：《广州南越王墓》，文物出版社。
② 孙机：《滇文物小记》，中国国家博物馆、云南省文化厅编辑：《云南文明之光》，中国社会科学出版社，2003年。
③ 作铭：《我国出土的蚀花的肉红石髓珠》，《考古》1974年第6期。

图三　南方丝绸之路地区出土的石髓珠

1、2、3、4. 蚀花肉红石髓珠（云南李家山M68：21　3、M69：67　2、M47、石寨山M13）　5、6、7. 石髓珠（云南石寨山M13）　8、9、10. 石髓珠（贵州赫章可乐M271：19、M271：27、M274：29）

（一）四川盐源老龙头墓^①

老龙头墓地发掘中，报道M6中出土玛瑙珠8粒，由照片观察，其中有肉红石髓珠。

（二）云南晋宁石寨山滇墓^②

晋宁石寨山第五次发掘中，有肉红石髓珠13件，但其上无蚀花，报告归在玛瑙类。第二次发掘已有出土，但未细分，统归入玛瑙，在图录中可见1件蚀花肉红石髓珠^③，是第13号墓出土，呈枣核状，长3.2厘米，中央部分直径0.95厘米，两端直径较细，而且两端截平。纹饰有10道平行线纹，分为4组，中央两组各3道线，两端的各2道线（图三，4）。因为是化学腐蚀显花，显呈白色，不透明。线条有笔划的风味，不像玛瑙石的天然条纹那样均匀平齐。另还有未蚀花的石髓珠（图三，5，6，7）。

（二）云南江川李家山墓地^④

李家山第二次发掘中出土蚀花肉红石髓珠16件（图三，1，2，3）。大者M69：67-2，长6.1厘米，径2.2~2.3厘米，孔径0.8厘米，其上有平行弦纹2组，每组4道。M68：1-3，7件，长1~2.2厘米，径1~0.7厘米，孔径0.1厘米。其上弦纹有两组4道者3件，二组6道者1件，二组5道者1件、3道者2件。李家山第一次发掘中，也有类似的器物出土，但没有细分，而归入玛瑙珠类。

（四）贵州赫章可乐夜郎墓^⑤

赫章县可乐汉墓已发掘多次，出土石髓的墓有2座（图三，8、9、10）。M271出土白石髓1件（M271：19），肉红石髓2件（M271：27、28）。M274墓出土白石髓1件（M274：65），肉红石髓2件（M274：29、66）。蚀花石髓珠未发现。此二墓的年代确定为西汉早期。

类似的器物在泰国北碧府的班东枚菲遗址出土50余枚，还有数百件素面玛瑙珠，其情况与石寨山、李家山相同，年代也相当。

南丝路地区出土蚀花肉红石髓珠的地点少，出土石髓珠的墓数量也少，由此看来，此类器物非本地制作，当是传入品，如果不是器物的直接传入，也当是技术的传入，这说明当时西南夷与巴基斯坦、印度存在着宝石贸易，或许是宝石加工技术的交流^⑥。

---

① 凉山彝族自治州博物馆、成都市文物考古研究所：《老龙头墓地与盐源青铜器》，文物出版社，2009年。
② 云南省文物考古研究所等：《晋宁石寨山第五次发掘报告》，文物出版社，2009年，第7页，彩版九九，2图2件，4图1件，5图2件，彩版一〇〇，1图6件，2图2件。
③ 中国国家博物馆、云南省文化厅编辑：《云南文明之光》，中国社会科学出版社，2003年，第182页。
④ 云南省文物考古研究所等：《江川李家山》，文物出版社，2007年，第7页，彩版一七六，5、6。
⑤ 贵州省文物考古研究所编：《赫章可乐2000年发掘报告》，文物出版社，2008年，第295页、309页。
⑥ 米·皮拉左里：《滇文化中的贝和铜钱》，《云南民族学院学报》1994年第1期。

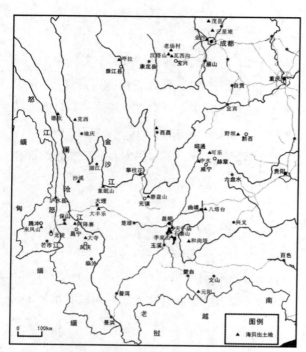

图四　南方丝绸之路地区出土海贝地点位置示意图

三、海贝

（一）海贝的考古情况

海贝是考古出土中数量最多的一种。据考古调查和考古发掘材料而知，出土海贝的地点有20余处（图四）。（1）确定为商周时期的地点有以下几处：

四川广汉三星堆祭祀坑出土海贝计4658枚（表一）。其中，有78枚置于3个铜头像中（图五，1、2、3），有3087枚置于3个铜尊和1个铜罍容器中（图五，4、5、6），有1493枚散落于一个坑中。海贝鉴定为环纹贝、货贝、虎斑贝，以环纹贝为多，年代确定为公元前11--前10世纪，即中国的商代晚期至周代初期[1]，这是目前发现的西南地区出土的年代最早的海贝（图五，7、8、9）。

表一　四川三星堆古蜀人祭祀坑出土海贝统计表

编号	容具	贝数	合计	年代
K1—3	铜头像	16	140	
K1—6	铜头像	20		
K1—11	铜头像	42		
K1—258	龙虎尊	62		
K2—129	铜尊	935	4518	
K2—146	铜尊	602		
K2—103	铜罍	1488		
K2	不明	1493		
总计			4658	

注：K1为一号坑，K2为二号坑。

四川成都金沙村遗址发掘出土的有海贝形玉饰（图五，10）、海贝形玛瑙饰。海贝形

① 四川省文物考古研究所编：《三星堆祭祀坑》，文物出版社，1999年。

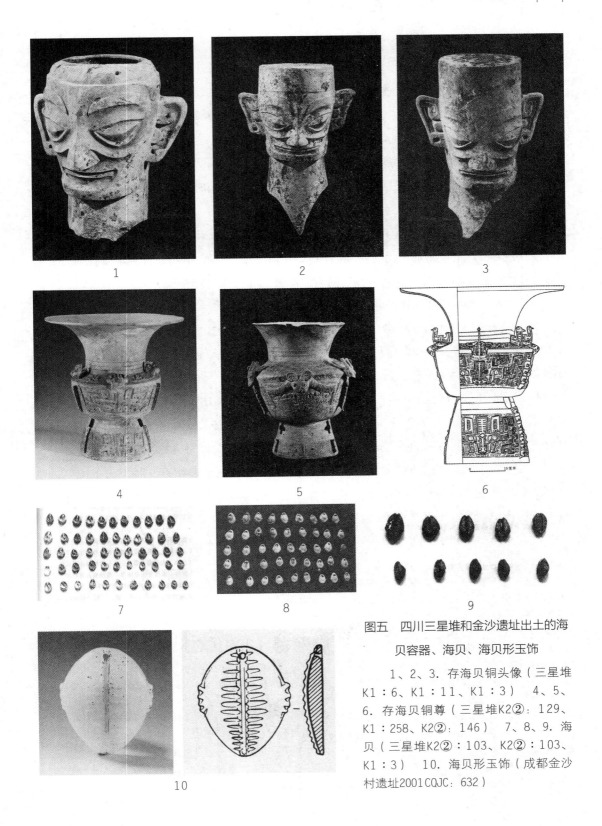

图五　四川三星堆和金沙遗址出土的海
　　　贝容器、海贝、海贝形玉饰

　　1、2、3. 存海贝铜头像（三星堆
K1：6、K1：11、K1：3）　4、5、
6. 存海贝铜尊（三星堆K2②：129、
K1：258、K2②：146）　7、8、9. 海
贝（三星堆K2②：103、K2②：103、
K1：3）　10. 海贝形玉饰（成都金沙
村遗址2001CQJC：632）

饰件均是用圆雕的方法制成，背面隆凸，腹面中央有一条沟，两边有贝齿纹，整个饰件与海贝极为相似。出土的海贝形饰件顶端有一小孔，作穿系用，也说明这类器物是用作装饰的。金沙遗址的年代确定为商代晚期到西周早期[①]，其出土的海贝形饰件的年代也应相同。金沙遗址的发掘进一步说明，今成都及其周围一直是古蜀国都城所在，而金沙村遗址"有可能是这个古王国在商代至西周时期的都城所在"[②]。

云南元谋磨盘山遗址的发掘中，M4出土完整海贝8枚，海贝出土时与珠饰置于颈部，海贝的背被削弃，仅存腹部（图八，3）。墓葬年代确定为青铜时代早期，估计为商代末期或周代初期。

云南克乡石棺墓地[③]发掘墓葬43座，仅有一座墓（M5）出土海贝7枚，海贝背部缺。用碳14对布独M2人骨测定年代为公元前1008—前833年，对布独M6人骨测定年代为公元前986—前813年，确定墓葬的年代为西周时期，即公元前11—前7世纪。

（2）确定为春秋至汉代的地点有以下几处：

四川茂县城关石棺墓地[④]清理石棺墓葬46座，在二类的27座墓葬中出土海贝260枚，其中少者出5枚，多者出43枚，海贝一端有一圆孔，出土时，有绳线串连，置于胸前，墓葬的年代确定为战国至西汉时期，即公元前475至公元25年。

四川宝兴县老场村石棺墓[⑤]先后发掘两次，清理石棺墓108座，有6座墓出土海贝，其中M1出土海贝20枚，海贝背缺，并串在一起；M33出土海贝2枚；M55出土海贝1枚，M19、M40、M98出土海贝数量不明。墓葬的年代确定为东汉，即公元25—220年。

四川宝兴县汉塔山墓地[⑥]发掘土坑积石墓65座，这些墓地表积石，其下为土坑墓，仅M24出土海贝1枚和珊瑚珠一串24枚，海贝背部缺，墓葬的年代确定为战国中晚期，即公元前3—前2世纪。

四川宝兴县瓦西沟石棺墓地[⑦]发掘石棺墓7座，仅M1出土海贝40枚，保存完整者有30

① 成都市文物考古研究所、北京大学考古文博院：《金沙陶珍——成都市金沙村遗址出土文物》，文物出版社，2002年，第158页。

② 俞伟超：《金沙陶珍序》，成都市文物考古研究所、北京大学考古文博院：《金沙陶珍——成都市金沙村遗址出土文物》，文物出版社，2002年，第1页。

③ 云南省文物考古研究所：《云南中甸县石棺墓》，《考古》2005年第4期。

④ 四川省文管会、茂汶县文化馆：《四川茂汶羌族自治县石棺葬发掘报告》，《文物资料丛刊》（1），文物出版社，1983年。

⑤ 宝兴县文化馆杨文成：《四川宝兴县石棺墓》，《考古与文物》1983年第6期；四川省文物管理委员会、宝兴县文化馆：《四川宝兴陇东东汉墓》，《文物》1987年第10期。

⑥ 四川省文物管理委员会、雅安地区文管所、宝兴县文管所：《四川宝兴汉塔山战国土坑积石墓发掘报告》，《考古学报》1999年第3期。

⑦ 宝兴县文化馆：《四川宝兴县汉代石棺墓》，《考古》1982年第4期。

图六　云南晋宁石寨山出土的贮贝器和海贝

1. 铜叠鼓形贮贝器（石寨山M71：142）　2. 铜贮贝器（M71：133）　3. 铜鼓形贮贝器
（M12：2）　4. 纺织场面贮贝器（M1）　5. 石寨山出土的海贝（M71：142，左：背面，右：腹面）

枚，贝背有朱红色，墓葬的年代确定为西汉，即公元前2—前1世纪末。

四川雅江县呷拉石棺墓地①发掘石棺墓葬8座，仅M4出土海贝1枚，海贝完整，一端有一圆孔，形状为环纹贝，墓葬的年代确定为战国中晚期，即公元前3—前2世纪。

四川炉霍县卡莎湖石棺墓地②发掘石棺墓275座墓，有6座出土海贝37枚，其中M26出土21枚，M14出土11枚，M62出土2枚，M11、M64、M182墓各出土1枚。这些海贝保存完整，墓葬的年代确定为春秋战国时期，即公元前7—前2世纪。

四川凉山昭觉清理20座墓③中，M11出土海贝1枚。墓葬年代确定为战国到西汉早期。

云南晋宁石寨山滇王及贵族墓地④先后发掘5次，清理出墓葬86座，有17座墓中出土海贝，这些海贝置于52件容器中（表二，图六）。在M13中，出土的7件贮贝器中不仅装满了贝，还出土半两铜钱3枚。M6出土一枚金质蛇纽汉篆"滇王之印"金印，说明此墓地是滇王及其贵族墓地，与《史记·西南夷列传》所记滇的史实甚相符，其墓葬和出土物年代确定为战国至西汉时期，即公元前475至公元25年，出土海贝的墓葬的年代为西汉中期以前。

表二　云南晋宁石寨山出土海贝统计

墓数	年代	容具						铜贝	备注
		鼓	鼓贮	叠鼓	桶贮	洗贮	墓内		未计数和说明
17	战国至西汉	22	2	2	25	1	?	无	

云南呈贡天子庙墓地⑤先后进行了3次发掘，清理墓葬62座，仅有M41出土海贝1500枚，装于2个桶形贮贝器中（图八，1，2），有一件贮贝器空置，墓葬的年代确定为战国中期，即公元前3世纪。

---

① 甘孜藏族自治州文化馆、雅江县文化馆：《四川雅江呷拉石棺葬清理简报》，《考古与文物》1983年第4期。

② 四川省文物考古研究所、甘孜藏族自治州文化局：《四川炉霍卡莎湖石棺墓》，《考古学报》1991年第2期。

③ 凉山彝族地区考古队：《四川凉山昭觉石板墓发掘简报》，《考古学集刊》（第1集），中国社会科学院出版社，1981年。

④ 云南省博物馆考古发掘工作组编：《云南晋宁石寨山古遗址及墓葬》，《考古学报》1956年第1期；云南省博物馆编：《云南晋宁石寨山古墓群发掘报告》，文物出版社，1959年；云南省博物馆组编：《云南晋宁石寨山第三次发掘》，《考古》1959年第9期；云南省博物馆编：《云南晋宁石寨山古墓群第四次发掘简报》，《考古》1963年第9期。云南省文物考古研究所等：《云南晋宁石寨山第五次抢救性清理发掘简报》，《文物》1998年第6期；云南省文物考古研究所等：《晋宁石寨山第五次发掘报告》，文物出版社，2009年。

⑤ 云南省博物馆文物工作队：《云南呈贡天子庙古墓群的清理》，《考古学集刊》，1983年。昆明市文物管理委员会：《呈贡天子庙滇墓》，《考古学报》1985年第4期；昆明市文管会：《呈贡天子庙古墓群第三次发掘简报》，《云南文物》第39期，1994年。

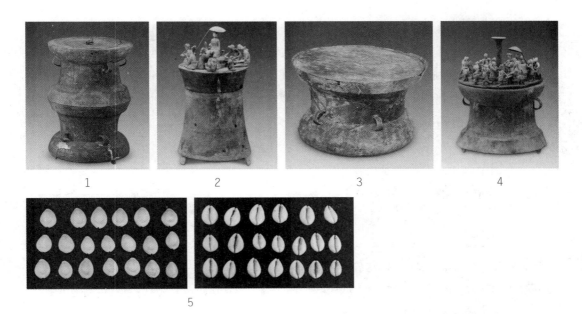

图七　云南江川李家山出土的贮贝器和海贝

1．铜叠鼓形贮贝器（M69：163）　2．铜纺织场面贮贝器（M69：139）　3．铜鼓贮贝器（M68：287）　4．祭祀场面贮贝器（M69：157）　5．海贝（左：背面，右：腹面）

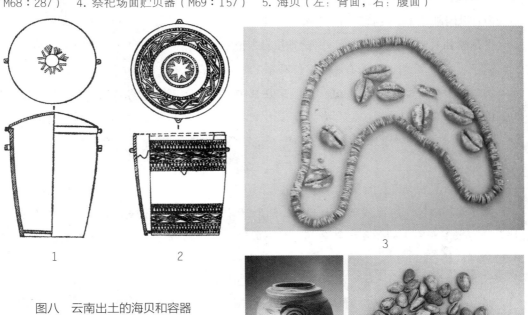

图八　云南出土的海贝和容器

1．贮贝铜桶（呈贡天子庙M41：100）　2．贮贝铜桶（呈贡天子庙M41：101）　3．海贝和骨珠（元谋磨盘山M4）　4．火葬罐、海贝（大理大丰乐火葬墓M369：1、2）

云南江川李家山墓地①先后发掘两次，清理古墓葬88座，有17座墓出土海贝，其中，有15件容器中装满海贝，有5座墓无容器，而是放于墓中西北角或墓底（表三，图七），特别是M68，出土的鼓形贮贝器中不仅装满海贝，还出土五铢铜钱54枚、铜海贝16枚。M51，出土的桶形贮贝器中装满海贝，内还存铜海贝24枚。出土海贝的墓葬的年代确定为春秋至西汉时期，即公元前5—前1世纪。

表三　云南江川李家山出土海贝统计

墓数	年代	容具						铜贝	备注
		鼓	鼓贮	叠鼓	桶贮	洗贮	墓内		容器装满，或堆
17	战国至西汉	2	3	1	9	0	有	40	墓内，或箱底

云南剑川鳌凤山墓地②发掘墓葬217座，有3座墓出土海贝47枚，其中，1枚保持原状，44枚贝背缺，出土时均置于头部。墓及出土物的年代确定为战国时期，即公元前4—前2世纪。

凤庆县大寺乡丫口子村民在耕地中发现编钟2件，交县文物管理所藏。出土时，其中1件内有28枚大小不同海贝，贝穿孔。编钟年代确定为西汉时期。

云南德钦纳古石棺墓③发掘石棺墓23座，仅有M5出土海贝1枚，海贝的背缺，墓葬年代确定为春秋时期，即公元前7—前5世纪。

贵州黔西县野坝和罗布垮汉墓④清理汉墓7座，在石棺墓M2中，出土海贝30多枚，贝壳长约2厘米，背面磨平，中间有圆孔，作穿系之用，此墓的年代确定为东汉中晚期。

贵州威宁县中水清理墓葬36座⑤，其中在梨园工区M27出土的2件残损铜杯形容器贮海贝20多枚，梨园工区T3地层中也有海贝零星出土。出土的海贝形态、大小不同，有的钻一小孔，有的背面磨平，有的保存海贝的原形。这些海贝长2.3~2.8厘米。墓葬的年代可能为西汉早期。

贵州赫章县可乐⑥发掘多次，明确出土海贝的墓有4座。M274出土海贝1枚（M274：61），贝呈灰白色，边缘残破，上端有一圆形穿（长2.2厘米、上宽1厘米、下宽1.5厘米、孔径0.3厘米）。出土时位于死者颈部，与玛瑙管、铜铃、骨珠等伴出。在该墓出土的铜釜

① 云南省博物馆：《云南江川李家山古墓群发掘报告》，《考古学报》1975年第2期；云南省文物考古研究所等：《云南江川李家山古墓群第二次发掘简报》，《考古》2001年第12期；云南省文物考古研究所等：《云南江川李家山》，文物出版社，2008年。
② 云南省文物考古研究所：《剑川鳌凤山古墓发掘报告》，《考古学报》1990年第2期。
③ 云南省博物馆文物工作队：《云南德钦县纳古石棺墓》，《考古》1983年第3期。
④ 贵州省博物馆：《贵州黔西县汉墓发掘简报》，《文物》1972年第11期。
⑤ 贵州省博物馆考古组威宁县文化局：《威宁中水汉墓》，《考古学报》1981年第2期。
⑥ 贵州省文物考古研究所编：《赫章可乐2000年发掘报告》，文物出版社，2008年，295页、309页。

（M274：87）虎耳的虎颈部饰项圈，在项圈后部是6个方块，每一方块饰海贝纹1个。饰海贝纹项圈也见于徐州狮子山西汉楚王陵墓出土的狮子。此墓的年代测定为2407±35BP（前457±35），为战国早期。M298出土海贝2枚，置于死者右手铜镯边，朽坏严重。此墓的年代测定为2430±40BP（前457±35），为战国早期。M373出土海贝约10枚，出土时与胸部珠饰在一起，大部分朽碎，完整者均无背。M374出海贝约8枚，情况与M373墓出土者相同。二墓年代与前二墓应相同。可乐墓出土海贝为环纹贝，出土时多朽碎，完整者无背，说明是用来做装饰的。

西汉以前出土海贝的地点还有四川省的普格瓦打洛、汉源桃坪村1号汉墓、盐源毛家坝石棺墓。

（3）确定为唐宋以后的地点有以下几处：

四川西昌火葬墓发现6处，分布于西昌市郊，有北山、小山、桑坡、姜坡、杨家坟、新村，随葬品中有海贝发现，这些墓葬的年代确定为唐宋时期[1]。

云南曲靖八塔台墓地[2]先后发掘了8次，仅在二号墩上部清理火葬墓304座，其中有90座墓出土海贝571枚，另有3座墓有海贝，但数量不明，其中M144中，除出土7枚海贝，还有"熙宁重宝"铜钱1枚（1068—1077，北宋），确定火葬墓的年代为元代至明代时期，即公元12—16世纪。

云南大理大丰乐先后发掘火葬墓966座[3]，其中有7座墓出土海贝129枚，另有6座墓有海贝，但数量不明。M369中不仅有海贝，还出"弘治通宝"（1488—1505，明）铜钱6枚（图八，4）。出土的海贝保存原状。墓葬的年代确定为明代，即公元13—16世纪。

云南泸西县和尚塔发掘火葬墓201座[4]，有42座墓出土海贝计340枚，另有51座墓有海贝，但数量不明。M021，出土海贝4枚，还出"圣宋元宝"铜钱2枚。M035，出土海贝6枚，还出"弘治通宝"铜钱1枚。M039出土海贝同时，还出"元祐通宝"铜钱1枚（1086—1094，北宋），确定出土海贝的墓葬及其随葬物年代为元代至明代，即公元13—16世纪。

云南鹤庆象眠山发掘火葬墓2367座[5]，其中有479座墓出土海贝，占总墓数的20.24%，

① 凉山彝族自治州博物馆、凉山彝族自治州文物所：《一个考古学文化交汇的发现——凉山考古四十年》，科学出版社，2015年，第458页。

② 王大道：《云南曲靖珠街八塔台古墓群发掘简报》，《云南考古文集》，云南民族出版社，1998年。云南省文物考古研究所编著：《曲靖八塔台与横大陆》，科学出版社，2003年。

③ 云南省文物考古研究所、大理市博物馆：《大理大丰乐》，云南科技出版社，2002年。

④ 云南省文物考古研究所、红河州文物管理所、泸西县文化馆：《云南泸西县和尚塔火葬墓的清理》，《考古》2001年第12期。

⑤ 云南省文物考古研究所、大理白族自治州文物管理所、鹤庆县文物管理所：《鹤庆象眠山墓地》，文物出版社，2009年。

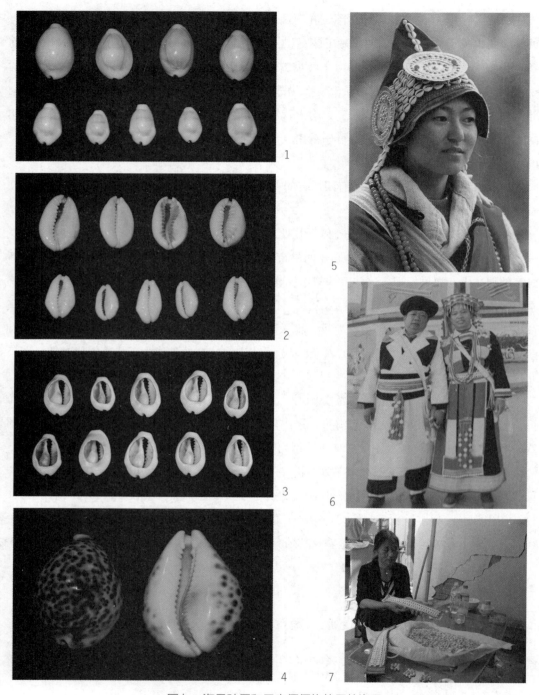

图九　海贝种属和云南傈僳族使用的海贝

1. 环纹贝背部（上）和货贝背部（下）　2. 环纹贝腹部（上）和货贝腹部（下）　3. 削弃背部的环纹贝　4. 虎班贝　5. 云南维西县傈僳族妇女的海贝贝帽　6. 云南盈江县傈僳族余兴聪的海贝服饰　7. 云南盈江县傈僳族熊玉聪贩卖的海贝和海贝带饰

但墓中海贝数量未清点，这些墓葬的年代确定为明代至清代早期，即公元13—17世纪。

云南昌宁县阿降寨发现火葬墓一座[①]，出土海贝21枚，其中1枚残缺，2枚完整，18枚背部被削弃。

云南昌宁县广邑村发现火葬墓1座[②]，出土海贝4枚，其背部均有孔，其孔2枚规整，2枚不规整。

据考古发现的材料看，出土的海贝集中于商周、战国秦汉、唐宋元明等三个阶段，分布范围集中于古蜀国、西南夷君长国、南诏大理国。古蜀地区出土的海贝其年代最早，其次是西南夷地区，最晚的是元明云南地区；出土的海贝分属于环纹贝、货贝和虎斑贝，以环纹贝为最多；海贝只出于特殊墓葬和重要遗址中。

（二）海贝的种属

现代生物研究认为，古代和现代俗称的环纹贝、货贝生物分类属于：动物界（Animalia）→软体动物门（Mollusca）→腹足纲（Gastropoda）→中腹足目（Mesogastropoda）→宝贝科（Cypraeidae）→货贝属（Monetaria），其下有许多种。

环纹贝又称环纹货贝、金环宝螺、白贝齿，学名：Monetaria annulus，旧名Cypraea annulus。环纹海贝的主要特征是背部有一圈黄色的弦纹，故称环纹海贝。海贝的壳坚固，形状近卵圆形，背部中央突起，两侧低平。在贝壳后缘，约壳长1/3处，骤然扩展形成结节。贝壳表层全部被珐琅质遮盖，背面为鲜黄色、黄白色或其他颜色。腹部呈白色，中央有一条纵沟，沟两边各有12枚左右的小齿，据此，又称白贝齿。壳长约2.7厘米，宽2厘米米，高1.35厘米（图九，1上，2上）。

货贝俗称黄宝螺，学名：Cypraea moneta，Monetaria moneta Linnaeus。货贝的主要特征是背部有形如汉字"贝"的花纹，故称货贝。此种贝的形状与环纹贝相同，只是背部纹样有别（图九，1下，2下）。

虎斑贝又称虎皮斑纹贝，因为上面布满了黑色斑点，酷似美洲虎的斑纹，所以又称"虎皮斑纹贝"。其贝壳光泽夺目，又名黑星宝螺。虎斑学名：Cypraea tigris，英文名称：Tiger Cowrie，属：腹足纲→宝螺科→宝螺超科。贝壳大而重，背圆膨，腹部扁平或微凹。壳表底色为白色，花纹图案分两层，下层为浅蓝灰色，上层介于浅红和深褐色之间。双层的构图使壳表斑点显得拥挤，但融合在一起，上层圆点周围常为黄橙色。大者长达9厘米，小者与环纹贝相当（图九，4）。

这三种海贝均分布于太平洋和印度洋的暖水区，属于暖海水生物。

① 见昌宁县文物管理所藏品。
② 同上。

图十　云南景颇族的海贝服饰

　　1、2、3、5、6. 云南盈江蛮章景颇族山官的海贝服饰（排禄仙收藏和提供）　4. 盈江景颇族妇女的海贝盛装（排禄仙提供）

古蜀国、西南夷君长国、南诏大理国地区和元明云南地区出土的海贝其种属也分属于这三种，其中，以环纹海贝最多，货贝次之，虎斑贝最少。

（三）南丝路地区现代民族的用贝现状及其关系

古蜀地区今已未见用贝的情况。昔西南夷地区使用海贝的情况累见于唐以来的文献中[①]，今仍在用海贝的民族有景颇族和傈僳族。

景颇族主要分布在德宏傣族景颇族自治州的梁河县、盈江县、陇川县、瑞丽市、芒市，相邻州县也有分布。目前所见景颇族使用海贝的最早的物件是清代的衣裙。盈江县芒章乡勐安村景颇族山官排氏后代排禄仙女士收藏着数件清末的饰海贝的物件，择其代表性者介绍如下：

传教士拍摄的清末山官夫妇照片，从照片上，可清楚地见到夫妇均系着用海贝制作的腰带，肩部衣袖上缝饰有海贝组成的4瓣花，裙上也饰有海贝（图十，1）。

海贝腰带。这是全部用海贝串系而成的腰带（图十，2）。此类腰带现在已不用，但与传教士照片上的腰带相同，当是清末时期之物。

饰海贝桶裙。在裙底边饰并排的海贝，在裙面上饰海贝构成的图案，有2枚组成8字形的图案，有4枚组成梅花形图案，有40枚组成的波浪图案，有23枚组成的竖线图案（图十，3）。此桶裙是用麻织品做成，此类布料今已不用。此桶裙也是清末时期物件。

饰海贝短上衣。此衣是对襟无袖无领上衣。衣长50厘米，肩宽60厘米。肩口订饰白色羊脂玉小扣，总计80枚。正面，对襟两边钉饰红白条带，右边红色在上，白色在下，左边白色在上，红色在下，每一块上钉饰对称的海贝5组，上和下各2组，中央1组，总计40枚。衣脚边饰对称成花瓣形的海贝，右边5组，左边4组半，半组为上下对称，饰在襟边。背面正中，钉饰红、蓝、红方格布各1块，竖排成竖条状，其中，上块红方格布上，钉饰对称成花瓣形的海贝2排6组，每组4枚。上下海贝间，钉银片饰1件。中央蓝方格布上饰对称成花瓣形的海贝2排6组，每组4枚。上下海贝间，钉银片饰1件。下块红方格布上，钉饰对称成花瓣形的海贝2排6组，每组4枚。上下海贝间钉饰银片饰1件。在竖条状的方块布两侧边，钉饰海贝，左边31枚，右边31枚。衣脚边饰对称成花瓣形的海贝12组，每组4枚，总计48枚。上下方块边钉饰铜珠，计60枚。全衣钉饰海贝263枚，羊脂玉纽扣80颗，小铜珠60枚，同心圆纹银片3片。据调查，此衣服已传世5代。以一代20年推知，已有百年之久，当是清代晚期景颇族少女盛装。衣服的颜色是墨兰色，是用植物染色技术染成；拼花的白、蓝布料是细麻纱线纺织而成，用植物染色技术染制而成；红色是缎子料，是内地输入的暗花丝织品（图十，5）。

---

① 方国瑜：《云南用贝作货币的时代及贝的来源》，《云南社会科学》1981年第1期。

饰海贝祭毯。蓝色麻织布上饰28枚海贝或29枚海贝组成的圆圈图案5个。此祭毯也是清末景颇族祭师用物（图十，6）。

现代饰海贝上衣。在衣袖和袖口上饰单个海贝，在腰带上饰3枚一组的海贝组成的图案，在挎包上缝饰海贝和坠饰海贝（图十，4）。这是现代景颇族姑娘的盛装，只有在节日的时候才穿着。

景颇族衣上的海贝景颇语称"石纹"，景颇文写为"Shawen"。"羊脂玉"景颇语称为"龙仙肯挡（音译）"，景颇文写为"lungseng hkindang"。生活在滇西地区的景颇族从古至今视海贝、玉和银器为宝物，因此，就把这些宝物饰在衣上，穿者有富贵感觉，观者有美丽的视觉，藏者有自信和满足的感觉。

傈僳族主要分布于滇西，集中分布于怒江州和德宏州，相邻的州县也有分布。目前所见傈僳族用海贝的物件均是现代制品。傈僳族对海贝的用途有二。一是用来装饰衣物，如装饰腰带、装饰裙边（图九，6、7）、做帽饰（图九，5），还有的做头饰。这些用法，均把海贝背部削弃，再用线缝制在饰物上。二是用来做药。做药时，即把海贝烧化后食用，治人畜眼疾；用柠檬水泡喝，治胆结石。用法和效果不得而知。

傈僳族余兴聪夫人讲述用贝的起因，原来海贝是货币，但其颗粒小，一位傈僳族妻子担心其丈夫外出丢失货币贝，于是将海贝用线钉在一块白布带上。丈夫戴着它，战斗时，被敌人围攻，敌刀砍来，只闻叮当响声，砍不伤他，他反把敌人消灭，胜利后，才发现是海贝发挥了作用，于是，在傈僳族男子中兴起系海贝带和挎花包，时间久了，就发展成为装饰。海贝要缝在衣服上，就要把背削弃（图九，3）。

云南盈江县苏典傈僳族乡傈僳族妇女熊玉聪（图九，7），嫁给本县盏西镇傈僳人余永泽，现进县城经商为生二十多年，主要在菜市场卖海贝和做傈僳族衣饰，其子余生宝，经常出入缅甸跑货，其海贝是儿子从缅甸曼德勒（瓦城）贩来，缅甸人又从印度人中贩来。熊玉聪所卖的海贝有两个品种，即环纹贝和货贝。由此而知景颇族和傈僳族所用海贝是由西边的缅甸和印度贩来。

在今云南之西——古西南夷之西，即今缅甸、泰国、老挝、印度，其历史上也使用海贝，并延续至近现代[1]，这就为海贝的贩运提供了客观条件。

古蜀国地区、西南夷君长国地区、南诏大理国地区和今云南地区，地区是内陆地区，却发现数量较多的热带海洋产物——海贝，这说明这些海贝来源于热带海洋地区。现代景颇族和傈僳族使用的海贝，其种属与古蜀国、西南夷君长国、南诏大理国地区和元明云南

---

[1] J.G.安特生著，陈星灿译，彭劲松校：《阿芙罗狄忒的象征》，《南方文物》1992年第3期。方国瑜：《云南用贝作货币的时代及贝的来源》，《云南社会科学》1981年第1期。

地区出土的海贝相同，说明出土的海贝也来源于热带海洋地区。

　　据调查，景颇族和傈僳族使用的海贝是从西部的印度、缅甸通过贸易而来，这给我们一个启示：古蜀国、西南夷君长国、南诏大理国地区和元明云南地区出土的海贝，历史时间上有延续性，分布上可连成一条线，说明考古出土的海贝就是古代大夏、身毒到西南夷、至蜀的文化交流与商业贸易的物品之一。这条贸易通道即是从今天的四川三星堆、金沙村为起点，经蜀南的甘孜州、雅安市、乐山市、凉山州、攀枝花市、宜宾市，进入云南昭通、昆明和楚雄、大理，经保山腾冲和德宏盈江出境，再经缅甸至印度、巴基斯坦，远至西亚，这就是时称的蜀身毒道，被誉称的"南方丝绸之路"。这条路早已有多位学者做过探索[①]。这条路上的交往早自商代就开始，并延续至今！

---

① 童恩正：《古代中国南方与印度交通的考古学研究》，《考古》1999年第4期。张增祺：《战国至西汉时期滇池区域发现的西亚文物》，《思想战线》1982年第2期。

略论蜀与滇的文化关系

黄剑华　四川省文物考古研究院　研究员

摘　要： 我国西南地区部族众多，是世界东方典型的多民族地区。蜀与滇因为地域相邻，自古以来就关系密切。古蜀可能是西南地区最早创建的一个联盟之国，或称为宗主国。春秋战国时期，古蜀国的东方有巴国与楚国，北方有秦，这些也都是势力比较强盛的列国。而在同时期的西南夷区域，夜郎与滇等，依然是小邦，或者是"邑聚"之类的部族。古蜀国通过商贾与周边少数民族进行贸易以获取资源，此类商贸活动既有短程也有远程，产自于古蜀国的丝绸、青铜器、巴蜀的盐巴，以及其他很多物品，便通过商贸输入了滇国和西南夷地区，有些物品经过远程贸易还辗转贩卖到了南亚和中亚。与此同时，古蜀国成熟而高超的青铜铸造技术，也在商周之后随着商贸传入了滇国和西南夷地区。汉武帝大力经略西南夷，到东汉时期西南丝路已成为重要国际通道。后来诸葛亮平定南中，有效地促进了汉族和西南各族的团结与融合，其意义是非常深远的。

关键词： 古蜀　西南夷　滇国　酋邦　南中　地域文化　民族融合

一、蜀与滇的地域与民族关系

上古以来，我国西南地区就部族众多，是世界东方典型的多民族地区。司马迁《史记·西南夷列传》中将巴蜀之外的西南少数民族统称为西南夷，说"西南夷君长以什数，夜郎最大；其西靡莫之属以什数，滇最大；自滇以北君长以什数，邛都最大；此皆魋结，耕田，有邑聚。其外西自同师以东，北至楪榆，名为嶲、昆明，皆编发，随畜迁徙，毋常处，毋君长，地方可数千里。"又说"此皆巴蜀西南外蛮夷也"[①]。班固《汉书·西南夷两粤朝鲜传》中对此也有相同记述，范晔《后汉书·南蛮西南夷列传》中也作了相似记载。《史记》《汉书》和《后汉书》中说的是秦汉时期西南地区的情形，结合其他古籍文献记载来看，当时大大小小的部落至少有百数个，史料中称这些部落首领为"戎伯"，或称为

---

① （汉）司马迁撰：《史记》卷一百一十六《西南夷列传》，中华书局，1959年，第2991页。

"诸侯"与"邑君"。实际上西南地区这种小邦林立、部族众多的情形早在先秦的时候就已如此了。

古蜀可能是西南地区最早创建的一个联盟之国，或称为宗主国。常璩《华阳国志·蜀志》说"蜀之为国，肇于人皇，与巴同囿。至黄帝，为其子昌意娶蜀山氏之女，生子高阳，是为帝喾〔颛顼〕；封其支庶于蜀，世为侯伯。历夏、商、周，武王伐纣，蜀与焉。其地东接于巴，南接于越，北与秦分，西奄峨嶓。地称天府……其山林泽渔，园囿瓜果，四节代熟，靡不有焉。"①从出土资料看，蜀人确实是一个古老的部族，古蜀的历史是相当悠久的。甲骨文中已有蜀人与殷王朝之间发生战争、朝贡关系的记载。三星堆一号与二号器物坑的年代相当于殷墟中期与晚期，出土的大量珍贵文物中既有典型的蜀文化特征的青铜造像群，又有来自中原的一些青铜尊与青铜罍，还有来自温暖海域的大量海贝，充分说明了殷商时期古蜀文明的灿烂辉煌，同时也揭示了古蜀与中原的联系，以及古蜀和周边区域的文化交流与商贸往来。商周之际，古蜀曾出兵参加了武王伐纣的军事行动，《尚书·牧誓》记述协助周武王伐纣的有"庸、蜀、羌、髳、微、卢、彭、濮人"②，这些都是比较大的部族，才有实力出兵参与伐纣。其中的蜀国由于疆域的辽阔和物产的丰富，其势力显然是当时西南众多部族中最为强盛的。《战国策·秦策一》就说"夫蜀，西僻之国，而戎狄之长也"③。秦惠王准备伐蜀的时候，司马错分析蜀国的情形，将蜀国的众多部族比喻为群羊，说："以秦攻之，譬如使豺狼逐群羊也。取其地，足以广国也；得其财，足以富民；缮兵不伤众，而彼已服矣"，认为蜀国具有地广财多容易攻取的特点④。常璩《华阳国志》对此亦有记述⑤。

古蜀国的社会结构显然与中原王朝不同，在制度与崇尚方面也有明显的区别。如果按照史学界通常的说法，中原殷商王朝是典型的中央集权统治下的奴隶社会，那么古蜀国在文明早期阶段则经历了由部落联盟到酋邦社会的演进，从而形成了共主政治局面的出现。蒙文通先生曾精辟地指出："蜀就是这些戎伯之雄长。古时的巴蜀，应该只是一种联盟，巴、蜀不过是两个霸君，是这些诸侯中的雄长。""可见巴、蜀发展到强大的时候，也

① （晋）常璩撰，刘琳校注：《华阳国志校注》，巴蜀书社，1984年，第175~176页。
② 《尚书正义·周书·牧誓》，（清）阮元校刻：《十三经注疏》，中华书局，1980年，第183页；王世舜：《尚书译注》，四川人民出版社，1982年，第112页；江灏、钱宗武译注：《今古文尚书全译》，贵州人民出版社，1990年，第218页。
③ 缪文远：《战国策新校注（修订本）》，巴蜀书社，1998年，第91页。
④ 《战国策·秦策一》，参见王守谦等：《战国策全译》，贵州人民出版社，1992年，第84页。
⑤ （晋）常璩撰，刘琳校注：《华阳国志校注》，巴蜀书社，1984年，第191~192页。

图一　三星堆出土的青铜人头像

不过是两个联盟的盟主"①。这种多部族联盟的形式，有的学者认为应是一种酋邦式的形态②。巴、蜀作为"雄长"与"盟主"，各自都曾伙并了一些诸侯来扩大境土与势力，在春秋战国时期，"周失纲纪，蜀先称王"③，蜀国已经发展成为一个很大的王国了。

三星堆出土的青铜雕像群对古蜀王国的多部族联盟社会形态，显然也是一个很好的揭示。三星堆青铜造像群中，那些千姿百态、栩栩如生的青铜人头像（图一），显而易见就是众多部族首领的写照。其中有平顶脑后梳辫者，有平顶戴帽或头戴"回"字纹平顶冠者，有圆头顶无帽或将发辫盘于头上或于脑后戴蝴蝶形花笄者，有头戴双角形头盔者，还有头上部为子母口形、原应套接顶饰或冠帽者。从面相特征看，这些人头像大都为浓眉大眼，高鼻阔嘴，方面硕耳，下颌似有短胡直达耳后，显得神态威武，洋溢着粗犷豪放的风格。其中也有线条圆润、五官俊秀的造型，如一号坑出土的Aa型青铜人头像，其线条柔和的脸庞衬托着杏状大眼和端丽的鼻梁，加上入鬓的双眉和细腻的双唇，显得优雅而又自然，充满了青春女性之美，推测应是群像中的"公主"或巾帼人物，与洋溢着浓郁的阳刚英雄气概的其他雕像不同，显示出了另一种含蓄秀丽之美。但这类雕像在三星堆群像中数量很少，反映出三星堆时期的古蜀王国是一个男性占据统治地位的社会，同时也有一些巾帼不让须眉的人物，在古蜀王国中与男性一样具有较高的社会地位。三星堆还出土有黄金面罩的青铜人头像（图二），黄金在当时是极其珍稀的贵金属，用黄金做面罩，充分表明

① 蒙文通：《巴蜀古史论述》，四川人民出版社，1981年，第30页、31页；蒙文通：《古族甄微》，《蒙文通文集》（第二卷），巴蜀书社，1993年，第199~200页。
② 彭邦本：《古城、酋邦与古蜀共主政治的起源——以川西平原古城群为例》，《四川文物》2003年第2期。
③ （晋）常璩撰，刘琳校注：《华阳国志校注》，巴蜀书社，1984年，第181页。

图二　三星堆出土的金面罩青铜人头像

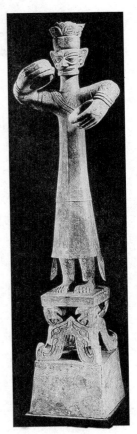

了这些青铜人头像身份的高贵，可能属于王室贵族阶层。三星堆出土的大型青铜立人像（图三），头戴华美的冠冕，身着龙纹左衽长襟衣，粗眉大眼，方颐大耳，右臂上举，左臂平举，双手夸张地握成环形，赤足佩脚镯立于双层方座之上（立人像戴冠高180厘米，座高80.8厘米，通高达260.8厘米），应该就是"盟主"与"雄长"和蜀王的象征了。此外还有奇特的青铜纵目人面像（图四），体型庞大，眼球突出，双耳极尽夸张，唇吻三重，额际双眉之间有神奇的卷云纹形状又如同夔龙状的装饰物，洋溢着煊赫的气势，根据《华阳国志·蜀志》中"有蜀侯蚕丛，其目纵"的记载，学者们认为很可能就是古史传说中蚕丛王"纵目"的写照，是古代蜀人崇拜的祖先神灵偶像。三星堆出土的青铜人物雕像群，衣、冠、发式各异，表现出不同族类的集合，都是各族类的代表人物。从头像特征看，可能属于同一民族集团，所展示的应是参加盟会的各部落首长首领的形象。这些青铜雕像群体性聚集在一起，表现的可能是蜀王与各部族首领们正在进行一次非同寻常的重大祭祀活动的情景。

　　古蜀的历史，文献记载较为简略，见诸于文献记载的，有蚕丛、柏灌、鱼凫、杜宇、开明等朝代。扬雄《蜀王本纪》就说"蜀之先称王者，有蚕丛、柏濩、鱼凫、（蒲泽）、开明。是时人萌椎髻左衽，不晓文字，未有礼乐。"又说"蜀王之先名蚕丛，后代名

图三　三星堆出土的
大型青铜立人像

图四　三星堆出土的青铜纵目人面像

曰柏濩，后者名鱼凫，此三代各数百岁，皆神化不死。其民亦颇随王化去。鱼凫田于湔山，得仙。今庙祀之于湔。时蜀民稀少。后有一男子，名曰杜宇，从天坠止。朱提有一女子名利，从江源井中出，为杜宇妻。乃自立为蜀王，号曰望帝。"后来有鳖灵，由荆人蜀，因治水有功而取代杜宇，"如尧之禅舜，鳖灵即位，号曰开明帝。"[①]这些记述具有较浓的传说色彩，古蜀早期历史也因此而蒙上了神秘的面纱。但有了三星堆惊人的考古发现，后来又有了成都金沙遗址重大发现，并在成都平原发现了新津宝墩文化大约有八座早期古城遗址，充分证明了古蜀历史并非子虚乌有，而是确有其事的。三星堆与金沙村都是举世瞩目的著名大遗址，特别是三星堆出土的大量青铜雕像，对文献记载中的古蜀传说应该是一个很好的印证，向我们真实地展示了当时古蜀社会的繁荣昌盛，以及青铜文化的灿烂辉煌。我们也由此可知，古蜀是长江上游的文明中心，证明了长江流域和黄河流域都是中华文明的摇篮，对周边区域的文明发展曾产生过积极而重要的影响。

古蜀经历了夏商周的发展演变，到了春秋战国时期，古蜀国的东方有巴国与楚国，北方有秦，这些也都是势力比较强盛的列国。而在同时期的西南夷区域，夜郎与滇等依然是小邦，或者是"邑聚"之类的部族。范晔《后汉书·南蛮西南夷列传》记述东汉时期的西南夷，"在蜀郡徼外，有夜郎国，东接交趾，西有滇国，北有邛都国，各立君长。其人皆椎结左衽，邑聚而居，能耕田。其外又有嶲、昆明诸落，西极同师，东北至叶榆，地方数千里。无君长，辫发，随畜迁徙无常。"[②]与先前的情形相比，并无明显的改变。常璩《华阳国志·南中志》将汉晋时期的夷越之地称为南中，也记述当时仍是"编发左衽，随畜迁

---

① 《全汉文》卷五十三，（清）严可均校辑：《全上古三代秦汉三国六朝文》（第1册），中华书局，1958年，第414页。

② （南朝宋）范晔撰，（唐）李贤等注：《后汉书》卷八十八《南蛮西南夷列传》，中华书局，1965年。

徙，莫能相雄长"①，应该是一种比较真实的情形。根据《史记》《汉书》《后汉书》《华阳国志》等记述可知，滇国是因为当地有滇池而得名的，滇池区域也就是滇国的主要聚居区。滇国的东部为夜郎国，相比较而言，滇比夜郎还小。从文献记载来看，夜郎有竹王起源等传说，滇国的缘起与滇王的情况则比较模糊。滇国的北部有邛都国，西部有以洱海区域为中心的昆明国。滇和昆明都是云南古代的主要部落聚居之邦，历史虽久，势力范围则有限，对周边的影响不大，在西南夷地区长期处于默默无闻的地位，一直到了汉武帝的时候，才引起中原王朝的注意。任乃强先生曾指出，汉晋人统称五岭以南之土著民族为越（粤同），于东越、南越、瓯越、骆越、山越、滇越等地区别称外，又有夷越等名称。认为西南夷是西南诸种民族之泛称，"盖汉晋间人，分南中夷为两大类，主要依靠狩猎畜牧为生活者为'夷'，已经自有农工商业，为多种经济生活者为'濮'。称夷者，大都尚停滞于原始社会，称濮者，大都已进入奴隶社会。混言之为西南夷，分言之则为夷与濮"。汉武帝时期，西南夷中"已经具备国家形式组织者，不过滇与夜郎两国，其次或仅只属原始公社，或且只属氏族集团，或民族聚落而已"②。其他学者对此也有较多的论述，此不赘述。通常认为，汉代所谓的西南夷主要指巴、蜀之外的西南少数民族，在族属上包括夷、越、蛮三大系统。例如将氐羌系称为"夷"，将百越系（包括濮或僚）称为"越"，将南蛮系苗瑶语族称为"蛮"。总体来看，整个西南夷在文化、经济等方面的发展都相对比较滞后。同巴、蜀、楚相比，滇确实是一个弱小之邦，僻居一隅，地沃人稀，邑聚而耕，很容易遭到强邻的侵入。

在汉代之前，滇国就曾遭到楚国的入侵并被攻占。据《史记·西南夷列传》与《汉书·西南夷传》记载，楚国曾派军队扩张疆域，向西南进兵略取巴国、黔中以西的地区，没有遇到什么抵抗，便占领了滇国。"始楚威王时，使将军庄蹻将兵循江上，略巴、黔中以西。庄蹻者，故楚庄王苗裔也。蹻至滇池，（地）方三百里，旁平地，肥饶数千里，以兵威定属楚。欲归报，会秦击夺楚巴、黔中郡，道塞不通，因还，以其众王滇，变服，从其俗，以长之。"③常璩《华阳国志·南中志》对这段历史也有记述："周之季世，楚顷襄王遣将军庄蹻溯沅水，出且兰，以伐夜郎，椓牂牁系舡于且兰。既克夜郎，而秦夺楚黔中地，无路得归，遂留王之，号为庄王。"④《汉书·地理志》"牂牁郡"下颜师古曾注

① （晋）常璩撰，刘琳校注：《华阳国志校注》，巴蜀书社，1984年，第335页。
② （晋）常璩撰，任乃强校注：《华阳国志校补图注》，上海古籍出版社，1987年，第231页。
③ （汉）司马迁撰：《史记》卷一百一十六《西南夷列传》，中华书局，1959年；（东汉）班固撰，（唐）颜师古注：《汉书》卷六十五《西南夷两粤朝鲜传》，中华书局，1962年。
④ （晋）常璩撰，刘琳校注：《华阳国志校注》，巴蜀书社，1984年，第335~338页；（唐）杜佑撰：《通典》卷一八七，中华书局，第5册，1988年，第5055~5056页。

引了《华阳国志》的这段记述，《太平御览》卷一六六与卷七七一，以及南宋叶梦得《玉涧杂书》也都引用了这段记载。后来南宋刻印的《华阳国志》版本中，说庄蹻"遂留王滇池"，可能是刻印者参照《史记》的说法而作的窜改。实际上，常璩与司马迁的记述有明显的不同：一、司马迁说庄蹻率军略地是楚威王时，常璩说是楚顷襄王时；二、司马迁说是溯江（长江）以伐滇，常璩说是溯沅水以伐夜郎；三、司马迁说庄蹻遂留王滇，常璩说是遂留王夜郎。司马迁是汉代杰出的史学家，常璩是东晋著名的学者，两人记述当各有依据。在时间上，楚威王系公元前339—前329年在位，楚顷襄王于公元前298—前263年在位，秦夺楚黔中地置黔中郡乃秦昭王三十年（前277），所以有学者认为常璩记载的时间还是比较准确的。《后汉书·南蛮西南夷列传》也记载说庄豪（应是别称，即庄蹻）在楚顷襄王时从沅水伐夜郎，"既灭夜郎，因留王滇池"[1]。蒙文通先生曾对庄蹻王滇的史实做过考证，认为"蹻"、"豪"同音，"蹻"为人名，"豪"则为"酋豪"的通称。如《尚书·旅獒》郑玄疏引用就说"西戎无君名，强大有政者为酋豪"，《后汉书·西羌传》也有"强者分种为酋豪"之说。徐中舒先生认为蒙文通先生此解"最具灼见"[2]。我们由此可知，庄蹻不仅占据了滇池周围地区，也占据了夜郎，建立的统治包括了云南与贵州一带。从其他文献记载看，《盐铁论·论功》说"今西南诸夷，楚庄之后"[3]，楚庄就是楚国的庄蹻。《新唐书·南蛮传》说"自滇池夜郎以西，皆曰庄蹻之裔"[4]。《通典》卷一八七也有"自夜郎滇池以西，皆云庄蹻之余种"的记述[5]。这些记述都说明了庄蹻的势力范围，将滇、夜郎以及其他一些部族都置于了统辖之下。值得注意的是，文献记载说庄蹻王滇时，"变服，从其俗"，说明了庄蹻的入乡随俗，以便同滇国少数民族和谐相处，有利于加强统治。随着庄蹻军队的侵入和长期驻守于滇，也带来了楚文化，促进了民族的融合，为滇文化增添了新的内容，这也是不言而喻的。与之相应的是，来自中原与巴蜀的文化也进入了滇国，对滇文化与西南夷地区也产生了深远的影响。

古蜀与滇的关系，相互之间很早就有了交往。文献记载杜宇是继蚕丛、柏灌、鱼凫之后的蜀王，就与来自云南朱提（今昭通）的梁氏女利联姻，壮大了力量，从而称雄于西南地区。扬雄《蜀王本纪》说"后有一男子，名曰杜宇，从天坠止，朱提有一女子名利，从

①（南朝宋）范晔撰，（唐）李贤等注：《后汉书》卷八十八《南蛮西南夷列传》，中华书局，1965年。
②蒙文通：《庄蹻王滇辨》，载《四川大学学报》1960年第1期；徐中舒主编：《巴蜀考古论文集》，巴蜀书社，1987年，第66页；徐中舒著：《论巴蜀文化》，四川人民出版社，1982年，第166页。
③（汉）桓宽撰：《盐铁论·论功第五十二》，《二十二子》，上海古籍出版社，1986年，第139页。
④（宋）欧阳修等撰：《旧唐书·南蛮传》，清代武英殿本《二十五史》（第6册），上海古籍出版社、上海书店，1986年，第682页。
⑤（唐）杜佑撰：《通典》卷一八七，中华书局，第5册，1988年，第5067页。

江源井中出，为杜宇妻。乃自立为蜀王，号曰望帝。"①常璩《华阳国志·蜀志》说"后有王曰杜宇，教民务农，一号杜主。时朱提有梁氏女利游江源，宇悦之，纳以为妃。移治郫邑，或治瞿上。七国称王，杜宇称帝，号曰望帝，更名蒲卑。自以功德高诸王，乃以褒斜为前门，熊耳、灵关为后户，玉垒、峨眉为城郭，江、潜、绵、洛为池泽，以汶山为畜牧，南中为园苑。"②扬雄与常璩都记述了杜宇和朱利的联姻，可知这是古蜀历史上一件很重要的大事。常璩说的南中就是云南，可见望帝杜宇的蜀国疆域是包括了云南很多地方在内的，说明古蜀国的统治与影响已经由朱提而扩大到了南中地区。望帝后来的统治发生了一些故事，先是遭遇了大洪灾，然后重用由荆入蜀的鳖灵为相负责治水；鳖灵的妻子是位年轻貌美的女人，就在鳖灵长期在外治水期间，红杏出墙和杜宇有了私情；这件事情的后果是非常严重的，杜宇最终由于好色"德薄"而失去了王位，鳖灵取代了杜宇而建立了开明王朝。

杜宇后来的去向也是个非常有趣的问题。有的学者通过对古蜀历史和彝族史的考证研究，认为杜宇失国后，带着追随他的族人流亡到了凉山和云南，现在的彝族便是杜宇的后人。《史记·三代世表》正义说："周衰，先称王者蚕丛，国破，子孙居姚、巂等处。"③蚕丛创建蜀国应在夏商时期甚至更早，而杜宇的时代大约在西周晚期与春秋时期，这里说的国破应是杜宇失去王位之事。姚，即今云南姚安；巂，即今四川西昌一带，正好是中国西南部的彝族地区。在《爨文丛刻》《且兰考》等史籍中，记载彝族远祖曾世居于蜀地，"周之叔世，杜宇称帝于蜀，蜀有洪水，隆穆避居南方，诸夷奉为君"。在云、贵、川三省彝族民间，从古迄今一直广泛流传着洪水泛滥和仲牟由避洪水的故事。仲牟由是涉及彝族起源的一个非常重要的人物，我们查阅史籍，《元史·地理志》《大明一统志》《蜀中广记》《天下郡国利病书》《读史方舆纪要》等书，都说彝族是仲牟由之裔④。汉文献中的仲牟由，在贵州《西南彝志》中称为笃慕俄，地方志中则称祝明，或称隆穆，凉山民间传说称为居木，显然这是同一人名的不同译音和写法。在很多年前的一次学术会上，我曾请教一位对本民族历史有着深入研究的彝族学者，这位学者告诉我，根据彝族从古至今的口碑流传，仲牟由即是杜宇的彝语音译，彝语又称杜宇为居木，仲牟由是彝族传说中的六祖，从仲牟由开始才形成了真正的彝族，杜宇（仲牟由）有三个儿子，繁衍的彝族后裔云

① 《全汉文》卷五十三，（清）严可均校辑：《全上古三代秦汉三国六朝文》第1册，中华书局，1958年，第414页。

② （晋）常璩撰，刘琳校注：《华阳国志校注》，巴蜀书社，1984年，第182页。

③ （汉）司马迁撰：《史记》卷十三《三代世表》，第2册，中华书局，1959年，第507页。

④ （明）宋濂等撰：《元史》卷六十一《地理四》曰"乌蛮仲牟由之裔"，第5册，中华书局，1976年，第1473页；（清）顾祖禹撰：《读史方舆纪要》卷七十三《四川八》曰"乌蛮仲牟由之裔"，上海书店，1998年，第498页。

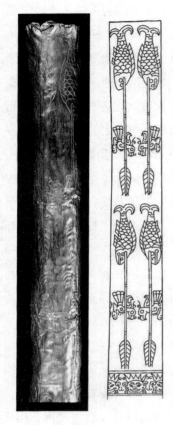

图五　三星堆出土的金杖

图六　三星堆出土的金箔片

图七　三星堆出土的金虎

南一支贵州一支四川凉山一支。这说明，彝族对其本民族的起源和形成是很清楚的。通过彝族的口碑文献，我们对杜宇的去向有了一个清晰的了解，知道了彝族和古蜀的亲缘关系①。童恩正先生也认为，"实际上杜宇族的最终下落，可能是迁徙到了今四川南部和云南北部一带。"②我们也由此可知，古蜀与云南少数民族（包括滇国）的密切关系，可谓由来已久。

　　殷商时期的古蜀国已经有了灿烂的青铜文化，铜矿的开采和青铜的冶炼都已形成了规模，青铜铸造技术也达到了相当成熟的程度。朱提（今云南昭通）是铜矿蕴藏富足之地，朱提以西的金沙江流域（例如今之渡口一带）也有大量铜矿，古蜀国的青铜很有可能就来自于朱提或金沙江流域，将开采的铜矿辗转运输到了蜀国都城，然后再开炉冶炼铸造的。古蜀对黄金的开采利用也很重视，三星堆和金沙遗址出土有金杖、金虎、金面罩、金璋、

① 黄剑华著：《天门》，四川人民出版社，2001年，第81~82页。
② 童恩正著：《古代的巴蜀》，四川人民出版社，1979年，第71页。

金鱼、金叶、金冠带、太阳神鸟金箔饰、金箔蛙形饰、金喇叭形器等种类较多的金器（图五、图六、图七），有的还刻有神奇绝妙的图案纹饰，说明当时黄金的制作工艺已相当高超。《华阳国志·蜀志》有蜀地产金的记述，但我们知道，成都平原并不产金，产金的地方主要在四川盆地周边的丘陵河谷与西部高原以及金沙江沿岸地区。按照《天工开物》中的说法："凡中国产金之区，大约百余处，难于枚举。"有山石中所出，有水沙中所出，有平地掘井而得，"皆待先淘洗后冶炼而成颗块"。又说"金多出西南，取者穴山至十余丈，见伴金石，即可见金。其石褐色，一头如火烧黑状。水金多者出云南金沙江（古名丽水），此水源出吐蕃，绕流丽江府，至于北胜州，回环五百余里，出金者有数截。又川北潼川等州与湖广沅陵、溆浦等，皆于江沙水中，淘沃取金"①。由此可知，古蜀国南面的金沙江，川北的嘉陵江、涪江等都是产金之地。

关于金沙江产金，《韩非子·内储说上》已有记叙："荆南之地，丽水之中生金，人多窃采金。采金之禁，得而辄辜磔于市，甚众，壅离其水也（又设防禁遮拥，令人离其水也），而人窃金不止。"②这段记载说的是春秋战国时期楚国对丽水产金的严格控制，从中也透露出金沙江流域黄金产量的丰富。后来的《元史·地理志》说丽江的得名，就是因为"谓金沙江出沙金，故云。源出吐蕃界。今丽江即古丽水，两汉至隋、唐皆为越巂郡西徼地"③。通过考古发现，并参照古籍记载可知，金沙江流域很有可能也是古代蜀人采集黄金的地点之一，很可能在商周时期甚至更早就有古蜀先民于此采金了。古代蜀人在金沙江流域采金的历史，明显是要早于楚人的，三星堆与金沙遗址出土的精美金器在时间上比楚国出土的金币与黄金制品要早数百年，就是显著的例证。到了春秋时期，楚国派军西征，攻取夜郎和滇国等地，很大的一个原因也是为了获取黄金。徐中舒先生就指出，楚国是长江中游江南大国，民食鱼稻，生产并不发达，"它要与中原大国齐、秦、三晋争霸争雄，就必须开发其西疆的黄金以为挹注之资"④。春秋战国时期，楚国庄蹻的政权已控制了丽水，当时的蜀国为了继续获得黄金，是否与之发生过争夺尚不得而知，但"窃金不止"者很可能既有当地人也有蜀人。徐中舒先生认为，"古代四川丽水地区盛产黄金，成为楚国西向移民的巨大动力"，楚国曾大量移民楚雄万家坝等地，并在楚雄等地设官置吏，来管理黄金的开采和东运，后将黄金作为货币在全国市场上流通，楚国的黄金之多，堪称空前，与此显然是大有关系的⑤。古蜀与楚国通过采金而增添了财富，而长时期持续采金的过程，形

① （明）宋应星撰：《天工开物》，广东人民出版社，1976年，第336页、337页。

② （战国）韩非撰：《韩非子·内储说上》，《二十二子》，上海古籍出版社，1986年，第1150页。

③ （明）宋濂等撰：《元史》卷六十一《地理四》，中华书局，1976年。

④ 徐中舒著：《论巴蜀文化》，四川人民出版社，1982年，第207页。

⑤ 徐中舒：《试论岷山庄王和滇王庄蹻的关系》，徐中舒主编：《巴蜀考古论文集》，巴蜀书社，1987年，第60页。

成了移民与土著居民的结合，也促使了蜀文化、楚文化对滇文化的渗透与融合，对滇文化的发展产生了很大的影响。

此外，古蜀国通过商贾与周边少数民族进行贸易以获取资源，也是由来已久的。司马迁《史记·西南夷列传》说庄蹻王滇之后至秦汉时期，"巴蜀民或窃出商贾，取其筰马、僰僮、髦牛，以此巴蜀殷富"[①]。此记述的便是古代蜀人与滇国、西南夷各族经商的真实情形。此类商贸活动既有短程也有远程，产自于古蜀国的丝绸、青铜器，巴蜀的盐巴，以及其他很多物品，便通过商贸活动输入了滇国和西南夷地区，有些物品通过远程贸易还辗转贩卖到了南亚和中亚。与此同时，古蜀国成熟而高超的青铜铸造技术，也在商周之后随着商贸传入了滇国和西南夷地区。

二、民族走廊与文化传播

我国西南地区的横断山脉是著名的半月牙型文化传播带，童恩正先生曾指出："从地理位置来看，四川所处的环境也是很有特点的。就南北方向而言，它恰好位于黄河与长江两大巨流之间，亦即中国古代两大文明发展的地区之间，既是我国西部南北交通的孔道，又成为我国南北文明的汇聚之区。就东西方向而言，它正当青藏高原至长江中下游平原的过渡地带，又是西部畜牧民族和东部农业民族交往融合的地方。这种地理位置的特点，就使四川自古就有众多的民族迁徙栖息，在历史上留下了十分丰富的内容。"[②]徐中舒先生也说过，"古中国西部人民为适应高山峻岭与横断山脉的环境而创制了栈道和索桥"，这种"开辟道路，向外发展"的做法，早在战国之前就开始了[③]。

从民族史的角度看，我国远古时期就出现了多民族的交流融合。以黄帝为代表的中原部族，通过和炎帝、蚩尤等部族的长期交往、争战、融合，逐步形成了华夏族。后来经过尧、舜、禹时期的发展，继续融合了其他很多部族而成为了汉族。文献记载，黄帝就曾和很多部族联姻，司马迁《史记·五帝本纪》说黄帝有二十五子，娶西陵氏女嫘祖为正妃，皇甫谧云黄帝立四妃，还娶有次妃方雷氏女、次妃彤鱼氏女、次妃嫫母；又记述黄帝和嫘祖生的两个儿子分别降居江水、若水，为儿子昌意娶了蜀山氏女[④]。司马迁《史记·夏本纪》和其他一些古籍则记载了大禹娶涂山氏女（有认为即蜀山氏，或认为涂山在巴郡江

---

① （汉）司马迁撰：《史记》卷一百一十六《西南夷列传》，中华书局，1959年。
② 童恩正著：《古代的巴蜀》，四川人民出版社，1979年，第3页。
③ 徐中舒著：《论巴蜀文化》，四川人民出版社，1982年，第1页。
④ （汉）司马迁撰：《史记》卷一《五帝本纪》，中华书局，1959年。

州、安徽当涂、会稽山等）①。说明了大禹在治水期间曾和土著部落联姻的史实。我们由此可知，古代部族之间的联姻是一个源远流长的传统，从炎黄时代就开始了，后来的很多部族也都继承了这一悠久的传统。除了联姻，部族之间也会发生争战，两者对部族之间的关系都会产生很大影响。还有随着人口的发展，或者遇到了生态环境的改变，以及天灾人祸的发生，产生了对远方的向往，或者出于避地而居的需要，常会促使部族进行迁徙。古代民族的迁徙活动，原因较多，其中最重要的原因无非两种，一种是主动迁徙，为了今后更好的发展，去寻找和开拓更适合本族生存的地方；另一种是被动流亡或转移，为了逃避威胁与灾难，只有举族迁徙远方。此外，还有游牧民族的生存习惯，逐草而居以利于畜群的繁衍，也促使了迁徙活动的频繁发生。

西南民族走廊的形成，除了地理环境的原因，与古蜀和氐羌的迁徙活动也大有关系。古羌是我国西部最原始的部族之一，学者们认为，我国西南地区的少数民族大都来自古羌，或者是通过迁徙繁衍，或者是通过与原始土著部落的通婚联姻，总之和古羌有着非常密切的关系。冉光荣先生就指出："在长期的历史发展过程中，羌族中的若干分支由于种种条件和原因，逐渐发展、演变为汉藏语系中的藏缅语族的各民族。研究藏、彝、白、哈尼、纳西、傈僳、拉祜、基若、普米、景颇、独龙、怒、阿昌、土家等族的历史，都必须探索其与羌族的关系。"②李绍明先生也认为："古代的氐羌是一大族，在长期的历史发展中，由于经济条件差异与地理分隔等原因，已形成为今日藏缅语系藏彝语族中的各族。③长江和黄河的上游源流处于河湟区域，远古时期生态良好，水草丰茂，曾是古羌的栖息繁衍之地，后来古羌的若干分支向南迁徙，便是经由横断山脉和川滇之间的民族走廊进行的。从考古发现看，甘青地区已发现大量新石器时代的文化遗址，如仰韶文化、马家窑文化、半山文化、马厂文化、齐家文化、卡约文化、辛店文化等。出土的彩陶上有人像大都为披发，而从殷商至秦汉时期活动在甘青地区的羌人便正是披发的，揭示了这些遗址和古羌的关系。据《后汉书·西羌传》记载，汉以前在河湟区域居住的主要是羌人，对此也是一个很好的说明。《后汉书·西羌传》说秦献公时羌人"畏秦之威，将其种人附落而南，出由赐支河曲西数千里，与众羌绝远，不复交通。其后子孙分别，各自为种，任随所之。或为牦牛种，越巂羌是也"④。实际上古羌的迁徙，早在春秋战国之前就开始了。这里说的越巂

① （汉）司马迁撰：《史记》卷二《夏本纪》，中华书局，1959年；（晋）常璩撰，刘琳校注：《华阳国志校注》，巴蜀书社，1984年，第20~21页、第23~24页。
② 冉光荣、李绍明、周锡银著：《羌族史》，四川民族出版社，1985年，第1页。
③ 李绍明：《关于羌族古代史的几个问题》，《历史研究》1963年第5期；又载于氏著：《巴蜀民族史论集》，四川人民出版社，2004年，第244页。
④ （南朝宋）范晔撰，（唐）李贤等注：《后汉书》卷八十七《西羌传》，中华书局，1965年。

图八　四川茂县牟托石棺葬墓地遗址

羌，只是古羌的一支，还有若干分支则分散迁徙到了西南其他地方。著名的羌族史诗《羌戈大战》，便记叙了羌人九支人马分别向西向南迁徙的故事。由于古羌若干分支的迁徙，以及部族之间的往来，彩陶也被带到了横断山脉民族走廊上的很多地方，这方面的考古资料是比较多的。这种民族迁徙，延续的时间非常久长，从远古到秦汉以后都未停止。云南出土的滇文化器物中，有很多斯基泰文化因素，就来自于西北的游牧民族。

　　古蜀和古代氐羌的关系非常密切，都曾栖居于岷江上游，都有石棺葬之俗。章樵注《蜀都赋》引《蜀王本纪》云："蚕丛始居岷山石室中"；《华阳国志·蜀志》说："有蜀侯蚕丛，其目纵，始称王，死，作石棺石椁，国人从之，故俗以石棺椁为纵目人冢也。"[1]20世纪以来，考古工作者在岷江上游发现了大量的新石器时代晚期文化遗存，即与古代氐羌和蚕丛氏蜀人有关（图八）。石棺葬与大石墓在安宁河流域和云南的滇中与滇西北等地也有分布，这种葬俗很显然应来自于古蜀和古代氐羌，是沿着民族走廊迁徙带来的（图九）。考古发现揭示，石棺葬与大石墓的年代跨度较长，大约从战国时代就出现了，延续至汉晋时代依然流行，这对我们了解古代民族走廊上的民族迁徙与栖居情形是很有帮助的。从文献记载看，战国时期秦惠王派军攻取了蜀国与巴国，古蜀开明王朝覆败后，蜀

---

① （晋）常璩撰，刘琳校注：《华阳国志校注》，巴蜀书社，1984年，第181页。

王子孙分散逃亡，分布于青
衣越巂南中各处；有一位王
子率兵三万人远徙交趾，就
是经由民族走廊，从大相岭
经过滇西北和滇中等地，向
南进入红河流域并继续远征
占领了骆越，建立了政权称
为安阳王。蒙文通先生对安
阳王的率众迁徙与立国史事
做过深入考证，认为："交

图九　西昌凉山大石墓

趾之安阳王即蜀开明氏后
裔之南迁者也"，"蜀王子孙之处姚、巂间者，显为南迁交趾时之所遗留"；"蜀王子孙
之南迁，实为一民族之迁徙，此一迁徙流离之集团中胜兵者三万人，推其不胜兵者当亦不
下三万人，则南迁之蜀人略为六万。……则南迁之蜀人于后世越南民族之形成关系至为重
大"[1]。徐中舒先生认为，"安阳王有兵三万，他由叶榆水进入红河以前，必然是早已远离
青衣定居南中"[2]。我认为，安阳王率领数万部众南迁，在当时交通并不发达的情形下，加
上沿途要筹集粮食和日常所需，这样的大规模迁徙活动肯定会延续一个较长的时期才会完
成，在迁徙过程中对南中地区也产生了重要影响，应是不争的事实。

从考古发现看，越南出土有玉璋等古蜀文化特色的玉器，很显然就与安阳王的率众迁
徙有关。四川文物考古研究院的专家和越南考古工作者，前些年在越南进行的联合考古发
掘中，还发现了与三星堆文化非常相似的璧型器、牙璋等文物，也揭示了古蜀与古代越南
之间的文化联系。而从云南出土的青铜器来看，据李昆声先生介绍："根据近半个世纪的
考古资料，云南青铜时代文化分为4种类型：滇池地区、洱海地区、滇西北地区和红河流域
地区"，"根据现已掌握的考古资料，云南青铜时代文化分布在全省70多个市县，共200多
个地点，出土的青铜器总数在万件以上"，云南的青铜时代起始于商代晚期，结束于西汉
晚期，绵延约千余年[3]。考古界大都认为剑川海门口遗址是云南的早期青铜时代遗址，其考
古学年代大约在商代晚期或商周之际。剑川还发现有战国西汉墓葬，楚雄万家坝古墓群出
土有春秋时期的早期铜鼓。出土青铜器最多的是在滇池区域，其时代大约从战国延续至汉

① 蒙文通著：《越史丛考》，人民出版社，1983年、第66页、第69页、第76页。
② 徐中舒著：《论巴蜀文化》，四川人民出版社，1982年，第159页。
③ 李昆声著：《云南艺术史》，云南教育出版社，2001年，第51~61页。

图十　滇王金印（云南晋宁石寨山遗址汉墓M6出土）

代。就现有考古资料看，滇池区域青铜器的分布范围，大体东至宜良、路南一带，南到新平、元江，北抵曲靖、东川，西达禄丰。其中最有代表性的考古发现，是晋宁石寨山滇国墓，从1955年至1960年先后4次发掘50座墓葬，出土器物达4000余件，1995年对石寨山进行了第5次清理，共清理了36座墓葬，出土了500多件文物。1956年在石寨山六号墓中发现金印一方，刻有篆书"滇王之印"四字（图十），这和《史记》所载汉武帝元封二年（前109）在云南设置"益州郡，赐滇王王印"的史实相合，可见滇池区域出土的这些青铜器，确系滇人的遗物①。江川李家山也发现有数量众多的滇人墓葬，1972年发掘了27座墓葬，1991年发掘了59座墓葬，截至2000年共发掘了86座墓葬，出土各类器物3000多件。在呈贡天子庙、曲靖八塔台、昆明羊甫头、安宁与东川等地也相继发现有滇文化墓葬，出土了很多器物。此外，滇西地区也发现有很多从战国早期至汉代的墓葬，既有大石墓与石棺墓，也有青铜文化遗址，出土有数量较多的各种器物，其中尤以陪葬器具和兵器之类居多②。滇西青铜文化的分布范围也很广，西至怒江、澜沧江沿岸，南抵保山、昌宁一带，北达宁蒗、德钦，东至楚雄、禄丰，和滇池区域的青铜文化相衔接。从考古发现揭示的时代顺序来看，剑川海门口遗址是最早的，滇西青铜文化的年代也略早，然后滇池区域的青铜文化发展达到了鼎盛，呈现出由北向南扩散传播的形态。而从中国整体青铜文化发展的格局状况来看，中原华夏地区殷商青铜文化、以三星堆为代表的古蜀青铜文化，在时间上明显要早于云南的青铜文化。如果结合民族走廊与文化传播来做深入探讨，可以很清楚看到古蜀国青铜铸造技术的南传，可以看到三星堆青铜文化对滇国青铜文化产生了重要影响。

对于云南青铜器的来源问题，过去曾有人提出，滇池区域的青铜文化是战国晚期楚将庄蹻带来的楚文化，也有学者认为和四川的巴蜀文化有密切关系。还有学者认为，滇池区域的青铜文化是古代僰人创造的，或认为是濮人文化，或认为是古代越人创造的，反映了我国

---

① 云南省博物馆：《云南古代文化的发掘与研究》，文物编辑委员会编：《文物考古工作三十年》（1949–1979），文物出版社，1979年，第376页。

② 云南省博物馆：《十年来云南文物考古新发现及研究》，文物编辑委员会编：《文物考古工作十年》（1979–1989），文物出版社，1979年、第277~278页。

图十一　云南出土的贮贝器盖上人物

图十二　云南晋宁出土的八人乐舞鎏金铜饰物

图十三　云南江川出土的猎鹿铜饰物

图十四　云南出土铜鼓上的三位骑马人物

南方"百越"民族文化特色①。张增祺先生认为，"滇池区域的青铜文化并非来自楚文化或巴蜀文化。有种种迹象表明，它是在当地新石器文化基础上发展起来的一种青铜文化，当然不可避免地也受到某些外地文化的影响"。又说"对于滇西青铜器，也有的人认为是西北地区氐羌文化的南移，和北方草原文化有许多共同点。我们认为，滇西青铜器同样是在当地新石器文化基础上发展起来的，当然也不排斥在其发展过程中外地文化对它的影响"②。张增祺先生是云南考古界主持发掘滇国青铜器和研究滇文化的资深专家，在《滇国与滇文化》一书中也重申了他的一家之言，认为"滇国青铜文化吸收和融合了不同地区和民族的文化精

① 李昆声、张增祺：《云南青铜文化探索》，云南省博物馆编：《云南青铜文化论集》，云南人民出版社，1991年，第9~10页。

② 云南省博物馆：《云南古代文化的发掘与研究》，文物编辑委员会编：《文物考古工作三十年（1949–1979）》，文物出版社，1979年，第376~379页。

图十五　云南出土的剽牛祭祀铜扣饰

华"，"诚然，任何一种古代文化的形成和发展都不会是孤立进行的，不同地区之间文化上的交流和互相影响也是不可避免的。在滇国青铜文化的自身发展过程中，同样也和周围地区的文化产生过某种联系和互相影响，但这并不等于滇文化来源于楚文化或巴蜀文化，也不完全是因为北方草原文化及斯基泰文化的影响，最后才形成滇池区域发达的青铜文化"①。张增祺先生强调了滇文化的本地民族特色，也注意到了滇文化和周边文化的相互影响，是很有见地的，但对这种相互影响究竟到什么程度，却没有去深入探讨。

我觉得，周边文化对滇文化影响最大的，就是以三星堆出土青铜雕像为代表的古蜀文化了。从考古资料看，楚文化的典型青铜器物是编钟之类，这在云南很少发现。云南各族最流行的音乐器物是铜鼓，云南、贵州、广西等地出土的铜鼓数量众多，与楚文化是没有多大关系的。由此可见楚文化对滇文化虽有影响却并不显著。中原文化的青铜器物在云南也很少发现，同样说明在汉代之前中原文化对滇文化的影响也不明显。而古蜀文化最典型的青铜器物就是青铜雕像和鸟兽动物形象了，这在殷商中期和晚期已达到极其娴熟与精美的程度了。云南出土的滇国青铜器中，最突出的也是人物雕像，正如张增祺先生所说许多器物上都雕铸或镂刻有神态各异、栩栩如生的人物图像，就其活动内容而言，有祭祀、战争、狩猎、纳贡、上仓、纺织、放牧、饲养、炊爨、演奏、舞蹈、媾合等场面，几乎涉及到当时人们生活的各个方面（图十一至图十五）。除了大量人物活动场面的雕铸，还有不少动物图案的装饰品，约略计之，不同的动物形象达三十八种之多。滇国青铜器注重人物雕像的青铜文化特色，与三星堆青铜雕像可谓一脉相承。从时代沿袭和传播路线来看，三星堆青铜文化在殷商中期和晚期已极为昌盛，云南的青铜文化在商代晚期与商周之际才出现，云南剑川海门口是滇西青铜器最早的发源地之一，滇西与滇中地区的青铜文化到了战国与汉代才逐渐兴旺，很明显地呈现出了由北向南发展的态势。从出土的滇国青铜器来看，战国与秦汉时期，滇国的青铜文化最为发达，明显继承了古蜀青铜文化中崇尚人物雕像的传统与特色。这些真实状况，充分揭示了古蜀青铜文化进入云南后，开始向滇中和滇西的传播路线。这种传播很可能是渐进式的，可能延续了一个较长的时期，在传播的过程中和本地的少数民族文化相互融合，最终在滇池区域形成了富有特色的滇国青铜文化。在

---

① 张增祺著：《滇国与滇文化》，云南美术出版社，1997年，第23~24页。

青铜器和人物雕像的铸造工艺方面，譬如泥范与失蜡法的采用，滇国青铜器也很明显沿袭了三星堆青铜雕像的铸造技术与工艺特色[①]。崇尚人物雕像，喜爱鸟兽动物的各种形象，在中国各地出土的青铜器物中，只有四川三星堆古蜀青铜文化和云南滇文化最为典型和突出，譬如四川三星堆出土有众多的铜鸟首、铜牛首、铜鸡、蟾蜍等，成都金沙遗址也出土有铜鸟首、金蛙等；与云南李家山、石寨山出土的鸟杖首、铜鼓上的牛、铜鼓上的蛙，在造型上对比，就有很多相似之处，我们也由此可以看出两者在文化上的影响与密切关系。在时间稍晚的滇文化出土器物中，还可以看到来自于游牧民族的斯基泰文化的影响，那应该是秦汉以后才由民族走廊传入云南的，并为滇文化所吸取。

用历史的眼光客观地看，通过西南民族走廊进行的迁徙活动和文化传播，主要是由北向南的迁徙和传播，相关的文献记载在这方面便透露了很多信息，大量的考古资料对此也给予了充分的揭示。这种情形的形成，既是自然而然的趋势，也是必然的结果。譬如水总是由高向低处流淌，在平缓的地方会向四处漫衍。文化的传播也是这样，灿烂而先进的文化，总是会向周边产生较为强烈的辐射作用，有时这种辐射与传播会形成强势的渗透或侵入。殷商时期的古蜀青铜文化已经非常灿烂，对文化发展相对滞后的西南夷地区自然而然产生了巨大的影响，并形成了强势的传播与渗透，其实也是一种很正常的现象。当时北方的中原青铜文明也非常辉煌与强势，但由于地理上的原因，对遥远的南方地区产生的影响并不明显。古蜀灿烂的青铜文化对整个西南地区的辐射与传播，因为地域相邻，又由于民族关系方面的亲缘因素，所以很自然受到了欢迎。这也正是滇文化接受了古蜀文化中青铜造像的强烈影响，也形成了喜爱人物造型青铜文化特色的重要原因。从另一个角度来看，文化交流总是相互的，但古蜀文化中却很少发现有滇文化的东西，比如祭祀与巫术是南北各民族先民都流行的，而南方少数民族中流行的鸡卜，在古蜀文化中却是没有的，此后也未被巴蜀的民俗所接受。据文献记载，到了西汉时期，南方少数民族的鸡卜才为统治者所知，司马迁《史记·孝武本纪》记述汉武帝灭南越后，了解到南越有"祠天神上帝百鬼，而以鸡卜。上信之，越祠鸡卜始用焉"[②]。这也说明了从殷商到汉代在西南地区的文化传播过程中，滇文化一直处于比较弱势的状态，而古蜀文化则比较强势，这应该是一种比较真实的情形。正是在这种情形下，殷商时期的古蜀青铜文化畅通无阻地传入了滇中和滇西等地。到了汉晋时期，发祥于蜀地的道教也很快传入了南中地区，为各个少数民族所接受和

---

① 黄剑华著：《古蜀的辉煌——三星堆文化与古蜀文明的遐想》，巴蜀书社，2002年，第294~306页；李昆声著：《云南艺术史》，云南教育出版社，2001年，第66~67页。

② （汉）司马迁撰：《史记》卷十二《孝武本纪》，中华书局，1959年；《汉书·郊祀志》对此也有记载："祠天神帝百鬼，而以鸡卜"，（东汉）班固撰，（唐）颜师古注：《汉书》卷二十五《郊祀志》，中华书局，1962年。

尊崇，成为很多少数民族的共同信仰，这对于由北向南的文化传播情形来说，也是一个很好的例证。

总而言之，我们从出土的滇国青铜器中，不仅看到了浓郁的本地民族特色的内容，也看到了周边文化与外来文化的影响，其中三星堆青铜文化对滇文化的影响最为明显。以后我们对此还可以做更为深入的探讨和研究，而以前对此显然是重视不足的。

三、汉朝统一西南夷与诸葛亮南征

西南地区很早就有了古商道，由巴蜀通向滇越，并进而通向了南亚、中亚和西亚，很可能在先秦时期就已形成。通过这条古商道贸易的主要是产于蜀地的丝绸、蜀布、筇竹杖之类的物品，以及巴蜀的盐巴等。四川广汉三星堆出土有数量可观的海贝，大约有数千枚之多（图十六），据鉴定来自于太平洋或印度洋温暖的海域，应是远程贸易带来的舶来品。而在云南江川、晋宁等地的春秋晚期至西汉末的墓葬中出土的贝数量更为庞大，据云南省博物馆统计核实，总数有25万枚左右，说明滇国是这些舶来品重要的中转站。三星堆和云南出土的海贝种类有齿贝、环纹贝、虎斑贝、拟枣贝等，这些产于印度洋与西太平洋广阔海域的海贝，可能是带着丝绸等物品外出经商的蜀人将它们带回了滇国和蜀地，也可能是其他地区和其他国家的商人万里迢迢从太平洋或印度洋辗转而来，使这些舶来品作为交易手段堂而皇之地进入了滇国和古蜀社会。

古代蜀地是蚕桑的故乡，也是中国丝绸最早的发祥地之一。古本《淮南子》有"《蚕经》云：黄帝元妃西陵氏始蚕"的记载[1]。西陵是黄帝元妃嫘祖的故乡，据学者们考证就在川西，邓少琴先生认为西陵就是蚕陵，在四川的旧茂州叠溪[2]，也有认为西陵在现在的四川盐亭一带[3]。任乃强先生认为，蜀山氏是最早"拾野蚕茧制绵与抽

图十六　三星堆出土的海贝

① 《授时通考》卷七十二引，黄剑华著：《天门》，四川人民出版社，2001年，第118页。
② 邓少琴著：《巴蜀史迹探索》，四川人民出版社，1983年，第136页。
③ 王君平、邓漫妮主编：《中华民族的母亲嫘祖》，中国戏曲出版社，2011年。

丝"的部族，到了"西陵氏女嫘祖为黄帝妃，始传蚕丝业于华夏"①。文献记载，开创古蜀国的蚕丛也是倡导养蚕的先驱（图十七），《宋本方舆胜览》卷五十一就有"成都古蚕丛之国，其民重蚕事"、"蚕丛氏教人养蚕"的记述②，古代成

图十七　叠溪"蚕菱重镇"石刻，传说即与古蜀蚕丛氏有关

都还修建了蜀王蚕丛氏祠来纪念蚕丛，将蚕丛王尊崇为青衣神。三星堆遗址出土的青铜立人像，身上穿的那件龙纹左衽大襟衣，无论是其华贵雍容的质地，或是美丽精致的图案纹饰，都给人以丝绸的感觉，这也说明殷商时期古蜀国已有精美的丝绸。正是这些蜀国生产的丝绸，很早便成了远程贸易的重要商品。我们后来说的西南丝路，就是由这条古商道发展形成的。

从文献记载看，古代印度在公元前5世纪至公元前4世纪这个时期内，已经大量使用中国丝绸。我们从《摩诃婆罗多》《罗摩衍那》《摩奴法典》等各种古印度作品中，都可以看到关于丝和中国人的记载。迦梨陀娑的著名史诗《鸠摩罗出世》中，提到了中国丝绸做的皇家旗帜，飘扬在金色的大门上，并在其他诗篇中用迎风飘举的中国丝绸旗来形容国王的心进退不定③。这些记载和描述，说明中国丝织品在古印度贵族中已经普遍使用，丝绸的名声已广为传播。而这些中国丝绸，毫无疑问都来自于蚕桑的故乡古代蜀地，通过西南丝路这条陆上商道，源源不断地输送到了印度。《史记·西南夷列传》说古蜀商人不仅到了身毒国［印度］，还将蜀布与筇竹杖贩卖到了大夏（阿富汗），"从东南身毒国，可数千里，得蜀贾人市"④。《三国志》卷三十裴松之注引《魏略·西戎传》也说，古蜀商人曾到达天竺和东南数千里的盘越国经商，"蜀人贾似至焉，南道而西极转东南尽矣"⑤。由此可知，古代蜀人与南亚、中亚等地的远程贸易，确实是由来已久的事情。方国瑜先生认为："中、印两国文化发达甚早，已在远古声闻相通为意中事。最早中、印往还经过西南

① 任乃强著：《四川上古史新探》，四川人民出版社，1986年，第44~48页。

② （宋）祝穆桂撰：《宋本方舆胜览》卷五十一，上海古籍出版社，第11册，1986年。

③ 江玉祥主编：《古代西南丝绸之路研究》（第二辑），译文，四川大学出版社，1995年，第270页。

④ （汉）司马迁撰：《史记》卷一百一十六《西南夷列传》，中华书局，1959年。

⑤ （晋）陈寿撰，（宋）裴松之注：《三国志》卷三十《乌丸鲜卑东夷传》，中华书局，1959年。

夷的交通线，各家所说是一致的，至於取道南海及西域，则为汉武帝以后之事。"[1]汉代之前，中国的丝绸不仅销售到了印度，还输送到了中亚、西亚等地。古籍记述公元前1世纪罗马共和国的凯撒大帝曾穿着中国丝绸做的袍子看戏，从此以后锦衣绣服的风尚便在罗马流行起来，当时中国丝绸在罗马与黄金等价，只有极少数贵族穿得起。《魏略·西戎传》就记述：大秦"常欲通使于中国，而安息图其利，不能得过……又常利得中国丝，解以为胡绫，故数与安息诸国交市於海中。"[2]《后汉书·西域传》也记述：大秦"与安息、天竺交市於海中，利有十倍……其王常欲通使於汉，而安息欲以汉缯彩与之交市，故遮阂不得自达。"[3]大秦就是古罗马帝国，安息是古代波斯帝国，由西南丝路辗转运往罗马的中国丝绸，波斯在当时是必经之路，因此波斯便操纵着中国与罗马之间的丝绸贸易，从中牟取暴利，双方曾因此而发生战争，其后又重新言和。罗马也不断派出自己的商人，由海道前往印缅，沿着西南丝路去寻找丝绸的产地，以便建立直接的商贸关系。罗马与南印度的海上贸易因之而日益繁荣，由罗马到达日南、扶南、交趾、缅甸等地的商人不断增多，其中有的进入了中国境内，至迟在东汉后期已多次往来于永昌、益州。

公元前2世纪，汉武帝出于抗击匈奴的战略考虑，派遣张骞出使西域。张骞历经艰难曲折回到长安后，向汉武帝详细报告了西域的情况，说他在大夏（今阿富汗北部一带）时，见到了筇竹杖与蜀布，这些货物是从蜀地运到身毒［印度］，然后再贩运到中亚的，由此猜测必定有一条通畅的古道。不言而喻，这条古道就是开辟已久的西南丝路。张骞建议说："今使大夏，从羌中，险，羌人恶之；少北，则为匈奴所得；从蜀宜径，又无寇。"汉武帝听了大喜，深以为然。但汉王朝对这条商贸古道的具体路线并不清楚。雄才大略的汉武帝当即令张骞从蜀郡和犍为郡秘密派遣使者，"四道并出，出駹，出冉，出徙，出邛、僰，皆各行一二千里"，探索通往印度的商道[4]。这次行动的结果并不理想，四路秘使都遭到了沿途氐族、笮族、巂族、昆明族等部落的阻挠。汉武帝遭此挫折，反而更加坚定了决心，采取了更为积极的政治军事手段，开始了经营西南的活动。汉武帝对西南地区的武力经营持续了很长时间，尽管取得了一系列成功，但由于民族关系和商贸利益等方面的复杂原因，只打通了川滇道，滇缅道却一直控制在商人和西南少数部族的手中，造成官方使者未能越过大理至保山一带。到了东汉明帝永平年间，哀牢人内附，东汉政府设置了永昌郡，西南丝绸之路这条国际商道才终于全线畅通了。用历史的眼光看，汉武帝派张骞通西域，力求打通西南国际通道，虽然其目的主要是出于军事战略上的考虑，客观上却促进

---

① 方国瑜著：《中国西南历史地理考释》，中华书局，1987年，第7页。

② （晋）陈寿撰，（宋）裴松之注：《三国志》卷三十《乌丸鲜卑东夷传》，中华书局，1959年。

③ （南朝宋）范晔撰，（唐）李贤等注：《后汉书》卷八十八《西域传》，中华书局，1965年。

④ （汉）司马迁撰：《史记》卷一百二十三《大宛列传》，中华书局，1959年。

了中国同世界的经济文化交流，开启了一个丝路商贸日益繁荣的时代。

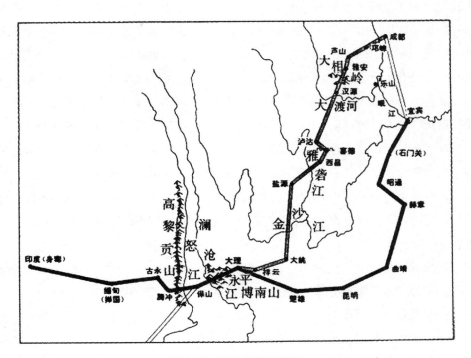

图十八　西南丝路示意图

由古商道发展为更加畅通的西南丝路（图十八），对活跃和繁荣沿途地区的经济生活，也发挥了极其重要的作用。除了成都生产的丝绸和蜀锦刺绣，巴蜀各地生产的蜀布和邛竹杖等手工业品，也是运销到南亚和中亚、西亚地区的备受欢迎的货物。还有临邛等地铸造的铁器，也运销到了滇、黔、岭南、南越和周围少数民族地区。《史记·货殖列传》记载，秦汉时期蜀地临邛是中国西南最重要的铁器生产基地，制作的铁器曾大量倾销到周边的少数民族地区，如卓王孙"即铁山鼓铸造，运筹策，倾滇蜀之民，富至僮千人"，程郑"亦冶铸，贾椎髻之民，富埒卓氏"[1]。《汉书·货殖列传》对此也有相同记载[2]。战国至秦汉时期，出现于越南红河三角洲和泰国东北部的铁器，以及在越南北部清化省的东山遗址和广平省的某些汉墓中发现的铁器，可能都是从蜀地临邛输入的[3]。还有蜀地铸造的各个时期钱币，也在西南丝路沿途广为流通，近年来发掘出土的数量极其可观。根据文献记载和考古资料，秦汉时的严道（荥经）、蜀汉时的犍为郡，都是重要的钱币铸造基地。1987年3月，考古工作者在

---

① （汉）司马迁撰：《史记》卷一百二十九《货殖列传》，中华书局，1959年。

② （东汉）班固撰，（唐）颜师古注：《汉书》卷九十一《货殖列传》，中华书局，1962年。

③ 伍加伦、江玉祥主编：《古代西南丝绸之路研究》，四川大学出版社，1990年，第6页；江玉祥主编：《古代西南丝绸之路研究》（第二辑），四川大学出版社，1995年，第49页。

西昌市北32公里的东坪村发现了一处汉代大型冶铜铸币遗址，出土有新莽"货泉"铜范、东汉"五铢"铜范、铜锭和大量的矿石、炉渣、木炭等[①]。在牦牛道和五尺道沿途，还发现了多处钱币窖藏。这些钱币铸造，和大量钱币的出土，说明西南丝路对货币的需求量是相当大的，从而也说明了经济的兴旺和商贸的繁荣。在云南境内西南丝路的沿途以及博南道（永昌道）沿线也出土有大量金属钱币，据王大道先生统计，总数有1万多枚[②]。这些钱币也大都是在四川铸造，然后沿着西南丝路川滇段的走向而流入云南的。在四川彭山等地的崖墓中，还出土了摇钱树，在西昌等地也发现了摇钱树的枝叶，在昭通、呈贡、大理等地的汉墓中也有发现，反映了东汉时期西南丝路沿途地区的拜金习俗，也揭示了这种葬俗由蜀向滇的传播。这方面的考古资料甚多，恕不一一列举。还有铁器生产工具，也由蜀地大量运销到了云南，促使了云南农业生产技术的改善。王大道先生认为："从那以后，云南地区和祖国内地的经济文化联系更加密切，中原先进技术迅速传入云南，为边疆人民所掌握。西汉中期云南的冶铁业就在这个基础上发展起来，从而铁器逐渐得到广泛的使用。"[③]

西南丝路在中外文化交流方面，也发挥了突出作用。英国历史学家霍尔说："公元97年，从罗马帝国东部前来永昌的使节曾沿着这条路线旅行。"[④]罗马等国的杂技艺人也随着庞大的使团来到了中国，作杂技艺术和幻术表演。《魏略·西戎传》记述大秦（古罗马）"俗多奇幻，口中出火，自缚自解，跳十二丸巧妙"，说大秦"又有水道通益州、永昌，故永昌出异物。前世但论有水道，不知有陆道，今其略如此"[⑤]。从史料记载透露的信息看，罗马人很可能是先由海道至缅甸，然后由西南丝路进入云南和四川，再前往中原的。来自罗马、中亚与西亚的杂技艺人和魔术师们，在西南丝路沿途肯定做过多次表演，在繁华的成都可能有过较长时间的停留。四川地区出土的一些东汉杂技画像砖上，便留下了他们精彩表演的画面。成都市郊出土的一方汉代"杂技饮宴图"画像砖，中间的一位"幻人"，便是外国魔术师表演吐火的造型（图十九）。新都收集到的汉代"驼舞"画像砖（图二十），也是外来表演的生动写照[⑥]。

值得注意的是，早期佛教图像很可能也是由西南丝路传入中国的。佛教的传入方式，主要有两种，一是早期佛教图像的传播，二是佛经的传入与翻译。过去通常认为，佛教大

① 刘世旭、张正宁：《四川西昌市东坪村汉代炼铜遗址的调查》，《考古》1990年第12期。

② 王大道：《云南出土货币概述》，《四川文物》1988年第5期。

③ 王大道：《云南滇池区域青铜时代的金属农业生产工具》，云南省文物考古研究所编著：《云南考古文集》，云南民族出版社，1998年，第91页。

④ 霍尔著：《东南亚史》（中山大学东南亚历史所译），商务印书馆，1982年；江玉祥主编：《古代西南丝绸之路研究》（第二辑），四川大学出版社，1995年，第13~14页、第59~60页。

⑤（晋）陈寿撰，（宋）裴松之注：《三国志·魏书》卷三十《乌丸鲜卑东夷传》，中华书局，1959年。

⑥ 高文编：《四川汉代画像砖》，图四三、图四八，上海人民美术出版社，1987年。

图十九　成都市郊出土"杂技饮宴图"画像砖　　　图二十　新都收集到的汉代"驼舞"画像砖

约于西汉末经西域传入中国内地，到了东汉后期，由于汉王室的倡导，佛教信仰在中国才逐渐传布开来。虽然史料有汉哀帝时"口受浮屠经"的记述，但根据考古资料的揭示，早期佛教图像的传播，应早于佛经的传入和翻译。从四川出土的早期佛教造像看，早期佛像的传入显然应在佛经的传入与翻译之前。也就是说，佛教传入中国，首先传播的是佛教图像，其后才是佛经的传播。学术界以往对此并未深究，随着考古资料发现的增多和研究的深入，我们对此才有了越来越清晰的认识。从考古发现看，四川地区发现的崖墓石刻佛像，以及出土摇钱树座与树干上的佛像（图二十一、图二十二），数量很多，为我们了解早期佛教图像的传播提供了丰富的实物资料①。相比较而言，中原地区发现的早期佛像则较少，时间也相对稍晚②，也说明了早期佛教图像从印度传入四川的时间显然早于北方。四川早期佛教图像可能是从印度经缅甸、云南由西南丝路传入蜀地的。四川早期佛教图像的出土地点，主要分布在西南丝路干道上，而且呈现出向北方、向长江中游传播的趋势。邓少琴先生就指出：以往"对于佛教传入，后世所知，仅指北传南传，北通经西域以至中原，南传由海道以入吴楚，尚未提出西南一道，由掸国（今缅甸）以入蜀郡"，其实至迟在汉明帝永平十二年（69）哀牢王遣子内附之后，当时商贾往来，已有身毒之族携带蚌珠、珊瑚之类海产贩运其地，由于远涉崇山峻岭，而又有瘴气之厄，"不能不带有佛教之迷信，作为护符，以此辗转相习，经昆明、滇池，而至于蜀郡之西南"，史籍记述和文物遗存透

---

① 南京博物院编：《四川彭山汉代崖墓》，文物出版社，1991年，第36~37页，图44、彩图1，时代推断见第6页、97页、100页；唐长寿著：《乐山崖墓和彭山崖墓》，电子科技大学出版社，1993年，图版15，第72~73页；阮荣春著：《佛教南传之路》，湖南美术出版社，2000年，第21页；何志国著：《汉魏时期摇钱树初步研究》，科学出版社，2007年，第43~45页。

② 俞伟超：《先秦两汉考古学论集·东汉佛教图像考》，文物出版社，1985年，第167~168页；杨爱国：《不为观赏的画作——汉画像石和画像砖》，四川教育出版社，1998年，第214页。

图二十一　彭山东汉崖墓出土陶质摇钱树座上的佛像　　图二十二　乐山麻浩东汉崖墓中的坐佛图

露的信息，就足以"说明在东汉安帝、桓帝之世，四川地区，为佛教初期之传入，是由西南商道，随商人信仰而来"①。佛教后来对中国文化产生了深刻的影响，西南丝路在传播方面所起的重要作用，是不应忽略和忘记的，我对此曾撰有专文进行了探讨②。

　　到了蜀汉时期，诸葛亮南征也是蜀滇关系中一件非常重要的大事。秦汉时期西南夷多民族杂居的情况比较复杂，汉代对西南夷的开拓与治理，譬如汉武帝派唐蒙开牂柯道及司马相如出使巴蜀略通邛筰等地，以及平定南越、夜郎等，取得了很大的成效，但整体来看还是相对有限的。这种状况在三国蜀汉时期开始出现了较大变化，《三国志·蜀书·后主传》说诸葛亮南征越嶲、益州、永昌、牂柯四郡，"丞相亮南征四郡，四郡皆平。改益州郡为建宁郡，分建宁、永昌郡为云南郡，又分建宁、牂柯为兴古郡"③。加上朱提郡、交州等，当时统称为南中。可见西南夷地区在三国时期已正式纳入蜀汉政权的版图，蜀汉政权分郡而治，设官置守，使南中成了蜀汉名副其实的大后方。

① 重庆中国三峡博物馆、重庆博物馆编：《邓少琴遗文辑存》，西南师范大学出版社，2011年，第196~197页。
② 黄剑华：《略论早期佛教图像的传播》（修订文本），《中原文物》2014年第1期；黄剑华《略论早期佛教图像的传播》（全文本），《吴越佛教》第八卷，九州出版社，2013年，第421~438页。
③ （晋）陈寿撰，（宋）裴松之注：《三国志》卷三十三《蜀书·后主传》，中华书局，1959年。

诸葛亮早在辅佐刘备之初就提出了"西和诸戎，南抚夷越"的方针[1]，可谓高瞻远瞩，见识深远。但南中的情形比较复杂，要使西南各部族服服帖帖接受蜀汉的管辖也不是一件容易的事。刘备病故后，南中诸郡就发生了叛乱。当时越嶲郡的豪强杀掉了守郡将军，益州大姓也杀害了太守，如"越嶲叟帅高定元杀郡将军焦璜，举郡称王以叛。益州大姓雍闿亦杀太守正昂。更以蜀郡张裔为太守"，又被雍闿"执送裔于吴。吴主孙权遥用闿为永昌太守"，还有牂柯郡的朱褒也叛乱了，自领太守任意胡为，可见情形是非常严重的。《华阳国志·南中志》说，诸葛亮以初遭大丧，未便加兵；到后主建兴三年，诸葛亮已经稳定了蜀中形势，并同孙吴恢复了联盟友好关系，这才亲自率军南征越嶲、益州、永昌、牂柯四郡。关于诸葛亮南征的进军路线，曾有不同的认识和说法，据学者们研究，诸葛亮率领的主力应该是自僰道由水路进入越嶲[2]，并派遣马忠率部进入牂柯，命令驻守在平夷县的李恢进兵益州，分兵合击，讨伐叛乱，很快就取得了决定性的军事胜利。诸葛亮南征过程中采取了恩威并用的策略，比如孟获是一位很有影响的少数民族首领，战败被擒后很不服气，诸葛亮又放他回去，凡七纵七擒，终于使孟获心服口服，说"明公，天威也，南人不复反矣"[3]，南中地区大小诸夷从此不复叛乱。

诸葛亮平定南中后，为了巩固获得的胜利，采取了一些很重要的策略和措施。首先是在行政上加强了对南中的治理，将益州郡改为建宁郡，分建宁、越嶲、永昌郡中的部分县设置了云南郡，又分建宁、牂柯郡设置了兴古郡，南中自此分为六郡，使南中各郡县的划分与设置更加精简合理，同时任命了几位能干的太守，分管南中各郡行政军事事务。其次是重用南中的人才。常璩说诸葛亮平定南中后，"收其俊杰建宁爨习、朱提孟琰及获为官属，习官至领军，琰辅汉将军，获御史中丞"。孟获、爨习、孟琰等人都是南中地区的代表性人物，诸葛亮将这些南中的俊杰人才任以官职，加以重用，不仅团结了南中地区的大姓富豪，也笼络了西南夷各族的民众人心，有效地加强了对南中各郡的管辖和治理。再者是收编了南中的人马，扩充了蜀汉的兵力，"移南中劲卒青羌万余家于蜀，为五部，所当无前，号为飞军"，青羌兵骁勇善战，后来成为诸葛亮北伐部队中的一支劲旅。诸葛亮还"分其羸弱配大姓焦、雍、娄、爨、孟、量、毛、李为部曲；置五部都尉，号'五子'，故南人言'四姓五子'也。以夷多刚狠，不宾大姓富豪，乃劝令出金帛，聘策恶夷为家部曲，得多者奕世袭官。于是夷人贪货物，以渐服属于汉，成夷、汉部曲。"并"出其金、银、丹、漆、耕牛、战马给

① （晋）陈寿撰，（宋）裴松之注：《三国志》卷三十五《蜀书·诸葛亮传》，中华书局，1959年。

② （晋）常璩撰，任乃强校注：《华阳国志校补图注》，上海古籍出版社，1987年，第243~244页。

③ （晋）陈寿撰，（宋）裴松之注：《三国志》卷三十五《蜀书·诸葛亮传》，《汉晋春秋》，中华书局，1959年；（晋）常璩撰，刘琳校注：《华阳国志校注》（修订版），成都时代出版社，2007年，第182页、183页。

军国之用"①，充分利用南中的人力物力，补充和加强了蜀汉的力量。

诸葛亮在南征过程中，对加强汉夷文化交流也做了很多事情。诸葛亮平定南中之后，还加强了对南中的开发，将很多先进的生产技术与文化输入到了南中地区。《华阳国志·南中志》说诸葛亮看到南中诸夷虽有口头相传的"夷经"，却缺少文字记载，还停留在"投石结草"的阶段，民俗民风也比较落后，"其俗征巫鬼，好诅盟"，好用占卜与结盟的方式来处理事情。"诸葛亮乃为夷作图谱，先画天地、日月、君长、城府；次画神龙，龙生夷，及牛、马、羊；后画部主吏乘马幡盖，巡行安恤；又画［夷］牵牛负酒、赍金宝诣之之象，以赐夷。夷甚重之。""又与瑞锦、铁券，今皆存。"②诸葛亮对西南各部族的民俗民风因势利导，将汉文化传播到了南中诸夷各地，并将内地先进的生产方式与织锦技艺带到了南中，不仅对改变南中落后的文化面貌与生存状态起到了积极的作用，同时也促进了汉族和西南夷各族的团结。诸葛亮的这些做法，高瞻远瞩，行之有效，促进了南中地区的文化进步与生产发展，加强了南中地区与内地的融合，对后来的历史进程也产生了积极的影响，可谓意义深远。诸葛亮在南中地区的威望很高，影响巨大，所以南中各族人民将功绩都归于诸葛亮，比如南中地区流行的铜鼓，民间口碑都传说是诸葛亮制作的，皆称为"诸葛鼓"，一直沿袭至今③。还有南中地区一些与诸葛亮相关的地名或遗迹，大都附会有诸葛亮平定南中时的故事。诸葛亮将蜀锦与织锦技艺也带到了南中地区，使南中民众也学会了织锦，除了满足当地各族人们的需求，很可能还要将生产的锦缎贡赋给蜀汉政府，因而增加了蜀汉财政收入来源。现在云南等地的"侗锦"、"武侯锦"、"诸葛锦"之类，就是从诸葛亮平定南中之后流传下来的。

诸葛亮南征七擒孟获、平定南中的故事，在后世一直传为美谈。后来很多著述典籍中都加以引用和记述，如《水经注》《蛮书》中都记述了诸葛亮"五月渡泸"、"讨平南中"的地理路线与征战史实④。《寰宇记》《方舆纪要》等志书也都有记载。洪迈《容斋随笔》卷四说"蜀刘禅时，南中诸郡叛，诸葛亮征之。孟获为夷汉所服，七战七擒，曰公天威也，南人不复反矣"。后世依然顺服，"乃知南夷心服，虽千年如初。呜呼，可谓贤矣"⑤，对诸葛亮平定南中的深远影响表达了由衷的赞叹。顾祖禹《读史方舆纪要》说"云南古为荒服，自汉以来乍臣乍叛，盖疆域辽阔，夷落环伺崇山巨川，足以为保据之资，故

① （晋）常璩撰，刘琳校注：《华阳国志校注》（修订版），成都时代出版社，2007年，第185页、186页。

② （晋）常璩撰，刘琳校注：《华阳国志校注》（修订版），成都时代出版社，2007年，第188~189页。

③ （晋）常璩撰，任乃强校注：《华阳国志校补图注》，上海古籍出版社，1987年，第253页。

④ （北魏）郦道元撰、王国维校：《水经注校》，上海人民出版社，1984年，第1119~1120页、1125页、1153页；（唐）樊绰撰：《蛮书》卷二，巴蜀书社，1998年，第7页。

⑤ （宋）洪迈撰：《容斋随笔》卷四《南夷服诸葛》，《笔记小说大观》第6册，江苏广陵古籍刻印社影印本，1983年，第153页。

图二十三　云南普洱市内的诸葛亮塑像

时恬则牛驯蚁聚，有事则狼跳虎嗷，势固然也。西南一隅，反复最多。""诸葛武侯欲专意中原，虑群蛮乘其后，乃先南讨"，充分肯定了诸葛亮的深谋远虑。书中还记述了诸葛亮南征时留下的一些遗迹，例如宜良县有"诸葛洞，在县南小石岭，诸葛武侯南征时尝置营于此，亦名诸葛营"。又如剑川州有"诸葛池，州北四里，相传武侯饮马处"①。这些记述与评论，都反映了诸葛亮平定南中的意义与影响。

　　总而言之，诸葛亮成功平定南中，不仅增强了蜀汉政权的势力，同时也加强了对西南少数民族地区的管辖和治理，有效地促进了汉族和西南夷各族的团结与融合。我们也由此可知，诸葛亮平定南中并不单纯在军事战略上取得了重大胜利，在政治上、文化上和社会生活诸多方面也做出了重要建树，其意义是非常深远的。现在云南普洱市等地建有诸葛亮塑像（图二十三），就表达了后世对诸葛亮的敬仰和纪念。

① （清）顾祖禹撰：《读史方舆纪要》，上海书店，1998年，第719页、720页、733页。

两汉王朝对西夷[①]的经略
与安宁河流域的渐进式汉化

杨丽华　四川省社会科学院历史研究所　助理研究员

　　摘　要：两汉时期，中央王朝对安宁河流域的西夷进行了持续的经略，并经历了以羁縻为主、武力为辅到以武力为主、羁縻为辅的策略转变。两汉时期生活在安宁河流域的人群主要是邛都夷，随着对其经略的逐步推进，安宁河流域的土著文化不断消亡，取而代之的是汉文化的大量进入并逐渐占据主导地位，而这一时期的相关考古遗存亦在一定程度上反映了这一区域文化结构和属性的渐进式转变过程。

　　关键词：两汉　西夷　安宁河流域　经略　汉化

　　安宁河流域位于四川省西南部，为雅砻江的一级支流。由北向南流经冕宁县、喜德县、德昌县、米易县，至攀枝花桐子林附近的河口注入雅砻江。孙水河、茨达河、阿七沟、樟木沟、热水河等为其重要支流。郦道元《水经注》中称安宁河为孙水，"有孙水焉。水出台高县，即台登县也。……南流经邛都县，司马相如定西夷，桥孙水，即是水也。又南至会无，入若水。"西汉时期，中央王朝对此地进行开发，设置了越嶲郡，涵盖了今凉山州、攀枝花和云南的部分地区，郡内阑县（今甘洛海棠）、灵关道（今越西）、

---

① "西夷""南夷""西南夷"是《史记》《汉书》《后汉书》中经常出现的词语，童恩正先生认为汉代的"西南夷"是相对于已经汉化的巴蜀而言的地域。（参《古代的巴蜀》第八章，四川人民出版社，1979年。）祁庆富先生认为，《史记》中凡称"西南夷"，均指整个地区，包括"西夷"和"南夷"，"以'西夷'、'南夷'为西南少数民族的专称，始见于《史记》的记载，而最早把'西南夷'划分为'西夷'、'南夷'者，是汉武帝时期的司马相如。"祁同时认为"西南夷"划分为"南夷"和"西夷"的标准，是以巴蜀为基点的。并认为，根据《史记·西南夷列传》，可以明确划归南夷者，有夜郎、宜兰，按地区说，是犍为郡和牂牁郡。另据《汉书》记载，句町、漏卧也均属南夷。可以明确划归西夷者，有邛、笮、冉、斯榆。另据《魏书·氐传》："氐者，西夷之别种，号曰白马。"以上述诸族推之，越嶲、沈黎、汶山、武都四郡为西夷。（祁庆富：《南夷、西夷考辨》，《云南社会科学》1982年第3期。）本文所涉及的安宁河流域的族群，主要分布在汉越嶲郡范畴，当为西夷，亦可说是邛都夷。

苏示（今礼州）、台登（今冕宁泸沽）、邛都（今西昌）、会无（今会理）位于安宁河干流两岸①。

两汉时期生活在安宁河流域的人群主要是邛都夷，其最典型的特征就是史记所载的"椎结，耕田，有邑居"，死后实行二次葬，并葬于大石墓中。段渝先生认为"邛人的中心在今安宁河一带，以西昌为中心，其分布的最北面达到邛崃山以北的临邛县（今四川邛崃）"，"最南面是在晋代的会无县，即今四川会理县"，"最近几十年来在安宁河流域发现的大量大石墓，就是邛人的墓葬。"②刘世旭先生也持同样的观点，"大石墓……主要分布在今四川凉山、渡口的安宁河流域，即汉武帝元鼎六年（前111）时所设的越嶲郡内。"刘先生并从这种墓葬所反映的文化特点（"耕田，有邑聚"，普遍实行二次丛葬），并根据其分布地域和所处时代来判断，认为其主人在很大程度上应是《史记·西南夷列传》中所指的"邛都夷"③。

两汉时期，中央王朝对安宁河流域的西夷进行了持续的经略。从西汉到东汉，汉中央王朝因客观形势的不同而分别采用了不同的策略，从而使安宁河流域的社会生活经历了渐进式的汉化过程。表现在文化遗存上，即发生了汉墓及中原地区同类遗物逐渐增加，而大石墓及其土著文化因素逐渐减少直至消失的现象。这种渐进式的变化，与汉中央王朝控制安宁河流域的渐进式"经略"有着深刻的联系。

一、两汉政府对安宁河流域的经略

中原统一王朝对安宁河流域的经略，从秦代即已开始，秦王朝在安宁河谷设置了邛都，后因秦灭而废，大致可以认为，秦王朝对安宁河流域并没有进行实质的统治。到了西汉王朝，随着国力的强盛，汉武帝时期开始经略西南夷，新莽及东汉时期继续开发西南夷。据史书记载，两汉王朝对安宁河流域的西夷的开发主要有以下几个事件。

（一）司马相如对西夷的经略

西汉王朝对西南夷的经略，可说自唐蒙始，《史记·西南夷列传》记载，建元六年（前135），唐蒙了解到从夜郎经牂牁江可至南越，向汉武帝建议通夜郎道，为置郡，以攻南越，获武帝赞同。唐蒙厚赐夜郎侯多同，"喻以威德，约为置吏"，并设置了犍为郡。但后来唐蒙"使略通夜郎西僰中，发巴蜀吏卒千人，郡又多为发转漕万余人，用兴法诛其

---

① （晋）常璩撰，刘琳校注：《华阳国志校注》之《华阳国志蜀志疆域示意图》，巴蜀书社，1984年；任乃强，任新建《四川州县建置沿革图说》，巴蜀书社，1992年。

② 段渝：《西南夷考释》，《天府新论》2012年第5期。

③ 刘世旭：《试论川西南大石墓的起源与分期》，《考古》1985年第6期。

渠帅，巴蜀民大惊恐。"①为了安抚巴蜀民众，汉武帝派遣熟悉巴蜀情况的司马相如"责唐蒙"，并"喻告巴蜀民以非上意"。

通过这次视察，司马相如了解到，唐蒙略通夜郎后，西南夷地区"邛筰之君长闻南夷与汉通，得赏赐多，多欲愿为内臣妾，请吏，比南夷。"②并因此认为"西夷邛、筰可置郡"③。这一建议被汉武帝采纳，并派遣司马相如于元光六年（前129）以中郎将的身份经营西夷。

司马相如对西夷的经略，主要以羁縻策略为主，并采取了如下具体措施，首先是建节，以朝廷命使的身份来开展工作，汉武帝"拜相如为郎中将，建节往使。副使王然于、壶充国、吕越人驰四乘之传"④；其次，给西夷地区提供钱财货物，"因巴蜀吏币物以赂西夷"⑤。第三，征发巴蜀四郡的民众修筑道路桥梁。经过一番努力，司马相如"略定西夷，邛、筰、冉、駹、斯榆之君皆请为内臣"，"置一都尉，十余县"归入蜀郡。在安宁河流域则开通了灵关道，通过修孙水桥通往邛都，将西南边疆延伸到牂牁江边，即所谓"除边关，关益斥，西至沫、若水，南至牂牁为徼，通灵关道，桥孙水以通邛都"⑥。

尽管取得了一定的成效，但在开通道路方面，司马相如也同样遇到了唐蒙开通五尺道所遇到的问题，受到了多方抵制。首先是西南夷本身"数反，发兵兴击"；其次是蜀中父老的诘难；在《难蜀父老文》中，司马相如列举了蜀中父老的看法："盖闻天子之于夷狄也，其义羁縻勿绝而已。"⑦蜀中父老还认为，通夜郎道已经使百姓疲惫不堪，"今又接以西夷，百姓力屈，恐不能卒业，此亦使者之累也，窃为左右患之。"并说"今割齐民以附夷狄，弊所恃以事无用，鄙人固陋，不识所谓。"⑧面对这些反对的声音，司马相如据理力争，向巴蜀父老陈述开西夷的初衷，博恩广施，远抚长驾，重申了《告巴蜀太守》书中所言的汉武帝"存抚天下，辑安中国"的雄才大略，终获蜀中父老理解。再次是朝中重臣的反对。由于修筑通往邛都的道路调拨了巴、蜀、广汉士卒数万人，"数岁，道不通，士疲饿离湿死者甚众"，受汉武帝之命前往视察的公孙弘"还奏事，盛毁西南夷无所用，上不听"⑨。但由于北方强敌匈奴压境，西汉政府把经略边疆的精力放在对付强敌匈奴方面，暂

① （汉）司马迁撰：《史记·司马相如列传》，中华书局，1959年。
② （汉）司马迁撰：《史记·司马相如列传》，中华书局，1959年。
③ （汉）司马迁撰：《史记》卷一百一十六《西南夷列传》，中华书局，1959年。
④ （汉）司马迁撰：《史记·司马相如列传》，中华书局，1959年。
⑤ （汉）司马迁撰：《史记·司马相如列传》，中华书局，1959年。
⑥ （汉）司马迁撰：《史记·司马相如列传》，中华书局，1959年。
⑦ （汉）司马迁撰：《史记·司马相如列传》，中华书局，1959年。
⑧ （汉）司马迁撰：《史记·司马相如列传》，中华书局，1959年。
⑨ （汉）司马迁撰：《史记·平津侯主父列传》，中华书局，1959年。

时停止了对西夷的经营，"罢西夷，独置南夷夜郎两县一都尉，稍令犍为自葆就"①。

尽管司马相如对西夷的开发，以"罢西夷"而告结束，但在建立西夷与西汉王朝的联系方面，还是做出了卓越的贡献，并为日后西汉王朝在此地设立郡县奠定了基础。

（二）元鼎年间对西夷的经略

及至元狩元年（前122），博望侯张骞出使西域归来，向汉武帝讲述自己的见闻，提及在"大夏时见蜀布、邛竹杖"，认为民间有从蜀地经西南夷通往身毒的道路，引发了汉武帝再次开西南夷，打通通往印度、西域道路的雄心壮志。汉武帝即令张骞从"蜀、犍为发间使，四道并出：出駹，出冉，出徙，出邛、僰，皆各行一二千里。"②而通往邛地的道路则令柏始昌和曾追随司马相如开发西夷的王然于、吕越人等人，"间出西夷道"，寻找通往身毒的道路。但这次寻求通往域外道路的尝试并不成功，南方受到了嶲、昆明等族群的阻隔。元鼎五年（前112）秋，西汉出兵征讨南越，不久南越平定③。元鼎六年，西汉对西南夷地区采取军事行动，这次武力进攻的结果是"汉诛且阑、邛君，并杀筰侯，冉駹皆振恐，请臣置吏。"④在以武力征讨的同时，西汉王朝还派遣使节前往招降，《史记·太史公自序》"於是迁仕为郎中，奉使西征巴、蜀以南，南略邛、笮、昆明，还报命"，即言司马迁以使节身份前往西南夷进行招降一事。西汉政府"乃以邛都为越嶲郡，筰都为沈犁郡，冉駹为汶山郡，广汉西白马为武都郡。"⑤自此，西汉王朝始在安宁河流域设置郡县，辖邛都、遂久、灵关道、台登、定筰、会无、筰秦、大筰、姑复、三缝、苏示、阑、卑水、潜街、青蛉十五县，其中灵关道、台登、邛都位于现安宁河流域。而越嶲郡也成为武帝时期汉军所能控制巴蜀以南的最远范围。

综上可知，汉武帝时期对安宁河流域的西夷进行的两次开发，目的迥然不同，第一次正如司马相如所言，为了广布威德，扩大疆域；第二次则具有了国际视野，是为了打通通往身毒的道路，与西域相联接，虽言"广地万里，重九译，致殊俗，威德遍于四海"⑥，但其最根本的目的则是希望能与身毒、大夏结盟，共同抗击匈奴，以解除北部边境的威胁。

（三）新莽及东汉时期对西夷的经略

王莽篡位后，贬鉤町王为侯，引起鉤町王邯的不满，牂柯大尹杀牂柯王邯，"三边蛮夷愁扰尽反"。王莽大肆征发巴、蜀、犍为的吏士，动用军队超过十万人，攻打益州，伤

① （汉）司马迁撰：《史记》卷一百一十六《西南夷列传》，中华书局，1959年。
② （汉）司马迁撰：《史记·大宛列传》，中华书局，1959年。
③ （汉）司马迁撰：《史记·大宛列传》，中华书局，1959年。
④ （汉）司马迁撰：《史记》卷一百一十六《西南夷列传》，中华书局，1959年。
⑤ （汉）司马迁撰：《史记》卷一百一十六《西南夷列传》，中华书局，1959年。
⑥ （汉）司马迁撰：《史记·大宛列传》，中华书局，1959年。

亡严重。更始帝刘玄更始二年（24），"越嶲蛮夷任贵亦杀太守枚根，自立为邛谷王。"①
王莽时，任贵为越嶲郡的军侯。邛谷王任贵自任太守，后"降于公孙述。述败，光武封长
贵②为邛谷王。建武十四年，长贵遣使上三年计，天子即授越嶲太守印绶。十九年，武威
将军刘尚击益州夷，路由越嶲。长贵闻之，疑尚既定南边，威法必行，己不得自放纵，即
聚兵起营台，招呼诸君长，多酿毒酒，欲先以劳军，因袭击尚。尚知其谋，即分兵先据邛
都，遂掩长贵诛之，徙其家属于成都。"③

但"豪帅放纵，难得制御"，虽然东汉政府仍在此设置郡县，派遣郡守，这一地区
的反叛活动还是时有发生，因此对这一地区的治理也是以镇压叛乱为主，兼及对这一地区
的治理。除前述任贵叛乱外，"永平元年，姑复夷复叛，益州刺史发兵讨破之，斩其渠
帅"④；元初三年，"越嶲徼外蛮夷举种内属"⑤；元初四年十二月，"越嶲夷寇遂久，
杀县令"⑥；元初五年春正月，"越嶲夷叛"⑦，"秋七月，越嶲蛮夷及牦牛豪叛，杀长
吏"⑧；元初六年，"永昌、益州蜀郡夷叛，与越嶲夷杀长吏，燔城邑，益州刺史张乔讨
破降之"⑨；延光二年春正月，"牦牛夷叛，寇零关，杀县令。益州刺史蜀郡西部都尉讨
之。"⑩综上可知，整个东汉王朝，越嶲郡与中原王朝一直处于一种反叛—讨伐—反叛的状
态，因此这一时期，大量的军吏被发送至边郡。

二、两汉经略西南夷⑪的政策变迁

从西汉到东汉时期，中央政府对安宁河流域的经略经历了以羁縻为主、武力为辅到以
武力为主、羁縻为辅的策略转变。这一方面与两汉政府所应对的边疆环境有较大的关系。
西汉时期，中央王朝的边疆压力主要是匈奴，而对于没有根本性威胁的西南夷地区就采取
了较为柔和的羁縻策略。到了东汉时期，北方匈奴的威胁已经解除，东汉王朝有能力也有

---

① （东汉）班固撰，（唐）颜师古注：《汉书·西南夷两粤朝鲜传》，中华书局，1962年，第3846页。
② （南朝宋）范晔：《后汉书·南蛮西南夷列传》，作"长贵"，而《后汉书·卷一·光武帝纪下》，则作"任
贵"，中华文局，1965年，第3846页、第63页。参考《汉书》《后汉书》其他卷之记载可知，此处当为"任贵"。
③ （南朝宋）范晔撰，（唐）李贤等注：《后汉书》卷八十六南《蛮西南夷列传》，中华书局，1965年，第2849页。
④ （南朝宋）范晔撰，（唐）李贤等注：《后汉书》卷八十六南《蛮西南夷列传》，中华书局，1965年，第2854页。
⑤ （南朝宋）范晔撰，（唐）李贤等注：《后汉书》卷五《孝安帝纪第五》，中华书局，1965年，第225页。
⑥ （南朝宋）范晔撰，（唐）李贤等注：《后汉书》卷五《孝安帝纪第五》，中华书局，1965年，第227页。
⑦ （南朝宋）范晔撰，（唐）李贤等注：《后汉书》卷五《孝安帝纪第五》，中华书局，1965年，第228页。
⑧ （南朝宋）范晔撰，（唐）李贤等注：《后汉书》卷五《孝安帝纪第五》，中华书局，1965年，第228页。
⑨ （南朝宋）范晔撰，（唐）李贤等注：《后汉书》卷五《孝安帝纪第五》，中华书局，1965年，第230页。
⑩ （南朝宋）范晔撰，（唐）李贤等注：《后汉书》卷五《孝安帝纪第五》，中华书局，1965年，第236页。
⑪ 安宁河流域为西南夷之西夷，因西汉王朝对西南夷的政策具有一统性，故此处论述两汉对安宁河流域的经略，
以西南夷统称。

精力对西南夷地区采取较为强硬的武力征讨。

（一）西汉以政治羁縻统治为主的政策

西汉对西南夷的经略，以汉武帝时期最为突出，其后政策延续了武帝时的策略，西汉对西南夷主要采取政治羁縻统治，表现在具体策略上就有：

第一，设置郡县以使节招降为主，军事威慑为辅。汉武帝时期对西南夷的开发首先就是派遣使节，以最早对安宁河流域进行开发的司马相如来说，汉武帝让司马相如以中郎将的身份进入西夷，并为其配备副使。及至张骞劝说汉武帝再次通西南夷后，对通往身毒道路的探求，也是分四道派遣使节。同时，使节的派遣是以军队作为后盾的，《史记》记唐蒙通夜郎道时，曾"率巴蜀士民各五百人，以奉币帛"，司马相如使西夷，西汉王朝的政策"皆如南夷"，则司马相如必定也是有军队作为后盾与蛮夷君长进行交涉的。只是以五百士兵较之广大的西南夷而言，仅仅是起威慑作用而已。其次，使节与蛮夷之君长交涉，则往往以"币帛厚当地豪帅"。在安宁河流域，司马相如"因巴蜀吏币物以赂西夷"，也就是后来巴蜀父老非难的"割齐民以附夷狄"。《史记·平准书》说：武帝开西南夷道，"散币于邛以集之"。而蛮夷君长听说南夷得到不少的赏赐，还主动内附，虽说蛮夷为利而来，但能藉此以和平的手段而非战争来对西南边疆进行统治，仍不失为一个很好的办法。

第二，对西夷地区设置初郡[①]，以其"故俗制"。初郡是西汉王朝诛羌、灭南越后在番禺以西至蜀南设置的郡县。西汉王朝在初郡地区实行特殊的管理政策，不仅在这些地区设置郡县，任命太守、县令、长吏，又封当地土著酋豪为王、侯、邑长，是在特殊情况下在边地民族地区实行二重统治的一种过渡性制度。是时安宁河流域的初郡为"越嶲郡"。"故俗制"是后来羁縻制度的前身，其特点是尊重当地的传统风俗，表现在政治上，则是汉王朝设置的郡县长官与当地首领联合对初郡地区进行统治。王莽时期，越嶲郡太守为枚根调邛人长贵则为军候，从后来长贵率种人攻杀枚根，自立为邛谷王一事，可知长贵为越嶲邛人的头领[②]。在经济上，对初郡地区的统治采取优惠的政策——"毋赋税"，初郡吏卒的奉食币物等则由其他地方供给。安宁河流域的汉代遗存中，西汉时期少有汉族墓葬，而以邛都夷的墓葬形式——大石墓为主，应该就是这一政策推行的结果。

第三，开辟通往初郡的官道。

---

① 据《史记·平准书》记载，西汉政府"连兵三岁，诛羌，灭南越，番禺以西至蜀南者置初郡十七，且以其故俗制，毋赋税。"晋灼注曰"元鼎六年，定越地，以为南海、苍梧、郁林、合浦、交趾、九真、日南、珠崖、儋耳郡，定西南夷以为武都、牂牁、越嶲、沈黎、汶山郡，及《地理志》《西南夷传》所置犍为、零陵、益州郡，凡十七也。"
② （东汉）班固撰，（唐）颜师古注：《汉书·西南夷两粤朝鲜传》，中华书局，1962年，第3846页。

西汉王朝对西南夷经略有一个显著的特点，即在一地设置郡县后，就开始投入大量人力物力对这一地区的道路交通着力开通。早在汉代之前，在安宁河流域就存在一条沟通南北的重要通道，只不过该通道是以民间交通的方式存在，并且这一时期交通道路上的贸易往来等是以分段方式来推进的。而西汉政府在此大规模开发官道，一方面是为了对西南夷加强政治方面的统治，有利于政府力量的推进；另一方面，也希望通过交通路线的开拓，来逐步从经济上加以控制。在安宁河流域，司马相如开辟了灵关道，并在孙水上架桥，开通了通往邛都夷中心地区的道路，在一定程度上加强了对西汉政府后来设置的越嶲郡的控制，从而也使安宁河流域成为西汉王朝经略嶲、滇、昆明等西夷地区的战略要地。

（二）新莽时期对西南夷地区的政策

王莽废汉立新之后，为加强中央集权，改西汉时期较为宽松的民族政策为较严厉的民族政策，试图以此加强对边疆地区的控制。在西南夷地区，王莽的政策主要有如下两个：

首先，降王为侯。始建国元年（9），王莽为了削弱汉王室和诸侯的力量，从称谓上进行改变，其"定诸侯王之号皆称公，及四夷僭号称王者皆更为侯"[①]，并派使者南出益州，贬钩町王为侯。钩町王不服，被牂柯大尹程隆所杀，引发了西南夷地区的大范围的叛乱。益州郡夷栋蚕、若豆等起兵杀郡守，越嶲郡任贵杀郡守枚根，自立为邛谷王。越嶲姑复夷人大牟亦皆叛，杀略吏人。

其次，武力镇压。针对西南夷地区的叛乱，王莽没有采取西汉王朝一贯以羁縻为主、武力为辅的政策，而是以武力镇压为主，冯茂率巴、蜀、犍为吏士讨伐，虽经三年，但收效甚微，引发了巴蜀骚动；后王莽复派廉丹为帅，与庸部（原益州）牧史熊率领天水、陇西、巴、蜀、犍为、广汉等郡十万人讨伐西南夷，但终因军粮不能及时供应，伤亡严重，未"克而还"[②]。王莽经营西南夷地区的政策导致该地的反叛越来越多，及至新莽灭亡，战争都没能结束，而武力征服的策略则为东汉政府所延续。

（三）东汉时期的西南夷政策

及至东汉时期，新莽时期引发的大规模的民族反叛一直未能完全平息，而且民族地区的反叛行为一直延续整个东汉王朝，较之西汉时期，中央政府与西南夷地区的民族关系相对紧张。因此，东汉时期经略西南夷的策略在继续西汉羁縻统治策略的同时，加大了武力控制。

羁縻政策表现为分封蛮夷君长和实行廉吏政策。东汉光武帝时，封曾自立为邛谷王

①（东汉）班固撰，（唐）颜师古注：《汉书·王莽传》（中），中华书局，1962年，第4105页。

②（东汉）班固撰，（唐）颜师古注：《汉书·西南夷朝鲜列传》，中华书局，1962年，第3846页；（南朝宋）范晔撰，（唐）李贤等注：《后汉书》卷八十六《南蛮西南夷列传》，中华书局，1965年，第2846页。

的长（任）贵为"邛谷王"。建武十四年（39）又立长贵为越嶲太守。光武帝二十七年（52），哀牢王贤栗"率种人户二千七百七十，口万七千六百五十九，诣越嶲太守郑鸿降，求内属。光武封贤栗等为君长。"[1]针对内附的西夷君长，东汉政府采取了封爵和给予一定管理当地的权力，推行以夷制夷的策略。实行怀柔政策，以廉吏来感化当地族群。越嶲郡太守张翕"政化清平，得夷人和"，及至其去世时，夷人"如丧父母"。苏祁县的200多人甚至到张翕的老家巴郡安汉送丧。杨竦平定元初四年（117）的叛乱后，请长吏为九十个参加叛变的人免死。东汉政府对西南夷的怀柔政策，收到了非常好的效果，张翕死后，其子张湍为太守，却不得民心。有夷人想要反叛，后因长老劝说看在其父张翕的份上而停止。这些措施，拉近了邛都夷与东汉政府的距离，也在一定程度上促进了这一地区与汉族地区的经济文化交流。

对反叛夷人实行坚决的镇压，并将其迁至汉族地区。

光武十九年（44），刘尚经过越嶲进攻益州，越嶲太守长贵担心刘尚平定益州之后，会以威力影响自己在越嶲郡的统治，乃召集兵士和当地的君长，酿造毒酒，准备以劳军的名义来袭击刘尚。后为尚看穿，分兵占据邛州，杀长贵，将其家属迁至成都[2]。永平元年（58）的姑复夷反叛，"斩其渠帅，传首京师"。东汉时期对邛都夷严厉的军事镇压，在一定程度上起到了威慑的作用。东汉时期，作为较早进入汉王朝经略范围的邛都地区，逐渐接受中央政府的控制，同时还成为中央政府攻略其他西南夷的重要基地。建初元年（76），哀牢王与东汉太守发生纷争，哀牢王类牢"遂杀太守令而反叛，攻嶲唐城"，肃宗征募"越嶲、益州、永昌夷汉九千人讨之"[3]。

三、安宁河流域的渐进式汉化

两汉中央政府对安宁河流域邛都夷的经略引发了当地渐进式汉化的过程，这无论在古文献记载还是考古学文化上都有着十分明显的体现。

西汉时期至东汉早期，安宁河谷内生活的人群还是以邛都夷为主，并基本保持着其传统的生活方式，但已逐渐受到了汉文化的影响。

如前所述，西汉时期，中央王朝对安宁河谷主要实行以政治羁縻为主的策略，虽然中央王朝在安宁河谷设置了郡县，但对当地社会的治理由政府官员和当地的头领共同完成，对当地人的生活并没有过多的介入。中央王朝所推行的"故俗"制，更是充分尊重了当地

---

① （南朝宋）范晔撰，（唐）李贤等注：《后汉书》卷八十六《南蛮西南夷列传》，中华书局，1965年，第2849页。
② （南朝宋）范晔撰，（唐）李贤等注：《后汉书》卷八十六《南蛮西南夷列传》，中华书局，1965年，第2853页。
③ （南朝宋）范晔撰，（唐）李贤等注：《后汉书》卷八十六《南蛮西南夷列传》，中华书局，1965年，第2851页。

的民族习惯，保留了当地的文化传统。西汉时期邛都夷的生活方式能够在现今的考古发掘中屡屡出现，这是十分重要的原因。从已有的考古发掘资料可知，迄今已发现的232座[①]邛都夷的大石墓（因墓室多采用大型板块石构筑而得名）主要分布在今四川凉山、攀枝花的安宁河流域，包括今越西、冕宁、喜德、普格、西昌、德昌、米易等县。安宁河谷的大石墓不仅数量多，而且分布范围广泛，几乎遍布安宁河谷，可见这一时期，邛都夷的文化实为这一地区的主流文化。

尽管西汉时期中央王朝对邛都夷的社会生活并没有给予过多的干预，但是在经略西夷的过程中，大批汉人进入安宁河谷对当地的生活也产生了很大的影响。如司马相如在经略西夷的过程中，不仅带去了使节和少量军队，在开通西夷道路的过程中，更是调拨了巴、蜀、广汉士卒数万人。及至元鼎六年（前111），汉武帝派遣大批军事力量"诛且阑、邛君，并杀筰侯"。无论是司马相如的和平经略还是汉武帝的武力进举，都使得大量的汉文化因素随着使节、军队进入安宁河流域。西汉晚期至东汉初，大石墓中发现了不少具有中原特色的器物，如钱币"五铢"、"大泉五十"等，铁器"环首铁削"以及小花山出土的镰、斧等[②]，这些都是中原汉文化对当地文化冲击的一种反映。同时，西汉晚期至东汉早期，汉墓在安宁河流域开始零星地出现，仅在西昌礼州中学、经久凉山钢铁厂和马鞍山、马道镇杨家山有所发现[③]。西汉时期汉文化开始进入安宁河谷，虽然对当地的邛都夷文化有所影响，但并没有造成实质性的冲击。

东汉早期以后，安宁河流域的土著文化逐渐被汉文化取代并进而消失。

王莽时期实行的降王为侯和武力镇压的政策，激化了中央政府与西南夷地区的矛盾，使得西南夷地区的反叛活动越来越多，这一局势一直延续到东汉时期。尽管东汉政府在经略西南夷的政策方面借鉴了西汉时期的政治羁縻策略，但因其已经解除了北方匈奴族群的威胁，有更集中的力量来经营西南夷，面对经常出现的叛乱，东汉政府对反叛夷人采取了更为严厉的镇压措施，并对镇压的叛乱夷人实行迁徙至汉族地区居住的策略，弱化了当地的土著文化。这种以武力强势介入安宁河流域的策略，使军队、官吏、移民大量进入该地区，并使得汉文化以不可阻挡之势占据了安宁河谷，迅速取代了当地的土著文化。这一时期，大石墓在安宁河流域完全消失。与此同时，汉墓的数量在安宁河流域开始增加，花边砖室墓开始出现。及至东汉晚期，汉墓的数量大为增加，并且在墓葬形制上也不仅仅只有

---

① 四川省文物研究所、凉山彝族自治州博物馆、西昌市文物管理所编著：《安宁河流域大石墓》，文物出版社，2006年。

② 四川省文物研究所、凉山彝族自治州博物馆、西昌市文物管理所编著：《安宁河流域大石墓》，文物出版社，2006年。

③ 刘弘：《丛山峻岭中的"绿洲"——安宁河谷文化遗存调查研究》，巴蜀书社，2009年。

长方形单室墓，而增加了"十"字形和"品"字形的多墓室。墓中出土了更多反映汉族生活方式的遗物，如摇钱树、陶房、陶塘等，画像砖上所反映的神话内容和图案，也多与中原地区相同，如青龙、白虎、西王母、羽人等。汉文化在安宁河流域的扎根还反映在城池的建立上，西昌市高枧乡古城遗址[①]向我们展示了东汉时期的城市生活。在西昌东坪村发现的冶铜铸币遗址[②]则明确告诉我们，至少从新莽时期开始，中原地区的货币已经在安宁河流域通行。由此可知，东汉早期以后进入安宁河流域的汉文化已经不仅仅是钱币和生产工具，汉文化的精神生活也开始对这一地区产生了十分深刻的影响，并成为当地人的主要价值取向。当物质生活方式和精神生活方式都集中体现在安宁河谷并成为主流文化以后，两汉王朝就完成了对安宁河谷的汉化过程。

四、小结

综上可知，两汉王朝对这一地区的持续经略是安宁河流域完成汉化的主要原因。两汉中央政府对安宁河流域的经略经历了以羁縻为主、武力为辅到以武力为主、羁縻为辅的策略转变。安宁河流域的汉化进程随着这些策略的实施而不断地推进，并经历了在西汉时期至东汉初以邛都夷土著文化为主体，出现较少的汉文化因素，而到东汉中期以后才以汉文化为主体的过程。总体而言，在长达400多年的两汉时期，安宁河流域的汉化进程并非一蹴而就，是缓慢和渐进的。

---

① 国家文物局主编：《中国文物地图集·四川分册》（下），文物出版社，2008年，第1117页。
② 林向：《四川西昌东坪汉代冶铸遗址的发掘》，《文物》1994年第9期。

物与社会：略论南诏大理国时期的盐和茶

张海超　云南大学人类学博物馆 副研究员、博士

摘　要： 南诏大理国对食盐不课重税，对生产、运输和销售环节，政府都没有采取严格的控制措施。因此，盐在云南的价格相较而言比较低廉。即使偏僻地方的少数民族也可以很方便地得到盐，甚至是一些域外地区也有云南盐的销售，这对南诏大理国的存在至关重要；作为当时世界潮流的一部分，制茶、贩茶在南诏大理国开始崛起。受唐的影响，很多出家、在家的僧侣日常都有饮茶习惯，本土的消费已经成为支撑茶叶经济的主力。同时，与吐蕃、安南等地的茶叶贸易也可能比较繁荣。茶和盐的运输和交易对于茶马古道的存在至关重要，有关它们的贸易维持了整个交通网络的存在。

关键词： 盐　茶　茶马古道　南诏　大理国

自从年鉴学派兴起之后，欧美的历史学研究便彻底突破单纯依靠文献档案的樊笼，结合贸易、艺术和建筑的专业知识，西方的物质文化史研究成为一项稳固的传统。中国在这方面已逐渐受到欧美学术影响，另外同时秉承了古代的金石学和博物考据之学的遗绪，从多个角度对物质所承载的社会史事进行阐发。细究的话，以物为核心的研究仍可分为两种不同的取向：一种比较强调人造器物，例如孙机先生的《中国古代物质文化》，更关心的是典章文物，注重通过器物的形制来复原历史的细节，可视为传统中国考据之学的拓展与延续。另外一类研究则更注重讨论自然产物，最有代表性的作品是薛爱华（Edward H.Schafer）的名著《撒马尔罕的金桃：唐代舶来品》，他探讨了众多从域外输入的动植物、矿物，以及它们与唐人日常生活的关联。通过具体的事物，可以展现时代的风貌。这两类研究各有所长，但在一些新的讨论中也有不断融合的趋势，比如凭借敦煌的各类文书和丝绸之路沿线发掘出的实物，余欣等学者尝试建构中古时期敦煌社会的知识与信仰世界[①]。本文重点讨论的对象是南诏大理国时期云南的茶和盐，它们属于日用之物，不需要经过太多博物学的考据，但是对于

---

① 余欣：《敦煌的博物学世界》，甘肃教育出版社，2013年。

民众和国家来说，它们都是重要的物资。盐在中原地区一直都实行国家专卖，政府将获取的收益用以支付军费等数额庞大的开支。随着饮茶习俗在国内外的兴盛，相关产业逐渐崛起，政府开始考虑向生产者和销售方征税，以茶易马则成为了宋代外交的一项重要工作。对于已经明显成为地方财源的盐和茶，南诏和大理王国的政府是没有理由置身事外的。即便没有十分明确的记载，从南诏到大理国城市的设置和行政区划的调整，都可能与盐井以及茶山的管理有关，南方边境银生城的设立显然也有保护商业的考虑。它就近管理盐务，缴纳一定的赋税后商人能够获得在特定的区域内销售食盐的许可，当然这里同时也可能设有管理茶叶生产和茶叶贸易的机构。相关事务的管理不仅很大的提升了王国的财力，很大程度上也有助于保持对一些边境族群的影响。盐与茶的生产和运输，使得南诏大理国的核心区域与边境地区保持着密切联系，促成了一个初级的共同市场的出现，盐与茶两项产业与国家财政状况紧密相关，但南诏大理国并没有和传统中原帝国一样采取国家管控的形式。云南位于中国的边疆，因为唐的军事支持和文化输出才最终有了国家形式的政权存在，但同时也深受印度和东南亚地区的影响，对于古代中国的政府来说，茶和盐都是重要的财税来源，南诏大理国尽管也会对其收税，但却没有试图借此掌握巨额财富。面对茶和盐及其可能带来的收益，云南采取了迥异的态度，显然有自己的考虑。秉承"从周边看中国"的宗旨，有关研究可为我们理解中国文化的特殊之处提供镜鉴。

一、南诏大理国的食盐产业

作为一项与国计民生密切相关的的矿产资源，盐向来都是云南区域史研究的重要对象。不过以往关于云南盐业的讨论，更多集中在盐矿的分布、开采的历史以及每一个时期的盐业生产和销售等领域。这些研究很多都局限于技术和产业领域，盐在南诏大理国有何特殊的重要性？古代的政府又是如何管理这项重要的产业的？这些都需要从贸易和社会发展的角度做进一步的思考。

（一）盐的生产与销售

云南远离海洋，传统上都是靠开掘盐井获得盐分。这里的盐业开采历史悠久，由于缺少其他稳定的替代来源，可以推断云南盐的开采历史至少可以上溯到国家萌芽的古滇国时期。云南在汉代成为了帝国的边缘部分，《汉书·地理志》记载了连然（今安宁市）"有盐官"[①]。设立官职显然是出于管理的考虑，但只有在具备成熟的开采和煎煮体系，产量规模可观的情况下才可能专门派出盐官。《华阳国志·南中志》中则有了"晋宁郡连然县有

---

① （东汉）班固撰，王继如主编：《汉书今注2》，凤凰出版社，2013年，第933页。

盐泉，南中共仰之"①的记录，所谓"南中共仰之"说明盐的产量有了显著提高，开始在南中范围内销售。南中所指区域面积很大，除了云南、四川的一些地区之外，还包括贵州的一部分，可见昆明安宁所出的盐是以西南广大地区为市场的。昆明地区的富庶很大程度上也与盐的开发有关，《后汉书·南蛮西南夷列传》记载这里有"盐池田渔之饶，金银畜产之富"②。

唐代对于云南产盐的记录更为详细，《蛮书》卷七谈到云南管内物产时说："其盐出处甚多，煎煮则少。安宁城中皆石盐井，深八十尺。城外又有四井，劝百姓自煮。"（该书还提到："升麻、通海已来，诸爨蛮皆食安宁井盐。唯有览赕城内郎井盐洁白味美，惟南诏一家所食取足外，辄移灶缄闭其井。"）③

《新唐书·南蛮传》也说："览赕井产盐最鲜白，惟王得食，取足辄灭灶。昆明城诸井皆产盐，不征，群蛮食之。"④

以上引文提供了很多的信息。南诏国对于盐的控制肯定是存在的，但"劝百姓自煮"的情况说明当地政府似乎只是管控产量最大的盐井，对其他小型盐井没有太多控制。第二条中"诸爨蛮皆食安宁井盐"则明确说明安宁井盐的产量很大，可以供应一直到今天玉溪市和红河州区域的多个部族，这大概是"南中共仰之"的延续和发展。《新唐书》中"不征，群蛮食之"的记录则显示南诏国没有采用盐业国家专卖的形式。文中的昆明城是今天的西昌盐源一带，这里盐井分布众多，产量也很大，与安宁井一样，是南诏国最为重要的盐产地，但是南诏国并没有对其进行严格控制，当地所产的盐可以供周围很多的少数民族部族食用。

古代文献中没有大理国时期盐业生产的相关记录，和南诏相比应该没有太大的变化，这种情况的延续也可以从元代的文献中推测出来。《马可波罗行纪》在提到昆明的情况时说押赤城"其地有盐井，而取盐于其中，其地之人皆恃此盐为活，国王赖此盐收入甚巨"⑤。

盐从来都是有利可图的商品。很早以来，盐在中国便被视为一项可以由国家控制的有利事业，这在世界史上虽然不是独一无二的，但确实应该算是中华文明的一项悠久传统。早在汉代，由国家垄断盐业便已成为官僚阶层不断讨论的话题。唐朝凭借政府掌握的强大政治军事力量，盐的专卖制度得以确立。根据宫崎市定等的估算，政府通常会加价10倍

① （晋）常璩撰，刘琳校注：《华阳国志校注》，巴蜀书社，1984年。
② （南朝宋）范晔撰，（唐）李贤等注：《后汉书》，中华书局，2000年，第2846页。
③ （唐）樊绰撰，向达校注，木芹补注：《云南志补注》，云南人民出版社，1995年，第101~102页。
④ （宋）欧阳修撰：《新唐书》，中华书局，1975年，第6269页。
⑤ 方国瑜、林超民：《〈马可波罗行纪〉云南史地丛考》，民族出版社，1994年，第121页。

也就是以原价的11倍出售，在财政困难的时期，一度加价到原来的37倍。食盐专卖固然极大地增加了政府的收入，但为了维持这一制度，必然要建立强大的暴力机构进行监督和控制，同时还会催生私盐贸易的地下经济。刘师培曾评论专卖制度就是"垄断天下之利源，以便其专制"①，宫崎市定则进一步指出"自从唐朝实行食盐专卖以后，中国社会陷入了一种畸形的状态，一方面有秘密警察，另一方面有黑社会"②。实际上，导致唐朝灭亡的所谓农民起义的发起人王仙芝和黄巢，本身正是贩卖私盐的盐贩。

我们还可以从另外的角度理解盐对云南经济的重要性：明清两代的云南和全国其他地区一样，专卖制度得以稳定推行，盐税的收入在清代的全省税收中高居第一，远超过同时期的土地税和供应全国铸钱的铜矿的收入。面对这么强大的诱惑，南诏和大理国政府似乎都没有引入中原的专卖制度。诚然，南诏大理国政府肯定会通过对盐井的控制获得一定的收入，古代的国家必须依靠此类税收实现自身的延续，但南诏大理国与唐宋王朝对盐的严密控制相差甚远，与明清时代云南盐井动辄"今置司课之"的严格管控、征收重税的制度也存在着很大的区别。这实际上正是云南政治文明独特性的一个重要方面。

（二）有关盐的争夺与保卫

藏区的盐业资源也很丰富，一些盐湖的盐可以直接食用。西藏的食盐很早便运到印度和尼泊尔与当地民众进行交换③。但是，面积广阔的藏地并不是每个地区都有盐矿，很多时候也需要经过长途运输才能到达分散在各处的居民点，而运输这些盐在青藏高原上格外不便，所以最理想的状态是在周边的地区得到供应。在滇藏边界，南诏下辖的今天丽江地区也有盐井分布，这里居住的纳西族人传统上便与吐蕃关系密切，但在著名的《格萨尔王传》中，也有《保卫盐海》或翻译为《姜岭大战》的故事，其中保留了两个族群对于盐资源争夺的内容。学者们对其多有讨论④，其中的"姜"通常被解释为南诏国。盐是必需的生活物资，不同族群对它的争夺似乎由来已久，南诏作为新出现的政治力量，必须维护自己的利益和长久统治，和其他的政权发生争夺也在所难免。实际上即便是南诏大理国统治崩溃后崛起的丽江木氏土司仍然延续了这一传统，不断发兵以维持对西藏盐井等产盐地方的统治。

云南的盐很早便遭到了觊觎，唐的势力最早进入似乎便与盐业有关。武德四年（621）唐设立姚州都督，云南著名的黑井、白井、琅井都在其辖境内，因此有学者认为"唐王朝与云南地方势力间在盐利问题上的利害关系一显无遗"⑤。如果说以上论述尚属推断，玄宗

---

① 张枬，王忍之编：《辛亥革命前十年时间时论选集》（第三卷），三联书店，1977年，第446页。
② ［日］宫崎市定：《宫崎市定中国史》，焦堃等译，浙江人民出版社，2015年，第170页。
③ 方建昌：《西藏盐业的兴起、发展及其衰弱》，《中国经济史研究》，1995年第1期。
④ 赵心愚：《唐代的磨些部落与〈格萨尔王传·保卫盐海〉中的姜国》，《西南民族学院学报》，2002年第4期。
⑤ 赵小平：《滇盐与政治、军事及边疆问题的关系研究》，载《盐文化研究》第二辑，第37~38页。

主政后采取的手段便很直接了。"初，安宁有五盐井，人得煮鬻自给。玄宗诏特进何履光以兵定南诏境，取安宁城及井……"[①]，唐显然希望通过控制盐井来对南诏和周边的少数民族施加影响。这并非唐第一次表现出对控制云南盐业的兴趣，不过当时同样遭到了当时可能是爨部势力的抵抗："方于安宁筑城，群蛮骚动，陷杀筑城使者。"[②]为了维护本土的利益，南诏自然不愿意看到这个云南人世代仰仗的盐井落入唐的控制。它采取的策略是先与唐联军，驱逐了爨氏的势力，然后与唐展开大战，最终将其控制在自己手中。

早在玄宗开元后期，唐与吐蕃便因为四川盐源地区的盐产控制权冲突不断，玄宗在给当时臣属大唐的云南首领的诏书中说："州盐井，本属国家，中间被其（吐蕃）内侵，近日始复收得……吐蕃唯利是图，数论盐井，比有信使，频以为词"[③]，玄宗希望借助南诏的力量驱逐吐蕃，但后者则成功地利用了两国的矛盾，不断调整自己的立场，最终控制了盐源的盐矿："贞元十年春，南诏收昆明城，今盐池属南诏"，从此云贵高原最重要的两处盐矿安宁和盐源都牢牢地控制在了南诏国手中。

关于云南盐业史的研究以往讨论较多的是安宁矿区、楚雄矿区、姚州矿区和滇西矿区等，这些地区同时也是南诏大理国统治的核心区域。最不被重视的是南诏的边缘地区，"当时滇南地区的银生节度使及滇西南地区的丽水节度使辖区内，也有部分盐井，不过一般规模较小，质量也差，仅供当地民族食用而已。"[④]这里尽管不会像在北方盐源地区那样与吐蕃、大唐发生军事冲突，也不会如围绕着安宁盐井，与原来盘踞滇东的爨部势力以及外来的大唐多方角力。单就产量而言，这些地方小盐井确实不是很重要，但考虑到这些区域的战略位置，它们对于南诏国疆域的完整与稳定有着重要的意义。这里的盐可以运销很多民族区域。比如位于今天西双版纳的"乌德井"直接供应周围的哈尼族、基诺族和傣族食用，其他如香盐井、按板井、景东井、磨黑井和石膏井等虽然根据现在的史料多数都是盛于清代，但考虑到《蛮书》中的记载，它们开采的历史并非那么短，至少有很多在南诏国时便有记录了。滇南一代的盐井多是岩盐，需要重新煎煮提纯才能供食用。但其开采难度并不大，有些盐井的利用或许会出现中断，但也有可能只是单纯缺少连续的记载而已。清代以后对有些小型盐井采用的制度是"夷民自煎自食，不准行销"[⑤]，但是政府一旦认为威胁到自己的利益和统治秩序便会随时对盐井进行封闭。显然它们对于民族地区的控制仍然发挥着重要作用，其对南诏大理国的意义由此也可见一斑。

---

① （宋）欧阳修撰：《新唐书·南蛮传》，中华书局，1975年，第6270页。
② 樊绰：《云南志》，卷四。
③ 见《敕蒙归义书》，张九龄：《曲江集》：《云南史料丛刊》第2卷。
④ 张增祺：《洱海区域的古代文明》：《南诏大理国时期·下卷》，云南教育出版社，2010年，第224页。
⑤ 《新纂云南通志》，第207页，卷149盐务考三。

（三）盐的销售

在讨论跨区域的长途贸易时，我们总是习惯从那些比较珍奇的香料、宝石等奢侈品角度入手，但是盐作为一日不可或缺的生活物资，它的销售情况也十分值得关注。尽管樊绰《云南志》卷七记载："其盐出处甚多"，但盐井是不可能到处都有分布的，即便是采用就近销售的原则，也必须采用跨区域贸易的方式供给，我们从很多稍晚些的记录中都能发现盐会被制作成适合长途运输的形状。以前的研究有很多关于南诏以盐为货币的讨论，这有可能是误读了樊绰的记录："蛮法煮盐，咸有法令。颗盐每颗约一两二两，有交易即以颗计之。"很难确定这句话中的盐是货币而不是交易对象。但在《马可·波罗行纪》中，确实有加盖了印文的盐被拿来交换的情况存在，"整块的盐饼则当作货币流通"，但也可能只是一般的交换物，在以物易物流行的时代，用盐交换其他实物肯定是可行的。

云南交通不便，但从上古时候开始，人们便翻山跨河开辟了从东亚到南亚的商路，这就是著名的蜀身毒道。通过马帮来运输食盐似乎是本区域自古就有的传统。晚近的记载描述了商人渡过伊洛瓦底江的场景："以大竹十根编联一筏，一人篙撑，每筏仅载四五人，货二三驮。夏遇涨水，尤为难渡，马则浮水随筏而渡"[①]，尽管我们不知道具体运输的品类，但盐很可能会是其中一种。虽然缅甸古代也有盐井分布的记载，但是近代的记录显示当地很多部族都很依仗云南的盐。云龙诺邓等地的井盐，一直供应保山腾冲等滇西边地城镇，但也经常通过小额的交易流通境外，徐霞客曾在永昌（保山）看到，边境线附近的"野人时以茶、蜡、黑鱼、飞松四种，入关易盐布"[②]。

另外，颇值得一提的是滇藏之间的贸易路线，南诏国西境的"大赕三面皆大雪山，其高处造天，往往有吐蕃至赕贸易。云此山有路，去吐蕃衙帐不远。"据方国瑜等诸位先生的考证，此大赕应该是今天克钦邦所属的葡萄县，这里距离西藏察隅地区很近，而且靠近印缅边界。在南诏与吐蕃关系的考察中，以往的研究已关注到双方的军事、政治以及宗教领域的关系，但是，滇藏贸易从很古老的时代便一直存在，现有的讨论明显不足。所谓"滇藏茶马古道"应该是是滇茶和滇盐销往藏区的古老交通路线之一。

唐宋推行的食盐专卖制度帮政府控制了大量的财富，但也让消费者付出极大的代价，并使得盐成为珍稀之物。很多地区盐价高昂，在一些边缘地区，似乎还允许地方官员随意加价。在安南都督辖区，盐的价格攀高到了惊人的地步，当地部族认为受到了不公平的对待，升起反抗之心，一度造成了政局不稳。《云南志》记载"大中八年，经略使苛暴，川洞离心，疆内首领旋被蛮贼诱出，数处陷在贼中。"而所谓的苛暴，前文有注解："棠魔

① 李根源辑：《永昌府文征》，第4卷，第3130~3131页。
② （明）徐弘祖：《徐霞客游记·西南游记第十八》，第750页。

蛮，去安南管内林西原十二日程，溪洞而居，俗养牛马，比年与汉人博易。自大中八年经略使苛暴，令人将盐往林西原博牛马，每一头匹只许盐一斗，因此隔绝，不将牛马来。"高价盐成为了南诏与唐争夺安南的导火索。《新唐书·南诏传》也采纳了这一说法："大中时，李琢为安南经略使，苛墨自私，以斗盐易牛，夷人不堪。"在南诏相对低廉的食盐的冲击下，更加加剧了边疆的不稳定。

南诏国并不征收高额的盐税，很多盐井应该是免税的。盐价相对比较低廉，尽管运输成本可能会比较高，但仍要比唐政府管制的盐更有竞争力。在这种情况下，从南诏辖地转运盐到安南销售不仅在经济上是有利可图的，还可以在政治上进一步收拢这些边远部族。我们没有办法知道南诏盐在这一区域的具体销售情况，但因为盐导致的政治纠纷，会影响一些族群的政治抉择，最终使得这些本来"悉属安南（都督）管系，其刺史并委首领勾当"的区域，纷纷改投南诏，"七绾洞悉为蛮收管"。

《云南志》中记载了很多分布在边境上的盐井，比如卷六："开南城在龙尾城南十一日程，管柳追和都督城。又威远城、奉逸城、利润城，内有盐井一百来所。茫乃道并黑齿等类十部落皆属焉。"这里的盐井显然就是供应茫乃道和周围的黑齿等傣族部落的，这里已经远离南诏大理国的政治中心，盐井的存在对于维系王国的统治是很重要的。《卷七》则记载了更为遥远区域的产盐情况："丽水城有罗苴井，长傍诸山皆有盐井"；"长傍城，三面高山，临禄军江。……又西至盐井。"这些盐井有些显然已经在今天的掸邦和克钦邦境内了。和唐一样，南诏也在边境地区设置了节度机构，它们同样有守卫国境和保护贸易的职责，盐井周围基本上都有城市分布，远来的商人会在城内休息和周转。国家力量的存在维持着贸易沿线的秩序。即便泰国沿海如碧武里地区很早便有晒制海盐的传统，但泰北的清迈等地传统上仍然是云南盐的销售区。很多时候，南诏大理国都不会直接从食盐中抽取高额的税收，但凭借对盐井的掌握，可以控制一些少数民族，或者与不同的政治势力结盟共同对抗唐朝也是很有可能的。这或许正是盐井对南诏大理政权最核心的作用之所在。

二、南诏大理国茶叶的生产、消费与贸易

（一）饮茶：唐代兴起的世界性潮流

中国饮茶的习惯或许开始很早，但唐是饮茶习俗真正普及的第一个高峰，更重要的是在唐的带动下，东亚主要文明体之内普遍开始流行喝茶的习俗，新罗、日本、南诏和吐蕃以及内陆亚洲的一些国家茶叶的消费都或先或后逐渐兴起。当时以唐为中心的东亚文化圈在某种程度上同时也是茶叶的消费文化圈。新的消费习惯的兴起促使了茶叶生产规模和专业化程度的提升，一些地方名茶也逐渐脱颖而出。茶叶经济第一次开始出现规模效益，同时推动对外销售，成为国际贸易的一项大宗商品。

按照有关学者的研究，茶叶在"10至12世纪，继续传到吐蕃，并到达高昌、于阗和七河地区，而且可能经由于阗传到河中以至波斯、印度，也可能经由于阗或西藏传入印度、波斯。"①这还只是西藏和中亚的内陆草原地区，也就是传统的丝绸之路沿线。《宋会要辑稿》中也提到了海洋贸易的情况："国家置舶官于泉、广，招徕岛夷，阜通货贿，彼之所阙者，丝、瓷、茗、醋之属，皆所愿得。"茶叶和丝绸、陶瓷等中国特产一样深受外国消费者喜爱。

随着中古时代饮茶习惯在国内和国外的扩张，茶产业逐渐壮大，作为一项可能的财源，从建中三年（782）年开始，朝廷便开始讨论对茶征税的事情，几经反复后，太和九年（835）十月，朝廷决定推行榷茶法，不过因为反对实在太大，到了十二月便宣布废除了。终唐一代，对茶的管制都不太成功，但贞元间第一次征茶税，收入便达到四十万缗②，国家显然不会放弃其中可能带来的巨大利益。北宋建国后，也一直试图将茶叶的生产和流通控制在政府手中，经过几次调整之后，终于借茶马互市的国防大势得以成功。政府垄断必然导致价格大幅攀升，消费者购买茶叶要付出更大的代价，而且垄断行为也让茶农和茶商的利益受损，导致民间反对声浪此起彼伏，但是面对庞大的财政开支，急于拓展税源的政府是不会放弃这种机会的。尤其是宋朝长期以来缺少战马，为了打开局面，开始在边境一带设立榷场，推行以茶换马的大业。相关问题的讨论已经很多，我们需要重申的是这种交换之所以能够成功，是因为茶叶的消费已经十分可观，周边的游牧民族已经普及茶叶消费的习惯。与唐代相比，消费量和政府的税收都大大增加了。但是我们同时也必须看到，很多时候茶仍然是比较珍贵的消费品，朝廷的赐茶仍然是很高的荣誉，而且因为得之不易，贵为一国之君似乎也可能要喝陈茶，宋徽宗甚至还讨论过如何让陈茶保持新鲜口感的方法③。

（二）南诏大理国的饮茶习俗和茶叶经济

目前看来，极少有研究会仔细讨论南诏大理国时期云南的茶叶消费，这并不是一个是否存在的问题，只是由于历史记录存在明显缺环。因此，除了必须依靠现有文献的集中梳理之外，有必要进行合乎逻辑的进一步推定，唯有如此才可能对中古时期的云南历史有更加清楚的认知。

"茶出银生城诸山，散收无采造法。蒙舍蛮以椒姜桂和烹而饮之"，这短短几句话，基本上是唐代对于云南茶叶生产与消费的全部记录。我们对这个问题的讨论显然不能就此结束，必须把它与实际上发生过但没有文献存世的很多情况一同研究。对于云南来说，茶叶是非常重要的收获物，古茶树的广泛分布说明很多地区的人们要靠采茶、制茶和贩卖茶

---

① 黄时鉴：《东西交流史论稿》，上海古籍出版社，1998年，第141页。

② （宋）司马光等：《资治通鉴·唐纪五十》，中华书局，1995年，第7540页。

③ （宋）赵佶：《大观茶论》，郭孟良主编：《中国茶典》，山西古籍出版社，2004年，第106页。

叶维持生计，在南诏大理国内，即便缺少直接记录，我们也可以推断出人们的日常生活已经离不开茶叶。

来大唐访学的日僧圆仁记载当时从官府到寺院、一直到贫民家庭都有饮茶的习惯。可见"茶在唐代后期已相当流行，不仅上层社会，而且在广大农村中也相当普及"①。从《蛮书》的记录看，南诏大理国的情况应该也比较类似，当时云南饮茶的习俗已经逐步确立，因为本来便是茶叶产地，政府并不课征重税，饮茶更容易成为一种风靡整个王国的习俗。大理国时期，茶的地位还会有进一步的发展，当地逐渐出现了初级的共同市场。这一点从稍晚的记录可以推测得出。大理国被蒙古攻灭后，派遣来的使者同时也是官员的李京撰写的《云南志略》一直被认为记录下了很多大理国时期也同样存在的边疆地区的日常生活。其中"诸夷风俗"一节提到："交易五日一集，旦则夫人为市，日中男子为市，以毡布茶盐互相交易。"由于商业贸易整体而言并不发达，难免会有以物易物的形式存在。茶叶作为一种重要的日用品，方便充当一般等价物。

饮茶从唐代开始广泛流行于上层社会中，我们从保留至今的各种诗文和政府文件中都能够看到中古时代的精英士大夫阶层对茶的喜爱，宋代流行的斗茶更是将茶艺活动推到了巅峰。其实，庙宇中的上层僧侣也是茶文化普及的最为积极的推动者。以往在讨论中国早期的饮茶史的时候，陆鸿渐所著的《茶经》总会广泛地征引，但唐代不止诞生了《茶经》，佛教界著名的"吃茶去"典故的流行显示了茶对于佛教界的特殊意义。《大唐西域记》中并没有记录域外僧侣的饮茶习惯，因为本来就是中国本土的饮茶习俗逐渐浸染到佛教界的。但无论如何茶叶的普及都与佛教有密切的关系。流传在日本的有关唐代密宗大师的惠果和尚《大唐青龙寺三朝供奉大德行状》中屡次提到大师接受了朝廷赏赐的茶十串或者二十串，可见茶在宫廷礼仪中的重要性。日僧最澄更是直接将茶种从中国带到日本，从此东瀛逐渐也有了本土的茶叶生产。

《封氏闻见记》提供了茶叶与佛教关系的最佳的例子，"开元中，泰山灵岩寺有降魔师大兴禅教，学禅务于不寐，又不夕食，皆许其饮茶。人自怀挟，至处煮饮，从此转相仿效，遂成风俗。自邹、鲁、沧、棣，渐至京邑。"这里取的是茶提神醒脑的功用，与在家的俗人之间差别不大。藏区的记录也能证明这一点，"买茶叶的、卖茶叶的以及喝茶的人数目很多，但是对于饮茶最为精通的是汉地的和尚，此后噶米王向和尚学会了烹茶，米扎衮布向噶米王学会了烹茶，这以后依次传了下来。"②这个说法之所以比较少被征引，主要是因为它把藏人饮茶的起源认定得比较晚。在佛教仪式中，焚香比烹茶显然更加流行，但

① 牛致功：《唐代碑石与文化研究》，三秦出版社，2002年，第281~282页。
② 转引自郑学檬编：《唐宋科学技术与经济发展的关系研究》，厦门大学出版社，2013年，第143~145页。

后者也逐渐成为献给神佛的供品。宋时天台山国清寺的"罗汉供茶"名噪一时。朝鲜半岛史书《三国遗事》卷二也记载了新罗景德王时期僧侣"烹茶飨南山三花岭弥勒世尊"。在靠近云南的四川地区，《历代法宝记》记载无住和尚受托"将此茶芽为信奉上金和尚"，四川地区的高僧彼此往来的时候会把茶视为一种重要的礼物。此间提到的金和尚和云南佛教界有一定的关系，描绘南诏国历史的《南诏图卷》其文字部分保留有金和尚与云南使节交往的对话。云南茶其实也与佛教的发展有密切的关联，比如云南最早出名的茶种感通寺茶，便栽培在大理的佛教名刹感通寺中，明代的徐霞客见到它们的时候，树高已经有了三四丈，采摘的时候需要借助梯子爬上树，显然树龄已经很久了。

作为历史上重要的茶叶产地，云南边疆地区的少数民族延续了许多世纪的种茶、制茶的历史，云南生长千年左右古茶树的地区仍然比较多，这些其他任何地方都不可能比拟的活文物可以从侧面证明古代茶叶产销的旺盛。云南茶叶属于大叶种，这是一个相对古老的特殊种类，现在有大叶种茶分布的地区，很多可以把源头指向云南。不仅缅甸、越南临近地区有大叶种茶的种植，如今海南五指山区等地仍可见到大叶种茶树，很可能是云南大叶种茶被带到当地野化繁殖而来的。

尽管无法明确云南僧侣中具体的饮茶方式，但作为一个几乎可以算是全民信教的国家，还是能够推断出王国中有一个相对庞大的阶层存在饮茶习惯，茶叶的消费量也会很大。或许如吐蕃一样，这里也有从唐远道运来的名茶，但更多还应该是云南的产品，本地的消费和对吐蕃的外销足够维持王国南方的茶叶经济。

（三）云南茶的外销：吐蕃与东南亚

唐人李肇的《国史补》有载："常鲁公使西蕃，烹茶帐中。赞普问曰：'此为何物？'鲁公曰：'涤烦疗渴，所谓茶也。'赞普曰：'我此亦有。'遂命出之，以指曰：'此寿州者，此舒州者，此顾渚者，此蕲门者，此昌明者，此灉湖者。'"，这条记载在有关茶马古道以及茶叶史的研究中经常被引用，很多学者习惯将其解释为当时的吐蕃已有茶叶，只是不知如何品饮。这个场面更可能的情况是赞普在帐篷中向大唐的使者炫耀自己的茶叶收藏，当时的吐蕃已有了饮茶的习俗，所以才可能通过长途贸易，获得了中原很多地方的名茶。从记录的茶叶品种看，确实没有云南茶在其中。但是，多有学者推断，南诏时代的云南便已经在向吐蕃地区输出茶叶了。云南茶很可能也是赞普的收藏品，只不过当时的使者没有留意，或者因为南诏本已不在唐的控制下，所以没有留下相关记载。南诏在与唐决裂后，曾经有一段时间被视为吐蕃的臣属国，向吐蕃输入茶叶也是最为正常不过的，而且两地山水相连，和中国其他产茶区相比，云南与吐蕃的交通应该算是很便利的。

一直到比较晚近的史料，才开始追溯滇藏之间的茶叶贸易的起源。明末的方以智在《物理小识》的"普雨茶蒸之成团，西番市之，最能化物……"，或许是最早明确记录藏人对滇茶消费的记录。到了清代之后，类似记录变得十分频密，普洱府的地方文献中基本都保留了类似说法。《滇海虞衡志》也说："顷捡李石《续博物志》云：茶出银生诸山，采无时，杂椒姜烹而饮之。普洱古属银生府，则西番之用普茶，已自唐时。"藏文史料《贤者喜宴》也记载，吐蕃的都松芒杰隆囊征服南诏的过程中，"曾得到茶及多种乐器。权势如神，威力无边，征服边地之王"。这位著名的吐蕃统治者，据传死在南诏境内，他的故事中明显已经有了滇茶的痕迹。尽管很多汉文献都认为茶是从唐太宗时期因为文成公主的联姻才带到藏区的，实际上文化通常是一层层叠加的，而且藏地广大，不同地区的饮茶习俗可能有不同的来源。在这个一直以来都是以肉类为主食的地区，由于饮食结构方面的原因，很可能早在唐代之前便已发展出自己的饮茶习惯。元代忽思慧的《饮膳正要》记载了西番大叶茶："出本土，味甘涩，煎用酥油"，这似乎便是藏族地区和蒙古流行的酥油茶。西番能够产茶的地方不多，所谓的西番大叶茶应该有一部分是云南运来的。

正如云南的饮茶习惯不可能是从樊绰的记录出现以后才开始流行一样，云南和藏区的茶叶贸易可能是很早之前便已经存在的。何况《云南记》还有记载："名山县出茶，有山曰蒙山，联延数十里，在县西南。……在雅州，凡蜀茶尽出此。"此处讨论的雅安地区所产蒙顶茶，几乎可算是中国最早的名茶，这里地处四川盆地边缘，正是汉藏文化的交汇之处，蒙顶茶向藏区输入也十分便利，而且它似乎也没有出现在《国史补》的名茶目录上。具体到日常饮茶的方式，藏区和中土也并不一致，显然未受大唐太多的影响。综上所述，吐蕃地区的饮茶习俗，可能很早之前便已存在了，盛产茶叶的川滇两地都有可能就把饮茶的习惯传入藏区，并向藏地销售茶叶。与唐的联姻，作为藏族历史上一次影响深远的文化交流活动，在后来的历史记忆中被不断强化，逐渐覆盖了早期的历史事实，才导致了很多文化的起源都追溯到这一历史事件的局面。文成、金城两位公主入藏，确实会使得当地饮茶的习惯得到加强，尤其是贵族阶层和僧侣可能会接受汉族式的饮茶方法。云南茶有其他地区的茶种所不具备的特殊之处，更加适合游牧民族的饮食习惯，尽管贵族阶层可能会喜爱的口感更加精细的茶叶可能是由中原输入的，但在民间，可能和现在一样，云南所产的紧压茶更加受到欢迎。

学界一般认为中国很早便有了经海路向其他地区销售茶叶的活动，但有学者"查遍宋《诸蕃志》和元《岛夷志略》均未见运茶出口的记载"[①]。港口地区集散的商品是会输送到不同国家的，茶叶可能更多是销往已经接受饮茶习俗的日本和朝鲜半岛，而主要记载中国与东南亚海外贸易的这两本古籍并没有直接的记录。但是根据曾在印度和东南亚生活和学习多年的义净三藏的记录，饮茶尽管在这些地区没有广泛流行，但是还是有一些蛛丝马迹显示有饮茶习惯存在。

---

① 泉州志编纂委员会办公室：《晋江新志》（上册），1985年，第205页。

《南海寄归内法传》卷十七《知时而礼》中提到，"若不漱口洗手已来。并不合受礼礼他，若饮浆或水。乃至茶蜜等汤。及酥糖之类……"虽然义净三藏没有明确指出这到底是什么地方流行的礼仪和规范，但此书基本讨论的是东南亚地区的风俗，蜜对于印度文化圈的人民来说，一直都是十分重要的饮料，能和蜜并举，显示茶饮已经被逐步接受。

东南亚的很多地方至今也只习惯喝冷饮，茶的推广必然会受到限制。但是在那些与东亚大陆关系密切的区域，以越南为代表，饮茶的习惯还是很早便有了。茶自"唐代传入越南"基本上是学界的共识[1]，《安南志略》卷十一记载："（开宝）八年五月贡金、帛、犀角、象牙、香、茶"，茶叶早期并不是越南本地的产物，朝贡也可以利用自身百货云集的贸易港优势以云南茶充当，但也会逐渐发展本土的茶叶生产。如今的越南已经成为世界著名的茶叶生产国，但仍和广西一样，以靠近云南的地区为最重要的产地，当地的传统茶叶产品中还有一种颇类似普洱产的饼茶。

在安南都督管辖的时代，茶饮肯定已在政府的高级官僚中流行，安南建国后，我们不是很清楚饮茶习俗是不是在当时的宫廷中得到继承。但众所周知，茶文化的传播与佛教和僧团有密切关系，十世纪以后，佛教在越南获得了迅速发展，尤其是与中国有关的禅宗势力很大，一度可以决定王朝的继任者。毗尼多流支据传为中国禅宗三祖僧璨的弟子，而无言通自谓得法于百丈怀海。随着中华佛教的传播，饮茶习俗首先会在一些精英圈子中得到普及。这里与云南南方的茶叶主产区毗邻，可以比较方便地得到云南茶，甚至成为云南茶的外销港口都是很有可能的。

众所周知，云南与印度以及东南亚地区之间很早便有陆上贸易的传统，茶马古道实际是当时的世界交通和贸易网络的一部分，通过马帮和海船的联运，实现了云南与印度、东南亚以及东亚的有效联接。东南亚国家或更远的地区应该存在茶叶供应的渠道，广州和安南的港口或许也有少量的转销，云南茶应该能在当时的世界市场中占有一席之地。

值得一提的是东南亚很多族群没有饮用开水的习惯，饮茶无法在普通民众中普及。人们通常会认为，藏区对茶叶的依赖是因为当地的饮食以肉和乳制品为主，东南亚情况正相反，当地传统上以植物性食物为主，"在人们的食物中，对动物蛋白的摄入非常有限"[2]，这也限制了茶叶的消费。另外需要特别关注的是，云南南方与广东福建等地与东南亚很多地区类似，同为槟榔的传统消费地，很多族群的人民嗜好嚼食槟榔，这几乎会发展成一种带有依赖性的习惯："昼则就盘更嚼，夜则置盘枕旁，觉即嚼之"[3]，单凭当地人不分昼

① 黄小琼：《浅析中国与越南的茶文化》，《西部大开发》2011年第11期。

② ［澳］瑞德（Reid，A.）：《东南亚的贸易时代：1450–1680》（第一卷），吴小安等译，商务印书馆，2010年，第10页。

③ 周去非著，杨武泉校注：《岭外代答校注》，中华书局，1999年，第235~236页。

夜大嚼槟榔的喜好，我们便可以推断出他们对茶的消费注定是有限的，而"客至不设茶，未以槟榔为礼"的记录，则明确说明这些嗜好嚼食槟榔的族群基本是没有饮茶习俗存在。中国学者，尤其是专研泉州和广州两个港口的海上贸易的学者很容易把茶叶大量销售东南亚推定的时间过早，对于东南亚地区茶叶流行的推测，还是应以谨慎为妙。从整个区域来看，饮茶多跟僧侣以及上层社会的社交和礼仪活动有关，其实，即便是在中国，由于价格昂贵，饮茶习惯最初也只是在上层社会中流行。

唐宋时期茶叶的销售区是极为广大的。在当时的茶叶跨区域流动中，唐宋对中国北部草原地带的辽、金、蒙古、日本、朝鲜半岛、青藏高原以及中亚内陆地区的茶叶输出都比较可观，两宋王朝在四川设置茶马司，利用茶叶与吐蕃等民族交换战马，正式确立了茶马贸易制度，当时的边贸十分繁荣，出现了所谓"蜀茶总入诸蕃市，胡马常从万里来"[①]的局面。此时，四川制茶业显然有了一定的生产规模。至于云南的情况，虽然不见记录，但面对越来越旺盛的需求，大理国显然也不会放弃这一有利可图的产业。此时云南的茶叶生产和贸易情况应该也不会太过衰弱。如果把云南视为一个独立的茶叶外销单元，出口市场可能会以吐蕃和东南亚地区的安南最为重要。

三、小结：茶、盐在古道上的贸易与中古时期的云南政权

茶马古道、南方丝绸之路以及更古老的蜀身毒道在以往的研究中是一个被反复讨论的问题。具体的路线的走向、经过了哪些重要的区域，以及佛教是不是能够通过这条道路传入中国等话题总会不时被提起。这些讨论当然很重要，也贡献了很多新的知识。但在某种程度上说，单纯讨论这条路线是否存在是没有意义的，我们不如把问题还原成有什么物资必须通过这条道路进行运输以及会造成何种结果。

以往的研究总是对南诏国的农业有着不同寻常的重视，但是对于耕地面积很少的云南来说，只在不多的地方存在那个时代比较先进的农业。不过即便粮食生产不足以傲视全国，但作为茶的起源地，学者们都肯定云南茶史开始发展的时间很早，不过，由于缺少文献，南诏大理国时期的制茶、饮茶和贩售的情况多数只是几笔带过。因此，我们必须依靠合理的推测，来重新建立当时社会文化的图景。早在宋代，茶叶便已经成为中国对外出口物资的大宗，临近的四川地区茶叶生产出现了高峰，即便没有任何现存史料对其进行记载，大理国的茶产业应该也不会成为当时世界历史潮流中的一种特别反例。如果我们把云南茶叶的生产和销售视为全球史的一部分，作为一种世界性的产品，饮茶的习惯首先在南诏大理国内得到普及，将茶运往藏区销售的传统被继承并加以扩大，还有一小部分茶杯销

---

① （宋）黄庭坚：《叔父给事挽词》十首。

往东南亚地区，这实际上可以理解为中国南方茶叶产区对外输出茶叶的一部分。

　　盐一直都是云南的重要物资，安宁等地的盐曾远销贵州，而西南部所产的盐也销往临近的缅甸和泰国，大理等滇西北地区的盐多运到藏区，白盐井所产的盐在清代还有川边会理等地争购。尽管南诏大理国时期的情况不见得和上面的例子完全一致，但这些晚近的文献记录和田野调查资料对我们理解古代社会仍有重要的参考意义。那些分布在云南最南方甚至现在缅甸境内的盐井，虽然没有很清晰的开采历史，特别是文献中宣称清代才开始兴建的滇南和滇西南的各个盐井，根据樊绰的记录，其中很多在南诏大理国时代便已经有了被开发的历史。当然，本文并无心去讨论各个盐井的具体分布位置及其开采历史，而更加关注食盐对于国家整合的特殊意义。通过盐的行销，南诏大理国构建了一个四通八达的贸易网络，它不仅满足了国家核心区域国民的需求，而且把边境异族甚至域外人群比如安南地区的部族都拉拢过来。

　　茶和盐首先都是重要的日用品，盐自然是一日都不可或缺，而饮茶的习惯一旦养成，日积月累消费量也会很惊人。由于资源的分布不均，在无法大规模生产的时候，它们都会有一定的稀缺性。对于一直都很强大的中原王朝的政府来说，它们都是聚敛财富的重要工具。对于唐政府而言，控制了盐井，便等于控制了巨额的财富，所以便有了占领安宁这一自古以来的云南最重要的产盐地的行动。但随着南诏国的不断强大，安宁和盐源的盐井相继被掌握，其国力显然也可借此得以提升。不过，仍然没有证据显示南诏实行国家管制，垄断盐业利润，尤其是在远离国家统治核心地区的边疆，每每都有明确的"当土诸蛮自食，无榷税"、"不征，群蛮食之"这样的记录。茶的情况也很相似，尽管宋代茶叶的国家专卖政策在争议中不断调整，但是政府基本垄断了国内市场以及对外的茶叶贸易。和实行国家专卖制度的唐宋不同，南诏大理国似乎只是就近征税，然后便开放到全国销售，虽然无法严密控制，但这是当时的世界更加通行的做法。

　　无论我们怎样称呼这条贸易路线：南方丝绸之路、茶马古道或者茶盐古道，南诏大理国的国内交通实际上也是联通东亚、东南亚、南亚，甚至是亚洲内陆腹地区域的国际交通网络的一部分。在这个多元文化十分发达的地区，贸易过程很有可能是通过多次中转贸易由不同的族群协力完成的。总之，茶和盐业的繁荣为本地人带来了很多的工作机会，也成为国家积累财富的重要途径。云南的多数地区都无法发展大规模的集中农业，但在盐与茶的生产、运输和贸易过程中，可以将这个国家内不同的人群联系在一起。这就为国家的存续提供了重要的推动力和凝聚力。之前的很多研究将南诏判定为掠夺成性的农奴制国家，倾向认为它是靠掠夺临近地区的财富维持统治的，通过梳理盐和茶叶经济，可以帮我们找到维持王国整体性并与国家之外的地区进行交换的持久性推动力。

唐代中印经济文化交流述略

王韵　四川省社会科学院历史研究所　四川师范大学巴蜀文化研究中心　副研究员

　　摘　要：在唐代时，中华文明盛况空前，繁荣、开放、自信，唐王朝成为名副其实的中央帝国，建立起在地理上以中国本土为中心、文化上以中华文化为轴心的东亚文化秩序和中华文化圈。加之唐代时中印交通空前畅通，在佛教交流的推动下，中印交流在这一时期达到鼎盛，探讨唐代时中印经济文化交流的历史轨迹，并分析研究其中的内在原因和外在动力，借鉴其给我们所留下的成功经验与历史启示，具有重要意义。

　　关键词：唐代　中印　经济文化交流

　　中国和印度都有着悠久的历史传统，并创造了各自丰富多彩的民族文化。同时，它们也都以自己的本土为中心，把自己的文化向周边国家辐射和传播，泽被四邻，形成了各自的文化圈。它们同属于更广义的东方文化体系，并且由于地理环境的关系，中印互为近邻，两大文化时有碰撞、交流和融合，有着漫长的直接交流的历史。尤其到了唐代时，中华文明盛况空前，繁荣、开放、自信，唐王朝成为名副其实的中央帝国，建立起在地理上以中国本土为中心，文化上以中华文化为轴心的东亚文化秩序和中华文化圈。加之唐朝统治者实施开明的外交政策，唐代中印交通的空前畅通，以及双方佛教交流的推动下，中印交流在这一时期发展迅速，达到了顶峰。探讨唐代时中印经济文化交流出现的历史轨迹，并分析其中的内在原因和外在动力，借鉴其给我们所留下的成功经验与历史启示，具有重要意义。

一、唐代时中印经济文化交流的新特点

　　中印两国的经济文化交流源远流长，到唐代时，双方经济文化交流则比以往任何时候都更为广泛，并且出现了新的特点，主要体现在以下几个方面：

　　（一）政府往来的新形式

　　唐代时中印政府间的交往达到了一个崭新的阶段，与以往有所不同的是，唐代时中印

政府之间的往来和一般的外交关系有所区别，经济文化交流更重于政治外交方面的交流，并且朝贡关系也由过去的单方面进贡演变为双方的互相和平交往。印度方面派遣许多使者来华，唐政府也派出很多使者到印度去。特别是唐初几十年间，双方交往尤其频繁。两《唐书》《通典》《册府元龟》等文献对此多有记载，如"贞观十五年，尸罗逸多（即戒日王）自称摩伽陀（今北印度）王，遣使朝贡。太宗降玺书慰问，尸罗逸多大惊……乃膜拜而受诏书，因遣使朝贡。太宗以其地远，礼之甚厚，复遣卫尉丞李义表报使。尸罗逸多遣大臣郊迎，倾城邑以纵观，焚香夹道，逸多率其臣下东面拜受敕书，复遣使献火珠及郁金香、菩提树。"[①]"贞观十年，沙门玄奘至其国，将梵本经论六百余部而归。先是遣右率府长史王玄策使天竺，其四天竺国王咸遣使朝贡。"[②]贞观十七年（643），"遣李义表、王玄策使西域，游历百余国。"[③]贞观二十一年（647），"以王玄策为正使，蒋师仁为副使，再使印度。"[④]同年，摩揭陀国"遣使者自通于天子，献菠萝树类白杨，太宗遣使取熬糖法，即诏扬州上诸蔗，柞沈如其剂，色味愈西域甚远。"[⑤]开元八年（720），"南天竺国遣使献豹及五色能言鹦鹉。"[⑥]开元十七年（729），"北天竺国三藏沙门僧于密多献质汗等药。"[⑦]永徽三年（652），"中天竺摩诃菩提寺沙门智光、慧天等遣沙门法常来中国致玄奘书，并赠白牦一双。"[⑧]其中王玄策的三次出使印度对中印文化交流做出了重大贡献，还有从印度引进的制糖工艺对唐代经济影响较大，在中印科技交流史上有重大意义。

由上述史料记载可以看出，唐代时中印两国政府来往频繁，双方互派使者，和平交往既是相互政治通好的外交活动，又是经济和文化交流活动。印度诸国多次派遣使节"贡献方物"，这些由印度输入唐的贡品，有些由内府向外廷扩散，若干品种传入民间，并加以仿制、吸收，从而转为日用品。如郁金香就很受唐人喜爱。李白的《客中行》中就有"兰陵美酒郁金香，玉碗盛来琥珀光"的溢美之辞。

（二）民间贸易

从已有的史料记载看，中印经济文化交流开始于公元前3世纪，但是中印民间贸易交流则在更早时就已进行。唐代的海上贸易十分发达，盛唐时各沿海大港已设有市舶司，主管海上贸易，印度的商船已装载了大量"宝货"来华。《新唐书》中还记载了广州通南天竺

---

① （后晋）刘昫等撰：《旧唐书》，中华书局，1975年，第5306、5308页。

② 同①。

③ 《释志磐》《佛祖统纪》，卷39。

④ （宋）欧阳修、宋祁等撰：《新唐书》，中华书局，1975年，第6237、6238页。

⑤ 同④。

⑥ 《旧唐书》，中华书局，1975年，第5306、5308页。

⑦ （宋）王钦若等编：《册府元龟》，中华书局，1960年，卷971、卷170。

⑧ 薛克翘：《中国印度文化交流史》，昆仑出版社，2008年，第54页。

和西天竺的航程和日期，印度商人来唐经商做生意，带来了印度的香料、毛织品、宝石、药材、服饰、琉璃、天竺桂、宗教器物等，丰富了唐朝人民物质生活的内容。他们也把中国的丝绸、纸张、瓷器、竹器、漆器、金银器、茶叶、桃、梨、杏等物品销往印度，其中许多物品深受印度人的喜爱，以至印度的桃、梨、杏等词的前面都加上"汉"或"秦地"的字样。在印度沿海地区也发掘出了许多瓷器碎片，这从另一个侧面反映出唐代时中印民间贸易的频繁和规模。

（三）宗教文化交流

中国与印度的精神文化交流至少有两千年的历史，其中佛教的交流占有最显著的地位。"印度佛教传入中国后，中国人对佛教逐步认识逐步了解，以至最后接受并加以改造和发扬，使之成为中国文化的一个有机组成部分。这是中国与印度精神文化交流的最大成果[①]。"

唐代政治的开明和经济的繁荣进一步促进了佛教事业的发展，当时印度佛教大规模传入中国，僧人互访、交流占有十分突出的位置。"从南北朝到唐代，中印两国的佛教文化交流达到高潮，不断有印度僧人来中国弘法传经，也不断有中国僧人跋山涉水到印度取经。很长一个时期，这些往来的高僧充当了中印文化交流的使者。"据沈福伟统计，"有唐一代，西行求法的中国僧侣共52人，印度高僧来华的16人。"[②]

唐代初期的玄奘、义净等高僧是西行求法的代表，他们的行为和著述加强了中国与印度的文化交流，也对中国佛教的发展产生了深远的影响。玄奘于贞观三年（629）西行出敦煌，历尽艰辛到达摩竭陀国王舍城，入那烂陀寺从戒贤求学。回国后玄奘将西行印度求法所见所闻写成《大唐西域记》，记述了他亲身游历的得之传闻的28个城邦、地区或国家的情况，范围广泛，材料丰富，除大量关于佛教圣迹和神话传说外，还包括当地的历史、政治、地理、物产、民族、风尚等记载，为后世历史学家和地理学家所引据，至今仍然是研究中亚和南亚地区历史和地理的珍贵材料。

永徽五年（654），高僧玄照从印度求法归来，取道尼泊尔、西藏回国，开辟了经由我国西藏到达印度的捷径，写下了中印交通史上的光辉一页。高僧义净西行印度求法归来，参与了武则天组织的《华严经》的翻译，并著有《南海寄归内法传》和《大唐西域求法高僧传》。这些赴印求法的唐朝高僧和来唐弘法的印度高僧带来了大量的佛教文献。

随着佛经的大量传入，佛教开始逐渐同中国国情相结合，形成了三论宗、法相宗、天台宗、律宗、华严宗、禅宗、密宗、净土宗等诸多宗派。这些中国佛教宗派的形成标志着唐代佛教理论的成熟和印度佛教的中国化。其中以禅宗更具有代表性。相传自南朝末年印

---

① 武斌：《中华文化海外传播史》，陕西人民出版社，1998年，第679页。
② 沈福伟：《中西文化交流史》，上海人民出版社，1985年，第144页。

度僧人菩提·达摩来华授禅法，开中国禅学之先河，至唐中叶六祖慧能开创南宗，中国正式创立禅宗。它融合了儒、道、老庄、玄学思想，是典型的中国佛教宗派，标志着印度佛教的中国化过程已完成。

除了佛教文化，唐代的中国道教文化在印度也有一定程度的传播，形成了中国道教文化与印度佛教文化之间的对话。贞观年间，李仪表、王玄策第二次出使印度时，将译成梵文的老子《道德经》送给东天竺迦摩缕波国童子王，促进了道教在印度的传播和影响，印度由此产生了佛教的一个主要流派——密宗，而且密宗也把炼金术传到了印度，从而促进了印度中世纪化学的发展。

（四）其他经济文化方面的交流

唐代时中印之间的其他经济文化方面的交流也互为影响，不仅印度文化传入中国，唐代时的文化因素在印度也有一定的传播。在史学方面，古代贵霜王朝之后裔的沙希统治者具有撰写在丝帛上的世系编年，并认为"这种把史料记录在丝帛上的传统始于中国人"[1]。

在数学方面，大约在六世纪时，印度人创立了位置制数码，建立了土盘算术。这两种数学成果都不同程度地受到中国筹算方法的影响。其他如分数、弓形面积、球体积、勾股问题、圆周率、一次同余式、开方法、重差术等，也受到中国数学的一定影响。

医药交流也是中印交流的一个重要方面，中国的一些药物传入印度，被称为"神州上药"。唐代名僧义净在印度期间，常用中药为人治病，还曾用苦参汤和茶自疗。约写于公元前三世纪的《脉经》传播到印度，由印度传到穆斯林国家并产生了一定的影响。在当时的伊斯坦布尔，可以见到《脉经》的阿拉伯文译本，还带有中文原图。同时，印度医学的外科、眼科、催眠术和医方等都在中国得到介绍，并对中医学产生了一定影响。隋唐史书上记载的由印度翻译过来的医书和药方就有十余种，藏语系佛教中还有医方明之学。

文学艺术方面，印度文学对唐代传奇文和变文的结构有所影响。印度佛教的《法华》《维摩》《百喻》等诸经鼓舞了晋唐小说的创作。佛教的般若和禅宗思想，影响了王维、白居易的诗歌。唐代音乐吸收了天竺乐、龟兹乐、安国乐等来自印度等国的音乐。印度的绘画、雕塑、音乐、舞蹈等艺术形式也和佛教一起传入中国，在中国古代文化中留下深深的印记。在中国语文和文学以及日常生活和风俗习惯中，也渗透着印度文化的影响。

在天文历算方面，唐代由印度介绍入华的天文历算知识很多，对中国天文历算的发展产生了重要影响。中国的取经僧和印度来华僧侣中所携带的梵本中，也有不少有关天文历算的书籍。其中不空所译《宿曜经》最有天文学价值，详细介绍了古印度关于二十七宿、

---

[1] 巴克奇：《印度与中国：千年的文化联系》，清华大学思想文化研究所编：《世界名人论中国文化》，湖北人民出版社，1991年，第787页。

七曜、十二宫、星占等方面的知识，是研究中印古代天文历算的重要材料。

以上唐代时中国与印度的经济文化交流，对中国文化的发展产生了深远的影响。当然，任何文化交流都是相互的，在印度文化泽被中国的同时，中华文化也沿着相同的渠道，传播到印度。中国瓷器曾大量传入印度，至今在印度的许多博物馆里都收藏有中国古代瓷器。还有如中国梨、桃、枣、杏等物产，如造纸术、印刷术、炼丹术、罗盘、火药等科学技术，也都直接或间接地传入印度，对印度文化和生活产生了多方面的影响。中华文化在印度的传播，同样对印度文化的发展起到一定的刺激作用。中印两大文化持续的接触、碰撞和交汇，丰富了彼此的文化传统，促进了彼此的文学、艺术和科学技术的发展。

二、唐代时中印经济文化交流繁荣的重要原因和历史启示

首先，是由当时中印两国的历史环境和地理环境所决定的。唐初封建社会的发展达到了很高的水平，文化的发展也是灿烂辉煌，远迈前古。唐太宗李世民被西域林立的小国推崇为"天可汗"。首都长安既是全国政治、经济、文化的中心，也是对外活动的中心。当时那里外国侨民的人数之多，所来的国家名目之众，都是空前的。正如季羡林先生所说，"从历史上来看，横亘欧亚长达万里的丝绸之路，由于沿途各国政局变幻，存亡不定，所以，时断时续，时通时塞，由来久矣。到了唐初，大唐兵威远被，至少从中国到印度的一段，畅通无阻。在海路方面，由于航海知识日增，航海工具日新，也是畅通无阻的。海陆两方面交通都无困难，这当然也成了中印双方往来频繁的重要原因"[1]。

其次，唐代中华文化在世界总体文化格局中处于领先地位。在整个欧亚大陆上，唐朝是国力最强盛、文化最发达的大帝国，是当时世界的文化重心所在。唐代的中华文化以其健全的传播和接受机制，以全面开放的广阔胸襟和兼容世界文明的恢弘气度，广泛吸收外域文化，从其他文化系统中采撷英华，唐文化也成为一种世界性的文化。在这种具有世界性内容的文化之中，中华文化则居于中心的地位，成为一项难以望其项背的文化高峰。唐代是中华文化向海外传播最广泛的时期之一，唐代中华文化不仅对后世中国文化产生极大影响，而且也广泛传播到欧亚大陆许多地方，产生了不同程度的影响，推动了世界文化潮流的发展。

第三，唐代政府实行开明外交政策，加强与世界各国交流。"隋唐宋时的域外交通很发达，尤以唐底中叶为盛。无论从交通路线的远近说，或从交通密度的疏密说，唐均为隋宋所不及，并且也比秦汉时多有进步。"[2]交通的发达，为国家之间的交往和民间的交流提供了便利条件。从唐太宗开始，唐王朝就遵循"中国既安，四夷自服"的方针。太宗曾表示：

---

[1] 季羡林：《中印文化交流史》，中国社会科学出版社，2008年，第50页。
[2] 季羡林：《中印文化交流史》，中国社会科学出版社，2008年，第50页。

"历代以贵中华，贱夷狄，朕则不同……我今为天下主，无问中国及四夷，皆养活之，不安者我必令安，不乐者我必令乐[①]。"由于唐王朝的声威远播和积极的对外开放政策，唐代与众多国家保持着政治、经济和文化联系，来唐朝贺、奏事、进贡的使节往来更加频繁。"可以说，唐代是中国古代史上发展对外关系最积极、最活跃并且交往最广泛的时期。"[②]

第四，唐代时中印关系十分密切。五天竺（中天竺、东天竺、南天竺、西天竺、北天竺）与唐朝的政治关系和贸易往来频繁。贞观十五年（641），中天竺摩竭陀国国王尸罗逸多（戒日王）派使者到长安，此后两国便有了外交关系。在唐初大约80年间，五天竺诸国都曾若干次遣使入唐。频繁的使节往来密切了双方的政治关系，而且扩大和发展了经济贸易活动，同时也使双方的经济文化交流达到了顶峰。

第五，唐代时帝都长安具备国际大都市的地位。唐文化是一种世界性的文化，而唐都长安规模宏大，不仅是全国的政治经济中心，更是一个世界性的商业都会和中外文化汇聚的交流中心。唐帝国的兴盛发达，帝都长安的雄伟壮观，中华文化的灿烂辉煌，以及经济发达和物产丰富，都令世人钦慕景仰，吸引着世界各国人士。成千上万的外国留学生在长安学习中国典籍和学术文化，深受中华文化的熏陶和濡染，形成以"中华文化圈"为特征的文化秩序。

唐代中华文化的发展以及中印两国间文化的交流与互动的积极经验，对于当代中印关系的发展，具有可资借鉴的积极意义，唐代文化的繁荣，首先是中华文化历史发展到这个阶段的结果，是集历代文化传统之大成而达到的时代性最高成就。其次，唐代文化的辉煌，也与当时全面的对外文化开放态势密切相关。海外交通的发达和经济文化交流的繁盛，既广泛吸收世界文明的优秀成果，为自己的发展提供丰富的滋养和刺激动力，另一方面也将中华民族的伟大文化创造广泛传播于各国，向世界展示自己的流光溢彩。

综上所述，唐代中印经济文化之间的交流表现在宗教、文学、艺术、科技和民间贸易等诸多不同的方面。特别是宗教文化方面的长期互动，不仅促进了具有符合中国国情的佛教文化的形成，还从很多方面促进了双方经济文化的发展，推动中华文化繁荣昌盛的包容文化精神和开放政策成为中国文化的优良传统，对今人有诸多启示。如今，中印两国因政治、经济、民族、地域等的不同而有了文化的差异，并经过长期的历史发展形成了不同类型的文化体系，期望两种文化体系在相互交往中促进各自的发展，在相互的对话中实现双方的融合与进步，促进人类文化的进一步兴盛和繁荣。

---

① （宋）王钦若等编：《册府元龟》，卷971、卷170，中华书局，1960年。
② 武斌：《中华文化海外传播史》，陕西人民出版社，1998年，第383页。

政治军事

南方丝绸之路上的民族与文化

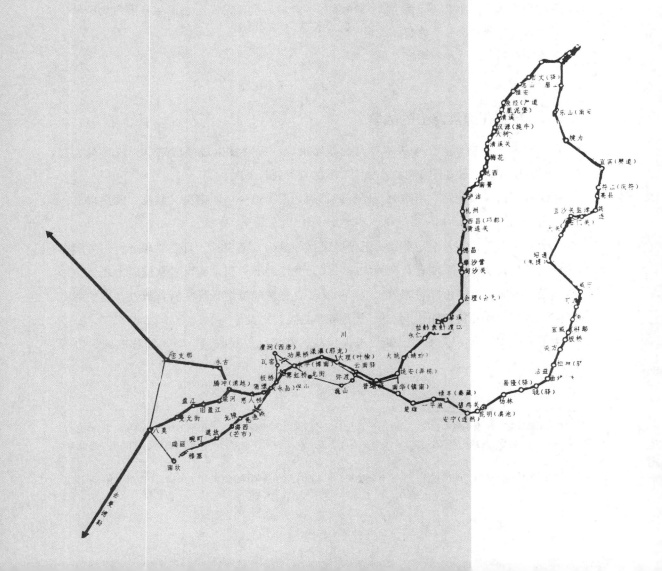

论汉代南丝路上的战争
及其对南丝路的作用

刘弘　四川凉山彝族自治州博物馆　四川师范大学巴蜀文化研究中心　研究员

刘灵鹤　四川凉山彝族自治州博物馆　馆员

　　摘　要：论者对南方丝绸之路的政治经济文化作用讨论得很多，已经取得了不少成果，但对南方丝绸之路的军事活动鲜有涉猎。本文对两汉时期发生在南丝路上的战争做了梳理，并认为战争对南丝路的稳固起到了特殊作用。

　　关键词：汉代　战争　南方丝绸之路

一、 发生在南丝路上的战争

　　两汉时期（包括新莽）中央王朝与南丝路沿线的民族发生过多次战争，规模有大有小，时间有短有长，双方各有胜负，见于文献的有下列若干次：

　　西汉武帝初开南丝路"当是时，巴蜀四郡通西南夷道……西南夷又数反，发兵兴击，耗费亡功。"[①]

　　武帝元鼎六年，"及至南粤反，上使驰义侯因犍为发南夷兵。且兰君恐远行，旁国虏其老弱，乃与其众反，杀使者及犍为太守。汉乃发巴蜀罪人当击南粤者八校尉击之。会越已破，汉八校尉不下，中郎将郭昌、卫广引兵还，行诛隔滇道者且兰斩首数万，遂平南夷为牂柯郡。"（为在下文中便于叙述，简称郭昌击且兰之役）[②]

　　武帝"元封二年，天子发巴蜀兵击灭劳浸、靡莫，以兵临滇。"（简称巴蜀兵击劳浸、靡莫之役）[③]

---

① （东汉）班固撰，（唐）颜师古注：《汉书》卷九十五《西南夷两粤朝鲜传》，中华书局，1966年，第3840页。

② （东汉）班固撰，（唐）颜师古注：《汉书》卷九十五《西南夷两粤朝鲜传》，中华书局，1966年，第3841~3842页。

③ （东汉）班固撰，（唐）颜师古注：《汉书》卷九十五《西南夷两粤朝鲜传》，中华书局，1966年，第3842页。

"昭帝始元元年，益州廉头、姑缯民反，杀长吏。牂柯、谈指、同并等二十四邑，凡三万余人皆反。遣水衡都尉发蜀郡、犍为奔命万余人，击牂柯，大破之。"（简称水衡都尉击牂柯之役）①

昭帝始元四年，"姑缯、叶榆复反，遣水衡都尉吕辟胡将郡兵击之。辟胡不进，蛮夷遂杀益州太守，乘胜与辟胡战，士战及溺水死者四千余人。明年。复遣军正王平与大鸿胪田广明等并进，大破益州，斩首捕虏五万余级，获畜产十余万。"（简称吕辟胡、王平、田广明击益州之役）②

成帝河平年间，牂柯太守陈立"谕告夜郎王兴，兴不从命……乃从吏数十人出行县，至兴国且同亭，召兴。兴将数千人往至亭，从邑君数十人入见立。立数责，因斩头……兴妻父翁指与兴子邪务收余兵，迫胁旁二十二邑反……立奏募诸夷与都尉长史分将攻翁指等……蛮夷共斩翁指，持首出降。"（简称陈立击翁指之役）③

"王莽篡位，改汉制，贬钩町王以为侯。王邯怨恨，牂柯大尹周钦诈杀邯。邯弟承攻杀钦，州郡击之，不能服。三边蛮夷愁扰尽反，复杀益州大尹程隆。莽遣平蛮将军冯茂发巴、蜀、犍为吏士，赋敛取足于民，以击益州。出入三年，疾疫死者什七，巴、蜀骚动。莽徵茂还，诛之。"（简称冯茂击益州之役）④

其后王莽"更遣宁始将军廉丹与庸部牧史熊大发天水、陇西骑士，广汉、巴、蜀、犍为吏民十万人，传输者合二十万人，击之。始至，颇斩首数千，其后军粮前后不相及，士卒饥疫，三岁余死者数万。"⑤《后汉书》也记载了这次战事："及王莽政乱，益州郡夷栋蚕、若豆等起兵杀郡守，越嶲姑复夷人大牟亦皆叛，杀略吏人。莽遣宁始将军廉丹，发巴蜀吏人及转兵谷卒徒十余万击之，吏士饥疫。连年不能剋而还。"（简称廉丹、史熊击益州之役）⑥

东汉光武帝"十九年，武威将军刘尚击益州夷，路由越嶲。长贵闻之，疑尚既定南边，威法必行，己不得自放纵，即聚兵起营台，招呼诸君长，多酿毒酒，欲先以劳军，因袭击尚。尚知其谋，即分兵先据邛都，遂掩长贵而诛之，徙其家属于成都。"（简称刘尚击长贵之役）⑦

光武帝"建武十八年，夷渠帅栋蚕与姑复、叶榆、桥栋、连然、滇池、建伶昆明诸种

① （东汉）班固撰，（唐）颜师古注：《汉书》卷九十五《西南夷两粤朝鲜传》，中华书局，1966年，第3843页。
② （东汉）班固撰，（唐）颜师古注：《汉书》卷九十五《西南夷两粤朝鲜传》，中华书局，1966年，第3843页。
③ （东汉）班固撰，（唐）颜师古注：《汉书》卷九十五《西南夷两粤朝鲜传》，中华书局，1966年，第3845页。
④ （东汉）班固撰，（唐）颜师古注：《汉书》卷九十五《西南夷两粤朝鲜传》，中华书局，1966年，第3846页。
⑤ （东汉）班固撰，（唐）颜师古注：《汉书》卷九十五《西南夷两粤朝鲜传》，中华书局，1966年，第3846页。
⑥ （南朝宋）范晔撰，（唐）李贤等注：《后汉书》卷八十六《南蛮西南夷列传》，中华书局，1965年，第2846页。
⑦ （南朝宋）范晔撰，（唐）李贤等注：《后汉书》卷八十六《南蛮西南夷列传》，中华书局，1965年，第2583页。

反叛，杀长吏。益州太守繁胜与战而败，退保朱提。十九年，遣武威将军刘尚等发广汉、
犍为、蜀郡人及朱提夷，合万三千人击之……二十年，进兵与栋蚕等连战数月，皆破之。
明年正月，追至不韦，斩栋蚕帅。"（简称刘尚击益州之役）①

明帝"永平元年，姑复夷复叛，益州刺史发兵讨破之，斩其渠帅，传首京师。"（简
称益州刺史击姑复夷之役）②

章帝"建初元年，哀牢王类牢与守令忿争，遂杀守令而反叛，攻寯唐城。太守王寻奔
叶榆。哀牢三千余人攻博南，燔烧民舍。肃宗募发越寯、益州、永昌夷汉九千人讨之。明
年春，昆明夷卤承等应募，率种人与诸郡兵击类牢于博南，大破斩之。"（简称卤承击类
牢之役）③

安帝元初"五年，卷夷大牛种封离等反畔，杀遂久令。明年，永昌、益州及蜀郡夷皆
叛应之，众遂十余万，破坏二十余县，杀长吏，燔烧邑郭，剽略百姓，骸骨委积，千里无
人。诏益州刺史张乔选堪能从事讨之。乔乃遣从事杨竦将兵至叶榆击之……乃进兵与封离
等战，大破之，斩首三万余级……封离……诣竦乞降。"（简称杨竦击封离之役）④

安帝"延光二年春，旄牛夷叛，攻零关，杀长吏，益州刺史张乔与西部都尉击破
之。"（简称张乔击旄牛夷之役）⑤

"灵帝熹平五年，诸夷反叛，执太守雍陟。遣御史中丞朱龟讨之，不能剋……乃拜
（李）顒益州太守，与刺史庞芝发板楯蛮击破平之，还得雍陟。顒卒后，夷人复叛，以广
汉景毅为太守，讨定之。"（简称李顒、景毅击益州之役）⑥朱龟率领的军队有远来自并州
和凉州的劲卒。⑦

二、战争的双方及发生战争的原因

战争的双方，一方是两汉王朝，另一方为西南夷，但并不是所有的民族都参与了其
中。两汉时期分布在南丝路沿线的西南夷诸民族见于文献的有夜郎、且兰、劳浸、靡莫、
滇、邛都、笮都、寯、昆明、徙、滇越、鉤町、漏卧、白狼、槃木、唐菆、哀牢、旄牛等

① （南朝宋）范晔撰，（唐）李贤等注：《后汉书》卷八十六《南蛮西南夷列传》，中华书局，1965年，第
2846~2847页。

② （南朝宋）范晔撰，（唐）李贤等注：《后汉书》卷八十六《南蛮西南夷列传》，中华书局，1965年，第2853页。

③ （南朝宋）范晔撰，（唐）李贤等注：《后汉书》卷八十六《南蛮西南夷列传》，中华书局，1965年，第2851页。

④ （南朝宋）范晔撰，（唐）李贤等注：《后汉书》卷八十六《南蛮西南夷列传》，中华书局，1965年，第
2853~2854页。

⑤ （南朝宋）范晔撰，（唐）李贤等注：《后汉书》卷八十六《南蛮西南夷列传》，中华书局，1965年，第2857页。

⑥ （南朝宋）范晔撰，（唐）李贤等注：《后汉书》卷八十六《南蛮西南夷列传》，中华书局，1965年，第2847页。

⑦ （晋）常璩撰，刘琳校注：《华阳国志校注》卷四《南中志》，巴蜀书社，1984年，第349页。

等。明确与汉王朝发生过战争的有且兰、劳浸、靡莫、邛都、昆明、鉤町、哀牢、旄牛，另外从民族分布区域观察，与汉王朝发生战争的可能还有筰，姑复为越嶲郡的属县，为筰人分布区，多次反叛的姑复夷很可能是筰人的一支。

发生战争的原因，有西南夷民族对外来的政治势力的自然反射性抵抗，如且兰、劳浸、靡莫被汉军击灭的战争，原因都来自这种抵抗，这种情况都发生在初开官道时期，这是南丝路上发生战争的前一个阶段。

南丝路上发生战争的后一个阶段是汉王朝势力深入西南夷地区后，设置了诸多郡县，派驻了许多官吏，一些官吏的贪腐暴虐行为往往引起西南夷民族造反。这从汉王朝处理民族叛乱的两手可观察到，一手是派兵镇压，另一手则是处理部分侵犯土著民族利益的官吏，如杨竦在击杀封离后，就曾"因奏长史奸滑侵犯蛮夷者九十人，皆减死"[1]。《华阳国志》记载得还要详细些："举劾奸贪长吏九十人，黄绶六十人。"[2]

在前一阶段，西汉初开南丝路为官道，其行为不被沿途民族所接受，汉朝廷除了采取怀柔政策外，也采取一些军事行动，但这时的规模都不大。如"当是时，巴蜀四郡通西南夷道……西南夷又数反，发兵兴击，耗费亡功。"[3]这一阶段最大的战事是诛且兰和击灭劳浸、靡莫，即郭昌击且兰之役和巴蜀兵击劳浸、靡莫之役。

后一阶段从汉武帝的继承人汉昭帝开始，一直延续到东汉末年。由于在南丝路开为官道同时，汉朝廷在西南夷地区先后设置了牂柯、越嶲、益州、永昌四个郡和几十个县，汉王朝的政治势力前所未有地深入西南夷地区，文化之间的冲突，特别是汉王朝官吏的暴虐和掠夺，成为导致汉王朝与西南夷民族发生大规模的战争点火线。这些奸贪长吏是激发双方矛盾，引发战争的罪魁祸首。同时，中央王朝与西南夷民族在关系上处理失当也会引发战争，如王莽改汉制引起的动乱。主要的有水衡都尉击牂柯之役、吕辟胡、王平击益州之役、陈立击翁指之役、冯茂击益州之役、廉丹击益州之役、刘尚击长贵之役、刘尚击益州之役、益州刺史击姑复夷之役、卤承击类牢之役、杨竦击封离之役、张乔击旄牛夷之役和李颙击益州之役。

三、 战争的规模及双方动员的力量

汉夷之间发生在南丝路上的战争，有的规模很大。

武帝元鼎六年郭昌击且兰之役，"行诛隔滇道者且兰斩首数万"，既然杀人数万，战

---

① （南朝宋）范晔撰，（唐）李贤等注：《后汉书》卷八十六《南蛮西南夷列传》，中华书局，1965年，第2854页。
② （晋）常璩撰，刘琳校注：《华阳国志校注》卷四《南中志》，巴蜀书社，1984年，第348页。
③ （东汉）班固撰，（唐）颜师古等注：《汉书》卷九十五《西南夷两粤朝鲜传》，中华书局，1966年，第3840页。

争规模必不小；昭帝始元元年水衡都尉击牂柯之役，造反的民族达三万余人，汉军出动了万余人； 昭帝始元四年吕辟胡、王平击益州之役，"斩首捕虏五万余级"，也是一场大战；王莽时的冯茂击益州之役，"出入三年"搞得"巴、蜀骚动"。王莽时的廉丹击益州之役，"更遣宁始将军廉丹与庸部牧史熊大发天水、陇西骑士，广汉、巴、蜀、犍为吏民十万人，传输者合二十万人"，是最大的一场战争；东汉光武帝建武十八年刘尚击益州之役，汉兵出动万三千人。

章帝建初元年卤承击类牢之役，"哀牢三千余人攻博南"汉兵出动了九千人；安帝元初五年杨竦击封离之役，封离"众遂十余万"。

汉朝廷的动员的军队由四个部分组成。第一是有专门名称的军队，如蜀郡奔命、犍为奔命、天水骑士、陇西骑士、并州和凉州的劲卒，这种军队可能是一种常设的固定的军事武装，战斗力很强。第二是当地郡的郡兵，汉代制度，在边郡都设有郡兵，是郡的武装，除了保卫本郡外，也常被调到其他地方作战，也属于战斗力较强的军队。第三是在邻近郡县临时组织起来的军队，如建武十八年武威将军刘尚征发的广汉、犍为、蜀郡人[1]，建初元年募发的越巂、益州、永昌汉人，因为是临时组织起来的队伍，战斗力较弱[2]。第四是依附了汉朝廷的少数民族组成的军队，如钩町王亡波[3]、朱提夷[4]、板楯蛮[5]、永昌夷[6]和昆明夷卤承[7]等，其中板楯蛮的战斗力很强，常被朝廷征调到各处征剿反叛者。

两汉（包括新莽）朝廷在战争中派出了高级官吏和军事将领。新莽时的水衡都尉吕辟胡、大鸿胪田广明、平蛮将军冯茂、宁始将军廉丹、军正王平等中央官吏，地方大员有牂柯大尹周钦、庸部牧史熊；东汉时的中央官吏武威将军刘尚、御史中丞朱龟；地方大员益州太守李颙、景毅；益州刺史张乔及从事杨竦。

西南夷民族的社会尚处在部落或接近酋邦阶段，一般没有发展出独立的军队，发生

---

① （南朝宋）范晔撰，（唐）李贤等注：《后汉书》卷八十六《南蛮西南夷列传》，中华书局，1965年，第2846~2847页。

② （南朝宋）范晔撰，（唐）李贤等注：《后汉书》卷八十六《南蛮西南夷列传》，中华书局，1965年，第2851页。

③ 昭帝曾奖励钩町侯亡波 "钩町侯亡波率其邑君长人民击反者，斩首捕虏有功，其立亡波为钩町王。"《汉书》卷九十五《西南夷两粤朝鲜传》，中华书局，1966年，第3843页。

④ 光武帝 "建武十九年，遣武威将军刘尚等发广汉、犍为、蜀郡人及朱提夷击之（栋蚕）。"《后汉书》卷八十六《南蛮西南夷列传》，中华书局，1965年，第2846页。

⑤ 章帝元和中，"乃拜（李）颙为益州太守，与刺史庞芝发板楯蛮击破平之（益州夷）。"《后汉书》卷八十六《南蛮西南夷列传》，中华书局，1965年，第2847页。

⑥ 章帝建初六年，"哀牢三千余人攻博南……募发越巂、益州、永昌夷汉九千人讨之。"《后汉书》卷八十六《南蛮西南夷列传》，中华书局，1965年，第2851页。

⑦ 章帝建初七年，"邪龙县昆明夷卤承等应募，率种人与诸郡兵击类牢于博南，大破斩之……封为破虏傍邑侯。"《后汉书》卷八十六《南蛮西南夷列传》，中华书局，1965年，第2851页。

战争时，基本上凡能参加战斗的社会男性成员"全民皆兵"，部落首领和酋长就是军事统帅，见于文献的就有且兰君；夜郎王兴及其子邪务、妻父翁指；鉤町王邯及其弟承；邛都夷首领长贵；益州夷渠帅栋蚕、若豆；姑复夷渠帅大牟；卷夷大牛种首领封离等。

四、战争对双方造成的损害

俗语云："杀人三千，自损八百"，无论输赢，战争对参加的双方都会造成损害。就南丝路上的战争，双方的损失包括三个方面。

一是一些汉王朝的官吏和西南夷民族的首领渠帅被杀。

汉王朝在战争中被杀的有郡守一级高级官吏，也有地方官吏。武帝元鼎六年，郭昌击且兰之役，且兰君杀了犍为太守；昭帝始元四年，吕辟胡、王平击益州之役时，姑缯、叶榆蛮夷杀了益州太守；王莽时冯茂击益州之役中，三边蛮夷杀了益州大尹程隆；廉丹击益州之役过程中栋蚕、若豆等起兵杀了郡守；更始二年，邛人首领长贵杀了越巂郡太守枚根①。

西南夷民族造反，首先遭到冲击的是王朝的地方官吏，因此在这种冲突中许多地方吏员被杀。如昭帝始元元年水衡都尉击牂柯之役的起因就是益州廉头、姑缯民杀长吏；王莽时廉丹击益州之役过程中越巂、姑复夷人大牟杀略吏人；东汉光武帝建武十八年，刘尚击益州之役的起因也是栋蚕与姑复、叶榆、桥栋、连然、滇池、建伶、昆明诸种反叛，杀长吏；章帝建初元年，卤承击类牢之役也起因于哀牢王类牢杀守令；安帝元初五年，杨竦击封离之役时，封离杀遂久令；元初六年，杨竦击封离之役，永昌、益州及蜀郡夷响应封离，杀长吏；延光二年，张乔击旄牛夷之役，旄牛夷叛，攻零关，杀长吏。

西南夷民族首领被杀的则有鉤町王邯、邛都夷首领长贵；夜郎王兴及其妻父翁指；栋蚕帅、姑复夷渠帅、哀牢王类牢等。

二是人员的损失。战争无论胜负，双方的军队都会遭受损失。

汉军方面。昭帝始元六年吕辟胡、王平击益州之役，"士战及溺死者四千余人"；王莽时的冯茂击益州之役"出入三年，疾疫死者什七"；廉丹、史熊"三岁余死者数万"。

战争中西南夷民族成员被杀被虏，数量颇大。昭帝元年王平、田广明击益州之役，斩首捕虏五万余级；光武帝建武二十一年，刘尚击益州之役，虏七千余人，得生口五千七百人；安帝元初六年，杨竦封离之役，斩首三万余级，获生口千五百人。

三是财产的损失。汉夷双方在财产损失方面有所不同。

西南夷民族造反，针对的对象多是汉朝廷地方官吏，因此官吏们居住的邑郭往往成为造反民族的泄愤目标，汉移民的民舍也往往殃及池鱼地遭到破坏，如章帝"建初元年，哀

---

① （南朝宋）范晔撰，（唐）李贤等注：《后汉书》卷八十六《南蛮西南夷列传》，中华书局，1965年，第2853页。

牢三千余人攻博南，燔烧民舍"[①]；安帝元初三年，卷夷大牛种封离等反叛，"破坏二十余县……燔烧邑郭，剽略百姓，骸骨委积，千里无人。"[②]

汉军队西南夷民族造成的损失却是对财产的掠夺。昭帝始元五年，王平与大鸿胪田广明击益州之役"获畜产十余万"；光武帝建武二十一年，刘尚击益州，得马三千疋，牛羊三万余头；安帝元初六年，杨竦击封离，"获资财四千余万"。

战争对双方都造成了很大的伤害，总的来讲，汉王朝方面在西南夷地区的统治受到冲击，一些地方官吏被杀或逃跑，引起行政管理功能的损失和行政次序的紊乱，增加了军费开支，特别是"赋敛取足于民"的手段，加重了民众的负担。其影响已经超出了进行战争的西南夷地区，引起了巴、蜀骚动。西南夷民族的大量人口被杀被虏，财产被掠，生产生活遭到严重破坏。虽然在一些"良吏"的治理下，西南夷地区的秩序和生产得到了恢复，但战争所造成的疮痍是很难全部愈合的。好在从汉武帝开西南夷，到东汉末年的300多年间，发生战争的时间加起来仅有20年，大部分时间还是和平的。

五、战争加固了南丝路的功能

战争是人类的一种特殊的社会活动，它会对社会各方面都产生深刻的影响。在南丝路上发生的战争对南丝路产生的影响，是本文要重点讨论的问题。

两汉朝廷（包括其间的新莽）对西南夷进行战争的过程中，汉军大多来自蜀郡和巴郡及犍为郡，蜀郡、巴郡和犍为郡是汉军的大本营，也是汉军的出发点。关于汉朝军队所走的具体路线，有几次记载含糊其辞，但也有几次记载得较为清楚：

如西汉武帝"元封二年，天子发巴蜀兵击灭劳深（浸）、靡莫，以兵临滇"。劳浸、靡莫位于今云南曲靖盆地，这次汉军的进军路线应该是蜀郡、巴郡—劳浸、靡莫—滇，（川西和川东—曲靖—滇池），走的是五尺道，如从成都出发，路程在2000里左右。

西汉昭帝时"遣水衡都尉发蜀郡、犍为奔命万余人，击牂柯。"这次进军的路线应该是蜀郡—犍为郡—牂柯郡（成都—犍为—贵州），走的是夜郎道，如从成都出发，路途近2000里。

新莽时，廉丹发巴蜀吏人击姑复夷和益州夷，进军路线应是蜀郡、巴郡—越嶲姑复—益州（成都—西昌—永胜—云南）。走的是牦牛道，如从成都出发，路程在2000里以上。

东汉光武帝时刘尚击邛都和栋蚕，汉军来自广汉、犍为、蜀郡和朱提，最后在不韦斩

① （南朝宋）范晔撰，（唐）李贤等注：《后汉书》卷八十六《南蛮西南夷列传》，中华书局，1965年，第2851页。
② （南朝宋）范晔撰，（唐）李贤等注：《后汉书》卷八十六《南蛮西南夷列传》，中华书局，1965年，第2853~2854页。

杀栋蚕帅，这次进军的路线应该是广汉郡—蜀郡—犍为郡和朱提郡（军队集结）—邛都—滇—不韦（广汉—成都—犍为—西昌—昆明—大理—保山），走的是牦牛道和博南道（永昌道），如从成都出发，路程在2500里以上。

也就是说，南丝路全程都曾是汉军的进军路线，而且每次的路程都很长。

汉军攻击西南夷大多采取的是远程奔袭的方式，从文献上看，汉王朝对西南夷的战争，军队的给养并非就地筹集，而主要是由后方"传输"而至。

汉朝军队所需给养的规模需从其动员的军队数量和士兵的粮食消耗量来计算。

首先是汉王朝在战争中动员了多少军队，文献明确记载了王莽和汉朝廷对西南夷战争动员的军队数量的有下列几次：

西汉昭帝始元元年水衡都尉击牂柯之役，汉军达万余人。王莽时廉丹、史熊击益州之役动员的军队和转输者"合二十万人"；光武帝建武十八年刘尚击益州，动员的军队一万三千人；章帝建初元年，哀牢夷攻博南，汉军越巂、益州、永昌夷汉九千人击之。其他的战役虽然没有记载出动军队的数量，但从战争的规模看，军队来自各处，数量不应该很少，如昭帝时水衡都尉击牂柯之役，调动了巴郡和蜀郡的军队；新莽时冯茂击益州之役动员了巴、蜀、犍为三郡的吏士；章帝建初二年，卤承击类牢之役，调动了诸郡兵；灵帝熹平五年，朱龟调动的是并州和凉州的劲卒；李颙、景毅击益州之役，调动了板楯蛮。

其次是当时军队所需给养（主要是粮食）的需求量。《汉书·赵充国传》中提到为防羌人，如果将弛刑的刑徒、淮阳和汝南的步兵及吏士私从者万二千二百八十一人，分屯要害处的话，需"用谷月二万七千三百六十三斛，盐三百八斛"[①]。平均每位士兵每月需谷2.66斛。古代的谷是粮食的总称，如"五谷"，北方种植的粟也称谷，南方种植的稻也称谷。在南丝路上进行的战争所用军粮应该是稻谷。根据出土或传世的汉代铜斛的测量，汉一斛的容量为2万毫升[②]。50斛为100万毫升，即1立方米。经笔者实测，干稻谷的比重是1：0.6，即1立方米稻谷重600千克，如此计算，则汉代每斛谷重12千克。2.66斛稻谷重约32千克，即今64市斤。再根据每百市斤稻谷出米65~68市斤左右的比例，2.66斛稻谷的出米量大致在41.6~43.5市斤。结合人所需食物的客观实际数量，我们认为这个数据偏高。

另据文献，汉代之斛有大、小斛之分。高自强所著《汉代大小斛（石）问题》一文，根据《盐铁论·散不足篇》和《论衡·祀义篇》分析认为，汉代计算各类人等的食粮是以小斛来计量的，并根据文献和文物得出汉代的大斛为20000毫升，小斛为12000毫升的结

---

① （东汉）班固撰，（唐）颜师古注：《汉书》卷六十九《赵充国传》，中华书局，1966年，第2986页。
② 国家计量总局、中国历史博物馆故宫博物院编：《中国古代度量衡图集》，文物出版社，1984年。

论[①]，此论甚为合理。如以小斛计算军粮，则每小斛稻谷重7.2千克，2.66斛稻谷重19.2千克，出米25~26市斤，即每位士兵每月用粮25~26今市斤。再结合汉代军粮有用糒的情况（糒是炒干或晒干的米饭，吃的时候要加水加菜），所以我们认为汉代每位士兵每月军粮25~26市斤是接近当时的实际的。

由此可以推想汉王朝在南丝路上进行战争所面临的军粮运输压力。

要解决这个问题，需要两个必要条件，一是运输者，根据文献记载，负责军队给养的有专门的人员，即"传输者"，如新莽时廉丹击益州时的有"传输者合二十万人"，"转输者"也称"转兵谷卒徒"。

二是保证军队给养运输道路的畅通。军队给养的供应是战争胜负的关键因素。新莽时廉丹、史熊击益州之役就曾陷入过"其后军粮前后不相及，士卒饥疫，三岁余死者数万"的灾难性窘境[②]。

保证道路的畅通，沿路的驿站是关键。传输人员及马匹沿途需要休息，人员马匹有伤病需要疗养，运输工具需要维修，这些都需要依赖沿途的驿站来解决。

汉代开南丝路为官道，沿途设置了邮亭，牂柯郡有且同亭[③]，朱提与牂柯间还有八亭道[④]，越嶲郡有邮亭[⑤]，有些地区的汉代墓葬在分布上也能反映出当时邮亭设置的情况[⑥]。虽然目前我们对汉代南丝路上的驿站的具体情况了解得还不很清楚，但如果没有强大完善的驿站系统，大量的军粮运输是不可能完成的。汉王朝为了在对西南夷的战争中取得胜利，保证军队后勤运输线这个战争生命线的畅通是必须的。仔细考察两汉时期在南丝路上发生的战争，高度依赖后勤运输线的汉军只在新莽廉丹、史熊击益州之役时发生过军粮不相继的情况，其他几次战争都没有军粮运输出现问题的记载，由此可以说明当时的道路是畅通无阻的。这种畅通得力于汉王朝进行战争的需要，而这种需要对稳固南方丝绸之路则起了特殊的作用。

---

① 高自强：《汉代大小斛（石）问题》，《考古》1962年第2期。

② （东汉）班固撰，（唐）颜师古注：《汉书》卷九十五《西南夷两粤朝鲜传》，中华书局，1966年，第3846页。

③ （东汉）班固撰，（唐）颜师古注：《汉书》卷九十五《西南夷两粤朝鲜传》，中华书局，1966年，第3845页。

④ （晋）常璩撰，刘琳校注：《华阳国志校注》卷四《南中志》，巴蜀书社，1984年，第417页。

⑤ 昭觉四开好谷出土汉献帝初平二年石碑上有"缮治邮亭"内容，见凉山州博物馆昭觉县文管所：《四川凉山州昭觉县好谷乡发现的东汉石表》，《四川文物》2007年第5期。

⑥ 刘弘：《从川滇古道上的汉墓看汉代邮亭》，《四川文物》1990年第3期。

昭觉蜀汉军屯遗址应为
诸葛亮"军卑水"的指挥部考论

梅铮铮　成都武侯祠博物馆 研究员

摘　要： 1977年，王家祐先生根据昭觉汉代遗址曾建筑有汉式殿堂，加之分布周边的军事作用望哨台和出土文物，将发掘这处遗址定名为"蜀汉军屯遗址"。2011年，我馆与凉山州博物馆、川大考古专业师生联合对遗址进行深入调查，发现此地绝非一处简单的军屯遗址。结合诸葛亮南征史实，查阅相关文献，个人认为不论从地貌特征、所处地理位置、交通以及建筑规模，该遗址符合诸葛亮南征总指挥身份，应为诸葛亮大部队"军卑水"的指挥部。

关键词： 昭觉蜀汉军屯遗址　诸葛亮南征　卑水

凉山州昭觉县西南四开乡日历村氏坡此山上有汉代遗址，东距昭觉县城约22公里，西距西昌市约78公里，当宜西（宜宾至西昌）公路西昭段（昭觉至西昌）之冲，海拔2190米，此遗址曾于1977年被发掘。当年带队考古发掘的四川省博物馆王家祐先生将其发掘情况以"昭觉县四开区考古见闻记"为题，发表在《凉山彝族奴隶制研究》1980年第1期上。文中先生对遗址的性质和用途作了说明：山顶上 "十余座人工筑成的大土堆（高6~10公尺，径约10公尺）……是人工夯筑而成。它们既不是坟墓，也没有埋葬物，而是军事上用的望哨台或烽火台。这些望哨台的中心的适当位置曾建筑有汉式殿堂。因知，这里是官署或军屯遗址。"并从残存和出土的汉式板瓦和筒瓦以及板瓦上留下的极为珍贵的两种图形，推断"这里曾是'斗拱'与'脊瓦'的华丽厅堂"。最终他根据遗址人工夯筑的土堆、烽火台中央的汉式殿堂与路基（墙基？）、一套军事建筑及出土文物如铜铁箭簇、铜弩机残件、铁锄口沿等，考证该处为蜀汉时期军屯遗址。

鉴于该遗址对于我们正进行的诸葛亮南征路线考察意义十分重大，2011年11月，我馆与凉山州博物馆、四川大学考古专业师生联合再次对该遗址进行调查，发现34年前确认的

"十余座人工筑成的大土堆"只剩下6座，且高不足5米，直径不过6米，体量已大为缩小。还有的土堆被盗墓者误认为墓葬封土而从上开挖沟槽，深者可达3米左右，极大地破坏了土堆原貌。遗址周围盗墓者遗弃的大量陶瓦、陶器残片随处可见。调查再次确认了有宽80公分路基和汉式殿堂遗址。从路基宽度与殿堂遗址建筑规模、残留物和对夯土堆剖析、文化层年代判定，进一步确认王家祐先生将其年代判定为蜀汉时期的正确。

称蜀汉军屯遗址，是沿用王家祐先生当年考古发掘调查所用称呼。但定为军屯遗址的问题是蜀汉哪年哪只部队在此军屯？又是哪位高级将领在此建筑"华丽厅堂"呢？先生没有说。随着我们进一步深入调查发现，这里及周围地势是丘陵蜿蜒的山地型，生长茂盛的是一种当地称为"盘地松"的低矮松树。沟壑纵横的地貌，贫瘠土质极不适于种植庄稼。很明显，此地为非典型军事屯田之地，应是具有一定战略意义的军事驻地。由于遗址地处高地上，登高俯瞰，可见三湾河自北向南蜿蜒流过，四周动向均可收于眼底。因此，认定这里是一处利于指挥部队聚集，灵活调动军队的极具高度军事战略意义的屯兵遗址应该没有问题。经过实地考察，结合此处特殊地理位置和地貌特征，我个人有以下认识：一，这里与先前我们考察过的那些附会和带有三国文化符号的地方迥然不同，它是一处真正的蜀汉遗址。二，从王家祐先生发掘的建筑残件纹饰及文物断定此处建筑规模不小并非临时建筑，说明蜀汉军队在此驻扎的时间较长。三，由所处的特殊地理位置和建筑为"华丽厅堂"加之分布周边众多望哨台等护卫设施，可以判断出，驻守此的军官级别很高，符合诸葛亮南征总指挥的身份，应为当年诸葛亮在卑水的驻军位置所在。换句话说，这就是诸葛亮南征军事战略行动的指挥部。兹论述理由如下：

一、卑水是历史文献记载诸葛南征唯一驻扎过的地方，诸葛亮于此设立南征指挥部符合历史

蜀汉建兴三年（225），诸葛亮开始南征。对于这样一件历史重大事件，史书记载极为简略。尤其是他是从哪里进入南中地区？史无明载。《三国志·蜀书·诸葛亮传》中有"故五月渡泸，深入不毛"这样一句概括性的话，除此之外，再没有提供任何可考据的文字。爬梳史料，《华阳国志·南中志》这样记载："建兴三年春，亮南征。由水路自安上入越嶲……高定元自旄牛、定笮、卑水多为垒守。亮欲俟定元军众集合，并讨之，军卑水。"简明地指出诸葛亮南征的进军路线是从水路自安上入越嶲，之后把部队驻扎在卑水。因此，卑水成为史料唯一记载诸葛亮南征驻扎过的地点。问题在于汉置卑水县在哪里？《三国志·蜀书·张嶷传》载："定笮、台登、卑水三县去郡三百余里。"《华阳国志·蜀志》亦载："卑水县，去郡三百里，水流通马湖。"任乃强先生考"卑水县，即今之宁南县。古县治或是今之普格。或是近世之披沙汛（今宁南县治）……《南中志》谓丞

相亮南征，'军卑水'，皆是此处"①。方国瑜先生则定其卑水县治于昭觉；谭其骧主编的《中国历史地图集》又以今美姑河为卑水，定县治于美姑河畔，美姑、昭觉之间②。按刘琳说法，"西汉卑水县当辖今美姑、金阳、布拖及昭觉东部地。东汉及西晋并领有今雷波、马边及屏山西部地。"③而昭觉县文管所所长俄比解放根据他多年实地考察，认为卑水即今天昭觉县竹核乡一带，此与方国瑜先生看法近似。虽然汉置卑水县至今无考古证明而无法确定，但笔者认为方国瑜和俄比所长的说法更接近历史，因为他们认定的卑水县位置正处于"亮南征，由水路自安上入越嶲"的必经途中，符合文献《华阳国志》的记载。解决了汉卑水县的大致地理位置，对于后文考证昭觉蜀汉军屯遗址是诸葛亮指挥部至关重要。

两汉时期入西南夷（蜀汉时期称南中地区），或沿牦牛道（西汉时称"灵关道"）经邛崃、雅安、汉源、西昌、会理、楚雄而到达滇西；或走彭山、乐山、宜宾、昭通、曲靖到达滇中昆明。其中宜宾一段被称为"僰道"，昭通至曲靖段称"五尺道"。但三国时期"牦牛绝道，已百余年"④，是以诸葛亮唯一的选择是走僰道进入南中。虽然这条道较之牦牛道路途远且艰险，但也是无奈之举。如此，卑水必然处在诸葛亮自安上入越嶲的必经道上。他应是沿着僰道向西南经美姑到卑水并将军队驻扎于此。则汉卑水县应该处于今昭觉范围之中。其西南四开乡日历村氏坡此山上的蜀汉遗址正是当年诸葛亮屯兵所遗留，这既与史实相符，也与历史文献记载吻合。

此外，当时的战况也可证明了卑水位置。蜀汉时期南中益州大姓雍闿虽率先作乱，但尚未成气候。大规模军事叛乱是牂牁郡太守朱褒发动的，接着他们煽动越嶲夷王高定（《华阳国志》中记为高定元）共同反叛。相比之下，益州的雍闿和牂牁的朱褒所在位置在南中的东面和南面，而高定统治的越嶲郡则首当其冲，成为蜀汉平叛部队南下的首要攻击目标。由于沿牦牛道南下较为平坦，距离也近，所以"高定元自牦牛、定笮、卑水多为垒守。"⑤以三地呈三角防御，其防犯重心仍是北面牦牛道，重点是保护越嶲老巢，他大概不太相信诸葛亮会从"既险且远"的安上方向来。待得知诸葛亮大军沿僰道自安上而来，他才连忙联合雍闿合力抗拒蜀汉大军。如此，高、雍两军聚集地一定是在安上通往邛都的卑水河谷地带。之后，由于叛军内讧，"定元部曲杀雍闿及士等，孟获代闿为主"⑥，为诸葛亮提供了歼敌的时机。因为，这支联军是由益州郡大姓雍闿的汉军和越嶲郡高定的夷人

① （晋）常璩撰，任乃强校注：《华阳国志校补图注》，上海古籍出版社，2007年。
② （晋）常璩撰，刘琳校注：《华阳国志校注》，巴蜀书社，1984年。
③ （晋）常璩撰，刘琳校注：《华阳国志校注》，巴蜀书社，1984年。
④ （晋）陈寿撰：《三国志·蜀书·张嶷传》，中华书局，1971年。
⑤ （晋）常璩撰：《华阳国志·南中志》，齐鲁书社，2010年。
⑥ （晋）常璩撰：《华阳国志·南中志》，齐鲁书社，2010年。

部曲武装组成的。原本这些叛军队分布在南中各地，出击的最佳时机就是待他们聚集之后一举击破，诸葛亮选择在卑水集结等候时机是具有战略眼光的。故文献载："亮欲俟定元军众集合，并讨之，军卑水。"[①]那么昭觉境内发现蜀汉军队集结时所留下的遗址就一点不奇怪。而那些人工夯筑成的大土堆其性质不容置疑具备军事战略目的，它们或为望哨台，或为烽火台，正是诸葛亮驻军卑水调集军队和用以观察叛军动向的点位。因为除了最高军事首领指挥部外，所有的策应部队不可能也没有必要在此地构筑数量如此众多的望哨台。而这里的军事工事配置与建筑规模宜于大军较长时间驻扎的需要，也都是符合诸葛亮南征总指挥的身份。

二、从地理环境、四周望哨台以及建筑规模配置，可认定昭觉遗址为诸葛亮南征驻军卑水的指挥部

该遗址地处大凉山腹地，属于山区丘陵地形，海拔在2100~2200米左右，位于东汉以来安上通往邛都的大道侧，是通向越嶲郡的咽喉要地。由于海拔高度和土壤贫瘠的原因，此地没有大片原始森林以及高大树木，遍地生长着类似灌木丛的"盘地松"。当年的房屋建筑正好位于高地坡顶上面，视线极为开阔。此次调查还发现两条道路，一条长约330厘米，宽度在200~250厘米；一条长约870厘米，宽度在120~180厘米。道路直通庭院、望哨台，应是相互间传递军事情报和及时通报敌情的快速通道。道路中间铺有石块，它可以承载相当体量重物压力，说明绝非简单一般临时道路，估计是为南征各部队间转运军需物资、后勤补养所需而铺设。此外，王家祐先生从遗址上汉代残瓦的堆积判断，"这里的建筑群分西、南、北三面合围而成庭院，屋顶盖瓦分板瓦与筒瓦两种，构成稳固的殿堂屋顶，可抗暴风急雨。"侧面证明了这里建筑不是一般简单搭建的临时房屋，是为较长时间住所考虑。还有学者指出："此遗址无论是建筑群的规模还是出土物均说明它绝非当时一般的驿镇，而是越嶲郡下的一个重要基地。"[②]既然证明遗址非一般的驿镇是重要基地，那么蜀汉政府在远离朝廷的偏远之地建造如此重要的基地，除了诸葛亮南征指挥部还会是什么呢？

再由坡顶向下阶梯分布着的三层共十余处望哨台分析，或许答案更明确。望哨台主要是登高望远观察敌情，起到联系各个部队传递信息的功能，有着极为重要的军事战略意义。今存各望哨台之间的距离分别在数十米至数百米之间。如若仅仅是为了观察、瞭望敌情，修筑两三个哨台足以，何以要在面积不大的山地周围建造如此密集的哨台？这更证实此地是极为重要的指挥枢纽。分布广泛的望哨台是为增大瞭望的范围，及时了解周围对手

---

① （晋）常璩撰：《华阳国志·南中志》，齐鲁书社，2010年。
② 李淼：《汉晋卑水何处寻》，《四川文物》1988年第4期。

军队调动情况，为核心指挥系统提供及时的军情，为诸葛亮军事决策提供参考依据。同时军队攻击时扩大范围，形成广阔的战线，让叛军首尾不能兼顾。而处在卑水与越巂之间的要道上除了诸葛亮本人率领的南征主力部队之外，其余作为策应的非主力部队是不会也没有时间在这里花费大量的人力、物力来建筑这些数量众多的望哨台的。

三、诸葛亮指挥部的选址于卑水山地非偶然，应是合理有效借用了东汉原有的军屯点扩建而成

1983年和1988年，在昭觉境内好谷乡分别出土"光和四年石表"和"初平二年残碑"两块东汉碑刻。[①]前一碑刻上残存文字有"劝农督邮书掾"，这是越巂郡太守下的属官，起到临时监理农事的职责。后块残碑则有"冲要为郡诸国"，"百人以为常屯"的记载。先好谷乡正位于两汉三国时期由僰道南至越巂的通道上，扼守安上经卑水至越巂的咽喉"冲要"之地。碑文所记表明东汉在好谷乡驻有屯田兵。1986年在距军屯遗址东南300米陡坡上还出土了17枚铜印。从印文"军假司马"、"军司马印"、"军假侯印"得知，这些铜印全部是军队所用的印章。关于这些军队印章的时代，俄比所长认为"将十七枚印之时代定为东汉至三国蜀汉军印是可能的。"[②]这也有力反证了上引残碑记载在好谷乡有"百人以为常屯"的军屯存在，好谷乡正位于蜀汉遗址的东南方，这些军印是否就有诸葛亮部队所遗留下的呢？

另外在遗址南坡顶发现有东汉墓群，西坡下南斜坡上有石板墓群，南坡南崖壁上还有两个岩墓。其墓葬形式均为两汉时汉人的典型葬式，更有力证明了在民族聚集的地域也曾是大量汉人生活之地，是夷汉民族融合的见证。前已证此地非以屯田为要，遗址坡顶位置地势南北长、东西短，虽然较为平坦，但绝无田地可开垦的可能。而王先生他们从遗址出土的铁锄口沿农具证明，这里不是普通汉人生活地，应是朝廷屯兵驻地，是具有战略目的的军事据点，生活于此的应为担负守卫责任的军人。铁锄只能是建筑所用以及开挖哨台和工事的必要工具，则此地东汉墓群的墓主人中就不排除有东汉残碑中提到的"常屯"者。

诸葛亮选址四开乡抵坡山作为前线指挥部非偶然，除去此点地理位置特殊，东汉时期军屯点也为诸葛亮在此构筑指挥部提供了方便。这里不仅有"华丽厅堂"建筑，围绕建筑还铺设有通达的道路，四周又垒建数量众多的望哨台，这些已很能说明这里的一切并非短时间能建成的。诸葛亮率领军队经过这里正好借用原有的屯兵地因地扩建为指挥所即可，士兵只要站在坡顶和周围望哨台就可以俯瞰进出卑水的唯一通道，坡下好谷乡正好处在视野之中，叛军的动向也能及时掌握。

---

① 凉山彝族自治州博物馆，凉山彝族自治州管理所编著：《凉山历史碑刻注评》，文物出版社，2012年。
② 俄解放：《昭觉县四开乡出土北方铜印》，《四川文物》1990年第1期。

四、结语

凉山州昭觉县西南四开乡日历村氏坡此山蜀汉遗址，属于汉代卑水县范围中。这里北靠孟获山，西望四开乡，东临好谷乡，背靠昭觉，一条连接昭觉和好谷乡之间的古道蜿蜒穿过坡顶而下。沿山梁而下各一座望哨台可以观察来往的人众，望哨台之间的距离均处在弓弩的射程之内，对古道起到很好的控制。同时能及时观察到坡下卑水通往邛都的要道，所以诸葛亮将此军屯点改作指挥部一定是经过精心考察的，有其战略考虑。虽然历史不能假设，但是，通过上述对遗址及周围环境的调查和出土文物的分析，以及个人结合史料的论证，我们似乎已经触及到历史的本质，为进一步揭示真相、还原历史提供了有益的探索。

图一　昭觉蜀汉军屯遗址

论南中地区叛乱
对蜀汉南中官员配置的影响

安剑华 成都武侯祠博物馆 馆员

梅铮铮 成都武侯祠博物馆 研究员

摘　要：蜀汉建兴元年，南中地区爆发了汉人官吏联合大姓豪族和夷人首领反抗蜀汉朝廷的军事叛乱，这一叛乱以诸葛亮恩威并举而平息。但这一叛乱的原因对蜀汉南中官员的配置上产生了极大的影响。

关键词：南中　叛乱　土著豪族

　　汉末三国时期的"南中"，是一个地域相当广大的地区，包括今四川南部和云南、贵州两省。南中地区物产丰富、民风强悍，自古以来就是"金、银、宝货之地"①。从秦汉以来，中央王朝为了控制和管理此地，迁入大量移民。这些移民带来先进生产生活技术的同时，也和土著民族有矛盾和争斗。汉武帝采用"羁縻"政策，虽然在管理上强化朝廷的统治，但是土著民族和移民来的豪强大族间的矛盾从未停止，以至于发展形成当地民族反抗中央朝廷的反叛。至汉末三国时期这种反叛从未停止，刘备入蜀以来，其对南中地区的统治比较松散，南中地区叛乱时有发生。蜀汉建兴元年（223）发生的南中地区大规模叛乱对蜀汉朝局产生不小的影响。因此，对于受刘备托孤重任辅佐后主刘禅的诸葛亮来说备感责任重大。一方面北伐中原兴复汉室是既定之国策，但蜀汉王朝的国土面积最小而且人口数量最少，向北、向东均无发展空间，南中地区在经济和军事上的重要性就迅速凸现出来。为了完成"北定中原、兴复汉室"的宏大目标，必须将南中建设成稳定的赋税和兵员供给地。为此，诸葛亮经过几年准备之后，于建兴三年（225）春出兵，当年秋平定了南中的武装叛乱。平定南中之后，诸葛亮又进一步在南中地区的军政官员配置上，采取种种强化措

---

① （晋）常璩撰，任乃强校注：《华阳国志校补图注·南中志》，上海古籍出版社，1987年。

施。本文着重从南中叛乱的原因分析这一叛乱对蜀汉南中地区官员配置的影响。

一、南中叛乱的原因

南中地区民族关系复杂，因此其不稳定因素由来已久。三国时期的南中在汉代称西南夷，自古分布着夜郎、滇、邛都三个较大的部落，及嶲、昆明、冉駹、白马等民族部落。早在战国时期，楚威王派将军庄蹻攻略西南。庄蹻到了滇以后，因"秦击夺楚巴、黔中郡，道塞不通"[①]，于是庄蹻称王于滇。为了更好统治，他甚至"变服，从其俗，以长之"。到秦时，朝廷加强了边远地区的统治，派官员"常頞略通五尺道，诸此国颇置吏焉。"[②]同时还将关中豪族迁往西南夷，如吕不韦子弟宗族被强迁至此，这给杂居着各种民族的偏远地区增加了外来势力，使得本来复杂的民族关系变得更加复杂而难以管理。《史记·西南夷》中记载："及汉兴，皆弃此国而开蜀故徼。巴蜀民或窃出商贾，取其筰马、僰僮、髦牛，以此巴蜀殷富。"说明虽然朝廷对此地的控制有所减弱，但是夷汉民间贸易往来却异常繁荣，反而促进了巴蜀的殷富。然贸易的繁荣并不能掩盖当地土著民族首领与汉人豪强地主与中央朝廷的矛盾，以至于滇王会对朝廷使者发问："汉孰与我大？"《史记·西南夷列传》中记载的"汉诛且兰、邛君，并杀筰侯"，也只是几次边夷与朝廷间矛盾的局部冲突，并没有爆发中央与边地的全面争战，但是，西南诸郡反抗朝廷的叛乱从未停止，这种争战延续久远。

《后汉书·西南夷传·滇传》记载："建武十八年，夷渠帅栋蚕与姑复、楪榆、桥栋、连然、滇池、建伶、昆明诸种反叛，杀长吏……灵帝熹平五年，诸夷反叛，执太守雍陟。"

《后汉书·南蛮传·序》记载："安帝元初三年，郡徼外夷大羊等八种，户三万一千，口十六万七千六百二十，慕义内属。时郡县赋敛烦数，五年，卷夷大牛种封离等反畔，杀遂久令。明年，永昌、益州及蜀郡夷皆叛应之，众遂十余万，破坏二十余县，杀长吏，燔烧邑郭，剽略百姓，骸骨委积，千里无人。"

《华阳国志·南中志》载：汉武帝时"西南夷数反，发运兴役，费甚多……迄灵帝熹平中，蛮夷复反，拥没益州太守雍陟。"

《华阳国志·南中志·汉嘉郡》载：汉明帝时"部尉府舍，以部御杂夷，宜炫耀之。乃雕饰城墙，华图府寺及诸门，作神仙、海灵、穷奇、噬齿。夷人出入恐惧，骡马或惮而趑趄。延光二年，旄牛夷叛攻零关，杀长吏。益州刺史张乔与西部都尉击破之。"

《华阳国志·南中志·越嶲郡》记载："秦时尝通为郡县。汉武帝复开，以为邛都

---

① （汉）司马迁撰：《史记·西南夷列传》，中华书局，1959年。
② （汉）司马迁撰：《史记·西南夷列传》，中华书局，1959年。

县。无几而地陷为汙泽，因名为邛池，南人以为陷河，后复反叛。元鼎六年，汉兵诛邛君，以为越嶲郡……其人椎髻、耕田，有邑聚。俗多游荡，而喜讴歌，略与牂柯相类。豪帅放纵，难得而制……王莽时，郡守枚根调邛人任贵以为军侯。更始元年，任贵率种人攻杀枚根，自立为邛谷王……十九年，武威将军刘尚攻益州夷，路由越嶲。任贵闻之……因袭击尚，尚知其谋，即分军先据邛都，遂掩任贵，诛之，徙其家属于成都。"

上引材料仅仅是较为突出的例子，其实西南诸郡小规模少数民族反叛还有许多，此不赘述。而统治者对这样叛乱历来严厉镇压，比如安帝元初四年（117）永昌、益州、蜀郡发生叛乱后，朝廷"诏益州刺史张乔选堪能从事讨之。乔乃遣从事杨竦将兵至楪榆击之，贼盛未敢进，先以诏书告示三郡，密征求武士，重其购赏。乃进军与封离等战，大破之，斩首三万余级，获生口千五百人资财四千余万，悉以赏军士。"[1]本来西南地区就是民族杂居，"俗多游荡，而喜讴歌"，而且"豪帅放纵，难得而制"。再加之朝廷过重的剥削，横征赋税，汉人对少数民族的不尊重，官吏的欺诈、压迫，更激化原本就突出的矛盾，所以少数民族动乱的时常发生就成为必然。

然而我们分析发现，发生在蜀汉时期的南中叛乱，却与两汉时期的少数民族动乱性质不同。"先主薨，高定恣睢于越嶲，雍闿跋扈于建宁，朱褒反叛于牂柯。"[2]可见刘备去世后，越嶲郡的高定行为开始放纵不羁，建宁郡的雍闿亦飞扬跋扈，朱褒则直接在牂柯拥郡造反。表面看来是夷人首领高定为此次叛乱的始作俑者，接着雍闿跃跃欲试，朱褒在他们影响之下响应造反。《华阳国志·南中志》也是这样记载："先主薨后，越嶲叟帅高定元杀郡将焦璜，举郡称王以叛。益州大姓雍闿亦杀太守正昂。"反映出高定元杀郡将焦璜之后，紧接着发生益州大姓雍闿亦杀太守正昂，再接着是朝廷更选派张裔为太守到益州，结果被雍闿流放到东吴的事件。然详考史料发现《华阳国志》在记载这件事上与史实是有出入的。《三国志·蜀书·张裔传》明确记载："初，越嶲郡自丞相亮讨高定之后，叟夷数反，杀太守龚禄、焦璜，是后太守不敢之郡，只住安上县，去郡八百余里，其郡徒有名而已。"说明诸葛亮讨伐高定（《华阳国志》记为高定元）在先，而太守龚禄、焦璜被杀事件发生于后，以至于以后继者都不敢到越嶲就任，只能在距离八百余里的安上遥控。《三国志·蜀书·后主传》记载明确："建兴元年夏，牂柯太守朱褒拥郡反。先是，益州郡有大姓雍闿反，流太守张裔于吴，据郡不宾，越嶲夷王高定亦背叛。"事实非常清楚，在刘备去世后，正式打出向蜀汉朝廷造反大旗的是牂柯太守朱褒，这是蜀汉集团内部公开叛乱的太守级别的高官，他率领全郡反对蜀汉政权时间是建兴元年夏。在此之前发生的益

① （南朝宋）范晔撰，（唐）李贤等注：《后汉书·南蛮传·序》，中华书局，1959年。
② （晋）陈寿撰，（宋）裴松之注：《三国志·蜀书·李恢传》，中华书局，1959年。

州郡大姓雍闿反，流太守张裔于吴并非真正公然举兵对抗朝廷。所谓"大姓雍闿反"，属于地方豪强势力与朝廷作对，并不能代表蜀汉官僚集团内部在南中地区分裂势力。虽然雍闿动乱最早，但是还未真正对朝廷构成威胁，反映在具体问题上叫做行为诡异，"据郡不宾"。之前，益州曾发生郡民造反者杀太守正昂这件事，我们不知道正昂因何故被杀，从《三国志·吴书·士燮传》记载来看时间是在建安末，而这时刘备还在。从事件本身也看不出雍闿是否是杀太守的主谋，但后来《华阳国志》却将此次谋杀的罪恶记在他的头上。不论事实真相如何都可以肯定，雍闿不是这件事知情者也是默许人，作为当地汉人大姓雍闿脱不了干系。所以南中地区反抗蜀汉朝廷萌动于雍闿，而朱褒的反叛才代表了南中诸郡正式公开举起向蜀汉朝廷抗衡的旗帜。

雍为南中大姓，其他如焦、娄、孟、爨、毛、李等大姓，均为庄蹻称王于滇后几百年间迁居南中的。由于地域和环境的影响，其中一些大姓可能有若庄蹻一样改变服饰，在相当程度上融合当地习俗成为夷民化的汉族豪强地主，如雍闿之流。当然，也有始终保持汉人本色的如吕氏宗族的后人吕凯。吕凯是忠于蜀汉朝廷的边官，在雍闿数次来信劝其跟他一同谋反时被他拒绝，还在奉劝雍闿的书信中说："伏惟将军世受汉恩，以为当躬聚党众，率先启行，上以报国家，下不负先人，书功竹帛，遗名千载。"其用"世受汉恩"、"下不负先人"这种词汇是希望用同为汉人渊源动之以情，并直接指出其"先人"什方侯雍齿从西汉高祖时代起世世代代受到大汉王朝恩惠，身为汉人血统的豪强首领雍闿不应该辜负朝廷。雍闿本人因长期生活在南中地区，"恩信著于南土"[1]，表明他在本地享有极高的威信。史书称"（刘）璋卒，南中豪率雍闿据益郡反，附于吴"[2]，说明他有反叛的劣迹。从雍闿先祖迁居于此生活，经过数代经营拥有"恩信著于南土"的声望和地位造成个人野心膨胀，内心始终摆不正与朝廷的关系，抗拒朝廷的念头由来已久，希望通过一些事件来满足他更高的欲望。正昂被杀头或许认为朝廷理应将他提拔为太守，从他汉人血统和在当地的威望，他都认为太守之职非他莫属，却未料朝廷将已经上任的巴郡太守、司金中郎将张裔派往益州做太守。张裔本为刘璋旧部，应该熟知益州全郡的情况，刘备正是基于此才将其从巴郡调往南中。当时，刘备正与东吴相峙于夷陵，为安定南方张裔体恤朝廷的用意，"径往至郡"。张裔的上任当然打破了雍闿的升官梦，这是他决不能容忍的。所以，他可以对杀正昂不置一词，但不能容忍新官上任。不过此时他还不想与蜀汉朝廷撕破脸，故流放张裔于东吴向其示好。早先在刘璋死后，他就曾投降过孙吴，所以这次故伎重

---

① （晋）陈寿撰：《三国志·蜀书·张裔传》，中华文局，1959年。
② （晋）陈寿撰：《三国志·蜀书·刘璋传》，中华文局，1959年。

演，希望得到东吴方面的支持。果然孙权及时回应，"遥用阖为永昌太守"①。刘备兵败夷陵病逝永安，雍阖的表现"骄黠滋甚"，反叛之心加剧。李严写一封长达六页的书信晓以利害时，他的回信内容依然是态度傲慢无理。据《三国志·后主传》载："先是，益州郡有大姓雍阖反，流太守张裔于吴，据郡不宾，越巂夷王高定亦背叛。"将雍阖流放张裔时间和后来他真正造反混为一谈，实际上雍阖的反更突出表现在对朝廷的态度和言语上，规模不大影响较小，更没有采取大规模的军事行动，对朝廷不能触及其根基。故朝廷一直施以怀柔羁縻政策，视其为地方大姓个人行为。而到建兴元年夏，牂柯太守朱褒反叛，这时地方政府公开与朝廷对抗，加之先前雍阖作乱，正规军和地方大姓联合一起造反，真正威胁到了朝廷后方的安危，这才促使朝廷迫不得已让诸葛亮亲率大军南征。任乃强先生说："朱褒，朱提人，为牂柯郡丞，领太守，则亦南中之士流，才力能胜太守。以不实授太守为怨，与雍阖同。"②所以雍阖对朝廷不恭敬，触发了朱褒的神经，他迎合了雍阖的动乱意愿并动用军队公开造反。这时，发动叛乱的还只是汉人大姓和同为汉人的牂柯郡太守，尚未得到夷人认同，故出现了"益州夷复不从阖"的现象③。这才有后来雍阖让建宁孟获煽动夷叟共同造反的欺骗语。

至此，我们可以得出以下结论：三国时期南中地区因为历史原因，其不安定因素由来已久。当地各个民族杂居、夷汉关系复杂。更重要的是其地理位置偏离以成都为中心的统治，朝廷派出的官员难以进行有效的管理。而民族首领、汉族大姓豪族们对朝廷繁杂赋税内心充满怨恨，也不排除因官员欺诈、剥削激发民愤，各类矛盾相互交织之下，是以南中地区始终存在叛乱危机。当中央政府强盛时期，这里不论汉人还是夷人，都能遵守统治秩序。一旦朝廷控制能力衰微或有动荡事件发生，南中就有形成割据、叛乱或投靠外人的大事发生。此次蜀汉建兴元年夏季的叛乱的诱因，就是刘备东征失利病逝于永安，朝廷无暇或难以指派有能力者到南中，引发了汉人大姓长期桀骜不驯于朝廷的因素。于是汉人官吏主动迎合反叛，夷人首领响应的大规模叛乱成为必然。刘备去世后，越巂夷王高定仅是行为方面不服朝廷，为所欲为，尚未公开与朝廷为敌（杀太守龚禄、焦璜是其后发生的）。高定是看到雍阖行为不轨，将朝廷指派的张裔流放到东吴后，加之以牂柯太守朱褒起兵造反，才同流合污参与背叛的。具体是由益州大姓雍阖率先发难，接着牂柯太守朱褒响应公开动用正规军造反，紧接着诱惑越巂夷王高定参与共同造反。是以此次叛乱可定性为汉人官吏造反于先，夷人头目跟进于后的一次反抗蜀汉朝廷的军事叛乱。

① （晋）常璩撰，任乃强校注：《华阳国志校补图注·南中志》，上海古籍出版社，1987年。
② （晋）常璩撰，任乃强校注：《华阳国志校补图注·南中志》，上海古籍出版社，1987年。
③ （晋）常璩撰，刘琳校注：《华阳国志校注·南中志》，成都时代出版社，2007年。

二、南中叛乱对蜀汉南中官员配置的影响

建兴元年南中地区由汉人官吏发起夷人头目跟进的军事叛乱数年之后以诸葛亮武力讨平终结，但其影响却远未结束。本文重点讨论其对蜀汉政权在南中地区官员配置上产生的影响，表现在以下四个方面：

第一，增加南中地区郡级政府的数量，强化朝廷对南中地区的统治。

诸葛亮南征前，南中置牂牁、益州、朱提、永昌四郡。建兴三年诸葛亮平定南中后，吸取西汉"众建诸侯分其力"的经验，把南中大郡分割为小郡。改益州郡为建宁郡，郡治在味县（今云南省曲靖市）。分建宁、越巂、永昌郡置云南郡，郡治在云南县（今云南省弥渡县）。分建宁、牂牁郡置兴古郡，郡治在宛温县（今云南省师宗县）。另外，牂牁郡，郡治在万寿县（今贵州饶安县）；永昌郡，郡治不韦县（今云南省保山市）；越巂郡，郡治邛都县（今四川省西昌市）；朱提郡，郡治朱提县（今云南省昭通市）。最终形成史书常说的"南中七郡"，即牂牁、建宁、兴古、永昌、云南、朱提、越巂七郡，并于蜀汉延熙中期置南广郡，郡治南广县（今四川省高县）。

蜀汉时期南中诸郡，由庲降都督总摄。庲降都督统领南中事，其权限在郡守之上，主招徕抚绥征伐之任，不兼郡守者，不理民政。郡守主理民政事务，兼理军务，常随庲降都督讨伐郡内叛乱。诸葛亮平定南中后对南中采取的是"三不"政策，即不留外人、不留兵、不运粮。因此，除庲降都督、郡守以上高级别官员由朝廷委派外，郡守可自辟僚属协助其执行管理，一般由当地人担任，史载"南中平，皆即其渠帅而用之"[①]。郡级政府数量增加，相应的郡守县令及其僚属逐级增加，极大地加强了蜀汉政权对南中地区的统治。

第二，重视官员的出身，以长期生活在蜀地，对南中地区的文化发展、民族情形有一定的了解的本土土著豪族为主。

刘备、诸葛亮以客籍身份占据益州，对益州土著豪族的戒心从未消除。在用人政策上，蜀汉政权内高级官员及其腹心地区郡守则以荆州外来集团和"东州士"为主。为了有效地平衡益州土著豪族和蜀汉政权的关系，蜀汉政权在用人政策上采取了两种措施：一是允许益州之俊彦担任一些级别较高但无实权的职位，如梓潼人杜微任主簿、犍为人五梁任谏议大夫、巴西人周群为儒林校尉、蜀郡人杜琼为大鸿胪等等；二是在南中地区大力选用益州大姓豪族担任郡守级及以上高级官员，这是蜀汉政权选拔任用南中地区任职官员的一大特点（详见附表）。通过附表分析可知，益州籍人士出任南中地区地方行政长官比例远远大于荆楚人士。表中二十五人中，除了邓方、阎宇、霍弋、马谡、向朗外，皆为益州之大姓豪族，所占比例超过四分之三。秦汉以来，随着汉人移民充实巴蜀及西南夷地区，该

---

① （晋）陈寿撰：《三国志·蜀书·诸葛亮传》引《汉晋春秋》。

地区经济、文化的发展逐渐呈现与中原地区的一致性。然而，经济文化的区域性特征仍明显存在，特别是南中地区为多民族地区，文化发展滞后，与汉族的融合还处于初级阶段。蜀汉政权在南中地区任职官员配置上，考虑到其地域特点，以益州地区土著豪族为主，这与两汉时期该地区选官情况基本一致。《后汉书·南蛮西南夷列传》记载，两汉时期任越巂太守的有犍为张翕、广汉冯颢；任永昌太守的有广汉郑纯、蜀郡张化、巴郡沈稚、黎彪、犍为吴顺、蜀郡常原等等，益州郡、牂牁郡情形亦雷同。下面我们看一下蜀汉政权在选拔南中地区任职官员重出身方面的事例。

犍为郡人张翼，其高祖父张皓是留侯张良六世孙，汉顺帝时拜大司空。曾祖父张纲为广陵太守，纲子植官郎中、续官尚书、方官豫州牧。至张翼时，其家族世代为官已百余年。张翼家族"世代冠冕，垂数百年，其为首族应无可疑。"①《华阳国志》云："武阳县特多大姓，有七杨五李诸姓十二也。"犍为武阳籍在南中任职的还有杨戏。杨戏少与名士程祁、杨汰、张表并知名，皆是当时益州大姓之翘楚。费诗出身于犍为南安大族。巴西郡人马忠，"少养外家，姓狐，名笃，后乃复姓，改名忠。"②《华阳国志·巴志》云："阆中县大姓有三狐、五马、蒲、赵、任、黄、严也。"马忠其母出自大姓狐氏，其父族马氏亦当地豪族。南广郡太守狐衷即马忠母族人。蜀郡人张表、张裔、常竺、王伉皆当时名士或冠冕大姓。广汉郪人王士，出身广汉首族。其族人王堂、王祐、王博、王遵、王商、王甫等皆汉晋时期大官。张嶷出身于南充国县大姓张氏，与同郡士人龚禄、姚伷友善。建宁李恢，其家族与大姓爨氏联姻，他本人曾在郡任督邮，了解南中情势。吕凯、吕祥父子，吕不韦后裔，"初，秦徙吕不韦子弟宗族于蜀汉。汉武帝时，开西南夷，置郡县，徙吕氏以充之，因曰不韦县。"③吕氏自汉武帝后世代经营南中，无疑当为南中大姓。朱褒，朱提人。朱氏乃南中地区朱提郡大姓。

第三，蜀汉政权南中地区任职官员任期较长，保证蜀汉南中政策的稳定性和连续性。

这是蜀汉政权在南中地区官员配置的又一大特点。蜀汉委派南中官员中除了蜀汉前期政权不稳，人员相对不固定外，无论都督还是郡守，人员相对比较固定，且任期较长。李恢、马忠、张嶷、霍弋四人尤为突出。李恢在庲降都督任先后十年，《李恢传》云："章武元年，庲降都督邓方卒……遂以恢为庲降都督，使持节，领交州刺史，住平夷县。建兴七年，以交州属吴，解恢刺史。更领建宁太守，以还居本郡。徙居汉中，九年卒。"马忠，建兴三年至八年（225—230），拜牂牁太守。建兴十一年（233），代张翼为庲降都

---

① （晋）常璩撰，任乃强校注：《华阳国志校补图注·蜀志》，上海古籍出版社，1987年。
② （晋）陈寿撰：《三国志·蜀书·马忠传》，中华书局，1959年。
③ （晋）陈寿撰：《三国志·蜀书·吕凯传》引孙盛《蜀世谱》。

督。至延熙十二年（249）卒任上，马忠任庲降都督共十七年。马忠在南中任职的时间长达二十三年。张嶷约于延熙三年（240）任越嶲太守，至延熙十七年（255）归朝，担任郡守十五年。霍弋于延熙初年任职南中以来，至蜀汉灭亡，在南中任职长达二十余年，先后为参军庲降屯，副贰都督，又转护军，副贰庲降都督协助庲降都督总统南中军务。霍弋在蜀汉中晚期成为蜀汉政权在南中地区统治的核心人物。蜀汉灭亡后，霍弋继续在南中任职，其家族发展成为南中首族。因此，职务相对稳定，任期长，便于他们掌握南中情形，保证蜀汉南中政策的稳定性和连续性。

第四，十分注重官员的人品和性格，他们善于处理民族矛盾，缓和了统治者和民夷之间的矛盾。

南中地区自秦代以来就是夷汉杂居之地，同时也是"金、银、宝货之地"。南中大姓与朝廷委派的郡县守令相互勾结对南中地区大肆掠夺，极大地引起了当地少数族与汉族官吏之间的矛盾。民夷不堪忍受官府剥削压榨，经常进行反抗。史料中记载关于两汉时期南中地区的叛乱不甚枚举。

民夷生活困厄，期盼朝廷选派清廉官吏肃清贪纵。孝明帝初，广汉人郑纯"独尚清廉，毫毛不犯。夷汉歌咏，表荐无数。"[①]后担任永昌郡太守。《东观汉纪》中记载东汉章帝时蜀郡王阜任益州郡太守期间，"边郡吏多放纵，阜以法绳之，吏民不敢犯禁，政教清净，百姓安业。"刘璋时，董和任益州郡太守，"与蛮夷从事，务推诚心，南土爱而信之。"[②]不论是郑纯、王阜，还是董和，受到南中民夷的爱戴的原因不外是其刚正不阿、清正廉洁的个人魅力和对南中民夷设身处地的着想之情。蜀汉建兴三年（225），诸葛亮南征出征时，参军马谡曾谏言："南中恃其险远，不服久矣；虽今日破之，明日复反耳。今公方倾国北伐，以事强贼，彼知官势内虚，其叛亦速。若殄尽遗类，以除后患，既非仁者之情，且又不可仓卒也。夫用兵之道，攻心为上，攻城为下；心战为上，兵战为下。愿公服其心而已。"[③]马谡的"攻心"策略与诸葛亮民族政策不谋而合。早在隆中对策时诸葛亮就主张"西和诸戎，南抚夷越"的民族政策。对待少数民族，诸葛亮历来主张以和抚为主。

鉴于两汉南中地区叛乱频仍的现实和蜀汉早期南中大姓叛乱的创伤，蜀汉政权统治者在南中地区任职官员配置上十分注重官员的个人素质。深入经济文化相对落后的南中地区任职，既要有坚定的意志，也需善于灵活变通，其人格力量是不容忽视的。

马忠任牂牁太守时，对待民夷"抚育恤理，甚有威惠"[④]。史载马忠"为人宽济有度

① （晋）常璩撰，任乃强校注：《华阳国志校补图注·南中志》，上海古籍出版社，1987年。
② （晋）陈寿撰：《三国志·蜀书·董和传》，中华书局，1959年。
③ （晋）陈寿撰：《三国志·马良传附马谡传》注引《襄阳记》。
④ （晋）陈寿撰：《三国志·蜀书·马忠传》，中华书局，1959年。

量"①，"处世能断，威恩并立"②，故南中民夷对其又敬又畏。在马忠任庲降都督期间，南中地区政治清明，民夷生活安定。马忠死后，民夷"莫不自致丧庭，流涕尽哀，为之立庙祀。"③

越巂太守张嶷善于利用民族心理，对其民夷恩威并用，得到民夷的真心服从，待其于延熙十七年（254）返还成都时，"民夷恋慕，扶毂泣涕……"④张嶷以其"策略足以入算，果烈足以立威，为臣有忠诚之节，处类有亮直之风"⑤的人格魅力，得到越巂民夷的真心服从。延熙十七年（254）归朝，拜荡寇将军。本年冬，随姜维出陇西，临阵殒身。"南土越巂民夷闻嶷死，无不悲泣，为嶷立庙，四时水旱辄祀之。"⑥张嶷是南中高级官员中在官时间较长且深得爱戴的官员之一。

霍弋是蜀汉中晚期蜀汉政权在南中地区统治的核心人物。史载霍弋"甚善参毗之礼"⑦，遂代阎宇为监军、安南将军。"参毗之礼"，任乃强先生解释其为印缅密法的一种仪式，由印缅经永昌郡传入南中地区甚至更北。"印缅密法不研习经典，不究义理，但重仪轨。以参拜规矩法度，锻炼心身，控制意识，以祈福报，故能深入流行于文化落后之民族地区。民夷既奉此法，则能信赖同奉此法的官绅。"⑧可见，霍弋是为了更好地施行其统治，研习当地人的信仰并掌握其精髓，故而得到民夷的爱戴。蜀汉灭亡后，霍弋为南中都督，委以本任。史载霍弋"抚和异俗，为之立法施教，轻重允当，夷晋安之。"⑨

"前事不忘后事之师"，以诸葛亮为代表的蜀汉统治阶层没有忘记蜀汉早期南中地区军事叛乱的经验，从对南中高级别官员的配置上可见一斑。

蜀汉南中地区都督、郡守级任职官员附表

姓名	籍贯	所领官职	任职时间	备考
邓方	南郡	朱提太守庲降都督	约建安十九年至章武二年	《杨戏传》附《季汉辅臣赞》：蜀既定，为犍为属国都尉，因郡易名，为朱提太守，迁为安远将军、庲降都督，住南昌县。

① （晋）陈寿撰，（宋）裴松之注：《三国志·蜀书·马忠传》，中华书局，1959年。
② （晋）陈寿撰，（宋）裴松之注：《三国志·蜀书·马忠传》，中华书局，1959年。
③ （晋）陈寿撰，（宋）裴松之注：《三国志·蜀书·马忠传》，中华书局，1959年。
④ （晋）陈寿撰，（宋）裴松之注：《三国志·蜀书·张嶷传》，中华书局，1959年。
⑤ （晋）陈寿撰，（宋）裴松之注：《三国志·蜀书·张嶷传》引《益州耆旧传》，中华书局，1959年。
⑥ （晋）陈寿撰，（宋）裴松之注：《三国志·蜀书·张嶷传》，中华书局，1959年。
⑦ （晋）常璩撰，任乃强校注：《华阳国志校补图注·蜀志》，上海古籍出版社，1987年。
⑧ （晋）常璩撰，任乃强校注：《华阳国志校补图注·蜀志》，上海古籍出版社，1987年。
⑨ （晋）常璩撰，任乃强校注：《华阳国志校补图注·蜀志》，上海古籍出版社，1987年。

续表

姓名	籍贯	所领官职	任职时间	备考
李恢	建宁俞元	庲降都督	章武元年至建兴九年	《李恢传》："章武元年，庲降都督邓方卒……遂以恢为庲降都督，使持节，领交州刺史，住平夷县。""建兴七年，以交州属吴，解恢刺史。更领建宁太守，以还居本郡。徙居汉中，九年卒。"
张翼	犍为武阳	庲降都督	建兴九年至建兴十一年	《张翼传》："建兴九年，为庲降都督、绥南中郎将。翼性持法严，不得殊俗之欢心。耆率刘胄背叛作乱，翼举兵讨胄。胄未破，会被征当还……"《马忠传》："十一年，南夷豪帅刘胄反，扰乱诸郡。征庲降都督张翼还，以忠代翼。"
马忠	巴西阆中	庲降都督	建兴十一年至延熙十二年	《马忠传》："（建兴）十一年，南夷豪帅刘胄反，扰乱诸郡。征庲降都督张翼还，以忠代翼。……延熙五年还朝，……祎还，忠乃归南。十二年卒。"
张表	蜀郡	庲降都督	延熙十二年至？	《杨戏传》："张表有威仪风观，始名位与戏齐，后至尚书，督庲降、后将军，先戏末。"《马忠传》："时张表名士，清望逾忠。阎宇，宿有功干，于事精勤。继踵在忠后，其威风称绩，皆不及忠。"
阎宇	南郡	庲降都督		同上
杨戏	犍为武阳	南中参军、副贰庲降都督、建宁太守	约延熙元年至？	《杨戏传》："琬以大将军开府，又辟为东曹掾，迁南中参军，副贰庲降都督，领建宁太守。"
霍弋	南郡枝江	参军庲降都督、副贰庲降都督、护军	延熙、景耀年间	《霍峻传附子霍弋传》："后主立太子璿，以弋为中庶子。后为参军庲降屯，副贰都督，又转护军，统事如前。"《后主传》："延熙元年……立子璿为太子……"
正昂	不详	益州太守	约建安十九年至建安二十四年	《张裔传》："先是，益州郡杀太守正昂……"
张裔	蜀郡成都	益州太守	约章武三年	《张裔传》："先是，益州郡杀太守正昂，耆率雍闿恩信著于南土，使命周旋，远通孙权。乃以裔为益州太守，径往至郡。"《后主传》："先是，益州郡有大姓雍闿反，流太守张裔于吴。"《诸葛亮传》："建兴元年……南中诸郡，并皆叛乱。"
王士	广汉郪	益州太守	建兴三年	《杨戏传》附《季汉辅臣赞》："会丞相亮南征，转为益州太守，将南行，为蛮夷所害。"

续表

姓名	籍贯	所领官职	任职时间	备考
李恢	建宁俞元	建宁太守	建兴三年至建兴九年	《李恢传》："建兴七年，以交州属吴，解恢刺史。更领建宁太守，以还居本郡。徙居汉中，九年卒。"《华阳国志·南中志》："蜀汉建兴三年，丞相亮之南征，以郡民李恢为太守，改曰建宁，治味县。"
杨戏	犍为武阳	建宁太守	约延熙元年	《杨戏传》："琬以大将军开府，又辟为东曹掾，迁南中参军，副贰庲降都督，领建宁太守。"
霍弋	南郡枝江	建宁太守	延熙、景耀年间	《霍峻传附子霍弋传》："……迁监军、翊军将军，领建宁太守，还统南郡事。景耀六年，进号安南将军。"
焦璜	梓潼	越巂太守	章武年间	《张嶷传》："初，越巂郡自丞相亮讨高定之后，叟夷数反，杀太守龚禄、焦璜。"《华阳国志》："章武三年，越巂叟大帅高定元称王恣睢，遣都督李承之杀将军梓潼焦璜，破没郡土。"
龚禄	巴西安汉	越巂太守	建兴三年	《杨戏传》附《季汉辅臣赞》："建兴三年，为越巂太守，随丞相亮南征，为蛮夷所害。"《华阳国志》："丞相亮迁越巂太守住安上县……建兴三年，丞相亮南征，复郡治。……军去后，复杀太守禄叛。"
马谡	襄阳宜城	越巂太守		《马良传附弟谡传》："良弟谡，除越巂太守。"
张嶷	巴西郡南充国	越巂太守	约延熙三年至延熙十七年	《张嶷传》："在郡十五年，邦域安穆。……是岁延熙十七年也。"
费诗	犍为南安	牂牁太守	约建安十九年至建安二十四年	《费诗传》："成都既定，先主领益州牧，以诗为督军从事，出为牂牁太守，还为州前部司马。"
向朗	襄阳宜城	牂牁太守	约建安十九年至建安二十四年	《向朗传》："蜀既平，以朗为巴西太守，顷之转任牂牁，又徙房陵。"
朱褒	朱提	牂牁太守	章武年间	《后主传》："建兴元年夏，牂牁太守朱褒拥郡反。"《李恢传》："先主薨，高定恣睢于越巂，雍闿跋扈于建宁，朱褒反叛于牂牁。"
马忠	巴西阆中	牂牁太守	建兴三年至建兴八年	《马忠传》："三年，亮入南，拜忠为牂牁太守。……八年，召为丞相参军，副长史蒋琬署留府事。"

续表

姓名	籍贯	所领官职	任职时间	备考
吕凯	永昌不韦	永昌郡五官掾、功曹	建安十九年至建兴三年	《吕凯传》："永昌不韦人。仕郡五官掾、功曹。……永昌郡吏吕凯、府丞王伉等，执忠绝域，十有余年，雍闿、高定逼其东北，而凯等守义不与交通。" 《华阳国志·南中志》："章武初，郡无太守，值诸郡叛乱，功曹吕凯奉郡丞蜀郡王伉保境六年。"
王伉	蜀郡	永昌郡府丞	建安十九年至建兴三年	《吕凯传》："永昌郡吏吕凯、府丞王伉等，执忠绝域，十有余年，雍闿、高定逼其东北，而凯等守义不与交通。"
王伉	蜀郡	永昌太守	建兴三年？	《吕凯传》："亮至南……而王伉亦封亭侯，为永昌太守。"
霍弋	南郡枝江	永昌太守	延熙、景耀年间	《霍峻传附子霍弋传》："时永昌郡夷獠恃险不宾，数为寇害，乃以弋领永昌太守，率偏军讨之，遂斩其豪帅，破坏邑落，郡界宁静。"
吕祥	永昌不韦	永昌太守		《华阳国志·南中志·永昌郡》："（吕）凯子祥，还临本郡，迁南夷校尉。祥子元康末为永昌太守。吕氏世官领郡，于今三世矣。"
吕凯	永昌不韦	云南太守	建兴三年？	《吕凯传》："亮至南，……以凯为云南太守，封阳迁亭侯。"
李光	犍为武阳	朱提太守		《华阳国志·后贤志》："李密……祖父光，朱提太守。"
常竺	蜀郡	南广郡太守	延熙中	《华阳国志·南中志》："南广郡，蜀延熙中置，以蜀郡常竺为太守。"
狐衷	巴西	南广郡太守	延熙中后期	《华阳国志·南中志》："蜀朝召竺，入为侍中，巴西令狐衷代之。"

文物研究

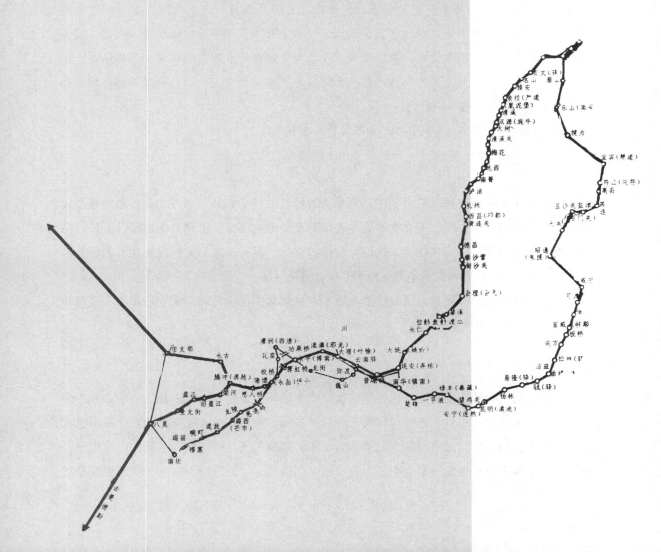

图像传统与形式变迁：
巴蜀青铜器图像研究

吴维羲　四川广汉三星堆博物馆　馆员

摘　要：巴蜀青铜器源远流长，品类丰繁、璀璨精奇，深寓独特的文化信仰与价值观念，具有深邃的文化内涵和鲜明的艺术特色，而巴蜀青铜艺术正是其中重要的组成部分。巴蜀青铜艺术大致经历了商周至西汉前期，以三星堆青铜器为代表的"巴蜀青铜艺术前期"在造型类型、制像手法及神秘傲诡的图像风格上所体现的审美价值取向，代表了巴蜀青铜艺术前期的典型艺术范式，奠定和构成了巴蜀青铜器特有的图像传统和风格基调。同时，其在巴蜀文化不同发展阶段的具体表现形态与风格、形式变迁，反映出相应时期的巴蜀文化生态对其产生的深刻影响。

关键词：巴蜀文化　青铜艺术　图像传统　形式变迁

巴蜀文化是中国古代区系文明中具有显著地域政治特征和鲜明地方文化特色的典型代表，巴蜀青铜器则是古代巴蜀文化的突出表征和重要组成部分。巴蜀青铜器源远流长，品类丰繁、璀璨精奇，深寓独特的文化信仰与价值观念，具有深邃的文化内涵和鲜明的艺术特色，其在中国古代青铜艺术中别张异军，居有重要一席。

本文在略述巴蜀青铜器发展阶段的基础上，试就其图像传统和形式变迁提出一些粗浅看法，不正之处，敬希方家教正。

一

孕育巴蜀文明的今四川及其相邻地区这一广袤区域，是长江上游古代文明中心和中华文明的重要起源地之一。"巴"与"蜀"，起源各殊、族别非一，先秦巴蜀文化系由巴文化与蜀文化合构而成。先秦时期，以蜀族为主体的蜀地先民与以巴族为主体的巴地先民，分别以今成都平原和重庆一带为中心，先后建立"巴"、"蜀"两大古国，在历史变迁过程中不断发展、融汇，共同形成长江上游的"巴蜀文化区"。蜀、巴同囿，气类相含、互汲互引，风俗相映成章，因长期之交融而浑成一体。自成体系的巴蜀青铜器，见证了巴蜀历史的起承转合，代表了巴蜀文化的最高成就，彰显出深厚而独特的文化艺术传统。

纵观巴蜀青铜艺术发展历程，可大致分为三期六段：

第一期为商周时期。前段为约当商代早期，系巴蜀青铜艺术滥觞期；后段为商代中晚期至春秋早期[①]，系古蜀青铜艺术鼎盛期。

第二期为春秋晚期至战国中期。前段为春秋战国之际到战国早期，系晚期巴蜀青铜器形成期；后段为战国中期，属晚期巴蜀青铜艺术繁荣期。

第三期为战国中晚期至西汉前期。前段为战国中晚期至秦并巴蜀前，系巴蜀青铜器融合发展期；后段为秦统一后至西汉前期，为巴蜀青铜艺术式微期。

一期为"巴蜀青铜器艺术前期"，二、三期为"巴蜀青铜艺术后期"（或晚期）。各期联系密切，构成巴蜀青铜艺术发展序列。

商代早期，三星堆遗址出土铜牌饰与新繁、汉源等处所出风格简古朴拙的青铜兵器、工具，代表了巴蜀青铜文化起源阶段的大体风貌[②]，其形制、作风表明早期巴蜀青铜器的初步发展与夏商青铜文化的影响和渗透有密切关系。此际，三星堆铜牌饰运用镂空、镶嵌、穿孔、涂彩（涂朱）等装饰技法和对称与均衡、节奏与韵律等形式构成法则，符号形式颇具地方文化特色。牌饰兽面图像体现出对秩序感与对称美的自觉追求，代表了巴蜀青铜艺术发轫期神灵图像的图案化和装饰性特点。

商代中晚期至春秋前期，巴蜀青铜器的发展臻于鼎盛。器物埋藏形式以祭祀坑、窖藏为主，以三星堆遗址、金沙遗址、竹瓦街窖藏出土器物为代表[③]。

三星堆青铜器器类主要有神像、神灵、巫祝、祭器、礼器及仪仗、饰件等，多有硕大重器，造型独特、工艺高超，具有鲜明的地域特征和强烈的艺术震撼力，系巴蜀青铜艺术发展史上的第一个高峰。三星堆青铜艺术主要采用意象造型，强调人物五官或动物器官的非正常比例及植物结构，突出眼、嘴、羽翅、枝干等典型性特征，表现手法夸张、风格诡谲奇古，充满神秘而霸悍的精神张力与神话浪漫色彩，反映出其在特定文化语境中所具的宗教、政治与社会功能，彰显出有别于中原殷商青铜器的独特审美个性。礼器尊、罍虽系

---

① 金沙村遗址的延续时间较长，遗址年代上限在商代晚期，下限延至春秋时期，主体遗存在西周前后。

② 中国青铜器全集编辑委员会编：《中国青铜器全集（13）·巴蜀》，文物出版社，1994年。四川省文物考古研究所编：《四川考古报告集》，文物出版社，1998年。赵殿增：《三星堆与二里头铜牌饰研究》，《夏商周文明研究·殷商文明暨纪念三星堆遗址发现七十周年国际学术研讨会论文集》，社会科学文献出版社，2003年。

③ 四川盆地青铜时代中期"十二桥文化"在薪传三星堆文明火种的同时，表现出开放、精进的文化姿态。最能体现此期青铜艺术水平的即是金沙青铜器与竹瓦街青铜器。二者与三星堆青铜器共同构成商代中晚期至春秋前期的古蜀青铜艺术鼎盛期。

仿商文化同类器物形制，但器表装饰却极具地方民族风格。其造型类型、制像手法及神秘俶诡的人、神、动植物图像风格所体现的审美价值取向，代表了巴蜀青铜艺术前期的典型艺术范式，奠定和构成了巴蜀青铜器特有的图像传统和风格基调。

与三星堆文明衰落时间相接踵的金沙文明在器形种类、铸造工艺及装饰技法等诸方面均与三星堆铜器大致相同，在器物总体风格、图像种类上亦与前者大体保持一致，体现出对三星堆青铜文化的继承与发展。其青铜人物、动物造型在取法三星堆青铜艺术图式的基础上进行了一定程度的修正，传统图像如人物及龙、鸟等的图像元素组合的新的匹配方式引起了相关图像风格之变化。竹瓦街西周窖藏青铜器显示出其在巴蜀青铜器艺术鼎盛期保持的精进态势，别开生面。典型器物有罍、尊、戈、矛、戟、钺。铜兵器所饰动物纹工谨精致，风格雄奇华美。礼器吸收中原铜器器形与纹饰之长而示以强烈地方风格，其中罍尤显其隆崇地位。以"列罍"为蜀国主要礼器组合，区别于中原地区列鼎之制。兽面纹罍装饰集人、神、兽等于一体，构成表现完整宗教祭祀场面的图像配置[1]，与三星堆器物中同类图像[2]前后相应，而在符号语素、符号组合、符号形式等方面皆呈现出崭新气象。竹瓦街兽面纹铜罍所饰之象首、蟠龙、羊首、牛首等立体造型不同于三星堆、金沙青铜立体动物造型的高度提炼、大胆夸张，而是在营构造型的奇特性基础上，明显糅入写实手段，表现出对"真实感"的追求。这一制像（image-making）方法的微妙转向，反映出其时社会心理与艺术趣味的变化。

自春秋晚期始，历战国、秦以迄西汉中期，进入晚期巴蜀青铜艺术发展阶段。其时蜀与秦、楚、中原及其周边国家交往日益密切，并与巴文化融为一体。巴蜀地区众多战国墓葬及出土器物反映了此期巨大而深刻的历史变迁[3]。巴蜀青铜器的形制规格与纹饰特色在战国时期趋于完善，综采中原与秦楚礼乐文化之长而融创出一套具有鲜明地方特色的典型铜器群[4]。战国时期的巴蜀铜器种类丰繁、技艺精湛，合金成分、铜器表面处理及错金银嵌等铸造与装饰技术皆具特色，充分表明巴蜀青铜艺术发展到又一个高峰。

晚期巴蜀青铜艺术题材宽泛，造型类型、表现形式与风格趋于多元化：巴蜀兵器印章上以龙、虎、鸟为主的动物图像遥承三星堆以来的意象赋形传统，力彰神异奇峭之风；巴蜀符号用线轻灵简净、布白讲究，别具玄奇之意。与西周竹瓦街铜罍附饰立体造型的写实

---

① 赵殿增：《竹瓦街铜器群与杜宇氏蜀国》，《四川文物》2003年第2期。

② 三星堆器物中表现完整祭祀场面的主要有铜神坛（K2③：296）和玉璋（K2③：201—4）器身所刻"祭山图"。

③ 成都商业街船棺墓、新都马家木椁墓、巴县冬笋坝、昭化宝轮院船棺葬、涪陵小田溪墓葬群等出土器物勾勒出晚期巴蜀青铜艺术自形成期至繁荣期的风貌。

④ 铜礼器包括以鼎、豆、壶为代表的中原式铜器群和以釜、鍪、甑为代表的地方风格铜器群，巴蜀兵器形成以柳叶剑、圆筒矛、圆刃钺和直角、三角、中胡式三种铜戈为主的基本组合。

倾向相呼应，以世俗题材的引入为标志，此期礼乐器的宗教神秘色彩开始消褪，如嵌错宴乐采桑攻战铜壶即用写实手法刻画社会生活典型场景，开生动活泼之新风。虎纽錞于与动物形带钩传神写照，栩栩如生。镶嵌铜壶云纹方壶、云纹壶则又别成一富丽典雅之格调。总的来说，器类器形及图像题材的丰富性、图像风格的多样化，使此期青铜艺术呈现出多彩多姿的繁荣气象。

秦统一后至西汉前期，巴蜀青铜器逐渐式微。与秦汉文化对巴蜀文化的改造同步，巴蜀青铜艺术在自身厚韧的文化元气及文化自我意识的多重作用下蜿蜒潜行，一直延续至汉中叶[①]。过此以还，随着汉廷对西南夷的开发，巴蜀文化作为一个绵延数千载的地方性文化渐渐褪色，并完全融入汉文化之中，巴蜀青铜器亦结束了其一千五六百年的发展历程。

巴蜀青铜艺术在历史变迁中的坚韧绵延和创变，揭示出巴蜀文化深厚的美学传统与创造活力。其虽随时代之发展和文化嬗变而发生着风格与形式的变迁，但因其基本文化形态的相对稳定而葆有其艺术传统的长久生命力，其意象赋形、注重物象形态塑造和强调物象典型特征之表现的图像传统充分体现于各期铜器，并在整体上表现出对神异奇特的视觉风格之追求，显示出有别于其他地域青铜艺术的鲜明特色与风采。

二

巴蜀青铜艺术在长期发展过程中，不仅通过文化交流互动而取法其他青铜文化之长，在所仿之器中寓入本土礼制特色与文化审美价值观，赋予所仿之器或采借纹饰之意义与功能的新的解释框架，且在历时性文化接触、取法多方的同时，巴蜀先民也基于自身文化诉求的需要而不断创造出自成风规的青铜器，尤在人、神、动植物雕像方面更显其鲜明的文化个性和艺术创造力，同时此亦成为巴蜀青铜艺术区别于其他青铜艺术的最显著特征之一。

按形制与功能，巴蜀青铜器可分为雕像制品和礼器、兵器、乐器、炊容器、工具、印章、日用杂器等器类。图像类别主要有人物与神灵、动物、植物及几何纹饰、巴蜀符号，装饰技法有墨涂与彩绘、镂空、额饰、浮雕、圆雕、铸刻纹饰、镶嵌等。在不同发展阶段，其器物组合、图像题材、图像配置和装饰工艺等相辅相成，在继承艺术传统的基础上又体现出相应时代风格，征示了图像制作的不同功能目的。

巴蜀青铜艺术在三星堆文化时期形成典型艺术图式和恒稳深厚之艺术图像传统，具体反映在造型类型与制像方法、题材类型、风格追求三大方面：意象造型。注重物象形态塑造，强调物象典型特征之表现；着意于人物、神灵、动物、植物形象的塑造。追求神秘奇

[①] 此期墓葬形式主要是土坑竖穴墓与木椁墓，前段以羊子山172号墓铜器群最为典型，所出铜器以典型秦器为大宗，兼有部分典型巴蜀式铜器及发生嬗变之新器型。

特的视觉风格与其文化象征功能。造型、风格藉"图像"而显,三者实"三位一体"。意趣、意蕴、意味、意匠构成意象造型形式的意象语汇[1],三星堆青铜人、神及动植物意象造型形态特征主要表现在模糊性(多维度的图像意义)、荒诞性(形态构塑形式)和神秘性,表现为奇谲恢诡的图像特征与风格意趣。

纵观巴蜀青铜器各期图像,尤以人、神、龙、虎、鸟及植物图像最具代表性。兹就"人物与神灵"和"动物与植物"两大类图像作一初步讨论:

（一）人物与神灵图像

巴蜀青铜器所见人物与神灵图像的表现形式主要有单体圆雕、半圆雕、礼器上装饰的浮雕及铜兵器上的铸刻纹饰等。此类图像以三星堆青铜雕像群为其大宗。

巴蜀青铜艺术的神灵图像首见于其发韧期的三星堆铜牌饰。从三星堆青铜艺术中已臻于纯熟的形式构成中可窥,商代早期积累的形式美表现技法对"本土"艺术传统熏染默化之影响。

三星堆青铜器是古蜀人宗教崇拜与神灵信仰的产物,是古蜀人沟通人间社会与神话世界的津梁,以雕像群为代表的艺术图像具显超现实的意象,深蕴崇神尚奇的文化精神。三星堆青铜人物与神灵雕像作为古蜀国神权权力话语的重要表征,既象征着天神、地祇、祖先神等,亦折射出人间社会的群体结构。其人物图像包括立人像、跪坐人像、人头像及人面具等,神灵图像有纵目面具(兽面具)与兽面[2]。古者王为巫长,巫与神通,下民视巫犹神,王与巫、人与神,在雕像群中互含互摄,浑融莫辨。就其制像方法看,系列图像具有明显的观念、图式的特征,其制像赋形刻意回避对现实物象作写实性描摹,在总体上消解个性色彩、着力营构群体意象,以图式化的视觉样式极力突显群体的精神性,此与其神权政治统治的现实需要为体用关系,与其文化价值诉求相表里。

其人、神图像表现手法与意义可大致归纳为三点:

其一,注重面部刻画。人像均夸张五官标准比例,眼尾上扬且突出双目外鼓之势,眼眶中部加饰横向棱线,强调眼轮匝肌与口轮匝肌并拉长口裂,极力突出"眼睛"与"口"在整个面部的地位。通过此法刻画出森然冷峻的表情语、显示同一的精神情绪。

其二,注重表现特定体态和特殊动作。从非语言符号的角度说,三星堆人物造像的主要体姿语有:正跪而双手抚膝或两手置腹前;侧跪而两手置右腹部;跪坐而双手上举扶尊;跪坐而两臂平抬,双手于胸前上下相叠,左手在上,右手在下。站立而左手屈臂置于胸侧、右手上举齐右颊;站立而两臂平伸于前,双手呈执物状、右手在上、左手在下;站

① 林朝阳:《意象造型的非线性形态特征》,《装饰》2004年第6期。
② 四川省文物考古研究所编:《三星堆祭祀坑》,文物出版社,1999年,第443页。

立而两臂向前平伸、双手相握①。手型多为环握中空，或环握而翘小指，个别实握有器物。

综观上举属独立造型或器物附饰人像的诸种体态，不同体姿和手势的搭配关系显示出严格的等秩意味。联系表现仪式情境的通神之器如铜神坛、铜神树来看，制像者所使用的这些体态图式显然是古蜀国礼制、仪式之中已形成的规约性动作。人像"体姿语"与"手势语"（仪式化手势）的多种匹配形式形成变化较丰富的视觉代码，系列体态样式实际上合构成与政治活动、宗教仪轨相应的传递仪式信息、实现精神传感之非语言代码系统，诸人物图像彼此间明显的形式规约与秩序感代表规范化、程序化的演法和献祭动作，形式上具有类于后世道教法术科仪的表演特征②。

其三，符号移植与重构。亦可谓"符号组合"，即将外在形式和内在意义有关联的不同符号经组合、编码形成新符号。此制像手法多见于三星堆人兽杂糅式的神灵图像，其意在强化"陌生感"，通过超现实的形象指意宗教的超然性和神秘性，其显例是纵目面具与戴冠纵目面具。前者放大云纹符号并变形构势，制为立体的耳造型，后者放大夔龙纹为立体铸件作为额饰。二者均系组合式符号形态，移植的符号与构成图像的其他符号元素（如凸目）相融而发生意义的转换，作为神灵图像的构成部分而获得了某种新的意义。而构成的图像本身亦成为象征符号③。

神灵图像中的片状铜兽面亦用此法。赋形源于商代兽面纹基本母题的铜兽面，系将二维平面的兽面纹转换为三维立体的视觉图像，兽面呈一对夔龙向两面展开状，以方型大眼、直鼻、阔口（或露齿）等为图像构成元素，长眉或外侧眼角上延与龙尾同构，别具诡异奇逸之气。如B型兽面还特于颌下辅以一对突出眼睛的夔龙承托，颇具创造性。其"符号放大"与重构的手法与兽面具有同工之妙。而"眼睛"作为各型铜兽面的典型性特征，与三星堆各种眼形器物相互呼应，系凸现其神性的最重要符号。其他如表现人兽同形母题的人首鸟身像等亦是用此法以凸现图像的神性。

此外，三星堆雕像还多辅以于眉、眼、额及颊部描黛，口涂朱砂或黑彩等装饰手法，以相关色彩在其文化观念中设定的象征意义传达某种特定的心理暗示，此则无疑强化了其青铜艺术的意象性表意功能。

---

① 依次分别为跪坐人像K1：293与A型跪坐人像（K2③：05与K2③：7）；侧跪：B型跪坐人像（K2③：04）；顶尊跪坐人像（K2③：48）；铜神坛（K2③：296）上层跪坐人像；大立人像（K2②：149、150）；兽首冠人像（K2③：264）；小型立人像（K2③：292—2）及铜神坛（K2③：296）中层立人。

② 其臂部动作以两臂屈肘平抬于胸前的形式为多，其变化主要体现于两臂高低取势与两手开阖、高低相错的空间位置或两手抱握的交叠形式之差别。

③ 如一般认为纵目面具的双耳是听觉功能的神化即所谓"顺风耳"，也有学者认为其扑翔捷出的耳型当系鹰隼的翅膀。戴冠纵目面具的夔龙纹额饰则可视作通天的象征或藉夔龙冠饰与面相的组合而形成对神话中天神（烛龙）的象征或隐喻。

三星堆人物与神灵雕像遵循程式化制像原则，以意象造型手段塑造"陌生化"的形貌而刻画冷峻威严、肃穆深沉的群体神态，藉此达到强化"神圣"与"世俗"的区分之目的。作为陈置于公共权力场所的成套像设，其营构出极具精神威慑力的宗教氛围，刻意表现的种种姿态、动作，复特具引导遐思、体现宗教威力之功用。三星堆人物与神灵图像既与巫教文化的神秘精神息息相关，也与其神权政治统治联系密切而带有社会功利性色彩①。三星堆人、神雕像意象化的制像方式和审美价值取向与其动植物造型一样，并非制作者自身的心灵呈现，而是其整体的文化价值观与集体性诉求的表达。

在纯形式方面，人神造像绝大部分采用了方线型与直线型进行塑造，如人像、神像之脸型、"眼"及眼中横棱、口、下颌轮廓、颧弓等均是如此。此种"刚性"的线型并与块面相结合，"所有块面关系均为明确的转折线所界定，人像面部表情之严冷大部分由此而来"②，人、神像体现出的整体的力度感、威严感亦与此线型的运用密不可分。

虽然三星堆青铜艺术图像中也存在个别颇具写实风格的作品，但其主要的造型方法则是意象造型。此亦足以说明，其人神图像大量运用意象造型的原因并非导因于写实技巧薄弱之缘故，而是其制像艺术的"心理定向（mental set）偏爱一种固定不变的型式"。其之所以赋予所制人物与神灵等形象以图式的特征、强调对象典型性特征，与其艺术功能有密切关系。三星堆一、二号坑的年代分别约当殷墟一期和三、四期，但在此较长时间跨度中，其所塑造的雕像却长期保持相同形式、表现一致的情绪意象。一方面，此可从不同时期的使用主体的族属、其核心价值观的极强稳定性和文化连续性等予以解释；另一方面，在图像学的深层意义上，其历时性过程中所制程式化、模式化的大量人神形象的深层意涵则可理解为是意在以持久不变的具神性之形象作为加强"永恒性"的法术，构成一种超越时空、实现"永恒"的护佑力量和证明，借用贡布里希对此种具有观念、图式特征的古代艺术的解释，即是以艺术的永恒性向人们保证，以清晰的物象将其保存下来的能力可以用来征服人生的转瞬即逝③。

金沙人物雕像品类构成、制像方法与图像风格无疑胎息于三星堆艺术图式系统。金沙青铜小立人以圆雕形式表现执掌宗教政治权力的上层贵族主持作祭形象，其造型精整端严，脸形瘦削，眉弓突出、双目圆瞪，眼轮匝肌夸张突出，表情肃穆深沉，基本沿袭了三星堆人物图像的典型表情语，其手型与仪式动作神韵极似三星堆青铜大立人。铜人头

① 吴维羲：《古蜀人象征性仪式与神圣价值的视觉隐喻：三星堆青铜兽首冠人像的图像研究》，《纪念三星堆祭祀坑发现二十周年暨史前遗址博物馆学术讨论会论文提要集》（参会手册），四川省文物考古研究院·西安半坡博物馆·三星堆博物馆·三星堆研究院，2006年。
② 李松：《广汉青铜人物群雕的美术史价值》，《三星堆与巴蜀文化》，巴蜀书社，1993年。
③ ［英］E.H.贡布里希：《艺术与错觉——图像再现的心理学研究》，范景中译，湖南科技出版社，1999年。

（2001CQJT8206⑨：1）的表现方法和形象特征与三星堆二号坑铜人头像相似。铜人面形器亦约略可辨夸张的口裂和眼轮匝肌①，此足资说明金沙时期青铜人物图像的制像方式并非依照客观形象而作描摹与变形，而主要是源自传统图式。但与三星堆雕像相较，二者不仅体量悬殊甚大，且在面部的具体处理及服饰形态方面也有所不同②。二者的差别表明，金沙青铜艺术图像的制作者可能是基于某种文化认同的需要而在传统图式与当时观念表达需求不相应处作了修正，从而引起艺术风格的变化。金沙人物图像与三星堆人物图像同中有异，但在表现内容与功能意义上则无二致。

此外，陕西宝鸡茹家庄西周早中期鱼国墓地所出青铜辕饰上的人面像、器物背面小人像的发型与服饰形态同三星堆铜人面具、跪坐人像的图像风格遥相呼应。茹家庄1、2号墓所出"铜舞人"像分别为男、女像，均作瘦削式身型，分着窄袖长袍与对襟服，五官中特别突出的是大而凸鼓的双目和高大的鼻，二像双手作硕大的环型，男像左臂呈斜势置于右臂前，环手前后相应，女像左手曲肘上举，右手蓄势下垂，其环形手型几近其头之大小。

"铜舞人"极度情绪化的鼓凸大眼与匪夷所思的硕大环型手，简洁有力地勾勒出宗教祭祀或巫术活动中的神职人员、舞蹈娱神者的特殊装扮与气质，颇具神秘感与荒诞感。其体态、手型和面部典型特征的表现方法亦与三星堆人物雕像酷似。排比三星堆、金沙及鱼国墓地所出人物雕像，比较人物脸型、五官塑造、体姿语、面部表情语、手型与手势语等的变化，诸例雕像实构成为系列人物（巫师）图像志的变化。形式上的差异有其变化的内在脉络，鱼国墓地所出几件作品可视作三星堆青铜雕像艺术的辐射与延续。

除立体雕像外，西周时期巴蜀青铜器的"人物／神灵"图像还以浮雕形式出现在礼器器表装饰的复合式构图中，与动物等其他图像合构成完整的祭祀场面。竹瓦街牛头饰大铜罍、象首耳兽面纹罍及小铜罍均系采用纵向展开的时空序列，将人物、神灵与蟠龙、跪牛、兽头、龙、象、立鸟等动物形象相配置，表现模式化的祭祀图景③。以牛头饰大铜罍为例，其以神灵人物为中心的完整祭祀图景表现手法和时空序列展开形式的图像渊源，可追溯至殷商时期三星堆铜神坛以三维立体形式表现仪式情境的"三界"图像及玉边璋刻绘的"祭山图"④。竹瓦街铜罍规格颇高，其列罍组合具有礼制规范意义，而在器身特饰反映与神明相沟通的祭祀图景，无疑具有强化器物的"重器"性质、显示铜罍使用者的权威

---

① 成都文物考古研究所：《再现辉煌的古蜀王都》，四川人民出版社，2005年。
② 三星堆铜人物图像多为方颐、长颈，双眼向上挑扬，眼中起横棱，口裂甚长，而金沙人物图像的颐部近方型、颈短，双眼的对称上扬之势相对弱化，眼眶用阴线表现以突出橄榄形眼，眼中不起横棱线。服饰形态与发型方面，金沙青铜小立人戴弧形齿饰太阳帽，梳三股合一长辫，着单层中长服，腰部系带并佩短杖；三星堆大立人戴太阳冠，穿窄袖与半臂式三层衣，衣饰繁复精丽，并佩方格纹带饰，显见二者服饰华朴之别。
③ 赵殿增：《竹瓦街铜器群与杜宇氏蜀国》，《四川文物》2003年第2期。
④ 樊一、吴维羲：《三星堆神坛考》，《四川文物》2003年第2期。

与地位的功用。铜罍上的人物与神灵形象均采用变形而简约的形式，虽也突出典型特征如"眼"等，但其图像意义主要是通过祭祀图景整体语境的营构而得以呈现，与殷商时期三星堆青铜艺术对"人物／神灵"形象的表现多用立雕形式及以雕像军阵共成宗教祭祀情境的方式迥不相侔，也与后者狰狞诡谲的图像风格有较大差别，同时，由三星堆青铜艺术采用"三维立体独立构型的方法表现完整仪式情境"变为"将大场面祭祀活动情况加以集中和简化"①，转换为巴蜀礼仪重器"罍"上浮雕纹饰图像的综合配置，这或可在一定程度上作为此际礼制的政治功能进一步加强的参证。

晚期巴蜀青铜艺术中，人物与神灵图像主要见于巴蜀铜兵器上及巴蜀印章。如成都地区出土的大量兽面纹戈、抚琴小区出土战国人形纹长援戈、新都马家出土战国方印、巴县冬笋坝兽面纹短剑、新都马家兽面纹长骹矛、茂县牟托长骹矛等。其中，牟托人头纹矛浅浮雕人头与三星堆青铜人头像颇有形式联系，冬笋坝兽面纹短剑、牟托长骹矛上的"兽面"与三星堆片状兽面（神灵）的图像风格也极为相似，这正是三星堆人、神艺术图式在战国时期延续的实物资料。

（二）动、植物图像

三星堆青铜动、植物造型艺术与其"人物／神灵"造型同调，已臻于非常成熟的境地，此前当有一较为漫长的发展历程。结合遗址出土遗物，以大传统（Great Tradition）与小传统（Little Tradition）的二元分析框架来考虑，作为古蜀宗教文化与神权政治之图式表征的青铜艺术，因受二者支配与渗透而承载了强大的文化功能，无疑是其艺术大传统，而三星堆文化陶器中日常实用器皿的造型与装饰艺术、石雕等作为民间文化形态之一则可视为其艺术小传统，二者共同构成三星堆文化时期造型艺术的有机整体。就青铜动植物造型看，其与三星堆遗址二期起出现的大量动、植物形陶器钮和陶塑动物小品互为映发，彼此在造型意趣与夸张、变形、概括等艺术手法的运用等方面有微妙对应关系②。三星堆文化的艺术大传统虽系由神权政治与宗教文化孕育而出，但在其形成、发展过程中当也汲取了来自小传统即其民间审美文化习俗和以日用陶器纹饰、器钮装饰造型及陶塑为代表的陶器艺术等的有益成分。以遗址二期开始出现并连续发展、后来可能被注入某种宗教观念的陶制鸟头勺把为例，其自身的形式嬗变过程及其与三星堆青铜鸟造型的呼应，可窥大传统与小传统在长期发展过程中的深层互动关系。至迟在商代中期以后，三星堆青铜艺术作为大传统居于支配地位，成为古蜀造型艺术的最高典范，从而遮蔽了其小传统。推究早期巴蜀青铜

---

① 赵殿增：《竹瓦街铜器群与杜宇氏蜀国》，《四川文物》2003年第2期。
② 三星堆遗址出土的陶塑小品数量较多，题材广泛，如动物类有陶双面猫头鹰、陶虎、陶虎面、陶蟾蜍、陶羊、陶鸟、陶猪、陶狗等，植物类有莲蓬状盖钮、鸡冠花状盖钮、多瓣花状钮及其他植物状盖钮。皆造型洗练，以形写神。说明古蜀先民较早就对猎获物和饲养家畜有十分细致的观察，并能将其提升到艺术创造领域。

动、植物造型艺术图式形成的本土传统因素，对此不应忽略。

三星堆动植物造型恣扬、夸张、神异的图像风格对后来巴蜀青铜器中的相关造型产生了深刻而持久的影响。动物图像方面，以三星堆为代表的商周时期巴蜀青铜动物图像的表现形式主要有独立雕像、片状饰件及礼器等器物上的浮雕形象，题材较丰[①]。其与同期青铜人物与神灵图像的制像手法一致，造型总体上亦讲究运用提炼、夸张、强调等手法及程式化符号，着力突出对象的典型特征。其中，龙、虎、凤鸟图像占有重要地位，表现出独特的文化信仰，深具文化象征与隐喻的功能意义。这一图像传统为晚期巴蜀青铜器所继承并得到进一步发展。

1. 青铜龙蛇图像

三星堆时期的铜龙包括铸在铜大立人像基座座腿、铜神树、铜神殿、铜尊等重器上的立雕、浮雕铜龙及各种铜龙形饰件等，造型丰富多变，风格雄奇宕逸，尤以马面头、山羊貌、辫绳身、人手爪、下颌长须、刀状羽翅之构形极具地方特色。

两坑龙造型差异较大，但仍约略可窥其间联系。一号坑所见龙形饰、爬龙柱形器、夔龙形羽翅饰及龙虎尊所饰浮雕龙，并无构型定式；而二号坑以龙形饰、神树、神殿之龙为代表的龙造型，尽管其图像表现形式不一、样式较丰，但观龙头构型及眼、耳、上吻、角等的表现形式和组合方式，已形成极具地方文化特色的龙图式，该坑诸例可谓三星堆文化的典型龙造型。一号坑龙造型与三星堆典型龙造型的形成有内在渊源关系[②]，而二号坑大立人像基座座腿龙头和铜兽面则与三星堆典型龙图像的创造有更为密切的联系，座腿龙头勾角、立眼和吻部上卷的形式、铜兽面的阔口方颐特征，同典型龙图像的弯曲状长角、眼睛、上吻勾卷、方颐的特征夸张方式相通；A、B型兽面之眼型与铜神树之龙的眼型大体相同；C型兽面长眼的前眼角下勾、后眼角扬起的"S"形处理及其眼尾上延与龙尾同构的形式构成特点与龙形饰、神殿之龙的眼型及其眼、角合一或眼、吻同构的表现手法理无二致。在风格旨趣和形式构成两方面，由一号坑龙造型所体现的隐性影响到二号坑立人像基座座腿龙头与铜兽面所体现的显性契合，三星堆典型龙综取多方、杂糅重构、提炼成像的图式形成轨迹大体可辨[③]。

三星堆铜蛇风格精谨缜密，其体形硕大，身躯呈横式S形，五官与身、腹、尾纹饰刻画

---

① 主要题材有鸡、凤鸟、虎、象、水牛、龙、蛇、鲶鱼及怪兽等。

② 如爬龙柱形器之龙口的开张形态及其下颌处理手法、龙形饰的卷尾形态及夔龙形羽翅饰的形制等都可在二号坑铜龙、龙形饰、铜蛇及羽翅的构型或形制中寻绎出彼此对应的方面。

③ 值得注意的是，三星堆二号坑铜龙、铜鸟图像的眼型大多与同期神灵图像中铜兽面的眼型颇能发生形式联系。此种源于商代兽面纹眼睛形式而加以变形夸张的程式化符号，因施用于不同类型的图像而形成交叉关系，使龙、鸟、"兽面"（神灵）三者在形式与意象上互相渗透、相互为用，其制像意图或有可能旨在隐喻神性的同一性。

工细，其头顶与背脊所饰镂空刀形羽翅隐喻其飞行无碍的异能，略昂的头部与上翘内卷的尾部相呼应，构成引而未发的动势和贯注于内的流转之气，体现出充盈的生命力。其整体的图像渊源与一号坑铜龙虎尊器肩浮雕游龙有一定关系。羽翅采用"镂空"技法，是其与蛇身之"满密"装饰形成虚实对比以示灵动的形式需要，相较一号坑夔龙形羽翅饰的质朴风格，体现出构型符号形式的精致化和制像技法的精进，相较早期卷尾龙形饰的方折卷尾的形式，铜蛇卷尾构型则进一步强调了翻卷取势，较前者诡丽大气。器形较薄的蛇形器采用回环蟠绕的几何式构型，以高度提炼的手法表现蛇的蟠曲形态，线型方中带圆，富有力量感。其以黑彩绘成鳞甲，既有形成视觉刺激的功能意图，实亦使器全形因之而显得简而不陋。

金沙时期的铜龙形器的前形式与三星堆龙形饰的关系最为密切。其在沿袭三星堆龙形饰注重表现龙张口瞪眼的凌厉威然气质之制像传统基础上，对形式构成和元素作了较大修正，实形轮廓曲性变化较多，龙头顶上部对称小犄角和镂空圆眼取代了三星堆龙形饰顶部的曲形长角与"S"形眼，口部变三星堆龙形饰上下颚齐列龙牙的形式为下颚平直、上颚饰齿，龙齿形态与组合方式与传统图像亦复不同。其整体因口、眼处理的通透性而形成剪影效果，较传统同类图像的装饰性更强。但金沙龙首之龙须自上吻向后翻卷成羽翅的表现手法[1]，仍可窥三星堆龙形饰眼、吻同构（A型、C型）与眼、角同构（B型）的图像传统之深刻影响。可以认为，金沙时期这种龙图像主要是在三星堆龙形饰图像基础上的试错和拓化。

竹瓦街西周蟠龙盖兽面纹罍所见两例以立体圆雕形式表现的蟠龙则已与三星堆立体龙造型迥然不同[2]。铜罍盖上蟠龙的风格在沉穆凝稳中透出憰怪神闳之气，造型栩栩如生，其身、尾、足、角及背脊立棱的形态塑造特点与蜥蜴目一类爬行动物的典型特征和偶蹄目鹿科动物的相关角形可以发生一定联系。换言之，竹瓦街铜罍盖上圆雕蟠龙的制像方式与三星堆、金沙龙图像采用高度提炼、夸张手法构塑龙形象的作风异趣，其是通过融入写实手法以刻画典型特征，造成"似真"的幻象，并与其龙身所饰巴蜀符号共显龙之森然灵威和特定意指，这应与其作为西周时期蜀国祭祀重器上的主体神兽图像所承载的礼制意涵是相表里的。制像方法隐含观念，综合铜罍盖圆雕蟠龙及同期宽叶矛骹部所饰极其生动的浮雕壁虎、象兽耳兽面纹罍所饰惟妙惟肖的立体象头等动物造型来看，表明此际巴蜀青铜艺术对带有写实性色彩的艺术形象之社会功能较此前已有相当程度的加强，同时亦说明具有真实感的艺术图像（尤其是"国之重器"上的装饰图像）在当时的巴蜀文化语境中也已有着较为广泛的文化认同、审美认同及价值认同。以铜罍盖上的圆雕蟠龙为例，其在动物形态塑造上运用写实手法表现以追求"逼真"意象，标志着此际在继承殷商时期巴蜀青铜艺术

---

① 成都文物考古研究所编：《金沙——再现辉煌的古蜀王都》，四川人民出版社，2005年，第45~47页。
② 1959年彭县竹瓦街出土铜罍五件，其中中等规格的"蟠龙盖兽面纹罍"1对，通高分别为50厘米和48厘米。

强调物象典型特征之表现的图像传统基础上，在制像观念和表现手法上出现了微妙转向，反映出其时社会心理与艺术趣味的变化，体现出三星堆文化时期以来的巴蜀艺术大传统在此际的维新精进①。

晚期巴蜀青铜器中的龙蛇图式发生了明显转换，这一"转换"是伴随龙及其他动物的图像表现形式由早期多独立雕像转变为以礼乐器和铜兵器上的装饰图像为主而发生的。这主要体现在刻画龙蛇形像的线型转换为圆转婉通的风格，其次是构型符号的组合结构变化和龙蛇器官形态的变化，如彭县致和乡出土的战国蛇纹宽叶矛的骹两面所饰浅浮雕四脚蛇，用线工细圆劲，头、眼、足、尾等特征刻画惟妙惟肖，意态生动，可视为竹瓦街兽面纹罍及兵器上动物图像出现的写实倾向的进一步发展，系有别于商周时期巴蜀青铜器中同类题材的新的符号形式。但早期龙图像的构型风格和一些子符号形态仍得到延续——牟托龙纹镈钟钟体正面阴刻的翼龙图像，其形态特征可与三星堆铜神殿卷尾龙、铜神树有羽神龙及龙形饰等发生密切联系，其体势复与三星堆、金沙所出铜虎颇似，应与三星堆神物艺术图式的历时性辐射或传播、渗透有密切关系。

不言而喻，对龙蛇造型的刻意经营，充分体现了巴蜀先民对龙蛇的尊崇。古人认为蛇与龙为衍变关系，而蛇也常被视为龙属，二者可互为置换。"龙"在古人的神话思维中是一种幽明变化自在、能登天潜渊的复合型至上神物，具有多重文化隐喻功能。在巫教文化中龙与蛇是协助巫师布阵施法、登天通神的重要工具，在传统政治话语中复为无上权威的象征符号。据载籍所记，古蜀开辟天神"烛龙"为"人首龙（蛇）身"②，蜀人远祖颛顼"乘龙而至四海"③，可见古蜀人的龙（蛇）崇拜渊源甚古。而"巴人尚蛇"，载籍如《山海经》《淮南子》《水经注》及《蜀中名胜记》等的记载均表明巴人与蛇关系至密。商周时期，巴蜀青铜龙蛇造型是古蜀人眼中通灵、通神的神圣图像，在其政治及宗教祭祀活动中发挥着重要作用。春秋以降，出现在巴蜀铜兵器等器物上的龙蛇图像既有装饰美观、耀武显威之用，亦涵崇拜之初义。

2. 虎图像

三星堆铜虎与其龙造型的刻画重点均在头部，对龙虎精神的表现手法具模式化特点，即皆以巨头、张口、露齿、瞪目、竖耳或扬角等形式表现。虎图像以造型高度提炼的虎形

① 不论从技术史还是从风格史角度看，竹瓦街蟠龙盖兽面纹罍上的圆雕蟠龙均与金沙时期的青铜雕像艺术不同。其带有明显写实性的造型体现出较金沙时期为晚的一种新的时代艺术精神。冯汉骥先生即认为竹瓦街1959年出土的5件铜罍铸造时间当在西周末期和东周初期。参见冯汉骥：《四川彭县出土的铜器》，《冯汉骥考古学论文集》，文物出版社，1985年，第19~26页。

② 参见《山海经·大荒北经》《海外北经》及《淮南子·地形训》。

③ 《大戴礼记·五帝德》。

器（一号坑）与嵌绿松石铜虎（约当三星堆遗址二期）为代表。前者作蹲伏状，昂首竖尾，以圆圈构形表现肥硕的虎身，四足因应虎身的圆鼓构型而取外拓之势；后者作蓄势欲行状，其头、身、尾以波浪形曲线贯通，上下相应，构成形式骨架，以方型巨虎头、粗壮足及瘦硬劲直的长尾之"刚"同身形的曲线构成之"柔"并济，头、颈取势与尾部上翘反卷的形式前后照应，暗含强劲的张力。这两种虎图像整体皆具洗练遒劲之风。金沙遗址所出铜虎与三星堆嵌绿松石铜虎造型基本相同①，但其形式感弱于三星堆铜虎，主要表现在其作为营构整体形式的上下波浪形曲线的取势不及三星堆铜虎的结构曲线肯定、有力，其次是金沙铜虎整体形态偏肥，虎头曲线、虎口开张之势及虎牙塑造不及三星堆铜虎相应部位的刻画精到。形式差异导致二者风格相异——三星堆铜虎风格刚挺瘦硬，金沙铜虎风格朴厚拙重。但二者造型显系出自同一神虎图式，据其形态特征，与之可联系起来考虑的即有三星堆一号坑金箔虎形饰与西安老牛坡兽形饰（M41：22）等，总之，三星堆铜虎与金沙铜虎在刻画虎的雄强狰狞之神韵、结体造型及元素组合关系上是一致的，二者间的风格差异并非相关图式观念发生了变化，结合前述彼此人物雕像因五官形式处理不同而导致的风格差异乃至三星堆与金沙其他器类装饰上明显的"华"、"朴"差别来看，二者铜虎图像风格的异趣或可大体解释为此期审美价值取向有所变化。西周时期巴蜀青铜器中的虎纹钲上阴刻的猛虎图像可视为对此图式所作的进一步矫正、调整，其形象特征仍为口大张、露牙、瞪目、竖耳、卷尾，但更显凶猛可怖，前期所见的虎上颚獠牙于兹消失，代之以长伸的虎舌，身、尾关系变前期的一体贯通而为明显的组合关系，体势变前期的行进状而为奔跃貌，并于虎背上方饰三星、叶纹及巴蜀符号，形成具有特定意涵的图像配置。

晚期巴蜀青铜器中的虎图像包括虎全身形像、虎头，主要有巴蜀铜兵器上的浮雕虎、虎钮錞于之立体虎造型等，皆与商周时期巴蜀青铜虎的形式构成、图像风格不同。虎纹戈之虎图像多呈浅浮雕且多为单一图像，虎纹与纹饰符号配置而成的图像数量较少，其造型多样而气韵生动，艺术性甚强。全身形虎纹的体势塑造既有伏卧状，亦有奔跑状，形象特征主要是虎口大张，龇牙露齿，有的且口吐花舌，头饰羽毛状纹或头顶生肉角，眼型有圆眼、凤眼、心形眼等，虎身饰纹，有的或背生翅翼，凤爪，短尾翘卷。要皆意态夸张，形象凶猛雄强。总体来看，虎纹戈所见虎图像具有代表性的纯形式特点是采用曲线构成，走线回旋盘转，线型如屈铁，圆劲浑融，骨力内含，风格奇古。与虎纹戈虎图像的意象造型相对，此际虎钮錞于之虎钮造型则写实性强，如涪陵小田溪、彭山同乐乡所出錞于钮等钮作张口呲牙、翘尾欲扑的圆雕铜虎，雄健浑朴，生动形象。此期巴蜀铜矛上的虎图像亦有单一虎形象和虎同巴蜀符号相配置的形式，如1976年新津出土铜矛骹部一面即为虎纹与花

---

① 金沙遗址出土的这件铜虎的器表满饰纹饰凹槽，很可能原亦是镶嵌绿松石以作器身装饰。

蒂、人头配置的图像。独立虎纹如什邡船棺葬出土铜矛上的虎形象，其大体皆以大曲线勾勒全形，自头至尾弧行通连，作巨头瞪目张口呲牙之貌，虎头繁饰，虎身饰纹，虎尾长而尾端上卷，其势欲扑，犹见早期巴蜀青铜器中嵌绿松石铜虎之遗风，风格与虎纹戈之虎图像不同。此外，虎纹亦见于一些铜容器装饰，如绵竹船棺出土嵌错盖豆，其通体刻三层九组十九只虎纹，虎作"S"构型的腾跃状，体势生动，简练概括，装饰性极强，时代风格明显。

龙虎精神，素为巴蜀先民所重。古代西南地区多虎，《山海经》亦谓蜀地百兽出没，自三星堆文化时期的金虎形箔饰、铜虎形器及遗址出土嵌绿松石铜虎观之，足知先民对虎已有十分细致的观察，如是方能提炼其神形并娴熟运用有关制像手法塑造虎之意象形态以托寓神思。金虎形箔饰与铜虎形器皆出祭祀坑，蜀人特塑其像，当具虎崇拜之义。巴人崇虎，史有明载，如《后汉书·南蛮西南夷列传》《蛮书》等皆道其详。巴人铜器如虎纹铜戈所饰虎纹、虎钮錞于等即与巴人崇虎的文化心理相表里。晚期巴蜀青铜器以铜兵器上所见虎纹为主的虎图像，既具装饰功用，亦具族徽及宗教巫术意义。

3. 鸟图像

早期巴蜀青铜器中鸟类造型数量甚多，以三星堆遗址出土铜鸟为大宗。早期青铜鸟类造型包括铜鸟（鸟头、立鸟）与扁平状铜鸟形饰件两大类，前者为意象风格，后者多抽象构型，风格或精丽秀雅，或雄奇浑穆，或沉着古厚，可谓千姿百态。铜鸟体势及嘴、翼、冠羽、尾羽、羽翅等典型特征的表现形式多样且简练概括，鸟嘴形态含鹰嘴形、细长尖嘴形、弯钩状长嘴形、嘴短微钩嘴形及公鸡嘴形[1]，其体势或为穆然站立状，或作举翼欲飞状，或呈轩翥翔飞状，或着重表现长勾喙与大眼之神采，或极力突出尖喙与冠羽之华丽，或特别强调双翼之平展和羽翅、尾羽的振扬之势等。鸟形饰总体呈婉曲圆转的"S"形构成，辅以双勾、镂空、阴刻等装饰技法，使之富有简净空灵的意趣。铜鸟羽翅、尾羽端部镂空圆孔与鸟形饰双勾镂空鸟身以表现羽斑花纹的手法颇有"计白当黑"之妙，是此期装饰技法的一大特色。总之，提炼、夸张、主次对比、虚实互衬等制像手法的运用赋予了巴蜀青铜器早期鸟造型以神异的色彩。

金沙时期铜鸟的鸟首形式变为圆形或近似圆形，所见两例铜鸟的体势、造型基本相同，均作昂首状，鸟眼圆而鼓凸，尖喙，双翅收束上翘，尾羽折而下垂[2]。相对三星堆铜鸟，金沙铜鸟在形态与构型元素的运用上已作了较大修正，鸟眼形式单一，尾羽下垂，整体线型变化减弱，其鸟头、颈、身饰翅羽纹与点状鳞片纹的图像特点显示出装饰性倾向和

---

① 江章华、李明斌：《古国寻踪——三星堆文化的兴起及其影响》，巴蜀书社，2002年，第124~125页、第196~197页。
② 成都文物考古研究所编：《金沙——再现辉煌的古蜀王都》，四川人民出版社，2005年，第45~47页。

新的时代特征。其造型在三星堆铜鸟中并无完全近似之例，但可以看出三星堆铜神树立鸟的前在形式影响，尤据三星堆D型铜鸟来看，二者薄片状尾羽的"位置都在鸟的中线上"[1]的特殊风格显示出二者的传承关系。

另，金沙铜三鸟纹有领璧形器与金箔四鸟绕日饰皆汲取三星堆C、D型鸟形饰抽象提炼的传统形式成分，并将源自三星堆铜神坛顶部表意四鸟巡行（金乌负日巡于四方），亦即反映太阳周日视运动的立体图式[2]转换为分别以阴线表现的三鸟绕璧之好孔踵飞的平面图像和以镂孔方式表现的四鸟绕日踵飞平面图像，后者取法三星堆鸟形饰采用镂空方式追求空灵虚幻感的手法而变创出纯轮廓的剪影式鸟形与放芒日形。两器神鸟造型基本一致，其共同特征是皆作引颈伸腿的展翅翔飞貌，身翅短小，头、爪较大，爪有三趾，颈、腿长且粗状，短尾下垂。鸟皆线条流畅，韵律感甚强。以这两例鸟与三星堆二号坑C、D型鸟形饰及铜神坛顶部立鸟等比较，C、D型鸟形饰的流线构型与勾喙、长颈长尾、歧分尾羽，一尾羽下垂并收为尖端的特点和神坛顶部作展翅状的立鸟之勾喙高冠、身短尾长等形态特征，都表明金沙鸟纹的创新形式应系从三星堆神鸟图像传统中涵泳而出。尤值一提的是，金沙神鸟图像一变三星堆神坛顶部以四极神鸟静态美的立体形式表现神话宇宙观之手法而为颇具动感、喻义更明确的平面踵飞的图像形式，应不单单是一种基于审美趣味或器物装饰需要而引起的图像配置更新和视觉形式之转换，很可能还与当时蜀地最高统治层和文化语境对神鸟信仰的社会政治功能出现了某种新要求有直接的内在逻辑关系。

竹瓦街所出西周铜兵器上的鸟图像亦甚具特色。1959年彭县竹瓦街出土的鸟纹戟所饰勾喙怪鸟图像与三星堆、金沙所见诸神鸟图像风格均有很大不同，此鸟纹饰于援两面，鸟为鼓眼、勾喙，其长翼覆盖大半器身，下角处复饰一展翅小鸟，其整体构型随顺器身自援至锋端尖收的形式，形象简括而具意象美感，风格雄奇怪异。而其对眼、喙组织结构及羽翼刻画则工谨细致，尤其是对羽翼纹理层次的表现采用了重复基本形的方式，历历分明、节奏清晰，体现出明显的秩序性，装饰感极强。此种图像配置形式不见于传统神鸟图像系统，其制像手法亦与前述竹瓦街铜罍立体龙象造型于意象造型中融入写实性倾向的刻画手法一致，显示出新的时代气象。

晚期巴蜀青铜器中的鸟图像作为当时流行的动物装饰之一，多为铜兵器所铸纹饰，如鸟纹三角形戈、鸟纹柳叶形剑及长援展翅鸟纹戈等巴蜀兵器上的鸟纹，或奇异怪谲，或朴雅豪达，或生动雄奇……各逞其姿。此外，战国时期巴蜀青铜花纹装饰艺术中仿中原及楚

---

① 成都市文物考古研究所·北京大学考古文博院：《金沙淘珍——成都市金沙村遗址出土文物》，文物出版社，2002年，第49页。
② 樊一、吴维羲：《三星堆神坛考》，《四川文物》2003年第2期。

器纹饰风格的凤鸟纹等亦颇显晚期巴蜀文化阶段的时代风格。值得注意的是时代为春秋战国之际的茂县牟托一号石棺墓所出青铜立鸟，其形态特征为双翅收束，翅上端分开，尾羽横展[①]。其尾羽取势虽与上举三星堆铜鸟之尾羽上下纵分、金沙铜鸟尾羽下垂等典型图像特征有明显差异，但比较三星堆相关铜鸟等及金沙铜鸟的系列形态变化，可看出牟托铜鸟的结体赋形与图像风格同古蜀神鸟图像传统仍有千丝万缕的文化联系。

三星堆两坑出土的以青铜鸟为突出代表的各质鸟类造型数以百计、种类繁多，如此庞大的"鸟群"充分反映了古蜀人的鸟崇拜[②]，古史传说几代蜀王均与鸟有密切关系，三星堆文化所富含的鸟崇拜因素当兼具祖神崇拜之内涵，金沙铜鸟亦应属此。而日鸟同构是太阳神话中的重要命题，在此意义上，古蜀崇鸟观亦复与太阳（太阳神）崇拜交融互摄。早期巴蜀青铜器的鸟图像正是作为古蜀各部族共同信仰——"崇鸟与崇日"观念的物化。晚期巴蜀青铜兵器上的鸟图像不独器物装饰之用，有些犹具崇拜之义，巴蜀印章上的鸟则可能是代表族属的图形符号。

4. 植物图像

以三星堆青铜神树为代表的植物造型系巴蜀青铜艺术中另一集中反映巴蜀文化审美特征和独特个性的艺术品类，充分彰显了巴蜀青铜艺术的创造力。

三星堆二号坑所出数株青铜树，分大、小两种，赋形皆极富玄想神思，其不仅有形象完整的树木造型，且有众多造型神异和具有文化象征隐喻义的鸟兽和饰件，表明它是一种通神和祭祀的专用宗教法器，在巴蜀铜器群中具有隆崇的地位。三星堆诸神树中以一号铜神树体量最大、造型最复杂且最具代表性。一号铜神树树分三层，每层三枝，共九枝；每枝上有一仰一垂的两果枝，枝端结桃形果实，上立神鸟。树间攀援之方首神龙颇增铜树之神异。可大致了解构型特征的尚有造型各殊的两株中小型铜树以及铜树座、铜树枝、铜花果、铜鸟等局部构件，与植物有关的图像还有铜叶脉纹箔饰、花果形铜铃等。神树造型奇丽瑰伟，具有强烈的宗教神圣感和神话浪漫色彩。从纯形式上看，铜树主轴（树主干）与附线（树枝）的塑造在形的长短、曲直、奇正，势的动静、刚柔、聚散、对称与变化等诸多对比手法的运用及对秩序感的营构上，均体现出对线条形态和整体形式的高度把握能力和颇为成熟的制像技巧。西南地区自古以来就有树崇拜习俗，南方丝绸之路青铜文化中的树符号颇不鲜见，如凉山州青铜文化中的枝形器、滇青铜文化中贮贝器盖上的立体树造型等，但相较而言，三星堆青铜植物造型不仅追求超乎寻常的体量和奇幻浪漫的风格，且其

---

① 茂县羌族博物馆、阿坝藏族羌族自治州文物管理所：《四川茂县牟托一号石棺墓及陪葬坑清理简报》，《文物》1994年第3期。

② 吴维羲、朱亚蓉：《三星堆：古蜀王国的神秘面具》，五洲传播出版社，2006年。

线条形态塑造、符号元素组合表现方式和整体形式构成上也更显精心和精到。彼此的形式差别，除与技术因素、图像配置形式和实际施用方式有关外，也当与各自的宗教形态差异和审美文化心理结构的差异有关。

汉代四川地区流行的摇钱树则因其表现神话题材而同样体现出对神异的图像风格之追求，对点、线形态的塑造和符号组合方式颇为考究，工艺亦相当精湛。其与三星堆神树皆是以树、神结合为主要构成因素，表意其"通神"、"通天"之功能用途。神树以神鸟代金乌，摇钱树以朱雀喻日神，其光明之象征意义显明。摇钱树铸"钱"，钱纹多饰光芒，其初始意义仍在表征太阳，树座则综"昆仑"、"灵山"、"玉山"诸神山之义。就大的方面来说，三星堆神树与摇钱树的图像构成方式，均在以神木、神山相结合而达天地不绝、人神相通之旨意①。但细究二者具体的安置环境、施用方式及符号语义等，仍有差别。二者是否存在某种传承关系？其间尚有诸多缺环，有待于进一步的考古发现和探研。

"人物与神灵"、动物、植物三大类题材贯穿巴蜀青铜器的千载历程，殷商时期的三星堆青铜艺术的高度成就，奠定了巴蜀青铜艺术神秘奇特的风格基调和以意象造型为审美价值取向的形神兼备之艺术图像传统。各时期巴蜀青铜艺术在继承此传统的基础上，因时而动，发生着图像表现形式与图像形态的变迁：其图像表现形式由早期以独立雕像、饰件为主转为晚期的将典型传统图像与实用器皿相结合的装饰性图像为主，其图像形态由早期具有浓郁宗教神话色彩的意象造型为主渐转为晚期的装饰性意象造型与写实性造型共生共存，充分显示出伴随这一多维度变迁与发展过程中的图像功能之变化、艺术趣味与社会心理的变化以及人与自然和动物关系的变化——而这也正与其人神、动植物图像的形式与风格变迁互为因果，深刻反映出相应历史时期的巴蜀文化生态对"为何制作和如何制作图像"产生的深刻影响。相应时期的图像风格在其形成过程中既摆脱前在图式的惯性支配，同时亦承继了其诸多特性，使"风格"作为固定文化特征保存于其文化传统之中，并因此而造就了民族的审美心理定势②，绵延千载的巴蜀青铜器虽历经传统图像表现形式与形态变迁以及风格转换，但整体上仍表现出对神异奇特的艺术意象之追求，正是缘于此。

三

自古以来，巴蜀文化即非封闭的文化系统。其在长期发展历程中，以自身开放的文化气度不断发展着同中原、长江中下游及周邻地区各种文化的多层次关系，并在"以南方丝

---

① 樊一、吴维羲：《三星堆博物馆古城古国古蜀文化陈列总体设计方案·三星伴月——灿烂的古蜀文明（第一展馆）》，三星堆博物馆，2004年。
② 易英：《超越形式——美术批评导论》，《江苏画刊》1991年第11期。

绸之路和西北丝绸之路为代表的中外经济文化交流中扮演了极其重要的角色"①。就巴蜀青铜器图像而论，其在形成发展过程中既吸收、采借了其他青铜文化的有益成分，也在交流互动中促成了其艺术图式、图像的传播与风格的扩散、转移。限于篇幅，本文不拟对此展开讨论，以下仅结合本题略及之。

从"人、神"图像方面看，三星堆人神图像的风格不仅在晚期巴蜀青铜器中得到延续，且表现为向周边地区的扩散。晚期巴蜀青铜器中如巴县冬笋坝兽面纹短剑、新都马家出土铜矛上所饰兽面纹等，显与三星堆神灵（铜兽面）图式有内在联系。而牟托2号石棺墓出土的I式战国铜矛骹部所饰头戴花状高冠、高直鼻而表情肃穆的人头图像及1号石棺墓青铜矛所饰浅浮雕人头像，亦均与三星堆人物图像的形式与风格神似。史载蜀人祖先"蚕丛始居岷山石室"②、"死作石棺石椁"③，考古发现证明，岷江上游地区古文化与三星堆文明有着千丝万缕的联系。自商周到春秋战国，古蜀国的版图不断扩大，杜宇氏蜀国时期所辖疆域已"以褒斜为前门，熊耳、灵关为后户，玉垒、峨眉为城郭，江、潜、绵、洛为池泽，以汶山为畜牧，南中为园苑"④，其在西南地区的文化和政治影响日益拓展，开明王朝时期"蜀王据有巴蜀之地"⑤，气吞诸方，蜀国势力臻于鼎盛，成为西南地区首屈一指的泱泱大国。以茂县牟托石棺墓为代表的岷江上游地区青铜文化，包含不少巴蜀青铜文化的因素。研究者认为牟托1号墓年代为春秋晚至战国早期，其中一组青铜器的年代可早至西周中晚期。或认为石棺墓年代为战国晚期至西汉前期⑥。可以认为，牟托石棺墓铜兵器上的人／神图像与三星堆人、神艺术图式或图像乃至相应制像观念曾北向传播影响川西北地区有密切关系。

又如前述宝鸡茹家庄1、2号墓所出"铜舞人"像，其造型亦与三星堆青铜人物雕像颇为相似。相对于三星堆青铜人像的五官特征与动作体态，"铜舞人"眼睛形态等的变化应是图式修正的结果，其动作（仪式化手势）的变化则可能主要是对应于当时当地的仪式或巫术活动的操作规范。总之，如前所论，在制像手法和对人物"眼"、手型及动作体态等的着意刻画方面，鱼国墓地所出人物雕像与三星堆青铜人像甚有共通处，可纳入同一人物（巫师）图像志系统来考察。载籍所记杜宇时期的势力范围已达陕南汉中，"铜舞人"像与三星堆人物雕像的"同风"绝非偶然。考古资料表明，与古史传说中杜宇王朝时期大体

① 段渝：《巴蜀文化研究与学科建设》，《中华文化论坛》2000年第2期。
② （晋）常璩撰：《华阳国志》引《蜀王本纪》。
③ （晋）常璩撰：《华阳国志·蜀志》，齐鲁书社，2010年。
④ （晋）常璩撰：《华阳国志·蜀志》，齐鲁书社，2010年。
⑤ （晋）常璩撰：《华阳国志·蜀王本纪》，齐鲁书社，2010年。
⑥ 罗二虎：《20世纪西南地区石棺葬发现研究的回顾与思考》，《中华文化论坛》2005年第4期。

对应的十二桥文化，其对外交流与扩张即已北上越过秦岭与周文化发生了接触，尤与鱼国关系最为密切①。鱼国"铜舞人"造型与三星堆青铜人物艺术图式当有内在渊源关系。

再如滇文化青铜贮贝器上所铸人物雕像，风格迥异于华北诸夏文化和楚文化，而与三星堆青铜文化有相似处②，也应是三星堆文化及其青铜人物造型艺术在西南地区的历时性辐射之一例。贮贝器上人物的写实性风格不同于三星堆人像华诡神异的意象造型，可能与文化心理和审美价值取向有关，应视作前期巴蜀青铜人物图像风格在扩散中发生的转移。又，贮贝器上的图像配置尤其是对祭祀场面的立雕组合表现形式，还可与三星堆铜神坛的对仪式情境的营构和群像组合配置的形式相比较。《华阳国志·蜀志》谓南中"有故蜀王兵栏"，西周时期蜀王杜宇又以"南中为园苑"，而蜀、滇间多处发现的以蜀式兵器为主的巴蜀青铜器亦"表明了古蜀文化对南中的军事控临关系"③，此足资证明三星堆人物艺术图像在西南地区发生的风格扩散、转移自有其文化条件与历史背景。

动物图像方面，颇值注意的是凉山州盐源收集到的战国—西汉时期的铜鸡杖。该杖杖端立一雄鸡，杖体周身阴刻小鱼纹④。此种鱼鸟组合图像与三星堆青铜文化中的金杖装饰图像有相似处。盐源这批文物除2件铜杖外，尚有铜杖首5件，表明战国至西汉时期该地区的土著民族（笮人）文化中曾存在用杖制度。联系此点来比较盐源鸡杖图像与三星堆金杖人、鱼、鸟组合图像，结合年代早晚关系、地缘关系等因素考虑，则二者间存在的相似性应有文化交流的可能。而据滇文化中存在以杖表征权力的文化因素分析石寨山铜鼓伎乐图像中的人、鱼、鸟图像与三星堆金杖主题图像的相同性，学者指出此则很有可能是滇文化从蜀文化中采借了相关文化因素⑤。此外，如前文所论岷江上游青铜文化所见铜鸟、铜钟上附饰的有翼龙纹等，也很可能与三星堆青铜动物艺术图式的传播和风格扩散有密切关系。宝鸡战国墓地出土青铜三足鸟、鸭首长喙铜旌杖头、钩喙鸟形尊等，同样显示出与三星堆神鸟图像（铜鸡、大鸟头等）的风格联系。

要之，巴蜀青铜人神、动物等艺术图像与风格的共时性或历时性扩散并非单一的艺术图式或图像传播，而是与以典型蜀式兵器如三角形直内无胡戈、柳叶形剑及巴蜀式铜矛在周边地区的历时性流布为表征的巴蜀文化传播和文化扩张相伴随的。与此相应，其扩散方式则主要有辐射式传播与位移式传播。总结上说，巴蜀青铜艺术图像风格向其他地区的扩

① 江章华、李明斌：《古国寻踪——三星堆文化的兴起及其影响》，巴蜀书社，2002年，第124~125页、第196~197页。

② 段渝：《酋邦与国家起源：长江流域文明起源比较研究》，中华书局，2007年，第321页。

③ 段渝：《酋邦与国家起源：长江流域文明起源比较研究》，中华书局，2007年，第321页。

④ 凉山州博物馆、西昌市文馆所、盐源县文馆所：《盐源近年出土的战国西汉文物》，《四川文物》1999年第4期。

⑤ 段渝：《巴蜀古代文明与南方丝绸之路》，《"丝绸之路与文明的对话"学术讨论会论文集》，2006年。

散和转移深刻揭示出：在交往系统中，先进总为后进所模仿和借鉴，艺术作为文化整体不可分割之一部分，往往随其文化的优势而跨地域界限①。

结语

在不同社会中，"图像"是为不同目的而制作的。"图像"作为历史证据之一，隐含特定的文化信息并具特殊的语言与形式密码②。巴蜀青铜艺术是先秦巴蜀文化体系中艺术子系统的最重要组成部分，其与宗教、信仰、语言符号、风俗习惯等其他子系统互为渗透、相互作用，彼此间具有深层的联系与互动。其在巴蜀文化不同发展阶段的具体表现形态与风格、形式变迁，反映出相应时期的巴蜀文化生态对其产生的深刻影响。图像制作必涵刻意甄选、设计与构思，而这一程序即积累了历史和传统，无论是其对主题的偏爱、对表现形式的选择、对图案的设计和对比例的安排，还是对感性世界的模仿或对精神世界的构拟，特别是对前在图式的修正或图像模仿过程中的有意变形，其制作行为与文化心态的背后即深蕴了历史、价值和观念③。

巴蜀青铜器在漫长而相对独立的发展历程中，一方面体现出三星堆青铜艺术的历时性强劲辐射力和本土文化价值观、美学传统在历史变迁中的强大绵延性；一方面，巴蜀青铜文化与文化他者的历时性互动与共时性交往，在丰富自身图像系统、推动其形式嬗变与发展的同时，亦复促成了自身的艺术图像、符号及风格之扩散，彰显出以三星堆青铜文化为代表的巴蜀文化吐故纳新的开放性文化特征及其在西南地区青铜文化中的重要地位。

---

① 易英：《超越形式——美术批评导论》，《江苏画刊》1991年第11期。
② 曹意强：《可见之不可见性——论图像证史的有效性与误区》，《新美术》2004年第2期。
③ 葛兆光：《思想史研究视野中的图像》，《中国社会科学》2002年第4期。

浅析川西南青铜时代的管銎兵器——兼论川西高原在欧亚草原和北方文化传播带中的地位

周志清 　成都文物考古研究所　研究员

摘　要： 管銎兵器作为欧亚草原青铜文化中一种比较具有特质的器物，具有鲜明的族群特色与时代特征，地处西南的川西高原青铜时代晚期出现的管銎兵器是受到欧亚草原青铜文化影响甘宁地区的青铜文化向西南地区扩散的孑遗，它们有着其特定的区域特征，其时代较之原生地略晚。它们在川西高原的发现，说明在西南丝绸之路形成之前在川西高原深受中国北方青铜文化的影响，人群的移动是当时文化传播的直接动力。

关键词： 川西高原　欧亚草原　管銎兵器　青铜文化

近年以来考古发掘与研究揭示，川西高原地区的青铜文化与中国北方草原地区青铜文化有着千丝万缕的联系，对此已经有许多学者进行过相关研究[1]。在这些研究中有一种文化因素一直未得到应有的关注[2]，如管銎兵器，此类器物尽管目前出土较少，但它是中国北方和欧亚草原青铜文化中一种比较具有特质的文化因素，对它的讨论，有助于我们对于探讨中国西南高原与山地在欧亚草原文化传播带或曰边地半月形传播带上的地位和意义。

---

[1] 凉山彝族自治州博物馆等：《老龙头墓地与盐源青铜器》，文物出版社，2009年；凉山彝族自治州博物馆等：《欧亚非文化交流传播带背景下的东亚大陆"X"形文化传播带与凉山考古学文化圈》，《凉山考古发现四十年》，科学出版社，2015年；霍巍：《盐源青铜器中"一人双兽纹"青铜枝形器及相关问题初探》，《三星堆研究》第2辑，文物出版社，2007年；江章华：《对盐源盆地青铜文化的几点认识》，《成都考古研究》（2009年），科学出版社，2010年；周志清：《浅议川、滇西部青铜文化中的"北方草原文化"遗物及其文化因素》，《考古与文物》2007年增刊。

[2] 凉山彝族自治州博物馆等：《欧亚非文化交流传播带背景下的东亚大陆"X"形文化传播带与凉山考古学文化圈》，《凉山考古发现四十年》，科学出版社，2015年。

一、川西高原发现的管銎兵器

管銎兵器是欧亚草原地区青铜时代和早期铁器时代广泛流行的兵器，其以管銎纳长柄，其不同于中原地区铜戈以内固柄的装柄方式，作为欧亚草原人群重要的长柄武器，其分布非常广泛，数量和种类也异常丰富。本文讨论的管銎兵器为横銎，管銎同本体呈直角，管銎和本体突出，不同于欧亚草原典型的原生有銎斧[①]，其当属于中国青铜时代语境下的次生产物，二者之间既有联系，亦有明显的断裂。目前在川西高原地区青铜文化中北方草原文化因素最为突出的是以盐源为中心的青铜文化，该文化具有鲜明的区域与族群特色。该文化内涵中有着诸多的北方草原文化因素，如殉马、繁多的马具、曲柄剑、双环首剑、双马神崇拜、易、石棺葬等，对此已经有诸多学者进行研究，在此不再赘述，这支青铜文化被认为是西南夷中"笮"人的遗存[②]。盐源地区发现的管銎兵器是目前川西高原发现最为集中的区域，这些器物形制特别，具有鲜明的文化特色，其祖形与欧亚草原文化盛行的有銎兵器非常接近，因此，透过它或许能了解该文化因素在该区域的传播与发展。

目前川西高原地区管銎兵器以戈数量最多，器形丰富，斧数量较少，仅有1件；此类器除了铜器外，还有少量的铜铁合制器。这些管銎兵器尽管当前出土数量较少，但其隐涵的信息极为丰富，应引起学人注意。管銎戈依据形制差异，可分五型：

A型啄戈（啄形器YC：58），横管状銎，断面呈椭圆形，銎管表面有两个对称半月形穿孔。銎部与援部交界处内弧，柳叶形刃援，三角形锋，中部起脊[③]（表一，2、3）。此类戈同大司空村管銎啄戈非常接近（M24）[④]（表一，4）；盐源A型啄戈还同甘肃灵台白草坡西周早中期墓葬出土的铜戈（M1：59）[⑤]（表一，6），二者之间除了内部上的差异外，其余部分亦很相似，二者时代差异较大，盐源地区青铜器的时代大致在战国晚期至西汉中期，此类戈可能源于中国北方地区，但与其之间有着明显的时间和文化断裂，其中缘由可能囿于时空变化或异化。此型戈从援部形制而言，其在滇文化中亦可找到类似的器物，如羊甫头出土的De型戈（M113：300）[⑥]（表一，1），均为直援，尖峰。但二者从整体形制分析，差异甚远，其中缘由尚需进一步分析，笔者以为时代差异或许是主要因素。从李刚先生的

① 邵会秋、杨建华：《欧亚草原与中国新疆和北方地区的有銎战斧》，《考古》2013年第1期。

② 凉山彝族自治州博物馆等：《老龙头墓地与盐源青铜器》，文物出版社，2009年；刘弘：《笮人觅踪——初析"笮域"的考古学文化遗存》，纳麟主编：《中国西南文化研究》第10期，云南科技出版社，2006年。

③ 成都文物考古研究所等：《盐源地区近年新出土青铜器及相关遗物报告》，《成都文物考古发现》（2009），科学出版社，2011年。

④ 林巳奈夫《中国殷周时代の武器》（再刊第一刷），朋友书店，1999年，第156页。

⑤ 李海荣：《北方地区出土夏商周青铜器研究》，文物出版社，2003年，第39页；甘肃省博物馆文物队：《甘肃灵台白草坡西周墓》，《考古学报》1977年第2期。

⑥ 云南文物考古研究所等：《昆明羊甫头墓地》（壹），科学出版社，2005年，第42页。

分类而言，A型戈应属于其文的B型銎内啄戈（其啄戈的銎长度小于或等于扁喙的宽度。啄戈在中国境内出现于商代晚期，管銎啄戈与銎内啄戈分属两个不同的系统。管銎啄戈流行时间较长，分布较广，在黄河中下游地区、燕山地区、辽西、新疆、外贝加尔地区均有分布，地方特征显著[①]。

B型鱼型戈，此类戈在川西南的木里县仅发现1件。其形制特点是整体平面形状呈鱼形，鱼尾形内，内端平直；管状銎将内与援区隔，断面呈椭圆形，銎中部有圆形穿孔；内与援部中部起脊，援平面形状呈圭形，刃部两侧微内凹，三角形锋[②]（表一，8）。其形制同地处川西北高原地区甘孜州炉霍县卡莎湖墓地出土的Ⅰ式如出一辙（表一，9），只是内和援部形态略有差异，卡莎湖出土鱼形戈的内顶端呈弧形内凹，援部两侧刃部内凹弧度较大，接近曲刃，二者之间的差异，可能体现为式的变化，而不是型的差异，它们之间可能有着时代上的差异（四川甘孜的炉霍县卡莎湖的石棺葬中亦发现有銎戈的存在，Ⅰ式戈出土于M31（戈、矛、镯、双联泡、铜泡、细石器、珠饰）和M215（戈、镯、泡、细石器）。时代推测为春秋至战国中期，不晚于战国中期[③]。木里位于凉山彝族自治州的西北部，地处青藏高原东南缘，横断山脉的终端，是云贵高原与青藏高原的过渡地带。此型戈目前仅见于川西高原地区，其他地区不见，它可能是欧亚草原管銎兵器的影响在川西高原地区的变体，宁城小黑石沟采集C型戈[④]同B型戈也较为接近（表一，12），另外在新疆洋海墓地采集啄戈[⑤]的援部形制与其类似（表一，10、11），如均长援、菱形锋，但整体形制差异甚远；个中缘由介于当前材料，尚不明确，首先需进一步厘清B型管銎戈在川西高原青铜文化中的考古学文化内涵与时代特征。

C型短内，曲援，圭锋；无胡，无穿，表面锈蚀严重，纹饰多处不明（表一，17）。内端残，近方形，表面装饰有凸起的螺旋纹；管状銎，断面呈椭圆形，表面饰有阴刻螺旋纹，其上装饰有对称的蛇纹，蛇头横置于銎部；援部近锋部装饰有一三角形纹饰带，中部由蛇纹等分，两侧各饰有一圆形乳丁和云雷纹；锋部形状为三角形圆钝状[⑥]。该戈的形制同石寨山出土的D型戈（M71：150）[⑦]和李家山B型（M68：68）横銎铜戈[⑧]以及羊甫头墓地Dc型戈

① 李刚：《中国北方青铜器的欧亚草原文化因素》，文物出版社，2011年，第106页。
② 资料现存木里藏族自治县文物管理所。
③ 四川省文物考古研究所等：《四川炉霍卡莎湖石棺葬》，《考古学报》1991年第2期。
④ 内蒙古自治区文物考古研究所等：《小黑石沟——夏家店上层文化遗址发掘报告》，科学出版社，2009年，第401页。
⑤ 新疆文物考古研究所：《鄯善县洋海一号墓地发掘简报》，《新疆文物》2004年第1期。
⑥ 资料现存盐源县文物管理所。
⑦ 云南文物考古研究所等：《晋宁石寨山——第五次发掘报告》，文物出版社，2009年，第44页，图版三六、2-4。
⑧ 云南文物考古研究所等：《江川李家山——第二次发掘报告》，文物出版社，2007年，第52页。

（M113：370）相近①，除了表面装饰纹饰有所差异外，其余均一致（表一，16、15、13、14）。C型戈目前主要见于滇池地区的滇文化核心文化圈内，盐源地区此类戈的发现，极有可能是滇文化圈影响扩散的结果，此型戈虽然渊源于滇文化，但亦有地方差异，不见滇文化管銎饰立体雕塑的装饰。同典型滇式戈相比，C型戈显得略为粗糙，制作亦不精，二者之间的关系可能存在时段上的差异。在北方地区出土曲援戈较少，目前仅见南山根东区石椁墓出土的啄戈援部与C型戈援形状相近，但差异甚远，需进一步讨论②（表一，18）。

D型 2件。援部呈阔叶状，中脊突出③。依据銎管平面和援部形状差异，可分二亚型。

Da型 1件。銎管扁圆，上有12个方形穿孔，穿孔边缘上有四道加强筋，表面无纹饰；援本部与中脊形成三叉格状，腊部呈折角状，尖峰，无纹饰（表一，31）。

Db型 1件。椭圆形銎管，銎管外侧有星月状装饰，銎管表面遍饰纹饰，但锈蚀严重，不可辨识；援本体末端处中脊是凸起圆圈纹，腊部呈弧形，弧形锋，无纹饰。援部平面形状同滇文化中铜锄或铜戚相近④（表一，33）

目前D型在西南地区青铜文化中尚未发现同类形制器。昌平白浮村⑤（表一，32）和Ордос亦有发现⑥（表一，34）出土的宽叶管銎戈与川西高原D型管銎戈有点形似的痕迹，但差异较为突出，二者之间无论时代抑或是形制断裂严重，此型戈在西北和西南的其他地区当前尚未发现相近之物，它是否为川西高原地区特有之物，尚需进一步观察，Da型銎管上方形穿孔的风格同青海湟中出土有銎斧銎管上装饰相近，援部三叉格装饰不见当前出土的管銎戈，此型戈可能渊源于西北地区同类器在川西南的变异。Db型銎管和援部遍施纹饰，尽管纹饰因锈蚀不可辨认，但其装饰风格同北方地区普遍不饰纹的风格形成明显的差异，其同该文化因素南下川西高原地区之后形成的装饰风格传统一致，该型戈也应渊源于西北地区同类器在川西南地区异化的产物，如在地处河湟地区青海大通良教出土的管銎立兽戈（表一，35）⑦，其援部形制同Db型戈非常接近，而其銎部立兽的风格同滇文化中所盛行的管銎动物

---

① 云南文物考古研究所等：《昆明羊甫头墓地》（壹），科学出版社，2005年，第184页。

② 李逸友：《宁城南山根出土铜器》，《考古》1959年第6期。

③ 资料现藏成都金沙遗址博物馆。明文秀：《止戈兴仁 百姓福祉——金沙遗址博物馆征藏战国秦汉铜戈解析》，《中华文化论坛》2015年第3期。

④ 如江川李家山A型Ⅳ式和B型Ⅱ式尖叶形铜锄，A、B型铜戚。云南文物考古研究所等：《江川李家山——第二次发掘报告》，文物出版社，2007年，第34、59页。

⑤ 北京市文物管理处：《北京地区的又一重要考古发现——昌平白浮西周木椁墓的新启示》，《考古》1976年第4期。

⑥ Членовеа Н.Л., Хронология пяамятников карасукской зпохи, Москква, 1972, С. 231。

⑦ 该戈时代属于卡约文化，上限约公元前1500年左右或更早，下限为公元前一千纪上半叶或更晚。转引自李水城：《西北与中原早期冶铜业区域特征及交互作用》，《考古学报》2005年第3期。

戈有着非常相似的特质，它们之间有着共同的表述题材，兽在滇文化中管銎戈上是常见的装饰题材，这些信息显示二者之间当有着非常密切的渊源关系，目前此类器物在云南青铜文化中尚未发现其祖形。由此推测，D型戈当是西北地区文化因素南传至川西南高原（当然也包括与川西南交接的滇西北部分区域）后形成的具有地域特质的青铜文化因素。

E型管銎一端封闭，一端纳柲，在岷江上游的茂县牟托K2出土管銎戈（原报告称为戟K2：14），援的锋部残，仅存管銎和援本部，銎管下端有一对称方形穿孔用于系缚，銎背上脊饰，已残（表一，21）。銎作扁圆形长管状，断面呈椭圆形，一端开口纳柲，另一端封闭，与援呈丁字形交叉。援断口处磨平，系二次使用。援断口处饰一太阳纹，本部饰几何纹；銎管上饰卷云纹、麦穗纹[1]。该器物从形制特点应属于A型啄戈，但其与盐源地区出土的同类戈差异较大，在欧亚草原亦无迹可寻。其与羊甫头墓地出土的Dd型戈最为接近（M113：63、M113：68），除了纹饰有所差异外，其余相差无几，特别是同M113：63形制几为一致（表一，20、19）。从纹饰风格而言，其与巴蜀青铜器上以动物和云雷纹为纹饰主题的风格完全不同，而与西南夷地区青铜兵器上太阳纹、卷云纹相近，尤以滇文化中滇式戈援上太阳纹如出一撤[2]。此型戈同C型戈时代可能相近，在羊甫头墓地M113即有Dc型和Dd型共出，其时代推测为西汉中期[3]，岷江上游牟托出土管銎戈的形制除了滇文化核心地区外，不见于其他区域，其形制可能渊源于西周北方地区的钩戟，它是北方青铜戟与管銎兵器结合的异体，其渊源可能与北方商周文化圈有着密切联系，如甘肃灵台白草坡西周墓中出土的人头形銎钩戟（表一，22），该钩戟上人头高鼻深目，长发卷曲，有学者认为是进入新疆和河西走廊的吐火罗人的形象[4]，而该墓中同出的管銎啄戈[5]则与盐源出土的A型戈相似，E型戈的时代可能要早于滇文化中的同类器。

管銎铜斧 1件，銎作扁圆形长管状，断面呈椭圆形，一端开口纳柲，另一端封闭，与斧身呈丁字形交叉（表一，25）。銎部上有四个对称条形穿孔，每两个穿孔间銎管表面装饰有对称的圆形涡纹，其上残留有纳柲绑缚时丝线痕迹，该器出土时可能受到附近铁质文物的污染，致使表面遍布铁锈。斧身刃部残缺，其平面形状呈长方弧形，近銎管斧身装饰有对称的圆形乳丁和凸起条纹组成的复合纹饰，由于该件器物未作处理，具体纹饰还不甚清楚[6]。该器物同石寨山出土F型铜斧相近（M71：166、M71：167），但差异亦非常明显（表一，24、

① 茂县羌族博物馆等：《茂县牟托一号墓》，文物出版社，2012年，第82、83页。
② 云南文物考古研究所等：《昆明羊甫头墓地》（壹），科学出版社，2005年，第184页。
③ 云南文物考古研究所等：《昆明羊甫头墓地》（贰），科学出版社，2005年，第713~715页。
④ 林梅村：《古道西风——考古新发现所见中西文化交流》，生活·读书·新知三联书社，2000年。
⑤ 甘肃省博物馆文物队：《甘肃灵台白草坡西周墓》，《考古学报》1977年第2期。
⑥ 资料现存盐源县文物管理所。

23），如石寨山F型斧的斧身较之其细长，銎管不见穿孔，管上流行立体动物装饰[1]，而盐源出土管銎铜斧，斧身宽大，本体几乎位于銎管1/2处，该銎管形制同淳化黑豆嘴出土的A型铜钺的銎管相似[2]（表一，29），此类斧的形制同滇文化圈管銎铜斧接近，但纹饰有所差异，二者之间可能有着时代上的差异。相反此类器物同陕西延川去头村[3]、青海湟中潘家梁[4]（表一，26）、大通上孙家[5]（表一，27）以及加拿大安大略皇家博物馆藏的马首形管銎斧[6]更为接近，此类斧同朱永刚先生文中的KAa和KAb型管銎斧和杨建华先生的Cc型有銎斧相近，此类器物主要集中分布于河湟和晋陕高原以及关中地区[7]，此类马首管銎斧流行时代约在商代晚期[8]，二者之间斧本体形制几乎一致，斧身纹饰单一，銎管上无穿孔，但有几道凸起的加强筋，横銎外端有长方形内饰，本体居于銎管1/3处，銎管较长；而盐源地区出土管銎斧，銎管外侧不见内饰，銎管较之略短，加强筋被穿孔替代，斧身纹饰较为复杂。在青海湟中前营村出土的管銎斧管銎中部有方形穿孔16个（表一，28、30），銎管一侧饰有对视双立马，援中部有一圆形穿孔，该銎管上双立马造型独特，其可能与欧亚草原青铜时代广泛流行双马神崇拜有着密切的关联，结合盐源盆地青铜文化中众多的双马神元素，河湟地区商周青铜文化可能与其有着密切的联系，这为盐源地区双马神崇拜传统渊源提供了重要的信息。

川西南地区的管銎兵器除了上述全铜器外，还有一类铜铁合制器，其管銎部为铜，而援部为铁，当为分铸而成。目前盐源地区征集到1件[9]，仅存管銎和銎部内端的三叉状锥刺，在锥刺间夹钳有铁质机体，锈蚀严重，由于铁质机体仅存少许，其形制不可辨。管銎有三道对称条形穿孔，穿孔边上有圆圈状装饰（表一，36）。

从上所述，川西高原青铜文化中的以管銎戈多见，横銎突出，戈援典型，銎部流行繁缛的纹饰，它不同于北方草原的有銎斧，端銎、素面，銎部穿孔少见。川西高原的管銎戈除了A型戈外，其余銎管均明显长于戈援宽度，銎管上多有穿孔，此外銎管表面往往装饰有繁缛的纹饰，但不见滇文化中常见的立体雕塑。B型戈多见于川西北高原青藏高原东缘地区，即

[1] 云南文物考古研究所等：《晋宁石寨山——第五次发掘报告》，文物出版社，2009年，第38、39页，图版三一，3。

[2] 姚生民：《陕西淳化县出土的商周青铜器》，《文物与考古》1986年第5期；李刚：《中国北方青铜器的欧亚草原文化因素》，文物出版社，2011年，第114页。

[3] 阎晨飞：《陕西延川县文化馆收藏的几件商代青铜器》，《考古与文物》1988年第4期。

[4] 青海省文物考古研究所：《青海湟中下西河潘家梁卡约文化墓地》，《考古学集刊》第8集，科学出版社，1994年第8期。

[5] 李汉才：《青海湟中县发现古代双马铜钺和铜镜》，《文物》1992年第2期。

[6] 东京国立博物馆：《大草原の骑马民族——中国北方の青铜器》，东京国立博物馆，图版23，1997年。

[7] 朱永刚：《中国北方的管銎斧》，《中原文物》2003年第2期；邵会秋、杨建华：《欧亚草原与中国新疆和北方地区的有銎战斧》，《考古》2013年第1期。

[8] 朱永刚：《中国北方的管銎斧》，《中原文物》2003年第2期。

[9] 盐源县双河乡征集，资料现存盐源县文物管理所。

现今康巴地区，其不见于周边地区，当为该区域青铜时代最具特质的器形，此类戈的流行时代约在春秋晚期至战国中期，而同此类戈共出的另一件戈形器①，其形制同卡莎湖Ⅱ式戈如出一辙，因此木里出土管銎戈的文化因素应属于以卡莎湖为代表的青铜文化，此类文化因素当有着特定文化分区与传统。C型戈的形制同滇文化圈的管銎戈形制最为接近，虽然有一些差异，如中脊上饰浅浮雕状蛇纹，但二者之间形制当有着密切的渊源关系，其可能是滇文化圈在川西南地区影响的变异。D型戈由于具体出土地点不是非常清楚，但从与其共出诸多盐源青铜器推测，其最大出土地点当属于川西南的盐源及其相邻的滇西地区，该型器目前在其他区域尚未发现同类器物，其渊源的厘清尚需进一步拓展视野。E型戈目前除见于滇池地区外，不见于其他区域，滇文化中的同类器可能是受到川西高原地区E型戈的影响发展变化而来的，该形制铜器可能渊源于百草坡出土钩戟，但差异较大，尚需更多材料进行对比，但滇文化中的同类器与之有着最为密切的关系，但牟托石棺葬推测时代最晚至战国晚期，其时代亦早于滇文化出土同类器的时代，是否存在由川西北向川西南再至滇池地区进程？由于缺环突出，尚需进一步的材料分析。管銎斧同滇文化中同类器相近，但亦有差异之处，如斧身宽大接近钺，不见立体动物装饰；而滇式管銎斧身窄细，銎部多施有立体动物装饰。目前川西高原发现的管銎兵器的时代可能集中于战国中、晚期至西汉前期，即前4世纪中叶至2世纪中叶，其中A、B型戈时代可能较早，D、E型戈次之，C型戈和斧以及铜铁合制戈可能较晚，西汉中期以后，随着西南夷青铜文化的式微，该类器物逐渐消失。由于受制于考古资料的缺憾，此类器的时代和文化属性的讨论尚有进一步细化的空间。

目前的西南地区出现管銎兵器最为丰富和集中的当属滇文化核心地区②，它们制作精致，纹饰繁缛，銎管上普遍装饰立体动物装饰，未有使用痕迹，极尽奢华，其功能当不属于实用器，且其多出土于高等级墓葬中，具有明显的礼仪性和象征性意义，由此凸显墓主人的身份与地位。而在近东地区发达的农业文明社会中，青铜器技术首先是为等级服务的③，因此杨建华先生认为很多有銎斧逐渐失去了实用功能，成为礼仪性器物④，对此，笔者认为川西高原青铜文化中的此类器物应当与滇文化中管銎兵器有着相近的社会功能——仪仗器。川西南地区的盐源地区是中国西南地区目前除了滇文化圈外，管銎兵器最为发达的区域，这与其自身的文化特质有着诸多的关联。盐源青铜文化中具有浓烈的北方草原文化因素，管銎兵器凸显了其与北方草原文化之间有着密不可分的联系，同时也进一步强化

① 该信息由凉山彝族自治州博物馆刘弘先生告知。
② 周志清：《西南地区青铜时代的有銎戈》，待刊。
③ 杨建华：《欧亚大陆青铜文化系统划分初探》，《新果集——庆祝林沄先生七十华诞论文集》，科学出版社，2009年。
④ 邵会秋、杨建华：《欧亚草原与中国新疆和北方地区的有銎战斧》，《考古》2013年第1期。

了其文化内涵。这些管銎兵器由于多数资料系征集，丧失其时空坐标，给进一步分析带来诸多不便，但对其讨论有助于打开一扇想象的空间。

二、川西高原在欧亚草原与中国北方青铜文化传播带的地位

川西高原为青藏高原东南缘横断山脉的一部分，分为川西北高原和川西山地两部分。该地区在地理意义上既是四川盆地的西缘，又是青藏高原的东沿，其北部与甘、青地区的河湟谷地相连，它的南部深深嵌入青藏高原与云贵高原之间大褶皱的夹缝之中，川西高原区的地理条件南北不尽相同，各具特点，川西地理上位于横断山脉东段，地势处于青藏高原与四川盆地之间，由第一台阶向第二台阶的过渡地带。川西高原南北分界大约在北纬三十度线。北纬三十度以北为青藏高原主体的一部分，大部分地区起伏不大，草地、沼泽广布，为重要的牧业区。北纬三十度以南，为著名的横断山地的北段，峡谷森林茂密，狭窄的冲积平原散布于河流两岸，成为区内农业耕作的基础。川西高原在地理上的垂直带谱分布明显，自然环境的垂直分选，汇聚了适应不同地形高度的多种经营方式，以及多民族的文化景观。川西高原地处不同地理单元的边缘，或曰两种地貌的结合部，这些区域往往是人类社会物质与文化产品的交流带；这种地处边缘地带的地理单元，历史上往往容易形成交通往来的道路和文化交融的走廊。川西高原既是自然地理学意义上的边缘地带，也是东亚地区华夏文明社会形成和变迁中的族群边缘地带[1]。

川西高原青铜时代的考古资料表明，川西高原地区，特别是以盐源为中心的地区与中国北方草原的青铜文化有着密切的联系，其地处中国北方与西北至西南文化传播带上，其文化因素中具有鲜明的北方草原文化因素孑遗，管銎兵器作为诸多北方文化因素中的一种，有着特定的时空语境，对其分析极大丰富了川西高原青铜文化中北方草原因素影响的内涵。管銎兵器在西南地区青铜文化的讨论中长期以来一直未被作为一项重要的文化因素对待，这一方面囿于资料限制，另一方面是其与北方地区明显的时空断裂，随着近年来有关欧亚和北方草原青铜文化因素研究诸多成果的频现，该文化因素的讨论得以践行。

从上文所述，我们可知公元前4—前2世纪流行于川西高原青铜文化中的管銎兵器应当渊源于欧亚草原青铜文化中有銎斧，它们不属于中国北方青铜器原生的文化因素，而是次生的青铜文化因素[2]，它是在中国北方地区次生管銎兵器的基础上逐步发展起来的，中国北方有銎斧主要集中分布于北方的内蒙、宁夏、东北地区、陕西北部等，后传播至新疆、甘肃、青海等地，似乎经历西传的历程，而西南地区青铜文化中管銎兵器的发现，则从侧面

① 李孝聪：《中国区域历史地理》，北京大学出版社，2004年，第89、90页。
② 邵会秋、杨建华：《欧亚草原与中国新疆和北方地区的有銎战斧》，《考古》2013年第1期。

反映出有銎兵器在向西渐的过程中，也发生了南移的进程。

中国北方地区的有銎戈或斧渊源于欧亚草原，同时在其基础上发展出的管銎戈在商周时期中原地区就已经出现，但其在中国殷商或周文化的核心地区一直未占据主流地位，在其西部边缘地区，特别是东周时期的西戎地区，此类兵器一直有着持续而广泛的影响。从目前的考古材料观察，在甘宁地区的春秋晚期至战国中晚期的文化中，管銎兵器仍然有较多发现，如宁夏中部出土的管銎斧（中卫狼窝子坑M2：4、中宁倪丁村M2：1）[①]（表一，5、7）和甘肃东部出土的管銎啄锤[②]，相较而言，其形制同川西高原的管銎戈和斧更为接近，同时时代也连续，除此之外，二者之间还有许多相近的文化因素，如菱形矛、"S"饰、山子格剑等，在川西地区晚期青铜文化中均有较多发现，而这些文化因素在盐源地区最为突出，而盛行于周人的"毁兵"葬习俗在该地区有较多的发现，亦突出该人群深受周人文化圈的影响[③]。

此外，在川西南地区的盐源地区还有一类过去未被重视的兵器，即竖銎式铜箭镞，竖銎，本体与銎部融为一体，此类兵器有矛、斧、钺、箭镞等，由于矛已经有多人讨论，在此不再赘述；而斧、钺则与欧亚草原有着迥然的差异，不属于本文讨论范围。竖銎箭镞与本文所述的管銎兵器虽然有着明显的差异，但其明显的欧亚草原遗风，对于我们了解该区域管銎兵器的渊源有着佐证意义。依据形制差异，川西南地区竖銎箭镞可分两型：A型为双翼銎式镞（表二，4、5），此类镞銎部一般带有一尾刺（原报告的Ea型）；B型为銎式无翼锥形镞（表二，1、2），其最大特征是无翼，呈镦状[④]。A型镞的形制同乙A型銎式双翼镞相近，二者之间的双翼有所差异，盐源的双翼为燕尾形，而上述的则为柳叶形或三角形.。此类镞在酒泉干骨崖、鄂尔多斯、陕西彬县断泾、黑海北岸、伏尔加河、乌拉尔西南部出土（表二，6-9），此类箭镞在欧亚草原较为盛行，西起黑海北岸，东到陕西彬县、鄂尔多斯地区都有发现，它是斯基泰文化、撒夫罗马特文化、塔加尔文化中常见的青铜镞，这些文化流行的时代约在公元前7—3世纪之间。B型镞同李文中乙C型四棱锥镞相近，不同的是B型镞不见棱锥，表面浑圆，断面为圆形[⑤]，该型镞在内蒙古中南部均有发现，很多地方均有分布（表二，10-12），流行时代为前7—3世纪。此类器物在青衣江流域的宝兴汉塔山墓地中也有发现（锥形镞（M27：8）[⑥]（表二，3）。銎式镞不是商周核心文化圈中常见的形制，

① 周兴华：《宁夏中卫县狼窝子坑的青铜短剑墓群》，《考古》1989年第11期；宁夏回族自治区博物馆考古队：《宁夏中宁县青铜短剑墓清理简报》，《考古》1987年第9期。

② 中国青铜器全集编辑委员会：《中国青铜器全集·15·北方民族》，文物出版社，1995年；罗丰：《以陇山为中心甘宁地区春秋战国时期北方青铜文化研究》，《内蒙古文物考古》1993年第1、2期。

③ 周志清：《盐源地区的"毁兵"葬》，《成都考古》2015年第2期。

④ 凉山彝族自治州博物馆等：《老龙头墓地与盐源青铜器》，文物出版社，2009年，第120页。

⑤ 李刚：《中国北方青铜器的欧亚草原文化因素》，文物出版社，2011年，第101、103页。

⑥ 四川省文物管理委员会等：《四川宝兴汉塔山土坑积石墓发掘报告》，《考古学报》1999年第3期。

它广泛盛行于欧亚草原地带。它在盐源地区的出现，显示其受到欧亚草原地带文化因素的影响，其进一步佐证了盐源地区青铜文化具有深厚北方草原青铜文化因素的遗风。盐源地区出土青铜器的时代大致在战国晚期至西汉中期，即公元前3—1世纪，其上限与欧亚草原文化因素在中国北方消失的时间衔接，这反映出欧亚草原因素南移可能因东周时期中原地区政治与社会的变革，而导致西北地区人群的南移。

目前甘宁地区出土的管銎戈可能介于北方有銎斧和西南管銎戈之间的过渡形态，且流行时代的下限同西南地区同类器流行的上限相近，而川西南地区管銎兵器亦呈现过渡色彩，其时代可能早于滇池地区同类器。尽管目前二者之间资料缺环严重，存有众多疑问，但相较而言川西高原地区管銎兵器与甘宁地区管銎兵器之间的关系无论是形制抑或是时代特征以及文化风格而言显得更为密切。管銎兵器在中国北方青铜核心文化圈一直不属于典型的文化因素，而甘宁地区的管銎兵器同中原地区青铜文化圈同类器相比有着较大差异，它有北方地区管銎兵器的特点，将横管与戈有力结合，但其形制不同于北方地区；北方地区管銎兵器以有銎斧居多，很难看到严格意义上的管銎戈；而甘宁地区管銎戈则明显不同于斧，戈的形态更为清晰，总体而言，北方地区管銎戈或斧，少有纹饰装饰，横銎较短，南方地区的管銎兵器则纹饰繁缛，少见不装饰纹饰的管銎，同时横銎突出，其过渡色彩浓厚；西南管銎兵器中以戈的形制丰富，其次为斧和凿等。尽管目前在川西地区的管銎兵器在欧亚草原或中国北方地区青铜文化中几乎找不到完全一致的器形，有着自身鲜明的区域与文化特征，但其文化因素渊源于欧亚草原和中国北方草原青铜文化应当没有太大异议。甘宁地区管銎兵器无论从形制亦或是时代均与川西高原地区同类有着更为密切的关联，它们是欧亚草原青铜文化中特有管銎兵器同中国北方青铜器结合的产物。在欧亚草原青铜文化的衰退期，即公元前7世纪前后[①]，此类器物逐渐淡出欧亚草原的历史舞台，但在秦汉时期的中国西南地区则延续了此遗风，其以滇文化和盐源青铜文化最为突出，此类器物在川西高原地区的出现，可能是受到华夏文化圈向西扩张或挤压的影响迫使原生活于甘宁等地区西戎人群的南移而渐次发生的，在漫长的迁移与文化互动中，逐步发展出自身文化特质的管銎兵器，并创造出新的形式，它们并非是北方草原文化因素的简单移植，而是在长时段的时空语境中融合与创新的产物，其文化互动的动力主要源于人群的移动和技术系统的承续。川西高原特殊的自然和文化地理环境为这一互动提供了理想的走廊，在南方丝绸之路开辟以前，西北与西南主要通过川西高原地区实现人群与文化互通，秦汉时期南方丝绸之路"西线"应当是在西南地区晚期青铜时代西北与西南青铜文化互动交流的孔道上发展起来的。

盐源地处川西南横断山区与青藏高原的过渡地带，它在自然地理上处于高原与山区

---

① 李刚：《中国北方青铜器的欧亚草原文化因素》，文物出版社，2011年，第42页。

的过渡地带，在文化地理单元上亦属于文化的碰撞地带，西北地区的青铜文化通过盐源地区而实现向云南地区移动，滇池地区的青铜文化亦可通过它实现向北影响，在盐源青铜文化中除了滇式管銎戈外，滇式铜钟、石寨山型铜鼓、蛇首剑等滇文化因素在此亦有诸多发现①，这些滇文化因素在此地的出现可能正是滇文化北渐影响所致，这也凸显了川西高原地区在南北文化交流中的介质作用。川西高原，特别是地处川西山地的盐源地区青铜文化中盛行的管銎兵器是中国北方草原地区青铜文化在西南地区影响扩散的产物，它是北方草原诸多青铜文化因素在西南地区异化的产物之一，对其分析凸显了川西高原地区在沟通西北与西南地区古代文化交流中扮演着极为重要的角色，它的发现与研究加深和丰富了中国西缘边地文化传播带的认识，进一步夯实了川西高原中国古代边地文化传播带中的地位。而川西山地青铜文化中的诸多青铜文化因素在滇文化中的持续扩散与创新，凸显了川西山地是连接中国西北与云贵高原青铜文化的重要节点，正是通过该地区使得北方草原文化的青铜文化因素得以在秦汉时期的西南夷地区延续与发展。

近年来学者对欧亚草原和中国北方地区青铜时代的文化因素进行过诸多的讨论和探索②，或立足于中国的角度，或立足于世界，他们认为中国北方青铜器是欧亚草原青铜文化一个重要的组成部分，讨论中国北方青铜器必须立足于欧亚草原青铜文化这一视野。以往的研究中重视东、西之间的文化交流与碰撞以及由北而南的影响，但对于中国西南地区这一与中国北方共处"边地半月形文化传播带"上的区域讨论则少有关注。近年来川西高原地区青铜时代的考古资料揭示，该区域特点鲜明和时代特征突出的青铜文化与中国北方地区的青铜文化有着密切的联系，它们是欧亚草原与中国北方地区青铜文化因素的影响在西南地区的延伸与异化，对它的讨论有助于对欧亚草原文化因素在中国西南地区文化影响与人群移动的讨论。管銎兵器不属于中原商周文化固有传统的器物，它当是欧亚草原青铜文化对中国北方地区影响与异化的产物，通过对川西高原青铜时代出土管銎兵器的分析，有利于勾勒出欧亚草原文化因素通过中国西北至西南的文化交流轨迹，并凸显了川西高原地区青铜文化在这一轨迹中的深刻印记。

---

① 周志清：《滇风北渐——滇文化因素在川西高原的扩散》，《成都文物》2013年第4期。
② 邵会秋、杨建华：《欧亚草原与中国新疆和北方地区的有銎战斧》，《考古》2013年第1期；杨建华：《商周时期中国北方冶金区的形成——商周时期北方青铜器的比较研究》，《公元前2千纪北方青铜器的比较研究》，科学出版社，2008年；杨建华：《春秋战国时期中国北方文化带的形成》，文物出版社，2004年；杨建华：《欧亚大陆青铜文化系统划分初探》，吉林大学边疆考古研究中心编：《新果集——庆祝林沄先生七十华诞论文集》，科学出版社，2009年。李刚：《中国北方青铜器欧亚草原文化因素》，文物出版社，2011年；李海荣：《北方地区出土夏商周时期青铜研究》，文物出版社，2003年；林沄：《商文化青铜器与北方地区青铜器关系之再研究》，《林沄学术文集》，中国大百科全书出版社，1998年；朱永刚：《中国北方的管銎斧》，《中原文物》2003年第2期。

表一　川西高原出土管銎兵器同周边地区管銎兵器比较示意图

滇池地区	川西高原	北方草原

续表

滇池地区		川西高原	北方草原
 23	 24	 25	 26　27　28　29 30
		 31	 32
		 33	 34 35
		 36	

表二　川西高原出土有銎镞同北方地区有銎箭镞比较示意图

川西山地	北方草原
 1　2　3　4　5	 6　7　8　9　10　11　12

试论盐源盆地的细长三角援无胡戈

刘祥宇　成都市文物考古研究所　助理馆员

摘　要：细长三角援无胡戈是盐源盆地青铜文化中的一类重要器物。通过对比，发现其与成都平原东周A型无胡戈相似，推测其应从成都平原传播而来，传播年代不早于战国早期，而盐源盆地青铜文化的年代并未早至春秋时期，且未发现明确的战国时期成都平原的蜀文化因素，因此这种传播并非直接传播，而是间接通过其他地区传入。在铜戈的形制和纹饰上，盐源盆地与成都平原及云南地区滇文化均存在明显差异，故细长三角援无胡戈应是极具盐源盆地本地特色的一类器物，其滥觞于西周时期，至西汉时仍有发现，说明文明的细节延续较长，在空间距离较远的地区可能得到某种程度的复兴。

关键词：细长三角援无胡戈　盐源盆地　成都平原　滇文化

　　盐源盆地近年来出土了大量青铜器，铜戈是其中数量较多的一类[①]。这些铜戈大致可分为两大类：无胡戈和有胡戈，其中无胡戈又大致可分为细长三角援无胡戈、曲援无胡戈、折援无胡戈三类[②]。在这些戈中，细长三角援无胡戈数量最多，本文仅讨论这类细长三角援无胡戈。

　　很多文章和书籍中都曾提到这种细长三角援无胡戈。对于这类戈的研究，学者们一般都注重其与"蜀式戈"关系的讨论，对有关这类戈的其他问题的研究则往往被忽略[③]。

---

① 凉山彝族自治州博物馆、成都文物考古研究所：《老龙头墓地与盐源青铜器》，文物出版社，2009年；成都文物考古研究所、凉山州博物馆、盐源县文物管理所、西昌市文物管理所：《盐源地区近年新出土青铜器及相关遗物报告》，《成都考古发现》（2009），科学出版社，2011年。

② 江章华：《对盐源盆地青铜文化的几点认识》，《三星堆研究》第二辑，文物出版社，2007年。

③ 童恩正：《我国西南地区青铜戈的研究》，《考古学报》1979年第4期；霍巍、黄伟：《试论无胡蜀式戈的几个问题》，《考古》1989年第3期；刘弘：《论蜀式戈的南传——西南地区青铜戈的再研究》，《四川文物》2007年第5期；井中伟：《川渝地区出土铜戈及相关问题研究》，《边疆考古研究》（第5辑），科学出版社，2007年。

一

　　盐源盆地发现的细长三角援无胡戈既有实用器，也有墓葬随葬专用的明器。明器戈多铸造粗糙，纹饰简略，是在实用器基础上的简化，不能完整反映这一类戈的特点。故本文在做分析时将不把明器戈包含在内。

　　这种细长三角援无胡戈的形制一般是援作细长三角形，长方形内，内末为"W"形，无上下阑，援末两穿，内上一穿，有些在援后部亦有一圆穿。援部纹饰多为云气纹、乳丁、蛇纹、螺旋纹及结构复杂的菱形纹等多种元素组成的轮廓略呈三角形的纹饰，内上饰螺旋纹和直线及弧线组成的纹饰。

二

　　在讨论盐源盆地这类戈的来源时，成都平原地区东周时期的无胡戈受到较多关注[①]。而我们要确定这类戈来源于成都平原某一类无胡戈而非其他类别，应建立在对成都平原东周无胡戈较为明确的分类基础之上。

　　新都马家木椁墓年代大致为战国中期，其腰坑中随葬品较为特别的随葬方式为我们讨论成都平原东周时期无胡戈的分类提供了线索[②]。这座墓腰坑中多种随葬品均为5件相同或相近形制的个体成组出现。其中25件无胡戈也恰可分为5件一组的5组，且各组之间能看出明确的形制上的差异。这样的5组很可能就体现了战国中期成都平原居民关于无胡戈类别的部分观念。我们可依此将这些无胡戈分为5型（图一）。这样的分型基本上可以反映成都平原东周时期常见无胡戈的大多数种类。当然成都平原地区还有不同于以上5型的其他型无胡戈，由于其无关本文宏旨，在此不予讨论。

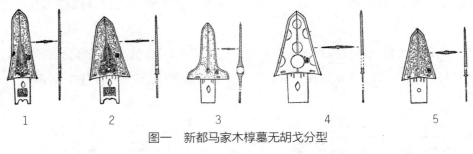

图一　新都马家木椁墓无胡戈分型

1. A型　2. B型　3. C型　4. D型　5. E型

---

① 童恩正：《我国西南地区青铜戈的研究》，《考古学报》1979年第4期；霍巍、黄伟：《试论无胡蜀式戈的几个问题》，《考古》1989年第3期；刘弘：《论蜀式戈的南传——西南地区青铜戈的再研究》，《四川文物》2007年第5期；井中伟：《川渝地区出土铜戈及相关问题研究》，《边疆考古研究》（第5辑），科学出版社，2007年。
② 四川省博物馆、新都县文物管理所：《四川新都战国木椁墓》，《文物》1981年第6期；对这座墓年代的讨论见江章华、张擎：《巴蜀墓葬的分区与分期初论》，《四川文物》1999年第3期。

从图一中我们可以明显看出，盐源盆地这类细长三角援无胡戈在援的形状、内的形状、纹饰布局、纹饰大致轮廓方面均近似于成都平原A型无胡戈。那么盐源盆地细长三角援无胡戈的来源当极有可能与成都平原A型无胡戈有关。成都平原在战国之前的西周时期至春秋时期出土铜兵器较多的窖藏和墓地，如彭县竹瓦街西周窖藏①、金沙遗址"人防"地点②、"国际花园"地点③、"星河路西延线"地点④、"黄河"地点⑤，均未发现A型无胡戈，而年代大致为战国早期的百花潭中学十号墓⑥、石人小区94CSM9⑦及年代大致为战国中期的新都马家墓中却能见到这种戈，似乎可以说明A型无胡戈在成都平原流行的年代大致为战国时期。如果说盐源盆地这类细长三角援无胡戈的出现与成都平原东周时期无胡戈有关，那么这种传播发生的年代当不能早于战国早期。细长三角援无胡戈是盐源盆地青铜文化一种重要器物，故我们因此可以推测盐源盆地青铜文化的年代是不大可能早至春秋时期。而目前盐源盆地还没有发现其他十分明确的成都平原战国时期的蜀文化因素，特别是兵器上的"巴蜀图语"和十分有特色的巴蜀印章并未在盐源盆地发现过，那么我们推测这类铜戈从成都平原传播至盐源盆地的方式可能不是直接的，而是间接通过其他地区辗转传入的。

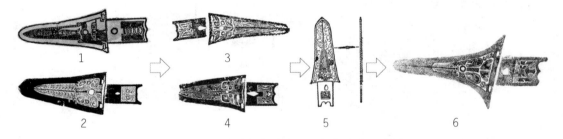

图二　盐源盆地细长三角形无胡戈演变示意图

1. 宝鸡竹园沟M7∶146　2. 洛阳北窑M155∶13-6　3. 百花潭中学十号墓戈　4. 石人小区94CSM9∶42　5. 新都马家木椁墓戈　6. 老龙头墓地C∶45

---

① 王家祐：《记四川彭县竹瓦街出土的铜器》，《文物》1961年第11期；四川省博物馆、彭县文化馆：《四川彭县西周窖藏铜器》，《考古》1981年第6期。

② 成都文物考古研究所：《金沙村遗址人防地点发掘简报》，《成都考古发现》（2003），科学出版社，2005年。

③ 成都文物考古研究所：《金沙遗址"国际花园"地点发掘简报》，《成都考古发现》（2004），科学出版社，2006年。

④ 成都文物考古研究所：《金沙遗址星河路西延线地点发掘简报》，《成都考古发现》（2008），科学出版社，2010年。

⑤ 成都文物考古研究所：《成都市金沙遗址"黄河"地点墓葬发掘简报》，《成都考古发现》（2012），科学出版社，2014年。

⑥ 四川省博物馆：《成都百花潭中学十号墓发掘记》，《文物》1976年第3期。

⑦ 成都市文物考古研究所、成都市文物考古工作队：《成都西郊石人小区战国土坑墓发掘简报》，《文物》2002年第1期。

若我们将视野扩大到全国范围，洛阳北窑墓地西周早期墓葬M155[①]、宝鸡竹园沟墓地西周早期墓葬M7[②]都出土有这种形制和纹饰上类似于盐源盆地细长三角援无胡戈和成都平原A型无胡戈的铜戈。其形制和纹饰在不同年代的发展变化大致如图所示（图二）。

三

江章华先生曾将盐源青铜文化典型遗物分为A、B、C三群，并认为细长三角援无胡戈属"A群"，是盐源盆地特有器物[③]。通过对比，我们可以知道盐源盆地这类戈与周边的成都平原及云南地区的同类器相比，差异明显（图三）。其与成都平原A型无胡戈的差异主要在纹饰上，盐源盆地的铜戈在援部纹饰上采用了一些新的元素，特别是结构复杂的菱形纹，是从未出现在成都平原的A型无胡戈上的。而与云南地区滇文化铜戈的差异在形制和纹饰上均十分明显。滇文化铜戈如昆明羊甫头[④]、晋宁石寨山[⑤]等地出土的铜戈援上常见的太阳纹及援和内上经常出现的人或动物图像是盐源盆地铜戈上极少见到的，且滇文化大量有銎戈仅在盐源盆地见到一件。故我们认为这类细长三角援无胡戈是极具盐源盆地本地特色的，是盐源盆地青铜文化区别于其他青铜文化的重要特征之一。

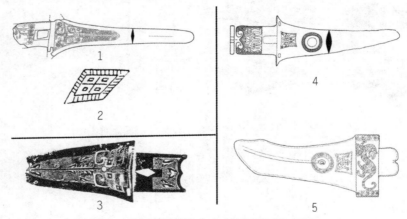

图三　盐源盆地铜戈与相关地区铜戈对比图

1. 老龙头C：321　2. 老龙头C321结构复杂的菱形纹　3. 石人小区94CSM9：42　4. 羊甫头M19：114-1　5. 石寨山M71：150

① 洛阳市文物工作队：《洛阳北窑西周墓》，文物出版社，1999年。

② 卢连成、胡智生：《宝鸡强国墓地》，文物出版社，1988年。

③ 江章华：《对盐源盆地青铜文化的几点认识》，《三星堆研究》第二辑，文物出版社，2007年。

④ 云南省文物考古研究所、昆明市博物馆、官渡区博物馆：《昆明羊甫头墓地》，科学出版社，2005年。

⑤ 云南省文物考古研究所、昆明市博物馆、晋宁县文物管理所：《晋宁石寨山——第五次发掘报告》，文物出版社，2009年。

结语

盐源盆地青铜文化的年代大致处于战国时期至西汉时期，而出有细长三角援无胡戈的老龙头M11年代大致为西汉时期[①]。盐源盆地的细长三角援无胡戈从源流上看，可以认为滥觞于西周时期，而大致为西汉时期的老龙头M11仍出有形制及内上纹饰类似西周时期同类器的戈。西周时期的关中及中原地区与西汉时期的西南腹地，在时间和空间上的跨度都很大，这可以说明一些文明的细节的延续往往不绝如缕，且可能在空间距离十分遥远的地区得到某种程度的复兴。这点认识对于我们理解一些如金沙遗址出土类似良渚文化玉琮之类的问题是有提示作用的[②]。

---

① 凉山彝族自治州博物馆、成都文物考古研究所：《老龙头墓地与盐源青铜器》，文物出版社，2009年。
② 成都市文物考古研究所：《成都金沙遗址Ⅰ区"梅苑"地点发掘简报》，《文物》2004年第4期。

试论滇国鼓形玉器

李培聪　云南昆明市博物馆 馆员

摘　要： 云南古滇国出土众多具有典型滇族特色的玉器，这些器形大多可以认为是滇族独创的，或者说是滇族审美思想的物化和载体，其中具有代表性的器形——鼓形玉器，不仅体现了云南古滇国的铜鼓文化，也反映出鼓形玉器在滇国墓葬礼仪中的权力功能和财富象征功能。

关键词： 滇国　鼓形玉器　玉坠　玉珠

滇国玉器多为首饰和服饰，具有浓厚的生活气息和滇族文化特点，亦均为服务于生活的装饰品，其玉器以软玉、玛瑙、孔雀石等彩石为主体。器形有耳饰玦、项饰珠、项饰管、手镯，还有乳突玛瑙饰、带钩，用做镶嵌的小圆片等[①]。其中鼓形玉器是其玉器中最具特色的器形，为模仿滇国青铜文化中铜鼓形而作，此鼓形玉器出土数量甚少，却大多见于大墓之中，应为滇国上层人士专享之物。

一、鼓形玉器出土情况

滇国玉器出土数量不多，究其形可分两类：一为铜鼓形玉坠，二为铜鼓形玉珠。

A型：鼓形玉坠。玉坠是玉饰中的一种，直条形玉坠数量较多，可分三式：Ⅰ式，鼓面中央斜钻一孔到鼓腰穿出（李家山M68×1：47-1）；Ⅱ式，上粗下细，上端雕琢成圆环成方环，下端雕琢成铜鼓形（李家山M69：177）；Ⅲ式，铜鼓之上另饰其形（曲靖八塔台M41：8-10）。这些玉坠多出现"鸡骨白"，鼓径都在0.9~1.7厘米之间。主要玉器如下：

Ⅰ式：李家山M68出土过1件直条形玉坠（M68×1：47-1），白色，顶端被雕琢成铜鼓形，鼓胸、腰、足三段分明，面中央、腰中部各开1圆孔，下端残，残长21厘米、鼓径1.7厘

---

① 本文系云南省哲学社会科学学科建设项目：《滇文化聚落结构研究》之阶段性成果，项目号为：XKJS201523。
赵美等：《滇国玉器》，科学出版社，2003年。

米、坠径1.4厘米①。

Ⅱ式：李家山M69还出土过2件玉坠，形制为上细下粗，圆孔开在上端，一为圆环状，另一为方形状，下端雕琢成铜鼓状，鼓上无圆孔。M69：177，长10~13厘米、鼓径0.9~1.1厘米、坠径0.7~0.9厘米②。

Ⅲ式：曲靖八塔台出土过1件人头形玉坠（M41：8-10），上为人头形，腿部镶绿松石珠，下为一铜鼓，鼓体高，中空。长4.3厘米、鼓高1.2厘米③。

B型：鼓形玉珠，李家山、羊甫头出土过许多用金、银、玛瑙、绿松石做成的铜鼓形玉珠，特点是器形小，无鼓耳，鼓面中央开1小孔，用于穿缀使用。石寨山出过玛瑙（Ⅸ式）、绿松石（Ⅵ式）二种，李家山墓地出土的铜鼓形装饰品质地较多，金、银玛瑙、绿松石都有，羊甫头只出玛瑙一种。可分三式：Ⅰ式，体高，胸、腰、足三段分明，腰部呈柱状；Ⅱ式，体矮束腰，腰、足部无分界线；Ⅲ式，胸、足径相等，腰粗呈柱状。

Ⅰ式：李家山M44出土过2件玛瑙鼓形珠，雕琢制鼓形，鼓面平，无耳，鼓面中央开1小孔。白色，此墓墓主为女性。M44：13，面径1.2厘米、足径1.2~1.4厘米、高1.3厘米④。

羊甫头出土数量较多，大型墓出土有M19：183-5、M113：104-3、M113：145-1、M113：111-7、M113：130-1，中型墓出土有M202：10-1、M202：10-2。大部分是白玛瑙，M202出过1件红玛瑙（M202：10-2）。

Ⅱ式：羊甫头M113：111-7，高1.3厘米、足径1.3厘米⑤。

Ⅲ式：羊甫头M113：130-1，高1厘米、足径1.4厘米⑥。泸西大逸圃M164：6-11，高1厘米、足径1.3厘米⑦。

Ⅳ式：羊甫头M19：183-5，高1.2厘米、足径1.2厘米⑧。

石寨山M13出土过2件红玛瑙鼓形饰（原报告不见编号大者为Ⅰ式，小者为Ⅱ式），较为罕见。

Ⅰ式：羊甫头M202：10-2近似，中央穿孔。最大的长2厘米，最小的长1.3厘米⑨。

Ⅱ式：李家山M82出土过1件（M82：24）绿松石鼓形饰，铜鼓形，中央开一小孔，无

① 云南省文物考古研究所等：《云南江川李家山——第二次发掘报告》，文物出版社，2007年。
② 云南省文物考古研究所等：《云南江川李家山——第二次发掘报告》，文物出版社，2007年。
③ 云南文物考古研究所：《曲靖八塔台与横大路》，科学出版社，2003年。
④ 云南省文物考古研究所等：《云南江川李家山——第二次发掘报告》，文物出版社，2007年。
⑤ 云南省文物考古研究所等：《昆明羊甫头墓地》，科学出版社，2005年。
⑥ 云南省文物考古研究所等：《昆明羊甫头墓地》，科学出版社，2005年。
⑦ 云南省文物考古研究所等：《泸西石洞村大逸圃墓地》，云南科技出版社，2009年。
⑧ 云南省文物考古研究所等：《昆明羊甫头墓地》，科学出版社，2005年。
⑨ 云南省博物馆：《云南晋宁石寨山古墓群发掘报告》，文物出版社，1959年。

耳，胸、足径相等，束腰。高1.5厘米、足径1.3厘米。石寨山M13也出过1件[①]。

滇国墓葬中玛瑙饰品出土的数量最多，但相较玛瑙珠里的粒状、枣核形、水滴状、葫芦状等，鼓形玛瑙珠出土较少，绿松石珠仅一粒。出土的玛瑙器表面有玻璃光泽，从残缺的玛瑙器断口上观察，为贝壳状断口，硬度6.5，相对密度2.6，大多数为半透明，这些玛瑙珠一般通高1~2厘米、面径1~2厘米、足径1~2厘米。器形较小，为服饰佩戴用的装饰品。

二、鼓形玉器分布区域及时限

目前所发现的鼓形玉器主要集中在晋宁石寨山、江川李家山、昆明羊甫头、曲靖八塔台等地，男女墓均有出土，属于滇池区域青铜文化，集中出土于滇池区域古墓葬群中。所出土的鼓形玉器墓葬中一般伴出铜鼓、贮贝器、执伞俑等青铜礼器，都属于典型的滇文化墓葬。

从现有的发掘报告来看，李家山的鼓形玉器主要出现在第二期、第三期墓葬中，昆明羊甫头则出现在第一期和第三期中，目前所见最早的鼓形玉器为昆明羊甫头的M19：183-5号鼓形玛瑙珠，因M19棺木经碳14测年经树轮校正为公元前756—前400年，为战国初期左右。最晚的鼓形玉器为李家山第三期墓中的鼓形玛瑙珠M44：13、鼓形绿松石珠M82：24、鼓形玉坠M69：177，这三墓中都伴出铁器，如环首铁刀，年代属西汉晚期至东汉初期。属于滇池区域早期青铜文化的楚雄万家坝未发现鼓形玉器。因此，云南滇国鼓形玉器起始时间应为战国初期至东汉初期。

三、鼓形玉器相关问题探讨

一，鼓形玉器琢玉的工艺水平较高，一般都经过选料、切割、研磨、打孔抛光等工艺，技术发达[②]。滇文化鼓形玉器的选料材质为鸡骨白玉、红玛瑙、白玛瑙、绿松石等。选料较为讲究，为本地玉料，经过本地工匠精挑细选。由于玉石是比较珍稀的材料，合理利用玉料是滇国工匠制造玉器的原则，滇国鼓形玉器的原料主要以玛瑙为主，而众所周知，玛瑙的硬度为6.5~7，硬度较高，所以滇国工匠合理地将大块玉料根据事先的设计切割成小块，将其制成鼓形玉坠和玉珠。鼓形玉坠和玉珠半成品制成以后再用砺石进行仔细研磨，故背面经过研磨的地方都留下了弧形或者同心圆形的磨制痕迹。在研磨完成以后，对鼓形玉坠和玉珠进行桯钻打孔（即实心孔），特点是钻空呈喇叭形。抛光是滇国鼓型玉器制作最后一道工序，也是最重要的工序，经过仔细抛光，使得滇国鼓型玉器显得细腻，光亮，

---

① 云南省文物考古研究所等：《云南江川李家山——第二次发掘报告》，文物出版社，2007年。
② 赵美等：《滇国玉器》，科学出版社，2003年。

不留下研磨痕迹，显示出较高的工艺水平，也突出了玉质内在的美感。

二，从材质来看，滇国鼓形玉器中A型鼓形玉坠都为鸡骨白玉制成，B型鼓形玉珠多为玛瑙（分红玛瑙、白玛瑙等）和绿松石制成。A型玉器出土较少，分列等级尚待进一步研究。B型玉珠根据墓葬等级和滇国玉器材质应用情况可分列等级。江川李家山第二次发掘中，M68（男性大型墓）出土5件金鼓形珠和1件鼓形玉坠，金鼓形珠与鼓形玉珠外形相似，且M69（女性大型墓）出土1件银鼓形饰和2件鼓形玉坠，M82（男女合葬中型墓）出土1件绿松石鼓形珠。而在滇文化玉器中，玛瑙明显地位高于绿松石，如青铜扣饰中，贴在青铜扣饰上的绿松石一般环绕着中心的玛瑙乳突。由上所述推测，滇国鼓形玉珠（包括金银制）等级如下：

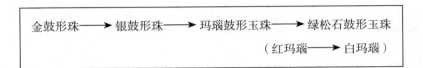

三，在滇国墓葬中鼓形玉器多与铜鼓同出一墓。"中原，鼎为尊；南方，铜鼓为贵"。铜鼓是始于中国云南滇中至滇西地带[①]，并由历史上的南方民族和东南亚所广泛使用的一种特殊贵重的青铜文物，在古代作为一种原始聚落社会的权威和财富象征，也常作为拥有者逝世之后陪葬器甚至葬器，在祭祀或重大典仪中也是一种最主要的乐器。（见简表）。

滇国鼓形玉器出土情况统计简表

墓地名称	墓号	性别	墓主等级	标志性随葬品	随葬品数量	面积（平方米）	备注
官渡羊甫头	M19	男	贵族	铜鼓、铜釜、陶尊、玛瑙管、玉管、鼓形玉珠	221件	约37.1	
官渡羊甫头	M113	男女合葬	贵族	铜鼎、各类带秘铜兵器、陶尊、玛瑙管、玉管、鼓形玉珠、木质杖头	分五层放置，共391件	约21.4	有一长方形腰坑，随葬42件器物
官渡羊甫头	M202	女	上层平民	铜削、铜镯、陶纺轮、玉玦、玛瑙珠	14件	约6.6	
晋宁石寨山	M13	女	贵族	铜鼓、贮贝器、铜俑、铜扣饰、铜戚、铁矛、铁斧、金剑鞘、金臂甲	695件	约3.5	

① 李昆声、黄德荣：《谈云南早期铜鼓》，《昆明师院学报》1980年第4期。

续表

墓地名称	墓号	性别	墓主等级	标志性随葬品	随葬品数量	面积（平方米）	备注
江川李家山	M44	女	上层平民	铜钏、铁刀、玉玦、玛瑙管、琥珀珠	793件	约2.3	
江川李家山	M68	男	贵族	铜鼓、贮贝器、伞盖、铜弩机、铜啄、铜节约、铁斧、铁凿、铁刀、铁矛、铁剑、金鞘饰	7347件	约30.6	殉葬1人
江川李家山	M69	女	贵族	铜鼓、执伞俑、贮贝器、铜炉、铜镜、铜盒、铜壶、铁锸、漆盒	25160件	约37.8	2人
江川李家山	M82	男女合葬	上层平民	铜斧、矛、剑、扣饰、杖头饰、铁刀、矛、剑、玉玦、玛瑙扣	214件	约2.9	2人
曲靖八塔台	M41	男	上层平民	铜剑、铜戈、铁矛、玉镯、玉玦、玛瑙珠、玛瑙管、琥珀珠	49件	约1.0	

根据简表，我们可以看出9座鼓形玉器墓中，墓葬的平均面积约为16平方米。随葬各类器物件且多数有铜鼓、铜鼎、贮贝器、铜俑等滇国典型礼器组合。特别是出土铜鼓形玉器的江川李家山M68、江川李家山M69、官渡羊甫头M113、晋宁石寨山M13等大型墓葬，陪葬品极为丰富，平均出土器物约为6763件，江川李家山M69甚至达到25160件。而9座墓平均随葬品也达到了3874件，从而显示了墓主身份极高。鼓形玉器与铜鼓、铜鼎、贮贝器等礼器一样为当时滇国上层贵族的专属享用品，故在小型墓中均不见鼓形玉器。

四，对滇国随葬鼓形玉器的墓葬的研究，借鉴蒋志龙先生在《云南江川李家山墓地的社会结构解析》一文对滇国典型的江川李家山墓地的墓葬面积、随葬品的形制和组合的分析方法[①]，笔者通过对江川李家山M68和M69墓葬面积、随葬品的形制和组合的分析，推测其应该为王一级的高级墓葬，而不是发掘报告认为的一般贵族墓。因为M69在9座墓葬中，面积最大，出土器物最多，是同类型曲靖八塔台M41的约513倍。另外，通过对统计简表中出土鼓形玉器的墓葬的墓葬面积、随葬品数量、种类、器物组合及代表性器物的分析，可以初步得出如下推测：

[①] 蒋志龙：《云南江川李家山墓地的社会结构解析》，《南方文物》2014年第4期。

墓主身份等级。

Ⅰ级："王"一级。如江川李家山M68和M69，特点随葬铜鼓、贮贝器、铜牛头、铜俑等象征权利和财富的器物，有人殉现象。

Ⅱ级：贵族。如官渡羊甫头M13、M119和晋宁石寨山M13，也随葬铜鼓、贮贝器、铜鼎等大型礼器及金剑鞘、金臂甲、玛瑙、玉石制品。但大型礼器数量远少于Ⅰ级墓。主要以各类青铜、铁质武器和随葬品为主。Ⅰ级墓中出土的铜牛头和铜俑没有发现。

Ⅲ级：上层平民。如官渡羊甫头M202、江川李家山M44、M82和曲靖八塔台M41。随葬品以武器、生产生活用具和装饰品为主。无前两级随葬的大型礼器。墓葬面积也较小，随葬品也较少。

墓主性别差别明显。

男性墓葬随葬品以青铜扣饰、马具、武器为主。女性墓则随葬铜钏及各类纺织工具。而男女合葬墓，根据时代的不同，随葬品侧重点各不相同。早期偏重于装饰品及纺织工具，晚期则以武器为主。

四、小结

综上所述，我们得到以下初步认识：

鼓形玉器是仿制铜鼓形状而制，其铜鼓形态也赋予了鼓形玉器特殊的职能，除装饰功能外还有权力与财富的象征功能。云南一直被称为"有色金属王国"，有色金属和非金属的储量和种类都非常丰富，而滇国鼓型玉器以质地细腻、颜色鲜艳的矿物集合体软玉、玛瑙和绿松石为选料，经过选料、切割、研磨、打孔抛光等繁琐工序，和铜鼓、贮贝器等一起成为滇国上层人士专有随葬品。充分说明了滇国鼓型玉器是滇国玉文化的重要组成部分。

随葬鼓形玉器的墓葬，可以简要分为三个等级，等级差异比较明显。滇国玉器大致经历了萌芽期、发展期、繁荣期和衰落期四个阶段，纵观整个滇国玉器的发展历程，其具有明显的装饰功能，服务于宗教和神权，服务于滇国上层社会，为宣传王道服务，供玩赏之功能，成为滇文化的精髓和象征。

鼓形玉器是滇文化中典型器物，代表着滇国独特的铜鼓文化和玉文化，共同创造了丰富多彩的滇国青铜文化和文明，成为中国青铜文化和玉文化不可缺少的重要一环，共同推进了中国青铜文明的进程。

邛竹杖考疑

邓海春　凉山彝族奴隶社会博物馆 馆员

　　摘　要： 邛竹杖与蜀布同为文献记载中蜀身毒道上的重要对外贸易商品。通过对邛竹杖与蜀布自身价值及汉代蜀贾贸易方式的分析，得出蜀布应是具有高价值、高利润的"奸出之物"，而邛竹杖并不具备"奸出物"的特点。结合相关史料和印度、阿富汗等地的考古学及民族学资料，发现用杖习俗在当地普遍存在，但并没有大量使用邛竹杖的痕迹，邛竹杖并不具备大量传入印度的条件。综合以上分析，邛竹杖、蜀布、羌筒应为一个载具整体，邛竹杖并非以杖的形式出现，而是作为装蜀布的外包装——羌筒的竹制载具形式出现。

　　关键词： 邛竹杖　蜀布　蜀身毒道

前言

　　近年来随着藏彝走廊学术研究的兴起，南方丝绸之路研究方兴未艾。很多学者在南方丝绸之路的研究中不断推陈出新，也有不少学者对于历史上是否存在这样一条西南地区直达古印度的古商道持怀疑态度。特别是长期以来作为主要引证史料的邛竹杖和蜀布，在学术上只能成为孤证，将其作为蜀身毒道存在的主要证据还欠缺说服力。纵观众多邛竹杖考证方面的学术文章，极少论及此疑点，即邛竹杖与蜀布两者究竟是何种关系？笔者拟在此换一种思路来探讨邛竹杖与蜀布外销古印度（身毒）和古阿富汗（大夏）的形式和可能性，并结合相关史料，印度、阿富汗考古资料及民族学资料，综合论证邛竹杖是蜀布附属载具的可能性。

一、邛竹杖之疑

　　蜀布远销印度、大夏在国内外学界并无多少异议，但是对于低附加值的邛竹杖则表示存疑[①]。一方面所有涉及的史料都言及邛竹杖、蜀布共存。《史记·西南夷列传》载："居

[①] 饶宗颐：《蜀布与Cinapatta——论早期中、印、缅之交通》，伍加伦、江玉祥主编：《古代西南丝绸之路研究》，四川大学出版社，1990年，第216页。

大夏时，见蜀布、邛竹杖。"《史记·大宛列传》亦言："臣在大夏时，见邛竹杖、蜀布。"《梁书·诸夷传》也记载："汉世张骞使大夏，见邛竹杖、蜀布，国人云：市之身毒。"另一方面邛竹杖是否远销一直被学界存疑。

（一）利润之惑——"奸出物"者都应具备高价值、高利润

不少中外学者怀疑《史记》中张骞在大夏国所见蜀布与邛竹杖记载的真实性。因为这段史料还有一些的瑕疵，其怀疑基点就是：作为高附加值的蜀布（暂且不论是苎麻布、黄润细布或是丝绸）尚且具备长途贩运或易货贸易的可能性，但是作为低附加值邛竹杖之类的商品，怎么具备长途贩运至几千里之遥的身毒的经济价值呢？作为"奸出物"的邛竹杖，很难想象蜀地商人能不辞辛劳、跋山涉水，甘冒生命之危险长途贩运到古印度东部（今阿萨姆邦），能得到多少利润，难道身毒、大夏独缺竹子作为杖具吗？

《史记·西南夷列传》记载："及元狩元年，博望侯张骞使大夏（今阿富汗）来，言居大夏时见蜀布、邛竹杖。使问所从来，曰'从东南身毒国（今印度），可数千里，得蜀贾人市'。或闻邛西可二千里有身毒国。骞因盛言大夏在汉西南，慕中国，患匈奴隔其道，诚通蜀，身毒国道便近，有利无害。"[①]

《史记·大宛列传》又载：骞曰"臣在大夏时，见邛竹杖、蜀布。问曰：'安得此？'大夏国人曰：'吾贾人往市之身毒。身毒在大夏东南可数千里。其俗土著，不与大夏同，而卑湿暑热云。其人民乘象以战。其国临大水焉。'以骞度之，大夏去汉万二千里，居汉西南。今身毒又居大夏东南数千里，有蜀物，此其去蜀不远矣。"

两段史料说明张骞在大夏看到蜀物——邛竹杖与蜀布。张骞是汉代汉中郡人，临近蜀郡，对在大夏所见的邛竹、蜀布应该不会发生认识上的错误。其见到蜀物的时间是汉武帝经略西南夷之前，也就是说邛竹杖、蜀布已经是汉代蜀郡商贾的"奸出物"。

另两段史料印证了蜀物是"奸出物"。

《史记·大宛列传》："昆明之属无君长……然闻其西可数千里，有乘象国，名曰滇越，而蜀贾奸出物者或至焉。"

鱼豢《魏略·西戎传》："盘越国，一曰汉越王，在天竺东南数千里，与益部相近，其人小与中国人等，蜀人贾似至焉。"

既然是"奸出物"，就应该具备高利润。

1. 蜀布是高价值的"奸出之物"

蜀布为何物，蜀布究竟是丝绸，还是苎麻布，学界同样存在争论。任乃强先生认为："蜀布，蜀中大奴隶主作坊生产之商品，即苎麻布也。"

---

① （汉）司马迁撰：《史记·西南夷列传》，中华书局，1959年。

另据饶宗颐先生考证："张骞在大夏所见的蜀布，据颜师古注，引服虔云："布，细布也。"蜀地的细布，汉人所记，又有繐、绤等名目。"《说文》："蜀中细布也。从系慧声。"《一切经音义》卷8引《说文》："蜀白细布也。"《御览》820引《说文》："繐，蜀布也。"《说文》："绤，细布也。字又作麻易，字从麻。"《淮南子·齐俗》训："弱绤罗纨。"高诱注："弱绤，细布。"① 故饶先生认为："绤是细布的通名，而繐则是蜀细布的专名。"

台湾学者桑秀云也认为："'蜀布'既不可能是'蜀锦'，便是属于麻葛一类的制品了。《汉书》颜注采服虔的说法：'布，细布也。'这种'细布'，可能是一种纤维很细，织作得很紧密的一种布。""用蜀郡安汉，上下朱邑所生产的好麻，织成细布，颜色略黄，但很光滑细密，用羌筒盛着以资保护。"② 由此可见，汉代中国未传入棉，张骞所见的蜀布，当是细布，也就是汉人称的"黄润"。

何谓"黄润"？

司马相如《凡将篇》载云："黄润纤美宜制禅。"杨雄《蜀都赋》："尔乃其人，自造奇锦……其布则细都弱折，绵茧成衽。……筒中黄润，一端数金。"

左思《蜀都赋》亦载："黄润比筒，籯金所过。"

《文选》刘逵注："黄润谓筒中细布也。"

常璩《华阳国志·巴志》提及："黄润细粉，皆纳贡之物。"

《华阳国志·蜀志》也记载："蜀郡安汉上下朱邑，出好麻黄润细布。有羌筒盛。"

饶先生对"黄润"作考证认为："司马相如《凡将篇》且说'黄润纤美宜制禅'，《说文》：'禅，衣不重也。'《释名·释衣服》：'禅衣，言无里（裹）也。'长沙马王堆1号墓出土单衣三件，极为纤细精美，即是所谓'禅'。该墓出土遣册竹简，有二处言及闰字。一是第276号，文云：'瑟一越。闰锦衣一赤掾（缘），'一是第277号，文云：'竽一越。闰锦衣，素掾（缘）'其字润，王上有一横笔，释者谓是黄润之变体。细布的闰，可以制为内衣的禅，亦可作乐器竽、瑟的锦套。"③

江玉祥亦谓："'蜀布'，又叫'黄润细布'，是一种精致的麻布。以牡麻纤维织成，轻细柔软，可卷于竹筒中，所以又叫'筒中布'，类似今日之夏布。"④

① 饶宗颐：《蜀布与Cinapatta——论早期中、印、缅之交通》，伍加伦、江玉祥主编：《古代西南丝绸之路研究》，四川大学出版社，1990年，第212页。
② 桑秀云：《蜀布邛竹杖至大夏路径的蠡测》，伍加伦、江玉祥主编：《古代西南丝绸之路研究》，四川大学出版社，1990年，第197页。
③ 同上。
④ 江玉祥：《古代中国西南"丝绸之路"简论》，伍加伦、江玉祥主编：《古代西南丝绸之路研究》，四川大学出版社，1990年，第36页。

笔者十分认同江说，蜀细布就是流传至今的夏布。夏布，又名麻布，用苎麻以纯手工纺织而成的布。麻布品种甚多，以经纬线编织之翼，可分为平布、罗纹布；以麻线粗细不同，可分为粗布、中庄布和细布。由于夏布有透气、渫汗、挺括、凉爽宜人的特点，非常适合热带气候生活的印度人。精漂的细布，色泽雪白，细嫩轻软，有誉之为"麻绸"、"珍珠罗纹"，是夏布中的精品。

古代夏布的粗细规格以"升"表示，即在规定的布幅（约1.5市尺）内每80根纱称为1升，约为每毫米1.6根纱。一升为八十缕，即在汉制二尺二寸的标准布幅内有一千二百根纱。布幅宽度为定数，升数越多，布越精细。《周礼》还规定了各种粗细夏布的不同用途：斩衰裳有3升布做的、3升半布做的；帽子是6升布做的；7~9升的粗苎布供奴隶、罪犯穿用，也可作包装布用；10~14升为一般平民穿用，是大众化的衣料；15升为制作玄端、深衣的布料[1]。15升以上细如丝绸，为高贵品种，仅供贵族享用。最精细者达30升，供王公、贵族制帽用，这种帽称麻冕[2]。长沙马王堆出土的夏布为21~23升，经测定经密37.1根/厘米、纬密43.6根每厘米，平纹组织，布幅20厘米，重量仅43克每平方米。夏布依其粗细程度曾有各种不同名称，其中最细者可与丝绸媲美。江西贵溪龙虎山崖墓中发掘的大批殉葬文物中，N1N11墓出土的苎麻印花布，属春秋晚期至战国早期，是目前我国出土的最早的苎麻印花布，其精细如丝绸。

无论是一般苎麻布，还是较高档的黄润细布，从史料上来看都是高附加值的货品，是十分适合在气候炎热潮湿中生活的印度人穿戴使用的，也非常适合成为蜀贾"奸出物"。对此霍巍先生有将蜀物—蜀布按官营和民间私营分类的观点，认为："蜀地的丝绸与西南夷民间边贸中'蜀布'可能并非一物，其商业价值应当远在蜀布之上，也是汉代官方贸易的主要品类之一。"[3]笔者认为因为在汉代朝廷未经略西南夷之前的奸出物——蜀布是非官方贸易货品，完全具备远途贩运的高利润价值。

2. 邛竹杖不具备"奸出物"的特点

邛竹，古称筇竹，学名"Qiongzhuea tumidinoda Hsueh et Yi"，属禾本科竹亚科筇竹属植物，包括大叶筇竹、细竿筇竹、平竹、柔毛筇竹、光竹、实竹子、三月竹等，广泛出产于我国西南地区海拔1500~2000米的山地。筇竹属的形态特征为：中、小型竹类，地下茎呈复轴型，节间呈圆筒形或少数种类基部呈方形，下部间实心或近实心[4]。筇竹这些特点完全符合古籍中对于邛竹杖的描述——"高节实中"。

---

① 郑玄注《礼记》："深衣者，用十五升布，锻濯灰治，绳之以采。"
② 孔安国《论语注》："冕，缁布冠。古者绩麻三十升布以为之。"
③ 霍巍：《"西南夷"与南方丝绸之路》，《中华文化论坛》2008年第12期。
④ 李德铢、薛纪如：《中国筇竹属植物志资料》，《云南植物研究》1989年第10期。

有关邛竹杖与身毒、大夏的历史关系的记载均来自《史记》所载张骞在大夏见到邛竹杖和蜀布，除此之外后代史者多注解邛竹杖产地及质地。

《说文》："杖，持也，从木丈声。"①有关邛竹杖的记载主要出现在汉代文献中，《史记》《汉书》均有提及。

《史记集解》引韦昭（三国吴人）曰："邛县之竹，属蜀。"又引瓒曰："邛山名。此竹节高实中，可作杖。"

《汉书注》引作："邛，山名，生此竹，高节，可作杖。"

西晋刘逵《吴都赋·注》："邛竹，出兴古盘江以南。竹中实而高节，可以作杖。"

晋顾恺之撰《竹谱》云："筇竹，高节实中，状若人剡，为杖之极。"

《山海经》次云："龟山多扶竹。"郭璞注："邛竹也，高节实中，名扶老竹。"②

唐李吉甫的《元和郡县志》记载："邛来山，在（荥经）县西五十里。本名邛筰山，故筰人之界也。山岩峭峻，出竹，高节实中，堪为杖，因名山也。"

唐张守节《史记正义》："邛都邛山出此竹，因名'邛竹'。节高实中，或寄生，可为杖。"

元李衎《竹谱详录》引《广志》："出广南邛都县。近地一两节多曲折如狗脚状，节极大而茎细瘦，故谓之扶老竹。"

近现代学者则多认为邛竹杖为邛地竹子所制。如台湾学者桑秀云认为："并不是专指一座山，而是泛称邛地之山皆'邛山'。邛在蜀郡西南徼外，大约在四川西南一带。"③

李绍明先生也认为："邛人所居地方所产之竹杖皆可谓之邛竹杖。"④

从上述材料来看，基本可认为：邛竹杖为竹制，产地为邛都一带。由于该竹高节实中的特性，从汉代开始便流行用此竹作杖。换言之，邛竹是邛地山区普遍生长的野生竹子，没有什么特殊的利益价值，即使改造成邛竹杖也没有什么特殊工艺要求，故并不具备长途远销域外的利润价值。

3.汉代蜀贾贸易方式决定了邛竹杖缺乏高额利润

根据史料记载蜀贾最远曾经达到滇越国即现东印度阿萨姆邦一带。如果从蜀地或邛都出发，运输蜀布和邛竹杖必然经过西南夷族群中邛、筰、滇、昆明、哀牢夷等控制的区

---

① （汉）许慎撰：《说文解字》（附检字），中华书局，1981年，第123页。

② 饶宗颐：《蜀布与Cinapatta——论早期中、印、缅之交通》，伍加伦、江玉祥主编：《古代西南丝绸之路研究》，四川大学出版社，1990年，第212页。

③ 桑秀云：《蜀布邛竹杖至大夏路径的蠡测》，伍加伦、江玉祥主编：《古代西南丝绸之路研究》，四川大学出版社，1990年，第197页。

④ 李绍明：《说邛与邛竹杖》，《四川文物》2002年第1期。

域。按照传统（类似以前凉山彝族保头制，经过每个家支抽取货物10%的利润），凡经过部落区域，要给与部落头人或首领一定的利益，否则很难保证其人货安全。关于这一点，唐代僧人释慧琳有史料为证："若从蜀川南出，经余姚、越巂、不喜（韦）、永昌等邑，古号哀牢玉（夷），汉朝始慕化，后改为身毒国……西越数重高山峻岭，涉历山谷，凡经三数千里，过吐蕃界，更度雪山南脚，即入东天竺。……仍须及时，盛夏热瘴毒虫，不可行旅履，遇者难以全生。秋多风雨水泛，又不可行。冬虽无毒，积雪冱寒，又难登陟。唯有正、二、三月乃是过时，仍须译解数种蛮夷语言，兼赍买道之货，仗土人引道，展转问津，即必得达也。"[①]按照"羊毛出在羊身上"的商业道理，蜀布、邛竹杖卖到东印度必定比成本价高数倍，蜀布乃高附加值货物，利润空间丰厚，而邛竹杖本为贱物，如何加价销售呢？

4.汉代史料言及邛竹杖皆为外销之物，内销蜀郡及内地之史料皆无从记载

作为产地在蜀郡徼外的邛竹，首见于史料即在《史记·西南夷列传》和《史记·大宛列传》中。作为窃出的蜀贾与西南夷邛人、筰人，易货贸易输出物为铁器、蜀布、漆器等，输入物为筰马、僰僮、髦牛、丹沙等，都未言及邛竹或邛竹杖。

《史记·西南夷列传》："巴蜀民或窃出商贾，取其筰马、僰僮、髦牛，以此巴蜀殷富。"

《史记·货殖列传》："巴蜀亦沃野，地饶卮、姜、丹沙、石、铜、铁、竹、木之器。南御滇僰，僰僮。西近邛筰，筰马、旄牛。"

此处巴蜀概指蜀郡，未涉及越巂郡之属地，竹、木之器，疑是竹、木胎的漆器，故邛竹杖不在此蜀郡竹器之类。

由上述可见，蜀布产地为蜀郡无疑，但是邛竹杖产地不在蜀郡。那么疑问产生了，作为产地还在蜀郡西南徼外的邛竹，是一种山地遍生的贱物，蜀贾是否有必要专门将其做成杖，与蜀布一同远销域外呢？邛竹杖为贱物，蜀贾人为何放弃多运载高利润价值的蜀布，而非要兼销低利润的邛竹杖？难道邛竹杖利润比蜀布还高吗？或是古印度、大夏缺少杖具材料，远销邛竹杖有高利润吗？

（二）印度、阿富汗考古证据表明该地有用杖习俗但并没有大量使用邛竹杖的痕迹

从目前的考古学材料来看，在汉代时期中国西南夷地区、身毒（古印度）、大夏（古阿富汗）的土著族群中普遍存在一种用杖习俗。

印度阿旃陀石窟是印度早期最重要的佛教石窟，建于公元前2世纪至公元6世纪，保存了许多雕像和壁画，壁画多数成画于五、六世纪的笈多王朝。其中不少壁画反映古代印度

---

① （唐）释慧琳：《一切经音义》卷81《毕钵》注，《新修大正大藏经》第54卷，第835页。

图一　阿旃陀26石窟　　　　　　　　　图二　阿旃陀石窟17号壁画

社会生活、宫廷生活、宗教文化内容。当中石窟雕像及后期壁画中就有使用杖的习俗（见图一①）。图中左下侧立身雕像，左手就握持杖，杖近首处略弯，并与雕像身高等同。后期阿旃陀壁画也有大量用杖画面。阿旃陀石窟17号壁画中有四人持有杖（见图二②）。

图三　5世纪阿旃陀石窟作品

其中上部第一排一人裸身肤色黝黑者、左手持杖似为苦行僧形象。后一人裸身肤色白晳左手持一杖，其正下方一人穿蓝白相间之长袍、左手持一长杖，下排左数第五半裸身、左肩搭一蓝白披肩，肤色较黄黑，右手持一短杖。此三人似为世俗人士。古印度杖分长杖及短杖。长杖与人像等高，短杖与身高推测为140~150厘米。从上述壁画来看，在古印度短杖一般用于宗教人士——苦行僧，长杖一般用于世俗权势人物，长杖一般带有杖首。

5世纪阿旃陀石窟作品中就有杖首的权杖属性的壁画人物（见图三③）。

关于壁画的成画年代，印度考古界一般认为：后期壁画中的纯蓝色颜料——天青石主要来源于公元450

---

① 图片1来源：http：//hi.baidu.com/lz82291314/item/ea194e4fc610bb19886d101e 浙江师大陈京生的空间 17号石窟壁画。

② 图片2来源：http：//hi.baidu.com/lz82291314/item/ea194e4fc610bb19886d101e 浙江师大陈京生的空间 17号石窟壁画。

③ 图片3来源：http：//www.foyuan.net/article-307569-1.html 《克什米尔绘画风格的源流》（图C3）是5世纪阿旃陀石窟作品，这里有明暗有亮部十分立体。

Ring with an intaglio, depicting a ritual offering
Tillya Tepe, Tomb III
Second quarter of the 1st century A.D.
Gold, turquoise
2.3 x 2.0 cm
National Museum of Afghanistan
04.40.227

图四　地利亚·泰贝（位于阿富汗北部平原）墓3

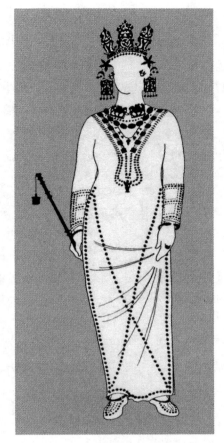

图五　地利亚·泰贝墓地6号墓穴人物

年后的波斯①。印度学者M.N.德什班德在《印度佛教石窟壁画的主要特征》一文中叙述："书中罗列的颜料（rangadravyani）也有很多，如金、银、铜、云母、青金石、红铅、雌黄、石灰、红漆、朱砂、蓝靛……其中，只有青金石是从外地运来的。"②尽管成画年代较晚，但是它所反映的仍然是古代印度宗教、社会生活、宫廷生活的真实状态。

上述考古资料至少告述我们，古代印度民族是有使用杖的习俗。而且这种杖的使用，大致可分为世俗人群的权杖和苦行僧使用的手杖两大类。但是根据资料都没有看到"高节实中"邛竹杖的特征，由此笔者可以推测邛竹杖并非是一种成批量生产的货品，更不是一种成型的高附加值的流通商品，不然如此大名鼎鼎的邛竹杖岂会在印度历史上未留下任何使用痕迹。

大夏在中国汉代时期是否有使用杖的习俗呢？在《AFGHANISTAN Hidden Treasures from the Nationnal Museum，Kabul》一书中看到一些考古学证据。但是根据出土资料，该类杖具也非"高节实中的邛竹杖"。

该书记载了20世纪70年代，在阿富汗与乌兹别克斯坦边境地区的地利亚·泰贝墓地3号和6号墓穴中，出土了有关公元1世纪（中亚贵霜王朝时期）使用杖的考古证据（见图四③）。

①［美］欧内斯特.O.豪泽著、董理华译：《阿旃陀洞穴的宝藏》，《文化译丛》1988年第3期。
②［印度］M.N.德什班德著、杨富学译：《印度佛教石窟壁画的主要特征》，《敦煌研究》1995年第2期。
③《AFGHANISTAN Hidden Treasures from the Nationnal Museum，Kabul》一书中263页。

图六　苦行僧图

另外，在地利亚·泰贝墓地6号墓穴中，也有关于使用金杖的描述（见图五[1]）。

大夏也有苦行僧用杖（见图六[2]）。图中石雕现藏美国大都会博物馆，阿富汗出土，苦行僧图像，其右手肘处下有一手杖，上盘曲蛇一条。由于苦行僧使用手杖的普遍性，是邛竹杖最有可能的使用者，但从实物资料来看，此种手杖从形制上来看也非邛竹杖。

这些考古证据的出现，可以说明在北方丝绸之路重要节点之地的大夏（古代阿富汗），公元1世纪中期，就存在用杖的习俗。这客观印证了张骞在大夏看到邛竹杖是有可能的。但在出土资料中也确实看到这种杖带有权杖、宗教祭祀用途存在的历史背景，从外形看也并非是高节实中的邛竹杖。张骞看到的邛竹杖很有可能是个例。

由此看来邛竹杖在印度、大夏并非是一种热销的杖具，也就是说不具备蜀贾的"奸出物"的特质。

在身毒、大夏与中国西南夷之间形成一种使用杖的文化传播带，并与中亚地区形成一个完整的链环，中国西南的杖具表现出由中亚传入的特征。对此刘弘先生论述："杖及杖有关的若干文化因素在美索不达米亚、埃及、中国西南地区集中出现，隐约透露出了三地之间存在着某种文化联系。而且美索不达米亚和埃及的杖很可能是后者杖的源头。"[3]张曦在《三星堆金杖外来文化因素蠡测》一文中也说到："三星堆出土的金杖、金面青铜人像等具有明显的近东文化风格，可以从美索不达米亚和古埃及出土文物中找到踪迹。"[4]

由此看来，大夏、印度使用杖的习俗来自于西亚美索不达米亚，从杖制和质地来看都受西亚的影响，并且远远早于邛竹杖传入印度的时间。邛竹杖不具备大量传入印度的条件，即缺乏当地消费者的使用需求。

二、邛竹杖与蜀布共存关系臆测

邛竹杖并非是货物，那就要从是蜀布的包装载具的角度来考虑了。作为高附加值、贵

① 图片4来源：《AFGHANISTAN Hidden Treasures from the Nationnal Museum，Kabul》一书，第280页。

② 图表5来源：http：//image.baidu.com/i？ct=503316480&z=&tn=baiduimagedetail&ipn=d&word=阿富汗%20苦行僧%URL /a/zhenbaobolan/2011/1214/8862。

③ 刘弘：《古代西南地区"杖"制考》，《四川文物》2009年第2期。

④ 张曦：《三星堆金杖外来文化因素蠡测》，《四川文物》2008年第1期。

重的蜀布，如没有严实的包装，长途运输是不可想象的。"筒中黄润"给我们提示了蜀布的长途外销肯定是有包装的，装"黄润"的还是很特别的"羌筒"。那么邛竹杖与装蜀布的羌筒又会是什么关系呢？

（一）邛竹杖、蜀布（黄润细布）、羌筒为一个载具整体

作为高附加值的蜀布长途贩运需要有严实的外包装"羌筒"。而作为低附加值的邛竹杖又为何与蜀布共存呢，是张骞错了，还是我们的认识不足呢？笔者认为一定是有一些历史细节是我们没有注意到的。

笔者认为三者为一整体，即邛竹杖并非以杖的形式出现，而是以装黄润蜀布（细布）——羌筒的竹制载具的形式出现的。

长途远销运输蜀布一定需要抗风雨并结实的外包装——"羌筒"。"羌筒"绝不是邛竹杖，但是邛竹杖一定是"羌筒"的附属物。邛竹杖是竹子，也是"羌筒"包装物的一部分，这样就更合乎逻辑。也就是说邛竹杖并不是一种商品，而是装载蜀布的"羌筒"的附属品，在运输到身毒或大夏后，由于两地族群有使用杖的习俗，"高节实中"的邛竹被充分利用起来成为杖（或是蜀贾早知此物可作杖而专门做成包装载具），而且由于是蜀贾从邛都贩运而来，根据竹的产地而取名为邛竹杖。

（二）羌筒可以装下官方尺寸的蜀布

如果是羌筒装蜀细布，以汉代布帛的尺寸是否可以纳入其内，每人可以背负多少个羌筒。

羌筒是一种竹子无疑，根据四川竹子产地分布和种类来判断，羌筒极有可能是四川盆地西部边缘山地出产的楠竹或寿竹。楠竹和寿竹直径一般在15厘米，最大的达到18厘米[1]。关于此种四川产的粗大的竹子在《马可·波罗行纪》中也有提及："土番州其中颇有大竹，粗有三掌，高至十五步，每节长逾三掌。"[2]此土番州冯承钧考证为"四川境内地包有扬子江上流、雅砻江、大渡河等流域之地，抵于成都平原西边，据有茂州、雅州、黎州（清溪县）三州之地。"[3]如是则羌筒产地与邛竹产地又重合了。直径三掌粗（四指宽），就是接近20厘米，长逾三掌是指手掌的长度，即为54厘米（170厘米成年男子手掌长约18厘米）。由此可见，四川出产的这种直径较粗的竹子，完全可以用来装蜀细布。

《说文》："幅，布帛广也。"

《汉书·食货志》："布帛广二尺二寸为幅，长四丈为匹。"郑玄注《礼记》说："今官布幅广二尺二寸。"

① 王继柜、李家佑、银春台著：《四川林业志》（上册），四川科技出版社，1991年，第32~33页。
② 冯承钧译：《马克·波罗行纪》，上海书店，2001年，第276页。
③ 冯承钧译：《马克·波罗行纪》，上海书店，2001年，第278页。

图七　荣昌夏布

图八　大相岭背茶坨子

汉制一尺平均23.1厘米[1]，一尺十寸，二尺二寸约51厘米，蜀布幅广51厘米，即羌筒一般约为51厘米长短为宜。汉制"一丈十尺，十丈为引"[2]，四丈即为924厘米，羌筒直径以纳入一匹布为宜，因此羌筒确实是一种直径较大的竹筒。而夏布具有"轻如蝉翼，薄如宣纸，平如水镜，细如罗绢"的特性，一个羌筒估计能装下一匹蜀布（见图七[3]）。

古代四川夏布外销也有竹筒盛装的惯例。

唐《元和郡县志》载有"昌州贡筒布、斑布"。

《太平寰宇记》亦载"昌州产斑布、筒布"。

《新唐书·地理志》上载昌州辖四县："大足、昌元、静南、永川。"

所谓"筒布"，即中细布也，因为它往往卷成筒形，装入竹筒，便于运输，故称"筒布"，又根据它的形色特点，称为"斑布"。

再根据庄学本先生摄于1940年代大相岭上背茶坨子的样式来推算（见图八[4]），一人背运十几个50厘米长短的羌筒不会有太大问题，也就是说羌筒装下整匹细柔的蜀布是没有问题的。

---

① 孙机著：《汉代物质文化资料图说》，上海古籍出版社，2008年。

② （东汉）班固撰，（唐）颜师古注：《汉书·律历志》，中华书局，1962年，第966页。

③ 图片7来源：荣昌夏布http://baike.baidu.com/view/2958568.htm.

④ 图片8来源：http://photo.cpanet.cn/index.php？aircate.ygimage.typeid.268.ctype.acid.ctype.acid.PBpage.3，中国摄影家协会网。

（三）邛竹是背架——负笈

那么邛竹杖会是"羌筒"的什么附属物呢，笔者认为邛竹杖极有可能是装具。即是由邛竹制作的背架。"羌筒"既然是竹筒，那么就需要多个竹筒一同包装运输，包装运输的状态应该是捆扎成一个比较结实的适合长途运输由人背装的载具。在包装载具中邛竹杖并不是作为杖的状态出现，这一点符合任乃强先生关于邛竹杖使用的怀疑："白甲竹质劲而薄，不耐磨损，家居老妇宜用为杖；行旅，则用数日即破损，决非张骞所见甚明。"但与"羌筒"一起做成装具运输就经久耐用了。这种汉代装具我们没有直接的考古学证据来证明，只能以历史学、民族学证据来予以综合考证。

古代会以什么样竹制的装具用于长途远行呢，笔者认为很有可能是负笈之类的装具。

图九　玄奘负笈图（墨线）

笈，驴上负也。《说文》："从木，及声，读若急，字亦作笈。"[1]多用竹、藤编织，用以放置书籍、衣巾、药物等。

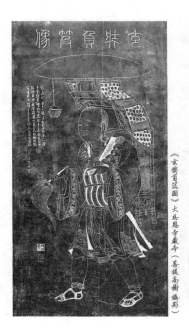

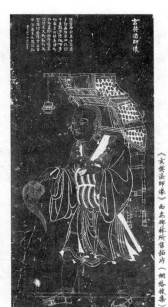

图十　西安玄奘负笈图碑刻拓片

① （汉）许慎撰：《说文解字》（附检字），中华书局，1981年，第124页。

图十一　《清明上河图》卷　行脚僧图

《史记·苏秦列传》："负笈从师。"笈，谓学士所负书箱。

汉桓宽《盐铁论·相刺》："故玉屑满箧，不为有宝；诵诗书负笈，不为有道。"马非百注释："负笈，背着书箱。"

晋葛洪《神仙传·封衡》："有二侍者，一负书笈，一携药笥。"

唐李贺《送沉亚之歌》："白藤交穿织书笈，短策齐裁如梵夹。"王琦汇解："书笈，书箱也。"

《后汉书》："固改易姓名，杖策驱驴，负笈追师三辅，学'五经'，积十余年。"

唐白居易《相和歌辞·短歌行二》："负笈尘中游，抱书雪前宿。"

另外，我们可以玄奘西行图中的唐代"负笈"为例，来论证这种装具存在的可能性（见图九、十①）。玄奘负笈图中玄奘所背负的笈就是用来装载经书、生活用具的，并且是一种竹制品。从其与玄奘身高比例来推测，笈大约140~150厘米。只是这种笈在唐代似乎经过改良，在身肩、头部以上为了便于遮阳避雨，向前有所弯倾。从运载方式上来看，采取了比较省力的肩背方式，便于在艰难险阻的蜀身毒道上行走。

另外，我们可以从故宫博物馆藏《清明上河图》卷（北宋张择端作，绢本，淡设色，纵24.8厘米，横528厘米）中找到类似图景，图中一行脚僧（一说担货郎）可说是最接近"负笈"的图像（见图十一②）。

根据画像上人体身高比例来推测，该装具高约150~160厘米，顶部弯曲类似玄奘背负的笈，背后有两个主杆，中间横置若干短杆，上面捆绑不少物品，最后一根插首部呈弯曲杆杖类物体，外观与玄奘背负的笈极为类似（见图十二③）。

故笔者认为负笈是汉代蜀贾背负蜀布的装具，其可能性最大。史料中"巴蜀民或窃出商贾"、"蜀贾人似至焉"，这种负笈方式很适合窃出的蜀商。

---

① 图片9、10来源：http：//blog.sina.com.cn/s/blog_c39920be0101db2j.html. 唐僧法影——西安所见的三个版本玄奘像小考。

② 图片11来源：http：//www.dpm.org.cn/shtml/117/@/8225.html，http：//blog.sina.com.cn/s/blog_4b6338f40100lnj4.htmlsweexn<竹莲溪居>的BLOG。

③ 图片12来源：http：//blog.sina.com.cn/s/blog_c3ec02730101ee4i.html

关于邛竹杖为包装具的例证，还可以从近现代西南山区普遍流行的背架来作印证。

由民国时期学者庄学本1940年在大相岭（荥经县至汉源县之间的牦牛山）上拍摄的运茶的背夫照可见，照片最左边拄拐休憩的一人，在茶包背后为了固定茶包，绑有木杆或竹竿，与清明上河图中行脚僧捆绑装具类似。从其与身体比例来看，估计长度约为130~140

图十二　《清明上河图》卷　行脚僧位置（局部）

厘米，其用途是与茶包捆扎便于纵向和横向打包带捆扎固定。

另外"羌筒"大小与茶包类似，此种背载方式，可以作为一种民族学证据。这种捆绑方式极可能是在南丝路沿线自古以来流传下来的一种人背的载具模式。

如果这种竹制的"笈"能成为汉代装裹"黄润羌筒"的主要器具的话，那么这种竹制的装具经过长途转运至身毒、大夏后，作为高附加值蜀布的包装附属物——"笈"，在装具被拆分后，竹制的笈则作为竹杖使用的可能性便存在（特别说明：从东印度返销西南夷的是其他货品，如齿贝、光珠、琉璃等价值高、体积小的货物，无需再用笈）。而且古代中国西南夷、身毒和大夏等地普遍存在使用杖的习俗。商人趋利，要做到物尽其用，这就为高附加值蜀布和低附加值邛竹杖并现于史料提供了逻辑依据。

由于没有考古发现和极其详尽的史料记载，目前笔者只能将此结论作为一种推论来臆测。

结语

综上所述，蜀布与邛竹杖都是蜀贾窃出之物，但是前者具有高价值，后者不具有高价值。在汉朝经略西南夷前，蜀商在蜀郡徼外与邛、笮等土著民族易货贸易过程中，发现蜀布具有外销印度的价值，再以邛都为蜀布集散地，利用邛都一带普遍出产的"高节实中"的邛竹作为蜀布附属物，随同蜀布远销南亚后，在印度装具被拆分，作包装载具邛竹由于"高节实中"的特性，物尽其用，被随意做成当地人普遍使用的手杖。这两种货品最后再随大夏商人传入大夏，为张骞所辨识。蜀身毒道始被汉廷重视，此后开始经略西南夷，开边设郡。应了司马迁所言："然南夷之端，见枸酱番禺，大夏邛竹。"

邓通严道铸钱与南方丝绸之路

吴磊　四川雅安市博物馆

摘　要： 严道地处南方丝绸之路的要冲，是秦汉时蜀通西夷的必经之地，亦是南方丝绸之路上的贸易重镇。本文结合古文献和考古资料对邓通严道铸钱进行考证，表明严道丰富的铜矿资源为邓通在此铸钱提供了条件。并通过对严道地区经济贸易等方面的进一步考察，探究邓通严道铸钱所承载的"通诸夷"这一历史背景，亦反映了邓通钱在南方丝绸之路上的商品贸易中发挥的重要作用。

关键词： 邓通铸钱　严道　南方丝绸之路　商品贸易

邓通，据《史记》和《汉书》所记载，确有此人，生卒年不详，生活在西汉文帝和景帝年间，为蜀郡南安（今四川乐山）人。《史记》卷一百二十五《佞幸列传第六十五》记载："孝文时中宠臣，士人则邓通，宦者则赵同、北宫伯子。北宫伯子以爱人长者；而赵同以星气幸，常为文帝参乘；邓通无伎能。邓通，蜀郡南安人也，以濯船为黄头郎。孝文帝梦欲上天，不能，有一黄头郎从后推之上天，顾见其衣裻带后穿。觉而之渐台，以梦中阴目求推者郎，即见邓通，其衣后穿，梦中所见也。召问其名姓，姓邓氏，名通，文帝说焉，尊幸之日异。通亦愿谨，不好外交，虽赐洗沐，不欲出。於是文帝赏赐通巨万以十数，官至上大夫。文帝时时如邓通家游戏。然邓通无他能，不能有所荐士，独自谨其身以媚上而已。上使善相者相通，曰'当贫饿死'。文帝曰：'能富通者在我也。何谓贫乎？'於是赐邓通蜀严道铜山，得自铸钱，'邓氏钱'布天下。其富如此。[①]《汉书》卷九十三《佞幸传第六十三》里也有相似的记载。这都说明邓通在蜀地严道铸钱确有其事。

从《史记》和《汉书》对邓通简短的描述中，我们可以得到两点信息：一是，邓通确实得严道地铸钱；二是，铸钱数量巨大，得以流通天下。然而，文帝为何选在严道命邓通铸钱，又为何邓通所铸的钱可以流通天下？

---

① （汉）司马迁撰：《史记》卷一百二十五《佞幸列传第六十五》。

严道，早在新石器时代就有先民在此繁衍生息。秦惠文王更元之十三年（前312）开始建置严道县，治所在现在的荥经县六合乡古城坪村。其辖地包括今天青衣江中下游的荥经、天全、芦山、名山及乐山的部分地区。尽管历史不断更迭，严道始终保持其名，直到唐代，才根据荥经二河更名荥经，沿用至今。

1987年文物普查时，在宝峰乡发现两处铜矿遗址，一处为鸡心嘴采铜遗址，位于宝子山顶部后聚坝的铜矿点，矿渣分布约1平方公里，现存早期矿洞6处，文化层0.25米，2号矿洞进深250余米、高1.2米，宽1.15米。据《荥经县志》①记载，铜山，在县北三里，即文帝赐邓通铸钱之所，后与卓王孙，取布千匹，其山今出铜矿。另一处宝子山冶铜遗址，位于宝子山顶，铜矿渣分布东西206米、南北114米。经推断为西汉冶铜遗址，荥经县严道古城遗址博物馆取炉壁残块多件，铜矿渣标本50千克。宝子山绵延宝峰、天凤、铜厂、花滩等乡十余里，盛产铜矿。从历史上看，严道铜山开采和冶炼的时代可以追溯到战国时期。根据实地考证，与史书几乎完全吻合，所以，以宝峰乡为中心地带的宝子山，应该就是文帝赐给邓通铸钱的铜山。

近年来，在荥经、汉源等地陆续出土了西汉时期的半两钱几千枚，在其他地方尚未出土过数量如此之多的半两钱。这些钱币多保存完好，规范大体相同。绝大部分钱径在2.3~2.4厘米，穿径在0.7~1.0厘米之间，重量在2.5~2.6克之间。按汉代的计量单位算，1铢约为今天的0.65克，这些出土的半两恰好与文帝时期所规定的计量标准"四铢"相差无几。②又根据《泉币》记载，邓通严道铜山所铸造的"半两"在重量、尺寸方面均与文帝的四铢半两基本一致。再就钱的文字看，这批钱多数文字清晰，笔画方折，"半"字下部二横较等齐，"两"字上部横画平直、竖笔稍长，内呈双"人"字，端庄秀丽，似西汉早期文字风韵。钱形外圆内方，均无内外郭，光背，钱体较薄。同时，在钱面或者背面都有凸起的不规则铜块或者说是某种符号，这也恰恰是邓通钱的一大特征。结合汉初时的铸币政策③所产生的钱币等级质量差别来看，这批半两钱应该属于邓通在严道铜山所铸的四铢半两，即所说的"邓通钱"。可见，文帝选在严道铸钱是因为严道有着丰富的铜矿资源。

严道地处南方丝绸之路的要冲，为四川平原与西南高山大川交汇之地，是秦汉时蜀通西夷的必经之地。现存的严道古城遗址，经多年的考察，并经专家认定，应位于荥经县城西3华里的六合乡古城坪村向北50米处。城址东西长约900米，南北宽约750米，高出荥经河岸约40米。城址为主城和子城的组合，主城平面为正方形，南墙与东北角保存较为完好，

① 《荥经县志》，卷一《疆域志》民国十七年版第一册，第27页。
② 瓯燕：《关于小五铢年代》，《中国钱币》1986年第4期。
③ 蒋若是：《秦汉半两钱范断代研究》，《中国钱币》1989年第4期。

中段发现城门遗迹，出土有门斗石等。子城南墙与主城重合而成，北城延伸陡岩，墙址均为板夯夯筑。城墙的夯土内发现有汉代陶罐、筒瓦和板瓦的碎片。在城址四周的山坡地，有大量春秋战国和秦汉等历代有典型特征的墓葬区。在这些墓葬和城址范围内发现了大量的半两钱。城内地面采集的陶器绝大多数为汉代遗物，如侈口折腹的小平底陶钵，钵底常伴有方形印记，为四川汉墓中常见的典型器物。直口罐、绳纹瓦等也是汉墓中常见的器物，城墙夯土中夹杂的破碎瓦片和陶器残片，绝大多数为东汉时期的遗物①。在城址和城墙夯土中未见两晋六朝的陶瓷器或者其他器物残片，可见城墙最晚建造时期为东汉后期。城址的建造形制和特征也符合汉代中国古城建造的一般特征。从城址的规模、发掘的墓葬文物以及对城址建造使用时间上来看，严道城在秦汉时期就已经是南方丝绸之路上的重要贸易城镇，而且其在汉代时达到了繁荣的顶峰。

"巴蜀印章"是政府颁发给商人用以表明其合法经营的一种凭证，一直到汉代仍在使用，是中原地区与边境民族来往贸易的信物，印纹可以被看做是持有商人的名片，也具有一定的商标功能。1981年7月，四川省文管会和荥经县文化馆在荥经县烈太公社进行发掘，现场发掘铜印章8枚，其中巴蜀印章7枚，汉代印章1枚②。1981年9月到10月，在荥经县曾家沟战国墓群的发掘中出土1枚铜印章③，21号墓发掘印章1枚④。1985年11月到1986年5月，四川文物考古研究所和荥经县严道古城遗址博物馆在同心村船棺葬发掘出印章54件，这批铜印章较为丰富，大体保存完好，按印面形状可分为圆形印、方形印、长方形印和半月形印⑤。1988年1月荥经县严道古城遗址博物馆在荥经县南罗坝村发现一处战国墓葬，发掘出印章1枚⑥。这类"巴蜀印章"在四川地区的芦山、犍为、峨眉和广元等地都有出土，但是荥经出土的数量尤其多，超过其他地区出土数量的总和。例如，曾家沟出土的这枚方形印章，半似汉字偏旁半似巴蜀符号，这显示出中原与巴蜀地区存在某种形式的联系，受到中原地区印章的影响，巴蜀印章开始有类似汉字的形状，或者是为了方便两地贸易交往而在印章上刻下两地都能读懂和接受的符号。"巴蜀印章"在荥经地区的大量发现，说明在当时严道的贸易非常发达，来此地经商的商人非常之多，从而证明了严道是当时汉王朝西南对外贸易的一个重要据点。

一方面，严道地区有着丰富的铜矿资源，这是铸造货币的基本条件；另一方面，严道处

① 荥经古墓发掘小组：《四川荥经古城坪秦汉墓葬》，《文物资料丛刊》（4），文物出版社，1981年。
② 刘继铭等：《四川荥经县烈太战国土坑墓清理简报》，《考古》1984年第7期。
③ 赵殿增、陈显双：《四川荥经曾家沟战国墓群第一、二次发掘》，《考古》1984年第12期。
④ 陈显双：《四川荥经曾家沟21号墓清理简报》，《文物》1989年第5期。
⑤ 匡远滢、李炳中、何伟：《荥经县同心村巴蜀船棺葬发掘报告》，四川省文物考古研究所编：《四川考古报告集》，文物出版社，1998年。
⑥ 李炳中、何伟、袁新民：《四川荥经南罗坝村战国墓》，《考古学报》1994年第3期。

在东上成都，南下滇黔的重要中转地。成都平原是养蚕制丝的发祥地，同时也有着发达的农牧业，有着丰富的产品与更南的经济不发达的民族地区进行交换，与成都平原接近的地区通过当地特有的物产与其交换丝绸布匹和其他手工产品，严道就充当了这样一个贸易集散和中转地的角色。然而，蜀地与中原地区相隔千里，蜀道道路崎岖，不便于长途运输笨重货物，货币要从中原地区流通到川西地区是极其不便的，但是货物的交换又必须以货币来作为媒介。因此，文帝派遣邓通到严道来主持铸币事宜并不单纯因为邓通是自己的宠臣，作为统治者，他应该预见到了西南贸易需要货币的客观情况，史书的记载只是一种表象，真正的目的是通过铸币来促进当地贸易的发展，以达到"通诸夷"的目的。

货币是商品交换的产物，是充当一般等价物的特殊商品。社会经济发展到一定阶段就需要与之相适应的货币形式和商品交换形式。汉代以前，西南地区由于商品交换不发达，数量不多，南方丝绸之路沿线的商品贸易多以物物交换的形式进行。到了两汉时期，由于中央政府的重视，多次派遣使者"经略西南"，使得这一地区的贸易道路畅通，贸易范围和贸易规模都得到了极大的提高。商品交换到了这个阶段就需要货币来充当媒介以更加顺利。虽然以现有的考古发现不能证明"邓通钱"是南方丝绸之路上的主要货币，但是邓通铸钱得到中央政府的许可，其所铸造的货币也符合中央政府对货币规格的要求，铸造数量又多，加之邓通铸钱地又处于南方丝绸之路的重要贸易城镇，因此"邓通钱"必然在南方丝绸之路上的商品贸易中发挥了重要的作用。

汉代四川漆器

明文秀　成都金沙遗址博物馆 副研究馆员

摘　要： 四川漆器，即以成都平原为中心原四川生产的漆器，在汉代漆器手工业中占有重要地位。关于四川漆器的研究已有相当的成果，但仍存在一定的分歧。本文就四川漆器的装饰、器型、工艺等方面作了详细介绍，并在此基础上，尝试根据器物组合、装饰风格及经营性质，将汉代四川漆器的发展特征大体分为西汉早期、西汉中晚期至东汉早期、东汉中晚期三个阶段，描绘出其由兴起、兴盛到走向衰落的发展轨迹。最后，通过对四川漆器出土范围的考察，可以看出其外销规模的扩大。

关键词： 汉代　四川漆器　工艺　工官　外销

一、前言

伴随20世纪初朝鲜古乐浪郡大量"蜀郡"、"广汉郡"漆器的相继发现，四川漆器很快进入学界视野，由此引发的各种讨论不绝于浩瀚书海。四川漆器，即以成都平原为中心原四川生产的漆器。在古文献只言碎语中，我们也能洞见其华丽的身姿。"众器雕琢，早刻将星，朱缘之画，邠盼丽光，龙驰蜿蜒错其中，禽兽奇伟髦山林。"[①]"蜀广汉主金银器，岁各用五百万。颜师古注引如淳曰："河内怀、蜀郡成都、广汉皆有工官。工官主作漆器物者也。"[②]"今富者银口黄耳，金罍玉钟，中者野王纻器，金错蜀杯。"[③]以往学者更多的关注点是汉以前，而对发展繁盛的两汉四川漆器则有所忽略，其研究现状主要在以下几方面：

一，考古发掘与考古学、历史学、艺术学等多学科的研究，确立了一批出土汉代四川

---

① 扬雄著，张震泽校注：《扬雄集校注》，上海古籍出版社，1993年，第35页。
② （东汉）班固撰，（唐）颜师古注：《汉书》，中华书局，1962年，第3070~3071页。
③ 王利器：《盐铁论校注》，中华书局，1992年，第351页。

漆器的典型墓葬，有助于树立其时代标杆。这些墓葬有长沙马王堆[①]、江陵凤凰山[②]、荆州高台[③]、贵州清镇[④]、古乐浪郡[⑤]以及川渝两地汉墓[⑥]，出土的部分漆器（见汉代四川漆器出土一览表），为厘清其发展脉络提供了丰富的实物资料。

二，四川漆器在汉代漆器手工业中的重要地位得到了充分肯定，是研究汉代漆器发展不可或缺的实物资料。"四川地区漆器发展的情况，与中国古代漆器的发展脉搏颇为一致，而且，其在全盛时代表了中国漆器制作的最高水平，在中国古代漆器发展史上占有极其重要的地位。"[⑦]因而有"成都漆器"、"巴蜀漆器"、"四川漆器"等带有强烈地域色彩的研究文章不断出现，这些概念各有所指，各有关注点。

三，两汉四川漆器基本情况，如工艺、装饰、分期、影响等都有多方讨论，也存在众多争议。主要分歧有：一，川渝以外类似漆器的辨识，"（山东银雀山汉墓出土漆器）中'莒县'、'市府草'为莒县的市所造，（广西罗泊湾汉墓漆器）中'布山'、'市府'为布山县的市所造。"[⑧]刘小路："广西贵县罗泊湾汉墓及山东临沂银雀山汉墓出土的漆器铭文也表明为蜀郡成都所制。"[⑨]二，漆器断代，"东汉中后期漆器不仅被广泛用于生活用品，还在全国流通，所以带蜀郡铭记的漆器，在湖南长沙、湖北江陵凤凰山、贵州清镇与平坝、蒙古诺颜乌拉墓、朝鲜平壤与古乐浪郡等地均有发现。"[⑩]实际上上述几批漆器时代均在东汉中后期以前。三，没有严格的分析研究，整体打包，将与四川漆器伴出的所有漆

① 湖南省博物馆、中国科学院考古研究所：《长沙马王堆一号汉墓》，文物出版社，1973年；湖南省博物馆、湖南省文物考古研究所：《马王堆二、三号汉墓》，文物出版社，2004年。

② 湖北省文物考古研究所：《江陵凤凰山一六八号汉墓》，《考古学报》1993年第4期；纪南城凤凰山一六八号汉墓发掘整理组：《湖北江陵凤凰山一六八号汉墓发掘简报》，《文物》1975年第9期；长江流域第二期文物工作人员训练班：《湖北江陵凤凰山西汉发掘简报》，《文物》1974年第6期。

③ 湖北省荆州博物馆：《荆州高台秦汉墓：宜黄公路荆州段田野考古报告之一》，科学出版社，2000年。

④ 贵州省博物馆考古组：《贵州平坝天龙汉墓》，《文物资料丛刊04》，文物出版社，1981年；贵州博物馆：《贵州清镇平坝汉墓发掘报告》，《考古学报》1959年第1期；贵州省博物馆：《贵州清镇平坝汉至宋墓发掘简报》，《考古》1961年第4期。

⑤ 梅原末治：《支那汉代纪年铭漆器图说》，同朋舍出版，昭和十八年；朝鲜古迹研究会：《乐浪彩箧冢》，朝鲜古迹研究会，1937年。

⑥ 四川省文物考古研究院、绵阳博物馆：《绵阳双包山汉墓》，文物出版社，2006年；四川省文物考古研究院等：《四川渠县城坝遗址2005年发掘简报》，《四川文物》2006年第4期；徐鹏章：《成都凤凰山西汉木椁墓》，《考古》1991年第5期等。

⑦ 金普军：《汉代髹漆工艺研究》，中国科技大学博士学位论文，2008年。

⑧ 宋治民：《汉代的漆器制造手工业》，《四川大学学报》1982年第2期。

⑨ 刘小路：《成都漆器艺术研究》，西南交通大学博士学位论文，2013年。

⑩ 胡玉康、潘天波：《中国西部秦汉漆器艺术》，人民美术出版社，2014年。

器都纳入其范畴①。四，漆器出土地与生产地、生产使用时间与埋葬时间混淆②。五，分期分段研究，基本符合历史事实，但具体划分还有争议，有以时段分，有以漆器铭文分等。汉代四川漆器生产有公私两条线，以公为主，不能以单一条线来概括其整个发展。

综上所述的成果与分歧，是基于四川漆器辨识之上。虽然已有学者以科技手段介入探讨漆器的相关问题，但仍不足以建立汉代漆器的地域标杆。俞伟超先生据铭记和工艺对马王堆汉墓漆器进行辨识。在没有多学科联合攻关的前提下，此法是可行的。文章试对两汉四川漆器进行特征性归纳，以期为进一步分解汉代四川漆器相关问题提供基础材料。笔者不才，不揣冒昧，不足之处，谨请方家指正。

二、汉代四川漆器举要

（一）装饰图案

就理论而言，漆器作为纯手工业品，可以每件不重样，但在汉代，漆器社会需求量极大，适用性强，而各地资源、生产者和生产技术有限，不重样是不现实的。文献载汉代从中央到地方设有考工、供工，蜀郡、广汉郡、河内、河南、颍州、南阳、济南、泰山等工官专门管理和制作漆器。我们现在能看到四川的成市（蜀郡）和广汉、山东的莒县、广东的番禺、广西的布山、扬州的广陵国等地生产的漆器。这些漆器反映了汉代漆器的两种情况：一，共性中有个性，即在大一统的时代背景下，各地受自然、经济、技术、风俗等因素的影响，漆器制造业共性中会保留一些地方元素的个性特色，如各地漆耳杯、盘、奁等造型基本一致，纹饰图案都有动植物、自然、几何纹和社会生活等，但具体的形制、组合和布局则会因地而异。二，个性中有共性，即同一地方同一时段的同类器物造型和装饰相对统一，表明漆器生产已进入程式化发展阶段。文章从有明确时空定位的四川漆器中抽出一些具有鲜明地域特色的装饰图案列举如下：

1. 几何纹有点、线、面，种类多，数量大，多是两种以上相对稳定的纹饰组合构成二方连续装饰带起辅助作用，凸显主体图案，使器物装饰不呆板，既美观，又富有节奏和韵律。四川漆器中有特色的几何纹组合有波折纹（波浪纹）、点纹、多条竖向弦纹（波浪纹）、亚形纹、菱形纹、B形纹、漩涡纹、"非"形纹、三角形鸟头纹等（图一，1-31）。

2. 自然景象纹主要有各种卷云纹、波浪纹和山峰纹，其中卷云纹变化多样，有呈羽毛状、漩涡状、C状、S状、麦穗状、龙形、凤形等（图一，32-37），是汉代四川漆画中数量

---

① 刘小路：《成都漆器艺术研究》，西南交通大学博士学位论文，2013年。

② 扬州博物馆编：《汉广陵国漆器》，文物出版社，2004年；聂菲：《巴蜀地域出土漆器及相关问题探讨》，《四川文物》2004年第4期。

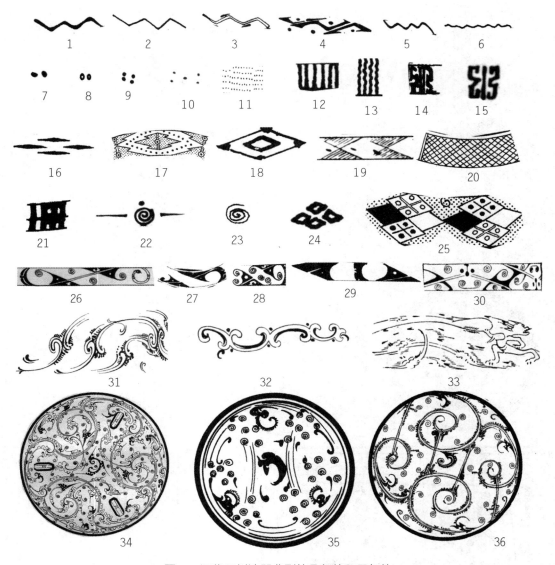

图一　汉代四川漆器典型的几何纹和云气纹

　　1—6．波浪纹、波折纹（荆州高台M2：294、绵阳双包山M2：269、江陵凤凰山M168：175、马王堆M1：443、荆州高台M2：6、绵阳双包山M2：487）　　7—11．点纹（荆州高台M2：6、江陵凤凰山M168：175、绵阳双包山M2：274、马王堆M1：128、马王堆M：74）　　12—13．竖条纹（绵阳双包山M2：286、绵阳双包山M2：306）　　14—15．亚形纹（荆州高台M2：8、马王堆M：74）　　16—20、24—25．菱形纹（绵阳双包山M2：43、马王堆M3-北155、绵阳双包山M2：785、马王堆M1：388、荆州高台M2：6、江陵凤凰山M168：123、马王堆M1：50）　　21．B形纹（绵阳双包山M2：274）　　22—23．漩涡纹（马王堆M1：209、绵阳双包山M2：274）　　26—30．三角鸟头纹（马王堆M1：70、荆州高台M2：294、江陵凤凰山M168：138、绵阳双包山M2：269、马王堆M1：207）　　31—36．云气纹（马王堆M1：443、马王堆M1：100、马王堆M1：388、马王堆M1：100、绵阳双包山M2：41、绵阳双包山M2：786）

图二　汉代四川漆器典型纹饰

1-2. 鱼纹（江陵凤凰山M168：175、荆州高台M3：41）　3. 针刻动物及神兽纹（江陵凤凰山M168：123）　4. 狩猎纹（马王堆M3：北160）　5-7. 凤鸟纹（马王堆M1：70、绵阳双包山M2：740、绵阳双包山M2：756）　8. 人物故事（乐浪郡彩箧冢）

最大的一种纹饰图案，一般多与各种变形的鸟纹图案穿插应用，色彩丰富绚丽，画面极具视觉冲击力，几乎遍布各类漆器，可单独成画，可辅助成带，其线条流畅，曲直结合，连绵不绝，曲线婉转柔和，直线刚劲有力。

3. 动物纹有写实和变形夸张两种，前者主要有各种鸟、鱼、猫、鼠、豹等；后者包括龙、凤及神兽（图二，1-7）。其数量丰富，造型各异，布局灵活，有的单独成画，有的穿插在各种卷云纹中，或静或动，神秘莫测。即使漆画里同类动物形态也各有区别，表现了汉代漆工敏锐的观察力、丰富的想象力和高超的画面设计水平。江陵凤凰山M168：175三鱼纹杯，耳面和口部内外壁装饰与同时期其他四川漆耳杯相同，当为四川漆器。杯内三条鱼环游于中间柿蒂周围绕顺时针方向游动，头尾相接，一条略直身，一条微曲身，一条弯曲身，加之多色彩漆绘的鱼身和鱼鳞以及周围各种圆点状水泡的烘托，使整个画面极其灵动。构思之巧妙，仿佛三条鱼摇头摆尾于水中，堪称汉代漆画之典范。

4. 植物纹在汉代四川漆器中数量较少，主要有柿蒂纹、卷草纹，花瓣纹，均为辅助纹饰。

5. 社会生活和神话类也比较少。马王堆M3：北160，器身外壁中间锥画，卷云纹中间夹杂神人乘龙、飞马、狩猎等纹样（图二，4），狩猎画面极其生动，形态逼真：猎人在驱使猎犬追逐一头奔跑的鹿子。猎人手拿飞矛在后面追赶；中间猎犬紧追不放，似边跑边嚎；最前面的鹿子仓皇回头观看，貌似简单的几笔将一个紧张瞬间定格于画面。乐浪郡王盱墓西王母画像漆盘，西王母正向端坐于神树之上，后面是一侍女，四角有奔跑的麒麟。彩箧冢漆箧在黑漆地上用红、黄、赭、绿、灰绿等色彩绘（图二，8），纹饰分上中下三层，中间为孝子图，朱书每个人物的名字或身份，画面人物众多，形象各异，栩栩如生；上层为红、绿、黄三色蔓草纹；最下层由绿色的漩涡纹、黄色的连珠纹、黄色简笔飞鸟纹构成的连续菱形纹装饰带，堪称漆画艺术佳作。其画面人物造型风格与安徽三国东吴朱然墓"宫闱宴乐"漆案基本一致[1]。该漆案为东汉末至三国时期四川典型漆器，主体图案为红、黑、金彩绘各色人物55个，且大多有榜题，四周有云气、禽兽、菱形和蔓草纹衬托。加之与彩箧同地点出土的漆器多为汉时四川制品，因此，我们有理由推断上述彩绘漆箧也是四川产品。

（二）典型漆器

总体来看，汉代四川漆器已进入寻常百姓家，品种丰富，形制多样，涉及社会生活的各个方面。从使用功能上，四川漆器可分以下几类：

1. 按适用范围，日常生活类分：饮食用具有杯、盘、盂、盒、壶、扁壶、卮、樽、案、碗、钵、勺、匕等；梳妆用具有奁、匜、洗、梳、篦等；礼仪实用器有鼎、锺、钫等；娱乐工具有六博。也有一器多样化用途，如奁，作为一种实用的容器，可装食物、梳

---

[1] 安徽省文物考古研究所、马鞍山市文化局：《安徽马鞍山东吴朱然墓发掘简报》，《文物》1986年第3期。

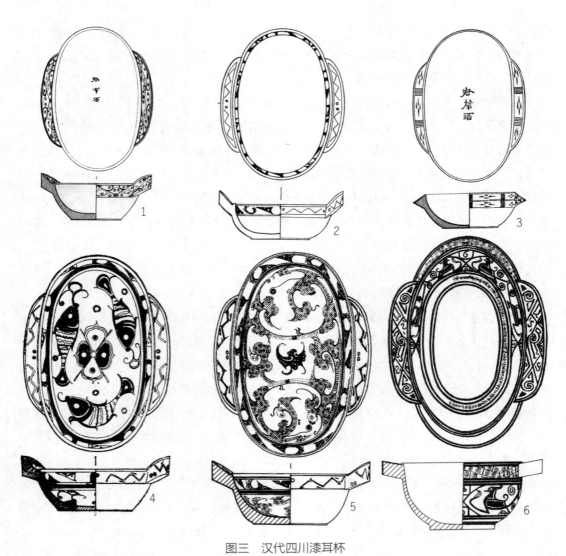

图三　汉代四川漆耳杯

1. 马王堆M1：110　2. 绵阳双包山M2：269　3. 马王堆M1：177-1　4. 江陵凤凰山M168：175
5. 荆州高台M6：18　6. 湖南永州市鹞子岭M2：77

妆品、丝织品或帛画。

2. 丧葬用具有棺、动物俑和人物俑；以绵阳双包山汉墓各种马、俑为代表，其中人体经脉漆俑，通体髹黑漆，裸体，直立状，手臂垂直放于两侧，五指并齐，掌心向前，双腿一字形站立。黑漆为地，从头至脚朱绘纵横线条数道，形成密布的经络系统。残高28.1厘米。2013年成都金牛区天回镇老官山汉墓出土人体经穴髹漆人像，高约14厘米，五官、肢体刻画准确，人体以褐漆地上用白色或红色彩绘的经络线条和穴点清晰可见，并在不同部位还针刻"心""肺""肾""盆"等小字，属我国考古史上首次发现，是研究汉代医学的重要实证。

3. 生产用具有建筑构件、锤。

4. 交通工具有各种车及车马器，以绵阳双包山汉墓出土较多，马车有独辀马车、双辕马车。

5. 兵器少量，有弓、箭箙，均木胎髹黑漆。

6. 乐器仅见绵阳双包山汉墓的陶编磬和陶编钟，髹褐漆。

耳杯

西汉早期称杯，有四升杯（大杤、闾、钦柯）、"一升"杯、"小具杯"（成套）、大杯、黑杯、画杯、食杯、酒杯等铭记或简书，汉哀帝时铭"耳桮"，专指铜扣耳杯。考古学依形命名，四川造耳杯有木和夹纻胎，椭圆形杯身，半月形双耳，敞口，弧壁，假圈足，单环耳和双环耳。其出土频繁，数量最多，是汉代漆器中非常典型的一种日常生活用品，以铭记可分酒具和食具，以装饰分素杯和画杯两种（图三，1-5）。画杯有两种：一，杯内髹红漆无彩，耳面和口部内外壁漆绘几何纹组合图案；二，满画杯，杯内红漆地黑彩，黑漆地多彩，中心饰卷云纹、龙纹或鱼纹等主体纹饰，口部内外壁和耳面饰几何纹组合图案。此类耳杯大多无地域铭记，但其装饰与同时期"成市"铭漆器相同，如规则的波折纹与圆圈纹，口部变形三角鸟头纹二方连续图案。荆州高台秦汉M2：251，形体较大。一耳上朱书一"李"字，素杯，外底有烙印文字和针刻符号，根据写法估计是"成"。江陵凤凰山M168：193，杯内外髹黑漆，耳面和外壁上部朱绘波折纹和圆圈纹；内壁上部朱绘变形三角鸟头纹二方连续图案；内底朱绘两朵卷云纹似凤鸟，内地正中和四周各绘变形鸟纹，整个画面动感强烈，神秘莫测。外底有烙印文字。

蜀郡西工和广汉郡工官产的耳杯，有薄木胎和夹纻胎，夹纻胎多，胎壁薄，口部嵌铜扣，即文献中的"金错蜀杯"。敞口，深弧腹，高饼足，耳面略高于杯口，内底髹黑漆无彩，内壁髹红漆无彩，外壁黑地彩绘，耳面几何纹，外壁图案分上下两层，上层为连续的漩涡纹，下层为对鸟纹连续图案，中间以十字或小方格纹隔开，外底髹黑漆无彩。铭文内容丰富。湖南永州鹞子岭M2：77，木胎，口径17.1厘米，高5.4厘米。足部刻铭："元延三年广汉郡工官造乘舆髹泹画木铜耳黄涂桮容一升十六籥素工戎髹工真上工护铜耳黄涂工诩画工尊泹工威清工顺造工贺造护工卒史隆长骏丞尚掾商守令史武主。"古乐浪郡元始三年金铜扣漆耳杯，胎质和装饰与前者相同，足部刻铭："元始三年蜀郡西工造乘舆髹泹画木耳桮容一升十六籥素工禁髹工给上工钦铜耳黄塗工武画工豊泹工宜清工政造工宜造护工卒史章长良丞凤掾隆令史宽主。"

圆盘

西汉早期圆盘有沐盘、大盘、平盘、食盘等称呼。沐盘形体较大，与汉人洗浴有关，

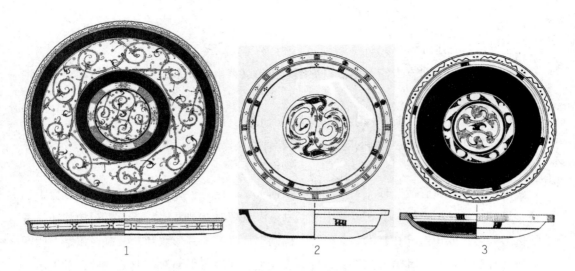

图四　汉代四川漆盘

1. 荆州高台M2：6　2. 绵阳双包山M2：756　3. 荆州高台M2：294

段玉裁《说文》注所引《左传》"奉匜沃盥"曰："沃者，自上浇之；盥者，手受之而下流于盘。"马王堆M1简二〇二："髹画沐盘容五斗"，惜未见实物，但不表明当时不存在。食盘当属最小的一种盘，有与案、卮伴出，汉简用"卑"来形容其小，如"尺卑遬"或"髹画卑遬桱八寸"。

西汉早期的圆盘多厚木胎，外壁旋制，内部挖制，分圈足盘和圜底盘。圈足盘形体较大，卷沿，圆唇，敞口，直壁，浅腹，平底，矮圈足。盘内装饰部位一致，黑红相间为漆地，红漆地无彩，黑漆地上漆绘，分内外两区，内区中央是卷云纹夹鸟头纹构成的主体纹饰，外围一圈窄的几何纹组合；外区一圈与中央主体纹饰相同；口部内外壁均为几何纹组合。荆州高台M2：6，云龙纹漆盘，盘心和外圈主体纹饰为黑漆地上朱红、深蓝、红褐色彩绘云龙纹夹变形凤鸟纹；龙躯体用红、蓝色彩绘，一幅龙飞凤舞之壮观场面；内底外圈为针刻的网格纹和几何菱形纹连续图案；腹壁内外壁朱绘横线纹连续图案；口沿朱绘波浪纹和圆点纹连续图案。外底边缘朱书一"李"字，外底中部烙印"市府口口"。口径53.5厘米，高4.5厘米（图四，1）。

圜底盘，厚木胎，外壁旋制，内部挖制，折沿方唇，弧壁，深腹，内底圜弧近平，外底圜底或平底。装饰部位基本一致，内部黑红相间为漆地，多数为红漆地无彩，黑漆地漆绘，盘内中心为卷云纹夹鸟纹，外围一圈窄的几何纹组合；口部内外壁多为"B"形纹，沿面多为波折纹与两圆点组合。荆州高台M2：294，内地中心为两"S"形卷云纹，形似龙，中央朱绘一变形凤鸟纹，凤与云相处相融，密不可分。外圈朱绘三角形鸟头纹，腹壁内外上部均朱绘"B"形图案。沿面朱绘波折纹与两圆点组合图案。外底烙印文字三组，分别

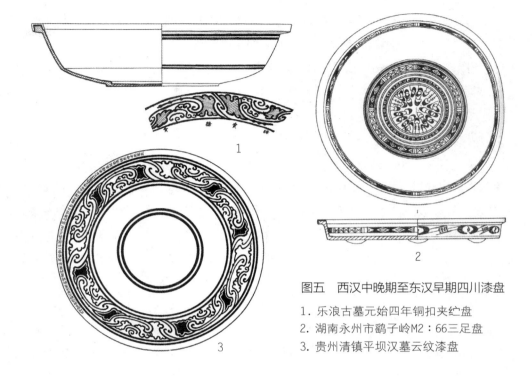

图五　西汉中晚期至东汉早期四川漆盘
1. 乐浪古墓元始四年铜扣夹纻盘
2. 湖南永州市鹞子岭M2：66三足盘
3. 贵州清镇平坝汉墓云纹漆盘

为"成市草"、"成市员"、"成市口"。口径22.6厘米，高3.6厘米（图四，3）。绵阳双包山M2：756，内底中心红漆地上用黑、银灰二色绘双鸟，其间绘"S"卷云纹；口沿髹黑漆，朱绘漩涡、点纹、竖条纹连续图案；外壁上部黑漆朱绘"B"形纹。口径20.4厘米，高4厘米（图四，2）。个别漆盘内壁全彩，如马王堆汉墓猫纹食盘，猫纹居中，外圈等距穿插3个动物，或三猫、二猫一龟、二猫一蛙、三鼠，M3：南147，为四猫纹盘，口径28.5厘米、底径16.5厘米、高6厘米。在内底中心纹饰空隙处朱书"君幸食"三字。盘外底黑漆地上朱书"轪侯家"和"九升"。

蜀郡西工和广汉郡工官生产的漆盘，薄木胎和夹纻胎，夹纻胎增多，口部嵌铜扣涂金，敞口，深弧腹，平底，也有底部接三足（图五，2）。纹饰内底为熊纹，腹壁内外均堆漆卷云纹，图案有浅浮雕感，铭文丰富。乐浪郡古墓元始四年夹纻漆盘，口径8.9寸、底径3.3寸、高2.3寸，刻铭："元始四年蜀郡西工造乘舆髹洀畵紵黄釦饭槃容一斗髹工石上工譚铜釦黄塗工豐畵工张洀工戎清工平造工宗造護工卒史章长良丞鳳掾隆令史褒主。"（图五，1）江苏邗江县杨寿乡宝女墩新莽墓M104：26，漆盘，夹纻胎，敞口，平沿，鎏金铜扣边，浅直腹，平底。图案装饰与永州鹞子岭M2：66三足盘一致，内底外圈髹朱漆，其余部分为黑漆，外腹针刻一圈连续火焰状云气纹，周边以朱漆勾点。内壁针刻一圈重菱形纹。内底纹饰以一圈针刻重菱形纹和一圈针刻篦纹与褐漆点纹相隔纹饰作边，中部为三等分的卷云纹组饰，每组以12个针刻火焰状云纹构成，云纹内褐漆勾勒以突出效果，外底中心朱漆隶书"中官"，外沿针刻隶书45字："元康四年广汉護工卒史佐□上□工官长意守丞建令史舜漆泡髤工顺食邑金釦黄涂工护都、畵工隶谊泃工马年造。"口径26.4厘米、底径24厘米、高2.5厘米。

盂

汉时另有杅、盓之称，马王堆M1简二○一："髤画华盓十枚其一盛牛肩郭（椁）左九郭（椁）足。"厚木胎，圆唇，敛口，束颈，弧壁，深腹，圈足。内部黑红相间为漆地，红漆地无彩；内底黑漆彩绘，内底中心部位多为卷云纹夹鸟纹，外围是一条窄的几何纹组合。内壁上半部与外壁上半部纹饰相同，沿面和颈部有的有几何纹组合。外底多有烙印文字。江陵凤凰山M168：170，黑漆地上用红、褐色彩绘卷云纹、变形鸟纹和圆点几何纹等，器底烙印"口市草"，"成市口"、"成市饱"各一处，口径26厘米、底径16.6厘米、高8.6厘米。

奁

汉简称"检"。器盖和器身有薄木胎和夹纻胎两种，木胎器壁捲制，器底为厚木胎嵌入。盖和器身套合为"一合"。盖有弧顶和盝顶之分，有单层和多层多子奁，后者形制多样，结构复杂，一般外为圆形大奁，内部分层装长方形、圆形、椭圆形、马蹄形等小奁。内红外黑。彩绘漆奁装饰工艺多样，有漆绘、油彩、针刻和贴金箔，尤其是针刻工艺水平较高，装饰极其华丽，几乎是布满全身，富丽堂皇，是汉代漆器工艺的集大成者。江陵凤凰山M168：123，奁身外壁、口沿内、盖内、内底的中部黑漆地上满饰针刻花纹。盖顶有7圈花纹，中心花纹为一兽，周围是云鸟纹；第二、四圈为竖条波浪纹与菱形纹组合；第三圈为卷云纹夹三只怪兽、两只兔，它们相互追逐；第五、七圈为卷云纹；第六圈鸟纹和漩涡状卷云纹，之间用两相对的三角形隔开。器外壁上部为连续的卷云纹；下部为两层竖波浪纹和菱形纹组合。盖内和内底也有针刻的卷云纹和几何纹组合装饰。针刻的线条纤细，连续环绕，给人以天马行空之浪漫情怀。此奁与马王堆汉墓出土的狩猎纹漆奁极其相似。

盒

汉时称"盛"，厚木胎，外壁旋制，内部挖制，盖与身形制基本一致，盖短身长，子母口扣合而成。其装饰极为华丽，且部位基本一致，内部髤红漆，外部髤红黑相间的地漆，黑漆地较红漆地宽，红漆地上无彩，黑漆地上彩绘。盖顶中心主体纹饰为卷云纹夹变形鸟纹或三云凤纹，盖肩部和器身下部为一圈卷云纹，盖和身口部外壁为几何纹组合。江陵凤凰山M168：211，盖顶内朱绘三凤，作漫步回首状。以红色勾勒轮廓，灰黑无光漆饰颈、腹和翅；双足以速写笔调勾勒，三凤等分圆面，其间填充褐色卷云纹、漩涡纹，构图匀称。盖、器口沿朱绘X形卷云纹连续图案。盖的肩部和身下腹部以朱、暗灰彩绘X形卷云纹连续图案。器底烙印"成市草"三字。江陵凤凰山M168：137，盖顶、肩和盒身近底部为彩绘圆卷状云气纹，其间绘变形鸟头纹，色彩有朱、褐二色。盖与盒身口部为波折纹和圆点纹组合图案。器底有烙印"成市草"、"成市素"和"成市饱"各一处。

扁壶

江陵凤凰山M168简二八至三〇，都有称"柙"，容量有一斗、二斗、大五斗。厚木胎，斫制，两半漆液粘合，扁腹，长方形圈足，肩上两对称的铜铺首或铜环，内红外黑，有素漆和彩绘。江陵凤凰山M168：117，特大，盝顶形盖，长方形口，短颈。外壁黑漆地上彩绘。口沿外和圈足朱绘三角形鸟头纹；侧腹朱、褐色彩绘勾连卷云纹；腹壁两面各绘三只豹子，其中有一只还有翼，似在追逐一只小动物，穿插于卷云纹和鸟纹之间。盖顶中心亦绘一豹，周围绘卷云纹和变形鸟纹。七豹各具姿态，形象生动，其间填绘卷云纹和变形鸟纹，使画面更加富有动感之美，是一件难得的汉画作品。器通高48厘米，为简三〇之"大五斗柙"。邗江姚庄M102：46，盖为椭圆形，顶部微弧，铜扣边，盖内外髹酱色漆，盖顶饰土黄色漆绘二方连续菱形几何纹，盖内沿针刻铭文49字："河平二年广汉郡工官乘舆木二升柙素工商絜工长上工阳铜扣金鎏工军画工强造工顺造護工卒史博长处丞霸掾熹主。"柙身通体髹酱褐色底漆，用土黄色漆绘四组纹饰带，第一层为二方连续齿纹和涡纹；第二层为二方连续如意云纹；第三层为云气纹，夹鸟兽纹；第四层为二方连续齿纹和涡纹。圈足外饰数道弦纹。口径10.8厘米，底径17厘米。

卮

汉简载有二斗卮、斗卮、七升卮、二升卮、小卮等几种，酒具，形制基本相同，但胎质、容量和装饰有差。西汉早期卮有薄木胎和夹纻胎，木胎器壁捲制，盖和底为厚木胎嵌入，器型较小，直壁，平底，有无盖和有盖、单扳和双扳之分，装饰较为华丽，盖顶多满饰，中心为云气纹，外面是一圈几何纹组合或简易卷云纹。器壁分上中下三段，中间一般与盖顶中心纹饰相同，上下段多为相同的几何纹组合。江陵凤凰山M168：138，有盖，双耳，近底处内收成饼足。盖顶两圈和腹壁中部彩绘云气纹，中间夹杂朱绘变形凤鸟纹；口沿和底沿朱绘变形三角鸟头纹和点纹组合的连续图案。耳上朱绘变形饕餮纹。外底有"市府饱"、"成市饱"、"成市草"烙印文字。出土时内装小漆卮1件，小漆盘4件。之后，胎质多为夹纻胎，银扣加身，金银箔平脱。

案

汉时叫法不一，凤凰山M168简一九："方平盘一"；马王堆汉墓简二七五："髹画其束，广二尺，长三尺二寸，二枚。"厚木胎，斫制，长方形，形体较大，敞口，弧壁，浅腹，平底，底部四角有四个矮足。前期装饰手法比较固定，案内髹黑漆和红漆地各两组，红漆地上无纹，黑漆地上分内外两区纹饰，内区为朱色、灰绿色或蓝色彩绘卷云纹或卷云纹夹鸟纹，外围是一周狭窄的几何纹组合；外区为一周较宽的纹饰，图案与正中间的纹饰相同。内腹壁和外腹壁上部均为黑漆地上朱彩几何纹组合。绵阳双包山M2：306，内区朱、蓝色彩绘凤鸟纹和卷云纹；腹壁内外黑漆地上朱绘竖波浪纹和变形菱形纹组合图案，长68厘米、宽39.5厘米、高6.5厘米。马王堆M1：382，漆案上置小漆盘5件，漆耳杯1件，漆卮2件，小盘内盛食物，盘上放竹串1件，耳杯上放竹箸一双，这种摆设，应是当时贵族宴饮时的情形。

（三）胎骨与装饰

1. 胎骨制作

两汉时期，四川漆器胎骨有木胎、夹纻胎、竹胎、陶胎四种，其中木胎漆器数量较多，制作工艺复杂，胎体越来越薄，有斫、削、挖、凿、旋、桊、雕与刻等方法，器型不同而方法各异，一器多法。圆盘、盂、圆盒、圆壶、鼎、锺等圆形容器，厚木胎整木成器，外壁旋制，内部挖制；耳杯，具杯盒、方盘、方案、钫、扁壶、匜、勺、几等不规则形器，采用斫与挖相结合；卮、樽和奁类直桶形器，器壁为薄木胎桊制，盖或底部用厚木胎镶嵌。各种动物俑和人俑多采用斫、雕与刻相结合。器物构件的结合方法有榫、铆、嵌、粘。几、案、车马器多采用榫卯相接；樽、鼎的足与器身，錾手与器身多采用铆钉结合；樽、奁、卮器底多采用嵌入法；扁壶与钫的两半，樽、奁、卮的器壁结合处多以漆液为粘接剂。

夹纻胎产生于战国，贯穿两汉，汉简有"布髹"、"曾"、"布缯"之称，数量不断增加，早期多用于奁、盘、卮，后期普及到耳杯、盘类器。马王堆M1：443双层九子奁，盖和器壁夹纻胎，底部为斫木胎镶嵌，器壁胎内层用麻布，外层裱一层丝帛织品，使胎骨表面更加光滑圆润，便于后期装饰。

竹胎有筒、盒和勺，采用锯、雕和编制。马王堆汉墓漆勺，斫制，斗部竹节为底，筒形，长竹条柄部，接榫处用竹钉连接。

陶胎以成都凤凰山、洪家包、绵阳双包山汉墓出土的为代表，品种有罐、盒、鼎、鑑、锺、耳杯等，皆髹黑漆。

2. 造型与装饰

《髹饰录》记："凡髹器，质为阴，文为阳。文亦有阴阳。"照此说法，漆器造型属阴，但装饰则有阴阳之分。汉代四川漆器诸品种"皆取其坚牢于质，取其光彩于文也……漆之为用也其大哉！"其造型设计强调实用与象征取义，诸如耳杯、盘、卮、盂、壶、锺、鼎、奁、樽等皆是汉人日常生活用品，需坚实、轻便、饱满无棱角，且具有防腐、防烫、防摔等漆木器本身功能特质。如耳杯平稳，对称，符合汉人双手曲握捧持的动作特征，半月形耳较楚式蝶形耳，更易于把持杯中之物以免倾倒，以示对主人或客人的尊敬。

另外，漆器造型也有考虑包装的需要，如一套具杯有一件为重环耳，使具杯在具杯盒里的放置更稳定，更安全。多子奁的设计尤其如此。各种漆人俑、动物俑、车马器、兵器、乐器等漆器，一般非实用意义，造型更多是取其形象，义作明器之用，以示主人生前的繁华，人生能在死后继续荣光。

纵观汉代四川漆器之装饰，彩绘漆器中有一个现象就是人视力所及的部位均有繁复的装饰，符合人们日常视觉感受。如酒杯多彩绘，而食杯光素无纹饰。这或许与杯的用途和视觉感受有关，酒或水是透明体，视力能及杯内任何一个部位，食物不是透明体，当杯内盛装固体食物时，人类视力是看不到杯内的花纹的；盘、案类器更多的是盘内装饰，外壁上部有简单的几何纹；鼎、盒、壶、钫、锺类器，人们视力所见更多的是顶部和外壁；奁类器食用器装饰简单，甚至素面无纹，而作为妆奁具，装饰则更为讲究与繁复。

总体而言，汉代四川漆器中容器类漆器，多内部髹红漆，外壁髹黑漆；纹饰区多以黑漆为地彩绘，少量红地或褐地漆绘，工艺有素色、漆绘、油彩、针刻、镶嵌等，也有一器多工的现象，色彩除中国传统的红与黑主色调以外，还有橙红色、蓝色、青绿色、灰绿色、白色、金黄色、柠檬黄、灰色、赭色等。雕塑类多髹黑漆，朱色绘五官细节。

（1）素色漆

江陵凤凰山M168简三一："黑杯卅"，马王堆汉墓M1简一九三："髹洎幸食杯五十"，可知汉代以颜色或工艺称素色漆。《髹饰录》记："质色第三，纯素无文者，属阴以为质者。"从实物看，除荥经古城坪M2出土的耳杯有通体髹黑漆以外，四川漆器中容器类多内红外黑。荆州高台M2：18，漆奁，内红外黑，素面，盖外壁烙印文字："成市□□。"雕塑、陶胎漆器皆髹黑或褐色，绵阳双包山汉墓漆马，髹黑漆，用红色点画头部五官。

（2）漆绘

汉简中称"髹画"。《髹饰录》记："描漆，一名描华，即设色画漆也。其文各物备色，粉泽烂然如锦绣。细钩皴理以黑漆，或划理。又有彤质者，先以黑漆描写，而后填五彩。"设色画漆即在光素漆地上用各种色漆彩绘各种花纹。汉代四川漆器彩绘漆较多，器类有杯、盘、案、樽、奁、卮、鼎、壶、锺、钫、筒等，大多为黑地彩绘，也有部分朱地黑彩，色彩应用丰富，色泽鲜艳，不易脱落。各种卷云纹、变形鸟纹、卷草纹、花鸟鱼纹、几何纹，其线条流畅，层次交替，图案具象与夸张变形相融，渲染出一个虚无飘渺的仙境世界、营造出一种神秘、诡异而又浪漫的气场氛围。《史记·孝武本纪》载："（汉武帝时期）齐人少翁以鬼神方见上……文成（少翁）言曰：'上即欲与神通，宫室被服不象神，神物不至。'乃作画云气车，及各以胜日驾车辟恶鬼。"上述这些漆画内容最为直接反映了汉人追求人神互通的穷通思想。

（3）针刻（锥画）

此法产生于战国，西汉早期流行，汉简称"锥画"，一般在薄木胎或夹纻胎体上实施，还有一种是针刻和漆绘相结合的装饰手法，考古界称"针刻隐花彩绘"。马王堆、江陵凤凰山汉墓等地的部分奁、卮为针刻装饰，线条弯曲有致，笔法流畅，有行云流水之感。成都凤凰山西汉墓M1：14、15漆奁，木胎髹黑漆，红漆彩绘，再针刻花纹，飞螭、黑点菱形几何纹，径32.5厘米。

（4）油彩

《髹饰录》记："（油饰）即桐油调色也。各色鲜明，复髹饰中之一奇也，然不易黑。"汉简称"粉"或"五采（彩）"。虽然我们尚不能确定汉时是否使用桐油，但用油调色是肯定的，至于哪种油料，尚需进一步探索。马王堆汉墓漆奁，系用朱砂、铜粉等颜料调油彩绘于器物之上，色彩有红、黄、白、金、灰、绿等色，色彩艳丽，然极易老化，容易脱落变色。马王堆M3油彩双层圆奁和双层长方奁，皆夹纻胎，内髹红漆，外髹黑色，用红、绿二色油彩云气纹和几何纹。

（5）镶嵌

汉代四川漆器镶嵌工艺有贴金银箔、银扣和铜扣等。《髹饰录》记："嵌金、嵌银、嵌金银。有三种，片、屑、线各可用，有纯施者，有杂嵌者，皆宜末显揩光。"马王堆一号汉墓443号双层九子奁，器表髹黑褐色漆，再贴金箔。金箔的拼合处非常规整。金箔上施油彩绘。西汉中期以后蜀郡和广汉郡工官漆耳杯和漆盘，皆施铜扣或银扣。

三、其他相关问题

（一）分期分段及其基本情况

两汉前后延续四百多年，四川漆器逐渐进入其繁盛期，这个过程可谓起伏跌宕，从逐渐走向高峰到跌落谷底，画出了一条最为优美的跳跃弧线。根据器物组合、装饰风格及经营性质，大体可分为西汉早期、西汉中晚期至东汉早期、东汉中晚期三段。

"然秦惠文、始皇，克定六国，辄徙其豪侠于蜀。"[①]汉初，国家新建，国力贫弱，采取无为而治，休养生息政策，对各地发展一般不加过多干扰。"孝文帝末年，以庐江文翁为蜀守。是时，世平道治，民物阜康；承秦之后，学校陵夷，俗好文刻。"中央移民、国力国情和地方风土人情等因素促使四川漆器生产在原有的基础上快速发展，"汉承秦制"。虽说西汉早期已进入规范化和程式化发展进程，但相对还比较自由，这从当时漆器组合、造型和装饰上可窥一斑。器类灵活多样，几乎涵盖了汉代全部漆器种类，涉及社会

---

① （晋）常璩撰，任乃强校注：《华阳国志校补图注》，上海古籍出版社，2007年，第148、141页。

生活多方面；漆器造型统一中有变化，根据需要而不拘泥于固定形式；装饰风格一改过去肃穆庄重之氛围，图像种类和布局变得更为活泼而富有生命力，铭文内容丰富，包括生产者、管理者、物主、容量等，标注位置不尽一致。整体而言，漆器生产以人的需求为主，摆脱了神的掌控，完成了从为"神"到为"人"造器的改变。长沙马王堆汉墓是目前唯一一处有鼎、钫、锤等礼仪性漆器组合的墓葬，这说明在西汉早期四川漆器生产可能存在私人定制的情况。

此时，四川漆器经营主要由成都"市府"负责管理，也允许私营，漆器产品开始销往湖北、湖南、两广等地。目前，我们发现更多的是西汉早期成都市府的产品，而同时的广汉郡漆器却无一实证。广汉三星堆遗址的雕花漆器残片和用漆液粘接剂显示，早在商代，广汉就有漆器制作，从西周到西汉早期，没有发现但不能表明它没发展。西汉中晚期，广汉郡漆器看似异军突起，肯定有其前期坚实的生产基础作铺垫，这也许是以后漆器考古发掘和研究值得关注的一个问题。

大约在汉武帝时期，中央政府为增加国家经济，采取集权管理模式，在四川成都、广汉设工官主营漆器生产，将有极大经济利益的四川漆器生产纳入中央统一管辖，并推行均输政策，由政府负责产品运输外地，由此，四川漆器进入一个高度统一发展的阶段，"齐三服官作工各数千人，一岁费数钜万。蜀广汉主金银器，岁各用五百万。三工官官费五千万、东西织室亦然。"[①]从中，我们可知当时四川漆器与中央的服官、东西织室相提并论，其地位绝非等闲之业。从各地西汉中期至东汉早期的四川漆器种类、形制、装饰风格高度一致的情况看，这种俨然国营企业生产模式在一定程度上是对原有自由发展的一种约束。此时，四川蜀郡西工与广汉郡工官生产的漆器以耳杯和盘为大宗，也有少量的案、扁壶、盒、奁、筒等生活用器。装饰风格与中央考工、供工生产的同类器相似，只不过四川漆器图案线条较粗，有堆漆之感，而考工、供工漆器更多的是单一细线条漆绘。漆器外销已突破前期的范围，在河南、贵州、云南玉溪、长江下游的邗江以及今朝鲜、蒙古等国均有。四川漆器多有"乘舆"铭记，以示皇权之物。"车马衣服器械百物曰'乘舆'……乘舆出于律，律曰敢盗乘舆服御物，谓天子所服食者也。天子至尊，不敢亵渎言之，故托之于乘舆。"[②]从出土四川漆器墓葬规模来看，有的墓主人并非地方权贵，如能得到皇帝的赏赐，那得立多大的功劳，或许他们更有可能通过购买所得，"乘舆"也极有可能是商品宣传用语，以显示产品系高档之物，价格自然不菲，对于既出钱又运输的中央财政来说，就

---

① （东汉）班固撰，（唐）颜师古注：《汉书·贡禹传》，中华书局，1962年。

② （东汉）蔡邕：《独断》，《四部丛刊》三编《子部》，上海涵芬楼影印常熟瞿氏铁琴铜剑楼藏明弘治癸亥刊本，商务印书馆，1936年。

有可能获利更多。

乐浪郡王盱墓出土永平十二年神仙画像漆盘，有针刻铭文："永平十二年蜀郡西工夹紵行三丸治千二百廬氏作宜子孙牢"，宋治民先生解读为"蜀郡西工官监制而为卢氏作坊所承制"[①]。此说有理。当时，政府财政紧张，由上而下主导节约，国家财政不再负担各地工官漆器生产。"元兴元年（105），其蜀、汉釦器九带佩刀，并不复调。"[②]由此，代表工官系的四川漆器走向衰落，取而代之的是地方庄园或豪强经营的漆器生产。

（二）出土范围与对外影响

从现有的出土资料看，四川漆器在西汉早期主要往东外销至两湖两广地区（见汉代四川漆器出土一览表），而这些地区此时正属于长沙国。"波汉之阳，亘九顶。"[③]即今湖北南部，南抵广东连县，东达江西鄱阳湖，西临贵州，是长沙国。由此可推此时四川漆器与长沙国之间有着频繁的漆器买卖关系。

早在战国时期，四川地区造船业就已相当发达了，"秦西有巴、蜀，舫船积粟，起于汶山，循江而下，至郢3000余里。舫船载卒，一舫载50人与3月之粮，下水而浮，一日行300余里，里数虽多，不费汗马之劳。"[④]成都百花潭中学战国墓一件嵌错铜壶最下层水陆攻战图[⑤]，右边为水上作战，作战的双方都使用了两层甲板的战船。这表明巴蜀人已利用水运优势的自然条件，建立强大的船舶，促使航运日益发展。漆器东向长沙国境内，最有可能走水路，且分南北，北路从岷江进入长江到湖北荆州、江陵；南路可能与当时的枸酱外销情况一样，"汉武帝建元六年（前135）唐蒙出使南越国，南越食蒙蜀枸酱。蒙问所从来，曰：'道西北牂柯，牂柯江广数里，出番禺城下。'蒙归至长安，问蜀贾人。贾人曰：'独蜀出枸酱，多持窃出市夜郎。夜郎者，临牂柯江，江广百余步，足以行船。'"[⑥]即从贵州的夜郎国进入长沙国。

汉武帝始，政府推行均输政策，对于其统一管辖的四川漆器外销更是畅通无阻。四川漆器往各个方向突破，从国内走向国际舞台，东到湖南、江苏及现今的朝鲜，南路在贵州、云南，顺南丝路远销南亚；西路往西昌折向南丝路；北到蒙古，西沿北丝路走向西亚。

四川漆器发端于商时三星堆遗址，经过不断地自我创新与外在融合吸纳，到汉代，登临顶峰。其发展规模、工艺技法、对外影响都当为汉漆器业之翘楚。其整个发展历程经历

① 宋治民：《汉代的漆器制造手工业》，《四川大学学报（哲学社会科学版）》1982年第2期。
② （南朝宋）范晔撰，（唐）李贤等注：《后汉书·和熹邓皇后纪》，中华书局，1965年，第422~423页。
③ （东汉）班固撰，（唐）颜师古注：《汉书·诸侯表》，中华书局，1962年。
④ 诸祖耿撰：《战国策集注汇考》之《战国策十四·楚一》，江苏古籍出版社，1985年，第753页。
⑤ 四川省博物馆：《成都百花潭中学十号墓发掘记》，《文物》1976年第3期。
⑥ （汉）司马迁撰：《史记·西南夷列传》，中华书局，1982年。

了漫长的一千多年累积，四川漆工用他们简易的工具髹涂出一个靓丽的世界，在漫漫丝路上拓印出它鲜艳的历史脚步。

汉代四川漆器出土一览表

名称	器物	时代	出处	备注
马王堆汉墓	M1：鼎7、钫4、锺2、圆盒4、匕6、卮7、勺2、耳杯90、具杯盒1、圈足圆盘2、圜底盘30、盂6、案2、匜2、圆奁1、双层多子奁2、圆形小奁9、椭圆形小奁2、马蹄形小奁2、长方形小奁2。M3：鼎6、钫3、锺2、壶6、耳杯148、卮29、勺3、具杯盒2、大盘1、圈足盘9、圜底平盘58、盂10、案3、匜2、奁6、多子奁1、长方形奁2、双层奁3、椭圆形奁2、马蹄形奁1、博局1	西汉早期	湖南省博物馆、中国科学院考古研究所：《长沙马王堆一号汉墓》，文物出版社，1973年；湖南省博物馆、湖南省文物考古研究所：《马王堆二、三号汉墓》，文物出版社，2004年。	
荆州高台秦汉墓	耳杯314、具杯盒1、圈足圆盘2、圜底圆盘56、圆平盘76、圆盒25、圆壶8、扁壶5、盂22、卮10、樽11、匕4、勺2、案8、几4、圆奁22、椭圆形奁7、粉盒1、小圆盒3、小方盒2、梳9、博局2	西汉早期	湖北省荆州博物馆：《荆州高台秦汉墓：宜黄公路荆州段田野考古报告之一》，科学出版社，2000年。	
江陵凤凰山168号汉墓	盒6、盂8、匕2、案1、圈足盘2、圜底盘24、扁壶3、圆壶4、耳杯100、具杯盒1、卮2、樽1、圆奁3、椭圆形奁3、匜1、几1、枕1、T形器2、	西汉早期	湖北省文物考古研究所：《江陵凤凰山一六八号汉墓》，《考古学报》1993年第4期；纪南城凤凰山一六八号汉墓发掘整理组：《湖北江陵凤凰山一六八号汉墓发掘简报》，《文物》1975年第9期。	
绵阳双包山汉墓	M1:黑漆陶器9、盒1、器盖1、锺2、马6、车马器2、夹纻胎漆洗1、杯2；M2：中室有马25、车8、盘1、钵1、素面耳杯28、彩绘耳杯3、竹盒2、箭箙9、弓8。西前室：马24、车5、盂1；西后室：马24、骑马俑18、独辀马车2、双辕马车3；东前室：马20、东后室：黑漆红褐色彩绘陶锺8、罐15、鼎4、编磬4、俑16、圆盘200、耳杯80、圆奁2、扁壶1、案6、卮1；后寝：黑漆陶罐1、褐漆陶瓮2、褐漆陶编磬3、陶编钟6、陶侍俑2、漆木马3、骑马俑3、人体经脉漆俑1、圆奁8、椭圆形奁2、钵6、扁壶2、耳杯2、凤鸟形杯1、碗2、盒7、盖罐1、案1、圆盘>6、梳3、箧1、圆柱16、建筑构件3、几腿2、竹饰件1、竹编7	西汉早期	四川省文物考古研究院、绵阳博物馆：《绵阳双包山汉墓》，文物出版社，2006年。	
江陵毛家园1号墓	耳杯、盘、盒、卮、壶	西汉早期	湖北省博物馆：《秦汉漆器：长江中游的髹漆艺术》，文物出版社，2007年版。	
湖北沙市区清河村荆州谢家桥一号汉墓	耳杯84、盘20、盒、壶、盂、卮、樽3、匕、奁2、梳、篦	西汉早期	荆州博物馆：《湖北荆州谢家桥一号汉墓发掘简报》，《文物》2009年第4期。	

续表

名称	器物	时代	出处	备注
荆州沙市区西北郊萧家草场26号汉墓	圆盒2、盂2、耳杯32、匕2、盘2、卮2、圆奁1、椭圆形奁2	西汉早期	湖北省荆州市周梁玉桥遗址博物馆：《关沮秦汉墓清理简报》，《文物》1999年第6期。	
长沙望城坡西汉渔阳墓	耳杯、盘、多子奁、圆盒、具杯盒、博局、匜、卮	西汉早期	长沙市文物考古研究所、长沙简牍博物馆：《湖南长沙望城坡西汉渔阳墓发掘简报》，《文物》2010年第4期。	
沅陵虎溪山一号墓	奁15、匜2、扁壶、卮7、耳杯101、盘60、式盘2、盆56、案2、匕5、箭杆20	西汉早期	湖南省文物考古研究所、怀化市文物处、沅陵县博物馆：《沅陵虎溪山一号汉墓发掘简报》，《文物》2003年第1期。	
巴县冬笋坝战国和汉墓	漆痕	西汉早期	前西南博物院、四川省文物管理委员会：《四川巴县冬笋坝战国和汉墓清理简报》，《考古》1958年第1期。	
成都龙泉驿区北干道木椁墓	30多件，可辨器形盂4、奁3、耳杯	西汉早期	成都文物考古研究所《成都龙泉驿区北干道木椁墓群发掘简报》，《文物》2000年第8期。	
成都凤凰山西汉墓	棺1、奁大中小各1、盘1、蛋形彩绘盒1、卮1、耳杯1、弓1、牛、漆架1；红漆陶罐19、漆木俑44、猪7、牛1、马1、案1	西汉早期	徐鹏章：《成都凤凰山西汉木椁墓》，《考古》1991年第5期。四川省博物馆：《成都凤凰山西汉木椁墓》，《考古》1959年第8期。	
成都洪家包西汉木椁墓	盘9、奁8、陶胎罐8	西汉早期	四川省文物管理委员会：《成都洪家包西汉木椁墓清理简报》，《考古》1957年第3期。	
成都东北郊西汉墓葬	漆器共54件，奁4、盘22、耳杯16、残器26	西汉早期	四川省文物管理委员会：《成都东北郊西汉墓葬发掘简报》，《考古》1958年第2期。	
成都北郊天回西汉墓	漆盘	西汉早期	《成都天廻山发现三座土坑墓》，《考古》1959年第8期。	
巴县冬笋坝战国和汉墓	漆痕	西汉早期	前西南博物院、四川省文物管理委员会：《四川巴县冬笋坝战国和汉墓清理简报》，《考古》1958年第1期。	
大邑西汉土坑墓	漆器残片较多，可辨器形仅有漆奁3件	西汉早期	宋治民、王有鹏：《大邑县西汉土坑墓》，《文物》1981年第12期。	
什坊市城关战国秦汉墓葬		西汉早期	四川省文物考古研究院、什邡市博物馆：《什坊城关战国秦汉墓地》，文物出版社，2006年。	
荥经古城坪秦汉墓	M2盒、奁、耳杯	西汉早期	荥经古墓发掘小组：《四川荥经古城坪秦汉墓葬》，《文物资料丛刊》（4），文物出版社，1981年。	
成都金牛区天回镇老官山汉墓	耳杯、盘、俑	西汉早期	笔者听发掘领队讲座，详细资料尚未发表	

续表

名称	器物	时代	出处	备注
新疆阿拉沟竖穴木椁墓	盘	西汉早期	新疆社会科学院考古研究所：《新疆阿拉沟竖穴木椁墓发掘简报》，《文物》1981年第1期。	
渠县城坝墓葬	耳杯、盒、盘、卮2、奁3、扁壶、勺1、双耳长盒1	西汉早期	四川省文物考古研究院等：《四川渠县城坝遗址2005年发掘简报》，《四川文物》2006年第4期。四川省文物考古研究院、渠县博物馆：《城坝遗址出土文物》，上海古籍出版社，2014年。	
西昌礼州汉墓	M1、M3都有残存的漆器痕迹和鎏金铜耳，耳杯	西汉中期至东汉早期	礼州遗址联合考古发掘队：《四川西昌礼州发现的汉墓》，《考古》1980年第5期。	
西昌桑坡东汉晚期砖室墓	漆耳杯，银釦，素漆	西汉中期至东汉早期	遗址发掘者、原凉山州博物馆馆长刘弘老师提供	
西昌马道大堡子东汉砖室墓	圆形红色漆器	西汉中期至东汉早期		
成都站东乡汉墓	漆器很多，耳杯鎏金铜耳数枚	西汉中期至东汉早期	徐鹏章：《成都站东乡汉墓清理记》，《考古》1956年第1期	
湖南永州市鹞子岭二号西汉墓	旋、耳杯	西汉中期至东汉早期	湖南省文物考古研究所、永州市芝山区文物管理所：《湖南永州市鹞子岭二号西汉墓》，《考古》2001年第4期。	
江苏邗江杨寿宝女墩新莽墓	夹纻和木胎盘	西汉中期至东汉早期	《文物》1991年第10期	
邗江姚庄102号西汉晚期墓	扁壶	西汉中期至东汉早期	扬州博物馆：《江苏邗江姚庄102号汉墓》，《考古》2000年第4期。	
重庆临江支路西汉墓	夹纻胎银扣小漆奁2	西汉中期至东汉早期	重庆市博物馆：《重庆市临江支路西汉墓》，《考古》1986年第3期。	
贵州清镇和平坝汉墓	耳杯、案、奁、盒	西汉中期至东汉早期	贵州博物馆：《贵州清镇平坝汉墓发掘报告》，《考古学报》1959年第1期；贵州省博物馆：《贵州清镇平坝汉至宋墓发掘简报》，《考古》1961年第4期	
贵州平坝天龙汉墓	耳杯、盘	西汉中期至东汉早期	贵州省博物馆考古组：《贵州平坝天龙汉墓》，《文物资料丛刊》（4），文物出版社，1981年。	
朝鲜古乐浪郡	耳杯、盘、扁壶、案、筒	西汉中期至东汉早期	梅原末治：《支那汉代纪年铭漆器图说》同朋舍出版，昭和十八年。朝鲜古迹研究会：《乐浪彩箧冢》，1937年。	

昭通汉墓初步研究

丁长芬　云南昭通市博物馆　研究馆员
罗红芬　云南昭通市博物馆　馆员

摘　要：昭通位于云南省东北部，地处川、滇、黔三省结合处，也是五尺道上的重要枢纽。自清光绪29年昭通白泥井发现汉孟孝琚碑以来，目前在昭通境内共发现汉晋墓葬700座以上，清理发掘132座。本文所探讨的汉墓指随着两汉王朝开发而进入昭通的汉民族墓葬，时代从东汉初至魏晋。通过对墓葬形制和随葬器物的分析，将这批墓葬分为竖穴土坑墓、梁堆墓和崖墓三类，结合相关文献资料，就昭通汉墓的墓主身份、族属等问题进行了探讨，表明梁堆墓和崖墓的墓主人应为朱提大姓，其族属即为汉人。同时，亦反映出这一历史大背景下古代昭通在汉文化传播中的特殊地位及作用。

关键词：昭通　汉墓　朱提大姓　汉文化　文化传播

　　昭通地处川、滇、黔三省结合部，巧家、昭阳（昭通市辖区，撤地设市前称昭通市）、永善与四川凉山隔江相望，绥江、水富、威信与四川宜宾、泸州接壤，昭阳、镇雄与贵州毕节市的赫章、威宁相连，鲁甸向南延伸进入云南腹地。五尺道从四川宜宾经高县、筠连进入云南过盐津、大关、彝良、昭通入贵州威宁，再入云南宣威到达曲靖。其中昭阳、鲁甸处于本区域中心，属乌蒙山脉西延伸段的山间盆地，称为昭鲁坝子，坝子地势平坦，气候温和，土壤肥沃。汉武帝开西南夷设置犍为郡朱提县（今昭通）以来，昭通所处的滇东北区域各民族与四川、贵州的西南夷民族一样，随着汉文化的深入，区域内地方民族文化在东汉初以后逐步为汉文化替代，进入汉文化大一统时代。

　　本文汉墓指随着两汉王朝开发而进入昭通的汉民族的墓葬，时代从东汉初至魏晋。昭通区域汉墓在西汉时就已经存在，东汉则是墓葬类型和数量最多的时期，有土坑墓、梁堆墓和崖墓三类。

　　昭通汉墓，发现时间早，分布范围广，数量多，类型丰富。自清光绪二十九年昭通白泥井发现汉孟孝琚碑（这是云南第一次发现汉代遗物）以来，据不完全统计，目前在昭通境内共发现汉晋墓葬700座以上，清理发掘132座。由于昭通汉晋墓葬多数被盗，清理发掘资料有限，零星采集品偏多，对系统认识和研究昭通汉晋墓葬存在客观限制。本文拟对昭通境内11区县调查、清理、发掘的汉晋墓葬进行疏理（详见《昭通汉晋时期墓葬统计表》），分析昭通汉墓墓主身份、族属及古代昭通在汉文化传播中的特殊地位及作用。

考古工作简况

清光绪二十九年，昭通白泥井村民取土发现汉孟孝琚碑。1982年昭通文物部门在孟孝琚碑发现地进行清理，发现一些花砖，推定孟孝琚墓属早年已毁坏的汉代砖室墓[①]。

民国二十年（1931）夏，昭通民众教育馆筹备处清理昭通县西北后海子汉晋时期石室墓1座，出土风神石、几何纹砖、残陶片等物[②]，这是昭通汉晋梁堆第一次考古发掘。

民国三十六年（1947）4月，昭通民众教育馆清理昭通县东郊曹家垴包东汉砖室墓1座，出土刻有"建初九年三月戊子造"摇钱树石座、摇钱树残枝等文物[③]。

同期，昭通金石学家张希鲁先生对梁堆进行调查，搜集到"建盉重五十斤"朱提银和"建初八年朱提造"等重要器物[④]，引起省内外同行高度关注。

新中国成立后，昭通陆续发现的梁堆引起了文物部门的高度关注，1954年1月，云南省博物馆、西南博物院联合对昭通、鲁甸两县被破坏的10座梁堆墓进行清理，并对周边分布的梁堆墓进行了调查。调查发现，昭通的梁堆墓主要集中于二平寨、白泥井、刘家海子、杨家冲、干沟、曹家垴包、鸦姑海、李家湾、洒渔河、牛头寨一带的小丘陵上，约200座[⑤]。

鲁甸的墓葬主要集中于大坪子、半边街、马厂、大婆树一带，约有70座，多遭破坏。在文屏乡共清理了5座，有长方形单室和双室并列两种类型。花砖的纹饰、随葬品与昭通的相似。1953年8月，农民在大坪子破坏了一座墓葬，出铜钟、洗、盂、釜、镜等三十余件。其中一件洗的底面有鹭鸟一只，上端有"日千万"三字。又有一"仙人镜"，上有铭文二十八字。这些都是属于东汉时期的墓葬[⑥]。

1954年和1956年，云南省文物工作队对昭通文物进行调查时发现汉代画像石棺二具。

1960年代至1980年代，是省属文物工作队在昭通调查清理发掘汉代砖室墓、石室墓和

① 资料存昭通市文物管理所。

② 《西楼文选》，第113页。

③ 《西楼文选》，第156页。

④ 《西楼文选》，第173页、166页。

⑤ 孙太初：《两年来云南古遗址及墓葬的发现与清理》，《文物参考资料》1955年第6期。

⑥ 孙太初：《两年来云南古遗址及墓葬的发现与清理》，《文物参考资料》1955年第6期。

崖墓的高峰，先后清理发掘了昭通桂家院子汉代砖室墓、昭通后海东晋壁画墓、大关岔河崖墓、昭通象鼻岭崖墓、昭通小弯子崖墓等。

1990年代至今，省市文物部门对水富崖墓、盐津崖墓、昭通得马寨崖墓、鲁甸龙头山清真寺石室墓等进行抢救性发掘清理。

截至2013年，省市县各级文物部门共调查清理发掘东汉以来的竖穴土坑墓 2座，梁堆墓38座，崖墓94座。

墓葬形制和随葬器物

一、竖穴土坑墓：在地面挖掘长方形竖穴土坑而成，共发现三处，其中昭通鸡窝院子汉墓①、彝良夏家堡堡汉墓②经过文物部门抢救性清理。昭阳区太平张家营汉墓群为文物普查时发现，未进行过发掘，分布面积达2500平方米左右③。鸡窝院子汉墓发现木棺痕迹，墓内填土有夯筑痕迹。随葬器物以铜器、陶器为主，陶器有陶鼎，铜器有提梁壶、羽人天鸡铜熏炉、铜洗、铜釜、铜钫、铜甑、铜镰斗、铜耳杯、盖弓帽、鎏金铜泡钉、鎏金车马饰、弩机，钱币有五铢、大泉五十、货泉，复合器有铜柄铁剑、铜格铁剑、嵌绿松石手镯，铁器有方銎铁斧、铁凿、铁剑。

二、梁堆墓：昭通梁堆墓均有高大封土，封土之下有砖室、砖石混合和石室三种墓葬形式，数量多、分布范围广。除考古发掘清理的梁堆墓，昭鲁坝子还有许多发现汉砖的地点与汉代砖室墓密切相关，这些汉砖都是建造墓葬所用的材料，而且凡是有汉砖的地方基本上都有汉墓。调查发现梁堆的地点有昭阳区白泥井、刘家海子、太平、省耕塘、洒渔、苏家院、乐居、绿荫、三甲村、大围墙等；鲁甸半边街、大婆树；大关天堂坝；永善务基青龙；彝良鲁家坪、创业山；镇雄旧府长乐湾；威信大茶园墓群。

砖室墓：墓室有长方形单室、铲币形、吕字形前后室墓等形式。所用之砖有长方形、梯形、正方形，砖的一端饰有模印纹饰，纹饰以几何、菱形、水波、网格、钱纹、柿蒂为主，还有龙虎、车马出行、放牧、动物、舞蹈、文字等纹饰。随葬器物和葬俗以白泥井东汉墓④和桂家院子东汉墓⑤较典型。

随葬陶器有仓、罐、盆、碗、摇钱树陶座。铜器有尊、壶、案（案上有铜耳杯五只，铜盘一件，铜孔雀一只。铜盘内有朱雀图案，置于铜案正中）、鸡尊、孔雀、釜甑（双耳釜

---

① 昭通地区文物管理所：《云南昭通市鸡窝院子汉墓》，《考古》1986年第11期。

② 《昭通地区志》。

③ 《云南文物》1994年第39期。

④ 曹吟葵：《云南昭通县白泥井发现东汉墓》，《考古》1965年第2期。

⑤ 云南省文物工作队：《云南昭通桂家院子东汉墓发掘》，《考古》1962年第8期。

内有鸡骨或猪骨）、豆、盘、带盖龙形提梁壶、洗、釜、行灯、灯座、灯盏、摇钱树、五铢钱、货泉。铁器有环首铁刀、矛、剑。饰品有金戒指、银手镯、琥珀珠。明器有车马饰。

桂家院子砖室墓属夫妻合葬墓，葬具为朱漆木棺，置于墓室后段，两棺并列，棺底有炭屑及云母片，骨架腐朽无存。男棺内有长铁剑、五铢钱；女棺内有五铢钱、银钏、银环、金环、琥珀珠饰、绿釉瓷珠。其他随葬的铜器、陶器都置于墓室前段。昭通汉代砖室墓发现的葬具主要是朱漆木棺，在昭阳区汉代砖室墓内发现二具画像石棺。

画像石棺：省文物工作队早年在昭阳区发现画像石棺二具，一具是在白泥井第三号墓内发现，用青砂石凿成，长2.15米、宽0.65米、壁厚0.08米、深0.42米，连盖重2吨，盖已裂为两段。盖上中央浮雕云形图案一朵，四角雕朱雀、白虎、玄武、蛇尾人、鱼各一组。棺上一端雕双阙，一端雕蛇尾人身的女娲和伏羲，两侧一边雕青龙白虎，一边雕朱雀一、西王母一、持节士二。雕刻浑厚，构图朴素[1]。一具是1956年在昭通城东北省耕塘西面梁子上发现。棺身西侧画像分为三组：左侧为西王母像，蓬发戴胜，身有翼，坐于宝座上，座前似有一几案。王母左右有二人，左一人坐于一圆墩形物上，手中持一物，右一人侧立，手中持一树枝状物，此人后方有一凤，凤下方有一鸟和一九尾狐，此鸟足部已残，推测应为三足鸟。中间一组刻二神人作"陆博"之戏，二人之间置一盂，盂内有一勺。右一组刻一重檐屋宇，中坐四人，屋外右方刻一白虎衔璧像。整个画像外周刻一道花边及鱼鸟等物。棺南侧似为人身蛇尾神人。墓内出有陶抚琴俑、五铢钱等[2]。

砖石混合墓：墓的下层用石条筑成，上层再用砖砌，墓顶起券，墓室前有短小墓道，墓底用砖或石铺作平底或弧面底。此类墓葬在昭阳、鲁甸和大关均有发现，可能与时代早晚或取材有关。如昭通刘家海子二号墓为铲币形砖石混合墓，墓基用五层条石砌成，上段为花砖三层砌成，再上为梯形花砖券。出土五铢钱、摇钱树残片和鎏金车马饰等[3]。

石室墓：用石板和天然石块砌造，墓室呈长方形、正方形、丁字形、带耳室，墓顶作人字形，墓底用不规则的石板平铺，墓道短小。昭阳区、大关县、鲁甸县均发现石室墓。这些墓葬早年均遭盗掘，部分保存略好的墓内发现朱漆木棺痕迹，残存的随葬品以鎏金铜车马饰、铜釜、铜洗、铜盂、铜摇钱树、五铢钱、铜耳漆羽觞、铁剑、铁削、灰陶瓿、陶罐、陶俑、陶鸡、陶灶、陶博山炉盖为主，也有用马或狗殉葬的。昭通后海东晋壁画墓为典型的石室墓[4]。

昭通后海子东晋壁画墓：墓室外有高大的封土堆，墓室位于封土堆中心，由长方形砂

---

① 孙太初：《两年来云南古遗址及墓葬的发现与清理》，《文物参考资料》1955年第6期。
② 云南省文物工作队：《云南昭通文物调查简报》，《文物》1960年第6期。
③ 西南博物院筹备委员会秘书处：《清理云南昭通的汉墓》，《文物参考资料》1954年第7期。
④ 云南省文物工作队：《云南省昭通后海子东晋壁画墓清理简报》，《文物》1963年第12期。

石叠砌而成，平面呈正方形，边长3米、高2.2米。四壁在80厘米高处开始起坡，结合成墓顶。墓顶呈覆斗状，顶上复盖一块正方形石块，其上浮雕垂莲。室内四壁抹上一层厚约2厘米的石灰，上面满绘壁画。墓室底部铺二层扇形花砖，墓门由两扇素面石门构成。斜坡墓道，靠近墓门处有左右两个石砌的小龛。

壁画保存比较完好，色彩亦较清晰，北壁下层正中绘墓主人坐像，墓主人像的右上方，有八行墨书铭记："晋故使持节都督江南交宁二州诸军事建宁越嶲兴古三 □□守南夷校尉交宁二州刺史 成都县侯霍使君之像君讳 字承嗣卒是荆州南郡枝江 牧六十六岁薨先葬蜀郡以太元十□二月五日改葬朱提越渡 余魂来归墓。"

崖墓：目前发现的汉代崖墓的地点有水富县楼坝、剪刀湾、小河，盐津县沿关河漆树湾、燕儿湾等，大关县岔河，昭阳区小弯子、象鼻岭、得马寨，绥江县金银山，彝良县甘家坝，镇雄县侧底河。根据崖墓的随葬器物组合，我们将昭通崖墓分为早晚二期。

早期崖墓：多数分布在昭鲁坝子玄武岩小山丘上，象鼻岭、小湾子崖墓群分布密集，墓间相距仅数米。

墓葬结构：墓室呈长方形，弧形拱顶，四壁直，顶壁间有明显的分界线。依墓室结构的差异，可分为单室墓、双室墓和多室墓。出现花砖平铺形成的置棺处，疑为砖椁。单室墓规模较小，底平，以一组陶器为主要随葬品，仅有1~2件铜器及铜钱；双室墓分为前后两室，相互贯通，前室底平与墓门相连，后室底高出前室12~20厘米，随葬品多于单室墓，有的为两组陶器，铜器2~5件，出现有马饰，主要置于前室，后室仅见钱币等零星器物；多室墓规模较大，在墓室侧壁开凿有狭长形耳室。耳室分几种类型，第一类耳室与墓室同向，侧面与墓室相连，半弧形顶；第二类横向开凿，一端与墓室相通，弧形拱顶低矮；第三类是前两种情况兼而有之。随葬品有两组陶器，铜器数量较多，并出有车饰等，集中放置在墓室的前室和与墓室通向的耳室内。未见骨架，发现表面髹红漆的棺木碎片。

随葬品：陶器有罐、碗、仓、井、釜、甑、壶、熏炉、盆、钵、盂、灯、汲水小罐、博山炉陶盖等；铜器有釜、日光铜镜、铜带钩、提梁壶、鐎斗、弩机、车马饰、小件饰物等；车马饰和小件饰物部分表面鎏金。钱币有"五铢"、"大泉五十"、"货泉"；铁器有斧、剑、刀、镢、钉。其他有银碗、银镯、银指环、琉璃瑱。

晚期崖墓：大多分布在大关、盐津、水富一带的玄武岩山崖上。墓葬大多分布于半山坡上，密集度高，部分墓间间距最大仅2.5米。

墓葬结构：墓道呈长条形，设有排水沟；长方形墓门，门头多呈平形，其内即为墓室。墓室多为长方形，顶部横坡面多"人"字形顶、弧形顶，也有平顶、斜坡顶；分为单室墓、双室墓、多室墓。其中多室墓是在开凿有明显的前后二室双室墓基础上再在前室的一侧又开凿出一狭长耳室而成。部分人字形顶墓内出现双棺合葬形式，朱漆棺木已腐朽。

随葬品：陶器有罐、盆、仓、簋、壶、甄、豆、钵、盖、耳杯、案、碗、房屋、动物俑和人物俑、陶龟、水田模型。其中人物俑独具特色，有杂技俑、佛像、椎髻俑、西王母坐龙虎座、庖厨俑、听琴俑、舞俑等。铜器有洗、壶、鐎斗、耳杯、"平掌都印"；钱币有五铢钱、剪边五铢钱、货泉、大泉五十等；铁器有灯、环首铁刀、平头刀、环首削、剑、斧、釜、锸；其他有镶铜扣漆奁、双耳镶铜扣鎏金漆耳杯、青釉瓷器、银筷、琉璃耳珰等。

汉墓分布和时代判定

"梁堆"因封土高耸形如山梁而得名，即汉代砖室墓或石室墓，主要分布于地势开阔的坝子、较为平缓的山间平坝或河流冲积地带。其中昭鲁坝子的砖室墓和石室墓成群分布在汉晋时期城址①的周边；大关、彝良等县的梁堆多分布在河流的二级台地。墓葬形制多为单室和双室，券顶，有墓道，从随葬器物分析砖室墓和石室墓在时代上存在相对早晚关系。需要引起关注的是，梁堆一座封土堆下出现两个以上分开的墓室，如昭通桂家院东汉墓，在一个封土堆下至少已有四个墓室，而封土尚余一半以上，说明当时不仅有夫妻合葬的风俗，而且可能几代人都埋在一家之内。四个墓室的方向不一致，墓砖也有不同，可知埋葬的时代有先后。

崖墓主要分布在四川和云南昭通。昭通崖墓主要分布在昭鲁河、洒鱼河、横江流域。三条河从南向北，最后经横江在水富流入金沙江，这条水陆路是早期汉文化传入云南的主要通道，沿通道从南向北，基本上从河水上游至下游昭阳、大关、盐津、水富均有崖墓发现。墓葬的形制，墓室的结构，开凿的方式和方法都基本相同，墓葬的规模和随葬器物显示出其时代差别。单室墓墓室规模小，结构简单，开凿较容易。随葬品，特别是铜器较少。双室墓墓室结构与单室墓相近，随葬品稍多，铜器中出现马饰。多室墓墓室规模大，结构复杂，开凿不易。随葬品较多，铜器中新见车饰。绥江、水富沿金沙江区域的崖墓可能直接由宜宾传入，盐津、大关的崖墓均分布于五尺道、横江江边的山崖上，昭阳区发现的崖墓主要分布于昭鲁坝子玄武岩小山丘上。崖墓的开凿根据山崖的高度不同成群分布，有的崖墓之间的距离在数米至数百米之间。值得注意的是，巧家县目前为止仍没有发现汉

---

① 城址位于昭通市昭阳区太平办事处永乐村九社，又名诸葛营，距昭阳城区4公里，分布面积约40000平方米，文化层厚达1米以上。村民耕地及烧砖发现铜洗、陶片、石磨盘等，村民建房或挖坑时发现城墙，夯层清晰，遗址表面散布大量炼渣，文物部门对其进行过局部调查。据遗址四周夯层、护城河分布、地表发现的汉代绳文筒瓦、板瓦残件及炼渣推定为汉晋城址。城址周围稍高的坡地上分布有大量梁堆墓群，城址南面的象鼻岭山丘上分布有上百座崖墓和十数座梁堆；早年发现的"永建五年堂狼造铜洗"、"建初九年三月戊子造"摇钱树石座、孟孝琚碑、孟腾之印、孟琴之印等重要文物均出于城址周围的梁堆。梁堆、崖墓和居住址存在直接的可视关系，我们推测诸葛营遗址极可能是汉晋时代朱提郡郡址。

墓线索。

据早年梁堆里采集的"建初元年（76）朱提造"、"建初九年（84年）三月戊子造"摇钱树石座，东晋太元年间壁画墓判定，昭通境内梁堆流行时代可能早至东汉中期，晚至魏晋南北朝。其中砖室墓流行时间较长，从东汉中期一直流行到魏晋南北朝，砖石混合墓和石室墓则在东汉晚期出现，流行至魏晋南北朝。据大关岔河崖墓出土的"永元四年堂狼造（92）"青铜洗及墓葬形制、随葬器判定，崖墓在昭通的流行时代为东汉中期至东汉晚期。梁堆墓和崖墓并行流行于汉晋时期。

墓主人身份及族属

据《华阳国志》记载，晋代"朱提大姓"有"朱、鲁、雷、爨、仇、霍、高、李"八家。这些大姓，长期经营朱提，把汉代崇尚厚葬的风俗带到了朱提，留下了随葬品丰富的墓葬。

考古资料表明，目前昭通考古发现的可以确定是朱提大姓的梁堆有数座：清光绪二十九年昭通白泥井发现的孟孝琚墓；1954年和1972年在昭通县二坪寨二座相邻的梁堆——"孟腾墓"和"孟琴墓"，两墓内出土的"孟腾之印"[1]和"孟琴之印"[2]制作风格相同，均为三连子母铜套印，其中"孟琴之印"母印白文篆书"孟琴之印"，辟邪钮，印面正方形，边长2厘米；子印白文篆书"孟琴"，辟邪钮，印面正方形，边长1厘米，子印中又有一方小印，白文篆书"伯称"，笔法今隶，龟钮，印面正方形，边长0.8厘米。三方印从侧面层层套合，辟邪钮、龟钮刻工精良，为汉印中的精品；鲁甸梁堆内出土一柄保存完好无锈蚀长铁剑，铸有"李平作"铭文，其梁堆墓极有可能是朱提大姓李氏的墓葬[3]；昭通东郊段家梁子清理的长方形单室墓，发现砖铭文有"悲工×哉乎"、"八千万侯"、"悲乎工哉"，墓主可能为当时的"南中大姓"[4]；1963年昭通发现的东晋霍承嗣壁画墓，属当时全国第一座有确切纪年且题材丰富的东晋壁画墓，至今仍是中国南方唯一的一座东晋壁画墓。由于昭通汉代梁堆被毁数量大，未被盗掘的墓葬数量相对较少，多数墓主身份不能准确判断，据上述梁堆出土物和文物部门采集的朱提堂狼铜洗、朱提银、羽人驮宝瓶朱雀、车马出行砖、摇钱树等制作精良的汉代文物，我们可以推断梁堆墓主身份为朱提大姓。

崖墓主人身份也非平民。昭通象鼻岭崖墓出土制作镂雕西王母座龙虎青铜牌饰、羽人

① 孙太初：《两年来云南古遗址及墓葬的发现与清理》，《文物参考资料》1955年第6期。
② 云南省昭通县文化馆：《云南昭通发现东汉"孟琴"铜印》，《文物》1975年第5期。
③ 资料存鲁甸县文管所。
④ 谢崇崐：《云南昭通出土汉代文字砖》，《云南文物》1988年总第23期。

驮宝瓶朱雀青铜器、大关河崖墓出土的铭文铜洗，盐津崖墓出土的摇钱树、铁灯，水富崖墓出土的各种伎乐俑和陶佛像，加上开凿崖墓所要求的经济和技术支撑，反映在墓葬制度上，这里普遍地出现了家族葬制，这在昭通崖墓中有着明显的体现：昭阳区东郊象鼻岭崖墓群，早年已暴露且排列整齐的崖墓就有168座，且崖墓之间的间隙都很小，有的仅有十余厘米；小湾子崖墓集中在长达300米的风化玄武岩的山坡上……能够确定位置的就有60余座。因此，我们推断昭通崖墓是"朱提大姓"的葬制之一，其墓主身份人就是"大姓"①。

梁堆和崖墓是汉晋时代昭通并存的两种主要墓葬，其随葬器物相近，器物组合没有太大的差别，彼此之间有着千丝万缕的联系，昭阳区诸葛营城址周边，分布着数百座梁堆和崖墓，表明梁堆、崖墓、城址是汉代聚落的组成部分，我们认为这些遗存是同一人群在同一时代的产物，这些遗存的主人为汉人。

关于梁堆属于汉族墓葬这一点学术界无大的争议。关于崖墓墓主人的族属，有学者认为属土著民族②。我们不赞同此观点，原因有三：一是从昭通汉代崖墓墓葬形制和随葬品与四川崖墓几近一致，全是汉式器物，判断土著文化的依据不足；二是西汉设置郡县以来，大批汉族移民沿五尺道进入朱提，当地各民族与汉移民相互融合，到东汉时本地土著民族绝大多数已被汉化或成为大姓；三是东汉时昭通境内文化面貌全属汉文化，即使有土著民族定居此地，也不会是具有话语权或占有大量社会资源的地方大姓，极可能是为大姓服务的平民阶层。例如水富崖墓出土的具有西南夷民族特点的高鼻深目椎髻陶俑、晋墓壁画所绘披毡跣足夷族与今凉山彝族体貌相近，昭通温家营梁堆内发现的摇钱树枝上人物为巨目高鼻，额下有长须，通体茸毛，背上披着类似蕉叶的衣服，形象颇为奇特③。据视死如生的观点，这些各民族民众是依附于大姓，为大姓豪族提供服务的劳动者。

崖墓和画像石棺未再南传的原因

昭通属五尺道沿线汉文化传播的重要通道，四川流行的崖墓、砖室墓、石室墓、画像石棺和中原流行的壁画墓，经五尺道传入昭通，成为昭通汉晋时期最具特色的墓葬文化。昭通崖墓虽然有单室、双室、多室之分，但其规模较同时期四川地区崖墓小。考古资料表明，汉代的砖室墓、石室墓经曲靖、昆明一直向南传至大理、保山等地，而崖墓、画像石

① 丁长芬：《试论昭通崖墓》，《云南文物》1998年第1期。
② 云南省文物考古研究所、昭通市博物馆、昭通地区文管所：《昭通小湾子崖墓发掘简报》，《云南文物》第33期。
③ 1959年昭通温家营发现一座古墓，出土铜耳杯、铜摇钱树残片、铜耳杯、器盖顶铜人像。铜摇钱树残片作树枝状，枝上有钱四枚，其中三枚较小，无文字，一枚较大，一面作"五铢作□"，另一面作"五铢北□"。枝上作骑马者、骑鹿者、射箭者数人，制作精美。铜人像作跪坐姿势，头上冠戴尖长如角状，顶端短缺，巨目高鼻，额下有长须，通体茸毛，背上批着类似蕉叶的衣服，形象颇为奇特。

棺在云南仅昭通流行，昭通周边的地区均未发现。崖墓和画像石棺开凿对资源、技术和经济发展等要求较高。四川大学罗二虎先生作过详实的研究①。朱提具备开凿崖墓和石棺的条件，有其多方面的原因：其一，自然条件适宜。水富、盐津、大关一带均为山间河谷地带，有大量暴露于地表的岩层，岩层以石灰岩和玄武岩为主，有可能凿成崖墓；其二，社会经济十分发达，具备开凿崖墓的物质基础。东汉时期朱提高度发达的社会经济为地方豪强和南中大姓积累了丰富的物质财富；其三，掌握了开山凿岩的技术方法。在汉武帝派巴蜀开通南夷道以来，五尺道沿线的开凿技术得到空前提高，对横江两岸的山岩构造十分熟悉，这为开凿横江沿线较硬的玄武岩储备了技术力量；其四，昭通多石灰岩、玄武岩，石质较坚或渗水性能差，四川崖墓大多开凿在硬度适宜砂崖上，也是昭通至今仍未发现如四川东汉晚期那种规模巨大、结构复杂、有石刻画像和仿木结构建筑的大、中型崖墓的原因。

画像石棺是一种厚葬的葬具，目前仅在四川、重庆和云南昭通发现。使用者的社会地位和经济地位显然较高，并在家族中可能是较为特殊者。在四川新都县清白乡新益村东汉砖室墓中出土的一具石棺的棺身口沿上有一处题记："永元八年（96）四月廿日造此金棺"。可得知汉代人把石棺也称为"金棺"，足见当时人们视这棺为富贵之物。昭通东汉墓中所见的葬具主要为木棺和少量崖棺，画像石棺是一种较为特殊的葬具，并非任何人都能使用的②。

昭通特殊的地理位置，汉文化向南传播的重要通道，得风气之先，在社会经济高度发达的同时，承袭了中央王朝的神仙巫术信仰与奢侈厚葬之风，昭通汉晋时期盛行的梁堆墓、崖墓以及画像石棺均是汉代奢侈和厚葬之风的具体体现。

结语

通过对昭通汉晋墓葬及出土器物初步研究，我们知道汉晋时期的朱提已是五尺道上重要的行政中心和文化传播集散地。五尺道沿线朱提段自西汉中晚期至晋以来未有大的社会动荡和战事，为朱提社会经济发展提供了保障。梁堆和崖墓内出土大量精美的随葬器物表明，朱提便利的交通、高度发达的经济使朱提大姓积累了丰富的财富，视死如生观念深入人心，厚葬之风十分盛行。其葬俗、葬制、随葬品的类别组合与四川汉墓几近相同。

---

① 罗二虎：《四川崖墓的初步研究》，《考古学报》1988年第2期；罗二虎：《汉代画像石棺研究》，《考古学报》2000年第1期。

② 罗二虎：《汉代画像石棺研究》，《考古学报》2000年第1期。

附表一　昭通市昭阳区汉晋时期墓葬统计表

墓葬发现时间、地点	类型、数量	葬具	随葬品				备注
			陶器	铜器	铁器	其他	
城东鸡窝院子 1982年农民掘土发现	竖穴土坑墓1座	朱漆木棺	陶鼎	提梁壶、羽人天鸡炉、釜、鐎斗、泡钉、盖弓帽、车辖、伞盖顶、双耳罐、五铢、大泉五十	铁斧	银圈、红色漆皮	昭通地区文物管理所清理
太平永乐村张家营，1984年普查发现	竖穴土坑墓群			嵌绿松石铜镯、弩机、铜洗、铜釜	铜柄铁剑		面积约2500平方米，未发掘，随葬品系采集。
白泥井孟孝琚墓，清光绪二十九年发现	砖室墓1座					孟孝琚碑	毁坏，清理时仅见汉砖
后海梁堆，民国二十年发现	石室墓1座		几何纹砖、残陶片			风神石	昭通民众教育馆筹备处发掘
曹家堉包砖室墓，民国三十六年发现	砖室墓1座			摇钱树残枝		摇钱树座	昭通民众教育馆清理
守望郭家大梁堆，早年发现	砖室墓1座			五铢钱、驮羽人宝瓶朱雀铜器	棺钉	锡俑	已毁，未清理
土城田家梁子，早年发现	砖室墓1座		巫师陶俑、持剑盾俑、提罐俑、雌雄鸡、高把圈足杯				已毁
二平寨、白泥井、刘家海子、杨家冲、干沟、曹家老包、鸡姑海、李家湾、洒渔河、牛头寨汉墓，1954年发现	砖室墓、石室墓	画像石棺1具	灰陶瓿、陶罐、陶俑、鸡俑、陶灶、博山炉盖	鎏金铜车马饰、釜、洗、盂、摇钱树、五铢钱、铜耳漆羽觞、辟邪钮子母印	铁剑、铁削		云南省博物馆、西南博物院联合调查发现200余座并清理10座
刘家海子汉墓，1954年和2001年发现	砖室墓2座、砖石混合1座			摇钱树、鎏金车马饰、五铢钱	铁削		西南博物院筹备委员会秘书处清理；昭通市文物管理所征集将出土汉砖搜集入库
省耕塘梁堆，1956年发现	画像石棺1具		抚琴俑	五铢钱			云南省文物工作队调查
昭通专区医院，1956年发现	砖室墓1座	朱漆木棺	瓮、罐	铜俑、铜洗、铜壶、鎏金铜泡钉、五铢钱、鎏金铜残片	铁棺钉	云母片	昭通县文化馆清理

续表

墓葬发现时间、地点	类型、数量	葬具	随葬品				备注
			陶器	铜器	铁器	其他	
洒渔河三家寨、温家营，1959年发现	砖室墓、石室墓共22座			耳杯、摇钱树残片、器盖顶铜人像			云南省文物工作队调查
桂家院子东汉墓，1960年发现	砖室墓3座	朱漆木棺	仓、罐、摇钱树座、人俑	釜甑、双耳釜、豆、盘、壶、盉、案、耳杯、小碗、箸、洗、行镫、灯座、灯盏、五铢钱、摇钱树	环首铁刀、剑	银钏、金银环、珠子、车马饰（似为铅质）	云南省文物工作队发掘
后海中寨东晋壁画墓，1963年发现	石室墓1座						云南省文物工作队清理
白泥井訾家湾梁堆，1964年发现	砖室墓1座	朱漆木棺	仓、罐、碗	尊、案、耳杯、铜盘、铜孔雀、鸡尊、灯座、货泉、五铢	铁矛	金戒指、银手镯、琥珀珠、云母片	昭通县文化馆调查清理
沙坝村汉墓，1973年发现	砖室墓1座			铜俑、铜矛、铜马前后蹄、铜带钩、耳杯		银箸	昭通县文化馆清理
下洒村牛街子梁堆，1978年发现	砖室墓1座			铜釜、牛头形人物出行铜扣饰			墓被毁，搜集部分文物
段家梁子梁堆，1986年发现	砖室墓1座		文字砖				昭通地区文管所等清理
甘河汉墓，2008年普查发现	砖室墓6座						被盗严重，未清理
太平黄竹林梁堆，2008年普查发现	砖室墓15座						被盗严重，未清理
乐居仁和梁堆，2008年普查发现	砖室墓10座						被盗严重，未清理
苏家院乡苏家院村、双河村、坪子村梁堆，2008年普查发现	砖室墓15座		罐、碗、豆	五铢钱、铜环	铁刀		被盗严重，未清理
青岗岭乡青岗岭村梁堆，2008年普查发现	砖室墓3座			铜釜			被盗严重，未清理
绿荫青草坪梁堆，2008年普查发现	砖室墓5座						挖毁严重，未清理
小龙洞将军坡中营梁堆，2008年普查发现	砖室墓1座						毁坏严重，未清理
象鼻岭梁堆，2008年普查发现	砖室墓10座			陶碗、陶杯			被盗严重，未清理

续表

墓葬发现时间、地点	类型、数量	葬具	随葬品				备注
			陶器	铜器	铁器	其他	
凤凰办事处大院村梁堆，2008年普查发现	砖室墓1座						被盗严重，未清理
三甲村塘房梁堆，2008年普查发现	砖室墓2座						相对完好，未清理
小湾子崖墓，1964年发现	崖墓25座	髹红漆的棺木碎片	罐、甑、碗、井、仓、壶、熏炉及人俑	釜、壶、五铢、大泉五十、货泉，鎏金车马饰和小件饰物	铁斧	银环、琉璃瑱	省文物工作队1964年清理4座；云南省文物考古研究所1986年发掘21座
象鼻岭崖墓，1974年发现	崖墓3座	墓内发现汉砖	罐、盆、壶、甑、碗、盂、熏炉、井	釜、鐎斗、弩机、五铢钱、大泉五十、货泉	刀、镞、钉	碗、镯	云南省博物馆文物工作队发掘
得马寨余家坡崖墓，1989年发现	崖墓2座	釜、壶、盆、罐、甑、碗、钵、井、汲水小罐、博山炉盖	带钩、提梁壶、釜、日光镜、五铢、大泉五十、货布、货泉	长铁剑			昭阳区博物馆抢救清理
象鼻岭崖墓，2008年普查发现	崖墓53余座						盗毁严重，未清理

附表二　昭通市各县汉晋时期墓葬统计表

墓葬发现时间、地点	类型、数量	葬具	随葬品				备注
			陶器	铜器	铁器	其他	
鲁甸县							
大坪子、半边街、马厂、大婆树1953及1954年发现	砖室墓70余座，长方形单室和双室并列			铜钟、洗、盂、釜、镜	铁镢		云南省博物馆、西南博物院联合调查清理6座
茨院乡沿闸梁堆，2008年普查发现	砖室墓2座						已毁，未清理
文屏砚池山梁堆，1982年普查发现	砖室墓1座		釜				已毁，未清理
茨院葫芦口汉墓，1982年普查发现	砖室墓1座				"李平作"环首铁刀		已毁，未清理
县医院工地汉墓，1991年发现	砖室墓1座						昭通地区文物管理所清理

续表

墓葬发现时间、地点	类型、数量	葬具	随葬品				备注
			陶器	铜器	铁器	其他	
牛头寨清真寺梁堆，2010年发现	石室墓1座			摇钱树残片、五铢钱		石俑、衣物织品	昭通市文物管理所清理
巧家县	未发现						
盐津县							
燕儿湾崖墓，1998年发现	崖墓4座		盆、罐	泡钉、箭镞、五铢钱			云南省考古研究所、昭通市文物管理所等发掘
干溪沟崖墓，2009年发现	崖墓4座		庖厨俑、侍立俑、听琴俑、提罐陶俑、鸡俑、狗俑、陶龟	五铢钱	铁剑		昭通市文物管理所清理
柿子崖墓，1982年普查发现	崖墓18座						2010年省文物考古研究所清理6座
县文化馆北面崖墓，1982年普查发现	崖墓1座			五铢钱、大泉五十	铁刀	琉璃珠	早年被盗
漆树湾崖墓，1993年发现	崖墓11座		陶片	五铢钱	铁剑	金指环	昭通地区文物管理所清理
盐井镇一善桥崖墓，1982年普查发现	崖墓3座						被盗毁
盐井镇墨石沟崖墓，2013年发现	崖墓1座		罐、甑、碗、猪、鸡	釜、洗、壶、盆、鎏金饰件、五铢钱	釜、灯、剑、刀、斧	漆耳杯	昭通市文物管理所等清理
大关县							
岔河崖墓，1958年发现	崖墓3座	红漆木棺	罐、甑、壶、碗、	釜甑、洗、壶、镰斗、耳杯、货泉、大泉五十、五铢钱	环首铁刀、平头刀、削、剑	漆奁、漆耳杯、石片、银箸、蚌壳、琉璃珠、贝	云南省文物工作队清理
岔河孙家沙坝崖墓，2008年发现	崖墓1座		罐、仓、碗	"永元四年堂狼造"青铜洗、釜、五铢钱	铁刀		墓葬破坏，公安机关缴获文物
天星安乐朝门口崖墓，2009年发现	崖墓1座		陶壶、陶罐、陶碗、陶鸡、陶狗				昭通市文物管理所清理

续表

墓葬发现时间、地点	类型、数量	葬具	随葬品				备注
			陶器	铜器	铁器	其他	
悦乐镇沙坪村鱼堡崖墓，1979年发现	崖墓4座			驼羽人宝瓶青铜朱雀		方形束腰琥珀佩饰	墓葬毁坏，采集品
黄葛田元汉墓，1972年发现				汉安三年朱提造青铜洗、柿蒂纹双系青铜洗、"延光二年朱提造"			
黄葛永康村汉墓，早年发现	砖室、石室墓20余座		陶片	耳杯、五铢钱	铁剑		县志记载，早年毁坏
吉利乡吉利村汉墓，1953年发现	砖室墓5座		菱形花砖	五铢钱			县志记载，早年毁坏
天星祥云天堂坝汉墓，早年发现	石室墓2座						县志记载，早年毁坏
上高桥大寨汉墓，1982年普查发现	石室墓1座						早年毁坏
翠华草坝子汉墓，1982年普查发现	石室墓2座						早年毁坏
永善县							
务基青龙汉墓，1981年发现	砖室墓1座			铜环、五铢钱		银环	云南省文物考古研究所发掘
县城景新镇汉墓，早年发现	砖室墓1座						未清理
绥江县							
凤池坝金银山崖墓，1991年发现	崖墓3座		人俑、鸡俑、猪俑	五铢钱			向家坝电站淹没区文物调查时发现并清理
会仪镇黄坪燕子岩崖墓，早年发现	崖墓1座						县志载，早年毁
水富县							
黄沙坡崖墓，1989年发现	崖墓11座					青釉瓷器	昭通市文管所清理
高滩崖墓，1990年代发现	崖墓1座						盗扰严重

续表

墓葬发现时间、地点	类型、数量	葬具	随葬品				备注
			陶器	铜器	铁器	其他	
楼坝乌龟石湾崖墓，2000年发现	楼坝乌龟石湾崖墓14座	石棺2	罐、簋、甑、壶、耳杯、豆、钵、案、水田模型、房子模型、人俑、猪俑、鱼、狗、鸡、伎乐俑、劳作俑、西王母坐龙虎座、椎髻俑	洗、耳杯、鸟负罐、鐎斗把头、碗、平掌都印、顶针、五铢、剪边五铢、货泉、大泉五十	剑、刀、斧、釜、锸	琉璃耳珰、银戒指、砺石	云南省文物考古研究所、昭通市文物管理所等抢救性发掘
剪刀湾崖墓，1990年代发现	剪刀湾崖墓2座			五铢			盗扰严重
楼坝镇小河崖墓，2004年发现	楼坝镇小河崖墓4座		罐、甑、盆、器盖、碗、房屋模型、执箕俑、操手俑、动物俑（鸡、鸭、狗、龟）	泡钉、铜饰、钗、铺首、五铢、磨郭五铢、开元通宝	环首铁刀、铁钉	琉璃耳珰	云南省文物考古研究所、昭通市文物管理所等发掘
镇雄县							
纳冲河、翟底河汉墓，1984年普查发现	砖室墓群						未试掘，数量不清
中屯区郭家河孔明坟村汉墓，1984年发现	砖室墓2座		陶罐	铜鐎斗、铜釜			破坏严重
塘房汉墓，1984年普查发现	砖室墓1座						早年盗毁
旧府乡长绿湾汉墓，1980年发现	砖室墓2座		陶片、陶俑、陶鸡、陶狗	五铢钱	朱砂、云母片、朱漆	金箔人、金戒指	昭通地区文管所清理
沱泊溪万年桥汉墓，1984年普查发现	砖室墓1座						早年破坏
河侧崖墓群，1984年普查发现	塘房4座、中屯石厂坝村1座、中屯中心完小4座、青山小学2座		陶器残片	五铢钱	铁斧、箭镞		未清理
彝良县							

续表

墓葬发现时间、地点	类型、数量	葬具	随葬品				备注
			陶器	铜器	铁器	其他	
角奎镇夏家堡汉墓，1989年发现	长方形竖穴土坑墓1座		陶器残件	釜甑、鎏金铜泡钉、耳杯、鎏金铜耳、洗、鈁、赤仄五铢、五铢、货泉	铁剑、铁凿	石砚	昭通地区文物管理所清理
角奎镇鲁家坪汉墓，1977年发现	砖室墓1座		陶盒、陶罐	摇钱树、五铢钱	环首铁刀、铁剑	有肩石锛	县文化馆清理
角奎镇创业山汉墓，1974年发现	砖室墓1座		陶片	五铢钱	环道铁刀	料珠、水晶珠、玛瑙珠、陶珠	县文化馆清理
田坝村汉墓1983年发现	田坝村砖室墓1座		陶罐、菱形花砖				早年盗毁
1986年发现	牛街甘家坝崖墓3座		陶片				早年盗毁
钟鸣乡木龙村魏家堡汉墓，1982年普查发现	钟鸣乡木龙村魏家堡砖室墓1座		菱形花砖				早年盗毁
1950年代发现	县商业局办公楼地基砖室墓1座		菱形花砖				早年盗毁
威信县							
旧城镇文兴办事处汉墓群，1982年普查发现	大茶园墓群	石棺墓单室和双室		铜洗、铜釜			县志记载分布面积为1430平方米，未作试掘

注：附表截至2013年发表在国内杂志的简报和普查数据。

民族文化

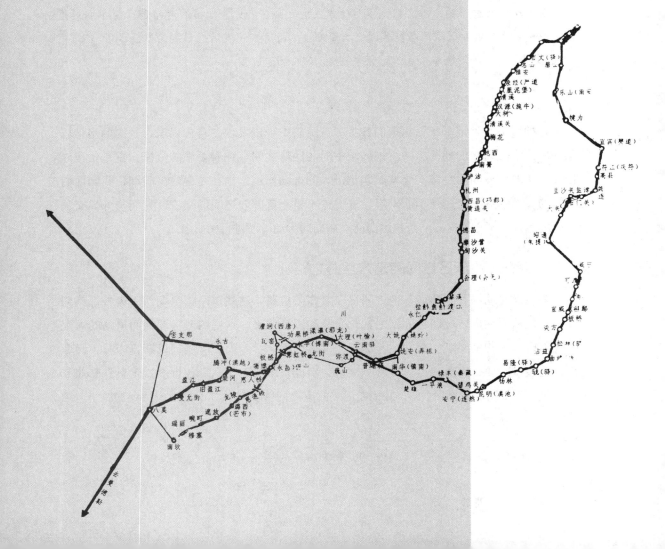

先秦两汉时期南方丝绸之路
与区域民族交流

颜信 四川师范大学巴蜀文化研究中心 助理研究员

摘 要： 从古至今，我国西南地区就是多民族交融而居的地区之一，区域间的各民族之间相互交流对当地经济文化等方面的发展起到极大推动作用。早在先秦两汉时期，我国西南地区就存在着众多部族，而早期各部族之间的交流则是通过南方丝绸之路这样一条我国西南早期交通大动脉而进行的。本文将试以对南方丝绸之路在各民族地区的走向进行梳理，并进一步阐释这条交通线对区域间各民族因交流而产生的经济文化发展所起到的积极作用。

关键词： 南方丝绸之路 民族 区域交流

从各种历史文献记录和近年来的各类考古资料中可以发现，自古以来，我国西南地区就是多民族交融而居的地区之一。该区域中的各民族之间存在着频繁的交流，正是各民族间相互交流对区域间的经济文化发展起到极大的推动作用。早在先秦两汉时期，我国西南地区间的各部族逐渐形成并不断发展，这促进了早期各部族之间的交流，它们与外界交流则是通过南方丝绸之路这样一条我国西南早期交通大动脉而进行的。

一、存在于民族区域间的南方丝绸之路

先秦两汉时期，我国西南各地之间存在着多条道路，这些道路将早期西南夷各部族间相互串连，从而促进区域间各部族的文化交流和贸易往来，这些沟通各部族间道路的大致走向我们可以从相关文献中获知。《史记·大宛列传》："天子欣然，以骞言为然，乃令骞因蜀犍为发间使，四道并出：出駹，出冉，出徙，出邛、僰，皆各行一二千里。其北方闭氐、筰，南方闭嶲、昆明。"[1]另《史记·西南夷列传》载："于是天子乃令王然于、柏

---

[1]（汉）司马迁撰：《史记》，中华书局，1973年，第2387页。

始昌、吕越人等，使间出西夷西，指求身毒国。"[①]文献中所提到的"发间使，四道并出"与"使间出西夷西"都是记载元狩年间汉使者寻求"身毒道"的事件。而这些出入于西南夷地区的道路恰好与我们现在所指的南方丝绸之路走向相一致。

《史记》中关于西南夷早期道路为"出徙、出駹、出冉"三道。"出徙"一道，据《史记》一书后文记载"自嶲以东北，徙、筰都最大"[②]，"司马长卿略定西夷，邛、筰、冉、駹、斯榆之君皆请为内臣"[③]。"斯榆"和"徙"是同一族群。唐张守节正义曰："徙音斯，《地理志》云徙县也"；裴骃集解引徐广曰："徙在汉嘉。""徙"在汉嘉，汉嘉据《续汉志·郡国志》"汉嘉故青衣"，青衣即是今青衣江一带。徙音斯，今雅安天全始阳镇和徙、斯关系密切，大致在今青衣江天全一带。从文献记载可以得知，自先秦至秦汉时，中央王朝就能略通徙之地。汉朝使者从蜀郡成都出发，西南行到达"徙"（雅安天全一带），这条道路秦汉时期都是能通达的。《史记》所记的"出徙"道是要表达从蜀郡成都出发，向南经临邛、严道（雅安），向西走青衣之"灵关道"，经过徙（斯榆）、青衣，西出为"筰"所闭。这条道路则是南方丝绸之路中从成都出发向西行进的干道之一。

南方丝绸之路西线道路俗称为牦牛道，因司马相如辟筑该道路时沿古牦牛羌部南下的道路而筑，故得此名。此道路途中灵关天险，历朝历代均设守于此，因此又称其为灵关道（或零关道），即为"出徙"一道。整段西线道路走向应由古蜀王都成都出发，经双流、新津一路南下到汉代铁都临邛（今邛崃），再南到雅安、荥经（汉代严道县），翻越邛崃大山（今泥巴山）至雅安汉源（汉代牦牛道），过清溪峡至甘洛、越西，途径汉代灵关入安宁河流域各地至西昌（汉代越嶲郡）。从西昌出发到达会理县境内后，再沿河向西南下至拉鲊渡口，利用金沙江水路经攀枝花到云南省大姚县，西入大理地区的普淜驿，与南方丝绸之路东段在此合路。

先秦秦汉时期，我国西南的南方丝绸之路不仅有西线道路，同时也有以岷江道、五尺道、牂牁道等多条道路构成的东线道路接连西南各民族腹地区域。南方丝绸之路东段是川、滇、黔之间最早的道路，在四川境内有岷江道、五尺道两段，云南境内则主要是五尺道，贵州境内则由五尺道和牂牁道等道路组成。

岷江道以南方丝绸之路的成都为起点，沿岷江向南入乐山过犍为到宜宾。据相关文献记载和考古发现可知，此段道路早在先秦的战国时期就已初步贯通，道路开凿是由李冰烧崖修筑而成，整条古道均依崖而建，一路都较为险峻。岷江道中的宜宾一段因汉代宜宾属

① （汉）司马迁撰：《史记》，中华书局，1973年，第2993页。
② （汉）司马迁撰：《史记》，中华书局，1973年，第2991页。
③ （汉）司马迁撰：《史记》，中华书局，1973年，第3047页。

僰道县所辖，所以这一段也被称为僰道。

东段道路中最为重要的一段为五尺道，其沟通川滇黔间的民族地区，该段道路则与岷江道相连。五尺道的相关记载最早出自《史记·西南夷列传》中，文中载："秦时常頞，略通五尺道。"[①]因栈道宽五尺，故名五尺道。南方丝绸之路五尺道一段的具体走向，近代学者都有较为一致的认识，向达先生在其《蛮书校注》中考订指出，五尺道起自今川内宜宾，经高县、珙县、筠连等地，入云南昭通境内的盐津、大关、彝良、昭阳区等地，再折入贵州威宁南下入宣威，经宣威达曲靖接昆明，全长两千多里[②]。段渝教授指出五尺道走向为从古代成都南下安南（今四川乐山），经僰道（今四川宜宾）、夜郎西境（今贵州威宁、云南昭通），直通南中之建宁（今云南曲靖）[③]。

关于五尺道的开通年代问题，无论是从沿线出土的各种器物还是从文献记载考订，该道路是四川盆地古通往西南夷地区的重要古代道路。此道路形成的时间应该至迟不会晚于商代晚期[④]。五尺道自形成以来，就已经成为川滇黔三地间进行经贸文化交往的重要通道，特别是在先秦两汉时期，五尺道更是西南夷地区各民族间使用最为频繁的道路，其重要性也不言而喻。

南方丝绸之路东线道路中的另一段道路为牂柯道，该道路是川、滇、黔三地沟通楚、两广的交通道路。牂柯道西与五尺道相连东经夜郎（今贵州安顺）、巴（今重庆）至楚地。在战国晚期蜀守张若、楚将庄蹻经略西南夷地区，正是循着蜀、楚商人入滇的通道而来，这通道正是我们所指的牂柯道和五尺道两段道路，其中楚至夜郎这一段道路为牂柯道。在稍晚期的汉代，汉武帝为征服南越，公元前135年（汉武帝建元六年），汉朝派唐蒙出使南越，欲令其归附汉统。唐蒙在南越之地品尝产自蜀郡的枸酱，了解枸酱贩运到此的路线，认为它是"制越一奇也"，于是向汉武帝提出通夜郎道，以夷制夷的计策。唐蒙受汉武帝之命，亲自率众自巴蜀符关（今四川泸州合江南）入夜郎（今贵州安顺地区），胁迫夜郎及旁小邑归附。元鼎六年（前111），汉军第二次进入夜郎，下牂柯江（今贵州北盘江），夜郎道才全线贯通。据严耕望先生考证唐代牂柯道走向为云南昆明至曲靖至牂柯部族（今贵州威宁地区），又东渡入黔江（乌江）流域下行至贵州东北境，分为两道。其一仍循黔江下行，东北至重庆彭水达涪陵。此为牂柯各部族纳贡通使的主道。另一道为东行入沅江流域，下行至贵州中部经水路出贵州入南越之地[⑤]。该段道路由陆路和水路两段

①（汉）司马迁撰：《史记》，中华书局，1973年，第2993页。

②（唐）樊绰著，向达校注：《蛮书校注》，中华书局，1962年，第27页。

③ 段渝：《五尺道的开通及其相关问题》，《四川师范大学学报（社会科学版）》2013年第4期。

④ 颜信：《先秦两汉时期的五尺道研究》，《中华文化论坛》2014年第6期。

⑤ 严耕望：《唐代交通图考》卷四《山剑滇黔区》，台湾商务书馆，1986年，第1286~1293页。

构成，其陆路经夜郎与川、滇相接，水路则顺牂牁江可沟通南越之地。可见，南方丝绸之路的东段早在先秦两汉时期已经存在，其各段道路沟通了巴蜀、滇、夜郎等西南夷民族地区。南方丝绸之路东段不仅仅沟通中国西南各地，同时也可东经陆路和水路与南越、楚地等沟通。

南方丝绸之路东、西两段道路串连起当时整个西南夷各部族的大部分地区，这一区域也是当时西南夷地区经济文化最为发达的区域，各民族的经济文化快速发展正是得益于南方丝绸之路所起到的早期桥梁作用。先秦两汉时期，西南夷民族间的交流并非是以前部分学者认为的是偶发性的，从近年来的考古发掘资料和相关文献材料的解读上可以知道西南夷各民族间的交流是极为频繁的，在南方丝绸之路沿线各民族集居区发现的大量实物材料更能加以证明。

二、生活于南方丝绸之路沿线的各民族

南方丝绸之路西线道路所经之地为今四川西南所辖雅安、西昌、攀枝花等地，云南大理、保山等地。该区域在先秦两汉时期就有诸多民族生活于此，如在今安宁河一带，以西昌为中心的部族邛人。邛人属百濮民族系统，《史记·西南夷列传》将邛都与滇、夜郎划为同一族系，《华阳国志·南中志》称夜郎为"濮夷"，称滇为"滇濮"，可知与之同类的邛都也是濮系。《华阳国志·蜀志》"越嶲郡"下载："会无县（今会理县）……故濮人邑也。"荀悦《汉纪》载："靡漠（莫）之属以什数，自靡莫以北君长以什数，邛都最大。"[①]说明安宁河流域一带的古代民族是邛都夷。安宁河一带及西昌等地也是当时南方丝绸之路西段道路必经之处。

在该区域还有南迁而来的筰人，根据文献记载，筰人先后分布岷江上游汉代的汶山郡、青衣江上游和大渡河上中游汉代的沈黎郡、金沙江下游汉代的越嶲郡等地区。《华阳国志·蜀志》记载："汶山郡本蜀郡北部冉駹都尉。"颜师古注《汉书·武帝纪》引服虔曰："今蜀郡北部都尉所治本筰都地也。"这应该是先秦时期筰都夷最初的分布地。

据相关文献记载，沈黎郡开置年代应为汉武帝元鼎六年，《汉书·西南夷两粤朝鲜传》载曰："南粤破后……及汉诛且兰，邛君，并杀筰侯。冉、駹皆震恐，请臣置吏。以邛都为粤（越）嶲郡，筰都为沈黎郡，冉駹为文山郡。"[②]沈黎郡存在时间只有14年，在汉武帝天汉四年并入蜀西部都尉。东汉顺帝阳嘉二年（133），再次在沈黎郡故地置汉嘉郡，《后汉书·筰都夷传》："汉嘉郡，本筰都夷也"，《华阳国志·蜀志》亦云："汉嘉、

---

① 荀悦：《汉纪》卷111《西南夷》，文渊阁四库全书本。
② （东汉）班固撰，（唐）颜师古注：《汉书》，中华书局，1973年，第3842页。

越嶲曰笮。"沈黎郡（包括汉嘉郡，但汉嘉郡的面积小于沈黎郡）的地域范围为现在青衣江上游和大渡河上中游大部分区域。从以上的分析可以看出，沈黎郡的笮人应为战国至汉初从汶山郡南迁而来的移民。《后汉书·莋都夷传》记载："其人皆被发左衽，言语多好譬类，居处略与汶山夷同"，即与岷江上游的"阿巴白构"有关，这应该为笮人南迁的反映。但据相关的文献记载，汉武帝天汉四年，居住在沈黎郡的莋都夷也发生了南迁，他们向南迁徙至越嶲郡。

越嶲郡置于武帝元鼎六年，其所统治的十五县中，定笮、笮秦、大笮、姑复四县为笮人分布区，定笮即在今盐源盆地，大笮在今雅砻江与金沙江交汇处的盐边，笮秦在今冕宁西雅砻江边，姑复则在今云南永胜一带。笮人所居住的四县皆位于雅砻江西岸，从南到北联成一片。其中定笮、笮秦、大笮三县观其县名便知为笮人分布区，定笮等四县位于雅砻江中下游区域。

从文献记载可以说明，莋都夷在历史上曾发生过由北向南的大迁徙。也可以从相关考古资料发现，莋都夷的最后定居之地应在金沙江和雅砻江两江交汇的三角形的地带。

笮为牦牛羌的一支，其应当是牦牛种之白狗羌。《后汉书·莋都夷传》记载："其人皆被发左衽，言语多好譬类，居处略与汶山夷同"，即与岷江上游的"阿巴白构"有关，而阿巴白构就是白狗羌。《史记·大宛列传》正义说："笮，白狗羌也。"也能明确地说明笮就是白狗羌，他们应该是当时岷江上游白狗羌南下的其中一支。

莋都居民从事畜牧与农耕相结合的复合型经济。《史记·西南夷列传》记载："其俗或土箸（著），或移徙"，可见他们从事的就是一种农牧结合的混合经济类型。莋都出名马，它们也成为了巴蜀商贾经营的主要商品。定笮还出盐，在《汉书·地理志》《华阳国志·蜀志》等史料文献中均记载此地有池盐所出。

南方丝绸之路西线的云南境内有昆明族。昆明的分布地域很广，《史记·西南夷列传》中记载："其外（指滇与邛都），西自同师以东，北自楪榆，名为巂、昆明，皆辫发，随畜迁徙，无常处，毋君长，地方可数千里。"[1]此处所指为西汉时期昆明的分布情况。楪榆的地望比较清楚，《汉书·地理志》云："楪榆，楪榆泽在东。"《后汉书·郡国志·楪榆县》注引《地道志》亦云："有泽在县东。"《水经·楪榆河注》：又曰"楪榆之东，有楪榆泽，楪榆水所钟，而为此川薮也。"楪榆泽为今天洱海地区，大理县东边。同师（又作桐师），同师一地则应位于楪榆与巂唐（即今大理与保山）之间。昆明是一个随畜迁徙的游牧民族，因此它们的活动范围很大，但其主要活动比较稳定的分布区应该在以洱海为中心的周围区域。

---

① （汉）司马迁撰：《史记》，中华书局，1973年，第2991页。

　　昆明是西南诸族群中一支较大的民族，《史记·西南夷列传》记载，它是一支"辫发，随畜迁徙，无常处，毋君长，地方可数千里"的民族。从近年来发现的考古资料看，至迟在春秋战国时期，昆明人已经在洱海地区进入了农业社会，但畜牧业在他们的经济生活中仍占有重要地位。

　　滇也是云南境内较大的的西南夷族群。滇即是族名，同时也是国名，其中心区域在今云南滇池周边，对于这一点，学术界基本没有异议。《史记·西南夷列传》有记载，楚庄王苗裔庄蹻于战国时入滇为王，滇始与中原发生联系。从近年来在云南晋宁石寨山、江川李家山等地出土大量滇国遗物来看，滇文化的情况十分明晰。

　　《史记·西南夷列传》记载，滇是位于夜郎之西，劳浸、靡莫的西南的族群。据近年来在滇池附近区域发掘的大量滇文化墓葬的分布情况分析，滇的分布是以滇池湖滨平原为中心，北到富民，南至通海，东抵路南，西迄安宁，整个分布区不大，这和《史记·西南夷列传》中记载的"滇王者，其众数万"，"滇小邑，最宠焉"亦是基本吻合的。

　　南方丝绸之路西段沿线上除以上的一些西南夷民族外，还有如嶲、劳浸、靡莫、滇越、哀牢、摩些夷等部族。这些早期民族生活于南方丝绸之路西段沿线各地，并因道路的存在而逐步地发展。

　　南方丝绸之路东段沿线上的民族则主要是以僰、夜郎等民族为典型代表。僰人集中分布在四川宜宾至云南昭通一带。《华阳国志·蜀志》"犍为郡"中有载："僰道县，在南安（今四川乐山市）东四百里，距郡百里，高后六年城之。治马湖江会，水通越嶲。本有僰人，故《秦纪》言僰僮之富，汉民多，渐斥徙之。"《汉书·地理志》"僰道"下应劭注曰："故僰侯国也。"据相关考证僰侯国为今四川宜宾一地，则可知僰人生活的中心区域为现在川南的宜宾一地。

　　僰人定居在川南地区时间很早，其也成为川南的主要民族。《吕氏春秋·恃君览》："氐、羌、呼唐，离水之西，僰人、野人……多无君。"《礼记·王制》："屏之远方，西方曰棘。"棘即僰。郑玄注云："棘，当为僰（"为"字据惠栋校宋本增）。僰之言僻，使之僻寄于夷戎。"由文献记载可知，僰人入居川南的年代，可追溯到商末以前，最后一代蜀王杜宇就是来自朱提（今云南昭通）的僰人。而朱提汉属犍为郡之南部，蜀汉始分置朱提郡。《说文·人部》："僰，犍为蛮夷也，从人棘声"，说明朱提古为僰人居地，与今宜宾地相连接。方国瑜先生也认为僰人以僰道县为中心，散居其南境。杜宇既为朱提僰人，商末时北上至蜀，说明商末以前僰人已经成为定居在汉代犍为郡即今川南至滇东北地区的一支重要的民族。

　　僰人是百濮的一支，僰即濮。《史记·货殖列传》和《汉书·地理志》的"滇僰"，《华阳国志·南中志》作"滇濮"，证实僰为濮系民族。因其居于棘围之中，故称僰人，

"从人棘声"①。所谓僰人，即是居于棘围之中的濮人②。

僰人是一支以农业生产为主的民族。《华阳国志·蜀志》记载杜宇在蜀"教民务农"，时为西周，可见在西周以前僰人农业已有相当水平。《华阳国志·蜀志》中还记载僰道境内有荔枝、薑、蒟，蒟当即蒟酱原料，而荔枝名闻遐迩，历代盛产不衰。《水经·江水注》引《地理风俗记》说："僰于夷中最仁，有人道，故字从人。"这里指出僰人具有较高的文化素养，已经在诸夷之上，这正是同僰人具有较高农业经济水平相互适应的。

僰人的交通，从杜宇入蜀可以知道，早在商末即初步开通。春秋时代，蜀王开明氏"雄长僚、僰"③，进一步开通了僰人居住区与成都平原、滇东北的交通。以后，"秦时常破，略通五尺道"④，对商周至战国时代已经存在的这条道路予以进一步整修和扩建。汉武帝派唐蒙略通僰，张骞因蜀、犍为发使出僰，皆由此道。这条古道即是著名的"五尺道"，以今四川宜宾为起点，南接云南昭通、曲靖、昆明，贵州毕节威宁等地，而从宜宾则可经乐山达成都，是南方丝绸之路滇、蜀段的东段道路（西段道路为牦牛道）。并且，在蜀与夜郎并经牂柯江同南越进行的商品贸易中，僰亦当交通要冲，发挥了重要作用。

南方丝绸之路东线上夜郎则是最为重要的民族之一。从史书看，夜郎的地理范围应是比较清楚。《史记·西南夷列传》《汉书·西南夷传》记载："夜郎者，临牂柯江，江广百余步，足以行船。"《汉书·地理志》："夜郎：豚水东至广郁。"《后汉书·西南夷传》注引《华阳国志》："豚水通郁林。"《华阳国志·南中志》"夜郎县"载："郡治，有遯水通郁林。有竹王三郎祠，甚有灵响也。"据近人刘琳《华阳国志校注》认为，"夜郎国"的疆界大致是：东起湄潭、遵义、贵阳、罗甸一线北到仁怀、叙永、高县一线，西至昭通、巧家、会泽、东川、曲靖一线，南抵兴义地区，大致以南盘江、红水河为界，此即广义的"夜郎国"疆域，而其中心区域则仅相当于汉夜郎一县之地，汉夜郎县的辖境则相当于今安顺地区及兴义地区的晴隆、普安和六盘水地区的盘县⑤。

夜郎属西南夷中的濮越系族群。夜郎在今贵州西南部与云南东南部。牂柯为百越民族语言，意为"系船杙"。王先谦《汉书补注》引《异物志》说："有一山，在海内，似系船杙，俗人谓之越王牂柯。"可见，夜郎的主要居民是百越系统的民族。先秦两汉时期，南方丝绸之路东段道路上除僰、夜郎外，还有且兰、滇越、昆明等诸多民族生活于此，各

---

① 许慎：《说文解字》卷8上《人部》。
② 徐中舒：《论巴蜀文化》，四川人民出版社，1982年，第97页。
③ （晋）常璩撰，刘琳校注：《华阳国志校注》，巴蜀书社，1984年，第393~395页。
④ （东汉）班固撰，（唐）颜师古注：《汉书》卷95《西南夷两粤朝鲜传》，中华书局，1962年；《史记》卷116《西南夷列传》作"秦时常頞略通五尺道"，常頞或作常颊。据《汉书》，当以作"常破"为是。
⑤ （晋）常璩撰，刘琳校注：《华阳国志校注》，巴蜀书社，1984年，第390~393页。

民族间相互交流，促进了区域及各民族的不断发展。

以上对南方丝绸之路沿线各民族的研究分析可以看出，早在先秦两汉时期，在南方丝绸之路沿线各地生活着众多西南夷民族，这些民族的发展水平各异，但各民族间却因南方丝绸之路这样一条重要的交通线的存在而相互交流，促进各民族自身的发展。

三、南方丝绸之路沿线各民族间的交流

先秦两汉时期，南方丝绸之路沿线是各西南夷民族集中生活的核心地区，在此区域中有夜郎、滇、僰、笮都等较大的西南夷民族，同时还有徙、昆明、且兰等多个西南夷民族。这些民族共同生活于此，对当时的中国西南区域的经济文化发展做出了重大的贡献，各民族在自身发展的基础上，也通过南方丝绸之路相互交流。道路沿线各民族的交流情况一些文献中有所反映，同时近年来南方丝绸之路沿线发现的具有各民族典型特点的考古遗址中更是能证明各民族之间在当时存在着的经贸文化交流。

据古代文献《史记·西南夷列传》记载："秦时常頞，略通五尺道。诸此国颇置吏焉。十余岁，秦灭。及汉兴，皆弃此国而开蜀故徼。巴蜀民或窃出商贾，取其笮马、僰僮、髦牛，以此巴蜀殷富。"[①]该段文字记述了当时秦王朝在西南夷（靡莫、夜郎、滇等少数民族）地区设置吏使，管理当地的经济贸易，这可以说明在这一地区各民族间必然存在着商贸往来。汉初，虽然"皆弃此国而开蜀故徼"，但巴蜀地区的商贾依然和这些地区的各民族间保持着民间的贸易往来。《史记·货殖列传》曰："巴蜀亦沃野，地饶卮、姜、丹沙、石、铜、铁、竹、木之器。南御滇僰、僰僮。西近邛笮，笮马、旄牛。然四塞，栈道千里，无所不通，唯褒斜绾毂其口，以所多易所鲜。"[②]《汉书·地理志》中有记载："巴、蜀、广汉本南夷，秦并以为郡，土地肥美，有江水沃野，山林竹木疏食果实之饶。南贾滇、棘僮，西近邛、笮马旄牛。"[③]从《史记》文献记载可知，当时巴蜀之地出铜、铁，《汉书·地理志》中记载邛都出铜，临邛出铁。西汉景帝时期临邛卓王孙"即铁山鼓铸，运筹策，倾滇蜀之民，富至僮千人。"临邛程郑"亦冶铸，贾椎髻之民。"据《史记·西南夷列传》记载可知，夜郎、靡莫、滇、邛都等族都属"椎髻之民"。这充分表明在先秦两汉时期巴蜀同滇池地区一直保持着经贸往来，同时西南夷各民族间也进行着贸易往来，这些民族间的相互贸易往来则是通过南方丝绸之路进行的。

先秦两汉时期，西南夷各民族间的贸易往来随着各民族社会经济的不断发展及物资的

---

① （汉）司马迁撰：《史记》，中华书局，1973年，第2993页。

② （汉）司马迁撰：《史记》，中华书局，1973年，第3261页。

③ （东汉）班固撰，（唐）颜师古注：《汉书》，中华书局，1973年，第1645页。

不断丰盈而显得更加频繁。据《汉书·西南夷两粤朝鲜传》中所载："南粤食蒙蜀枸酱，蒙问所从来，曰'道西北牂牁江，江广数里，出番禺城下。'蒙归至长安，问蜀贾人，独蜀出枸酱，多持窃出市夜郎。"[①]文献中所记述的"蜀贾人窃出市夜郎"是指先秦两汉时期四川特产枸酱，这种产于四川地区的特产经牂牁江南下销往夜郎和南越等地。该风物远播南越之地的道路，正是南方丝绸之路中的牂牁道一段。据古文献记载，地处中国西南腹地的夜郎国当时并不为中原人所知，那当时的中央王朝也无法获知这条道路的存在。而当时的蜀通往滇、夜郎的最为便捷的道路正是五尺道一线。除枸酱在此道路沿线进行贸易外，其产于巴蜀、滇、夜郎等各民族地区的风物也可以经由此道路进行贸易。

先秦两汉时期，南方丝绸之路沿线为西南夷各部族集居地，该区域存在着的众多部族，其社会仍然处于农耕奴隶社会，商品经济并不发达，因此区域间的贸易往来往往是以物物交换形式而存在。这种情况可从文献可知，《史记·西南夷列传》所言："巴蜀民或窃出商贾，取其筰马、僰僮、髦牛，以此巴蜀殷富。"[②]此句所指巴蜀商贾通过走私出关，以个体成员的身份，或单个或群体用丹沙、石、铜、铁、竹、木等蜀地出产的商品与西南夷[③]的"邑君"、酋长进行物物交换，蜀贾从这些部族换回筰马、僰僮、髦牛等。根据以上论述，笔者认为，除当时的古蜀国与西南夷各民族间有着贸易往来外，西南夷各部族间也存在着较为广泛的贸易往来，各民族间的贸易往来则是通过南方丝绸之路而得以实现的。

随着近年来中国西南地区各地考古遗址的不断发现，在西南夷民族聚居区发现了众多非本地文化因素的器物，这些文化因素则多受到该区域其他民族文化的一定影响。

安宁河谷地区从古至今都是四川与云南之间的重要通道，也是南方丝绸之路中重要的组成部分。在安宁河谷中也发现有不少蜀式器物和巴蜀土坑墓，如越西县大屯乡华阳村发现的土坑墓葬群和巴蜀印章、铜蒜头壶、釜和兵器[④]。西昌马道点将台也发现了巴蜀土坑墓，这些土坑墓属于战国至秦代，应为蜀人墓葬。由此可以证明，蜀文化已经出现于该地区，同时也和当地文化间产生互动交流。这也是蜀文化经南方丝绸之路传播的路径，并进而将蜀文化经由此道路传播于川西南、滇西北的各西南夷民族聚居区。

近年来，在云南晋宁石寨山西汉墓出土铁器一百多件，江川李家山西汉墓出土铁器

---

① （东汉）班固撰，（唐）颜师古注：《汉书》，中华书局，1973年，第3839页。

② （汉）司马迁撰：《史记》，中华书局，1973年，第2993页。

③ 此处所指的西南夷其范围包括云南滇池洱海地区的滇、靡莫、昆明、嶲等族，同时也包括云南东北五尺道沿线各部族，贵州夜郎、牂牁等部族，四川南部僰人等众多民族。这一区域为西南夷各部族生活之地，其也是先秦两汉时期西南道路沿线各部族。

④ 凉山州博物馆、越西县文化馆：《四川越西华阳村发现蜀文化》，《文物资料丛刊》（7），文物出版社，1983年。

四十多件①。而先秦至西汉前期滇池地区尚处于奴隶制水平，虽该区域已经进入青铜文化的鼎盛时期，但还未进入铁器时代。这些遗址出现的铁器很可能是通过贸易而来，据有的考古学家考证认为，其中的一部分可能来自四川②。这些铁器工具的获取正是通过巴蜀商人贸易而来，该铁器也是巴蜀铁器的代表，具有巴蜀铁器文化的典型特征。

云南大理滇池附近也出土有部分巴蜀式器物，如云南弥渡苴力战国晚期至西汉早期大石墓中出土有环首直背削刀③。这类铜削刀为战国中晚期巴蜀墓葬中常见的陪葬兵器，这里出现的环首直背削刀很可能是直接从巴蜀地区输入。云南大理大石墓中出现巴蜀兵器，说明这类兵器已经在此广泛运用，蜀文化也对西南夷该民族区域文化产生着影响。

滇青铜文化是滇文化最具代表性的文化特征之一，从先秦两汉时期的云南青铜文化遗存遗物看，滇北一带的青铜文化与巴蜀文化显得更为紧密。如晋宁石寨山出土的一件青铜戈上刻有一披发裸体联手人的形象，这同成都白马寺出土铜戈完全相同④。从铜戈的式样分析，石寨山的铜戈具有典型蜀式青铜戈的特征。从这一系列的考古资料分析，蜀文化已经通过四川与云南间的道路传播至云南多个民族文化区，并对滇、昆明等诸多民族文化产生着影响。蜀文化对西南夷民族区域的文化影响传播路线很可能是从成都经牦牛道入四川汉源再经大渡河流域转至越西，再沿安宁河至西昌，经金沙江的支流沿线道路传播到滇池地区、大理等地，这正是南方丝绸之路主线其中一段的走向。

先秦两汉时期，同样地处西南夷民族文化区的夜郎地区也与巴蜀等地的各民族间有着广泛的文化交流，近些年来贵州地区出土的大量兵器、生活器具等都蕴含着巴蜀文化的特点。如贵州赫章可乐战国墓葬及威宁中水汉墓内出土的青铜剑⑤，其形制与古蜀柳叶形青铜剑极为相似。段渝教授分析认为这种出土于贵州赫章和威宁的青铜剑则完全是对古蜀柳叶形青铜剑的改装⑥。除青铜剑外，在夜郎境内还发现有部分具有典型代表性的铜器，从这些铜器中可窥见夜郎文化与巴蜀文化之间相互交流影响的情况。如在贵州赫章可乐墓葬群中，发现了不少立耳铜釜⑦，这种铜釜的特点为口沿之上立有一对对称的辫索纹半耳环。这与重庆巴县东笋坝、四川昭化宝轮院、犍为万年大队和五一大队等地出土的釜、甑等铜器

① 云南省博物馆：《云南晋宁石寨山第三次发掘简报》，《考古》1959年第9期；云南省博物馆：《云南晋宁石寨山古墓第四次发掘简报》，《考古》1963年第9期；云南省博物馆：《江川李家山古墓葬发掘报告》，《考古学报》1975年第2期；云南省文物考古研究所、昆明市文管会、晋宁县文管所：《云南晋宁石寨山第五次抢救性清理发掘简报》，《文物》1998年第6期。
② 童恩正：《对云南冶铁业产生时代的几点意见》，《考古》1964年第4期。
③ 张新宁：《云南弥渡苴力战国石墓》，《文物》1986年第7期。
④ 吴怡：《从出土文物看古代滇蜀关系》，《南方丝绸之路文化论》，云南民族出版社，1991年。
⑤ 童恩正：《我国西南地区青铜剑的研究》，《考古学报》1977年第2期。
⑥ 段渝：《商代中国西南青铜剑的来源》，《社会科学研究》2009年第2期。
⑦ 贵州省博物馆考古组、贵州省赫章县文化馆：《赫章可乐发掘报告》，《考古学报》1986年第2期。

上的辫索纹完全一致。另贵州威宁中水遗址出土的一种直援、无胡、两穿青铜戈[①]，这种青铜戈的援身中线起脊，后有一圆孔，圆孔四周和内后饰有饕餮纹各一组，此戈与四川彭县出土的晚期蜀式戈形制较为接近[②]。另在贵州兴义市土产公司仓库出土一个较小的对称刃口钺，其形制除銎部外，均与重庆巴县冬笋坝77号墓所出钺大同小异[③]。

《史记·西南夷列传》中记载，汉代蜀郡巨商卓王孙、程郑即"铁山鼓铸"，"贾椎髻之民"，文中所提及的"椎髻之民"就是西南夷区域的夜郎、靡莫、邛都等民族。这些来自于夜郎、邛都等地的僮奴都成为了蜀郡巨商家中的劳力，并从事铁器工具、手工业制品等的生产。产于蜀郡的铁器同时也销往夜郎之地，这可以从贵州地区近年来考古发掘器物中发现。如贵州赫章可乐水营生产队所发掘的数十座汉墓中，一些小型墓葬中除发现有铁质兵器外，还出土了大量铁器生产工具[④]。该地区出土的铁器生产工具与当时蜀郡的铁器生产工具在形制上并无区别。除青铜兵器、铁制生产工具外，来自巴国地区具有典型巴文化的生活配饰用品也出现于夜郎之地，最为典型的配饰器物是出土于贵州威宁中水墓群中的一件卧虎形铜扣饰[⑤]。可见当时的夜郎地区文化与巴蜀文化等多种文化之间有着紧密的联系，并相互产生着影响。夜郎地区与巴蜀、滇毗邻，可见当时的西南夷各民族间的经贸文化交流不甚密切，而沟通各民族之间的纽带则是南方丝绸之路。

结语

先秦两汉时期，中国西南地区有众多民族集居于此，同时这些民族之间特别是与巴蜀地区有着广泛的经贸文化交流。区域间的交流则必须通过道路作为桥梁实现沟通，南方丝绸之路正是沟通各民族的桥梁。南方丝绸之路的出现为我国西南早期各民族的经贸文化发展起到了积极的作用，无论是古代文献，还是近年来在该区域发现的大量考古发掘遗址出土的器物都能充分证明，正是该段道路的出现为当时的巴蜀文化、滇文化、夜郎文化等诸多西南夷地区民族文化融合与发展起到助推作用。

先秦两汉时期的南方丝绸之路，在对沟通西南夷各部族起到极大的作用，同时也成为先秦古蜀王国和后世各朝统治者对西南地区控制而不可或缺的重要战略线。从南方丝绸之路的走向分析，其沟通川滇黔三地，该地区也是西南夷各族的腹地，这无不凸显出该道路

---

① 贵州省博物馆考古组、威宁县文化局：《威宁中水汉墓》，《考古学报》1981年第2期。
② 冯汉骥：《四川彭县出土的铜器》，《文物》1980年第12期。
③ 前西南博物院、四川省文物管理委员会：《四川巴县冬笋坝战国和汉墓清理简报》，《考古通讯》1958年第1期。
④ 贵州省博物馆考古组、贵州省赫章县文化馆：《赫章可乐发掘报告》，《贵州田野考古四十年》，贵州民族出版社，1993年。
⑤ 贵州省博物馆考古组：《贵州威宁中水汉墓第二次发掘》，《贵州田野考古四十年》，贵州民族出版社，1993年。

对整个西南夷各民族间的交往起到的积极作用，同时也保证西南夷地区各民族间经贸文化的广泛交流。这些交流均可从南方丝绸之路沿线各先秦两汉时期的考古发现证明，可见南方丝绸之路在该区域发展中所起到的作用是不可磨灭的。

古蜀人的"五"崇拜和宇宙观

李竞恒　四川师范大学巴蜀文化研究中心　助理研究员

摘　要：很多考古材料与传世文献能够显示古蜀文化中，"五"这一数字具有重要的象征和宗教含义。笔者通过张光直先生"亚美文化连续圈"和美国宗教思想史学者伊利亚德等人对萨满宇宙观的研究成果，结合古蜀文化中"五"崇拜的现象，认为这一现象体现了古蜀人的宇宙观，这一观念与东亚、北亚及美洲的萨满宇宙观之间具有紧密联系。古蜀人的"五"崇拜，也为"亚美文化连续圈"提供了重要的佐证。

关键词：古蜀　五　十字形　宇宙观　亚美文化连续圈

一、古蜀文化中的"五"崇拜观念

美国宗教思想史学者伊利亚德（Mircea Eliade）在《神圣与世俗》中专门谈到了古人存在着一种对神圣范式真诚模仿的心理，这种心理能够凸显两种效应：

一，通过对诸神的模仿，人们保持仍然存在于神圣之中，因此也就生活在实在之中。

二，通过对神圣的范式性不断地再现，世界因之而被神圣化。人们的宗教行为帮助维持了这个世界的神圣性[①]。

按照伊利亚德所提供的宗教思想史范畴，要理解古代宗教思想中"神圣"与"世俗"的复杂关系，就需要密切把握"神圣"作为一种象征和范式在经验生活中不断被模仿和重现。人们需要通过在"世俗"行为中表现这些象征而获得"神圣"周期性地在场。例如，伊利亚德发现在大量远古的宗教思想中，"三"这个数字的宗教价值非常重要，它被视为宇宙分层的象征[②]。

实际上，除了作为宇宙分层象征的"三"具有非常重要的宗教核心意义之外，通过对

---

① ［罗马尼亚］米尔恰·伊利亚德：《神圣与世俗》，王建光译，华夏出版社，2002年，第52页。

② Mircea Eliade，SHAMANISM：*Archaic Techniques of Ecstsy, Translated from the French by WILLARD R.TRASK*，Princeton and Oxford：Princeton University press，2004，P274.

不同古代文明的具体材料分析，都不难获得相关信仰范式的象征表现材料和信息。

　　随着现代考古学传入中国，对古史中"三代"王朝及史前社会的研究进展迅速，中原地区的商周文明研究已取得重要突破。除了传统旧史学叙事的中原中心地区之外，整个长江流域的早期文明研究也取得了重要突破。西南地区的古蜀文明是整个长江流域史前早期文明演进中第一个迈向早期国家的原生形态发展区域①，多年来的考古材料积累了较为丰富的古蜀精神信仰材料。

　　早在90年代，段渝先生就通过一系列的考古材料与传世文献发现了古蜀文明中广泛存在着对神圣数字"五"的崇拜。在郫县三道堰古城遗址"大房子"中的五座卵石台基，具有祭祀的功能，显示了"五"与神圣祭祀之间的关系。在三星堆一号坑、二号坑中发现的宗教首领形象，都戴着"五"齿高冠。不但青铜太阳轮上被表现为"五"条射线，而且石边璋上也以"五"幅图为一组，每组图案上表现"五"个人物。在更晚期的彭县竹瓦街一号、二号古蜀窖藏中出土的青铜罍，也以"五"为单位进行组合。四川新都战国蜀王木椁墓的腰坑中随葬青铜器也以"五"为基本单位进行组合。除了这些考古材料之外，传世文献也记载古蜀开明王朝前五代君王谥为五色帝，并以五色为庙主，蜀王妃为"五妇"，社会组织为"五丁"等②。另一方面，《华阳国志·蜀志》中记载李冰治水"以五石牛以压水精"的行为，恰恰是为了迎合古蜀人尚五的文化传统，而《史记·西南夷列传》中谓秦开五尺道，与"数以六为纪"的秦制不合，却合于古蜀人传统中尚五的观念，正可证明五尺道开通时间远早于秦朝，体现了古蜀人尚五的文化传统③。这些材料可以组成一个历史谱系的线索，显示了在距今4000多年直至战国开明王朝晚期延绵数千年之间，古蜀人一直保持着对神圣数字"五"的崇拜。

　　"国之大事，在祀与戎"④，在古人的世界观与知识语境中，战争与祭祀构成了"神圣与世俗"的紧密互动。"神圣"的象征会通过各种不同的形式被渗入到信仰与生活的各个方面。通过段渝先生的归纳，这些历时性的材料均指向神圣数字"五"，而"五"作为一种"神圣"与"世俗"之间的最高范式，将人类的生活宗教化。祭祀的宫庙中建立起"五"的卵石台基供奉诸神，三星堆青铜祭司的冠上也表现了神圣的"五"。而根据伊利亚德的研究，萨满教信仰中，萨满祭司的帽子被视为最为重要的穿戴道具，其中蕴含着萨

① 段渝：《酋邦与国家起源：长江流域文明起源比较研究》，中华书局，2007年，第396页。
② 段渝：《先秦巴蜀的尚五观念》，《四川文物》1999年第5期；段渝：《玉垒浮云变古今：古代的蜀国》，四川人民出版社，2001年，第345~346页。
③ 段渝：《五尺道开通时代考》，《巴蜀文化研究集刊：南方丝绸之路研究论集2》，巴蜀书社，2012年，第43~44页。
④ 《左传·成公十三年》

N

满最重要的法力①。由此不难推见，古蜀宗教观念中"五"具有怎样重要的神圣力量。此外，蜀王墓中也随葬着以"五"为单位的神器，甚至以"五色"为庙主，这些材料构成了一个"神圣"的维度。而古蜀社会中，王妃以"五"为单位，氏族血缘组织以"五丁"为征发单位，则又构成了"世俗"的维度。这样，神圣的"五"就贯穿了维系整个古蜀文明"神圣与世俗"之间的核心纽带，成为宗教思想的基本象征范式。

二、"五"崇拜与十字形宇宙观

古蜀文明中，"五"被作为最高的神圣象征范式在"神圣"与"世俗"的不同维度中都得到了表现。但通过对上古时期中原地区材料的研究却可以发现，殷商文化中"五"这一象征也具有非常重要的宗教含义，并且和宇宙结构之间关系密切。笔者认为，这对理解古蜀文化中的"五"崇拜具有启发意义。

在商代的宇宙图式中，作为十字形的（或称"亚字形"）这一符号具有核心的象征意义。叶舒宪先生曾经指出，在古代的神话思维中，"十字架本身亦有宇宙之中心，宇宙之主宰的神圣意义。拥有或崇拜这神秘的十字，便可确保宇宙秩序的正常运行"②。这种十字形的符号与象征在商代考古材料中有着广泛的存在。例如，商代的族徽上便广泛地用这种十字形来作为某种政治含义的表征。在《金文编》中收入了大量这样的带十字形徽号③，例如：

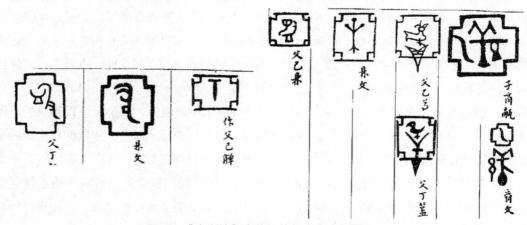

图一 《金文编》中收录的部分十字形徽号

张光直先生曾在《说殷代的"亚形"》一文中对商代大量使用的十字形符号含义进行过分析。除了青铜器徽号之外，商王的大墓在形状上也普遍采用这种十字形的空间结构。

① Mircea Eliade，SHAMANISM：*Archaic Techniques of Ecstsy*，Translated from the French by WILLARD R.TRASK，Princeton and Oxford：Princeton University press，2004，P154.
② 叶舒宪：《中国神话哲学》，中国社会科学出版社，1992年，第190页。
③ 容庚编著：《金文编》，科学出版社，1959年，第827~832页。

例如，殷墟西北冈1001号大墓就是这样的一种形制。

此外，中国古代集合了宗教与政治功能的明堂或宗庙建筑也具备着这样的结构。按照传统的说法，明堂、大寝、宗庙与燕寝都呈现为这样的十字形结构。分为中、东、南、西、北几个空间，按照王国维先生的看法，他认为这些宗教礼仪建筑在格局上都有中庭之外，"四屋相对之为古宫室之通制矣"[1]。不过，这样的结论还没有考古学上有力的证据。但至少能够显示，在传世文献中确实久远地保存着关于十字形作为神圣建筑的"范式"意义。

英国学者艾兰（Sarah Allan）先生归纳认为，十字形在商代考古中的表现是三点：青铜祭器圈足上有十字形穿孔；氏族徽号和祖先名多用十字形；殷墟的墓葬用十字形营建。她根据殷代宗教宇宙图式中十字形的核心意义，推导出这一神圣范式就是"五"这一数字的观念基础，它的原义是十字形表示的对土地的地理划分[2]。这就意味着，以十字形宇宙空间为构架背景的神圣范式推导出"五"这一数字具有了核心性质的意义。这一点，也非常符合伊利亚德对早期中国宗教思想的分析，他说道："五个宇宙之数——四极和一个中央——中的每一个都各有一种颜色、味道、声音和特殊的符号。"[3]

甲骨卜辞显示：

南方，西方，北方，东方，商（《屯南》1126）

贞：□岁商受〔年〕？王占曰：吉。东土受年？南土受年？吉。西土受年？吉。北土受年？吉（《合集》36975）

勿于中商（《合集》7837）

王贞：于中商乎……方（《合集》20453）

王贞：受中商年（《合集》20650）

这些甲骨文材料表明了在商代人的世界观中，宇宙模型分为五块：南、西、北、东和中央的商王国，殷商王室所在的地区也被称为"中商"，是世界的中心。这种将本民族的宗教——政治中心视为世界中心的观念普遍存在于大量古代民族的文化中[4]。伊利亚德指出，神庙、王城、王宫所在的区域在萨满性质的远古文化中通常被视为通天的神圣所在，也被理解为"世界的中心"[5]。这样，一个分为五块的宇宙结构就清晰地呈现了出来。显

---

[1] 王国维：《明堂庙寝通考》，氏著《观堂集林》（上册），河北教育出版社，2002年，第83页。

[2] ［英］艾兰：《龟之谜：商代神话、祭祀、艺术和宇宙观研究》，汪涛译，四川人民出版社，1992年，第99页、第115页。

[3] ［美］米尔恰·伊利亚德：《宗教思想史》，晏可佳、吴晓群、姚蓓琴译，上海社会科学院出版社，2005年，第469页。

[4] 朱狄：《信仰时代的文明：中西文化的趋同与差异》，中国青年出版社，1999年，第36~52页。

[5] Mircea Eliade, SHAMANISM: *Archaic Techniques of Ecstsy, Translated from the French by WILLARD R.TRASK*, Princeton and Oxford：Princeton University press，2004，PP264~265.

然，"五"的崇拜心理背后，透露出的信息是宇宙结构呈现为一个分为五块的十字形。神圣的"五"，也正是神圣宇宙和宇宙中诸神的数字化象征。

在长沙子弹库楚帛书的图式中，宇宙也被按照十二个月对应的诸神表现为十字形的结构，这个十字形的宇宙之中也对应着五个方位的"群神五正"[①]。这些材料说明，以十字形宇宙模型衍生出来的神圣数字"五"所寄予的象征在先秦观念中有着久远的传承。胡厚宣先生从商代文化中对"五"的推崇这一观念分析认为，战国时代流行的五行学说之滥觞可以上溯到殷商[②]，将五行思想之滥觞追溯到商代的这一观点得到了越来越多学者的认同。叶舒宪先生就认为："五行思想的形成同五方观念确实有着难解难分的关联"，殷代的五方思想是五行思想的最早源头之一[③]。葛兆光先生也认为："从现在考古发现的资料看来，五行思想的来源可能要比我们现存文献中看到的要早得多"[④]，这种观念的源头可以被上溯到商代。而这一神圣范式被他称为"数字化的世界秩序"。

由此可见，"五"的神圣性与崇拜现象并不是古蜀文化所独有，中原地区从殷商到后世的"五行"思想都与此有密切关系。"五"这一神圣数字的原型，正是十字形的宇宙和宇宙中的诸神。因此可以说，"五"的崇拜离不开十字形的宇宙观念。而十字形的宇宙观，也并非中原或古蜀所独有，而是广泛存在于整个东亚、北亚和美洲的本土宗教文化中。

三、古蜀宇宙观与"亚美文化连续圈"

结构主义人类学家列维-斯特劳斯（Claude Levi-Strauss）曾经发现，商代的艺术表现手段与印第安人、西伯利亚，甚至新西兰的原始艺术极为相似[⑤]。张光直先生认为，东亚、北亚、中美洲古代艺术的许多基本风格和内容相似的原因是它们都来自于一个共同的旧石器时代底层，他也将这个连续体称为"玛雅-中国连续体"。一万多年之前，美洲、北亚和东亚后世文化的创造者具有一个共同的起源，因此共同分享了共同的宗教原型和宇宙观思想[⑥]。按照这一观点，宇宙是一个十字形的结构就不是古代中国所独有的思想，不但东亚的中原文化相信十字形的宇宙，而且北亚、美洲居民也都分享了这一古老的信仰。因此，古蜀人具有十字形的宇宙观也就不足为奇了。

张光直先生认为，这种十字形的宇宙图式不仅仅分布在东亚，这一图形是被包括了

① 李零：《长沙子弹库战国楚帛书研究》，中华书局，1985年，第57页。
② 胡厚宣：《甲骨学商史论丛初集》（上），河北教育出版社，2002年，第280页。
③ 叶舒宪、田大宪：《中国古代神秘数字》，社会科学文献出版社，1998年，第82~84页。
④ 葛兆光：《中国思想史：七世纪前中国的知识、思想与信仰世界》，复旦大学出版社，2004年，第63页，注释②。
⑤ ［法］克劳德·列维-斯特劳斯：《结构人类学》，陆晓禾、黄锡光等译，文化艺术出版社，1991年，第85~92页。
⑥ 张光直：《中国古代文明的环太平洋底层》，氏著《中国考古学论文集》，生活·读书·新知三联书店，1999年，第363~364页。

古代中美洲文明的整个"亚美文化连续圈"所共同分享的宇宙格局，其源头可以追溯到二者在一万多年前旧石器时代共同拥有的那一个"文化底层"。通过对墨西哥奥尔梅克文化（Olmec）十字形宇宙图形的分析，他认为一个四方形的空间在缺失了四角之后呈现的就是这样的图式，春秋时代宗庙四角各有一"坫"，也呈现出亚字形的结构。殷代的"亚字形"表现的可能就是缺失或凹陷了四角而形成的神圣空间格局[1]。张光直先生的这一观点与于省吾先生的思路也颇为接近，于省吾先生引用了纳西族象形文字中"角落"一词即被表现为缺失的四角，因此推测商代的"亚"字即"象隅角之形"[2]。从这一材料可知，西南的纳西族也具有缺失了四角的十字形观念，这也就不难理解位于西南的古蜀文化中为何也具有十字形宇宙图式的原因了。

实际上，这种带有神圣意味的十字形符号确实具有较为久远的历史存在。早在距今6500—6000年前的湖南安乡汤家岗大溪文化遗址中发现的白陶盘底部就有十字纹。在青海柳湾马家窑、马厂期的器物中，共有116件上画有十字形的符号。这样的例子在湖北屈家岭文化等遗址中也多有发现。吴锐先生认为，这种史前的十字形符号与四方空间的精神世界建构有关[3]。这些史前广泛存在的十字形符号表明，古蜀和殷商时代宇宙观结构的十字形的确具有相当古老的精神谱系，可以追溯到遥远的旧石器时代。

结论

根据伊利亚德的理论，神圣范式在生活中必须不断再现。大量的考古和传世文献显示，古蜀文化中广泛存在的"五"崇拜就是这样一种宗教神圣范式。对"五"赋予神圣含义的这一现象并非古蜀文化所独有，在中原地区，"五"的神圣性来源于被分为五个方位的十字形宇宙。古蜀文化中的"五"崇拜也必然与十字形的宇宙观具有紧密联系。将宇宙理解为十字形的观念并非仅仅存在于古蜀和中原，也广泛存在于北亚和美洲各地，其原因在于这些文化具有来自旧石器时代的共同底层，因此具有类似的宇宙结构。古蜀文化中的"五"崇拜，也为"亚美文化连续圈"提供了重要的佐证。

---

① 张光直：《中国青铜时代二集》，生活·读书·新知三联书店，1990年，第89~94页。
② 于省吾：《释亚》，氏著《甲骨文字释林》，中华书局，2009年，第361页。
③ 吴锐：《中国思想的起源》（第一卷），山东教育出版社，2003年，第316~334页。

四川彝族分布地区的藏族小族群

李星星 四川省民族研究所 研究员

摘　要：藏族小族群是有自身不同于藏语种的母语、人数较少的藏族支系。本文就分布于四川彝族聚居区或散杂居地区的尔苏藏族、多须藏族、里汝藏族、纳木依藏族、拍米藏族、史兴藏族和木涅藏族等几个藏族小族群的分布、生产、习俗、信仰、历史等方面作相关介绍，以说明这几个藏族小族群的基本情况。

关键词：四川　藏族小族群　彝族分布地区　文化传统

"藏族小族群"的概念，这里的意思是：有自身不同于藏语种的母语、人数较少的藏族支系。尽管每个民族或族群可能都不觉得自己"小"，但这里的"小"是个中性词，不含褒贬，仅表达人口数量少罢了。由于本文的需要，特别选择介绍以下几个藏族小族群。这几个小族群都分布在四川彝族聚居区或散杂居地区。这个区域可以简略地表达为"四川彝族分布地区"，也可以因需要而定义为广义的凉山。为了使标题不至太长或过简，暂作"四川彝族分布地区"这样的限定。

对以下几个藏族小族群的素描，既非学术论文，亦非叙述民族志，纯属简单介绍。宗旨在于说明基本情况，尽量突出重点或特点，仅此而已。

尔苏藏族

有一首歌是只在尔苏藏人心中唱的，外界少有人知，那就是"jo li man mu（觉哩曼姆）"——亦可称之为"什巴-觉"颂歌。"什巴-觉"（或简称"觉"）的象征形式是石头，通常以一枚锥形石头来代表，含有创始、根源、始祖母、祖先、神灵等复杂而又单纯的含义。再没有比"什巴-觉"崇拜更能鲜明地显示尔苏文化基本特征的了。了解了"什巴-觉"就能了解尔苏藏族。"jo co bu ma niu，jo co kua ma niu！"（没有比"觉"更高的，没有比"觉"更大的），这是尔苏人最肯定、最不可置疑的信念。"什巴-觉"教导"沙巴"（尔苏巫师）以其神圣存在指明尔苏人的起源与归宿，并规约和引导人们的生活行为方式。

　　尔苏藏族自称"鲁苏"、"尔苏"或"布尔子"，其母语语言学界统称之为尔苏语，属于藏缅语族语支未定的一种语言。语言学界有提出羌语支的见解，认为尔苏语属于羌语支，且属尔苏语的东部方言。尔苏藏族分布于四川大渡河以南、横断山系大雪山脉余脉则尔山及小相岭东侧一带，总计约有1.65万人，分别聚居于今四川雅安市石棉县的蟹螺、安顺、回隆、擦罗，汉源县的小堡、河南、晒经、料林、桂贤，凉山彝族自治州甘洛县的海棠、坪坝、廖坪、则拉、团结、玉田，越西县的保安、梅花、新民等乡镇。

　　尔苏藏族习惯在"西南丝绸之路"古道沿线或附近的河谷台地及高地上选择建立聚落。聚落背山面水，背靠的往往就是聚落群体所仰赖的神山。树立有"什巴-觉"的祭祀圣地掩蔽在神山的密林深处。一年一度每逢"朗格比"（还山鸡）和"古扎佐"（过年祭祖），人们穿着盛装，纷纷从自家朴实无华的石砌或土木板屋中走出，依照传统秩序和路线按家族群体分别走向祭祀地。最圣洁、鲜美的祭品井然有序地供奉在祭台上。当熏沐的烟霭升起，随着"沙巴"的引领，一时间"什巴-觉"颂歌透过山林响彻云霄。

　　尔苏藏族的生计传统是农业种植业，现在主要种植玉米、洋芋、荞麦等作物，养鸡、喂猪，制作腊肉，养蜂，以及用玉米或荞麦酿制"坛坛酒"。最值得一提的是，尔苏曾有桑蚕业的生计传统，崇尚丝织品的服饰。一种以白色为主的丝织的前短后摆长的带袖上衣，是尔苏女子结婚时不能没有的传统服装。而丝织腰带则无论男女，都是必备之物，甚至是尔苏族群区别于周边其他族群的一个识别符号。

　　尔苏藏族最引以为骄傲的是他们的"沙巴"文化。"沙巴"是尔苏民间宗教职业者的称谓，其文化深受早期本教的影响，或可视为一种民间本波文化形式。"沙巴"凭口耳相授、家族传承的方式，能够经得起千百年来各种强势族群及文化的持续压力而保存至今，足以表明"沙巴"所携带的文化传统之顽强和珍贵。唯一以文献形式遗存的"沙巴"《辨日子书》，以其图画符号的系统运用，早已闻名于世。"沙巴"是尔苏传统文化的传习者，是引领民俗礼仪的教导者和主持者，是必定能够担当的民族英雄——在族群面临群体危难之际。

　　尔苏藏族历史悠久，渊源复杂，其源头难以厘清，大概在古蜀时期就已存在于西南。元明清时其先民被指称为"西番"，唐宋时多被文献记载为"蛮"，秦汉以至先秦可统归于司马迁最先记述的"西南夷"。清代，尔苏聚居区域基本上归属清初设置的"松林千户"（后升为土都司）领辖。最近几百年来，尔苏藏族与周邻的多须、里汝、纳木依、木雅、拍米等族群有过比较深入的接触乃至通婚的交融，那应该是没有疑问的。

多须藏族

有一个藏族小村，曾借一次集体大餐的机会，村民们提出了一个纠结已久的群体愿望，希望谁能创办一所专门教授本族群母语的学校。这种母语叫多须语，自称"多须"的藏族就是多须藏族。

在大渡河以南诸多小族群中受汉文化影响最深、文化蜕变最明显的，莫过于多须藏族了。但也唯有几乎已丧失自身母语的多须藏族至今保留着反映最远古的一种"圣餐"形式——"喜卜沙沙"（即生拌羊肝、肚的礼仪性佳肴）。有大餐自然有"喜卜沙沙"作为盛宴的标志（意即必须宰羊）。此外，与其他小族群一样，多须藏族几十个家族的母语名称一直还保留着，为多须人所熟知。这些名称（包含转化为地名的）承载和传递着很多鲜为人知的历史信息。

多须语属于藏缅语族语支未定的一种语言，现已濒临消亡，能说多须语的多须人已寥寥无几。另外，有学术意见认为，多须语属于羌语支尔苏语种的一种方言（即尔苏语中部方言），并且多须也属于泛称的尔苏族群的一个分支。也有认为多须语是接近古党项语的一个独立语种。事实上，由于迁移、通婚等原因，多须族群中确明显包含有尔苏、里汝、纳木依、拍米、木雅等诸多小族群的成分。其传统聚居地也是尔苏、纳木依等族群记忆中迁移和居住过的地方。多须藏族同样也崇拜"什巴-觉"或称"什巴-底"，同样也用一个视为洁净的锥形石头来代表。

多须藏族主要分布于横断山区雅砻江一级支流安宁河中游的河谷地带，即分布于今四川凉山彝族自治州冕宁县的大桥、惠安、城厢、复兴、后山、回隆、哈哈等乡镇，大体以则尔山及小相岭为界与尔苏藏族相邻。在木里藏族自治县卡拉一带也有少量分布。总人口估算有4000余人。

多须藏族杂居于汉族聚居的安宁河谷，在冲积平坝和河谷台地上选择建立聚落，主要从事农业耕作，种植水稻、玉米、洋芋、豆类，饲养牛、羊、猪、鸡，现在也生产烤烟。其生计方式看起来与周邻汉族没有多大区别。衣食住行等各个方面也因与汉族交流密切而显示出涵化与共融。不过，在一切表层的下面仍能察觉或看到多须文化传统的持续涌动。传统中一些象征性极强的符号显示出多须与汉族及其他族群的差别，例如一种用黑色羊毛编织成的"假辫"式头饰——"哒哒线"，那是多须女人的一个特殊标志，结婚和死亡时必戴，伴随从生到死。当然，与汉族相区别的主要还在于民间宗教信仰。

多须民间巫师有"帕比"、"什别"、"舍巴"等称谓，亦俗称"和尚"，主要分为"大鼓和尚"和"小鼓和尚"两类。从巫师这些名号来看，虽显示出有来自其他族群文化影响，但是可以确定地说，本教曾经对于多须藏族先民有过十分深刻的浸染。"每个多须堡子（村寨）都有本教小庙（经堂），每户多须家都供有藏文经书"，"只有冕宁地方的藏族语言，念本教八字箴言有十二个音节"。这过去的景象使多须人引以为骄傲又屡屡不得释怀。

尽管多须民间的"大鼓和尚"和"小鼓和尚"已存留无几，但有不少多须堡子或家族仍一如既往地坚守着每年的"错巴卓"（祭祖）、"还山鸡"、"打老牛"等传统祭祀礼仪，使得每个堡子的神山（或称菩萨山、祖坟山）才终于显露出似乎平日被忽略的那崇高、庄严和神圣的仪貌。

多须藏族的历史至迟可以追溯到唐代，唐宋文献记载的"东蛮三部落"必定有其先民成分。再早当与"西南夷"的"邛、笮"都有一定渊源。唐代深受吐蕃影响，尔后发展成为"西番"的一个重要支系。

里汝藏族

在川西南藏族小族群中唯有里汝藏族可以不在乎"里汝"或"鲁汝"的族群自称，而宁愿自称为"崩布"（即本波）。"西天起祖"是里汝藏族深刻不变的群体记忆。传说现今聚居于九龙及其他地方的里汝（鲁汝）最初都是从今九龙县一个小村——华邱村生发出来的。华邱（即"夏琼"、"象雄"或俗称大鹏鸟的异译）以其名称和特殊的地貌选择，直接明示了里汝族群的根源，道出了"西天起祖"的祖先训示。里汝有"gu ru"的他称，音近"呷尔"（俗称"呷尔娃"），与藏地"象雄"的噶尔地名或许同音同义。

里汝藏族生活于大雪山脉的高山纵谷之中，聚居于则尔山西侧，包括九龙县雅砻江一级支流呷尔河一线，呷尔河支流踏卡河一线，大渡河支流松林河上游洪坝河、湾坝河一带，以及九龙、冕宁、木里三县交界的雅砻江大拐弯沿江地带，及锦屏山北端。具体分布于今甘孜藏族自治州九龙县的呷尔、乃渠、八窝龙、三垭、斜卡、踏卡、湾坝、洪坝，凉山彝族自治州冕宁县的和爱、青纳、城厢，木里藏族自治县的卡拉、麦地龙等乡镇。人口总计约有1万人。

里汝藏族的母语里汝语属于藏缅语族语支未定的一种语言，有学术意见认为，里汝语属于羌语支尔苏语种的一种方言（即尔苏语西部方言），并且里汝也属于泛称的尔苏族群的一个分支。事实上，里汝家族与尔苏以及多须家族之间，不少都有着密切的血缘联系。

里汝藏族宁愿自称"崩布"，自然因普遍信仰本教的缘故。里汝聚居最集中的九龙县之得名就源于一座本教寺庙的名称——结茹寺（或吉日寺）。结茹寺也是九龙最早建立的寺庙（后改为额鲁派寺庙）。另外两座独具特色的本教寺庙即野人寺、达塞寺，与结茹寺构成三锅庄式鼎立，使九龙声名远播。

在寺庙化的本教及其他藏传佛教教派传入以前，里汝先民信奉的当是早期本教。其民间信仰形式至今仍保留在里汝藏族的生活当中。里汝熟语："a shi bai ju ke xi di"（大意为"什巴-觉为我作证"），证明了"什巴-觉"崇拜的民间遗存。里汝的"舍巴"或"阿乌贡巴"作为民间本波文化的集中代表，曾经执掌着几乎所有的民间习俗和信仰仪式。由特选传承的"舍巴"家族用图画符号绘制的"辨日子书"（或称"算日子书"），在川西南本波文化遗存区域广为流传。华邱一位老"舍巴"（据说可能是九龙最后一位"舍巴"，前两年已过世）学会用藏文书写里汝语的经书，身兼舍巴、萨迦巴、额鲁巴三重身份，致使华邱寺呈现出"三教合一"（本教、萨迦、额鲁）的特殊现象。他一手制造了一个早期本教适应性应变的鲜活样例。

里汝藏族聚落以石砌建筑为特征。尤其古碉的普遍存在表明其本波信仰的特殊性质及关系。九龙古碉过去分布密集，远近闻名，以至使九龙得名——"结茹"，意思就是八角（碉）。九龙尤其斜卡一带的古碉充满了美妙神秘的传说。华邱的八角碉更因洛克拍摄的照片而闻名遐迩。除了古碉遗存，里汝聚居地带还有大量古老而神秘的石砌建筑废墟，散落在高山深谷的丛莽深处。

里汝藏族农牧兼营，尤有饲养牦牛的传统。有关"牦牛源头"的神话传说，在人们心中确信不疑，其象征意义不仅在于久负盛名的"九龙牦牛"满含着里汝藏族的贡献，更在于族群的渊源和历史。"夏琼"的传统图像表明，牦牛总是与大鹏鸟（鹰）在一起。有一支里汝的"鹰之歌"在九龙的高原牧场传唱悠远。其大意是：鹰展翅于中央最高、最美的"圣山"之巅，"圣山"有锅庄似的巍峨山峰，如同锅庄中熊熊火焰与鲜妍盛开的花朵。像天空一样宏阔、伟岸的鹰为下方所仰视、崇敬与歌颂。

里汝也是所谓"西番"的一支，其先民可能是唐代以前或唐初从藏地迁入"藏彝走廊"的，与唐宋时期文献记载的"罗女蛮"或许有联系。其先民主体更像是古象雄"琼部"东迁移民的孑遗。

纳木依藏族

"纳木依都是'卓呷、木依'的后裔"。这是纳木依自我识别的一个判断句。纳木依藏族大概是所有藏族小族群中唯一拥有谱叙传统的族群。纳木依各家族一般都能叙谱至四、五十代，据说最久远的可达九十代。如果继续刨根问底，其终极根源的回答就是："ni kai ju bai（天上的根根），ni kai mu nai nan yi ju（天上的哪个根根）？na mu yi ju（天女的根根）。"

纳木依藏族自称"纳木依"或"纳木兹"，意即"天女"的后代。其母语纳木依语，属于藏缅语族语支未定的一种语言，也有意见将其归入羌语支或者属于纳西语支的一个方言。纳木依藏族比较集中地聚居于古籍记载的"至曲罗，萦回三曲"的地带，也就是雅砻江下游大拐弯一带及"三曲"围绕的锦屏山区。具体分布于今四川凉山彝族自治州冕宁县的联合、健美、新兴、和爱，木里藏族自治县的俄波，甘孜藏族自治州九龙县的子耳等乡村。九龙其他地方以及盐源县、西昌市一些乡村也有零星分布。总人口约有5000人。

纳木依藏族多选择居住于崇高的山脊之上，像鹰一般俯瞰着丛山峻岭和深沟峡谷。"跟着碉走"，这是纳木依族群历史叙事的惯常用语。凡有纳木依居住的地方就必定有石砌古碉。纳木依的碉总是耸立在山梁的某个高处。现存的古碉都有它的传说。古碉不仅是纳木依木石结构民居所构成的聚落环境的标识，更是具有某种神秘的宗教意义。纳木依几乎所有重大祭祀活动都围绕着古碉而进行。

纳木依藏族与其他藏族小族群一样，每个堡子（村寨）都有自己的神山。每个家户都有与神山性质相同的"du（堵）"——亦称"石八觉"。"堵"（或"石八觉"）的象征意义与"什巴–觉"是一样的。纳木依有关"石八觉"的颂歌其内容非常具体，类似对创世和造物者极尽美言的赞颂。

由于是"天女的根根"，纳木依藏族妇女的服饰尤值得一提。镶银泡的头带、带后摆或前后摆的上衣、彩条式的长折裙，是最富于标示性和符号性的妇女服饰。有迹象表明，纳木依妇女服饰很可能曾经深刻地影响过周边诸多的小族群。

以戴牦牛绒毡帽为角色标志的"帕子"（或帕比）执掌和指导着纳木依的民间习俗和信仰仪式。"帕子"以家族传承，拥有属于早期本教系统的几乎全套法器（藏文经书除外）。也有大鼓、小鼓之分。"帕子"掌握着族群生命旅程的秘密。在细麻布上彩绘的"路票"（或指路图、送魂图），指示着生命的归途。只有"帕子"能够道明这条必经之路的机关，并负责引领生命穿过重重黑暗走向光明。

十三年一次例行的"牛王会"是纳木依"帕子"大集结的盛典。"牛王会"于隆冬季节在崇高的古碉前举行，那是一场惊心动魄的血祭场面。虽然这种隆重的献祭仪式早已消亡，但纳木依特定的"人菩萨"家族等遗俗的留存，让人还能隐约看到反映上古盛大祭祀的礼俗景观。

纳木依藏族应该是雅砻江下游区域农牧兼营的古老居民。其先民可以追溯到秦汉及先秦的"筰"人，与"旄牛"古族群渊源深厚。汉晋以后被记为"摩沙夷"。唐代以"乌蛮"一部的"磨些"见诸记载，当是"东蛮三部落"的核心与主力，与吐蕃有过长期的交流。宋元以后，有"么些"、"摩梭"等他称记录，亦统称为"西番"，并号称"大西番"。

拍米藏族

拍米藏族有"拍米"、"拍木"、"揣姆"等自称，与今云南普米族的自称基本相同，原系同族。只要是自称"拍米"的族群（无论藏族还是普米），在一切重大叙事的开头都会说："觉吾补起董，拍米冉共祖。"这句话为所有"拍米"族群所熟知，也是族群认同的明语标识。对"觉吾补起董，拍米冉共祖"虽存在不同的解释，但大意所指就是拍米的"根根"或源起。

拍米藏族亦被记为"柏木依"，主要居住于四川境内横断山区的高山峡谷地带，集中分布于今凉山州木里藏族自治县的依吉、宁朗、水洛、俄亚、沙湾、东孜、桃巴、乔瓦、博科，甘孜藏族自治州九龙县的三岩龙、八窝龙、魁多、烟袋等乡镇。盐源、冕宁等县亦有少量分布。总人口约4万人，其中3万多人都在木里县。民居建筑以木石结构板瓦房为多，也有土木结构的藏式夯土平顶房和全木结构的木楞房。

拍米藏族的母语即"普米语"。普米语分南北两个方言区，拍米藏族操北部方言。对普米语的研究，学术界有多种意见。比较主要的意见认为普米语属于汉藏语系藏缅语族藏语支的一个语种。另有意见把普米语归属于藏缅语族语支未定的语言，或归入羌语支。还有研究认为，普米语是古代藏地的一种古老语言，与历史上的白狼语、党项语一脉相承。

拍米藏族最突出的文化特征，就是以"安吉"为代表的民间宗教文化。因地方口音的差异，"安吉"亦称"韩几"、"韩规"、"师毕"、"阿什"等。"安吉"宗教文化也常被俗称为"韩规教"或"丁巴教"。"安吉"文化深受早期本教影响，可以纳入本波文化系统以内，亦属民间本教形式。"安吉"以家族或师徒传承，既有书面经典又有口头经典。在诸多藏族小族群中，"安吉"所保存的手写本藏文经书可能是最多的。仅在木里依吉就遗存有数千册，几百种，也有包含图画符号的卜算经书和彩绘的"指路经图"。"安吉"的法器不仅齐全，而且传承悠久、制作精美，有的更堪称稀世珍品。

十六世纪末，藏传佛教传入木里，相继建立了（额鲁巴）三大寺。藏传佛教以其权利和文化强势在拍米聚居区域熏染了400多年，竟未能够彻底荡涤"安吉"及其文化，这要归功于"安吉"文化附着于民间的顽强性，这种顽强性体现了"安吉"文化作为拍米传统文化结晶的难以摧毁的力量。

拍米藏族运用"二牛抬杠"从事山地农耕，现在主要种植玉米、荞麦、燕麦等麦类，饲养猪、牛、马、羊，兼牧牦牛。善于制作牦牛毛和羊毛织品，亦善作麻织品。按照"觉吾补起董"拍米祖先的模样，女子穿裙，辫发包头。习惯制作猪膘，喜饮酥油茶。源自拍米饮食独具特色的"夏打"（泉水、樟木子、盐调和野生动物生肉酱而成），是拍米招待上宾不可或缺的佳肴。

"觉吾补起董，拍米冉共祖"，其意包含：拍米发源于高原雪水汇集的地方，尔后以神山为标志，族群分支迁移。至迟到汉代，拍米先民可能已涉入金沙江中上游至大渡河之间的广大区域。文献记载的"白狼、桀木"以及"楼薄夷"，可能就是拍米先民族群的历史称谓。唐宋时分布于雅砻江下游一带的"东蛮"、"西蛮"都可能包含有拍米先民的成分。元以后，拍米藏族先民被统称为"西番"（亦有"大西番"的自号），后受木里土司管辖，其聚居区域逐步稳定下来。

史兴藏族

他们的语言"什么民族的语言都有","就是中国五十六个民族的语言"——与他们杂居一处的其他族群人都这样说。其实,他们有自己的族群母语,他们就是史兴藏族。

史兴藏族自称"苏亨",他称"须木"或"须米",现在学术等文本上大多写着"史兴",其实用"苏亨"更接近自称的发音。史兴藏族居住于凉山州木里藏族自治县水洛乡境内。只有水洛有史兴藏族,而且总共只有一千多人。无论在川西南、在藏族中或在全国,史兴藏族大概都算得是最小的族群。

水洛地处横断山脉腹心地带,在金沙江流域。发源于沙鲁里山的金沙江一级支流无量河由北往南流,下游两山夹峙的河段即称为水洛河。今水洛乡位于水洛河中段西岸一侧,约在北纬28.3度、东经100.4度位置,平均海拔2400米左右,东北以龙沙梁子为分水岭,界隔雅砻江流域。"水洛"之名很可能就源于"苏亨"的族群称谓(意即苏亨住的地方),这表明史兴居住于水洛已由来已久。

水洛乡含其拉、东拉、平翁、俩波、古尼、严保6个行政村,共有5800余人。其中只有2个村4个村民组有史兴藏族聚居,即平翁村平翁组,俩波村俩波组,拉瞒组,新藏组。平翁有史兴45户,268人。俩波3个组共有史兴130多户,约有800人。加上其他村组的零星分布,史兴藏族总人口有近1200人。这大概也就是全国范围内史兴的总人口数。

史兴藏族的母语经语言学界研究,称之为"史兴语",操此语言的族群因此也被记为"史兴"。史兴语属藏缅语族语支未定的语言,或被归为羌语支语言。史兴语只在家庭或村寨中使用,因人口少,故极为珍稀。史兴与拍米、嘎米(康巴藏族)、俩米("摩梭"或纳木依)、纳西、汉、彝等民族或族群杂居,因而通晓多种民族或族群的语言。史兴语因此也包含多种民族语言的借词(尤多藏语、纳西语、汉语借词)和语音。"什么民族语言都有"的说法,除了某种特殊的意味而外,还警示史兴语已面临消亡在即的危险。

史兴不同于其他藏族小族群最显著的特点,就是很早以来就有耕田、开堰、种植水稻的传统。过去种植一种称为小粒红谷的品种。也种麻、麦及烟草(制作鼻烟)。饲养猪、羊、骡、马、牛。善于纺麻织布,制作羊毛织品、木质用具和竹编。尤善制作牛羊等皮质口袋,甚为周边族群所称道。习惯用大麦煮制黄酒,喜饮酥油茶。史兴民居为石木结构建筑,一般三层,藏式平顶。麻布长衣、折裙,毛织彩色腰带,彩线辫发,黑白红绿黄五色皆俱,当为史兴传统服饰的基调。

史兴藏族似乎没有自己的原始宗教或早已消失,因而丧失了祖传的有关认识论和历史等知识系统,关于自身的事由已难以道来龙去脉。大概自明末以来,相继引入纳西东巴(教)和藏传佛教,以执掌民间信仰礼仪。唯水葬习俗可能是让人最能追查其传统残留的事象。史兴藏族的水葬和送魂仪式就在由北而南的水洛河边举行。送魂地固定在河岸某处坑地。由此远望着尸流而去，彷佛急应祖先遥远的召唤。史兴民居锅庄屋内的神龛设置恰亦坐南朝北，与水洛河流向一致。这似乎是明摆着的昭告，史兴虽已远至大山深处、河流源头，却终不忘原来的先民祖地。据研究，史兴藏族可能与宋代文献记载地处大渡河下游的"虚恨"族群有关。或许河流"亡尸"真能透露一点史兴先民的历史信息。

木涅藏族

"木雅热岗"和"木雅贡嘎"之称，几乎是人所共知的，表明与贡嘎山紧密联系的区域是木雅藏族的传统聚居区域。而人所不大熟知的是，大体以贡嘎山和色物绒河为界，按方言把木雅藏族分为东西两个部分。木雅语西部方言区的木雅藏族自称"mu nia（木雅）"，地处雅砻江流域，大体聚居于贡嘎山以西、道孚以南、雅江以东、九龙以北地区，约有1.5万人。木雅语东部方言区的木雅藏族自称"mu nie（木涅）"，亦有写作"木勒"、"木洛"或"木尼洛"等，地处大渡河流域，分别聚居于甘孜州九龙县的洪坝、湾坝及雅安市石棉县的蟹螺、先锋、新民、草科、田湾等乡境。色物绒河以西也有少量分布。总人口约有5000人。

木雅语属于藏缅语族语支未定的语言。另一种意见则将木雅语纳入羌语支并含东、西部两个方言。由于本文仅限于介绍操东部方言的木雅藏族，故特用"木涅藏族"为名。

人所更少知道的是，木涅藏族一直坚守着早期的本教（俗称"黑教"或"老黑教"）信仰。这是木雅语东部方言区区别于西部方言区的一个重要文化特征。这个特征仿佛透露出历史上曾发生过使木雅产生分别的事情，这事情应当与宗教信仰有关。木涅藏族的来源口碑称，最早迁入大渡河流域的木涅先民只是一些"喇嘛"而非拖家带口、成群结队的移民。这当是一种宗教性逃避。能够让逃避性分离发生方言分化，那是要有数百年的时间。

大约五、六百年以前，木涅先民越过分水岭进入大渡河流域尔苏先民聚居区域，只能寻求借居于形势险恶的偏僻之地。多在陡峻贫瘠的山地从事粗放的农业耕作。大概就因为逃避的原故，木涅先民丢失了许多生产与生活的族群传统技艺，生计格外艰难。其苦寒的景况延续至今。但无论生计与文化带来的生存压力有多大，木涅藏族却始终坚守着本教以及由其支配和指导的传统祭祀礼俗。以"di be du（底呗-笃）"崇拜以及汉语所称"烧膊子"、"放羊子"为代表，木涅藏族深信这些礼仪具有护佑族群的无比能量，能够使他们排除万难而获得生存和发展。

木涅藏族的本教祭司其族群称谓为"什觉乌"，也自称"崩布"，他称"喇嘛"或和尚。奉"东巴西勒"为教主或师祖，按家族及师徒传承，"传内不传外，传男不传女"。拥有藏文手抄本经书、卦图、画册、案子（唐卡）以及各种本教法器，善于禳解和施咒，主持和指引民间的各种礼仪。

木涅藏族垒石建屋，临壑高处，聚族而居。居室内火塘上方开"天门"设置神圣区域，供奉"底呗-笃"——即以石头象征的根源或始祖，与木涅崇拜的最伟岸神山——"凯德"坐向一致。一年一度的冬月年祭祖（用汉话称"烧赙子"），各家必搋糍粑、做荞饼、开"坛坛酒"，供奉"底呗-笃"于至上位，其后列祖，依次献祭。也在冬月过年期间举行的各户每十三年一次的"放羊子"（还愿祭祖），更为隆重，还象征并不断提示木涅先民及其精神归处与白色公绵羊的神秘联系。

冬月十五的"喇嘛会"以庆祝和纪念"东巴西勒"圣诞，把冬月年推向高潮。"什觉乌"组织念经法会，在巨幅"案子"（唐卡）面前，主持群体敬献鸡、羊的大型祈愿、还愿仪式。夜间举行的"si jie ge si gu"（简称"斯解"），更属独存于木涅民间的传统舞剧形式，不仅具备古希腊戏剧的各种律则和元素，甚至比古希腊戏剧保留着更为原始的色彩与风味。"斯解"以其夸张、诙谐的剧情，教导木涅藏族不要忘记自己"沙觉木洛"的祖地，不要担心"斯巴"大神会放弃对她子孙的眷顾，她会不断派使者来以确保木涅永续的繁衍生息。

"木涅"即"木雅"的音变，曾为青藏高原的古老居民，唐代吐蕃称之为"弭药"，亦即文献所载之"党项"。其中一支大概早在唐代以前就已迁入"藏彝走廊"，长期生活在大雪山脉的腹心地带。

彝族民俗仪式中的荞麦

俄比解放　昭觉县文化局

摘　要： 荞麦是彝族先民最早种植、食用的粮食作物，也是彝族人民最为青睐、敬畏的粮食品种。彝谚道："人间母亲大，牲畜牛羊大，粮食荞麦大。"荞麦在彝人的生产生活中，扮演着最重要的历史角色，是五谷之王、杂粮之冠。彝族历来把荞麦视为自己的命根子，因而，在漫长的历史沧桑里，荞麦逐渐融入了彝族民俗仪式之中，无论在婚丧嫁娶、逢年过节、祭祖送灵、祛病医疗、迎宾待客，还是在人生礼仪其他仪式上都是不可或缺的重要元素。毋庸讳言，荞麦是彝族先民从游牧文化进入半农半牧文化时期的最早的粮食作物。彝族种植荞麦、食用荞麦的历史悠久，源远流长，彝族荞麦文化深邃厚重。

关键词： 彝族　民俗　仪式　荞麦

一、荞麦概述

荞麦是蓼科荞麦属的植物，普通荞麦和同属的苦荞麦、金荞麦都可以作为粮食，但荞麦和其他粮食作物不同，不属于禾本科，是一种双子叶植物。荞麦是从野生荞麦演化出来的，但野生荞麦是一种藤本植物，荞麦是直立茎的。荞麦种子是三角形，被一个硬壳包括，去壳后磨面食用。荞麦生长期短，可以在贫瘠的酸性土壤中生长，不需要过多的养分和氮素，下种晚，在比较凉爽的气候下开花，可以作为绿肥、饲料或防止水土流失的覆盖植物。荞麦为一年生草本植物，生育期短，抗逆性强，极耐寒瘠，当年春夏两季播种，夏、秋两季收获。茎直立，下部不分蘖，多分枝，光滑，淡绿色或红褐色，有时有稀疏的乳头状突起。叶心脏形如三角状，顶端渐尖，基部心形或戟形，全缘。托叶鞘短筒状，顶端斜而截平，早落。花序总状或圆锥状，顶生或腋生。春夏间开小花，花白色；花梗细长。果实为干果，卵形、黄褐色，光滑。茎紫红色，叶子三角形，开白色小花，籽实灰黑色，呈三角体，磨成面粉供食用。

四川凉山彝族地区种植荞麦、食用荞麦的历史比较早，以甜荞和黄荞为主，这一地区的其他荞麦种类和粮食作物是后来才引进的。凉山州为四川省荞麦的集中产区之一，作为凉山州高二半山以上地区的主要粮食作物，常年种植面积达6万公顷，其中黄荞4.8万公顷，总产11万吨，产量约占全国的1/2。在凉山彝族地区一年有两季荞麦，即春季和秋季，谓之春荞和秋荞。春荞是在开春三月播种，7、8月收荞，具有春季播种夏季收成的特性；秋荞是在7、8月播种，10月末至11月初收成，具有秋季播种，冬初收成的特性。春荞生长期较长，原因是四川凉山地区属高寒山区，春暖缓慢，致使春荞生长也就延长。

四川凉山彝族的传统种植荞麦方法。最初以烧山开垦播种荞麦为主要的农业生产方式，后来以轮换地播种的办法种植荞麦。种植荞麦时，首先在荞麦地上撒炭灰和荞麦种子，然后，以牛耕翻荞地，最后用一把树枝在其上来回拖动，起着覆盖种子的泥土均匀作用，种子不宜深埋，覆盖薄土宜于荞苗生长。荞麦播种3~5天就能出苗，并快速地生长发育，封拢后能抑制大多数杂草生长，这时，需要拔除其他杂草。种植荞麦省时省工，荞麦从耕翻、播种到管理，通常都在其他作物之后，管理简单，具有低投入高产出的特征。

荞麦植株绿色变黄色、荞麦开花后结果，果实灰黄或黑色时已示成熟，这时到了收割季节。收割时，收割者用左手抓住荞麦植株中部，右手持镰刀割收，一把为一刀，一刀为一束，四、五束为一簇，然后，把荞簇颠部收拢用荞杆缠系，坐立于就地，似以坐人。数日后，荞簇半干半湿时，背至坝子里打下荞籽，筛除糟粕，装在麻布口袋里，人背马驮回家晒干后，把它装进粮柜或荞囤里。煮食荞麦时，先从粮柜或荞囤里撮出荞麦，倒在竹筛里，筛除杂物，再把它倒在碓窝里冲除荞籽壳面上的一层灰膜，然后，用石磨磨面。磨出荞面后，又倒在竹筛里反复筛除荞壳碎面，再用细筛筛出精粉，彝语谓之"格笮"，以此为上等荞粉。彝族美食佳肴"格笮育图策"（荞麦精粉饭（粑）搭配羊肉汤锅美）由此而来。

山地地区的彝族农忙季节，在荞麦种植季节，人们播种荞麦忙，荞苗长出后，荞地除草忙，荞子成熟时，收割打荞忙，晒荞运荞忙。那些高寒山寨的彝族同胞，一年四季，没有山珍海味、没有大鱼大肉，主要食粮就是荞麦，可就是这些普普通通的荞麦使彝人们年过八旬的老人耳聪目明；那些妙龄彝女唇红齿白。在大凉山彝区，男女老少牙齿都特别好，洁白整齐，就连几个月的婴儿母亲也要喂食荞麦。

彝族对荞麦有深厚的感情，荞麦是维持彝人生命、繁衍一个民族的主要食品，凡红白喜事，均不能没有荞麦，在各种粮食作物中，荞麦的地位最高，被视为粮中之宝。

彝族是一个崇拜祖先的民族，永远也忘不了自己的根，就连祭祖中《指路经》描绘的也乃草上结稻穗、蒿上长荞麦，展示在彝人眼里的也是荞麦丰收的景象……

公元前5世纪的《神农书》中将荞麦列为八谷之一。荞麦是中国古代重要的粮食作物和救荒作物之一。最早的荞麦实物出土于陕西咸阳杨家湾四号汉墓中，距今已有2000多年。另外，陕西咸阳马泉和甘肃武威磨嘴子也分别出土过前汉和后汉时的荞麦实物。

凉山彝族有句俗语是这样说的："粮食作物历史最早的是甜荞，人类族群历史最早的是阿莫惹古家族，植物树种历史最早的是'斯依杻阿木'①。"荞麦是本草植物，属高寒地区农作物，可分诸多种类，四川凉山地区在历史上的荞麦主要生产甜荞和黄荞，其中甜荞的历史尤为久远。彝族俗称："甜荞适宜于贫瘠地，再适宜也不过三年，三年以后呢，长苗不结果……收荞后种荞，荞如纺轮勾。"总结了甜荞能在贫瘠地生存，但轮换地播种才有收成的历史经验。

四川凉山彝族地区种植荞麦历史悠久，荞麦文化底蕴深厚。凉山彝族对荞麦的称谓也发生了发展演变，在彝文典籍中记载甜荞和黄荞两种，彝语谓之"格喊"和"格史"，即甜荞和黄荞。黑荞、苦荞历史不会太久。黄荞具有甜中有苦，苦中有甜的清香味道，是纯正的麦香味，口感清香醇和，天然荞麦香，类似咖啡麦香，为浅黄色，纯属天然杂粮品。从其颜色而言，无论从成熟成片的黄荞麦或黄荞麦面粉颜色都带有黄的颜色，把它做成荞麦粑或荞麦饼更是黄色，由此看来，彝族种植、食用甜荞和黄荞历史更为悠久。

彝文典籍《勒俄特依》《玛牧特依》《妈妈女儿》，毕摩经籍《招魂经》《物事纪略·荞的由来》等都记载了彝人先民种植、食用甜荞和黄荞的详细内容。彝族传统称荞麦为五谷之王、杂粮之冠，是彝族传统生死不离之粮食。有"苦史勒乐格"（逢年过节荞），"库史阿普格"（祭祀年神荞），"尼木措毕格"（祭祖送灵荞），"依此依博格"（招灵赎魂荞），"纳古纳迪格"（祛病治疗荞），"措死衣纳格"（丧葬礼仪荞），"席西妮吉格"（娶媳嫁女荞），"惹博妮哄格"（生儿育女荞），"俄木撒吉格"（姻亲往来荞），"委容委吉格"（迎客待宾荞）等贯穿于诸多彝族民俗仪式之中。

《依博古居·拉依澈依博》记载荞麦的来源：

在人世间上方，有自然形成的铧口，阿哲②银犁头，瓦撒③金架担。在"吉义署古"世代，黑牛架犁头，到"阿嘎勒托"犁地，梨日以火烧，挖日梨绳闲，雪日如灸羊膀，撒灰日如起白云，撒种日如下阵雨，种荞七日后，去看荞麦地，成荞成苗头，苗头如楝楝，成荞成中杆，中杆分九枝，成荞成荞根，荞根粗又状。七日又十三，表姐表妹相伴去，去耗荞麦时，要除阿荷草，阿荷背荞绳，要除蒿草，蒿草伴荞麦，要除去蕨草，蕨草是荞帽。后来，七日又十三，表姐妹相伴割荞麦，镰刀割荞根，荞根齐蕲蕲，荞麦片片倒，十禾为一束，十七为一簇，立簇红压压，黄荞籽饱满。后来，七日又十三，表哥弟相伴背荞麦，以白皮带作为背荞绳，以披毡作为背荞垫，背至坝子上，族人拿木棍，姻亲拿"勒嘎"（连枷），木棍断荞秆，勒嘎（连枷）断荞中，荞粃荞籽分，粃分抛坝外，籽分坝内堆，

---

① "斯依杻阿木"是彝语，指生长在高山地区一种树的名称，凉山彝族"所地"方言区称"窝莫斯哦"。
② "阿哲"是居住在贵州地区的一支彝部族名称。
③ "瓦撒"是居住在贵州云南地区的一支彝部族名称。

荞秆成荞粑，荞粑成荞籽，斗量量荞麦，装在口袋里。用马驮荞麦，驼马成群队，赶马成排排，荞麦装荞囤，荞囤满当当。成公者结籽，成母者开花，荞花遍地开。粮食神灵哟，荞麦上品煮，美食佳肴餐，中间雪白色，韭菜辣，青红椒，水中鱼，"瓦撒"餐，有荞拿荞煮，以荞饭祭祀。粮食神灵哟，别人荞麦地埂下，埂下荞麦不成荞，他（她）家荞麦地埂上，埂上荞麦黑压压。粮食神灵哟，与人魂魄相依相伴，永不分离分。[1]

远古之时，北方未闻有过荞，南方有荞没听说，东边不种荞，西边还是不点荞，世上没有荞子种。丁古兹洛哟，去寻荞来栽培，兹阿乐尼山上寻，一天寻在山脚下，找是找着了，却见颗粒小如雪，结果不像果。又有一天来寻荞，荞茎粗又壮，荞秆长得茂盛又好看，有荞必开花，开花就结果，有果就有粉，此荞才乃世间栽种谋生荞。

撒下荞麦种，幼苗绿油油，嫩叶似斗笠，花开如白雪，结子沉甸甸，荞子堆成山，老人吃了还了童，少年吃了红润润，姑娘吃了双眼明如镜，乌发放光泽，十指嫩如笋，腰细如柳枝，容貌好似油菜花，迷醉多少男人心，马驹吃了乐津津，牛儿喂了胀鼓鼓，猪仔喂了肥胖胖，小鸡吃了鸣彻彻，瘦羊吃了蹦又跳……

彝族荞麦来源另有一版本是阿吉拉则先生搜集翻译的《荞源》：

远古的时候，雪族石尔始，石尔俄特时，俄特俄勒时，俄勒曲布时，曲布居木时。上界天堂里，恩体古兹家，降下黄颗粒，落在洛尼山，地上晒三年，风吹入泥土，地中埋三年，雨水淋出土。长苗如野草，长势似树林，茎有九十九，叶有九十九，粒有九十九，曲布笃慕呢，寻觅种荞去，来到洛尼山，寻找第一天，围着山脚找，遇上奇怪物，紫色的荒草，它只能开花，很难结花籽，结籽难出粉，并非栽种物，并非食用物。寻找第二天，围着山腰寻，遇上奇怪物，白色的荒草，开花花朵大，结粒只出浆，并非栽种物，并非食用物。寻找第三天，来到山顶上，荞长于山顶，荞根粗又壮，荞秆极茂盛，开花又结果，结籽荞粉多，这是栽种物，这是食用物。曲布笃慕呢，种荞来食用，红桦做犁弯，用铁铸铧口，杜鹃作枷担，嫩竹作牵绳，金竹作赶鞭，赶着金黄牛，在那阿甘乃拖地，会犁地者来耕作，犁道一陇陇。会整地者来整地，土地平坦坦。会撒荞者来撒荞，撒荞如细雨，撒荞很均匀。会种荞者来种荞，田野起烟尘，犹如云翻滚。种荞七至十三天，荞主去观荞，荞苗嫩盈盈。七至十三天，荞主去观荞，荞禾绿茵茵，荞主去耨荞，会耨者来耨，留根耨杂草，荞苗点点头，七至十三天，荞根如洋芋，荞叶似蜜蜂，茎可做鸟杆。七至十三天，荞主去观荞，荞叶金灿灿，荞粒黑油油，七至十三天，荞主去收荞，会割荞者来割荞，割荞齐整整，风从荞地过，荞禾簇簇摇，荞籽满满结。后来有一天，收荞打荞去，家人拿连枷，亲戚握丫叉，表妹提量斗，表嫂端簸箕，围到坝上来，上午的时候，少女背荞捆，背

---

① 凉山彝族自治州昭觉县哈甘乡瓦伍村八姑社俄比拉则毕摩的彝文典籍《依博古居》记载的"拉依澈依"段落翻译。

荞如蜂穿，少男忙打荞，连枷砰砰响。下午的时候，分开粒与杆，荞粒如土堆。会者来扬场，荞叶分一边，荞粒集一处。少男背荞麦，少年背秸秆。能背者来背，能抬者来抬；运荞进屋内，荞粒堆满仓。苦荞收成多，甜荞收成少。老者食荞精神壮，小孩食荞更活泼，少男食荞体健壮，瘦马食荞鸣啸啸，骏马食荞腾如飞，牛犊食荞声哞哞，小猪食荞腰肥壮，鸡仔食荞脸红润，弱羊食荞尾摇摆。结婚待客荞为先，祭祀节庆荞为首。世上人类中，母亲为最大，五谷杂粮中，荞麦为主食。

《荞源》资料来源于毕摩祭辞中，不言而喻，荞麦融入信仰习俗之列，则是历经漫长的历史过程，鉴此，彝族荞麦文化历史源远流长。

彝古语"拉依澈依"意为粮食神灵，即荞麦神灵。彝族自古认为万物有灵，其中祖先神灵、生育神灵、牛羊神灵和粮食神灵最为根本，荞麦神灵尤为重要。凉山彝族有传统盛产绵羊名地和拥有百只以上的绵羊主人名人称之为"育哈色颇"即百羊主人。也有盛产荞麦名地和百囤荞麦名人"格哈色颇"即百囤荞主人。凉山彝族地区盛产荞麦名地有"果果撒史"（指现在的凉山彝族自治州美姑县柳洪乡境内的果果撒史）、"瓦朵获普"（指现在的凉山州昭觉县布西乡境内的瓦朵获普）、"斯木布约"（指现在的凉山州昭觉县斯木布约乡）、"日哈尔木"（指现在的凉山州昭觉县日哈乡）等地区。其中"果果撒史"盛产荞麦是记载在彝族毕摩以荞麦祭祖仪式上的祭辞里面："……您的子孙以最大绵羊祭祀您，纠拉铁口绵羊来祭您，以最好的荞麦祭祀您，果果撒史荞麦来祭祀您……。"其他地方的荞麦盛产名地在彝族"克哲"、彝族民间传说和俗语里面。凉山彝族俗语说，历史上拥有百囤荞麦主人是色木布约舍图嘎嘎、特觉布尔（指布拖县布尔乡）、阿吉巴久等最为出名。彝族传统以绵羊和荞麦象征富有，以荞麦和羊肉为美食，因此，凉山彝族地区有这样的俗语："果果撒史荞、瓦朵获普荞，父来不给食，母来不给食，只给女婿食"，言下之意，是彝族传统有丈母娘关爱女婿的习俗。还有"'育哈色颇哲依设'即百（绵）羊主人淋露水，'木共色颇牛哈史'即骏马主人眼花晕，'格哈色颇谷玛杜'即百囤荞主滚汗珠"的民间俗语。

二、彝族逢年过节与荞麦

每当彝族逢年过节时，传统不能缺少荞麦，在节前准备时，如果住在山下的彝族没有荞麦生产都要购买或用其他粮食换来荞麦，因为逢年过节时，除传统必须食用荞麦外，更重要的是还得以荞麦祭祀诸神，所以荞麦是彝族逢年过节必备之物。

彝历年节与荞麦。在节前，彝族巧妇们忙碌着节日期间要用的荞麦，晴天晒荞麦、选荞麦，阴天冲荞麦、磨荞麦、筛荞麦，准备着过节食用荞麦。还以荞麦酿造泡水酒或白酒，以备节期祭神或饮用。在彝历年节杀猪那天早晨，彝族妇女们清早起来打扫家里，清洗餐饮器具后,男主人在火塘上方里屋侧边设置祭神台,在神台上铺垫一层青松针叶,也有的用青草铺垫,此时,女主人将荞麦面装进了獐皮袋,传递给男主人,然后,男主人在火塘里捞出一块烧石,放在火塘边,以水泼石,接着装着荞麦面的獐皮袋在烧石上通过后,端放在祭台上,以示清洁荞麦面粉祭神。接着女主人揉捏荞麦饼(粑),煮荞麦饼(粑),过年时揉捏的荞麦饼(粑)与平常有些不同,即特意揉捏一些小小荞麦粑饼,彝语谓之"格鸠拉巴",这是给小孩们特意做的年餐。揉捏荞麦粑时,将荞麦面粉倒在竹钵里,加水揉捏成大小厚薄各异的圆形荞麦粑,锅里水一煮开,则将荞麦粑一一放进开水里煮熟,荞麦粑一出锅,就得立即分一部分放在祭台上,一部分分给小孩们吃。小小孩子与小小荞麦粑很是搭配,这时的小孩们,手持小荞麦粑,边啃荞麦粑,边玩耍着,大人们口中念诵道"今年这样吃,明年这样吃,年年这样吃;今年这样过,明年这样过,年年这样过",这时祭台上放着荞麦酒、荞麦面粉、荞麦饼(粑)、燕麦炒面、烟等,一般以春荞祭祀年神为佳。除揉捏小荞麦粑外,还揉捏较大一些的荞麦粑,这部分荞麦粑是准备三用的,一是用来祭"年神"(过年神),二是在节期食用,三是搭配年猪肉和荞麦酒拜年备用的。

荞麦粑煮熟后,女主人接着把锅里的煮荞汤舀起来喂年猪后,才能把年猪杀掉,过年猪的最后一刻也得品尝荞麦而去。

彝族过年的第一顿餐,是在杀过年猪那天中午,在餐前,首先把荞麦粑重新热好装在竹钵里,把煮熟的年猪肉坨坨装在漆器木豆里,把猪肉汤舀在漆器木盔里,其上再搭上五个小木勺,荞麦酒倒在漆器鹰爪杯里,准备祭神餐就绪,这时,男主人又在火塘里夹一烧石在火塘边上方锅庄侧地上,其上加一片马杉树叶,由冷水泼石,冒出浓浓的蒸汽,于是,祭品一一通过烧石上,祭者口中念诵"烁哦——硕"(清洁)的念辞,最后端到祭台上,男主人紧接着将一小块荞麦粑和一小坨猪肉装在木勺里,手持木勺走出门,边走边"哦——啊哦、啊哦"地唤犬,犬到赐食,这时,要看来犬先食荞麦粑,还是先食肉,如果来犬先食肉,后食荞麦粑或不吃荞麦粑则示吉,意味着来年荞麦丰收,否则来年荞麦无收成,或说粮食无收成,彝俗语"犬不食粮则丰收也"。

彝族年祭神,按传统规矩,妇女和生人是不能靠近祭台的,只有男性家庭成员才可以去献祭。献祭品时,献祭者口中念诵道:"祈求年神,来年人丁兴旺,牛羊发展,五谷丰登,荞麦丰收;今年这样过,明年这样过,年年这样过。"从中可以看出,在祭"年神"的同时,还祭祀祖先神、牛羊神和荞麦神。

彝族过年第三天就开始互相拜年,相互拜年主要以半边猪头、半边猪膀、荞麦面、荞麦酒、荞麦饼(粑)等为礼物,如向岳父母拜年,拜年礼物有一个千层荞麦烤饼,以示孝敬。传统在拜年礼物里不能没有荞麦制作的食物,否则视为不尊或不懂得礼仪。

彝族在年节期间,通过以荞麦祭祀年神、饮食荞麦,以荞麦为礼物拜年等方式祈福来年吉祥如意。

彝族绵羊下山节与荞麦。居住在高山下的彝族，每年春天季节，把羊群赶上山，过了炎热的夏天就把羊群又从山上赶下来，彝语称这个季节为"育获吉"，即绵羊下山节。羊群赶到家里的那天，羊主人首先以煮荞麦粥食用，以示祭牧神。平常宠爱绵羊的主人，以荞麦籽喂羊，表示宠爱。彝族认为，拥有绵羊的人家就有绵羊神保佑，如没有绵羊神则不会发展绵羊的，因此，绵羊下山时，以煮荞麦粥祭祀绵羊神，表示祈福绵羊发展。

彝族妇女"凑粮"习俗与荞麦。寨里的彝族妇女获悉寨外或远近地方有传染疾病流行或有灾难性传播时举行的传统仪式活动，彝语称之为"木尼扎惹"，即妇女"凑粮"习俗。这一传统习俗，是在危及人们生命或财产的情况下举行的，妇女们以集体"凑粮"聚餐的方式来抵抗或预防灾难，以此活动，振作精神，加强凝聚力，依靠集体力量，团结合作，战胜灾难。妇女们在选择"凑粮"品种时，荞麦当然是首选品种，因为荞麦是彝族首当其冲的粮食，也是彝族千百年来的主食，因而是彝族妇女"凑粮"必选之品种。

彝族妇女"凑粮"习俗，首先测定吉日，在"凑粮"吉日当天，寨里的妇女们拿出自家的荞麦，凑集在一家里煮熟聚餐。把荞麦做成荞麦饼、荞麦粑、荞麦面饭、荞麦圆子、荞麦粥、荞麦烤饼、荞麦烙饼、荞麦"揉坨"等。妇女"凑粮"聚餐的场面十分热闹，在这个场合上，年轻妇女烧火的烧火、背水的背水、筛面的筛面、揉粑的揉粑、烤饼的烤饼，说说笑笑，嘻嘻哈哈，喜气洋洋，年老的妇女们，坐在一起谈论聊天，热热闹闹，体现了妇女们的团结力量和集体精神。

彝族妇女在灾难面前，用聚餐食用荞麦的方式，表达她们抗灾救灾精神，以此仪式，振作精神，祈福免灾。

彝族尝新节与荞麦。彝族地区的荞麦一年收春荞和秋荞两次，在这两个季节收割荞麦之前，都得过传统节日"尝新节"。每年到尝新节的时候，妇女们到各自的荞麦地里采新，采新回来后，把它烤干、晒干，经筛选、磨面、揉粑、煮熟或烧熟后，举行祭祀、尝新等仪式活动。

彝族尝新节日有选择吉日采新，做新、祭祖、祭神，以荞麦新食[①]赐犬等仪式流程。

采新。彝族妇女在采新节日里，带着口袋来到自己家的荞麦地里，选择早熟荞麦采集，采集时，左手持口袋，右手采麻荞籽，将荞籽装进口袋里背回，也有用镰刀收割回来的。

做新。将采回来的新荞麦烤干或晒干后，磨成面，用竹筛，在竹钵里反复筛去荞壳与糟粕，留下精粉加水揉成圆形荞麦粑，把水烧开后，将荞麦粑一一放进锅里煮熟尝新。若把它做成千层饼，则将荞麦面用水调和，把铁锅烧热后，用猪油擦锅底面，然后，把已调

---

① 新食指当年出产的新荞麦做的荞麦饼（粑）和荞麦面。

和的稀面慢慢地倒进锅里烤熟，第一层烤熟后，又倒稀面在锅里已烤熟的饼面上，不停地翻烤，将第二层烤熟后，第三层、第四层……以此类推，做好后便可祭祖尝新。

祭祖。彝族是崇拜祖先，认为万物有灵，信神信鬼的一个民族，在尝新节日里，首先以新食祭祖先神灵，祈求人丁兴旺，牛羊发展，荞麦丰收，今年如此尝新，明年也如此尝新，年年如此尝新，永远如此尝新，祭词完毕便可尝新。

荞麦新食赐犬。祭祖后新赐食赐犬，即用已做好的新食给犬食用。赐者手持新食，高声唤犬，犬到赐食。彝族食犬的由来传说，众说纷纭，一说荞麦是犬给人带来的，二说彝族先民经过漫长的狩猎时期，肉食主要依靠猎犬而得食，三说彝族先民进入农业生产初期，野兽常来破坏荞麦等作物，主要依靠犬来保护荞麦等作物，四说犬属灵掌类动物，与人类近亲，长时期伴随着先民狩猎、游牧，保护人与牛羊群等，为了表达感恩之情而赐食。

无论诸说是否确凿，彝族传统赐食于犬实有存在，特别在彝族年节和彝族尝新节尤为突出。

彝族尝新节期间，有孝心的晚辈，把新荞麦做成荞麦饼（粑）孝敬老年人尝新，表示祝寿，有爱心的长辈给晚辈尝新，表示祝晚辈健康成长，同辈同龄人相互尝新，表示互相祝福等的节日内涵。还具有神、人、犬与共尝新的节日特征，富有生动的历史传说和传统节日气氛，蕴含着尝新节日文化的历史渊源，与此同时，再现了彝族早期进入农业文化的历史雏形。

彝族火把节与荞麦。彝族火把节是彝族传统盛大节日，在每年的农历六月二十四日举行，节日期间，除文体活动外，节日饮食也很讲究，毋庸讳言，传统节日用传统饮食是理所当然的，在火把节俗语里有"兹莫以牛过节，富人以羊过节，单身汉以鸡蛋过节，寡妇以荞麦烙饼过节"的说法。在火把节期间，无论用什么过节，荞麦是不能缺少的食品，如姻亲往来背酒肉相互探访时，必有荞麦饼（粑）搭配，祭祖、祭火神时也用荞麦饼（粑）搭配，节期主食也是荞麦，还以荞麦喂斗牛、斗羊、斗鸡、骏马，可以这样说，火把节荞麦无时不有，无处不在，火把节也是大量食荞麦、用荞麦的盛大节日。

彝族在秋季出新食之际的火把节，以荞麦新食祭祀神灵，保佑人尝新长寿，以新食孝敬老人祝寿，以荞麦新食品为相互往来之礼物，有着悠久的尝新的传统习俗。

三、彝族人生礼仪与荞麦

彝人生育礼仪与荞麦。彝文典籍《妈妈的女儿》载："妈妈女儿出生的那天晚上，邻居妇女七十七位来参加，七十不真实，七位是真的；于是拿黄荞麦磨面，捉黄母鸡杀烧……女儿长大后，美如黄荞花，黄荞黄彤彤，女儿黄彤彤……"文中描述的是女儿出生时的喜庆场面。这里提及七十七与七的数理，在彝族阴阳雌雄观里面有数字代表阴阳雌雄，即以七数代表女性，九数代表男性的现象，文中的七十七与七，理所当然的是指女性——妈妈的女儿，而黄母鸡与荞麦是彝族出生时必用之物。彝人出生时，先煮荞麦粥给月母子食用，以示祭祀生育神，保佑母子平安，月母子主食荞麦，常做荞麦圆子、荞麦粥、荞麦饼、荞麦粑、荞麦面饭等。

小孩满月以后，有带回娘家的传统习俗，这天母子俩必带的礼物有酒、荞麦饼、荞麦面粉等以示感恩父母。彝谚说："白鹤生子以赞天，儿女生子以赞母。"娘家先煮荞麦粥给月母子食用，然后煮荞麦粑，杀猪宰羊食用以示祝贺。

彝族认为，人生降临之际，以荞麦粥祭祀生育神，保佑母子平安，以食用荞麦有助于母子健康，回娘家以带荞麦食品拜见父母为传统礼敬。

彝族婚礼与荞麦。彝族女儿出嫁传统禁食七天，一天只能吃一个鸡蛋，在举行婚礼那天，新郎家接亲小伙把新娘背至婚礼棚里，新郎的姐妹们，先用荞麦粥给新娘品尝，新娘只能品尝，不能多吃，因为这顿荞麦粥有着十分独特的意义，原来是用来祭祀生育神的。然后，新郎家以荞麦饼和肉块奖励送亲队伍代表，先奖给做媒人者一套羊头连皮足的礼物，然后奖给新娘舅舅一块半边猪头和一个荞麦饼（粑），其次奖给新娘叔叔一块半边猪头和一个荞麦饼（粑），最后奖给新娘兄弟一块猪肉和一个荞麦粑，奖励仪式完毕，主人家才开始给送亲队伍送来酒、熟肉块和荞麦饼（粑）食用。

彝族传统婚礼一般新娘当天回娘家，送亲的队伍把新娘背回来，然后，新郎家代表带一袋荞麦面、一个荞麦饼、一块猪膀肉、一坛酒、两只大绵羊作为婚礼礼物给新娘家送去。

彝族姑娘长大成人则有成人礼，彝语称"沙拉洛"，意为换童裙。成人礼就是在父母发现女儿首次月经之后，择吉日举行，依据女儿的命运，占算出该女嫁给锅庄或柱子或大树或大石等。成人礼即"换童裙"，穿上百褶裙，把女儿独发辫分成两辫，戴上头帕，然后煮一顿荞麦粥给女儿食用，以示成人。

彝族在嫁女娶媳的婚礼仪式中，新娘品尝荞麦粥以示生育健康，以荞麦食品作为婚礼餐表示尊重姻亲客人，以荞麦食品作为婚礼礼物相互赠送，表示互尊互重。

彝族背新酒习俗与荞麦。彝族传统在秋季出新食之际，已嫁出去的女儿要带新食、新酒回娘家，新食有荞麦面、荞麦饼和荞麦酒，这个礼仪彝语称"实支笔"，意为背新酒。言下之意，就是背新食、新酒回娘家。新食指当年出产的新荞麦做的荞麦饼（粑）和荞麦面粉，新酒是指用当年出产的新荞麦酿制的酒，以新酒、新食孝敬父母，感恩父母的养育之恩的同时，也以此方式向父母祝寿，父母以杀猪宰羊表示欢迎。

彝族在每年出新食之际，背新酒、做新荞麦食品回娘家，让父母享用自己亲自种下收成的荞麦新食食品，以背新酒的方式，祝寿父母、孝敬父母、感恩父母。

彝族丧葬与荞麦。彝族正常死亡的人，在断气之时，无论男女都要打一只公绵羊，彝语谓之"果巴邛"，意为陪伴死者断气。彝族人认为人不能白死，要有牲畜陪伴而去，生死都由绵羊陪伴才是，让死者灵魂牵着"果巴邛"到祖先极乐世界，这样做，死者灵魂在行程途中才不会孤独，因此，彝族人死必须有羊陪伴。死者断气时刻，把羊牵至死者面前，将牵羊绳一头握在死者手掌里面，以示死者牵羊而去。然后，由在场的小伙子把绵羊宰杀，剥取羊皮连头与足挂在死者遗体旁边，以示由羊陪伴。接着将羊肉宰成坨坨与一块羊膀放在锅里煮熟，先从锅里拿出羊膀和一个荞麦粑放在死者面前，以示献供死者享用。在抬死者遗体上山火化时，自古讲究上山排列程序，由四位男人抬着死者遗体，前行四位中年男人，第一行人高举火把前行，第二行人肩扛一根木棒，棒之一头穿一竹席，第三行人举一木棒，棒上穿一个荞麦烧饼，第四行人手拿供品酒肉前行。火把是拿去点燃死者遗体火化柴堆的，竹席是拿去引火的，烧荞麦饼和供品是给死者带去享用的，遗体后面是死者一个儿子负一装着炒面的羊皮袋，彝语谓之"果硕磨笔"，其实是里装荞麦面粉，是给死者行程途中享用的，跟着后面的是众多送葬的男性队伍。把死者遗体抬到火化柴堆上的时候，送葬队伍齐声大哭起来，这时，火夫把遗体火化柴堆点燃，把给死者送去的供品荞麦烧饼、荞麦粑、酒肉全扔进遗体火化柴堆里烧掉，以示献供。送葬队伍返回原地时，死者家族男性们忙着给前来奔丧的人群分肉和荞麦粑，肉堆里有牛肉、羊肉和猪肉，肉堆侧边堆着一堆荞麦粑，分肉的分肉，分荞麦粑的分荞麦粑，这时，分配肉食的小伙子们手捧荞麦粑和坨坨肉，来去如梭，客人们也在尽情地享用着主人家分来的荞麦粑和坨坨肉。毋庸讳言，彝人是生死不离荞麦的。在丧葬礼仪中，以荞麦为死者祭品，以子负荞麦面粉送葬，让死者亡灵带去生前主食荞麦到祖先亡灵世界享用，以此祈福死者子孙后代平安吉祥。除此而外，死者子女也用荞麦和祭牲来招魂安灵，传统认为，这样做才使人生里程完美无缺，也是彝家子女应尽的职责和义务。

四、彝族接待宾客与荞麦

彝族是一个热情好客的民族，亲戚朋友来做客，传统以酒肉和荞麦饼（粑）或荞麦面饭待客，彝族谚语道："抗敌入侵者，待客来家者。"贵宾以打牛接待，其次是杀猪宰羊接待，最低是烧鸡接待，这是彝族传统待客方式。彝族美食有牛肉坨坨与荞麦饼相搭配，羊肉汤锅与荞麦精粉做成的粑或荞麦面饭相搭配，鸡肉汤与荞麦精粉饭相搭配，荞麦烙饼与辣椒水相搭配，这样搭配的美食具有独特美味。有人说"彝族是大口吃肉，大碗喝酒的一个民族"，这句话一点也不假，客人吃了，走时还得送礼物给客人带走，杀牛待客者，主人家要送一块牛膀、一坛酒、一个荞麦饼或荞麦粑；杀猪待客者，主人家要送一块半边猪头和一个荞麦粑；打羊待客者，主人家要送一块羊膀肉和一个荞麦粑，以为彝族传统待客礼敬。彝族传统待客，以酒为先，饭菜为后，有俗语说："无酒宴席，如隔一座大山，无肉宴席，仅隔一块菜板。"言下之意，则待客不能缺酒肉，尤其以酒为先、为礼。彝族待客，杀生饮酒，以煮荞麦面饭或荞麦饼（粑）给客人下新鲜肉菜，还以肉块和荞麦食品为礼物送给客人带走，表达主人待客之情礼，是为彝族待客礼敬，传统热情好客之见证。

五、彝族毕摩仪式与荞麦

彝族民间无论遇到大事小事都要请毕摩占卜，经"毕摩"占卜后，依据占卜结果，举行相应的民俗仪式活动。彝族民俗仪式活动种类丰富，形式复杂多样，大致可分为招神请神、祭神、招魂赎魂、祭祖送灵、隔离灾害、镇麻风病鬼、咒鬼魔除、清洁除污、治病医疗、占卜未来结果等诸多仪式类别。在毕摩仪式活动中，荞麦无时不在，无处不用。

"西奥布"或称"西克布"（反咒）仪式与荞麦。四川凉山彝族"圣扎"和"义诺"方言区称此仪式谓"西奥布"，而"所地"方言区称为"西克布"，意为返回诅咒，简称"反咒"仪式。此仪式，一般以一个家庭为一个单元举行，在一年四季里，至少在春季、秋季和冬季三个季节各做一次"反咒"仪式。若遇到婚丧嫁娶或不顺之时，可多做"反咒"仪式了。"反咒"仪式可分大、中、小型仪式，是依据仪式上所用牺牲种类多与少而定的，大型"反咒"仪式上的牺牲有牛、羊、猪、鸡等种类各一只（头）；中型仪式牺牲有绵羊、山羊、猪、鸡四类各一只（头）或羊、猪、鸡三类各一只（头）；小型仪式牺牲有羊、鸡各一只或猪、鸡各一只（头）或仅一只公鸡。除此牺牲而外，还得加一只招魂黄母鸡。所用的牺牲种类越多，毕摩所做仪式流程越复杂，念诵咒语内容也越丰富完整。仪式内容有清洁除污、安神祭神（祖先神、生育神、牛羊神、自然神、五谷神、吉尔神[①]、毕摩神）、诅咒鬼魔、招神消灾、招魂安灵、占卜算命等仪式流程。毕摩在举行此仪式时，首先设置神台神座，在神台上放置祭品，祭品里面有彝语称"格莫曲尔"的荞麦面粉、牺牲鲜血、酒、辣椒、食盐、烧肉等以示祭神安魂。举行招魂仪式环节时，仪式主人家要煮一顿荞麦面饭，供招魂食用，以示招魂安灵。近现代凉山彝族为了方便，把荞麦面饭改为荞麦圆子，这是凉山黑彝地区最先改变的，其实传统是以荞麦面饭祭神安魂，尤其以春荞为佳。

彝文典籍《依博古居》载"库洪依博、吉尔依博、克克依博、尔威依博、尼依育依博、拉依澈依博、格依匪依博、古依果依博、策尼武格依博、东哲依博、斯依我依博、鲁依众依博、孜依弥衣博、日依青依博、署库依博"十五段落，这十五段落里面的"拉依澈依博"段落是彝语称谓，即毕摩为仪式主人家招安粮食神灵。

---

① "吉尔神"是彝语，意为家中保佑神。

彝族原始宗教认为，仇恨他人可以通过诅咒仪式使对方遭灾受惩罚或不吉利甚至使之死亡，以达解恨之目的。同样如果自己凡事不顺，疑遭对方怀恨，被仇人所诅咒，于是请毕摩进行反诅咒仪式，以其人之道还治其人之身，使其自食其果。在进行反咒仪式时，首先呼唤邀请从远到近各地的山神，"三十三山神、六十六山神、九十九山神一齐来助阵"等仪式流程。

彝族传统通过反咒仪式的举行，把别人的诅咒返还而去，清除一切鬼魔邪恶等，除此而外，还以荞麦食品和祭牲祭祀诸神和招魂安灵，以此仪式，达到仪式主人吉祥安康的目的。

"尼木措毕"仪式与荞麦。彝族传统，父母去世后，择定祭祖吉年吉日，举行大型祭祖送灵仪式，需要花费很多牛、羊、猪、鸡与钱财，也有诸多仪式规程。其中有以荞麦祭祖仪式、以荞麦白粉招魂仪式，以煮荞麦面饭招魂安灵仪式等。被仪式主人家邀请前来主持"尼木措毕"仪式的毕摩到来之际，有主人家迎进毕摩仪式，毕摩在主人家屋前或屋侧，选择一地点就坐，然后仪式主人家男性成员端着盛酒漆器皮碗、烟，去迎接毕摩的到来，主人家以烟酒迎进毕摩，毕摩边抽烟，边饮酒，边念诵祝词，在祝词里面有荞麦由来，即荞麦源流。然后毕摩进屋，这天晚上，毕摩施行咒鬼除魔仪式。第二天下午5、6时许，在外面临时搭建一个青棚，彝语谓之"毕穸屋"（毕摩进毕棚），毕摩刚进毕棚，主人家以烙荞饼和辣椒水献给毕摩享用，这一餐也是彝族美食餐饮之列。在毕棚里，毕摩就坐的右侧，安放着"竹祖灵"，"竹祖灵"下放着荞麦酒、甜荞面粉、九个甜荞烧饼和献牲羊的左膀右肋肉，此肉半生半熟，以示献供。这一夜，毕摩就坐在毕棚里通宵祭祀。毕摩在祭祀祖灵时，右手执法具"且克"，口中念诵滔滔不绝的祭辞，时而用手上的"且克"舀荞麦面粉，抛洒在"竹祖灵"上，时而以酒抛洒之，以示献斋。

第二天清晨，把亡灵亲人送来的祭牲一一打死后，纵排列在竹祖灵后，祭祀仪式主人家的祭牲排列在前，其排列姻亲祭牲，以示牺牲尸祭。毕摩祭牲词念诵后，接着给亡灵子孙后代招魂，主持仪式毕摩就坐在祭牲后面，毕摩手持"且克"（神扇）面向祭牲就坐，面前还放着一个里装甜荞面粉的竹编斗量，亡灵子孙男性披着披毡和瓦拉排队站在毕摩后面，等候接住毕摩给他们抛撒而来的荞麦面粉，主持仪式毕摩坐位右侧前方站立一群毕摩，他们是亡灵子女家请来的招魂毕摩，他们各手持一黄母鸡、一株灵草和一些青冈树枝，面向一方整齐站立，主持仪式毕摩念诵招魂辞时，这群招魂毕摩也齐声招魂起来，这时，主持仪式毕摩边念诵招魂辞，边用手中的且克舀着荞麦面粉抛撒在站在后面的亡灵子孙身上，亡灵子孙以披毡或瓦拉抢接毕摩抛来的荞麦面粉，此时的亡灵子孙脸上头上一身都是荞麦面粉，花脸花身逗人可笑，这一场面十分壮观而神奇。亡灵子孙各人接来的荞麦粉和黄母鸡以及灵草、树丫都是各自拿回家，另举行招魂仪式时使用的。以荞祭祖祭神，以荞招魂安灵是彝人常态。

吉尔特格（安定家中保佑神）、克克特格（安定五行神）、吉斐特格（安定生育神）、斯我特格（安定智慧神）等仪式与荞麦。在这些仪式上"毕摩"都得祭祀荞麦神，除念诵荞麦谱外，还蒸煮一顿荞麦面饭，这顿荞麦面饭与其他仪式不同的是，甜荞面饭与黄荞面饭分开同时蒸煮，煮熟后，分别放在祭台上，念诵后，毕摩将祭台上的甜荞面饭与黄荞面饭倒在一起，把泡水酒和荞麦白酒也倒在一起，传递给主人家食用。这四种仪式，首先是在保佑神、生育神、五行神、智慧神灵与仪式主人不和的情况下举行的，通过此类仪式，使得人神和睦，达到招魂安神、吉祥如意的目的。

"迪木扎布尔"（脱祛墓鬼泥塑）仪式与荞麦。彝族凡有生疮疾病或风湿疾病或麻风疾病现象，则请毕摩来做此仪式，意为脱去源于土葬墓里的鬼魔泥塑，认为这三种疾病的根源是土葬墓里的鬼魔作祟。彝族传统有四种人去世土葬：一是麻风病死者土葬，二是哑巴死者土葬，三是严重犯家族内部法律法规而死者土葬，四是未满月的小孩死者土葬。这些土葬墓上生人是不能跨过的，墓地上的草木也不能取回，是生人所不能靠近的地方，是人们的禁忌之地。如有人患上述疾病，就得请"毕摩"主持此仪式活动。毕摩在做此仪式之前，仪式男主人在野外取回红稀泥土，找牛羊油、鸡蛋壳和荞麦籽。毕摩到达仪式主人家时，把红泥土交给毕摩，毕摩用手揉捏这些泥土，接着手拿泥土在患者身上摩擦后，把它捏成各种鬼神形象，彝语称之为"扎布尔"，即脱卸鬼魔泥塑。泥塑有多面多臂的鬼神像，有携带生产生活劳动工具的神灵形象等。把这些泥塑放在一块薄而平的石块上，然后其周围用红稀泥捏成的围墙圈围，泥塑鬼神像面前留有空隙，作为放置鬼神供品烧化之处。患者坐于毕摩面前，面向泥塑，此时，毕摩施行念咒，念咒到一定时候，仪式男主人将火塘里的火炭撮在泥塑面前围墙之内，再把牛油或羊油放在火炭上烧化，此时毕摩右手执一把响竹，左手拿着一碗水，边摇响竹，边念咒，时而口含碗里之水，将水喷于患者身上，再用手抓热乎乎的荞麦爆花一把接一把地在患者患处摸擦，接着患者哈气于上，然后把荞麦爆花、鸡蛋壳、牛羊油放在泥塑前的火炭上烧化，此时荞麦爆花与牛羊油烧成一团，冒出浓浓烟气，患者骑之于上，埋头熏着烟气，熏烟气到一定时候，由一男性端上泥塑与烟火，在患者头上转三圈后，端出门外，毕摩边念咒，边摇响竹，边向门外喷水，端去泥塑者，将泥塑送到土葬墓地里放置后返回，仪式就此完毕。

在此仪式上，"毕摩"施咒而外，还用荞麦爆花和红泥土擦患者患处，然后，以牛羊油、鸡蛋壳、荞麦爆花放在火炭上化出烟气，患者熏之。这一仪式流程的实际意义有二：一是毕摩以荞麦、牛羊油、鸡蛋作为病魔青睐美食，以之引去病魔而起到患者病愈效果；二是彝族传统除以牛、羊、鸡、荞麦作为美食外，还常以牛、羊、鸡作为动物药物，以荞麦作为植物药物，用此擦患者患处和以此烟气熏之，则起到药物治疗效果。以唯心疗法结合唯物疗法是彝族毕摩常用的治疗方法。

"尼日毕"（咒姑娘鬼魔）仪式与荞麦。彝族毕摩认为，姑娘死后变的鬼魔，往往作祟于人，须得请毕摩送去此鬼，在此仪式上也用荞麦面粉和荞麦烧粑，认为这些食品是姑娘鬼神所青睐的食物。

"赤义哒"（以山羊作为隔离牲）仪式与荞麦。彝语"赤"意山羊，"义哒"意为隔离，即以山羊祭祀自然神灵，与灾害隔离之意。凉山彝族俗语："咪姑'勒义哒'（咪姑以牛作为隔离祭牲），甘洛'措义哒'（甘洛以人作为隔离物）、哈甘'赤义哒'（哈甘以山羊作为隔离祭牲）、则觉'育义哒'（则觉以绵羊作为隔离祭牲）。"传说雷波县瓦岗咪姑乡境，每隔五年用牛来祭神免灾，甘洛县境内，以人作为祭牲免灾，昭觉县"则觉"乡境内，用绵羊祭神免灾，而昭觉县哈甘乡哈甘村有座小山叫"赤毕波"，意为以山羊作为祭牲的祭神山。其他地区的祭神免灾仪式没有做过调查，哈甘乡"赤毕"仪式笔者略知一二。这些地方的农业生产，过去是靠天吃饭的，风调雨顺的那年就会丰收，常年涝灾或天干的现象，遇到天灾的那年，这里的人们为了免灾，发动全乡人民凑集粮食和钱物，请毕摩，在此山上，做以山羊为祭牲的祭神仪式，在仪式之前，住在那里的族群麻吉氏组织酿制仪式用酒和荞麦烧粑，以及祭祀那天所需劳力，这家族来充当仪式主人，祭神时，"毕摩"先在此山顶上插下面积约300平方米的神枝、神座、星座，又在山顶插呈月形和日形的两个大圆圈的"古"①，毕摩就坐在日月形侧边，面前是祭牲山羊，还放着特别大型的荞麦烧粑，此粑又大又厚，在做此粑的时候，把荞麦面加水揉软，直径大约四十至五十厘米，先把它拿到大铁锅里烤，待粑之两面基本烤干后，再将火塘里的炭火抛开，然后，此粑放在炭灰里烧熟，最后，拿到山上毕摩面前，祭祀日月、星辰等神灵，毕摩以请神、祭神、安神的方式，呼风唤雨。当地彝族认为做此仪式后，则会风调雨顺，粮食得以丰收。

"咋唆木"（以斋饭送去乞丐鬼魔）仪式与荞麦。彝语"咋唆木"的"咋"意粮食或饭或餐，即斋饭；"唆木"即祭祀或斋祭。彝族传统认为每家户很可能都会有一些粮食神或酒神，一旦人惹怒粮食神或酒神都会引来乞丐鬼魔，于是在家中突然患病，如患惹怒酒神疾病，则在家里找点酒倒在碗里，患者（男性左手、女性右手）用手触摸碗里酒，在火塘上转一圈后，放在家里神台上，以示祭家中的酒神，彝语谓之"帜索阔"即内祭酒神。接着又倒第二碗酒，以同样的方式，在火塘上转一圈后，把碗里的酒倒在门外去，以示外祭酒神，彝语谓之"赫阔"。如患者因惹怒粮食神而得此疾病者，就得做"咋唆木"仪式。此仪式是专门对付外来讨吃粮食的鬼神，即乞丐鬼魔。这种鬼神很可能是东南西北各方向来的，须得煮一顿斋饭把它送走。这顿斋饭，传统以甜荞麦来做。首先用甜荞麦面粉

---

① "古"是彝族毕摩做法仪式，用树丫和树枝插成的神座和远古建筑模样等神物。

装在竹钵里，患者用手触摸竹钵里的荞面粉，在火塘上通过后，把荞麦面粉倒在大竹钵里加水揉软成荞麦粑，然后，将它埋在火塘里炭灰之中烧烤熟，烤熟之后，又装在钵里，在患者头上转一圈后，拿到门外，然后，将荞麦粑劈成四块，在每一块上劈一点荞麦粑，掷向东南西北各方位，掷者口中低声念诵道："东方来的到东方去，西方来的到西方去，南方来的到南方去，北方来的到北方去，以此还清债务，不欠你的了，从此以后，请不能回还，永远不能回头。"经念词抛食后，仪式就此完毕。

"瓦木"（以鸡作为祭牲）仪式与荞麦。彝语"瓦木"意为以鸡送去作祟于人的鬼神。有内祭和外祭两种。这是在家中有人突然患病后，依据毕摩占卜结果，确认患者是被讨要鸡的鬼神所祟而患此疾病，则请一毕摩来家中做此仪式。毕摩占卜结果有三种情况，一为家祭即内祭，二为外祭，三为内外祭。毕摩根据患者的命方命运，择定祭鸡毛色，有白色鸡、黑白花鸡、红鸡、黄鸡等。在举行内祭仪式时，毕摩在仪式主人家火塘上方，以树枝和青草设置一个神座，编织一个草偶，放在神座下方，在神座上放置一些祭品，祭品主要是甜荞麦面粉和盐、辣椒等。毕摩坐在神座下方，左手执活鸡，边念诵，边用右手抓荞麦粉抛撒在神座上，然后，把鸡拿到患者头上转三圈后，将鸡嘴弄开，让患者在鸡嘴中吹气，意为将疾病转移在鸡上，接着，毕摩以手把鸡捏死，同时，拔鸡毛抛撒在神座上，以示祭此类鬼神。内祭的鸡肉是可以食用的。外祭仪式的鸡是主人家不能食用的，仪式流程与内祭相同，同样也以荞麦粉祭鬼神，其中，与内祭不同之处是毕摩把祭鸡捏死后，将死鸡绑在草偶上送去野外，以示送去病魔。

六、结语

凉山彝族是祖国西南民族中人口众多，居住地域辽阔，历史悠久，传统文化深邃厚重的古老的山地民族，民俗仪式活动频率高，传统文化丰富多彩。彝族谚语说："人类不能不吃粮食，不能没有牛羊。"这是彝族人生基本诉求。这种人生诉求与观念，都融入到传统信仰习俗之中，从中不难发现，彝族民俗仪式中常以牛、羊、猪、鸡为祭牲，以甜荞、黄荞为祭品，在逢年过节，人生礼仪，祭祀祖先神灵，请神招魂，送鬼祛病等诸多民俗仪式中都以荞麦为首，接待宾客以杀生和荞麦为主食，礼尚往来以荞麦为礼品，形成了十分独特的彝族荞麦文化。毋庸讳言，这一民俗文化是在漫长的历史时期里逐渐形成的，彝族传统认为祖先神灵的保佑，生育神灵、牛羊神灵和粮食神灵的赏赐是人类生存的根本条件，其中，以荞麦为先为首为本。彝族是在世食荞麦，病时以荞医，逝世带荞去，生死不离荞的一个民族。毋庸置疑，在当今彝族地区众多的农作物中，荞麦作物伴随着彝族历史发展时期最为久远，以荞麦为主食的历史最为悠久。换言之，彝族荞麦习俗文化足以说明了彝族先民进入农业生产初期，经历了以种植荞麦、饮食荞麦为主的漫长的历史发展过程，由此而产生的在彝族地区所有粮食作物中以荞麦为先、为重、为礼、为情的独特彝族荞麦文化，其中，蕴含着丰富多彩的彝族文化内涵。

在深邃厚重的彝族荞麦文化中，我们了解到彝族地区的荞麦生产历史，从彝族祭祀仪式中传统以甜荞为先、黄荞为后的情况看来，彝族最先生产的是甜荞，其次是黄荞，其他粮食作物为后进。甜荞虽在贫瘠地里可生长，但收成极少，而黄荞为广种多收的粮食作物，因此而冲击了甜荞的生产，随着历史的发展，彝族地区种植甜荞越来越少，黄荞越来越多，一旦需要甜荞就高价购买，如此下去，凉山彝族地区的甜荞市场价还会倍增，因此需要鼓励广大民众种植甜荞，满足彝族人民精神文化的需求，实现生物多样性和文化多样性并重并存的目标，切实保障彝族荞麦文化的保护和传承。除此而外，四川凉山地区应该有一个具有一定规模的传统生物保护和培育基地，在此基地内种植凉山传统农作物黄荞（金荞）、甜荞、早期玉米、小麦、土豆、燕麦；种植传统核桃、梨子、桃子；饲养土羊、土鸡、土猪、土牛、土马（建昌马）等传统绿色物种。这些传统生物虽然产量不高，但食用味道特别，质量高于后进物种，市场价位也高于后进物种，具有巨大的开发潜力。同时，也符合世界人类呼吁的生物多样性存续和保护的需要。因此，创立一个四川凉山土特产保护和培育基地势在必行。

综上所述，荞麦在彝族人民的生产生活中地位极高，因为，荞麦是彝族先民较长时期以来的生命源泉，是彝族人民物质财富的根本、精神财富的象征，所以，荞麦自然而然地融入了诸多彝民族的民俗事项，形成了独具特色的彝族荞麦文化，它是彝民众的物质财富和精神财富的重要载体，也是彝族文化的重要组成部分，承载着众多丰富而多彩的彝族文化内涵，传输着深邃厚重的彝族文化信息，是彝族文化的重要载体，更是弥足珍贵的文化遗产资源和财富。荞麦具有巨大的开发利用潜力，应当采取有效的保护和传承措施。通过荞麦文化品牌的建设，传输出彝族独具魅力的荞麦文化信息，从而形成地方特色文化产业，促进社会经济发展。因此，挖掘、整理、全面抢救性记录彝族荞麦文化，深入研究彝族荞麦文化内涵，加强彝族荞麦文化的保护和传承，合理利用彝族荞麦文化资源势在必行。

大理国时期西昌地区的作物种类——引沙坪站遗址植物考古证据

闫雪　成都文物考古研究所科技考古中心　助理馆员

摘　要：沙坪站遗址位于凉山州西昌市佑君镇战沟村，遗址包括战国和大理国两个时期的文化堆积。发掘过程中对战国时期遗迹进行了系统浮选采样，对大理国时期重点遗迹进行尝试性采样。本文仅介绍大理国时期浮选结果，根据浮选出的植物遗存实物，证实了这一时期该地区已有"稻、黍、稷、麦、菽"五谷，将该地区小麦和大豆出现的时间由元明时期提前至大理国时期，同时，也为相关问题的进一步研究提供了基础数据。

关键词：沙坪站遗址　大理国时期　植物考古　作物种类

西昌位于金沙江流域安宁河河谷地区，水热条件优越，自新石器时代晚期已有稻、粟、黍的种植活动，农业发展历史悠久。安宁河流域历来是青藏高原东麓南北文化交流的重要通道之一，族群迁徙、文化互动频繁[①]，也是川滇地区作物传播路线上的重要节点。由于该地区位于中国西南边缘地带，文献资料多涉及政治、民族，关于农业情况记载寥寥，因此通过考古浮选的方法了解历史时期的农业情况成为有效的手段。

沙坪站遗址位于凉山州西昌市佑君镇战沟村。2014年10月，成都文物考古研究所、凉山州博物馆和西昌市文物管理所对该地点进行了联合发掘。沙坪站遗址包括战国和大理国两个时期的文化堆积。发掘过程中对战国时期遗迹进行了系统浮选采样，对大理国时期重点遗迹进行尝试性采样[②]。本文仅介绍大理国时期浮选结果，战国时期浮选结果另作他文。

一、沙坪站遗址植物考古证据

沙坪站遗址大理国时期遗迹中，H3和H4两灰坑共采样30L。土样在遗址附近进行了浮

---

① 左志强：《安宁河流域新石器文化初论》，《成都考古研究》（二），科学出版社，2013年。
② 材料存于成都市文物考古研究所。

选。浮选工作采用小水桶法，使用0.25毫米分样筛收样。轻浮样本阴干后，在成都文物考古研究所植物实验室进行了分类和植物种属鉴定。

实验室整理将出土植物遗存分为炭化种子（果实）和炭屑两大类。两灰坑共出土炭化种子110粒（未统计<1/2稻谷、稻谷基盘、稻胚），平均密度3.67粒每升。

本次出土炭化种子可鉴定种类较丰富，有稻（Oryza sativa L.）、粟［Setaria italica（L.）Beauv］、黍（Panicum miliaceum L.）、小麦（Triticum aestivum）、大豆（Glycine max）、狗尾草属（Setaria）、黍属（Panicum）、马唐属（Digitaria）、稗属（Echinochloa）、豇豆属（Vigna）、酸模属（Rumex）、蔍草属（Scirpus）、蔷薇科（Rosaceae）、伞形科（Umbelliferae）等，共计24种（表一）。

出土种子可以分为农作物和杂草两类。农作物和杂草种子数量均为55粒。农作物有稻、粟、黍、小麦、大豆。其中大豆有43粒，占农作物总量的78.18%。稻有6粒，占10.91%。粟、黍和小麦仅发现1或2粒。

表一　沙坪站遗址出土炭化植物种子鉴定表

遗迹单位	稻谷					粟	黍	小麦	麦类	大豆	狗尾草属	黍属	马唐属	稗属
	完整	≥1/2	小于1/2	稻谷基盘	稻胚									
H3	2（1带壳）			85	28	1		2	1（im）	40	3		1	
H4	2	2	38	40	16		2			3	2	2	? 1	5
合计	4	2				1	2	2	1	43	5	2	2	5
遗迹单位	虱子草	牛筋草	黍亚科	豆科	豇豆属	酸模属	莎草属	蔍草属	飘拂草属	藜科	蔷薇科	伞形科	菊科	木樨草科
H3		1		1	2			2	9	3		2	? 2	
H4	? 2		8			3	3		1		1			? 1
合计	2	1	8	1	2	3	3	2	10	3	1	2	2	1
H3计72粒，H4计38粒，共110粒														

二、讨论

（一）作物结构和小麦、大豆的种植历史

《孟子·滕文公上》："树艺五谷，五谷熟而民人育。"赵岐注："五谷谓稻、黍、稷、麦、菽也。"沙坪站遗址大理国时期灰坑出土了稻、粟、黍、小麦和大豆五种作物，

与赵岐所注《孟子》中五谷种类相同。可见，最晚至大理国时期，西昌地区已是五谷俱全的作物结构。

西昌地区植物考古工作展开时间较短，材料不多，目前已知新石器时代晚期横栏山遗址和沙坪站遗址战国时期遗迹仅出土稻、粟和黍三种作物①。小麦和大豆的发现在西昌地区尚属首次。就现有材料来说，稻、粟和黍在该地区的种植历史始于史前时期已无异议，但小麦和大豆何时开始种植并不清楚。

从文献来看，《史记·西南夷列传》载"自滇以北君长以什数，邛都最大。此皆魋结，耕田，有邑聚。"《后汉书·南蛮西南夷列传》载越嶲郡"其土地平原，有稻田。"据晋代《永昌郡传》，越嶲郡川中平地宜黍、稷、麻、稻、粱。文献资料显示，唐代以前西昌地区并不种植小麦和大豆。唐后期西昌被南诏政权占领，后大理国承袭其建制。这一时期西昌地区属于中央政权和少数民族政权疆界地带，文献记载更为简略，缺乏关于西昌地区农作物的记载。

在以往研究中，有学者根据文献记载的凉山地区河谷地带明代卫所屯田中谷物以豆和麦为主，认为麦类作物和大豆可能是元明时期传入川西南彝区②。沙坪站遗址出土小麦和大豆已将其传入时间提至大理国时期，结合唐代以前历史文献推测，西昌地区小麦和大豆可能是唐宋时期传入的。

（二）四川地区遗址出土大豆属植物

考古遗址出土大豆属主要指大豆和野大豆两种。一般认为，野大豆为大豆的野生近缘植物，大豆由野大豆驯化而来。现有的植物考古证据显示，黄河中下游地区大豆从开始被栽培到驯化过程完整。距今9000—7000年前后的裴李岗时代居民开始利用野生大豆属植物。距今5000—4000年前的龙山时代一定数量的种子已经出现明显的驯化特征。夏商时期大豆俨然已是重要的农作物了。中国大豆可能起源于黄河中下游地区③。

四川地区目前有近30处遗址（发掘点）做过浮选工作，仅成都平原地区5处商周时期遗址发现有大豆属植物。新都区燕塘村遗址④发现1粒大豆属，金牛区5号C地点⑤、双流县三

① 姜铭、胡婷婷、补琦等：《西昌市横栏山遗址2011年及2013年度浮选结果简报》，《一个考古文化交汇区的发现——凉山考古四十年》，科学出版社，2015年。沙坪站遗址战国时期植物考古资料存于成都市文物考古研究所。
② 蒙默：《凉山彝族"兹莫统治时期"初探》，《社会科学研究》1979年第4期。
　郭声波：《历史时期四川粮食作物的地理分布》，《中国历史地理论丛》1990年第3期。
　朱圣种：《历史时期四川凉山彝族地区主要农作物的种植与传播》，《中国农史》2006年第2期。
③ 吴文婉、靳桂云、王海玉等：《古代大豆属（Glycine）植物的利用与驯化》，《农业考古》2013年第6期。
④ 石涛：《成都平原先秦时期植物遗存研究》，北京大学硕士论文，2012年。
⑤ 姜铭、赵德云、黄伟等：《四川成都城乡一体化工程金牛区5号C地点考古出土植物遗存分析报告》，《南方文物》2011年第3期。

官堂遗址①分别发现1粒野大豆。郫县菠萝村遗址和青羊区兴城建遗址②分别发现1粒疑似大豆。在明确判断为大豆的植物遗存缺乏的背景下，沙坪站遗址出土的大豆遗存在整个四川地区属于先例。

从四川地区出土植物资料来看，大豆属植物在遗址中出现时代较晚，出土概率很低，且发现数量少，目前并无证据显示该地先民栽培过野大豆。四川地区大豆如果是由外传入，是否来源于黄河流域是值得进一步关注的问题。

近年四川地区的浮选工作几乎集中于先秦时期，秦及秦以后浮选资料匮乏。浮选采样时代上的不均衡影响了对四川地区大豆种植历史的了解。这提醒我们，在今后工作中需要拓宽视野，重视历史时期的植物考古研究。此外，成都平原先秦遗址中野豌豆属和豇豆属种子出土数量可观且出土概率较高，在先民生活中地位明显高于大豆属。四川地区先民对豆科植物的选择与利用问题还需进一步研究。

（三）沙坪站遗址出土大豆尺寸数据

沙坪站遗址出土大豆43粒，数量可观。其中完整籽粒较多，有17粒可测量长、宽、厚，1粒可测量长、宽。根据18组测量数据可知，沙坪站遗址大豆种子粒长4.838~6.976毫米，平均长度5.93毫米。粒宽3.128~4.814毫米，平均宽度3.92毫米。粒厚2.356~4.116毫米，平均厚度约3.42毫米。（表二，图一）

目前国内仅山东汶上梁庄遗址出土唐宋时期大豆③。汶上梁庄遗址出土大豆粒长5.03~7.12毫米，平均长度5.94毫米。粒宽3.16~4.77毫米，平均宽度4.01毫米。粒厚2.53~4.1毫米，平均厚度3.34毫米。沙坪站遗址和梁庄遗址出土大豆的长、宽、厚的分布区间和平均水平都很接近，可能属于同一品种。

表二　沙坪站遗址出土大豆测量数据（单位：mm）

	长	宽	厚		长	宽	厚
S1	4.838	3.128	2.356	S10	5.78	3.994	3.474
S2	5.29	3.188	2.592	S11	6.09	4.01	3.612

---

① 姜铭：《成都平原先秦时期农业的植物考古学观察》，四川大学硕士论文，2015年。

② D'AlpoimGuedesJ（2013）*Adaptation and Invention during the Spread of Agriculture to Southwest China*.PhD dissertation（Harvard University，Cambridge，MA）.

③ 吴文婉、闫雪、高明奎等：《济宁汶上梁庄遗址炭化植物遗存分析》，《东方考古》（第7集），科学出版社，2010年。

吴文婉、靳桂云、王海玉等：《古代大豆属（*Glycine*）植物的利用与驯化》，《农业考古》2013年第6期。

续表

	长	宽	厚		长	宽	厚
S3	5.354	3.386	2.966	S12	6.188	4.094	3.828
S4	5.502	3.48	3.026	S13	6.326	4.226	3.828
S5	5.546	3.576	3.076	S14	6.34	4.294	3.864
S6	5.548	3.658	3.277	S15	6.442	4.366	3.918
S7	5.55	3.67	3.36	S16	6.66	4.496	4.104
S8	5.582	3.746	3.392	S17	6.942	4.624	4.116
S9	5.746	3.898	3.406	S18	6.976	4.814	

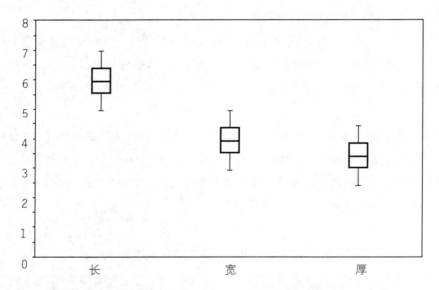

图一　大豆属种子粒长、粒宽、粒厚分布图（单位：mm）

三、结语

沙坪站遗址对大理国时期遗迹仅进行了尝试性浮选，采样单位仅有两个灰坑，但已取得较大成果。我们以植物遗存实物证实了这一时期该地区已有"稻、黍、稷、麦、菽"五谷。这不仅补充了这一时段的农业史料，更将该地区小麦和大豆出现的时间由元明时期提前至大理国时期。两灰坑出土大豆数量可观，获得了一批大豆的尺寸数据，这对于今后大豆的形态、品种研究提供了基础数据。此外，大豆的发现也引起了我们对四川地区大豆来源、豆科植物的选择与利用等问题的思考。

译文

南方丝绸之路上的民族与文化

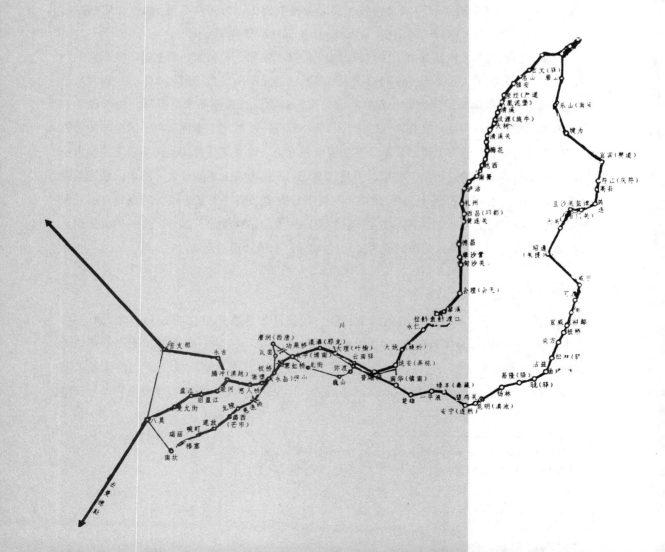

贝格拉姆：丝绸之路的中心[①]

圣雅特·麦罕达尔（Sanjyot Mehendale）　著

邓海春　向娜依　李金凤　译　（凉山彝族奴隶社会博物馆）

古贝格拉姆遗址靠近今贝格拉姆城，位于今帕尔万省、古尔班德河与潘吉希尔河的交汇处，处于肥沃的河谷地带，南为高耸的兴都库什山脉。要完全理解该遗址及其出土物的类型，重要的是要了解一点，那就是贝格拉姆处于古、今丝路贸易的交汇点，南接喀布尔，并通过开伯山口连通阿富汗和巴基斯坦。从军事角度来看，它具有战略性地位。这有助于支持某些学者的观点：古城贝格拉姆实际上是亚历山大大帝在公元前4世纪建的城防站——亚历山大里亚·阿德·高卡松[②]（Alexandria and Caucasum）。

古城贝格拉姆为人所知是由于1937和1939年的调查发掘，在名为"新王城"发掘区的两间古代密室内发现了大量不同寻常的器物。许多器物都显示出极高的工艺水平，且表明来自世界不同地方，玻璃器、青铜器、石膏雕像、斑岩和雪花石膏制品来自罗马，漆器源于中国，象牙和骨雕出自印度。自其发现以来，学者一直在探讨如此丰富且来自不同地方的器物是如何在贝格拉姆被保存下来的。基于某些因素和推论、铭文记载及其他现场出土的考古证据，贝格拉姆新王城的这些出土物被认为是"宝藏"，是贵霜王室的藏宝。然而，最近的研究表明，几乎所有宝藏都属于公元1世纪，尽管不能完全忽略"王室宝藏"的观点，但又引出另一个有趣的可能性，即这些器物是古代贸易路线上商站存货的一部分，换一种说法即是这些非同寻常的出土物使贝格拉姆成为公元1世纪丝路上最壮观的商站之一。

勘探和发掘

通过欧洲旅行家和业余历史侦探的记述，阿富汗的考古遗址在西方开始为人所知。其中之一便是英国探险家查尔斯·马森（Charles Masson），他于19世纪30年代沿着亚历山大大帝东征路线调查。他在报告中记载了贝格拉姆遗址，并在此发现了一些孔雀王朝（Mauryan）和希腊—大夏王朝（Greco-Bactrian）的钱币。马森的报告引起整个19世纪贝格

[①] 节选自 AFGHANISTAN Hidden Treasures from the National Museum, Kabul 一书。

[②] 译者注：古城迦毕试的希腊地名即为亚历山大·阿德·高卡松。

拉姆寻找古钱币的热潮，从孔雀王朝到古尔王朝的（Ghurid）各式各样的钱币相继被发现。然而直至20世纪20年代早期，对此地区的系统勘查才开始。自那时起，阿富汗政府批准法国阿富汗考古团（French Délégation Archéologique Francaise en Afghanistan（DAFA））此后三十年对阿富汗近乎垄断的考古研究。

1922年协定之后，阿尔弗雷德·富歇（Alfred Foucher）指导了在阿富汗喀布尔、巴米扬和贝格拉姆地区的第一次系统调查，富歇认为它是公元早期古代贵霜帝国的都城迦毕试。在富歇和朱尔斯·巴修斯（Jules Barthoux）对贝格拉姆遗址最初调查的基础上，为系统发掘制定了一套计划。自1936年开始，由让·卡尔（Jean Carl）指导发掘，发掘工作开始于新王城Ⅰ号发掘区。第一步便开挖一条南北朝向的沟槽，沟槽与被称为"集市"（Bazaar）的古城的一条主干道方向一致，紧邻主干道的几间工场随后被发现。1937年，Ⅰ号发掘区的工作又在约瑟夫·哈金（Joseph Hackin）的指导下开展。同一年，在莉雅·哈金（Ria Hackin）和艾哈迈德·阿里·汗·纳扎德（Ahmed Ali Khan Konazd）的指导下，开始Ⅱ号发掘区的工作，Ⅱ号发掘区在Ⅰ号发掘区东约200米。在离围墙几米的地方，又开挖一条南北向沟槽，他们发现了几个房间和下面的地层，以及墙壁上部的土坯。

在1937年的发掘中，发现了大部分房间，但并未发现任何令人惊叹的出土物。直到发掘者在Ⅱ号发掘区发现一条被砖封的甬道，甬道通向一扇同样封堵的门，门后面是一个房间，房间内出土了大批非同寻常且类型多样的器物。在编号为10的房间里，发现了许多罗马风格的玻璃器，以及大量罗马青铜器，包括盘、秤砝码、量杯（一种容器）、钱币，以及雪花石膏餐盘和双耳细颈瓶。此外，还有许多象牙和骨雕的扁带饰和饰板，在风格上与古印度石雕相似，象牙和骨制品大多作为箱子或小脚凳等木结构品的装饰外层。然而，由于长时间与潮湿的土壤接触，木质的镶边和饰板已经腐坏，以至于只有骨质和象牙部分保留下来。自10号房间发现后，1937年的发掘出现短暂的停止，发掘区也被放弃近一年，在此期间法国阿富汗考古团到其他地方进行了发掘。1938年，才在新王城Ⅱ号发掘区展开更多的发掘工作，同时在围绕Ⅱ号发掘区的其他区块，发掘工作也相继展开。

1939年，约瑟夫·哈金回到贝格拉姆，继续在Ⅱ号发掘区工作。此次发掘在1937年发现的房间的北至东北区域，又发现了一个新的房间，即13号房间，与10号房间一样，13号房间的门也被砖墙封堵。在这个房间，又发现更多不同的来自罗马的器物，有石膏雕饰、釉彩玻璃器和骨制品。13号房间的出土物还包括大量象牙和骨雕品，在风格上与10号房间所出土的类似。同样地又因为长时间与潮湿土壤接触，对许多器物造成了无法挽回的损坏。除此之外，在13号房间还发现了大量源自中国的漆器碎片，这使得出土物原产地的范围沿着贸易路线进一步扩展了。

随着二战的爆发，哈金夫妇回到法国，在战争中不幸丧身。他们的1939年发掘笔记和出土物目录被保存下来，与一系列相关研究一起，后来出版在《法国考古队阿富汗考古回忆录》（*Memories of the French Archaeological Delegation in Afghanistan*）第11卷。在1941—1942年和1946年，又有两个法国阿富汗考古团着手发掘工作。不过，除了20世纪60年代做过考古调查，自20世纪40年代以来在贝格拉姆并未进行全面的考古发掘。这些不同寻常的出土物被法国考古团和阿富汗考古团瓜分，最终收藏在喀布尔阿富汗国家博物馆和巴黎集美博物馆（the Musée Guiment）。

贝格拉姆"宝藏"

许多不同类型的器物在贝格拉姆遗址的两件密室中被发现，不过此次展览并未展示所有器物。大部分出土器物起初被分成三个来源地：罗马、中国和印度，然而持续的研究表明，也许还有另一个产地，即阿富汗本土。阿富汗可能不单是外地商品流通的通道和被动接受者，还是器物实际生产中的参与者，这是通过对象牙和骨雕以及石膏雕饰品详尽的考查而得出的结论。

象牙和骨雕

贝格拉姆宝藏包括成百上千片象牙和骨雕，它们是作为家具的装饰性外层，包括饰板和镶边，有的直接镌刻，有的采用浮雕、圆雕。在一些象牙和骨制品上还发现了红色及黑色油彩痕迹。如此多的象牙和骨雕能完好地保存下来，要归功于让·卡尔使用的特殊发掘方法。他意识到由于器物埋在潮湿土壤中，要挽救这些碎片必须重塑其结构。于是将一种温热的胶质物倒在残片上，而后在凝胶仍是软的时候，在背面粘上薄纱纸把残片固定在一起，凝胶定型之后嵌在土壤中的残片就能被完整取出。

大部分象牙和骨雕出土于10号房间，其中就包括饰板，从上面存在用于连接的小孔可知，其主要是作为脚凳的装饰性外层。除此之外，还发现了几个家具的腿和3件女性雕像。这些器物的实际功能无法确定，不过它们可能是某种家具的部分。出自13号房间雕刻精美的器物明显是工艺精湛的椅子或长凳的背部，这种椅子或长凳常常两面都装饰。没有发现椅子的剩余部分，这表明其是木制的，木头在潮湿的土壤中早已腐朽。

象牙和骨制品上的装饰图案，其中包括有女性、神话人物、花和动物纹样，以及建筑构造图。值得注意的是在这些图景中几乎没有男性人物，只能看出偶尔有国王、骑士或狩猎者。仅描绘了少数几个男性，而许多特殊场景均涉及女性。这使得学者相信贝格拉姆的象牙和骨制品，往往表现的是女性住处的场景。虽然雕刻师被禁止进入女性闺房，但是工匠可能得到闺房的图画或文字描述。还有一种可能是进入妓女房间，所以工匠可能从那里看到房间的样式。

　　那么这些象牙和骨雕的发源地是哪里？许多学者尝试与影响深远的马图拉石雕艺术（Mathura）、桑奇佛塔艺术（Sañci）和阿马拉瓦蒂艺术（Amaravati）做风格上的比较，最常见的观点认为，雕刻品是在印度制作然后往北运往贝格拉姆。虽然风格上的类比肯定合理，但在贝格拉姆发现有三片未加工雕刻过的象牙，说明了一个有趣的可能性，即在贝格拉姆本地有象牙和骨制品加工工场。一些雕刻品带有佉卢文标志，这可以证明这一推断，即一些象牙和骨质品是在阿富汗或巴基斯坦当地被雕刻的，可能是工匠在南方受训后迁到贝格拉姆，文字资料也提供证据表明工匠是流动的。

　　在古代丝绸之路沿线的其他地方也发现类似的象牙制品，这表明贝格拉姆是象牙品分布网的一部分，特别是三件象牙制品能顺利在其他地方找到类似品。位于今乌兹别克斯坦的贵霜帝国达尔维津特佩遗址（Dal'verzin Tepe）出土的一把象牙梳子，这是第一件在形式和内容上与贝格拉姆出土的完全相同的象牙制品。第二件是阿富汗西北部提尔雅特佩（Tillya Tepe）墓葬出土的一把象牙梳子。第三件是在庞贝遗址（Pompeii）发现的小雕像，仍在象牙贸易的可及范围内，庞贝小雕像作为小桌子的一部分，其年代为公元1世纪。贝格拉姆遗址10号房间出土了三件稍大一点的象牙小雕像，其中两件与庞贝小雕像在风格上极其相似。

玻璃器、青铜器和石膏制品

　　在贝格拉姆发现的大多数玻璃器都有罗马风格，它们被认为是沿着丝绸之路运到贝格拉姆的。千花玻璃碗和大量带纹饰的玻璃杯，包括蜂窝状图样，都能在罗马－埃及（Roman Egypt）、欧洲找到类似品。通过对贝格拉姆精致的釉彩玻璃杯的分析，得出玻璃的基本成分是钠钙硅玻璃，与埃及和近东发现的古代玻璃器成分一致，这支持了埃及作为玻璃制造中心发源地的说法。古代资料提到埃及时一般称埃及，有时也会加叙利亚一起合称亚历山大。

　　如果罗马－埃及或叙利亚是贝格拉姆玻璃器的源产地，其运往贝格拉姆的准确路线，可通过贝格拉姆出土的辐射状竖凸棱纹玻璃碗的分布方式显示出。这种模制辐射状竖凸棱纹玻璃碗广泛见于罗马世界，位于巴林岛上阿拉伯湾乌姆盖万酋长国的埃杜尔遗址（Ed-Dur）和印度南部泰米尔纳德邦的阿里卡梅杜遗址（Arikamedu）均有出土。这种类型的碗年代为公元1世纪，其沿海分布的特点似乎表明即使不是全部，贝格拉姆部分的玻璃器首先也是通过海路被运往印度洋岸的古代港口城市，然后经陆路运往北方。公元1世纪的贸易指南——《厄立特里亚航海记》（Periplus of the Erythraean Sea）提到，靠近今巴基斯坦卡拉奇的巴巴里贡（Barbaricum）和印度西部古吉拉特邦的婆卢羯车（Barygaza）是古代两个最重要的港口，古罗马产品在此卸载，交换的是产自印度的商品和来自中国的丝绸、布匹。

　　13号房间出土的两尊青铜小雕像明显地表现出埃及特征。一个身材娇小、吸着手指的小孩可以确认是哈波奎特斯（孩提时的荷鲁斯），在巴基斯坦的塔克西拉也发现过一尊与此相同的小雕像。另一尊雕像可能是塞拉皮斯－赫拉克勒斯，刻画了一位裸体的神，伸展双臂，两腿微微分开，并将右脚置于左脚前，右手搁在一个球棒上面，而左手拿着球。他的面部有胡须，头上顶着古希腊象征丰产的水果篮，这是证明身份的主要资料。如哈波奎特斯雕像就是典型希腊式埃及神的象征，而这尊雕像头部打扮是典型的赛拉皮斯神，体征和姿势却是典型的赫拉克勒斯。另一件精美的青铜器物是西勒诺斯的面具，西勒诺斯是狄俄尼索斯的看护、老师、追随者，且通常表现为一位肥胖、老态龙钟、头戴花冠的人。

1939年，13号房间内发掘出土了许多罗马风格的器物。其中包括圆形石膏浮雕，以高高低低浮雕方式描绘景物，许多图景取自著名的古典神话，而对于圆雕的大致起源地，大多数学者都未有质疑。例如，有一座雕像刻画了一个小孩的头部和躯体，小孩的头部几乎悬空于浮雕表面，背部有翅膀痕迹，而其小小肉肉的手臂对着胸膛紧紧抓着一只蝴蝶。这幅图被认为是古希腊寓言体系中的爱神与赛琪——古希腊蝴蝶的名称为赛琪，同时意味灵魂。已知与此类似的图画均来自罗马－欧洲。另一幅石膏浮雕描绘了美男子甘尼米，正在喂宙斯的鹰，还描绘有沉睡的恩底弥翁，被月亮女神塞勒涅爱慕的人，月亮女神每晚都到拉塔莫斯山上看望他。许多学者认为这些器物都是模型，可能是金属原版的复制品，制作地在埃及亚历山大港。另有证据表明一些浮雕是在贝格拉姆本地制作的。个别雕像前面残留的指纹表明浮雕可能不是装饰性物件，而是作坊里的模型或货物样品。

来自中国的漆器

贝格拉姆遗址出土的所有器物中，中国的漆器是损坏最严重的，仅有几件保存在巴黎集美博物馆。由于漆器易碎，仅有少量损坏严重的碎片从潮湿的土壤中取出，潮湿环境损坏了作支撑的木头，只留下极其稀少而精美的漆器残片。虽然数量很少，但漆器对贝格拉姆遗址年代的确定具有重大意义。与相似的漆器作风格上的比较，在东亚出土的汉代漆器，使贝格拉姆遗址年代确定为公元1世纪，有高度准确性。

王室宝藏或商业据点

自这些器物发现以来，学者一直在猜测如此多引人注目的器物是如何来到贝格拉姆，并贮藏在此的。20世纪20年代，法国考古代表团团长阿尔弗雷德·富歇认为贝格拉姆遗址是古迦毕试国，是贵霜帝国的夏都或宫舍。基于对中国朝圣者玄奘的记载进行大量考察后，富歇得出这一结论。玄奘曾在公元7世纪到过此地，并认为自己在此找到了迦毕试国（Kapisi），即是富歇后来在此发现的贝格拉姆遗址。20世纪30年代，意想不到的器物在密室接连被发现，自富歇描述遗址为贵霜帝国宫舍以来，发掘者一直推测遗址结构为古代宫殿，并且从器物的价值和遥远的源地来看，认为它们是贵霜王室地下宝藏的一部分。最初在器物断代上出现把几件器物认定为跨越两三个世纪的情况，支持了某种观点，即这些器物经过几个世纪被汇集在一起而且确实是密封的王室"宝藏"。

更多的新近研究表明王室宝藏理论的支撑点原本就有诸多疑问。来自遗址本身的考古证据并未表明贝格拉姆是迦毕试国，也未表明该遗址是王室宫舍。手工制品的内在价值能合理解释该遗址中出现王室器物这一推论。且事实可能是一些贵重的手工制品只是通过，或打算通过此处，王室势力可及并不能说明这个贮藏贵重手工制品的遗址就是王室宫舍。

贝格拉姆接近贵霜帝国边缘的战略地位，且它处于两条河流交汇处这一天然防御点，这使其成为帝国重要的中转站和贸易城市之一。但它在位置或结构性质方面，未保留下来任何东西可表明遗址在一年中大部分时间为王室宫舍。还有另一实际情况，即如此多希腊－罗马式工艺品都是没有实际价值的，如石膏圆雕，可能是模制的金属原版，很难设想为何只有石膏制品被包含在皇家藏品中。反之，这种石膏复制品却可能对商人具有很大吸引力，它们作为货物样品，可包含在贸易中，也可作为工匠的模型以便就地加工商品。

总的说来，主张器物是王室宝藏的观点至少在某种程度上占主流，因为它能解释其他断代上的混淆情况，如在个别残片的可能时间范围内，出现相差一、二个世纪的情况。不过在争论器物断代方面，出现太大差距的情况都被有效驳回，反而留下贝格拉姆遗址所有器物年代均为公元1世纪的看法。一旦器物年代被视为同一时期，两间密室中出土的商品堆，也恰好能看作是商贾或小贩的库存，而非皇家宝藏。再者，在贝格拉姆遗址出土的未被加工、雕刻的象牙和石膏模型，都显示这一可能性，即贝格拉姆不只是交汇口的货站，还是拥有本地工场、工作间的贸易中心。这一结论可以为贝格拉姆遗址的性质提供一个不同的理解，即贝格拉姆遗址不应简单视作王室宫舍，而是贵霜帝国西北边缘上重要的贸易和生产中心，战略上处于并实际位于连接中国、中亚、南亚与罗马之间的，这条著名的、繁荣的贸易路线上。

后记

《南方丝绸之路上的民族与文化》一书上，是一本汇集了四川、云南两省历史学、考古学、民族学界30余位专家、学者的40余篇论文的论文集，这可能是迄今研究南丝路学术论文集中篇幅最大的一本了。

本论文集的内容涵盖了丝路研究、文化交流、政治军事、文物研究、民族文化等诸多方面，展现了近年来西南学界对"南方丝绸之路"研究的最新成果。本论文集从2015年5月开始拟题、筹备、征稿、编辑、校稿，到2016年6月付梓出版，用时整整一年，在此期间得到了诸多方家和道友的不吝赐稿和无私帮助。

掀起川滇两省学术界南丝路研究的热潮，童恩正、任乃强、李绍明先生开辟之功不可磨灭，正是诸位前辈使南丝路研究成为我国西南地区学术研究的一个重大课题。从此，川滇两省的许多学者投身于这个课题中，也取得了很多成果。尤其值得回忆的是上个世纪90年代川滇两省学者在西昌召开"第一次南方丝绸之路学术讨论会"，汇集出版《南方丝绸之路文化论》一书的壮举。诸多参会专家回忆当年的盛会还记忆尤新，尽管当时会议条件简陋，打地铺，但学风浓厚，通宵夜谈、交流不止，碰撞出不少学术之火花，这次会议已经成为众多"南丝路道家"津津有味的历史记忆了。

正是有这样一批老前辈、老道友的努力，方才开创了西南学界"区域研究"南丝路"区域模式"的学术典范。[①]如今南丝路研究能取得这样的丰硕成果，是与这些前辈们的努力分不开的。

从童恩正、任乃强、李绍明三位先生始，南丝路的研究至今已30余年。光阴荏苒，三位老先生已经驾鹤西去，当年的青年学者们也纷纷进入天命、古稀之年，新老交替成为这门"区域研究"面临的首要问题。

---

① 张原：《"走廊"与"通道"：中国西南区域研究的人类学再思考》，《民族学刊》2014年第4期。

　　瓜瓞绵绵，业方有后。我们编辑这本书，就是为了鼓励后进青年才俊，为他们提供一个平台，希望后辈们能够在前辈道友的指引下，承继衣钵，开辟南丝路研究的新方向，再结新成果，更希望"长江后浪推前浪，江山代有才人出"，使南丝路研究更加深入，使之成为我国学术研究的一门显学。

　　编者不才，才疏学浅，承蒙刘弘老馆长不弃，在诸多前辈如林向先生、段渝先生、罗二虎先生、李星星先生、江章华先生等不吝赐教指导下，斗胆编辑此书，其中难免错漏，还望诸多方家指正。

　　本书汇集了考古学、历史学、民族学等学科近年来对南丝路的最新研究成果，可以说是近年来南丝路研究的最新阶段性成果。通过对前人对南丝路研究成果及方法的梳理，窃以为，南方丝绸之路研究的视野还可以更加开阔些，介入学科还可以更多样一些，例如利用人类学研究手段对于南丝路进行研究。英国人类学学者埃德蒙·R.利奇在其对缅甸克钦社会研究中就发现："中国人在公元1世纪就已经熟悉从云南到印度的多条通道。我们无法确定这些道路过去的具体路径，但因为穿越主要山脉的隘口数量非常有限，所以与我们现在所知的路径不可能差异很大。一种应算合理的推断是，掸人最初在河谷定居是与维持这些商贸要道有关的。有证据显示，通过在沿路合适的驿站派驻小型护卫部队保证了交通的畅通。这些驻军为了自我补给，必须驻扎在适于耕种水稻的地方，这样形成的居住地就成为一个地区中心，这种地区拥有复杂的文化并逐渐发展成为一个小型的掸邦。"[1] "看来丘陵梯田耕作制真正具有的军事上和政治上的意义，而不是经济上的优势。有一点可能很重要，这个地区

――――――――――――

[1]　［英］埃德蒙·R.利奇著、杨春宇、周歆红译：《缅甸高地诸政治体系——对克钦社会结构的一项研究》，商务印书馆，2010年，第47~48页。

大多数著名的梯田系统都横穿或靠近云南至缅甸的几条东西走向的贸易要道上，也靠近皮麽、萨董和省伦一带。军事上控制这些贸易要道上，是该地克钦人相对高度聚居的原始原因，而且是征收通行费所带来的利益才使得克钦人当初认为值得建造这些梯田。"[1]利奇的研究给予我们未来南丝路研究提供了一种新思路。在传统的利用考古学和历史学研究手段外，我们完全可以借用人类学研究的方法对南丝路沿线的族群分布、聚落布置来寻找出南丝路上的历史新证据。比如，南丝路上聚落族群的贸易方式、部落酋邦控制贸易的方式等等课题，这也许是我们年轻学者值得深入挖掘、研究的一个新方向。

在此，我代表我馆谨向下面几位帮助本书问世的师长表示衷心的谢意：刘弘先生为本书奔走约稿，策划分类，没有他在川滇两地学界的声望，难成此书。林向先生参加了两次本书的编辑会，对于此书编著给予了很多关心和指导。段渝先生为此书做了序言，并组织多位门生投稿。川大考古系的赵德云老师也组织多位师生组稿并参与校稿。云南省考古研究所肖明华先生和楚雄州博物馆钟仕民馆长也给予了大力支持，其他各位方家亦多做了锦上添花之举，这里一并致谢。

同时，我对我馆参加校稿的李金凤女士和出版本论文集的四川民族出版社也表示真挚的感谢。

邓海春

---

[1] ［英］埃德蒙·R.利奇著、杨春宇、周歆红译：《缅甸高地诸政治体系——对克钦社会结构的一项研究》，商务印书馆，2010年，第3页。